KB105803

현대정치의
위기와 비전

현대정치의 위기와 비전

니체에서 현재까지

Friedrich Nietzsche
Carl Schmitt
Antonio Gramsci
Leo Strauss
Friedrich Hayek
Michael Oakeshott
Hannah Arendt
Isaiah Berlin
John Rawls
Robert Nozick
Alasdair MacIntyre
Charles Taylor
Carole Pateman
Iris Marion Young
Luce Irigaray
Jürgen Habermas
Michel Foucault
Jacque Derrida
Richard Rorty

김비환 외 지음

아카넷

머리말

정치철학은 어둠을 다룬다. 집단생활에서 발생하는 무질서, 혼란, 지배, 억압, 착취, 소외의 근본 원인을 규명하고 빛의 세계에 이르는 길을 찾는다. 불의한 체제와 권력을 지탱하는 지배적인 통념을 뒤흔들어 혁신의 물꼬를 트거나, 인간에 관한 새로운 해석과 정치적 삶에 대한 독창적인 비전을 제시해 신질서에 대한 열망을 불러일으킨다. 때로 권력층과 유력자들의 양심을 움직여 힘없는 다수의 고통을 경감시키도록 유인하기도 하고, 여론을 조성해 기성의 권위구조와 규범체계의 개혁을 압박하기도 한다. 요컨대 정치철학은 사회의 모든 구성원이 더 좋은 삶을 살 수 있는 정치공동체의 윤곽을 제시하는 실천적인 사유양식이다.

이 책에 소개된 철학자들은 현대사회의 지적·도덕적·정치적 상황에 대한 심층적 분석에 입각하여 보다 바람직한 공존양식을 모색했다. 이들 중 일부는 탁월한 제자들과 대중적인 영향력을 통해 국가정책과 여론에도 적지 않은 영향을 미쳤다. 오크숏처럼 정치철학의 실천적인 성격을 부정했던 이도 없지는 않다. 하지만 대부분은 자신의 정치사상이 여론을 움직여 바람직한 정치질서를 창출하는 데 기여하기를 바랐다.

동일한 역사적 사건이나 현상을 다르게 이해·평가하고 상이한 대안사회의 비전을 제시하는 다양한 정치사상의 존재는 다원성이라는 인간조건의 불가피한 결과다. 특수한 관심과 제한된 관점을 벗어날 수 없는 인간의 숙명은 다원성이라는 인간조건을 매개로 자유라는 축복으로 승화된다. 우리가 경험하는 이 세계가 인간의 불완전하고 제한적인 인식 능력으로 인해 '간주관적'으로 구성된 것이라면, 다양한 관점의 존재는 우리가 미몽과 독단의 저주에서 풀려날 수 있는 유일한 탈출구가 된다. 다양한 시각들은 정치세계에 대한 이해의 지평을 넓혀줌으로써 무지에서 오는 불안과 공포를 극복할 수 있도록 해준다. 이것이 다양한 정치사상을 접하는 독자들이 그 다양성을 당혹감이 아니라 즐거운 마음으로 대해야 할 이유다. 다양성은 자유의 토대이자 결과이며, 저주가 아니라 축복의 근거인 것이다. (이 책의 필자들이 보여주는 문체의 다양성도 기쁘게 보아주기 바란다.)

1장 서론에서는 현대정치사상의 전체적인 흐름을 개관한다. 2장부터는 주요 철학자들을 개별적으로 다루기 때문에 서론에서 20세기 정치사상의 전반적인 흐름을 소개하는 것이 그들의 사상사적 위치를 파악하는 데 도움이 된다고 생각해서다. 1부에 포함된 니체는 19세기 후반기에 활동했던 철학자지만 20세기의 철학과 정치사상에 지대한 영향을 미쳤고 지금도 그 영향력이 줄어들지 않고 있다. 그래서 공산주의 사상가 그람시와 파시즘의 사상가 슈미트와 함께 현대정치사상의 저류를 형성한 철학자에 포함시켰다. 이 책에서 다루고 있는 몇몇 철학자들—테일러, 매킨타이어, 페이트만, 이리가레, 하버마스—은 지금도 활동 중이다. 하지만 그들의 지적 권위는 이미 20세기 후반기에 확립되었기에 20세기의 철학자로 간주해도 무방할 것이다. 아무쪼록 독자들이 이 책을 통해 현대문명과 정치적 삶에 관한 이해를 크게 제고시키고, 인류의 일원이자 한 시민으로서 좋은 삶을 사는 데 필요한 지혜를 얻기 바란다.

이 책의 집필자들은 모두 한국정치사상학회의 회원들이다. 사회과학과 인문학을 전공하는 학생뿐만 아니라 현대사회의 도덕적·정치적 상황에 관심을 지닌 일반 시민들도 쉽게 접할 수 있는 책을 내고자 뜻을 모았다. 흔쾌히 집필에 참여해주신 모든 분들께 학회를 대신하여 심심한 감사를 드린다.

이 책의 출판을 기획한 한국정치사상학회와 서강대학교 글로컬한국정치사상연구소에도 감사의 마음을 표한다. 특별히 한국정치사상학회의 회장인 장현근 교수님과 전임 회장인 박의경 교수님, 그리고 글로컬한국정치사상연구소 소장인 강정인 교수님께 이 책의 출판을 위해 물심양면으로 지원해주신 데 대해 깊이 감사드린다. 아울러 뜻밖의 와병으로 이 책에 기고하시지 못한 강정인 교수님의 조속한 쾌유를 기원한다.

끝으로 내외부의 경제상황이 녹록지 않은 상황에서 이 책의 출판을 기꺼이 수락해주신 아카넷의 김정호 대표님과 김일수 편집팀장님께 특별한 감사의 마음을 전하고 싶다. 독서문화 수준을 끌어올려 한국 사회의 지적·도덕적 성숙을 꾀하려는 사명감으로 이 책의 출판을 수락하신 것으로 안다. 이 책이 그런 고귀한 뜻에 조금이나마 보답할 수 있기를 바란다.

2020년 2월
저자들의 뜻을 모아
김비환 씀

목차

5부 근대성과 포스트모던 정치사상

1.

서론:
현대 서양정치사상의 흐름

김비환

20세기와 정치사상

정치사상은 시대적 위기 혹은 격변의 산물이다. 시대적 위기나 격변은 기성의 권위구조와 인간관계를 변화시켜 새로운 권위구조와 공존양식에 대한 탐구를 자극한다. 이것은 시대적 위기나 변화가 클수록 그만큼 독창적인 정치사상이 출현할 개연성도 높다는 것을 의미한다.[1]

인류 역사에서 20세기는 어떤 시대였는가? 아마도 20세기 이전의 어떤 시대와 비교해보더라고 위기는 컸고 변화의 속도는 빨랐을 것이다. 러시아 혁명과 사회주의체제의 수립, 나치 전체주의의 출현, 원자폭탄의 발명과 투하, 냉전체제의 형성과 확산, 복지국가의 발전과 위기, 데탕트 체제의 도래, 민주화의 물결, 생태환경 위기, 신자유주의의 대두와 퇴조, 제 4차 산업혁명, 미중의 헤게모니 투쟁 등 굵직굵직한 사건과 현상들이 차례로 지구촌을 엄습했다.

21세기에 들어선 지금은 다양한 변화와 위기가 서로 공명하며 새로운 시대, 새로운 문명으로의 변화를 가속화하고 있다. 예컨대 인공지능 및 빅 데이터의 발달과 함께 새로운 생산 · 거래 · 소비 · 분배 방식이 확산됨으로써 경제 · 산업체제가 근본적으로 재편되고 있다. 슈퍼휴먼의 출현과 새로운 통치체제의 도래도 점처지고 있다. 이제는 탈근대 혹은 포스트모더니즘이라는 용어가 너무 진부하게 느껴질 정도로 우리 인류는 미지의 세계로 나아가고 있다.

복잡다단했던 20세기의 시대상과 21세기의 급속한 변화상은 18세기 계몽시대에 형성된 진보의 신화를 허물어뜨리며 기대와 불안이 뒤섞인 미묘한 분위기를 조성하고 있다. 과학기술의 눈부신 발전이 가져다줄 혜택에 대한 기대는 여전하다. 하지만 끊이지 않는 국지적 분쟁과 나날이 악화하는 생태 위기가 묵시록적인 공포 무드를 조성하고 있다. 돌이켜보면 20세기는 인류의 미래에 대한 기대와 희망이 의혹과 불안으로 바뀌는 전환기였다는 생각도 든다. 이제는 그 누구도 지구와 인류의 운명이 예전처럼 안전하고 영원할 것이라고 장담하기는 어렵게 되었다. 과학과 기술의 잠재력이 신적인 창조능력에 다다르고 있는 현실을 감안하면 참으로 아이러니한 상황이 아닐 수 없다.

현대정치사상은 20세기의 위기와 격변에 직면한 철학자들이 그 저변에서 진행되어온 지적·도덕적 위기의 본질을 꿰뚫어 보고, 변화된 인간조건에 적합한 공존양식을 모색하기 위해 치열하게 사색한 결과였다. 그들은 수많은 개인과 집단들이 겪고 있는 고통과 억압의 주요 원인을 밝히는 한편, 보다 나은 질서와 향상된 삶의 전망을 보여줌으로써 인류에게 위로와 희망을 주고자 했다(혹은 고통과 불안을 덜어주고자 했다). 그리고 이 과정에서 정치생활에 관한 심오하고 체계적인 사상을 제시했다.

정치사상은 정치에 관한 상식적인 견해나 분석과는 다르다. 그것은 정치적 삶의 의미에 대해 매우 포괄적이고 체계적이며 비판적으로 접근한다. 대개의 경우 정치생활에 대한 일상적인 이해는 매우 협소하고 피상적이다. 대의원들을 선출하는 선거절차나 정치지도자들의 통치행위를 정치의 핵심으로 간주하거나, 정치인들의 권력투쟁을 정치의 본령으로 본다.[2] 하지만 이런 접근에는 한계가 있다. 이런 접근법은 정치생활의 근본적인 의미나 정치체제의 특성을 간과해버리기 쉬우며, 정치행위를 평가할 수 있는 원칙이나 가치들을 도출해내기 어렵다. 그저 대중매체를 통해 접하게 되는 통치행위나 정치행위의 전략적 가치에 주목할 뿐이다.

반면에 정치철학자들은 전체적인 문명생활의 지평에서 정치생활이 지니는 근본적인 의미를 체계적으로 설명하고, 그런 포괄적인 정치이론을 토대로 다양한 정치제도와 과정이 지닌 가치를 조리 있게 설명한다. 동시에 기존의 사상이나 이론들이 전제하고 있는 가정 — 예컨대, 인간성이나 인간조건에 관한 가정 ─들의 타당성을 철저히 비판하고, 더 타당한 전제와 가정에 입각하여 정치생활의 의미를 새롭게 설명한다. 그리고 이 과정에서 새로운 개념과 범주들을 고안해 정치생활에 대한 독창적인 설명을 제시한다.

영미의 분석적 정치철학은 다소 다른 성격을 갖고 있다. 분석철학은 어떤 개념, 진술 그리고 주장의 명료한 의미를 드러내 줌으로써 자유민주주의체제의 시민들이 합리적인 토론을 통해 공동의 문제를 해결할 수 있도록 지원하는 데 역점을 둔다. 정치철학이 일반 시민들의 생각이나 희망과 동떨어진 고원한 이상을 추구하지 않도록 경계한다. 그럼에도 분석적 정치철학도 유토피아적인 성격을 완전히 벗어버리지는 못했다. 두 가지 정의원칙들 ─평등한 자유의 원칙과, 기회 평등 및 차등의 원칙 ─ 에 따라 질서정연하게 유지되는 존 롤스(John Rawls)의 이상사회는 분석적 정치철학도 전통적인 정치사상의 포괄적이며 규범적인 성격을 어느 정도 공유하고 있다는 사실을 말해준다.

정치사상의 죽음과 부활

19세기 후반의 유럽, 특히 영국에서는 역사, 정치, 철학을 자연과학처럼 엄밀한 실증과학으로 재정립하려는 움직임이 일어났다.[3] 1859년에 발표된 찰스 다윈(Charles Darwin)의 『종의 기원』(*On the Origin of Species*, 1859)은 '진화' 개념에 기반한 통합적인 과학이론에 대한 기대를 불러일으켰다. 역사가 존 베그넬 베리(John Bagnell Bury)는 물리학과 생물학을 역사학이 모방해야 할 가장 모범적인 학문으로 칭송했다. 1885년에는 케임브리지 대학에서 존 로버트 실리(John Robert Seeley)가 정치철학(political philosophy) 교과과정을 정치과학(political science) 교과과정으로 이름을 바꿨고, 프리드리히 폴락(Friedrich Pollock)은 『정치과학의 역사』(*History of the Science of Politics*, 1890)에서 과학적인 분석의 진정한 표식은 '끈기 있는 분석과 편견 없는 연구'임을 강조했다.

이런 추세는 케임브리지에서 버트런드 러셀(Bertrand Russell), 조지 에드워드 무어(George Edward Moore), 초기의 루트비히 비트겐슈타인(Ludwig Wittgenstein)이 주도한 분석철학 및 그에 영향을 받아 확립된 비엔나학파의 논리실증주의(logical positivism) — 모리츠 슐리크(Moritz Schlick)와 앨프리드 줄스 에이어(Alfred Jules Ayer) 등 — 의 영향에 힘입어 마침내 정치학 행태주의(political behaviouralism) 혁명을 촉발시켰다. 미국의 시카고 대학에서 찰스 에드워드 메리엄(Charles Edward Merriam)과 그 제자들 — 해럴드 라스웰(Harold Lasswell)과 V. O. 키 주니어(Valdimer Orlando Key Jr.) 등 — 은 학제 간 연구, 계량화된 방법론, 체계적인 연구 프로그램 등을 실험적으로 적용함으로써 행태주의 혁명을 시작했다. 동시에 이들은 참된 지식(진리)은 실험과 검증을 통해서만 수립된다고 보는 실증주의 인식론을 옹호하며 사변적인 형이상학에 기대온 전통적인 정치철학의 비과학성을 비판했다.[4] 그 결과 이들의 제자들이 미국의 주요 대학들에서 교편을 잡게 되는 1950년대에 이르면 전통적인 정치철학이 개인적인 가치와 선호를 반영한 주관적인 가치철학으로 치부되는 지경에 이르렀다. 정치철학은 과학적인 정치이론에 필요한 개념들을 명료화하는 보조역할을 수행하는 데 만족하거나 아예 퇴출되어야 한다는 주장이 힘을 얻었다.[5]

하지만 좀 더 넓은 맥락에서 보면 당시 정치철학의 사망 선고는 매우 과장되었거나 행태주의 학자들의 희망사항에 불과했다. 왜냐하면, 정치철학의 사망 기사와는 무관하게 미국과 유럽의 유명 대학들에서 뛰어난 정치철학자들이 저술 활동을 꾸준히 펼치고 있었기 때문이다. 예컨대 영국에서는 프리드리히 하이에크(Friedrich Hayek), 칼 포퍼(Karl Popper), 이사야 벌린(Isaiah Berlin) 등이, 프랑스에서는 베르트랑 드 쥬브넬(Bertrand de Jouvenel)이, 독일에서는 프랑크푸르트학파 1세대와 위르겐 하버마스(Jürgen Habermas)가, 그리고 미국과 캐나다에서는 레오 스트라우스(Leo Strauss), 에릭 뵈겔린(Eric Voegelin), 한나 아렌트(Hannah Arendt), 셸던 월린(Sheldon Wolin), 크로포드 맥퍼슨(Crawford Macpherson) 등이 왕성한 저술 활동을 펼치고 있었다.

물론 20세기 후반에 본격화된 정치철학의 부활은 1971년에 하버드 대학의 정치철학자 롤스가『정의론』을 펴내면서부터다. 1960년대에 들어 정치학 행태주의의 지나친 실증주의화 추세에 대한 반성이 고조되고 있었던 상황에서 극심한 사회·정치적 동요로 표출되었던 복지국가의 위기는 정치철학의 부활을 위한 절호의 기회를 제공했다. 1960년대 중반 이후 뚜렷해지기 시작한 서구사회의 혼란은 서로 우열을 가릴 수 없는 다양한 가치관을 추구하는 사람들이 어떻게 한 정치공동체 안에서 평화롭게 공존할 수 있는가 하는 근본적인 문제를 제기했고, 이에 대해 롤스가 질서정연한 사회에 필요한 정의의 원칙들을 체계적으로 제시하자 정치철학에 대한 관심이 급격히 고조되었다. 근본적으로 가치 함축적일 수밖에 없는 정의사회에 대한 탐구는 몰가치적인 실증주의적 정치연구의 한계를 드러내 준 동시에 정치철학의 중요성을 부각시켰다.

하지만 1970년대에 본격화되기 시작한 정치철학의 부활을 롤스 개인의 업적으로 보는 것은 매우 협소한 견해다. 그것은 1960년대까지 활발히 활동하며 정치철학의 명맥을 유지해왔던 다른 정치철학자들의 기여를 폄하하는 것이며, 롤스의 정치사상에 스며들어 간 다른 정치철학자들의 영향을 간과하는 것이다. 정치철학이 사망 선고를 받았던 1950년대와 1960년대에 걸쳐 출간되었던 정치철학적 저술들은 현대문명의 위기에 대한 심오한 분석과 성찰을 반영한 것들로, 롤스의 자유주의 정치사상이 학계와 미디어의 관심을 매개로 대중들에게 파고들 수 있었던 환경을 조성했다. 롤스 이전의 정치철학은 분석철학보다는 전통적인 정치철학에 훨씬 더 가까웠지만, 롤스의 자유주의 정치사상과 함께 현대사회가 직면한 윤리·정치적 위기를 이해하고 그에 대한 대응책을 모색하는 데 필수적인 지적 도구가 되었다.

현대정치사상의 저류와 전체주의에 대한 대응

크게 볼 때 현대정치사상은 세 가지 지적 흐름을 반영했다. 독일의 프리드리히 빌헬름 니체(Friedrich Wilhelm Nietzsche), 미국의 존 듀이(John Dewey), 이탈리아의 안토니오 그람시(Antonio Gramsci)가 그런 흐름을 대변했다. 19세기 후반의 철학자 니체는 전통적인 형이상학과 윤리학을 공격하고 반(反)민주적인 귀족적 개인주의를 표방한 철학자이자 포스트모더니즘의 선구자다. 19세기 후반과 20세기 전반기에 걸쳐 활동했던 듀이는 교육 철학자이자 자유민주주의를 옹호한 실용주의 철학자였으며, 그람시는 마르크스주의를 정치주의적이고 문화론적으로 재해석한 독창적인 공산주의 이론가였다. 이들은 각각의 사상적 입장에서 현대정치사상이 다채롭게 개화할 수 있는 비옥한 토양을 일궜다. 또한 니체의 사상을 계승한 독일의 보수주의 사상가 카를 슈미트(Carl Schmitt)는 우적 관계로 규정되는 '정치적인 것'의 개념과 결단주의 사상을 제시함으로써 (진보와 보수를 아우르는) 후세의 정치이론가들이 동의 및 합의보다는 적대와 긴장을 통해 민주사회가 역동적으로 균형을 찾아가는 과정에 주목하게 했다.

한편, 현대 인류에 깊은 상처를 남긴 전체주의 지배는 20세기 내내 정치철학자들의 주된 관심사가 됐다. 영국, 프랑스와 더불어 유럽 문명의 핵심부이자 최고의 '문화'를 자부했던 독일에서 전체주의운동이 발생해 인류를 전쟁의 소용돌이로 몰고 갔다는 사실은 대부분의 정치철학자들에게 전체주의라는 집단적 광기의 미스터리를 파헤쳐야 한다는 사명의식을 심어주었다.

전체주의는 제국주의 단계에 이른 독점자본주의의 내적 모순, 나치당의 세계 지배 야욕과 인종주의 이데올로기(특히 반유대주의), 이들의 입장을 이념적으로 뒷받침한 니체, 소렐, 슈미트와 같은 엘리트주의 정치사상가들, 그리고 자본주의 경쟁에서 낙오된 폭민(暴民)의 가담이 빚어낸 합작품으로, 그 원인과 성격에 대한 수많은 연구를 자극했다. 나아가서 (프랑스의 몽테스키외, 뱅자맹 콩스탕 Benjamin Constant, 토크빌 및 영국의 자유주의자 밀의 전제정치연구를 이어받아) '부드러운 전제정치', 기술전체주의(마르쿠제, 엘룰, 오웰 등), 혹은 전도된 전체주의(inverted totalitarianism) 비판 및 방지책에 대한 연구를 고무했다(월린).[6] 이런 연구들 중에는 보다 긴 지적 맥락에서 니콜로 마키아벨리(Niccolò Machiavelli)와 토머스 홉스(Thomas Hobbes)의 근대정치철학 및 니체의 의지철학이 대변한 상대주의와 허무주의에서 전체주의의 원인을 찾거나(스트라우스), 기독교가 태동하기 전 근동에서 발원한 영지주의(Gnosticism)의 현대적 형태―그 대표적 표현은 니체의 철학으로 인간과 세계의 완전한 재창조를 추구한다―에서 그 원인을 찾는 경우도 있다(뵈겔린).

뉴딜과 냉전: 자유주의의 진화

20세기에 자유주의는 두 번의 큰 변화를 겪었다. 첫째는 제1차 세계대전 이후부터 1970년대 중반까지 계속된 변화다. 간략히 말해 이 변화는 경제에 대한 국가의 개입을 정당화하려는 시도의 산물이었다. 19세기 중반에 이르러 분명히 드러나기 시작한 고전적 자유주의의 도덕적·사회적 결함 및 그에 대한 사회주의적 대안의 등장은 자유주의가 새로운 방향으로 진화하도록 압력을 가했다. 게오르크 빌헬름 프리드리히 헤겔(Georg Wilhelm Friedrich Hegel)의 관념론 철학에 영향을 받은 영국의 토머스 힐 그린(Thomas Hill Green), 버나드 보즌케트(Bernard Bosanquet), 레너드 홉하우스(Leonard Hobhouse) 등은 개인이 자아를 실현하는 데 필요한 조건을 국가가 제공해주어야 한다고 주장하면서 새로운 자유주의(New Liberalism)를 주창했다. 새로운 자유주의는 원자론적 개인주의에 바탕을 둔 고전적 자유주의와 달리, 개인의 자아실현은 공동체의 도덕적 지평에서만 가능하다고 주장하며 자유 실현의 사회정치적 조건을 강조했다.

개인주의적 자유주의가 사회적 자유주의(social liberalism)로 탈바꿈하고 있었던 상황에서 발생한 양차 세계대전과 경제공황은 존 메이너드 케인스(John Maynard Keynes)의 경제이론 및 뉴딜 같은 정책적 대응을 매개로 경제에 대한 국가의 개입을 가속시켰다. 양차 세계대전은 부국강병의 필요성을 절박한 과제로 부각시켜 유럽 국가들이 시민권을 대폭 확장시키는 한편, 사회보장 정책을 통해 그들의 충성을 담보하도록 유인했다.[7] 그리고 경제공황은 자유분방한 경제적 자유주의의 구조적·도덕적 한계를 드러냄으로써 경제에 대한 국가 개입의 도덕적 정당성을 부각시켰다.

경제에 대한 국가의 개입을 정당화하는 자유주의는 보통 정치적 자유주의(political liberalism)로 불린다.[8] 정치적 자유주의는 19세기 정점에 달한 경제적 자유주의(economic liberalism)의 한계를 반성하고 적극적 자유와 사회정의 실현에 필요한 국가의 역할을 부각시키며 경제적 자유주의에 대한 대안으로 부상했다. 정치적 자유주의는 전후 복지국가의 발전을 이론적으로 뒷받침했으며 롤스가 자유주의를 새롭게 정립하는 데도 큰 영향을 미쳤다.

제2차 세계대전 종료와 더불어 미국과 소련 사이에 형성되기 시작한 냉전체제는 현대정치사상의 또 다른 주요 배경이다. 냉전은 전체주의 지배와 함께 소극적 자유와 자유방임주의, 권력분립, 법의 지배, 대의민주주의를 강조해온 고전적인 자유주의가 다소 변형된 형태로 부활하는 배경이 되었다. 냉전은 공산주의 진영의 경제적·정치적 참상에 대해 자본주의 진영의 경제번영과 자유를 대비시키는 방법으로 고전적 자유주의의 장점을 부각시킬 수 있는 절호의 기회를 제공했다. 특히 스탈린 체제의 등장 및 헝가리 혁명에 대한 소련의 난폭한 진압은 한때나마 마르크스주의에 공감했던 좌파 지식인들의 이반을 불러일으켰고, 하이에크, 오크숏(Michael Oakeshott), 벌린과 같은 정치철학자들이 권력분립과 법의 지배 및 작은 국가를 지향했던 고전적 자유주의를 우호적으로 재평가할 수 있는 계기를 제공했다. 이들은 사회주의체제를 지탱하는 단일한 이념체계의 폐쇄성과 억압성, 합리주의적 계획경제의 인식론적 한계 및 무제한 민주주의의 결함을 지적하는 한편, 가능한 한 국가의 개입을 최소화하고 경제사회와 시민사회의 다원성과 자율성을 극대화하는 것이 자유문명의 번영에 이로울 것이라고 주장했다. 요컨대 벌린, 하이에크 그리고 오크숏 등은 자유주의의 전통적인 가치들과 경험주의적인 사고방식을 결합시킨 독특한 자유주의 — 혹은 보수적 자유주의 — 를 제시했다.

복지국가의 위기와 신좌파/신우익 논쟁

복지국가의 위기는 현대정치사상이 다채롭게 전개될 수 있는 또 다른 계기가 됐다. 1960년대 중반 이후 본격화한 서구사회의 위기는 복지국가 개혁을 둘러싼 신좌파와 신우익의 대립을 가져왔으며, 자유주의 전통 내에서는 복지국가에 우호적인 평등주의적 자유주의와 포괄적인 재분배국가에 반대하는 자유지상주의 사이의 논쟁을 초래했다(예컨대 롤스 대 노직). 그리고 1980년대부터는 국가가 다양한 가치관이나 삶의 형태 사이에서 중립적인 입장을 취해야 한다고 보는 중립적 자유주의와 국가가 가치 있고 건전한 생활 형태들을 보호·증진하는 것이 옳다고 보는 완전주의적 자유주의자들 사이에서도 흥미 있는 논쟁이 발생했다(예컨대 롤스 대 라즈). 특히 1980년대에는 롤스와 로버트 노직(Robert Nozick)을 위시한 자유주의자들과 알래스데어 매킨타이어(Alasdair MacIntyre), 마이클 샌델(Michael Sandel), 찰스 테일러(Charles Taylor), 마이클 왈저(Michael Walzer)와 같은 공동체주의자들 사이에서도 논쟁이 발생해 지성계는 전례 없는 백가제방의 시대를 맞이했다. 자유주의/공동체주의 논쟁에 대한 설명은 잠시 뒤로 미루기로 하고 여기서는 신좌파와 신우익 사이의 논쟁 — 그리고 부분적으로는 자유주의 내부의 논쟁 — 을 간략히 개관하기로 한다.

1960년대 후반에 이르러 복지국가가 심각한 위기의 징후를 보이자 정계와 학계에서는 복지국가의 개혁 방향을 둘러싸고 논쟁에 휩싸이기 시작했다. 먼저 포문을 연 것은 신좌파(New Left)였다. 신좌파 세력은 중앙집권적인 복지국가나 국가사회주의는 심대한 결함이 있다고 비판하면서 다수 시민들이 직접 참여할 수 있는 민주정치 형태를 추구했다. 이들은 중앙정부의 권력과 활동을 확대함으로써 빈곤과 착취를 극복하려 했던 전통적인 좌파에 반대했기 때문에, '반(反)관료주의적 좌파', '반(反)국가주의적 좌파', '반(反)관료주의적 급진파', '분권주의적 사회주의자' 혹은 '참여민주주의자' 등으로 불리게 되었다.[9]

신좌파에 의해 주도된 참여민주주의운동은 사상적으로는 아리스토텔레스(Aristoteles)와 장 자크 루소(Jean-Jacques Rousseau) 및 G. D. H. 콜(George Douglas Howard Cole) 그리고 부분적으로는 마르크스주의적 문제의식을 복구·결합시킨 형태로 나타났다. 신좌파는 복지국가체제에서 일반 시민들은 자신의 삶에 중요한 영향을 미치는 정책들을 결정하는 데 전혀 발언권과 결정권을 갖지 못했다고 지적하면서 대의민주주의의 형식성을 비판했다. 유럽 각국은 언론과 출판의 자유, 의회, 자유선거 제도를 갖추고 있었음에도 소수만이 정책결정권을 행사했기 때문에 중앙집권적인 관료적 복지국가로 전락했다는 것이다. 그들은 이런 체제 대신에 정책 결정과 입법 과정에서 일반 시민들이 제 목소리를 낼 수 있는 참여주의적인 민주주의 형태를 선호했다.

이들 중 보다 진보적인 세력은 권력을 중앙정부에서 하위 단위로 이양해야 한다고 주장하는 데 그치지 않고, 기업경영 권력까지도 근로자들과 소비자들에게 이양해야 한다고 주장했다. 이른바 '산업민주주의'(industrial democracy) 혹은 '일터민주주의'(workplace democracy)로 개념화된 이 흐름은 캐롤 페이트만(Carole Pateman)과 맥퍼슨과 같은 탁월한 학자들의 이론화를 통해 대의민주주의를 보완 또는 대체할 수 있는 유력한 대안으로 부상했다.

하지만 참여민주주의 이론은 목표로서의 '자기발전' 개념을 구체화하지 못했고, 비현실적인 능동적인 시민 개념을 전제했으며, 긍정적인 참여와 부정적인 참여를 구분하지 않는 등 몇 가지 심각한 문제점을 안고 있었기 때문에 (특히 신우익에 의해) 유토피아적이라는 비판을 받았다. 이로 인해 참여민주주의 이론은 점차 참여의 양보다는 질적인 측면을 강조하는 변화를 보이기 시작했고, 하버마스의 공론장 및 의사소통적 합리성 이론을 매개로 심의(토의)민주주의 이론으로 전환되거나 심의민주주의 이론과 결합되었다.

한편, 1973년에 터진 오일쇼크는 복지국가의 위기를 가속시킴으로써 자유시장경제와 작은 정부를 옹호하는 신우익(New Right)의 대두를 불러왔다. 신우익은 자유시장경제와 작은 정부를 지지한다는 공통성을 제외하면 매우 이질적인 철학적 · 윤리학적 · 방법론적 입장을 견지하는 다양한 사조들의 느슨한 집합이었다. 신우익에는 시카고 경제학파, 오스트리아 경제학파, 버지니아 공공선택학파를 비롯하여 노직, 아인 랜드(Ayn Rand), 존 호스퍼스(John Hospers)와 같은 자유지상주의자 및 무정부주의적 자본주의(anarchro-capitalism)를 옹호한 머레이 라스바드(Murray Rothbard)와 같은 학자들도 포함되어 있었다.[10] 인식론적으로는 실증주의적인 경향과 직관적 · 성찰적인 경향이 공존했으며, 윤리학적으로는 공리주의적 결과주의와 칸트주의적 의무론이 뒤섞여 있었다. 그러므로 제도적인 수준에서는 비슷한 목표를 추구했지만, 그 제도들을 정당화하는 논리는 천차만별일 수밖에 없었다.

대처주의와 레이거노믹스는 신우익의 두 기둥으로 1980년을 전후한 시기에 서구사회의 정치 · 경제 · 행정 개혁을 선도한 모델로 급부상했다. 이때부터 세계 질서는 신자유주의화 추세를 타기 시작했는바, 이런 변화를 배경으로 신우익 사상은 신좌파의 급진민주주의 및 (롤스가 대변하는) 평등주의적 자유주의 사상과 예리한 대립각을 세우게 되었다. 이 책에 소개된 롤스와 노직의 정치사상은 넓게는 신좌파/신우익 논쟁의 일부면서도, 자유주의 진영 내에서의 좌/우 입장을 대표한다고 볼 수 있다.

자유주의/공동체주의 논쟁

현대사회의 가장 지배적인 정치사상이 자유주의라는 데에는 이견이 없을 것이다. 자유주의는 자연권적 자유주의, 공리주의적 자유주의, 의무론적 자유주의, 그리고 아리스토텔레주의적 자유주의로 분화되어 있을 뿐만 아니라, 국가의 성격과 관련해서는 중립적 자유주의와 완전주의적 자유주의

(perfectionist liberalism)로, 그리고 제도적 차원에서는 복지 자유주의와 최소국가 자유주의 등으로 구분된다.[11] 이처럼 자유주의만 보더라도 내부의 분화가 매우 세밀하게 진행된 것을 알 수 있는데, 공동체주의, 페미니즘 그리고 포스트모더니즘의 도전은 자유주의의 스펙트럼뿐만 아니라 현대정치사상의 지형도를 더욱 복잡하게 만들 수밖에 없다. 예컨대, 로티의 '포스트모던 부르주아 자유주의'는 근대적인 자유주의 정치체제를 포스트모던적인 접근법으로 정당화한 흥미 있는 예로서, 현대정치사상의 복잡한 지형도를 짐작게 해준다.

1980년대 들어 매킨타이어, 샌델, 왈저 그리고 테일러로 대표되는 일단의 공동체주의자들이 롤스의 자유주의적 『정의론』이 함축하고 있는 보편주의와 (인간관의) 모순성을 비판하면서 20세기 후반의 가장 큰 논쟁인 자유주의/공동체주의 논쟁이 시작됐다. 이 논쟁으로 현대의 공동체주의는 자유주의와 구분되는 중요한 사상전통으로 확립되었을 뿐만 아니라, 자유주의가 자기반성을 통해 더욱 세련되고 풍부한 사상 전통으로 진화할 수 있도록 자극했다. 예를 들어, 조셉 라즈(Joseph Raz), 마사 누스바움(Martha Nussbaum), 윌리엄 갈스톤(William Galston), 스티븐 G. 살케버(Stephen G. Salkever), 스티븐 마세도(Stephen Macedo) 등은 아리스토텔레스주의에 입각하여 자유주의를 재해석함으로써 자유주의적 공동체주의 혹은 공동체주의적 자유주의라는 통합적 정치사상을 구성해냈다. 왈저 또한 헤겔주의를 원용한 문화 특정적(culture-specific) 해석 방법을 사용하여 '복합적 평등'으로서의 정의관을 제시함으로써 자유주의와 공동체주의의 교차점에 배치시킬 수 있는 독특한 정치사상을 구성했다.

오늘날의 공동체주의자들은 현대사회의 수많은 사회적·윤리적 문제들의 주된 원인이 개인주의적인 자유주의 문화의 확산과 그로 인한 공동체와 공동선 관념의 쇠퇴에 있다고 진단한다. 개인의 자유와 권리에 기초한 담론과 문화는 사회를 더욱 원자화시키고 공동선에 대해 무관심하게 만들며, 전통적인 권위를 위축시키고 공적인 것을 사적인 것에 종속시키는 경향을 확산시킨다는 것이다. 나아가서 자유주의가 개인들이 서로를 분리되고 고립된 이방인으로 대하도록 부추기거나, 실상은 서로 결합되어 있고 상호의존적인 개인들의 공동체를 '이방인들의 군집'에 불과한 것으로 잘못 묘사함으로써 공동체의 해체와 소멸을 가속화시키고 있다고 주장한다. 이들에 따르면 공동체는 자유주의자들이 비판한 것과는 달리 개인에게 자신이 누구인가에 관한 의식 곧 정체감을 심어주는 동시에, 삶의 가치와 목적을 가질 수 있게 해주는 의미의 요람이다. 그뿐 아니라 생활에 활력과 즐거움을 주는 공동참여의 공간이자 미덕과 예절을 학습시키는 배움의 공간이기도 하다.

현대의 공동체주의자들은 자유주의에 대해 다음과 같은 중요한 쟁점들을 제기했다.[12] 첫째, 자유주의자들은 인간을 사회생활에 진입하기 이전에 이미 완성된 존재로 보며, 인간의 이성 또한 구체적인 사회적·정치적·문화적 맥락에서 벗어나 자유롭게 판단하고 선택할 수 있는 추상적 실체로서 파악한다. 둘째, 개인의 권리 및 정의를 강조하는 자유주의적 입장은 시민의 의무와 공동선을 희생시킨 결과다. 셋째, 정의와 권리에 관한 자유주의의 추상적이고 보편주의적인 이론들은 개인이 공적인 삶보다는 사적인 삶으로 철수하도록 조장했고, 타인에 대해 자신의 권리만을 내세우는 이기적인 풍조를 조장했다.

이와 같은 공동체주의자들의 비판에 맞서 자유주의자들은 다음과 같이 응수했다. 첫째, 공동체주의자들은 자유주의 이론의 추상성을 잘못 이해했다. 현대의 자유주의자들은 개인의 자아가 공동체 안에 존재한다는 것과 인간은 사회적 존재라는 것을 부인하지 않는다. 중요한 것은 "우리가 사회의 관행과 전통 속에 아무리 깊이 연루되어 있을지라도 우리는 그런 관행들이 진정 가치 있는 것인가를 의문시할 수 있다고 느낀다는 점이다."[13] 둘째, 자유주의자들이 귀속과 정체성 그리고 공동체에 더 많은 관심을 보일 필요가 있다는 것은 인정하지만, 그런 관심은 자유주의 이론 안에서도 완벽히 표현될 수 있다. 셋째, 공동체주의는 공동체에 존재하는 악덕과 결함들—불관용과 착취 등—을 백안시할 뿐만 아니라, 개인의 자유와 권리를 지나치게 억압할 수 있다.

이 마지막 응수에 대해 공동체주의자들은 대체로 수용적인 태도를 보였다. 샌델이 자신을 공동체주의자보다는 공화주의자로 규정하고 싶어 한 것이 좋은 증거다. 일부 공동체주의자들은 자신이 모든 형태의 공동체들을 다 수용하는 것은 아니라는 점을 분명히 했다. 또 다른 이들은 공동체주의라는 이름은 견지하지만, 자유주의자들의 비판을 감안하여 개인의 권리와 시민적 책임의 균형을 맞추려고 시도하기도 했다.[14]

현재의 공동체주의는 자유주의/공동체주의 논쟁을 통해 자유주의에 대비되는 사상전통으로서 확고한 위상을 굳혔다. 그동안 공동체주의는 자유주의 비판에 치중한 나머지 독자적인 정치이론을 체계화시키지는 못했다. 그럼에도 자유주의의 결함과 한계를 예리하게 비판하고, 자유주의 질서를 개선시킬 수 있는 중요한 통찰을 제공해왔다.

페미니즘의 도전

오늘날 페미니즘은 공동체주의와는 다른 맥락에서 독자적인 정치사상 전통을 형성하고 있다. 페미니즘은 내적으로 많은 분화가 이루어져 있다. 페미니즘 내에서 제한된 공간을 차지하고 있는 자유주의적 페미니즘을 제외하면, 페미니즘은 대체로 비(非)자유주의적이거나 반(反)자유주의적인 성격을 띠고 있다. 마르크스주의/사회주의 페미니즘과 급진적 페미니즘이 대표적인 경우로, 이런 부류의 페미니즘은 자유주의와 날카로운 대립각을 세우고 있다. 여기서는 페미니즘의 진화과정과 문제의식을 간략히 살펴봄으로써 현대정치사상의 흐름을 좀 더 상세히 그려보고자 한다.

수잔 제임스(Susan James)에 의하면 페미니즘은 19세기 중반 이래 세 번의 물결을 거치며 진화해왔다.[15] 먼저 첫째 물결은 19세기 중반부터 1930년대 사이로 페미니즘에 대한 문제의식이 다채롭게 펼쳐진 시기였다. 유럽과 미국에서 일어난 여성의 권리 캠페인, 미국에서 엠마 골드만(Emma Goldmann)이 주도한 여성의 성적 자유에 대한 옹호, 러시아에서 알렉산드라 콜론타이(Alexandra Kollontai)가 주도한 여성 노동개혁 및 여성 해방운동 등 다양한 관심들이 표출되었다. 미국과 유럽에서 여성의 다양한 권리—교육, 복지, 투표, 동등한 법적 지위 등—를 요구했던 캠페인은 대체로 자유주의적 틀 내에서 움직였으며 정치적·경제적 개혁을 중요시했다. 반면, 프리드리히 엥겔스(Friedrich Engels)의 영향을 받은 콜론타이는 여성은 일차적으로 가사노동으로 인해 불이익을 받는다는 것을 강조하고, 광범위한 법적 개혁을 시도하여 여성을 '삼중 부담'—임금노동, 가정부, 그리고 어머니라는 삼중 역할—에서 해방시키는 데 주력했다.

1930년대에 시작된 페미니즘의 둘째 물결은 남성성과 여성성의 사회적 구성에 관한 시몬 드 보부아르(Simone de Beauvoir)의 헤겔주의적인 설명, 1960년대 말에서 1970년대에 걸쳐 대두한 급진정치와 마르크스주의, 그리고 가부장주의 문화이론으로부터 큰 영향을 받았다. 먼저 민권운동이나 학생운동과 같은 급진정치운동은 소수집단이 겪어온 다양한 불이익과 착취에 대한 관심을 불러일으켰다. 여성학자들로 하여금 이중 기준, 피임, 양육과 같은 개인적인 테마들을 연구하도록 자극했다. 마르크스주의는 여성들이 처한 곤경의 주된 원인이 여성의 열악한 경제상황에 있다는 점을 부각

시켜주었다. 하지만 마르크스주의는 여성이 자본주의뿐만 아니라 남성에
의해서도 지배되고 있다는 자명한 사실을 간과했다. 그래서 일부 페미니스
트들은 가부장주의에 관한 이론으로 마르크스주의적 페미니즘을 보완하거
나 독자적인 반(反)가부장주의 페미니즘을 발전시켰다.

이 시기에 보브아르가 『제2의 성』(*Le Deuxième Sexe*, 1949)을 통해 페미니
즘 발전에 미친 영향은 아무리 강조해도 지나침이 없을 것이다. 그녀는 주
인/노예 관계에 대한 헤겔의 설명을 확장시켜 수천 년 동안 지속되어온 여
성의 예속적 지위를 설명했다. 주체는 타자를 지배하여 대상화하고, 타자
로부터 인정받음으로써 주체가 된다. 공적인 영역에서 남성은 투쟁을 통해
주체가 되려고 하는데, 이 전투를 통해 주인과 노예가 탄생한다. 이 투쟁에
는 모든 남성을 주인으로 만드는 한 가지 요인이 더 존재한다. 여성들은 남
성 주체를 승인할 수 있는 의식적인 존재이지만 주체성을 얻기 위해 투쟁
하지 않고 오히려 자신들이 지배되는 것을 허락한다. 따라서 남성들은 여
성들에 대항하여 싸울 필요가 없다. 여성들이 스스로 고분고분한 타자가
되었기 때문이다.

여성을 남성의 타자로 묘사한 보부아르의 설명은 '성차별결사'(gendered
association)에 관한 이론으로 발전되었다. 위계적인 남녀관계는 상징적인
짝들 ─ 정신과 육체, 공적인 것과 사적인 것, 이성과 감정 ─ 을 매개로 표현
된다고 보는 그녀의 시각은 페미니즘의 제2의 물결에 강력한 해석적 도구
를 제공했다. "사람은 여성으로 태어나는 것이 아니라 여성으로 되어가는
것이다." 보부아르의 이 유명한 말은 '사회적 구성'(social construction)의
문제를 페미니즘의 핵심 이슈로 부각시켰다.

1980년대 후반부터 지금까지 계속되고 있는 셋째 물결에서는 무엇보
다 두 가지 변화가 두드러진다. 첫째, 둘째 물결의 페미니즘은 은연중 백
인 중산계급의 이해관계만을 반영함으로써 여성들 사이에 엄존하는 '차

이'(difference)를 간과했다. 다양한 조건에서 영위되는 다양한 여성들의 상이한 삶을 고려하지 않았던 것이다. 이와 달리 셋째 물결의 페미니즘은 국적, 계급, 종교, 성적 취향, 민족과 같은 요인들에 있어서의 차이와 여성들이 겪은 차별과 억압의 미묘한 차이들을 전면에 부각시켰다.

또 다른 변화는 그동안의 페미니즘이 초점을 맞춰온 남성과 여성 사이의 '차이'를 문제시하고 있다는 점이다. 여성으로 존재하는 다양한 방식들이 있고 또 각각의 존재 방식들이 특수한 사회적 · 역사적 맥락에서 구성되는 것이라면, 성적 차이도 사회적 구성물로 봐서는 안 되는가? 이런 의문에 답하기 위해 노력하는 과정에서 최근의 페미니스트들은 (신체상의 성적 특징들과 사회적으로 결정된 성적 차이를 구분하는 대신) 신체적인 성과 사회직인 성 사이의 구분을 축소 또는 붕괴시켜버리고자 한다.

최근에 진행되고 있는 페미니즘 내부의 이론적 세분화는 현대정치철학의 다른 조류들, 예컨대 정체성 이슈와 관련된 다문화주의 이론 및 정신분석 이론과 결합된 포스트모더니즘의 영향을 반영한 것으로, 페미니즘이 근대성의 거시정치(macro-politics)에 대비되는 (일상생활 속에서 소그룹 단위로 수행되는) 포스트모던 미시정치(micro-politics)와 접합되고 있음을 말해준다. 요컨대 현대의 페미니스트 정치사상은 다른 정치사상 전통들과 상호영향을 주고받으며 독자적인 정치사상으로서의 지위를 확고히 다져가고 있다.[16]

근대성과 포스트모더니즘

포스트모더니즘은 19세기 말과 20세기 초반의 유럽 철학에 심대한 영향을 미친 니체와 마르틴 하이데거(Martin Heidegger)에게 특히 깊은 영향을 받았다. 이 두 거인들은 서구의 근대성을 서구 역사의 정점 혹은 전환점으로 파악했다.[17] 그들은 역사(시간) 초월적인 진리 개념과 주체/객체 이분법을 전제한 근대적 인식체계, 그리고 그 산물인 합리주의적 도덕·정치규범들은 궁극적으로 정당성이 없다고 평가하고, 전통적인 형이상학 체계를 뿌리부터 해체하려고 시도함으로써 포스트모더니즘의 철학적 기원을 열었다. 니체는 원자화되고 뿌리를 잃은 근대인들의 경험을 극단적으로 밀고 나가서 근대적 자율성 관념을 새로운 가치와 의미의 창조능력으로까지 격상시켰다. 그리고 하이데거는 근대세계의 황폐한 상황을 '고향 상실'(homelessness)로 묘사하고 근대과학과 테크놀로지의 도구적 광란이 인간의 의미 세계를 파괴했다고 분석했다.

니체와 하이데거의 영향은 프랑스와 영미에서 다르게 나타났다. 프랑스에서는 미셸 푸코(Michel Foucault), 장 프랑수아 리오타르(Jean-François Lyotard), 자크 데리다(Jacques Derrida)로 대표되는 탈구조주의적(혹은 후기구조주의적) 포스트모더니즘으로 표현되었다. 먼저 니체로부터 목전의 경험적 증거를 믿지 말고 배후에서 작용하는 구조와 힘을 찾아야 한다는 것과 사회와 역사 과정을 분석함에 있어서 발전, 방향 그리고 목적과 같은 관념들을 불신해야 한다고 배운 푸코는 포스트모던 정치철학을 선도했다. 그는 지식과 권력의 밀접한 상보성 및 미시적인 권력 기제들의 작용을 섬세히 그리는 가운데 전통적인 국가 중심 권력 개념과 단절했다.

리오타르는 언어학적 시각에서 푸코와 유사한 주장을 폈다. 그는 언어를 극단적으로 파편화시킨다. 리오타르에 의하면 사회적 유대는 언어로 엮여 있긴 하지만 '하나의' 언어로 엮여 있는 것이 아니라 '수많은' 언어 게임들로 엮여져 있다.[18] 그리고 개인들의 삶은 수많은 언어 게임들이 교차하는 곳에서 영위되는바 주체는 파편화된 언어 게임들 속에서 해체되어버린다. 푸코처럼 리오타르도 분화된 언어 게임들의 수행이 어떻게 제도적인 언어

와 권력을 수립하게 되는지를 탐구한다.[19]

하이데거에게 깊은 영향을 받은 데리다는 해체주의 방법을 구체화시켰다. 해체주의는 무엇보다 텍스트에 대해 사고하고 텍스트를 독해하는 방법이다.[20] 문화적 삶은 상이한 텍스트들이 서로 교차하면서 또 다른 텍스트들을 산출해내는 일련의 텍스트와 같다. 텍스트들이 서로 얽히는 과정과 그렇게 얽힌 텍스트들의 의미는 개인의 통제를 벗어나 있기 때문에 텍스트를 마스터하려는 노력은 부질없는 일이다. 해체주의 방법은 이런 사실을 인정하면서 한 텍스트를 살피는 가운데 다른 텍스트를 찾고, 한 텍스트를 다른 텍스트로 해체시키거나 재구성한다.

데리다는 콜라주/몽타주를 포스트모던 담론의 으뜸가는 형식으로 간주한다. 그림, 건축, 사진을 막론하고 콜라주/몽타주에 내재된 이질성은 그 이미지를 수용하는 우리들을 자극함으로써 획일적이지도, 안정적이지도 않은 의미를 산출하도록 유인한다. 텍스트의 모든 생산자가 의미를 산출하는 데 참여하는 것이다. 이렇게 문화생산자의 권위가 낮아지고 대중 참여의 기회가 확대되면 문화적 가치를 민주적으로 결정할 수 있는 기회가 훨씬 더 넓어진다.[21] 아울러 데리다의 '구성적 타자'(the constitutive other) 개념은 차이와 정체성의 정치이론 발전에 중대한 기여를 했다.

영미에서의 포스트모더니즘은 크게 세 가지 흐름으로 나타났다.[22] 로티로 대표되는 흐름은 서구의 주류 인식론적 전통을 형성해온 형이상학적 토대주의를 비판하고, 반(反)토대주의적 실용주의에 입각하여 자유민주주의체제의 우연성과 성격을 설명한다. 이런 입장에서 보면 보편주의적인 담론을 거부하는 것이 자유민주주의체제를 정당화하는 데 특별히 문제가 되지 않는다. 자유민주주의체제는 북아메리카 부르주아지의 특별한 경험과 열망을 반영한 것으로, 그에 대한 정당화는 오직 지역적 공동체, 곧 북아메리카의 특수한 해석적 공동체를 배경으로 해서만 올바르게 수행될 수 있기 때문이다.

윌리엄 E. 코놀리(William E. Connolly)로 대변되는 둘째 흐름은 포스트모더니즘을 사회·정치제도들의 적실성이나 정당성을 의문시하기 위한 방법으로 간주하지만, 기존 제도들에 대한 전체적이고 철저한 검토의 필요성을 제기하지는 않는다. 이 입장은 '타자'의 요구와 입장을 좀 더 폭넓게 수용할 수 있는 정의관 구성이 필요하다는 주장으로 수렴된다.

주디스 버틀러(Judith Butler)로 대표되는 셋째 흐름은 주체의 형성 및 사회관계의 변화와 관련해 더욱 드라마틱한 견해를 제시한다. 버틀러는 정치의 기초가 되는 본질적인 성차(性差)는 없으며, 오히려 성차에 관한 이론들이 기성의 정치맥락에서 구성된다고 본다. 이런 관점에서 보면 성차에 관한 규정과 관행은 사회정치적 구성물이기 때문에 딱히 반대할 이유나 근거를 찾기 어렵다. 저항을 수행하는 '타자'(Other)는 무능한 존재로서 망각되든지 극단적인 존재로 인식될 뿐이다.[23]

지금까지 살펴본 것처럼 포스트모더니즘은 모든 것들을 하나의 보편적 체계 속에 편입시키는 보편언어(meta-language), 보편담론(meta-narrative) 혹은 보편이론(meta-theory)을 거부한다. 포스트모더니스트들은 보편언어나 이론의 '전체화시키는'(혹은 억압하는, totalizing) 효과에 주목하고, 서구의 철학 전통에 내재해온 보편주의적인 합리성 개념과 독립적이고 주체적인 자아 개념을 해체하려 시도했다.

하지만 포스트모더니즘에는 중요한 모순이 있다.[24] 포스트모더니즘은 근대세계에 대한 위기의식을 시대 전환의 전조로 과장하는 경향이 있다. 하지만 포스트모더니즘의 관점주의 혹은 상대주의는 그런 포괄적인 주장을 불가능하게 한다. 리오타르의 『포스트모던 상황』(The Postmodern Condition, 1992)은 그런 모순—거대담론의 종말에 관한 거대담론의 모순—을 노정하는 좋은 예다.

다른 한편, 하버마스는 근대성 안에서 근대성의 위기를 돌파할 수 있는 자원을 발굴하고자 한다. 그는 포스트모더니즘의 상대주의와 패배주의에 대항하여 계몽주의 기획을 옹호한다. 그는 근대사회가 위기에 처해 있다는 사실을 인정한다는 점에서 일정 부분 포스트모더니즘의 근대성 비판을 수용한다. 하지만 그는 근대성의 위기가 근대성 자체의 결함보다는 '역사에서의 이성의 왜곡된 실현' 및 복잡한 관계와 사건들에 대해 단순화된 보편주의담론을 적용한 데서 기인했다고 본다.[25] 그가 보기에 근대성에 대한 포스트모더니스트들의 부정적 평가는 이성을 '도구적' 이성과 동일시한 결과이다. 일단 도구적 이성을 이성 자체로 오인하게 되면, 그에 대한 저항은 오직 비(非)이성적인 힘―이를테면 광기, 에로티시즘 그리고 디오니소스적인 것들―을 통해 수행될 수밖에 없다.

하버마스에 의하면 합리성은 언어적 의사소통 과정에서 발생하는 타당성 주장(validity claims)에 긍정적으로 대응하는 과정에서 형성된다. 의사소통을 통해 대화의 당사자들은 상호이해의 목표에 도달하려고 노력하는 가운데 합의에 의해 규범을 산출한다. 이런 메커니즘을 통해 '의사소통적 이성'은 위기에 처한 근대사회를 구원하는 힘이 될 수 있다.

하버마스에 의하면 자본주의 형태건, 국가사회주의 형태건 근대성은 도구적 이성이 생활세계를 식민화함으로써 구현되었다. 하지만 이런 상황은 근대적 이성의 잠재력을 제한적이고 일방적인 방식으로 구현한 결과이기 때문에 의사소통적 합리성을 회복함으로써 교정될 수 있다. 다시 말해 근대성을 포기할 필요는 없다.

앤서니 기든스(Anthony Giddens), 스콧 래쉬(Scott Lash) 그리고 울리히 벡(Ulrich Beck) 또한 하버마스와는 다른 맥락에서 탈근대성이라는 불연속적 개념보다는 '성찰적 근대화'(reflexive modernization)라는 연속적인 개념을 선호한다. 이들은 근대화 과정에서 획득한 성찰적 능력에 입각하여 과거의 단순근대화 과정이 산출한 '위기' 혹은 '제조된 불확실성'(manufactured uncertainty)을 극복하는 또 다른— 하지만 연속적인 — 근대화가 진행되고 있다고 본다.[26]

다문화주의와 공화주의

마지막으로 1970년대 이후 서구에서 새롭게 대두한 두 가지 정치사상을 간략히 소개한다. 첫째는 다문화주의다. 다문화주의는 국가의 정치원리 또는 정책은 다양한 문화집단들의 목소리들을 반영해야 할 뿐만 아니라, 법·행정·교육·가족·이민·고용·문화 등과 관련된 모든 국가 정책들이 문화적 다양성을 보호하고 증진해야 한다고 주장하는 규범적 정치이론이다.

   1970년대 오스트레일리아와 캐나다에서 대두한 다문화주의는 1990년대에 이르러 미국, 영국, 프랑스 등 대부분의 서구 국가들로 퍼졌고, 2000년대 중반경에는 동아시아 지역까지 확산되었다. 이런 현상은 냉전이 종식되고 데탕트 체제가 형성되기 시작한 상황에서 각국의 경제와 산업이 점점 더 상호의존적 체제를 형성하게 된 상황과 연관되어 있다. 세계경제체제의 형성은 자본과 노동의 자유로운 이동을 촉진시켜 노동자의 국제적 이동을 활성화시켰으며, 타문화권에 대한 관심 및 동경을 불러일으켜 국제결혼의 비율을 비약적으로 증가시켰고, 학술과 문화교류를 자극함으로써 문화권 사이의 교류 폭을 대폭 신장시켰다. 이와 함께 전통적으로 국민국가의 영토적 경계가 지니고 있던 경제적·문화적 중요성은 급격히 떨어졌고, 각국의 인종적·문화적·종교적 구성도 예전과는 비교할 수 없을 정도로 복잡한 양상을 띠게 되었다. 게다가 이런 상황에서 밀려온 민주화의 제3의 물결은 민주의식과 인권의식을 고양시켜 다문화주의가 대두하는 데 유리한 환경을 조성했다.

특히 라즈, 테일러, 윌 킴리카(Will Kymlicka)는 1980년대와 1990년대에 다문화주의를 현대정치사상의 중요한 흐름으로 부각시키는 데 기여했다. 예컨대 킴리카는 문화야말로 개인들이 자신의 정체성과 삶의 목표를 확립하는 데 필수불가결한 요소라고 강조하고 자유주의 국가들은 (소수) 문화의 보존을 위해 특별한 관심을 가져야 한다고 촉구했다. 킴리카는 이런 방식으로 개인의 자율성을 최고의 가치로 옹호하는 자유주의를 문화에 대한 새로운 평가와 통합시켜 자유주의 정치사상을 다문화주의 정치사상으로 발전시켰다.[27]

한편 테일러는 헤겔의 인정이론에 근거하여 인종적 · 문화적 소수자들의 차이와 정체성을 보호 · 존중해줄 수 있는 공존양식으로 다문화주의의 중요성을 강조했고, 라즈는 자율성 함양과 발휘를 적극적으로 지원해야 할 자유주의 국가의 정책적 입장으로 다문화주의를 제시했다. 라즈는 "다문화주의는 정치사회로 하여금 사회 내에 존재하는 모든 안정되고 생존력 있는 문화공동체들의 동등한 입지를 승인할 것을 요구한다"고 강변했다.[28]

오늘날 다문화주의 못지않게 큰 관심을 끌고 있는 정치사상은 공화주의다. 공화주의는 고대 그리스와 로마의 공화주의 정치사상(Aristotle; Cicero), 르네상스와 근대 초의 마키아벨리와 제임스 해링턴(James Harrington), 루소, 메리 울스턴크래프트(Mary Wollstonecraft), 제임스 매디슨(James Madison)을 거쳐 오늘에 이르고 있는바, 자유주의 정치를 보완하거나 대체할 수 있는 정치전통으로서 많은 관심을 받고 있다.[29] 오늘날 공화주의 전통은 아렌트, 테일러, 샌델, 퀜틴 스키너(Quentin Skinner), 필립 페팃(Philip Pettit) 등과 같은 학자들에 의해 발굴 또는 재구성됨으로써 자유주의 정치를 '공적인 것'과 '공동선'을 강조하는 참여정치로 보완하는 데 활용되고 있다.

공화주의는 부분적으로 자유주의와 대립각을 세우고 있는 공동체주의와 중첩된다. 하지만 공화주의는 공동체주의와 큰 차이가 있다. 공동체주의는 공동체의 문화적 동질성이나 다수 문화의 통합성을 보호하는 데 역점을 둔다. 그래서 국가 수준에서 공동체주의적인 공동선 정치를 추구하게 되면 지배문화의 가치체계에 입각하여 억압적인 온정주의 정치로 나타날 개연성이 높다.

이와 달리 공화주의는 문화적 일체감이나 통합보다는 헌법에 대한 충성과 공공정신을 강조한다. 하지만 인간의 개인적 · 집단적 삶에서 문화가 지닌 중요성을 두고 볼 때 민주적 선거를 통해 집약되는 다수의사는 (암묵적으로) 소수문화에 대한 억압과 배제를 정당화할 수 있는 개연성이 있다. 이것은 형식상 초문화적인 공동선을 추구하는 공화주의가 실질적으로는 지배적인 문화적 가치에 경도될 수 있다는 것을 말해준다.

마지막으로 공화주의의 세 가지 흐름을 간략히 언급한다. 공화주의는 그리스 아테네의 민주정치에 기원을 둔 시민공화주의(civic republicanism), 로마 공화정에 기원을 둔 공화주의, 그리고 미국 건국기에 연방주의자들이 다원주의와 공화주의의 장단점을 취사선택하여 구성한 자유공화주의(liberal republicanism)로 분류할 수 있다. 이 세 가지 공화주의는 각각 자유주의적 대의민주주의를 대체하거나 보완할 수 있는 정치사상 전통으로 부각되고 있다. 아렌트나 1970년대의 참여민주주의 이론가들은 고대 아테네의 참여주의 전통을 복구 또는 재구성했다는 점에서 신(新)아테네 공화주의(neo-Athenian republicanism)를, 그리고 스키너와 페팃은 참여의 이상보다는 비지배(non-domination)로서의 자유를 강조했던 로마 공화주의의 장점을 부각시키고 있다는 점에서 신(新)로마 공화주의를 표방한다고 할 수 있다. 그리고 개인의 자유와 이익을 공동선에 대한 책임 및 의무와 조화시키고자 하는 자유주의자들은 신(新)자유공화주의를 지지한다고 볼 수 있다.

맺음말

현대정치사상은 전체주의와 냉전체제, 복지국가의 발전과 후퇴, 포스트모더니즘 예술과 문학의 대두, 공동체운동의 확산, 여성운동의 활성화, 그리고 지구화 등 중요한 20세기 현상들을 배경으로 형성됐다. 따라서 제4차 산업혁명이 주도하게 될 미래사회에는 그런 변화에 조응하는 새로운 정치사상이 출현할 것으로 예상해볼 수 있다.

미래의 정치사상은 과거와는 근본적인 차이가 있을 것으로 예상된다. 제4차 산업혁명은 개인적·집단적 삶의 조건을 근본적으로 변화시키고 있을 뿐만 아니라, 무엇보다 인간 자신의 정체성을 혁명적으로 바꿔버릴 개연성이 있다. 점점 더 소수에게 편중되어가는 부와 생명·의료공학의 무제약적 진화는 새로운 인간에 대한 염원과 결합하여 신인류 탄생의 개연성을 높이고 있다. 지적·신체적으로 탁월한 슈퍼휴먼의 탄생은 일반 시민들의 참여로 특징화되는 민주주의체제 및 보통 사람들의 기본권 보장에 주안점을 둔 입헌민주주의체제의 적실성을 떨어뜨릴 것이며, 전통적인 엘리트 판사들에 의해 수호되어온 법의 지배의 정당성도 현저히 약화시킬 개연성이 있다. 요컨대 불변적인 인간의 본성에 관한 견해에 입각하여 보편타당한 윤리·정치규범을 도출해온 것이 이제까지의 정치철학이었다면, 미래의 정치철학은 '인간은 무엇인가?'라는 문제가 아니라 '어떤 인간이어야 하는가?' 혹은 '어떤 존재여야 하는가?'라는 문제를 놓고 고민할 개연성이 있으며, 그에 따라 좋은 정치체제 및 헌법체계도 지금과는 근본적으로 달라질 가능성이 크다.

장기적으로 이런 변화를 예상해볼 수 있음에도 21세기 초반 현대 서양정치사상의 큰 줄기는 자유주의를 대세로 하고, 이에 다양한 사조들이 이슈별로 자유주의와 대립각을 세우며 공존·공명하는 백가쟁명의 형세를 보일 가능성이 크다. 2000년대 들어 그 기세가 한풀 꺾이긴 했지만 포스트모더니즘이 제기한 문제의식은 타당한 측면이 많기 때문에 그 지적·문화적 영향력은 당분간 계속될 가능성이 크다. 마찬가지로 지금은 공동체 의식이 소멸되어가고 있다는 우려가 그 어느 때보다 높은 만큼, 공동체주의가 자유주의의 독주를 견제할 수 있는 사조로서 여전히 중요한 역할을 수행할 것으로 본다.

정체성과 차이에 주목하는 정치사상과 페미니즘의 경우에는 내부의 '차이'와 다양성이 극대화됨으로써 다소 혼란스러운 양상을 보일 수도 있다. 그럼에도 갈수록 차이와 정체성이 중요한 사회문화적 이슈가 되고 있다는 사실은 정체성의 정치사상과 페미니즘도 계속해서 중요한 정치사상 전통으로 존속할 것임을 시사해준다.

이 책은 지면 관계로 뵈겔린, 쥬부넬, 월린, 에마뉘엘 레비나스(Emmanuel Lévinas), 니클라스 루만(Niklas Luhman), 왈저 등 매우 중요하고 흥미 있는 철학자들을 다루지 못했다. 이런 아쉬움은 남지만 자신 있게 말할 수 있는 것은, 이 책에 소개된 정치사상들을 주의 깊게 또 서로 비교하며 읽어볼 경우 독자들은 현대사회의 지적·도덕적·정치적 상황을 매우 깊이 있게 이해할 수 있을 것이라는 점이다. 이들의 정치사상은 다양한 시각과 관점에서 현대사회의 인간조건과 집단생활의 딜레마를 심층적으로 조명하고 있기 때문에, 불완전하게나마 인류문명이 나아가는 방향과 그 안에서 영위되는 집단적 삶의 성격을 이해하는 데 큰 도움이 된다. 아무쪼록 독자들이 이 책을 통해 현대문명의 성격과 문제점을 깊이 이해하는 데 도움이 될 수 있기를 바란다.

1부

현대 서양정치사상의 저류

2.

힘에의 의지의 정치사상[1]

프리드리히 니체

최순영

Friedrich
Nietzsche

개요

니체 정치철학의 핵심 개념인 Wille zur Macht는 다의적이며 논쟁적인 개념이다. 우선 번역에서 Wille zur Macht를 '힘에의 의지'로 보자는 주장과 '권력의지'로 보자는 주장이 있다. 양 번역은 각각 장단점이 있다. 그러므로 Wille zur Macht는 맥락에 따라 때로는 힘에의 의지로, 때로는 권력의지로 번역해야 한다. 니체 텍스트에서 구체적 정치이론을 찾기는 쉽지 않다. 그럼에도 불구하고 글쓴이는 1. 원한이론 2. 약속이론 3. 강자와 약자의 권력투쟁이론을 니체의 대표적인 정치이론으로 제시했다. 그리고 민주주의의 주요 이념인 자유, 평등, 박애에 대한 니체의 비판을 소개했다. 힘에의 의지의 정치이론적 함의에 대한 논쟁은 여전히 진행 중이다. 예를 들면 폴커 게르하르트(Volker Gerhardt)는 니체의 약속이론이 정치적 행위의 공간을 열었으며, 니체는 인간실존의 사회성에 대한 이론가라고 주장한다. 반면 우르스 마티(Urs Marti)는 니체의 자율적이며 초(超)관습적인 개인의 독재성은 계약과는 무관하며 태고의 국가 건립자와 닮아 있음을 지적하고 있다. 니체의 행동과 발언은 정치적인가? 아니면 고독한 메시아의 외침인가? 정치철학자로서의 니체와 반(反)정치적 철학자로서의 니체는 공존한다. 하지만 차라투스트라의 모습은 플라톤(Platon) 대화편의 논자들과 달리 후자에 가깝다고 할 수 있다.

생애

프리드리히 니체(Friedrich Nietzsche, 1844-1900)는 1844년 10월 15일 목사였던 아버지 칼 루드비히 니체와 목사의 딸이었던 프란치스카 욀러 사이에서 2남 1녀 중 장남으로 태어났다. 1858년(14세) 니체는 나움부르크에 있는 인문학 중심의 중등학교 김나지움 슐포르타에 입학했다. 여기서 니체는 고전과 문학, 철학에서 뛰어난 재능을 드러냈다. 슐포르타를 졸업한 니체는 본 대학에서 1864/65년 겨울학기에 신학과 고전문헌학 공부를 시작했고, 유명한 고전문헌학자인 프리드리히 빌헬름 리츨(Friedrich Wilhelm Ritschl)의 강의를 수강했다. 이듬해 겨울학기 니체는 리츨 교수를 따라 라이프치히 대학으로 학교를 옮겨 고전문헌학과 아르투어 쇼펜하우어(Arthur Schopenhauer) 철학을 본격적으로 연구하기 시작했다. 1869년(25세) 니체는 리츨 교수의 추천으로 박사학위 없이 스위스 바젤 대학의 고전문헌학 교수로 위촉되었다. 1872년 『비극의 탄생』(*Die Geburt der Tragödie aus dem Geiste der Musik*, 1872) 출판을 시작으로 니체는 1888년까지 『차라투스트라는 이렇게 말했다』(*Also sprach Zarathustra*, 1883)를 비롯한 수많은 작품을 발표했다. 1879년 니체는 건강상의 이유로 바젤 대학을 사임한 후 스위스, 이탈리아의 아름다운 자연 속을 방랑하며 작품들을 써나갔다. 1889년 1월 3일(또는 1월 7일) 이탈리아 토리노의 카를로 알베르토 광장에서 마부가 내리치는 채찍을 맞는 말을 붙들고 통곡하다가 졸도했다. 니체는 정신이상으로 바젤, 예나의 정신병원에 입원하게 되고, 1890년 나움부르크로 옮겨졌다. 니체를 간호하던 어머니는 1897년 71세의 나이로 사망하고, 니체는 여동생 엘리자베스의 도움으로 바이마르로 이사했다. 1900년 8월 25일 정오경 10여 년간의 투병생활 끝에 니체는 고통스러웠던 삶을 마감했다.

주요 저술

프리드리히 니체. 2000. 『차라투스트라는 이렇게 말했다』 니체전집 13. 정동호 옮김. 책세상.

프리드리히 니체. 2002. 『선악의 저편, 도덕의 계보』 니체전집 14. 김정현 옮김. 책세상.

프리드리히 니체. 2005. 『반시대적 고찰』 니체전집 2. 정동호 옮김. 책세상.

머리말

형이상학 비판자로서 니체, 미학자로서 니체, 도덕 비판자로서 니체에 비하여 정치사상가로서의 니체는 별로 주목받지 못하였다. 권력의지로도 번역되기도 하는 힘에의 의지가 니체 철학에서 가장 중요한 개념인 것은 잘 알려진 사실이다. 힘, 권력, 의지 모두 정치사상과 밀접한 관계를 가진 개념임에도 불구하고 정치사상가로서 니체가 별로 주목받지 못하였다는 사실은 역설적이다. 여기에는 여러 가지 이유가 있겠으나, 니체 철학이 독일 제3 제국 나치스의 이데올로기로 악용되었다는 점이 가장 중요한 원인이라 할 수 있다. 그러므로 힘에의 의지에 대한 올바른 해석은 니체 정치사상 이해에 대한 관건이라 할 수 있다.

힘에의 의지는 다의적이며 논쟁적인 개념이다. 이 개념은 대체로 1. 형이상학적 원리 2. 자연철학적 원리 3. 세속적 지배로서 힘에의 의지로 분류할 수 있다.[2] 세속적 지배로서의 힘에의 의지를 권력의지라고 칭해도 무방할 것인데, 이 권력의지가 바로 정치사상이 다루는 핵심주제이다. 이 글에서 나는 니체의 힘에의 의지(맥락에 따라서는 권력의지)의 정치사상을 1. 원한 이론 2. 약속이론 3. 강자와 약자의 권력투쟁이론 4. 니체의 자유민주주의 이념비판을 통하여 소개하고자 한다.

힘에의 의지의 특징

힘에의 의지는 니체가 자신의 생애 후기에 완성한 철학적 개념이다.

힘에의 의지의 형태론: 자연으로서 힘에의 의지, 삶으로서 힘에의 의지,

사회로서 힘에의 의지, 진리로서 힘에의 의지, 종교로서 힘에의 의지, 예술로서 힘에의 의지, 도덕으로서 힘에의 의지, 인류로서 힘에의 의지.[3]

니체는 힘에의 의지가 물리학자들의 힘(Kraft) 개념과는 다른 것임을 강조하고 있다.

> 물리학자들이 신과 세계를 창조한 승리에 찬 개념인 힘은 보완될 필요가 있다. 즉 내가 힘에의 의지라고 표현한 내적 세계(innere Welt)를 힘에 부여해야만 한다. 즉 힘 개념은 멈추지 않는 힘 표현을 향한 열망으로서, 또는 창조적 충동으로서 힘의 사용, 힘의 행사라고 보완될 필요가 있다. 물리학자들은 그들의 원리들에 의거해서 '외부로부터의 작용'(Wirkung in die Ferne)에서 벗어나지 않을 것이다. 원심력(또는 구심력)은 아무런 도움도 안 된다. 우리는 모든 운동, 모든 현상, 모든 법칙을 단지 내적 사태의 징후로 파악해야만 한다. 그리고 끝으로 이는 인간에게도 유사하게 적용되어야 한다. 힘에의 의지에서 동물의 모든 충동이 추론 가능하다. 유사하게 모든 유기체의 기능들도 이 하나의 근원에서 추론 가능하다.[4]

힘에의 의지는 쇼펜하우어의 의지철학에 대한 비판적 극복이라 할 수 있다. 니체는 쇼펜하우어 의지 개념의 추상성과 단순성을 물리학의 도움을 받아 구체성과 다양성을 특징으로 하는 힘에의 의지로 극복한다. 니체는 바젤 대학 재임 시절 고립계에서 에너지의 총량은 동일하다는 에너지 보존의 법칙을 물리학자 헤르만 폰 헬름홀츠(Hermann von Helmholtz)에게서, 힘의 호환성에 대해서는 화학자 칼 프리드리히 모어(Karl Friedrich Mohr)에게서, 질료의 존재를 부인하고 원자조차 비물질적인 것으로 보는 관점은 수학자이자 물리학자인 로저 조세프 보스코비치(Roger Joseph Boscovich)

의 책에서 배웠다.[5]

지금까지 외관에 대해 찬란한 승리를 거둔 가장 위대한 반대는 폴란드인 코페르니쿠스와 더불어 무엇보다 폴란드인 보스코비치 덕분이었다. … 보스코비치는 지상에 고착되어 있는 최후의 것에 대한 믿음, 즉 질료(Stoff)와 물질(Materie), 지상의 잔여물이며 작은 덩어리인 원자에 대한 믿음을 단호하게 버릴 것을 가르쳐주었다.[6]

그리고 니체는 외부로부터 작용하는 물리학적 힘 개념을 내적 사태로 변화시킴으로써 힘에의 의지 개념을 정초한다. 힘에의 의지는 구체성, 다양성, 내적 사태, 변화무쌍함이라는 특성을 지니고 있다.

힘에의 의지는 존재(Sein)도 생성(Werden)도 아니다. 오히려 어떤 파토스가 가장 근원적인 사실이다. 이로부터 비로소 생성, 움직임이 생긴다.[7]

편재한 힘과 힘의 파동이 하나 됨과 여럿 됨의 놀이로서 세계 … 포만이나 권태, 피로를 모르는 생성으로서의 세계; 영원한 자기창조와 영원한 자기파괴의 디오니소스적 세계.[8]

니체는 세계의 근원은 부동의 일자(不動의 一者)라고 주장한 고대 그리스 철학자 파르메니데스(Parmenides)와 끊임없는 변화로서의 세계라는 헤라클레이토스(Heraclitus)의 상반된 주장을 통합한다. 물론 니체는 후자를 더 높이 평가한다. 반면 서양철학사의 주류인 소크라테스(Socrates), 플라톤, 아리스토텔레스의 철학 전통은 파르메니데스의 입장에 가깝다. 이 점에서 니체 철학은 서양철학사의 주류에 대한 반론이라 할 수 있다.[9]

그(파르메니데스)는 도중에 헤라클레이토스를 만났다. 불행한 만남이어! 모든 것이 존재(Sein)와 비존재(Nichtsein)의 엄격한 분리 속에 놓여 있다는 그에게 헤라클레이토스의 다음과 같은 문장, "우리는 우리이면서 동시에 우리가 아니다." "존재와 비존재는 같은 것이면서 동시에 같지 않다." 이율배반의 놀이(Antinomien-Spiel)는 분명 증오스러운 것이었다. 이런 문장들에 의해 파르메니데스가 분명하게 하고, 해결하였던 모든 것이 다시 불분명하게, 해결될 수 없게 되었다. 이런 것이 그를 분노하게 하였다. 그는 머리가 두 개인 것처럼 보이는 인간들은, 아무것도 모르는 인간들은 꺼져버리라고 외쳤던 것이다.[10]

힘에의 의지를 해석할 때 유의할 점은 힘에의 의지를 형이상학적 본질의 현상으로 해석해서는 안 된다는 점이다. 이러한 해석은 힘에의 의지를 또 다른 형이상학으로 변질시킨다. 플로티노스(Plotinus)의 유출설(流出說), 임마누엘 칸트(Immanuel Kant)의 물자체/현상, 쇼펜하우어의 의지/표상, 고트프리트 빌헬름 라이프니츠(Gottfried Wilhelm Leibniz)의 모나드와 니체가 말하는 힘에의 의지의 형태론─자연, 삶, 사회, 진리에의 의지, 종교, 예술, 도덕, 인류로서의 힘에의 의지─은 질적으로 다른 것이다. 힘에의 의지는 초월적 이성과 같이 삶이 미치지 못하는 곳에서 작동하는 형이상학적 개념이 아니라, 삶 속에서 움직이는 삶의 원리를 설명하는 개념이다. 또한 힘에의 의지의 다양한 형태 사이에는 어떤 형이상학적 위계질서도 없다.[11]

힘에의 의지의 정치이론

1. 원한이론

니체 정치철학 연구 전문가인 헤닝 오트만(Henning Ottmann)은 니체의 원한이론을 약자의 마키아벨리즘이라고 표현하였다. 일반적으로 우리는 종종 교활하고 간사한 권력 추구는 강자에게만 해당하는 현상이라고 파악하는 경향이 있다. 존 달버그 액턴 경(John Dalberg-Acton)의 명언 "권력은 부패하는 경향이 있고, 절대권력은 절대 부패한다"가 그 대표적인 예이다.[12] 그러나 니체의 원한이론은 약자 또한 권력 추구와 부패 권력을 산출한다는 사실을 지적한다.

> 권력은 많은 경우 총체적이고 절대적인 권력으로 부패한다. 액튼 경의 이 경구는 자명하다. 니체의 도덕 비판의 독창성 ─ 약자의 마키아벨리즘으로 알려진 ─ 은 이 경구의 역도 진실임을 입증한 데 있다. 무능력(Ohnmacht)은 많은 경우 총체적, 절대적 무능력으로 부패한다. … 무능력의 부패는 니체의 가장 위대한 발견이며, 이는 권력의 부패라는 오래된 테제를 뒤집었다.[13]

오트만은 니체의 원한 개념을 여섯 가지로 요약한다. 1. 니체의 원한 개념은 우선 반동적인 감정들의 총체를 묘사한다. 2. 원한은 점진적인 인지 영역의 축소로 이어진다. … 반동적인 인간은 그가 인지하는 객체를 곡해하고 편견을 가지고 평가할 필요가 있다. 원한은 눈을 흐리게 한다. 원한은 자기의 피해만을 바라보고, 다른 면이 어떠한지를, 다른 사람들이 어떻게 판단하는지를 결코 보지 않는다. 3. 인지 영역의 축소에는 막스 셸러(Max Scheler)가 말한 인과관계의 속임과 니체가 메커니즘이라 명명한 것이 관련된다. "내가 불운한 이유에는 반드시 누군가의 책임이 있다." 4. 축소된 인지영역과 자기 속임수의 강제는 원한이 자신을 강화하고 기분 좋게 느끼게되는 첫 번째 도구이다. 원한은 스스로를 강화해야 한다. 왜냐하면 원한의본질은 무능이기 때문이다. 그것은 끝없는 복수처럼 악무한의 저주에 빠진다. 5. 니체는 좌절된 복수의 상상적 복수로의 전환을 묘사하였다. 이것은도덕철학적으로, 문화철학적으로 두드러진 점이다. 그는 행위가 아닌 환상,정신, 종교, 원한의 파괴적인 힘을 지적했다. 원한의 복수가 상상적이고 최고의 효과가 있는 방식으로 전개된 것으로 니체는 파악한다. 그러나 이는원한이 창조적인 파괴를 넘어 자신의 도덕을, 자신의 약함으로부터 덕들을창조하는 도덕을 만들어낸다는 것을 증명한다. 6. 원한은 사람이 스스로 고백할 수 없는 것이다. 원한에는 모든 이들, 정의, 인류애를 위한 평등 같은객관적, 일반적인 요구들이라는 위장이 본질적이다.[14] 원한 개념은 1. 도덕적, 정치적 원한 2. 종교적 원한 3. 형이상학적 원한으로 분류할 수 있다. 본문에서는 도덕적·정치적 원한과 힘에의 의지의 관계에 대해서만 논하기로 한다.[15]

　강자와 약자 모두 권력을 추구한다. 전자는 권력의 절대화에 의하여 부패하는 반면, 후자는 무능력을 통하여 부패한다는 점에서 양자의 권력 부패현상은 상반된다. 강자와 약자의 권력투쟁 방식의 차이점을 니체는『도덕의 계보』제1장 '선과 악, 좋음과 나쁨'(Gut und Böse, Gut und Schlecht)에서논하고 있다. 여기서 '좋음과 나쁨'은 강자인 주인(Herrn)의 권력 추구를,'선과 악'은 약자인 노예(Sklaven)의 권력 추구를 의미한다.

　　도덕에서 노예들의 반란은 원한이 창조적이 되면서 가치들을 탄생시키는데 있다. 이 원한의 본질은 행위가 좌절된 자들이 오로지 가상(imaginäre)의복수를 통해서 자신을 보존하는 데 있다. 반면에 고귀한 도덕은 자신에 대한

승리에 찬 긍정에서 자라난다.[16]

힘에의 의지의 질적 차이는 노예는 반동성(Reaktion)을, 주인은 능동성, 자발성(agirt und wächst spontan)을 특징으로 한다는 점에 있다. 노예의 원한은 가상적이며, 원한은 감정의 발산을 통한 고통의 완화를 지향한다.[17] 원한은 노예의 복수심을 특징짓는 니체의 개념이다. 주인 또한 힘에의 의지를 지닌 인간인 이상 복수심이 없을 수 없다. 강하고 고귀한 인간인 주인의 복수는 폭발적이고, 일회적이므로 노예와 달리 원한의 독에 물들지 않는다. 반면에 노예의 원한은 무능력 때문에 내면으로 향하게 되고 원한은 축적된다. 복수를 실행할 힘과 능력이 없는 노예의 가상적 복수는 만성적인 고통을 유발하고, 자신의 몸과 정신을 원한으로 물들인다.[18] 니체의 원한이론은 강자와 약자의 권력 추구 메커니즘에 대한 계보학적 분석이다. 이를 통하여 니체는 권력 추구 현상의 지평을 약자에까지 확장하였다. 그리고 원한이론은 약자의 권력 부패 원인은 강자와 달리 '무능력'에 있음을 비판하고 있다.

니체의 민주주의 평등개념 비판은 원한이론과 밀접히 연관되어 있다. 평등이라는 것은 약자가 강자를 끌어내리기 위한 교묘한 권력 추구이자, 노예들의 반란이라고 니체는 비판한다.

나는 거대하게 앞으로 전진하는 멈출 수 없을 것 같은 유럽의 민주주의운동—진보라 일컬어지는—과, 이것의 사전 준비이며 도덕적 표현인 기독교는 단지 그 근본에 있어서 모든 약한 자들, 억눌린 자들, 잘못된 자들, 범용한 자들, 반쯤 불행한 자들을 위한 무리들의 목자, 약탈자, 고독한 자, 카이사르에 대항하는 엄청난 본능적이고 집단적인 공모이다. 그리고 또한 지배 지향적인 인간들의 종류들에서 솟아나는, 더 고양되고 더 강한 의식과 내부에서 비롯되는 삶과 도덕에 대한 전쟁으로서, 모든 종류의 주인들과 주인이라는 개념에 대항하는 어떤 장기적이고, 비밀스럽고, 그리고 점점 의식화되는 노예들의 반란이다.[19]

민주적 평등에 반대하여 니체는 "높은 것이 낮은 것의 도구가 되어 지위를 떨어뜨려서는 안 된다. 거리 둠의 열정은 영원히 유지되어야 하고, 양자의 과업 또한 영원히 분리 유지되어야만 한다"는 거리 둠의 열정(Pathos der Distanz)을 주장한다.[20] 또 다른 니체의 평등 비판을 살펴보자. "노예제는 문화의 본질에 속한다는 잔인하게 울리는 진리를 알아야 한다."[21] "지금까지 모든 인간 유형의 고양(高揚)은 귀족제의 산물이다."[22]

니체는 병든 권력의지인 원한에 물든 약자와 건강하고 적극적인 권력의지를 가진 강자는 분리되어야 한다고 강조하면서, 후자가 전자를 지배하는 것이 바람직한 정치질서라고 주장한다. 다수와 평등을 특징으로 민주주의는 니체가 볼 때 약자에 의한 강자의 지배라는 건강하지 못한 도착된 정치질서이다. 민주주의는 또한 데카당스이다. 니체에 따르면 데카당스는 힘에의 의지가 쇠락할 때 나타나는 삶의 쓰레기, 퇴락, 폐기물로서, 힘의 상승과 마찬가지로 삶의 필연적 현상이다.[23]

민주주의가 대세인 오늘날 니체의 반(反)민주주의적 비판은 귀에 거슬릴 것이다. 그러나 오늘날 시민으로서 자신의 의무와 역할을 다하지 않은 채 권리와 평등을 요구하는 문제점, 지적 수준의 하향평준화 현상 등을 볼 때 우리는 니체의 민주주의 비판에 귀를 기울일 필요가 있다. 니체가 바젤 대학의 교수 시절에 행한 다섯 차례의 강연 모음집 '우리의 교육기관의 미래에 대해서'는 현대 교육시스템의 붕괴 징후를 진단하며, 여러 가지 대안을 제시하고 있다.[24]

2. 약속이론, 기억술(Mnemonik)의 계보학: 약속할 수 있는 동물이 된 인간

홉스, 존 로크(John Locke), 루소의 사회계약론은 약속과 관련된 정치이론이다. 아렌트의 주장처럼 계약이론은 약속을 하는 힘이 수 세기에 걸쳐 정치사상의 핵심을 차지했다는 사실을 증명해준다.[25] 약속할 수 있고, 강제할 수 있기 위해서는 어떤 능력과 제도가 필요하다.

니체의 『도덕의 계보』(*Zur Genealogie der Moral*, 1887) 제2장 '죄, 양심의 책 그리고 유사한 것들'은 다음과 같이 시작된다. "약속해도 되는 동물을 훈육하는 것은 자연이 인간에 부과한 역설적 과제가 아닌가? 이것은 인간 고유의 문제가 아닌가?" 『도덕의 계보』 2장 2절은 책임성(Verantwortlichkeit)의 계보학적 분석이다.[26]

> 인간은 어떻게 망각의 동물인 인간에게 기억을 만들었는가? … 인간의 역사 이전(前史) 전체에서 기억술만큼 무섭고, 섬뜩한 것은 없을 것이다. 인간이 기억하도록 인간에게 무엇인가가 낙인된 것이다. 단지 고통을 멈추지 않게 하는 것만이 기억을 유지하게 한다. 이것이 지구상의 가장 오래된(유감스럽게도 가장 장기간의) 심리학의 주요명제인 것이다. … 인간이 기억 유지를 필요로 할 때, 피, 고문, 희생 없이 된 적은 없다.[27]

동물에게 없는 약속능력의 발생 과정을 니체는 계보학적으로 추적하고 있다. 약속을 할 수 있기 위해서는 기억할 수 있어야 한다. 기억과 대립되는 상태는 망각이며, 망각은 기억에 선행한다. 따라서 니체의 기억술은 망각에 대한 생리학적 분석으로부터 시작된다. 니체에 따르면 망각은 타성(vis inertia)에 빠진 힘이 아니다. 망각은 오히려 능동적이고, 긍정적인 제지능력이다. 망각은 의식의 문들과 창들을 때때로 닫음으로써, 의식 아래 세계에서 벌어지는 소음과 투쟁으로부터 의식이 방해받지 않도록 한다. 약간의 정적과 의식의 백지상태(tabula rasa)는 새로운 것을 위한 장소를 제공한다. 적극적 망각의 효용성은 마치 문지기와 같이 영혼의 질서, 고요함, 에티켓을 유지하는 데에 있다. 그러므로 망각이 없다면 행복도, 명랑함도, 희망도, 긍지도, 현재도 있을 수 없다.[28] 니체는 망각에도 기억만큼 적극적·긍정적 기능이 있음을 밝히고 있다. "망각능력의 상실은 소화불량을 일으킨다." 니체의 비유는 망각이 기억만큼 인간 실존의 중요한 존재조건임을 강조하고 있다.[29] 망각은 기억보다 시간적으로 선행하며, 기억과 공존한다. 망각은 기억보다 더욱 근원적이고 자연스러운 인간의 상태이다. 그러므로 니체의 약속능력과 기억에 대한 계보학적 추적은 망각하는 존재인 인간에게 기억능력이 각인되는 과정에 대한 분석이다.

> 인간은 어떻게 망각의 동물인 인간에게 기억(Gädachniss)을 만들었는가? … 인간의 역사 이전 전체에서 기억술만큼 무섭고, 섬뜩한 것은 없을 것이다. 인간이 기억하도록 인간에게 무엇인가가 낙인된(einbrennen) 것이다. 단지 고통을 멈추지 않게 하는 것만이 기억을 유지하게 한다. 이것이 지구상의 가장 오래된(유감스럽게도 가장 장기간의) 심리학의 주요명제인 것이다. … 인간이 기억 유지를 필요로 할 때, 피, 고문, 희생 없이 된 적은 없다.[30]

기억력은 인간의 선험적인 본성이 아니다. 기억력은 마치 가축에 찍힌 낙인처럼 인간의 망각에 찍힌 강제력이다. 고통은 기억의 가장 강력한 도구이며 이성(Vernunft) 또한 기억의 도움으로 인해 생긴 것이다.[31] 인간의 약속능력은 선험적 이성에서 비롯되는 것도 아니고 신이 부여한 능력도 아니다. 이 점에서 니체의 약속이론은, 사회계약은 자발적 동의에 기초하고 있다고 보는 홉스, 로크, 루소의 사회계약론과는 궤를 달리한다. 니체에 따르면 정치공동체와 문화는 결코 자발적이고 자연스러운 동의에 기초하고 있지 않다. 니체는 국가를 비롯한 정치공동체의 기초는 잔혹성이며(Grausamkeit), 우리가 보다 높은 문화라고 칭하는 것들조차 잔혹성의 정신화와 심화에 기초하고 있다고 주장한다.[32] 이 점에서 니체의 약속이론은 서양철학의 이성 중심주의, 기독교적 휴머니즘과는 대립된다. 니체의 관점은 철저한 현실주의라 할 수 있다.

니체의 계보학적 추적은 인간의 약속능력과 이성이 망각→기억(책임성)→이성(의식) 순으로 발전해왔음을 밝혀준다. "의식은 인간조직이 최후로 그리고 가장 늦게 발전된 것, 의식에는 가장 미완성적인 것, 가장 무력한 것이 들어 있다."[33] 니체는 이 과정이 결코 평화롭고 자연스럽지 않았으며, 강제와 폭력을 동반한 잔혹성에 밀접히 연관되어 있다는 점을 폭로한다. 미완성의 무력한 의식을 가진 인간이 약속해도 되는 동물이 되기 위해서는 인간은 필연적이고, 단일하고, 규칙적이고, 계산 가능한 존재로 만들어져야만 했던 것이다.[34] 니체는 약속해도 되는 인간의 탄생을 아리스토텔레스가 정의한 '정치적 존재로서 인간'의 시원이라고 보았다.

니체는 도덕적 현상에 대한 비상한 감수성으로 인해 모든 권력의 원천을 고립된 개인의 권력의지에서 찾는 (근대적인) 편견에도 불구하고, 약속의 능력(the faculty of promise)에서 (니체가 의지의 기억이라고 칭한) 인간의 삶을 동물의 삶과 가르는 바로 그 차이를 발견했다.[35]

3. 강자/약자의 권력투쟁이론

강자들은 필연적으로 따로따로(auseinander)인 반면, 약자들은 필연적으로 함께이다(zueinander).[36]

니체는 강자와 약자를 다양한 방식으로 묘사한다. 강자는 주인, 건강한 자, 잘된 자(Die Wohlgeratenen), 고귀한 자 등으로, 약자는 노예, 병든 자(Die Kranken), 잘못 태어난 자(Missgeburten), 비천한 자 등을 맥락에 따라 다양하게 사용하고 있다. 니체의 강자와 약자에 대한 구분은 그의 생리학적 데카당스 개념에 따른 것이다.

데카당스 개념

쓰레기, 퇴락, 폐기물은 그 자체로 비난받을 것이 아니다. 이것들은 성장이 삶에서 필연적인 과정인 것처럼 필연적인 것들이다. 데카당스 현상은 삶의 상승과 전진처럼 필연적이다. 우리는 데카당스를 마음대로 없앨 수 없다.[37]

데카당스는 삶의 성장 현상과 마찬가지로 정상적(normal) 현상이다. "신은 죽었다"는 니체의 유명한 허무주의, 즉 니힐리즘은 서구 문명의 최고 가치를 대변하는 신과 모든 가치의 붕괴를 의미한다. 니힐리즘은 원인이 아니라 데카당스의 논리(Logik)이다.[38] 데카당스와 더불어 니힐리즘 또한 삶에서 제거할 수 없는 정상적이고 필연적인 것이다. 약자는 생리학적으로 볼 때, 쇠락하는 삶, 데카당한 삶을 대표한다.[39] 즉 약자의 삶은 니힐리스트의 삶이다. 니체는 니힐리즘을 정신(Geist)의 증대된 힘의 표시인 적극적 니힐리즘과 하락하고 후퇴한 힘의 표시인 소극적 니힐리즘으로 구분하고 있다.[40]

니힐리스트는 존재하는 세계는 없어야 한다고 판단한다. 반면에 있어야 할 세계는 존재하지 않는다고 판단한다. 그래서 행위하고, 고통받고, 원하고, 느끼는 현존재는 무의미해진다. 허망함의 파토스는 니힐리스트들의 결론으로서 니힐리스트들의 파토스이다.[41]

니힐리스트에게 존재의 세계(Ich bin)와 욕구의 세계(Ich will)는 분열·대립하고 있다.『차라투스트라는 이렇게 말했다』에 등장하는 아이는 새로운 창조적 유희, 새로운 시작, 스스로 구르는 바퀴이다. 아이는 과거와 미래의 사태에 무능하고, 부정성(Negativität)에 매몰되어 고통 받고 있는 사자를 극복한 신성한 긍정이다. 아이에게서 존재와 욕구의 세계는 통합되면서 전체로서 세계는 긍정된다. 즉 아이에게서 니힐리즘은 극복된다. 니힐리즘의 극복과정은 낙타→사자→아이로 비유된다. 낙타, 사자, 아이가 의미하는 바는 다음과 같다. 낙타는 하나님의 계명, 관습 같은 중세적 가치와 질서를 상징한다. 반면, 사자는 '무엇으로부터의 자유', 즉 부정적, 소극적 자유에 기초하고 있는 현대 자유민주주의의 자유를 의미한다고 볼 수 있다.[42] 사자로 은유되는 자유는 낙타의 중세적 굴종을 극복하였다. 그러나 사자는 부정성에 매몰되어 고통받고 있다. 사자는 자신의 존재와 세계를 정당화하고(rechtfertigen) 고통에서 자신을 구원할 새로운 가치를 창조하지 못한 채, 고독한 사막에서 반항하며 울부짖고 있다. 사자는 '무엇으로부터의 자유'에 함몰된 현대인의 모습이라 할 수 있다. 그러므로 우리는 소극적·부정적 자유의 문제점에 대한 니체와 에리히 프롬(Erich Fromm)의 경고에 귀 기울일 필요가 있다.

> 그리하여 새로 얻어지는 자유는 하나의 재앙이 된다. 즉 그는 낙원의 달콤한 속박으로부터는 자유롭지만 자기 자신을 지배하며 그 개성을 실현하는 일에 대해서는 자유롭지 않다. ~으로부터의 자유는 적극적 의미의 자유인 ~에서의 자유와는 다르다.[43]

21세기의 현실에도 여전히 낙타, 사자, 아이는 병존한다. 니체는 우리가 아이로 나아가야 함을 역설한다. 그리고 거리 둠의 열정은 모든 사람이 아이가 될 수 없음을 지적한다. 『차라투스트라는 이렇게 말했다』의 부제는 '모두를 위한 책 그리고 그 누구도 위하지 않는 책'(Ein Buch für Alle und Keinen)이다. 이 책의 부제는 거리 둠의 열정과 민주적 평등의 관계에 대한 정치철학적 숙고를 우리에게 요구하고 있다. 즉 법적·형식적 평등 선언과 현실에서 드러나는 개인 능력의 차이 사이의 긴장을 지적한다는 점에서 '모두를 위한 책 그리고 그 누구도 위하지 않는 책'이라는 제목은 매우 시사적이다. 현실주의자 니체는 약자의 원한에서 정치적 힘을 제공받는 평등의 과잉 현상 및 현실에서의 능력 차이에 대한 평가절하 현상이 정치사회의 몰락, 즉 데카당스를 초래할 수 있음을 경고하고 있는 것이 아닐까? 평등만큼 차이도 존중 받아야 할 정치적 가치이다. 차이의 소멸 내지는 약화는 다양성의 소멸, 민주주의의 위기, 전체주의의 도래를 야기할 수 있기 때문이다.

> 우리는 우리와 같지 않은 자 모두에게 복수하기를 원하고, 모함하기를 원한다. 이렇게 타란툴라의 마음은 자신에게 맹세한다. … 평등을 설교하는 자와 내가 뒤섞이거나 혼동되기를 나는 원치 않는다. 왜냐하면 정의는 인간은 동등하지 않다고 말하기 때문이다. 그리고 인간은 평등해서는 안 된다. 내가 다르게 말한다면 위버멘쉬(Übermensch)에 대한 나의 사랑은 무엇이란 말인가?[44]

니체의 자유민주주의 비판: 자유, 평등, 박애 비판

니체는 에드먼드 버크(Edmund Burke)와[45] 함께 대표적인 프랑스혁명 비판자이다. 니체는 프랑스혁명과 민주주의를 노예(약자)들의 반란이며, 데카당스 현상으로 비판한다. 자유, 평등, 박애는 프랑스 국기에도 표현되어 있듯이 프랑스혁명을 대표하는 세 가지 정치적 이념이다. 자유, 평등, 박애에 대한 니체의 비판을 구체적으로 살펴보는 것이 본 절의 목적이다.

1. 자유비판

> 오늘날 사람들은 매우 빠르게 산다. 사람들은 무책임하게 산다. 이를 그들은 자유라고 칭한다.[46]

니체의 자유비판은 자유주의의 자유방임적이며, 자유의 목표가 결여된 소극적 자유에 대한 비판이라 할 수 있다. 예를 들면, 니체는 "반항은 노예의 고귀함이다. … 너희는 복종의 삶, 전쟁의 삶을 살도록 해라"[47]라고 선언한다. 무엇으로부터의 자유인 소극적 자유는 반항하는 사자의 모습이다. 사자는 긍정할 목표를 갖지 못하여 고통받고 있음을 우리는 앞에서 보았다. 복종은 명령을 전제로 한다. 여기서 명령은 신, 칸트의 정언명령 같은 초월적이거나 선험적인 명령이 아니다. 니체가 말하는 복종은 주권적 개인(das souveräne Individuum), 스스로가 자신에게 부과한 명령과 의무에 대한 복종을 의미한다. 그러므로 니체가 주장하는 자유는 반항적 자유가 아니라 자신이 스스로 설정한 명령에 대한 복종과 책임감을 강조한다.

> 불법을 저지른 자가 자신을 공개하고, 자신의 벌을 명령하고, 자신이 만든 법을 존중하는 자긍심에서 자신을 벌하면서 자신의 권력을 행사하는 입법자의 권력을 상상할 수 없을까? 그는 어쩌다 실수를 할 수 있다. 그러나 그는 자신의 잘못에 대해서 자발적 벌을 통해서 자신을 드러내고 그는 그 잘못을 적나라함, 위대함, 고요 속에서만 지우는 것이 아니라, 그는 거기다가

공개적인 호의를 베푼다. 이것은 미래의 입법을, 자유로운 입법을 전제하는 미래의 가능한 범법자이며, 그 근본적 생각은 이렇다. "나는 대소 간에 내가 스스로 부여한 법에만 복종한다."[48]

진정한 자유는 자기 책임감의 특별한 특권에 대한 긍지에 찬 지식, 이러한 드문 자유에 대한 의식, 자신에 대한 권력과 운명이 그의 가장 깊은 심층까지 침투해서 지배적인 본능이 된 자기 입법자(Selbstgesetzgeber)인 주권적 개인에 의해서만 가능하다.[49] 니체의 자유론은 자유와 권리의 주장에는 매우 적극적이면서, 의무와 책임을 동반하지 않는 자유의 남용 내지는 오용을 비판한다. 자유의 오용은 정치공동체를 무질서와 혼란에 즉, 데카당스에 빠뜨린다. 니체는 자유의 다의성과 위험성을 포착한 예리한 철학자이다. 계몽주의자들은 자유의 긍정적인 측면을 보았으나 부정적인 측면을 보지 못하였다. 니체 철학은 이러한 계몽주의에 대한 비판으로 볼 수 있으며, 그의 철학은 포스트모더니즘의 선취라 할 수 있다.[50]

2. 평등비판

니체의 평등비판을 연구할 때 우리는 그가 살던 19세기 중후반의 정치적 상황을 고려해야만 한다. 당시 민주주의 열풍은 거셌다. 니체는 사회주의와 아나키즘도 평등을 중시하는 민주주의의 변종으로 비판하면서, 이를 데카당스의 전형인 '잠재된 기독교'(das latente Christentum)라는 개념으로 정의한다. 우리는 19세기에는 아직 사회주의 국가가 없었다는 사실도 기억해야 한다. 하향평준화를 비롯한 니체가 우려하는 평등의 문제점은 몰락한 사회주의 국가에서 가장 많이 나타났다. 평등은 현대 민주주의 국가들 사이에서 다양한 형태와 강도를 갖고 구현되고 있다. 그러므로 우리는 니체의 평등비판의 함의를 역사적 · 정치적 맥락에 따라 조심스럽게 해독해야한다.

니체의 평등비판을 두 가지 차원으로 나누어 살펴보자. 우선 인간은 실제로 평등한가에 대한 질문이다. 대부분의 사람은 인간은 능력과 자질에 있어서 평등하지 않다는 것을 인정한다. 그렇다면 민주화된 사회가 실제로 관심을 갖는 문제는 평등의 실현이 어떤 원칙과 범위 안에서 실현되어야 하는가라는 점이다. 자유주의가 주장하는 개인의 자유와 민주적 평등의 관계는 어떠해야 하는가라는 질문에 대한 답변에 따라 정치철학적 관점이 나뉜다. 니체의 관점은 "인간은 실제로 평등하지 않고 평등해서도 안 된다"라고 요약할 수 있다. 왜냐하면 평등은 약한 군중들이 적극적이고 창조적인 힘에의 의지에 충만한 위대하고 강한 주권적 개인들에게 대한 반란, 즉 원한의 산물이기 때문이다. 니체는 평등의 배후에는 원한이 있으며, 원한은 노예들의 힘에의 의지임을 밝히고 있다. 니체가 볼 때, 평등은 약자들의 교활한 권력 도구이다. 니체는 민주주의가 이러한 노예적 도덕과 가치에 기초하고 있다고 폭로하고 있다. 니체는 평등이 아닌 차이와 현실적 권력 차이에 따른 위계질서를 중시한다.

나의 철학은 위계를 기초로 한다. 나의 철학은 개인주의적 도덕에 기초를 두고 있지 않다. … 나의 철학은 개인주의적, 집단주의적 도덕이라는 두 가지의 운동과 무관하다. 전자는 위계를 모른다. 그래서 모든 이들에게 동등한 자유를 주고자 한다. 나의 사유는 개별자의, 또는 타자들의, 또는 모든 이들에게 부여될 자유의 정도에 초점을 두고 있지 않다. 오히려 나의 사유는 개별자 또는 타자들이 다른 타자들과 모두에게 각각 행사해야만 하는 권력등급(Grad von Macht)에 초점을 두고 있다.[51]

니체는 민주주의자가 아니다. 그는 자유가 동반하는 책임과 의무, 자기 입법과 자기 처벌이라는 규율에 복종할 수 있는 주권적 개인과 귀족주의를 강조한다. 그러므로 우리는 니체의 정치적 입장을 귀족적 개인주의라—자유주의적 개인주의와는 구별되는—칭할 수 있을 것이다.[52]

니체의 강한 반(反)민주주의적 태도는 현대인의 감성에 분명히 거슬릴 것이다. 그러나 아렌트의 주장처럼 차이와 다양성은 정치의 필수조건(the condition)이다. 개인의 현실적 능력과 차이를 경시하는 과도한 평등은 차이와 다양성의 소멸과 더불어 나치즘, 스탈린주의와 같은 전체주의를 초래할 수 있다. 니체 평등비판이 갖는 현대적 의미가 여기에 있다고 할 수 있다.

3. 박애비판

박애는 보편적 인류애를 의미한다는 점에서 평등에 기초하고 있다. 현실적 능력 차이를 중시하면서 평등을 비판하는 니체에게 보편적 인류애는 환상적 기만일 뿐이다. 이 거짓은 민주적 짐승무리(Herden-Tier)가 강하고 적극적 힘에의 의지에 충만한 주권적 개인에게 대적하고자 만들어낸 교활한 원한일 뿐이다. 일반적 인류애는 고통당하는 자들, 잘못된 자들, 퇴화한 자들에 대한 선호이다.[53] 그러므로 니체는 탁월하고 강건한 개인보다 데카당스에 물든 인간을 선호하는 보편적 사랑을 거부한다. 반대로 니체는 위버멘쉬에 대한 동경과 사랑을 강조한다.

나는 위대한 경멸자들을 사랑하노라. 그런 자들이야말로 위대한 숭배자요 저편의 물가를 향한 동경의 화살이기 때문이다. 나는 사랑하노라. 왜 몰락해야 하며 왜 제물이 되어야 하는지를 저 멀리 별들 뒤편에서 찾는 대신

언젠가 이 대지가 위버멘쉬의 것이 되도록 하기 위해 대지에 제물이 되는 자를.[54]

니체에게 평범한 인간들은 위버멘쉬의 탄생을 위한 도구이지 목적이 아니다. "인류발전의 종결, 완전함은 가장 강한 개인들의 도래에 있다. 대중은 이들을 위한 도구로 만들어진 것이다."[55] 보편적 박애에 의한 하향평준화가 아니라, 인류를 보다 고양시킬 새로운 인간 유형의 창출, 즉 위버멘쉬의 탄생이 니체의 관심사이다. 보편적 인류애를 지향하며 인류를 개선시키고자 하는 덕의 설교자들은 원한의 인간일 뿐이다.

우리는 덕을 덕의 설교자들로부터 방어해야 한다. 이들은 덕에 대한 최악의 적들이다. 왜냐하면 그들은 모두를 위한 덕을 가르치기 때문이다. 이들은 덕에게서 드묾의, 모방할 수 없음의, 예외적인 것의, 평균적이지 않은 것의 매력을 제거한다. 즉 덕의 귀족적 마력을 제거한다.[56]

우리는 많은 사람들과 일치하고자 하는 나쁜 취향을 끊어버려야 한다. 만약 당신 이웃의 입에 선이 물려 있다면 그것은 더 이상 선이 아니다. 그런데 어떻게 공동선이 있을 수 있다는 말인가! 공동선은 형용 모순이다. 공동적인 것은 항상 적은 가치를 지닌다.[57]

원한에 찬 평등에 기초한 보편적 박애는 개인 간의 차이를 없애고 균질화를 초래하여 문화적 하향평준화를 야기한다. 그래서 니체는 박애를 비판하면서 위버멘쉬에 대한 동경을 강조한다. 니체의 동정심 비판과 박애비판은 인간에 대한 다른 종류의 사랑을 의미한다. 그러므로 우리는 니체가 박애와 동정심을 비판하는 이유를 깊이 생각해보아야 한다. 분명 니체는 위버멘쉬에 대한 동경과 더불어 운명애, 훌륭한 경쟁자가 될 수 있는 벗의 가치 등에 대해서 말하고 있기 때문이다.

> 동정심은 삶의 느낌의 에너지를 고양시키는 강한 감정들과는 반대된다. 동정심은 우울하게 한다. 사람이 동정심을 가질 때 힘(Kraft)을 잃어버린다. 고통이 삶에 미치는 힘의 손실은 동정심으로 인해 증가되고, 몇 배가 된다. 고통이 동정심을 통해서 전염되었다. … 동정심은 무(Nichts)를 설득한다.[58]

니체는 진정한 인간에 대한 사랑은 위버멘쉬에 대한 사랑일 수밖에 없다고 주장한다. 위버멘쉬는 건강하고, 활력에 넘치는 긍정적이며 적극적 힘에의 의지를 바탕으로 대지에 충실하게 살아간다. 그러므로 위버멘쉬는 모든 피안적인 가치를 부정한다. 이 과정에서 위버멘쉬는 데카당스를 극복하고 건강한 문화와 더불어 인간을 고양시킨다.

평등을 실재적 측면, 규범적 측면에서 모두 부정하는 니체의 관점에서 보면 보편적 인류애는 기만일 뿐이다. 니체의 견해에 의하면 타인에 대한 진정한 사랑은 인간을 허무주의로 이끄는 동정심과 원한의 산물인 보편적 인류애에서 비롯될 수 없다. 니체의 사랑은 인류를 고양시키는, 그래서 경멸할 것을 경멸할 줄 아는 새로운 미래를 여는 선구자적 자유정신(der freie Geist)에 입각해 있다. 타인에 대한 동정심이 우리를 자아상실의 허무주의로 이끌 수 있다. 니체는 동정심에 대해서 경고한다. "너희들은 너희들 자신에게서 도망쳐 이웃으로 달아난다. 그리고 이로부터 덕을 고안한다. 하지만 나는 너희들의 자기 상실을 통찰한다."[59]

니체는 박애가 가지고 있는 부정적 측면—자기 상실, 데카당스—에 대한 폭로와 다른 종류의 인간에 대한 사랑을 말하고 있다. 그러나 모든 동정심이 부정적인 것은 아니다. 건강한 자기애의 확장으로서 동정심은 자기 상실이 아니다. 그러므로 종류를 구분하지 않고 모든 동정심을 자기 상실로 비판하는 니체의 태도에는 문제가 있다. 인류에 대한 보편적 사랑은 원한에 기초할 수도 있다. 그러나 자기애의 확장으로서 인간에 대한 보편적 박애가 불가능하지는 않다. 인류사에 등장했던 수많은 위인과 성자(聖子)들이 그 예이다.

맺음말

19세기 후반 니체가 살았던 시대의 민주주의는 형태와 이념 측면에서 현대 민주주의와 매우 다른 모습이었다. 니체가 격렬히 비판한 이념은 거리 둠의 열정을 부정하는 민주적 평등이었다. 민주적 평등은 거리 둠의 열정의 소멸과 문화의 하향평준화, 획일성, 즉 문화적 몰락을 야기한다고 니체는 비판한다. 그래서 그는 민주주의운동을 정치조직의 타락 형태일 뿐만 아니라 인간의 타락 형태, 왜소화 형태, 인간의 평범화, 가치 절하로 비판한다. 거리 둠의 열정과 평등비판은 관계성, 다양성, 위계적 질서를 특징으로 하는 힘에의 의지에 기초하고 있다. 힘에의 의지는 니체 정치철학의 근간이다. 힘에의 의지의 정치적 함의를 논할 때 잊지 말아야 할 점은 힘에의 의지가 다의적이고 중층적인 개념이라는 사실이다.

　나는 힘에의 의지에 대한 비판적 해석을 기반으로 니체의 대표적인 세 가지 정치이론 — 1. 원한이론(주인/노예) 2. 약속이론(기억술의 계보학) 3. 강자 vs 약자의 권력투쟁 — 을 제시하였고, 니체의 자유, 평등, 박애 비판을 설명하였다. 정치사상가로서의 니체와 반(反)정치적 사상가로서의 니체는 공존한다. 그러므로 니체의 정치사상 혹은 정치이론에 대한 논의는 양자의 모순적 공존에 대한 이해로부터 시작되어야 할 것이다.

카를 마르크스(Karl Marx)에게 정치이론이 있는가? 라는 질문은 니체에게도 동시에 던져지는 질문이다. 힘에의 의지는 분명히 정치와 연관된 개념이다. 그렇지만 니체 철학에 내재하는 구체적인 정치이론에 대해서는 논쟁의 여지가 있다. 니체의 정치이론에 대한 대조적인 두 가지 해석의 예를 들면 아래와 같다. 독일 베를린 훔볼트 대학교 철학과 교수였던 게르하르트는 인간의 약속능력이 정치적 행위의 공간을 열었으며, 니체는 인간실존의 사회성에 대한 이론가라고 주장한다. 반면에 스위스 취리히 대학교 철학과 교수 마르티(Urs Marti)는 니체가 강조하는 자율적이며 초(超)관습적인 개인이 지닌 독재성은 계약과는 무관하며 태고의 국가 건립자와 닮아 있음을 비판하고 있다. 전자는 니체를 사회이론 내지는 정치이론가로서 평가하는 반면 후자는 니체는 사회이론가, 정치이론가로 볼 수 없다고 평가하고 있다.

니체의 정치철학에 대한 현대적 해석은 대략 네 종류로 분류될 수 있다. 마크 워렌(Mark Warren)의 저작 *Nietzsche and Political Thought*에 대한 서평을 쓴 웨인 클라인(Wayne Klein)에 따르면, 영미권의 니체 정치철학에 대한 해석은 크게 보아 두 극단적 해석 사이에 있다. 첫째, 니체를 파시즘 철학자로 보는 해석(the National Socialist interpretation)과 정치적으로 중립적이라고 보는 월터 카우프만의 해석(Walter Kaufmann-type)이 그것이다. 셋째 해석은 니체 정치철학을 정신적 귀족주의로 해석하는 매킨타이어, 정동호, 백승영의 해석이다. 이들은 니체 정치철학을 현실정치(real politics)의 관점이 아닌 문화적 차원, 정체(polity)의 차원에서 해석하고 있다. 넷째는 니체의 정치철학에 대한 포스트모던한 해석이다. 앞서 언급한 워렌과 샹탈 무페(Chantal Mouffe)의 해석이 그 예이다.[60] 니체 철학의 정치적 해석 가능성은 이처럼 다양하며, 여전히 논쟁 중이다.

나는 니체 정치사상 해석에 있어서 차라투스트라의 모습에 주목하고자 한다.

　　제자들이여 나는 홀로 가련다. 너희도 각자 홀로 길을 떠나라! 내가 바라는 것이 바로 이것이다. 권하노니 나를 떠나라! 나를 떠나라. 그리고 차라투스트라에 맞서 너희를 지켜라! 더 바람직한 것은 그의 존재를 부끄러워하라! 그가 너희를 속였을지도 모르지 않는가. 이치를 깨달은 자는 적을 사랑하는 것뿐만 아니라, 자신의 벗을 미워할 줄도 알아야 한다. 영원히 제자로만 머문다면 그것은 선생에 대한 도리가 아니다. 너희는 어찌하여 내가 쓰고 있는 월계관을 낚아채려 하지 않는가? 너희는 나를 숭배한다. 하지만 어느 날 너희의 숭배가 뒤집히게 되면 어찌할 것인가? 신상에 깔려 죽은 일이 없도록 주의하라! 너희는 차라투스트라를 믿는다고 말하는가? 하지만 그것이 차라투스트라와 무슨 상관이냐! 너희는 나를 따르는 나의 신도다. 하지만 신도가 뭐 중요하단 말인가! 당연히 자신을 찾아 자기의 길을 가야 했지만 너희는 그렇게 하지 않았다. 그 대신에 너희는 나를 발견했다. 신도들은 너 나 할 것 없이 이 모양이다. 그러니 신앙이란 하나같이 그렇고 그럴 수밖에. 이제 너희에게 말하니, 나를 버리고 너희를 찾도록 해라. 그리고 너희가 모두 나를 부인할 때에야 나는 너희에게 돌아오리라.[61]

　　이것이 니체가 인간을 사랑하는 방식이며, 차라투스트라가 제자들을 사랑하고 가르치는 방식이다. 최고의 제자는 청출어람 하는 제자이다. 니체는 우리가 자신보다 뛰어난 사람이 되기를 바라며, 우리가 자신을 극복하는 인간이 되기를 원한다. 그러한 인간 유형을 동경하며 니체는 그것을 위버멘쉬, 자유정신으로 부른 것이다. 자신을 극복하여 자유정신이 될 것인가? 아니면 관습과 기존의 도덕과 가치에 안주하는 비천한 최후의 인간(der letzte Mensch)이 될 것인가? 차라투스트라의 행동과 가르침은 정치적인가,

아니면 고독한 메시아의 외침인가?

　내가 판단할 때 차라투스트라의 모습은 플라톤 대화편의 논자들과 달리 후자에 더 가깝다. 니체 철학에는 힘에의 의지를, 거리 둠의 열정을 비롯한 많은 정치사상과 연관된 개념들이 있다. 그래서 우리는 니체의 정치사상에 대하여 논할 수 있다. 그러나 앞서 보았듯이, 니체 정치사상에 대한 다양한 해석 가능성, 대화라기보다 독백에 가까운 차라투스트라의 가르침 등은 우리가 니체 정치사상을 연구함에 있어 부딪히는 문제점들을 드러내고 있다. 그러므로 니체 정치사상에 대한 보다 심도 깊은 연구가 필요하다.

더 읽을 거리

• 김진석. 2009. 『니체는 왜 민주주의에 반대했는가』. 개마고원.

　이 책은 니체의 정치철학과 반(反)민주주의에 대한 심층적 질문과 분석이다. 저자의 치열한 문제 제기와 답변은 니체에 대한 우리의 이해를 분명히 증진시킬 것이다.

• 정동호. 2014. 『니체』. 책세상.

　한국 니체 연구 1세대 정동호 원로교수(충북대 철학과)의 니체 철학에 대한 연구서이다. 니체의 중요 철학적 개념에 대한 분석을 통해 최대한 객관적으로 니체 철학의 모습을 드러내고자 한 역작이다.

• 최순영. 2018. 「힘에의 의지와 정치이론」. 『니체연구』 제33집. 한국니체학회.

　이 글 '프리드리히 니체: 힘에의 의지의 정치사상'의 기초가 된 연구논문이다. 본 글에서 다룬 연구주제들이 보다 자세하게 설명되어 있으니, 니체 정치철학을 보다 깊이 연구하고 싶은 독자에게 일독을 권하는 바이다.

3.

정치의 파토스와 에토스[1]

칼 슈미트

윤비
표광민
홍철기

Carl Schmitt

개요

슈미트는 20세기 전반기 독일 보수주의를 대표하는 인물로서, 독일 국가사회주의에 부역했던 이력에도 불구하고 오늘날까지 진보와 보수를 넘어 큰 영향을 끼치고 있다. 매우 길고 우여곡절이 많았던 생애 동안 거의 육십 년에 걸쳐 쓰인 여러 작품은 법학적 주제로부터 국제정치 이슈까지 폭넓은 주제들을 다루고 있다. 슈미트는 자신의 저작을 통해 인간과 정치질서의 존립을 근본적으로 규정하는 분열과 충돌의 문제에 주목하고, 그것이 정치에 대한 이해방식과 실천에 갖는 함의를 분석하는 데 지속적인 관심을 가졌다. 동시에 슈미트는 이러한 문제를 이해함에 있어 자유주의가 갖는 한계를 신랄하게 비판하였다. 여기서 자유주의란 영미의 자유주의 정치사상뿐 아니라 그에 영향을 받은 독일의 법학, 철학, 정치사회 이론 전반을 가리킨다. 슈미트의 사상은 당시의 자유주의를 일종의 이론적 · 문화적 퇴락으로 보고, 제1차 세계대전에서의 패배에 이어 등장한 바이마르 공화국을 그 제도적 표현으로 규정했던 20세기 독일 보수주의와 궤를 같이한다. 냉전의 붕괴 이후 등장한 다양한 정치적 문제들과 관련하여 슈미트의 저작과 이론, 개념들을 새롭게 조명하려는 시도들이 이루어지는 가운데 슈미트 연구는 르네상스를 맞고 있다. 오늘날 슈미트는 국내정치뿐만 아니라 국제정치에 대한 논의에 이르기까지 폭넓게 인용되면서 21세기 정치이론에 긴 그림자를 드리우고 있다.

생애

칼 슈미트(Carl Schmitt, 1888-1985)는 1888년 7월 11일 독일 플레텐베르크의 가톨릭 중산층 가정에서 태어나 1985년 4월 7일 같은 곳에서 사망했다. 1907년부터 베를린과 뮌헨, 스트라스부르의 대학에서 공부를 시작해 1910년 박사학위를 취득했으며, 1914년 스트라스부르 대학에서 「국가의 가치와 개인의 의미」라는 논문으로 교수자격을 취득했다. 1915년 군대에 자원했지만 전선으로 파견되지는 않았다. 슈미트는 1921년에 그라이프스발트 대학에 정교수로 취임하였고, 1922년 본 대학으로 자리를 옮겼다. 1927년 베를린 상업대학 정교수로 취임하였으며, 1933년에는 베를린 대학으로 옮겨 베를린의 지식인 사회의 중심부에 진입했다. 슈미트는 1920년대부터 보수주의적 시각에서 베르사유 체제 및 바이마르 공화국 체제를 비판했다. 1933년에 독일국가사회주의당(NSDAP)에 가입하였으며, 반(反) 유대주의를 비롯한 국가사회주의의 이데올로그로 활동하는 가운데 '제3제국의 황실법률가'로 불리기까지 했다. 1936년 국가사회주의당 돌격대로부터 기회주의자라는 공격을 받아 당내의 모든 직위를 상실하고 대학으로 돌아온 이후에도 국가사회주의를 옹호하는 활동을 지속했다. 제3제국이 붕괴하면서 1945년부터 1947년까지 연합군 측에 의해 투옥된 후 불기소처분을 받고 플레텐베르크로 낙향했다. 자신의 거소를 마키아벨리가 정계에서 물러나 거주했던 장소의 이름을 따서 산 카시아노(San Casciano)로 불렸던 일화는 그가 자신을 세상에 의해 부당하게 외면당한 정치적 희생양으로 이해했음을 드러낸다. 슈미트는 이 자칭 '망명' 기간에도 문필활동이나 지식인 세계와의 접촉을 중단하지 않았다. 그는 망상을 수반한 뇌질환을 앓던 중 1985년 사망했다.

주요 저술

칼 슈미트. 1993. 「정치신학 II: 모든 정치신학은 일소되었다는 전설」. 『동아법학』 16호. 김효전 옮김. 249-356.

칼 슈미트. 1995. 『대지의 노모스: 유럽 공법의 국제법』. 최재훈 옮김. 민음사.

칼 슈미트. 2010. 『정치신학: 주권론에 관한 네 개의 장』. 김항 옮김. 그린비출판사.

칼 슈미트. 2012. 『정치적인 것의 개념: 서문과 세 개의 계론을 수록한 1932년판』. 김효전 · 정태호 옮김. 살림.

칼 슈미트. 2012. 『현대 의회주의의 정신사적 상황』. 나종석 옮김. 길.

머리말

칼 슈미트는 주권, 국가, 국제관계와 같은 정치사상의 보편적 주제에 대해 당대의 자유주의적 시각을 비판하고 결단론의 관점에서 논의를 전개하였다. 그런 입장은 국가주의와 민족주의, 영미식의 법치국가론에 대한 회의, 그리고 오늘날 정치적 현실주의라 불리는 권력관과 연관되어 있다. 궁극적으로 슈미트 사상의 근원에는 인간의 본원적 존재조건에 대한 나름의 시각에 기반을 둔 분열, 갈등, 대립의 필연성에 대한 통찰이 자리 잡고 있다.

슈미트의 작품에는 헤겔, 막스 베버(Max Weber), 하이데거와 같은 독일 지성사의 거물들은 물론 자신보다 한참 앞선 시기에 살았던 절대주의 이론가들이 직간접적으로 등장한다. 그러나 슈미트의 논의와 통찰을 특정한 정치이론가나 철학자, 또는 그가 탐독했던 다른 문필가의 영향으로 돌리기는 어렵다. 1920년대 이래의 독일 보수주의는 다양한 철학사조와 정치이론의 영향을 받아 형성되었으며, 슈미트의 사상도 예외는 아니다.

슈미트가 공격의 대상으로 삼았던 이론가들 역시 매우 다양하다. 슈미트는 매우 논쟁적인 인물이었다. 독재와 헌법에 관한 이론이나『대지의 노모스』(Der Nomos der Erde, 1950)와 같은 작품들을 제외하면 그의 작품들은 대개 현재의 독일어판으로 100페이지가 채 안 된다. 그와 같이 짧은 글들에서 슈미트는 거의 주석도 달지 않은 채 간결하면서도 수사학적으로 정제된 문체로 다양한 이론가들을 평가하고 공격했다. 당대의 실증주의 법학의 거두였던 한스 켈젠(Hans Kelsen)을 포함하여 프리드리히 마이네케(Friedrich Meinecke)와 같은 역사가, 그리고 다른 저명한 지식인과 문필가들이 비판의 대상에 올랐다. 이하에서는 슈미트 사상의 통일성과 다면성을 『정치신학』(Politische Theologie, 1922),『정치적인 것의 개념』(Der Begriff des Politischen, 1932),『대지의 노모스』세 대표작품을 통해 탐구한다.

『정치신학』

정치신학은 20세기 이래 철학, 신학, 역사학 등에 걸쳐 매우 다양한 의미로 사용되어온 용어다. 정치신학의 의미가 무엇인지 한마디로 규정하기는 어렵다. 일반적으로 정치신학은 일반적으로 신학적인 개념과 사고의 틀을 정치를 설명하기 위해 의식적·무의식적으로 전용하는 것을 말한다. 슈미트의 정치신학 개념이 어떻게 다른 저자들의 정치신학 개념과 연결되어 있고 또 어떻게 다른지를 논하기는 어렵다. 중요한 것은 『정치신학』에서 슈미트가 단지 국가, 주권, 권력에 관한 근대적 관점이 신학에서 많은 것을 빌려왔다는 것을 확인하는 것만을 의도하지 않았다는 사실이다. 이 저작에서 슈미트는 자유주의와 실증주의적 법률이론이 권력, 주권, 국가를 바라보는 관점에 이의를 제기하고 결단론적 시각에서 문제를 새롭게 규정하고자 하였다. 이하에서는 슈미트 정치신학의 주요한 논점을 요약하고 그것이 그의 정치사상 발전사에서 차지하는 의의를 살펴보려고 한다.

슈미트는 정치질서를 규율하고 유지함에 있어서 주어진 법률체계가 노정하는 근본적인 한계를 지적하면서 논의를 시작한다. 슈미트의 주장을 이해하기 위해서는 독일의 법률사에 등장하는 한 가지 논쟁을 살펴볼 필요가 있다. 그것은 1862년 오토 폰 비스마르크(Otto von Bismarck)가 당시 프로이센 국왕 빌헬름 1세를 도와 추진하려 했던 군사개혁과 관련되어 있다. 당시에 비스마르크는 자유주의자들이 장악한 의회가 개혁에 제동을 걸자, 이 경우 국왕이 자신의 판단에 따라 행동할 수 있다는 주장을 펼쳤다. 비스마르크에 의하면, 국왕과 의회가 예산에 합의하지 못했을 때 어떻게 해야 할 것인가에 대해 헌법이 규정해놓은 바가 없다면 국사가 멈추고 국가가 혼란에 빠지지 않도록 국가의 수장은 자신의 판단에 따라 행동함으로써 헌법상의 공백을 메워야 한다.

소위 '공백이론'(Lückentheorie)으로 불리는 이 주장은 슈미트의 결단론을 이해하는 데 중요한 실마리가 된다. 총 4장으로 이루어진 이 책의 제1장 첫머리에서 슈미트는 "예외상태에 대해 결정하는 존재가 바로 주권자"라고 규정한다.[2] 즉 주권자는 "극한의 위기상황이 닥쳤는지를 판단하고 그것을 제거하기 위해 어떤 행동을 취할 것인가를 결정한다."[3] 여기서 슈미트가 주권자를 예외상황을 관리하는 존재로만 보지 않고, 어떤 상황이 예외상황인지 아닌지의 여부를 판단하는 존재로 규정하고 있다는 점은 의미심장하다. 슈미트에게 주권자는 단지 예외상황이 발생할 경우 (법이 정한 바에 따라) 법을 초월하는 권력을 행사하는 존재를 가리키는 것이 아니라, 주어진 상황에서 법질서의 효력을 인정할 것인가의 여부를 판단·결정하는 존재이다. 즉 주권자는 법의 내부와 외부에 걸쳐 있는 존재인 것이다. 이런 의미에서 슈미트는 주권이라는 개념이 일종의 '경계개념'(Grenzbegriff)이라고 말한다.[4] 주권자의 존재가 모든 정치질서의 시작과 끝이라는 그의 주장은 이런 사고와 연관되어 있다. 슈미트는 모든 질서가 결단에 의거한다고 본다. 국가 업무를 처리하는 데 있어서 성경처럼 여겨지는 법률체계 및 그 법률체계에 근거한 정치질서 역시도 궁극적으로는 결단에 토대를 두고 있다.[5]

주권자에 의한 결단의 필요성과 정당성에 대한 슈미트의 사고에는 당시의 법치국가론에 대한 깊은 불신이 깔려 있다. 슈미트는 예외상황의 존재를 애써 무시하거나 그 의미를 축소하면서 국가를 법률질서와 동일시하는 한스 켈젠과 다른 실증주의 법률이론가들의 주장은 정치를 제거하는 것으로 귀결된다고 생각했다. 그는 예외상태에 직면하여 법률이 할 수 있는 역할은 기껏해야 그런 예외상황을 긍정하고 설명하는 것일 뿐, 예외상황에서 무엇을 해야 할 것인가를 알려줄 수 없다고 보았다. 그리고 예외상태를 설명하려는 시도에는 법률이 언제부터 의미가 없어지는지를 스스로 설명해야 하는 논리적 모순이 내포되어 있다고 보았다. 정치질서의 탄생과 존립의 진정한 본모습은 법률체계에 의해 규율되는 일상적인 상황이 아니라 일상이 정지되는 예외상황에서 드러난다는 것이 그의 주장이다.[6]

슈미트는 질서의 창출과 유지에 필수불가결한 계기로서 결단의 문제, 그리고 결단을 실행하는 주체인 주권자 개념이 이미 신학적 질서관과 신론에 함축되어 있다고 보았다. 그가 제3장의 첫머리에 썼던 명제, 곧 "근대국가론의 모든 의미 있는 개념은 신학적 개념의 세속화다"라는 명제는 단지 국가론의 여러 개념이 신학에 뿌리를 두고 있다는 것만을 의미하는 것이 아니다. 그 명제는 근본적으로 국가론과 신학 양자가 모든 질서에 전제되어 있는 결단과 결단의 주체에 대한 동일한 문제의식을 공유하고 있으며 동일한 답을 제공해준다는 것을 의미한다. 슈미트에 의하면, 현대 자유주의는 결단의 문제를 간과해버린 결과 정치를 논의와 협상의 과정으로 환원시켜버리고 주권과 주권자의 문제를 은폐해버렸다. 자유주의와 실증주의 법학은 정치의 문제를 법의 문제로 덮어버린다. 결국 자유주의가 지배하는 현대 세계는 '정치적인 것에 대한 투쟁'(Kampf gegen das Politische)으로 특징지을 수 있다는 것이 슈미트의 결론이다.[7]

슈미트의 주장이 당시의 바이마르 헌법에 대한 보수주의자들의 비판과 연관되어 있다는 사실은 잘 알려져 있다. 하지만『정치신학』은 정치적 실천을 위한 팸플릿은 아니다. 슈미트가 얼핏 보면 대립적으로 보이는 국가론과 신학이라는 두 영역의 근본적인 연관성에 주목한 것은『정치신학』에서가 아니었다. 그는 이미『정치적 낭만』(Politische Romantik, 1919)이나『독재』(Die Diktatur, 1921)와 같은 이전의 저작에서 그런 문제의식을 드러냈다.[8] 그럼에도『정치신학』은 법학자인 슈미트가 어떻게 정치이론의 영역으로 나아가게 되었는지를 가장 잘 보여주는 작품이다. 주지하듯이 슈미트는 법률체계의 한계에 대해 논의하는 가운데 법률체계가 감당할 수 없는 상황과 문제가 존재하며, 그에 대한 해결은 국가 질서의 존립과 유지를 위해 판단·행동하는 주권자에게 맡겨야 한다고 주장했다. 이런 맥락에서 슈미트의 대표 저작 중 하나인 『정치신학』은 20세기 정치이론사에서 가장 논쟁적인 작품 중 하나로 평가되는 『정치적인 것의 개념』을 이미 예고했다고 볼 수 있다.

『정치적인 것의 개념』

이 저작은 정치를 투쟁과 폭력의 관점에서 정의한 20세기의 대표 저작으로, '적'과 정치의 관계에 대한 근본적인 사유를 전개한 정치철학자로서의 명성 혹은 오명을 저자에게 안겨준 텍스트다. 슈미트는 이 책에서 모든 정치 행위 및 사고의 원인과 동기를 거슬러 올라가 보면, 그 끝에는 적과 동지의 구별이 있다고 말한다. 그리고 이러한 "적과 동지의 구별"은 '정치적인 것'에만 고유하다는 의미에서 "정치적 구별"이라고도 불린다.[9]

이 책은 특별한 출판 이력을 갖고 있다. 그는 『정치적인 것의 개념』을 급변하는 정치 상황에 따라 매번 고쳐서 발표했다. 이 책은 원래 1927년 한 편의 논문으로 세상에 모습을 드러냈다.[10] 그러다가 1932년에 처음으로 단행본으로 출간되었는데, 이때 슈미트는 원래의 논문에 새로운 주석을 추가하고, 1929년에 스페인에서의 강연 「중립화와 탈정치화의 시대」(Das Zeitalter der Neutralisierung und Entpolitisierung)의 원고를 부록으로 덧붙였다.[11] 이듬해인 1933년에도 슈미트는 새 판본을 출간했다.[12] 마지막으로 1963년 1932년판에 특별한 수정을 가하지 않고 새로운 서문과 계론, 그리고 주석을 추가하여 다시 발표하였다.[13]

슈미트는 왜 이렇게 여러 차례 이 책을 재출간했을까? 그 의도를 알기 위해서는 각각의 판본이 발표된 해의 정치 상황을 살펴볼 필요가 있다. 1927년은 독일의 제1차 세계대전 전쟁 책임 및 배상에 관한 일련의 조약들이 체결되던 시기로, 특히 베르사유 조약의 연장선상에서 체결된 로가르노 조약(1925) 직후다. 이는 국제연맹 체제 하에서 전쟁 자체를 종식시키겠다는 명분과 의지의 표현물이었으며, 그 구체적인 결과는 독일 서부 접경지역인 라인란트(Rheinland)에 대한 승전국의 점령 및 무장해제로 이어졌다. 슈미트는 1925년경에 이 책에 대해 최초의 구상을 하면서 「정치적인 것의 운명에 관하여」(Um das Schiksal des Politischen)라는 원고를 발표하였고, 이는 이후에 『국제정치 대상으로서의 라인란트』(Die Rheinlande als Objekt internationaler Politik, 1925)라는 논문의 일부가 된다.[14] 1932년은 독일 최초의 민주주의였던 바이마르 공화국이 대공황 이후에 맞은 정치·경제적 위기가 보수파 정부에 의해서 증폭되던 민주주의 최후의 시기였다. 1933년은 위기 끝에 히틀러와 국가사회주의 독일 노동자당이 집권한 해였으며, 슈미트는 재출간을 통해 자신이 나치 이데올로기에 충실한 법학자임을 적극적으로 증명하고자 했다. 마지막 판본이 나온 1963년은 쿠바 미사일 위기 다음 해이자 미국의 베트남전 참전이 이루어지기 직전이었다. 그는 나치 패망의 결과로 성립된 냉전 질서의 긴장이 최고조에 도달하던 시기에 어김없이 적과 동지의 구별에 관한 책을 다시 내놓았다.

제1차 세계대전 패전국이라는 독일의 '상황', 그리고 패전과 함께 공화국이 성립되면서 국왕이 아닌 국민이 주권자가 된 국민주권 국가로서의 독일의 새로운 '지위' 사이에 벌어진 간극이 슈미트로 하여금 1927년 논문을 쓰게 만들었다. 그는 이때 애국심을 고취시키거나 민족주의에 호소하는 방법을 택하지 않았다. 대신에 그는 '승전국 대 패전국 독일'이라는 지정학적 대립을 개별 국가의 주권 일반에 대한 '부정 대 긍정'이라는 정치철학적 대립으로 고양시키는 방법을 택했다.

그렇다면 이때 주권이란 무엇인가? 여기서 슈미트는 주권 개념의 계보에 절대군주제를 당연히 포함시키면서 논의를 전개하고 있기는 하지만, 명백하게 민주 공화국의 주권을 논하고 있다. 그래서 그는 주권을 '생살여탈권'(jus vitae ac necis)이 아니라 '전쟁권'(jus belli)으로 정의한다. 전자 또한 "인간의 생사를 좌우하는 권능"이기는 하지만 이는 세습 군주나 가부장이 신민이나 가족 구성원에게 행사했던 것이다. 반면에 주권이 국민에게 있는 공화제 국가는 "전쟁을 수행하고 그로써 인간의 생명을 처분할 가능성"을 의미하는 "자신에게 집중된 거대한 권력"을 갖는데, 바로 이것이 전쟁권이다. 그것은 "이중의 가능성을 의미하는데, 자국민의 구성원에게는 죽을 준비가 되어 있으며 살해할 준비도 되어 있기를 요구하며, 적의 편에 선 인간을 살해하는 가능성이 그것이다."[15] 그리고 국가가 전쟁권을 갖고 있을 때만 "국가와 그 영토의 내부에서 완전한 평화"를 이룰 수 있고, "'평화, 안보, 질서'를 확립함"으로써 법과 규범의 안정적인 적용과 집행이 가능해진다는 것이다. 그런데 패전국에 대한 보복이라는 명분으로 전쟁 행위 자체를 종식시킬 것을 주장하는 일은 실제로 전쟁 전체를 종식시키지 못하고 오직 특정 국민의 전쟁권만을 포기하도록 만들 뿐이다. "어떤 국민이 정치적인 것의 영역에서 자신을 유지할 힘이나 의사를 잃는다고 해서 이 세계에서 정치적인 것이 사라지지는" 않으며 "다만 약한 국민만이 사라질 뿐"이라고 슈미트는 말한다.[16]

슈미트가 주권을 이와 같이 정의하는 이유는 그가 국가를 "정치적 통일체"로 보고 있기 때문이다. "어떻든 간에 실제의 적에 맞선 실제의 투쟁이라는 비상사태가 발생할 수 있다는 관점에서 봤을 때, 필연적으로 정치적 통일체는 동지의 결집에 대해서든, 아니면 적의 결집에 대해서든 척도가 되는 통일체이며 이러한 (어떤 경우에도 절대주의적이지는 않은) 의미에서 주권적이며, 그렇지 않을 경우 정치적 통일체는 존재하지 않는다."[17] 그는 사실 주권과 정치뿐만 아니라 국가의 의미도 다시 정의한다. 이런 관점에서 형용사를 명사화한 '정치적인 것'(Politische)이라는 말의 사용, 그리고 이 책의 첫 번째 문장, "국가의 개념은 정치적인 것의 개념을 전제로 한다"도 이해해야 한다. 이 문장은 바로 슈미트가 논박하려고 한 게오르크 옐리네크(Georg Jellinek)의 문장을 그대로 가져와서 뒤집은 것이다.[18] 당대의 대표적 실증주의 법학자 옐리네크는 1914년 『일반 국가학』에서 "'정치적인'(politisch)은 '국가적인'(staatlich)을 의미한다"고 말한 바 있다.[19] 이 문장에는 19세기 독일 법학과 부르주아지의 국가관이 압축되어 있다. 19세기 독일 부르주아 계급은 국민주권을 유보함으로써 군주의 절대권력에 대한 양보를 얻어내고, 이를 바탕으로 입헌주의와 의회제를 실현하고자 했다. 그리고 그들에게 국가란 합리적이고 객관적인 추상관념으로 군주도 국민도 국가의 주인이 아니라 그 일부다. 옐리네크를 비롯한 19세기 사상의 계승자들은 이 추상적 관념인 국가에 주권을 부여하려고 시도하기에 이른다.

슈미트는 이에 대해 특히 두 가지 점에서 반론을 제기한다. 첫째, 실증주의 법학은 바이마르 공화국 헌법에서 국민주권 원리가 의미하는 바에 대해 침묵하거나 회피하는 것 외에 할 수 있는 일이 거의 없다고 지적한다. 그가 이 책에서 '통일체'라고 지칭하는 것은 조금 앞선 시기에 쓴 다른 글에서는 민주주의에 고유한 '동질성'(Homogenität) 혹은 '실체적 평등'(substantielle Gleichheit)으로 불린다.[20] 이 평등은 정치적 평등이며, 그런 의미에서 언제나 정치공동체의 이방인에 대한 불평등을 함축하고 있다. "민주주의가 필요로 하는 것은 필연적으로 첫째, 동질성, 그리고 둘째 — 필요한 경우에는 — 이질적인 것의 배제 또는 절멸"이라는 것이다.[21] 민주주의에서 주권은 국민에게 있는데, 이때 국민의 범위는 언제나 누군가를 배제하는 방식으로만 결정될 수 있다는 뜻이다. 하지만 이러한 현실을 외면하는 실증주의 법학자들은 독일의 국민주권이 부정당하는 국제정치 상황에 대해 결코 효과적으로 대처할 수 없다고 슈미트는 지적한다. 그의 이러한 견해에 대해 헤

르만 헬러(Hermann Heller)는 민주주의 국가에서 주권자 국민의 통일성이 필요하다는 점을 인정하면서도 이를 위해 반드시 전쟁이 필요한 것은 아니라고 주장하면서 대신에 윤리적 의미의 '사회적 동질성'이 필요하다고 주장했다.[22]

둘째, 슈미트는 법실증주의가 당시에 대두하고 있었던 다원주의에 대해서도 대응할 수 없다고 비판하였다. 왜냐하면 그에게 다원주의란 곧 '다원주의적인 정당국가'를 의미했기 때문이다.[23] 이는 현대어로는 '다당제'다. 하지만 슈미트는 정당이 상이한 가치관이나 세계관을 구현하려는 목표를 가진 조직이라고 보았다. 그리고 이러한 다수 정당들 간의 경쟁이 주권국가의 통일성과 민주적 동질성을 해칠 것이라고 보았다. 그는 정당 일반이 잠재적으로는 국가 전체를 수단화하려는 이른바 '전체 정당'이라고 봤기 때문에 그에게 다원주의란 최다득표 정당에 의한 '전체주의'의 전 단계에 불과했다.[24] 따라서 다원주위는 정치적 통일체의 주권에 의해 억제되거나 배제되어야만 하는 것이다.[25] 유일하게 인정할 수 있는 다원주의란 전쟁권을 가진 국가들 사이의 국제관계상의 다원주의뿐이다.[26] 한편 슈미트의 논쟁 상대자 켈젠은 모든 정치 참여자가 자신의 세계관의 한계를 인정하는 상대주의자이자 합리주의자일 때에만 정당국가가 다원주의를 유지할 수 있다는 입장을 견지했다.[27]

그렇다고 해서 독일의 19세기 부르주아 계급이나 실증주의 법학자들이 주권국가의 국민들에게서 그들의 주권을 빼앗으려는 전 세계적 음모를 획책한 것은 결코 아니었다. 슈미트는 그들이 문제해결 능력이 없다고 비난한 것이지, 그들이 문제의 원인이라고 말한 것은 아니다. 『정치적인 것의 개념』이 지목하는 궁극의 적은 바로 '자유주의'다. 이때 자유주의가 지칭하는 것은 정치적인 것과 국민주권 모두를 위협하고 부정하면서 새롭게 부상하고 있던 국제 질서 이데올로기다. 슈미트가 보기에 자유주의는 주권을 양쪽 방향에서 부정하고 위협한다. 한편으로는 국가 간의 다원주의를 국제연맹 체제 및 세계 시민적 '인류'로 통합하려 하고, 다른 한편으로는 국가 내부에서 국민을 사적 '개인'들로 분해하려 하기 때문이다. 또한 자유주의는 적과 동지의 구별과 양자 간의 투쟁이라는 가장 심각하고 극단적 가능성을 '인류 평화'와 같은 허구적이고 윤리적인 이상, 그리고 생산과 소비라는 피상적 경제주의로 대체하려 한다는 점에서 정치적인 것의 주적이 되며, '탈정치화와 중립화'의 첨병으로 제시된다.[28] 그리고 바로 이러한 논점 덕분에 『정치적인 것의 개념』은 20세기 반자유주의 정치철학의 대표작으로 남게 되었다.

『대지의 노모스』

칼 슈미트는 그의 생애 후반부에 노모스 개념을 중심으로 자신의 정치사상을 종합한다. 1930년대 후반에 독일과 서유럽/미국 사이의 고조된 긴장이 결국 제2차 세계대전의 파국으로 향하는 상황에서 슈미트는 국제법을 통해 나치 정권 수호에 나선다. 이 과정에서 미국의 유럽에 대한 개입을 막기 위한 명분으로 내세운 것이 바로 공간 개념이었다.

그는 "공간 외부 세력의 개입금지를 통한 국제법적 거대공간 질서" (Völkerrechtliche Großraumordnung mit Interventionsverbot für raumfremde Mächte, 1939), 『대지와 해양』(*Land und Meer*, 1942) 등 국제법과 정치신학을 활용한 저술을 통해 독일의 전쟁 행위를 정당화하려 했다. 앞에서 언급한 바와 같이 1945년 나치 독일의 패망과 함께 슈미트는 공적 활동에서 추방되었으며, 전범 행위에 대한 조사를 받은 후 1947년부터 고향인 플레텐베르크에 은거하게 된다. 그러나 슈미트는 절필(絕筆)로 참회하는 대신 왕성한 저술 활동을 재개한다. 이런 맥락에서 그의 후기 사상을 대표하는 노모스 개념이 『대지의 노모스』를 통해 구체화된다. 이 저작은 중세 신학적 전통을 계승한 근대국가의 주권자들이 상호 간에 적과 동지의 관계를 설정하고 근대 유럽 국제 질서를 형성한 과정을 추적한다. 노모스 개념은 지리적 위치, 주변국들과의 관계 등의 영향 아래 영토 획득을 둘러싸고 벌이는 국가 간 투쟁이 정치의 핵심을 구성한다고 주장하고, 대지적인 존재로서의 인간과 영토 획득에서 시작된 근본 질서 등에 대해 설명한다. 그의 사상적 궤적 후반부에 도달한 주제로서 노모스 개념은 주권, 예외상태, 정치신학 등 과거 그가 주장했던 주요 이론들의 내용을 응축하고 있다. 노모스 개념으로 나타난 공간 질서에 대한 이해는 이후 슈미트의 연구에서 지속적으로 등장하며, 반 작업 저작 『파티잔 이론』(*Theorie des Partisanen*, 1963)에서는 게릴라 전투부대의 대지적인(tellurisch) 속성을 강조한 바 있다.

'노모스'라는 단어를 슈미트가 처음 사용한 시기는 1933년 〈독일 법학자 대회〉로 거슬러 올라간다. 그는 "국법과 행정법의 새로운 수립"(Der Neubau des Staats- und Verwaltungsrechts)이란 제목의 발표문에서 노모스라는 개념을 '왕의 법'을 의미하는 "Nomos Basileus"라는 용어에서 차용하였다. '왕의 법'은 그 용어가 시사하는 것처럼 법질서는 왕의 의지를 구현하고 있다는 것을 의미한다. 슈미트는 이와 마찬가지로 히틀러의 의지가 법으로 제정되어야 한다는 주장을 하기 위해 노모스라는 단어를 원용한다.[29] 주권자의 의지를 표현하는 고대의 노모스 개념이 공간 질서를 의미하는 슈미트의 독자적인 개념으로 변용되기까지는 두 번의 계기가 있었다. 첫 번째는 슈미트가 자신의 정치학에 공간 질서적 사유를 도입한 것이며, 두 번째는 이러한 공간 질서에 따른 정치적 역학관계를 노모스 개념과 연결시킨 것이다. 1930년대 후반부터 슈미트는 20세기 초반 생성된 '지정학'(Geopolitik)을 받아들이며 공간 질서 논의에 적극적인 관심을 가지기 시작했다. 그는 1939년 발표한 "공간 외부 세력의 개입금지를 통한 국제 법적 거대공간 질서"라는 논문에서 당시의 국제적 세력 관계에 지정학적 공간관념을 적용시킨다. 이 글은 1937년 10월 5일 시카고에서 행해진 프 랭클린 D. 루스벨트(Franklin Delano Roosevelt) 대통령의 이른바 "격리 연 설"(Quarantine Speech)에 대한 대응으로 작성되었다. 루스벨트 대통령은 독일, 일본, 이탈리아를 겨냥하여 국제적 무정부 상태를 초래하고 있는 국 가들에 대한 강경한 대응을 주장한 바 있다. 슈미트는 루스벨트 대통령의 이러한 주장이 내정 개입에 해당하며, 더욱이 미국은 유럽과 다른 대륙에 위치한 만큼 외부 세력으로서 유럽 공간에 대한 부당한 개입을 멈추라고 경고하고 있다.[30]

이어서 1942년부터 슈미트가 국제 정치질서 분석에 노모스 개념을 활용 하기 시작하면서 공간정치적인 원리로서의 노모스 개념이 구체화되었다. 1942년은, 훗날 슈미트가 『대지의 노모스』에서 밝히듯이, 요스트 트리어 (Jost Trier)의 노모스에 대한 어원학 연구가 발표된 해였다.[31] 따라서 슈미 트는 노모스의 어원이 "울타리"(Zaun)라는 트리어의 주장을 받아들여 공 간 질서와 노모스 개념을 연결시킨 것으로 보인다. 1942년 슈미트가 발표한 『대지와 해양』은 법률을 의미하는 그리스어 노모스를 통해 인간의 근본 질서 가 공간의 획득과 분배에서 기원한다고 주장한다. 이 글에서 제시한 "인간은 대지의 존재이다"(Der Mensch ist ein Landwesen), "모든 근본 질서는 공간 질서이다"(Jede Grundordnung ist eine Raumordnung), "세계사는 영토 획 득의 역사이다."[32] 등의 명제는 이후 전개되는 노모스 개념의 토대가 된다.

제2차 세계대전 이전 연구의 연장선상에서 슈미트는 종전 이후인 1950년 『대지의 노모스』를 발표하며 노모스 개념을 보다 종합적으로 제시한다. 그 는 이 저작에서 땅 위에 사는 존재로서의 인간, 영토 획득에서 시작한 근본 적 인간 질서 등에 접근하고 있다. 잠바티스타 비코(Giambattista Vico), 로크, 칸트 등이 모두 땅의 관리와 지배로부터 사회적 질서의 근원을 설명했던 것처럼, 땅의 획득은 인간에게 생존을 위한 필수불가결한 행위라는 것이다. 그러므로 슈미트는 영토의 획득과 소유, 분배가 인간이 수립한 모든 질서의 근원이며, 이러한 관념이 노모스 개념을 통해 법적, 정치적으로 제도화되었다고 주장한다.[33] "노모스 – 획득 – 이름"(Nomos – Nahme – Name, 1959) 등 그의 이후 작업에서 노모스 개념은 대지의 획득으로부터 형성되는 인간의 근본 질서와 이에 기반하여 파생되는 모든 법질서를 가리키는 용어로써 지속적으로 등장한다.[34]

생존을 위한 인간의 행위로서 대지의 획득은 법질서의 근간을 이루며, 이러한 노모스 원리는 국가와 국가 간 관계의 문제로 확장된다. 대지, 즉 영토의 획득을 둘러싼 국가 간 투쟁이 국제 정치질서의 핵심내용을 구성한다는 것이다. 노모스 개념은 근대 국제관계 이전의 기독교 질서에서부터 그 중요성이 드러난다. 세계를 기독교에 의해 지배되는 영역과 기독교에 의해 (아직) 지배되지 않은 영역으로 나누었기 때문이다.[35] 슈미트는 기독교 보편질서를 대체한 근대 국제관계에서 노모스 원리에 따른 보다 정교한 법체계가 등장하였으며, 이것이 바로 유럽공법(jus publicum Europaeum)이었다고 주장한다. 외교와 전쟁을 통해 유럽 근대국가들이 다다른 세력균형 질서를 노모스 개념으로 설명한 것이다. 근대에 들어서며 유럽은 민족을 중심으로 나뉘어져 영토 국가들로 재편되었다. 이들 국가는 더 이상 중세의 기독교 보편주의를 국가보다 상위에 위치한 규범으로 인정하지 않았다. 그대신 노모스 개념에 기반하여 영토 획득, 분할, 유지 등 땅을 둘러싼 스스로의 구체적 행위를 통해 국제법을 도출하고 유럽공법 질서를 형성했다고 본다. 이 과정에서 영토를 둘러싼 투쟁은 유럽공법에 의해 "형식을 갖춘 전쟁"(Krieg in Form)으로 법제화된다. 유럽 근대국가들은 상호 간에 "정당한 적"(justus hostis)으로서, 그리고 정당한 국가 간 행위로 전쟁을 수행하는 것이다.[36] 전쟁을 합리적인 국가 행위로 규정하는 슈미트의 입장은 그의 초기 대표작『정치적인 것의 개념』에서 밝힌 "특별한 정치적 구분은 적과 동지의 구분이다"는 명제의 연장선상에 있다. 정치는 도덕적, 미학적 의미가 아닌 정치적 의미에서 적과 동지를 구분하며, 국가 간 전쟁은 개인적인 적이 아닌 정치적인 적을 향해 벌이는 투쟁이다.[37]『대지의 노모스』는 노모스 개념을 통해 적과 동지의 구분을 국제법 영역으로 확장시키고, 영토 획득을 위해 적과 싸우는 전쟁이 규범화되어 근대 국제 질서가 형성되었음을 주장하고 있다.

슈미트의 노모스 개념은 이처럼 대지의 획득을 위한 국가의 교전 행위를 정당화하며, 전쟁을 "범죄화"하는 경향을 비판한다. 대지의 획득은 생존을 위한 인간의 자연적인 행위이므로, 인간 집단인 국가가 영토를 얻기 위해 전쟁을 벌이는 것 역시 적법한 것으로 인정되어야 한다는 것이다. 그러므로 슈미트는 국가 간 전쟁을 허용하면서도 국제 질서의 안정을 도모하는 세력균형체제가 노모스 원리, 즉 인간의 본성에 적합하다고 여긴다.[38] 이에 따라 그는 인간 본성에 부합하는 노모스 원리가 20세기 들어 보편적 자유주의 질서에 의해 거부되었다고 비판한다. 그리고 주권국가의 당연한 권리였던 전쟁권(jus ad bellum)이 베르사유 조약(1919), 국제연맹 창설(1920), 켈로그-브리앙 조약(1928) 등에 의해 불법화되었음을 개탄한다.[39] 슈미트는 양차 세계대전 이후 국제규범화된 평화 정착의 흐름을 거부하고 세력균형을 유지한 18, 19세기의 유럽공법 질서로의 회귀를 주장한다. 보편주의를 거부하고 세력균형을 복원해야 한다는 슈미트의 주장은『정치적인 것의 개념』에서 이미 제시된 바 있다. 정치의 핵심을 적과 동지의 구분에서 찾는 슈미트로서는 인간이 각기 다른 국가에 속하며 서로 전쟁을 벌이는 것이 당연한 일이었다.[40] 보편주의에 반대하는 슈미트의 입장은 제2차 세계대전 동안에는 독일 나치 정권을 옹호하는 '거대공간' 이론으로 전개된 바 있다.[41] 세력균형체제로의 회귀를 주장하는 그의 입장이 전후에는 노모스 개념을 통해 제안된 셈이다.

슈미트 연구의 현재적 의의와 미래 전망

전후에 슈미트에 대한 비판적 논의는 전체주의에 대한 대안으로서 자유주의 정치이론을 구축하려는 기획과 관련되어 있었다. 미국에서의 슈트라우스와 아렌트의 '정치적인 것'(the political)에 관한 논의 외에, 레몽 아롱(Raymond Aron), 클로드 르포르(Claude Lafort), 피에르 로장발롱(Pierre Rosanvallon)으로 이어지는 프랑스 자유주의 정치철학은 슈미트의 독일어 개념 '정치적인 것'을 프랑스어 개념 '정치적인 것'(le politique)으로 정착시키는 데 성공하였다. 이들은 슈미트 대신에 주로 알렉시 드 토크빌(Alexis de Tocqueville)에 대한 재해석을 통해 이 개념을 새롭게 정의했다. 정치(la politique; politics)와 정치적인 것(le politique; the political)을 구별하는 논의는 대체로 이런 현대적인 논의 지평에 속한다고 보면 될 것이다.

한편 1990년대 이후 슈미트 르네상스를 주도해온 샹탈 무페, 자끄 데리다, 조르조 아감벤(Giorgio Agamben) 등의 학자들이나 9·11테러 이후 파르티잔, 예외상태 등의 개념에 주목한 논의들은 슈미트의 이론에 대한 새로운 접근법을 보여주고 있다. 이 연구들은 정치학, 철학 등 학문 영역과 입장에 따라 다른 주장들을 전개하고 있지만, 공통적으로 슈미트의 정치사상을 활용해 정치에 대한 경제 논리의 지배를 비판하며 시민들의 정치참여로 형성된 주권에서 대안적 정당성을 찾고 있다. 예를 들어, 정치참여를 통한 시민들의 주권적 지배를 강조한 에르네스토 라클라우(Ernesto Laclau)와 무페는 자신들의 '급진 민주주의'(radical democracy) 구성을 위한 이론적 자원으로, 치자(治者)와 피치자(被治者)의 동일성 등을 강조하는 슈미트의 민주주의적 주권개념을 활용하고 있다. 21세기에 심화되고 있는 경제 논리 지배와 세계화에 대한 비판을 위해 20세기 자유주의의 최대 비판자였던 슈미트가 소환되고 있는 셈이다.

국민주권에 관한 슈미트의 논의는 특히 미국 학계에서 1990년대 이후 슈미트를 재발견하는 중요한 계기가 되었다. 특히 20세기 말 이래 포퓰리즘 정치의 귀환은 주로 아렌트의 정치이론이나 프랑스 자유주의 정치철학 및 그 후계자들의 영향하에서 헌법상의 주권 원리에 대한 논의의 필요성을 부각시켰는바, 이때 학자들이 주목한 것은 슈미트의『정치적인 것의 개념』에서의 주권론, 그리고『헌법론』(*Verfassungslehre*, 1928)에서의 헌법제정권력(pouvoir constituant)에 관한 논의였다. 존 P. 맥코믹(John P. McCormick), 윌리엄 슈어맨(William E. Scheuerman), 안드레아스 칼리바스(Andreas Kalyvas), 제이슨 프랭크(Jason Frank) 등은 슈미트에 대한 철저한 비판과 극복을 통해 민주주의와 국민주권 개념에 대한 보다 적극적인 정치이론 구축을 주도하고 있다.

나아가 세계화로 인한 국가주권의 침해, 테러리즘, 이민자 폭증 현상 등은 현재의 국제 질서로는 급변하는 정치 현실에 대응할 수 없다는 인식을 불러일으켜 새로운 국제 질서 모색에 대한 연구를 자극하고 있는바, 그 사상적 자원으로서 슈미트의 이론이 재조명되고 있다. 즉 시민들의 정치적 의지에 기반을 둔 국민주권이 상호 견제와 균형을 통한 노모스적 위계질서를 형성함으로써, 신자유주의적 세계화에 대한 대안적 질서를 가능케 한다는 것이다.[42] 노모스적 국세 질서는 민주주의에 기반한 동등한 주권국가들 사이의 합의와 약속에 따른 국제 질서를 추구함으로써 강대국의 패권을 거부하는 다원적 국제정치를 조성할 수 있다는 것이다.

앞으로의 슈미트 연구는 세계 질서에 대한 비판적 검토의 연장선상에서 근대 국제 정치질서의 형성 과정을 다룰 것으로 전망된다. 이미 슈미트의 노모스 개념에 입각하여 유럽 중심주의를 비판하는 탈식민주의 연구가 수행되고 있다. 유럽공법에 따른 세력균형체제는 슈미트 스스로도 인정하듯이 아메리카 대륙에 대한 식민 지배를 배경으로 형성되었다. 슈미트가 국제법의 진보라고 평가한 제한된 전쟁은 유럽 근대국가들이 식민 활동에 매진한 결과 유럽 내부에서 영토 획득 경쟁이 약화되었기 때문에 가능했다. 식민지를 통해 유럽 국가들은 "17세기의 내전과 재난으로부터 스스로를 구원"[43]할 수 있었으며, 이는 결국 유럽이 식민지에 "폭력을 수출함으로써 상대적인 평화와 번영을 수입"했음을 의미한다.[44] 탈식민주의 역사학 및 문학 분야가 정치학과 국제법학 분야에서의 기존 슈미트 연구에 접근함으로써 그의 노모스 개념을 통한 학제 간 연구가 심화될 것으로 예상된다.

한편 9·11테러 이후 정치적 이념과 운동의 근저에 놓인 종교적 아이디어나 동기를 탐구할 필요성이 부각되고 있으며, 근·현대 정치제도 및 종교적 관념과 제도의 발전을 이해해야 한다는 목소리가 높아지고 있다. 2000년대 서구와 비서구 세계를 가리지 않고 대두되고 있는 종교 근본주의 문제는 정치와 종교라는, 이전에는 각광받지 못하던 연구영역을 정치적, 철학적, 역사적 논의의 중심으로 끌어들이고 있다. 이는 슈미트가 정치신학에서 전개한 국가, 주권, 권력에 대한 논의가 새롭게 주목받는 또 하나의 콘텍스트가 되고 있다.

더 읽을거리

- Kennedy, Ellen. 2004. *Constitutional Failure: Carl Schmitt in Weimar*. Durham: Duke University Press.

  이 책은 바이마르 공화국 시기 슈미트의 사상과 텍스트에 집중하고 있으며, 특히 바이마르 민주주의의 붕괴와 정치사상가이자 법학자 슈미트의 관계에 초점을 맞추고 있다. 정치철학적 해석과 역사적 맥락 사이의 균형을 잘 유지하고 있다.

- Odysseos, Louiza & Petito, Fabio (eds.). 2007. *The International Political Thought of Carl Schmitt: Terror, Liberal War and the Crisis of Global Order*. London: Routledge.

  유럽 중심주의적 속성에도 불구하고 슈미트의 노모스 개념은 최근 들어 학문적 관심의 대상이 되고 있다. 그 이유는 무엇보다 미국의 일방주의적인 세계 전략 때문이다. 이 책에 실린 논문들은 제한된 전쟁과 세력균형 등 슈미트의 주장들을 재평가하고 있다. 이를 통해 9·11테러 이후 본격화된 세계정치의 전환 국면에서 슈미트의 국제정치적 개념과 주장들이 유의미한 통찰을 제공할 수 있음을 설득력 있게 제시하고 있다.

- Mehring, Reinhard. 2009. *Carl Schmitt. Aufstieg und Fall. Eine Biographie*. München. C.H. Beck.

  현재까지 쓰여진 칼 슈미트 전기 중 자료의 충실도와 상세함에서 가장 돋보이는 작품이다.

- 헬무트 크바리치 외. 2014. 『반대물의 복합체』. 김효전 옮김. 산지니.

  1986년 10월에 있었던 슈미트 추모 학술대회 발표원에서 중요한 것들을 추려 번역한 책이다. 특히 에른스트볼프강 뵈켄푀르데(Ernst-Wolfgang Böckenförde), 파스콸레 파스퀴노(Pasquale Pasquino) 등의 중요 연구가 실려 있다.

4.

헤게모니와 대중문화 [1]

안토니오 그람시

김종법

Antonio
Gramsci

개요

그람시가 자신의 생각을 정리하고자 했던 핵심적인 주제는 이탈리아 지식인들의 역사적 경로와 지배계급 형성 과정이었다. 그런 의미에서 그람시가 이야기하고자 했고, 자기 글을 통해 알리고자 했던 개념과 사상은 여러 방향에서 재구성할 수 있다. 특히 이탈리아 지식인들이 이탈리아 형성 과정에서 어떤 역할을 했는가를 연구하고자 했던 동기는 그람시 사상을 다양한 측면에서 재구성할 수 있게 하였다. 그람시가 제시했던 여러 개념과 사상은 『옥중수고』(*Quaderni del carcere*, 1975)를 통해 알려졌는데, 짧은 지면에 이를 모두 자세하게 소개하기에는 여러 한계가 존재하지만, 그람시 사상의 핵심 개념과 내용을 이해하는 수준에서 몇 가지 필수적인 개념과 사상을 정리해보고자 한다. 그람시는 이탈리아 지식인들의 역사를 통해 국가론, 혁명이론, 사회구조론, 문화이론, 정당론, 지역이론 등이 이론적 논의의 중심이 될 수 있는 내용을 다루었다. 이를 설명하기 위해 제시하고 있는 주요 개념과 내용으로 헤게모니와 대항 헤게모니 개념, 시민사회와 정치사회 개념, 혁명을 뒷받침하기 위한 세부 전술로서 진지전과 기동전 개념, 지배계급 형성을 설명하기 위한 역사적 블록 개념, 사회문화 변혁을 위한 새로운 문화로서 국민적이고 대중적인 문화 개념, 지역문제의 쟁점을 잘 제시하고 있는 남부문제 등이 있다.

생애

안토니오 그람시(Antonio Gramsci, 1891-1937)는 1891년 이탈리아의 벽촌 사르데냐에서 태어났다. 그람시가 태어난 사르데냐의 알레스와 어린 시절을 보낸 길라르차는 후진적이고 발전이 되지 않은 남부의 전형적인 지역으로, 그람시가 자신의 생각과 사상을 발전시키는 출발점이 된 고장이었다. 1911년 토리노 대학 언어학과에 입학한 그람시는 전공보다는 노동운동과 사회주의에 더 많은 관심을 기울였다. 그람시는 수많은 문화평론과 노동 관련 글들을 남기면서 현장 속 실천을 통한 공산주의 사상가로 성장하였다. 이탈리아공산당 창당 이후 그람시는 1922년 5월에 모스크바로 파견되어 코민테른 활동을 하였으며, 1923년 오스트리아를 거쳐 이탈리아로 다시 돌아왔다. 베니토 무솔리니(Benito Mussolini)가 정권을 잡으면서 이탈리아공산당 세력이 약화된 상태에서 이탈리아공산당을 이끌게 된 그람시는 1924년 선거에서 하원의원에 당선되어 무솔리니의 파시즘 정권에 맞서 투쟁하였다. 그람시는 의원 면책특권이 있었음에도 1926년 11월에 체포되어 투옥되었다. 1937년 4월 27일 석방을 며칠 앞두고 사망한 그람시는 많은 글과 저서를 남겼다. 그람시는 후기 마르크스주의를 자본주의체제 분석에 맞게 발전시킨 사상가로 서구 68운동의 사상적 동기와 계기를 제공한 실천적 운동가이자 사상가였다. 현재까지도 그의 저서, 특히『옥중수고』는 자본주의체제를 설명하는 주요 개념들과 이론들을 포함하고 있는바 다양한 분야의 후대 학자들에게 영감을 주고 있다.

주요 저술

Gramsci, Antonio. 1972. *L'Ordine Nuovo(1919-1920)*. Torino: Einaudi.

Gramsci, Antonio. 1972. *La costruzione del partito comunista(1923-1926)*, Torino: Einaudi.

Gramsci, Antonio. 1972. *Socialismo e Fascismo(1921-1922)*, Torino: Einaudi.

Gramsci, Antonio. 1972. *Sotto la Mole(1916-1920)*. Torino: Einaudi.

Gramsci, Antonio. 1975. *Quaderni del carcere, a cura di Gerratana Valentino*. Torino: Einaudi.

머리말

그람시 사상을 명확하게 이론화하거나 개념으로 정리하는 것은 쉬운 작업이 아니다. 마르크스 이후 후기 마르크스주의자들의 대표적인 사상가이자 실천가였던 그람시가 현재까지도 많은 후대 학자들이 언급하고 연구하는 것은 그람시 사상의 현대적 함의가 매우 크기 때문이다. 그는 실제로 마르크스주의가 내세웠던 한계, 즉 사회를 설명하는 토대로서 경제적 기반과 구조로 설명했던 시각을 뛰어넘어 정치의 중요성을 강조한 정치사상가였다. 이탈리아공산당 창당의 주역이었으며, 파시즘을 분석한 최초의 마르크스주의자라는 점뿐만 아니라 그가 제시한 여러 개념과 내용은 후기자본주의 사회를 설명하는 데 유용하게 활용되고 있다는 점에서 20세기 가장 뛰어난 후기 마르크스주의자 중 한 명이다.

그람시가 남긴 정치사상의 주요 개념과 이론으로는 헤게모니 개념, 시민사회, 문화이론, 혁명론 등이 있다. 그러나 그 어떤 이론이나 개념 하나 온전하게 일관된 틀과 구조를 갖추고 체계적인 이론과 개념으로 발전시키지 못했다. 1926년 투옥되기 전과 후의 글을 후대 추종자들과 연구가들이 추론하고 정리하여 발전시킨 것이 대부분이기 때문이다. 그래서 정치사상과 이론의 미완결성과 다양한 해석의 여지는 후대 연구가들을 가장 곤혹스럽게 한다. 후기자본주의와 산업사회를 분석하는 데 탁월한 이론적 도구를 제시했다는 평가가 있는 반면, 자유주의자와 관념론자들까지 그람시 사상을 원용할 만큼 후기마르크스주의 이론가의 면모보다는 자유주의 사상가의 면모를 가졌다는 평가도 존재한다는 사실이 이를 증명하고 있다.

그럼에도 그람시의 정치사상은 후기자본주의를 분석하고 설명하는 데 많은 공헌을 하고 있다. 그람시 사상의 현대적 의의를 사회와 국가 발전과정과 연계하여 정리해본다면 다음의 세 가지로 이야기할 수 있을 것이다.

첫째, 자본주의 사회구조를 핵심적인 개념과 이론을 통해 설명할 수 있는 토대를 제공했다는 점이다. 지배계급의 형성과 유지 그리고 매개자로서 지식인의 역할 등을 통해 지배계급이 공고화되고 유지되는 메커니즘과 작동 원리를 잘 설명하고 있다. 둘째, 정치권력의 획득과 국가 형성의 현실적이고 구체적인 수단과 방식을 제시하고 있다는 점이다. 지배계급의 헤게모니를 무력화하기 위한 대항 헤게모의 형성, 문화의 중요성, 그 과정에서 전위 정당의 필요성 등을 마키아벨리 등을 통하여 설명하고 있다. 셋째, 사회구조의 해체와 재구성을 위한 다양한 요인과 구성요소들에 대한 분석을 통해 거의 모든 국가와 사회를 분석하고 설명할 수 있는 방법을 제시하였다는 점이다. 비록 이러한 분석과 설명이 완전하지 않거나 부족한 부분이 있다 할지라도 풍부한 사회과학적 상상력을 불어넣어 주고 있다는 점에서 그람시의 공헌은 앞으로도 계속될 것이다.

정치사상의 기반과 배경

그람시 정치사상의 기반을 이해하기 위해서는 그가 자라온 환경과 장소에 대한 이해가 필요하다. 특히 1891년 이탈리아의 대표적 낙후 지역인 사르데냐와 1911년부터 지적으로 성숙한 시기를 보내고 노동운동과 문화평론가로 활동하던 토리노가 중요하다. 그람시 정치사상은 크게 보면 파시즘 정권에 의해 투옥되던 시기를 기준으로 구분할 수 있다. 그러나 사르데냐와 토리노 및 그가 활동했던 여러 지역들 역시 그람시 사상을 발전시키고 성숙하게 했던 물리적 공간이자 배후라고 할 수 있다. 그런 의미에서 청소년기부터 그람시 사상의 형성 과정과 배경을 둘러볼 필요가 있다.

청소년기를 보낸 사르데냐가 그람시의 사상에 미친 영향은 두 가지다. 하나는 형 젠나로에게서 받은 사회주의의 영향이고, 다른 하나는 1906년 사르데냐를 휩쓸었던 (이탈리아 본토와 이탈리아 지배계급을 향한) 사회적 저항운동이었다. 섬이었던 사르데냐와 이탈리아반도 간의 갈등과 반목은 본토에서 파견된 군대에 의해 유혈 진압으로 끝이 났다. 하지만 사르데냐의 지역문제와 사르데냐주의, 그리고 같은 시기에 노출되었던 남부와 북부 사이의 격차 문제는 청소년이었던 그람시에게 많은 영향을 미쳤다. 이는 후일 그람시가 남부문제나 노동문제 등에 접근하는 데 유용한 경험이 되었다.

어려운 환경에도 그람시는 고등학교를 졸업하고 이탈리아 국왕이 주는 장학금 시험에 합격하여 1911년 토리노 대학에 진학할 기회를 얻었다. 두 명의 장학생 중 다른 수혜자는 그람시의 평생 동료이자 그람시 사후 이탈리아공산당을 이끌었던 팔미로 톨리아티(Palmiro Togliatti)였다. 북부 산업지대의 중심인 토리노에서 대학을 다니면서 그람시의 시각은 확장되었다. 이때가 본격적인 지적 형성기였던 셈이다.

특이하게도 그람시는 언어학과에서 자신의 지적 호기심을 채우면서 지평을 넓게 된다. 그러나 언어학보다는 사회문제에 더 많은 관심과 지적 호기심을 갖게 되었으며, 이 시기 자신의 사상에 영감과 자극을 불러일으킨 많은 선구자를 접하게 된다. 자신의 사상을 구축하는 데 움베르토 코스모(Umberto Cosmo), 안니발레 파스토레(Annibale Pastore), 안토니오 라브리올라(Antonio Labriola), 로돌포 몬돌포(Rodolfo Mondolfo), 베네데토 크로체(Benedetto Croce) 등에게서 많은 영향을 받았다.

그람시의 대학 생활은 그리 오래 지속되지 못했다. 병약한 신체 조건이나 열악한 주거환경 등도 영향을 미치기는 했겠지만, 학업을 지속할 수 없었던 가장 큰 이유는 본격적으로 사회주의 활동을 시작했기 때문이다. 가에타노 살베미니(Gaetano Salvemini)와 베니토 무솔리니(Benito Mussolini)의 영향을 받으면서 1913년경 사회당에 입당하여 본격적인 사회주의운동을 시작했다. 토리노의 노동자들과 함께 일하면서 노동자들의 일상과 문화에 관심을 갖게 되었고, 문화평론가, 기자, 논설문 기고가로서 활발하게 활동했다.

그람시는 제1차 세계대전 발발이 지닌 의미를 몸소 체험하면서, 노동자 중심의 사회주의 국가에 대한 열망을 실천에 옮기고 있었다. 1917년 러시아혁명은 그람시의 그와 같은 확신을 더욱 강화시켜주었다. 그가 영원한 동지 톨리아티와 움베르토 테라치니(Umberto Terracini) 등과 함께 1919년 《오르디네 누오보》(*Ordine Nuovo*, 신질서)를 창간한 것도 바로 그와 같은 대의 때문이었다. 그람시는 1913년 사회당에 입당한 때부터 사회주의에 대한 자신만의 입장을 갖고 있었다. 비록 1914년 《아반티》(*Avanti*, 전진)라는 사회당 기관지에 전쟁 중립을 옹호하는 입장의 글을 실어 먼 훗날까지 '전쟁 개입주의자'라는 오명을 뒤집어쓰기는 했어도 그람시의 사회주의적인 혁명에 대한 열망은 다양한 방식으로 나타났다.

이런 맥락에서 보면 '공장평의회'나 '신질서' 운동은 그람시가 오래전부터 사회주의혁명을 주도하기 위해 노력해왔다는 사실에 대한 증거였다. 적절한 시기가 도래하자 그람시는 사회주의혁명이란 대의를 위해 지체 없이 행동에 나서게 되었던 것이다. 러시아의 혁명조직이었던 소비에트의 이탈리아판인 공장평의회는 노동자 중심성을 강화하고 새로운 계급에 기반한 프롤레타리아 국가 건설을 위한 기초 조직이었다. 그람시는 자신이 주로 활동하였던 피에몬테주에 건설된 각 공장에 하부조직으로 공장평의회를 조직해 새로운 국가 건설의 전위 조직으로 삼고자 했다. '신질서' 운동은 그러한 과정의 첫출발이었다.

1917년 러시아혁명의 성공과 제1차 세계대전의 종결은 그람시의 희망과 계획이 실현되고 있는 증거로 보였다. 1919-1920년 2년간의 사회주의혁명에 대한 붉은 열풍은 자본주의체제를 유지하고자 했던 자본가계급이나 정치가들에게는 커다란 위협이자 공포였다. 독일과 이탈리아에서는 사회주의혁명이 임박한 듯하였다. 더군다나 피에몬테를 중심으로 공장평의회가 자본가계급이 운영하는 공장들을 하나둘씩 접수하면서 자본가계급이나 정치가들은 삼색의 이탈리아 깃발이 내려지고 대신 망치와 낫으로 장식된 사회주의 깃발이 올라갈 수도 있다는 두려움에 휩싸이기 시작했다. 그런데 그람시, 안젤로 타스카(Angelo Tasca), 톨리아티, 테라치니 등이 주도한 '신질서' 운동이 사회주의 권력의 쟁취로까지 승화되는 순간 이것을 방해하고 저지한 것은 다름 아닌 이탈리아사회당(PCI)이었다. 피에몬테에서 성공을 거두자 공장평의회는 이탈리아사회당의 협력을 통해 이탈리아반도 전역으로 진출할 수 있을 것으로 기대했다. 하지만 이탈리아사회당이 주도권을 잃을 것을 우려하며 주저하게 되면서 '신질서' 운동은 실패하고 말았다.

'신질서' 운동의 실패는 그람시에게 새로운 사회주의 모색의 필요성에 눈뜨게 했다. 이에 반해 이탈리아의 자본가와 지배계급은 사회주의의 공포로부터 자신들의 이익을 지켜줄 수 있는 새로운 정치세력의 등장을 원하게 되었다. 그람시는 이런 맥락에서 자신의 사상과 이론의 깊이를 더해갔다고 추정할 수 있다. 이탈리아 내부에서 새로운 지배계급으로 떠오른 파시즘 세력 역시 이러한 상황 변화가 만들어낸 새로운 정치조직이자 정치운동이었다. 파시즘이라는 새로운 정치세력의 등장으로 이탈리아는 혼돈과 암흑의 시기로 들어서게 되었다.

그람시의 인생도 마찬가지였다. '신질서' 운동의 실패로 인해 그람시는 두 가지를 고민했던 것으로 보인다. 하나는 '신질서' 운동을 뛰어넘는 새로운 대중조직과 개혁적인 진보정당의 필요성에 대한 것이었다. 그리고 다른 하나는 이탈리아보다 후진적인 러시아에서 프롤레타리아 혁명이 성공한 이유와 조직이나 의식 면에서 러시아보다 더 선진적이라 할 수 있는 이탈리아가 혁명의 파고를 넘지 못하고 처절하게 실패하게 된 원인과 이유였다.

　결국 그람시는 두 가지 선택을 하게 된다. 하나는 새로운 전위전당이자 진보정당인 이탈리아공산당(PCI)을 창당하는 것이고, 다른 하나는 이탈리아 사회를 철저히 분석하여 이탈리아를 재구성하는 것이었다. 1921년 리보르노에서 창당된 이탈리아공산당의 역사는 그렇게 시작되었으며, 이탈리아 사회에 대한 분석과 재구성 역시 그람시의 활동과 방향에 근본적인 변화를 가져왔다. 하지만 이탈리아 내부 상황은 더욱 어려워졌다. 특히 극우 민족주의를 비롯한 다양한 이념에 바탕을 둔 파시즘의 확산과 강화는 그람시가 구상했던 사회주의로의 전환을 가로막았다.

　1920년대 이탈리아 파시즘의 등장은 유럽의 이탈리아뿐만 아니라 유럽 전역을 '광기의 시대'로 몰고 갔다. 유럽 국가들은 역사적인 배경이나 추구하는 이념의 측면에서 달랐음에도 불구하고, 남부 유럽과 동유럽 그리고 북부 유럽에 이르기까지 파시즘이나 유사 파시즘 체제를 수용했다. 그중에서도 이탈리아는 파시즘이 가장 먼저, 또 가장 빨리 합법적으로 정치권력을 잡았던 국가였다.

　그람시는 이 과정에서 파시즘의 확산과 강화가 무엇을 의미하는지에 대하여 자신만의 방식을 통해 분석하고 파악했다. 좌파 지식인조차 파시즘의 실체를 제대로 파악하지 못해 우왕좌왕하고 있을 때였다. 파시즘을 심지어 사회주의로 가는 과도기로 평가하는 이들도 있었다. 파시즘은 그 틈을 노려 더욱 전국적인 현상으로 확산되었다. 1919년 밀라노에서 참전용사들과 퇴역군인들을 중심으로 시작된 파시즘이 1922년에 합법적인 정치권력을 잡을 수 있었던 것은 바로 이와 같은 사회당과 지식인들의 혼란, 그리고 사회주의 세력을 억압할 수 있는 강력한 정치세력을 원했던 부르주아 계급들의 이해관계 등이 맞물린 결과였다.

　그람시는 이탈리아공산당 창당의 주역이었지만 초기에는 아마데오 보르디가(Amadeo Bordiga)[2]가 주도하는 극좌파로 인해 자신만의 정치적인 이념과 사상을 실천하는 데 좌절을 겪었다. 그람시가 정치적으로나 대중적으로 중요한 존재로 두각을 나타내기 시작한 것은 이처럼 공산당 창당에 주도적 역할을 했던 보르디가 정파가 큰 장애로 작용했던 시기였다. 노동자정당의 확산을 위해 그람시가 자신이 평소 가졌던 생각과 사상들을 실천에 옮기게 된 것도 이 무렵이었다. 그람시는 이 시기 당내의 주류였던 보르디가나 타스카와의 권력에 맞서, 그리고 당시 국제적으로 퇴조하고 있던 혁명의 파고에 맞서 자신의 이론과 사상을 다시 한번 재정립할 필요를 느꼈다.

그람시는 이 시기 두 번에 걸쳐 해외에서 체류하게 된다. 첫 번째는 소련 모스크바에서였고(1922년 5월-11월)였고, 두 번째는 오스트리아 빈에서(1923년 12월-1924년 5월)였다. 그람시가 협소한 국내적 시각을 넘어 폭넓은 국제적 시각으로 세계를 이해하기 시작한 것도, 그리고 국제 정치경제의 흐름과 소련 사회주의체제의 실상을 제대로 이해하기 시작한 것도 바로 이 시기였을 것이다. 특히 소련에서의 경험은 후일 그람시가 진지전과 기동전이라는 용어를 통해 소련과 서구 국가들을 비교 · 분석하고, 국가론 분석의 틀과 내용을 심화시키는 데도 상당한 영향을 미쳤다. 모스크바 체류 시절 그람시는 신체적인 장애에도 불구하고 러시아 여인을 만나 가정을 이루었다. 법적인 부부는 아니었지만 자식들도 얻었다. 또한 아내 줄리아 슈히트(Julia Schucht)의 언니이자 훗날 옥바라지를 해준 타티아나 슈히트(Tatiana Schucht)를 알게 된 것도 이때였다.

이 시기 이탈리아의 국내 상황은 그람시가 상상한 것 이상으로 악화되었다. 1922년 10월 로마로 진군해 합법적으로 정권을 잡은 무솔리니의 파시즘 체제가 공고해지면서 보르디가가 주도하는 이탈리아공산당뿐만 아니라 사회당 세력도 점점 약화되었다. 이탈리아 상황을 우려한 인터내셔널에서는 보르디가에게 사회당과 연합하여 혁명의 지평과 기반을 확장하라고 권고하였다. 하지만 보르디가는 비타협주의를 고수하였으며, 파시즘 체제의 탄압과 압박은 갈수록 심해졌다. 그람시 역시 초기에는 사회당과의 타협에 반대했지만 갈수록 파시즘 체제가 강화되자 이탈리아를 위해서 보르디가의 노선에 반기를 들고 사회주의혁명의 기반을 확장하기 위해 노력했다.

비타협 노선을 고수하던 보르디가가 고립되면서 이탈리아공산당의 새로운 지도자로 그람시가 전면에 등장했다. 1924년 5월 빈에서 귀국한 그람시는 코모에서 개최된 이탈리아공산당 협의회에서 중앙 다수파가 되어 이탈리아공산당의 실질적인 지도자가 되었다. 이탈리아 내부적으로는 사회당의 지아코모 마테오티(Giacomo Matteotti) 의원이 파시스트에게 살해된 사건(1924년 6월 12일 발생)을 계기로 전면적인 강경 투쟁 노선이 형성되었고, 다시 한번 비타협 노선이 고개를 들었다. 그러나 1925년 10월 무렵부터 재개된 파시즘 정권의 야만적인 탄압과 행보는 파시즘에 대한 성격 논의 자체가 더 이상은 무의미하다는 것을 보여주었다. 결국 파시즘 체제가 과도기적인 체제가 아니라 지배계급과 그들의 이익을 위한 결정체라는 것을 모두가 인식하게 되었다.

1925년에 톨리아티가 체포되고 테라치니가 연이어 체포되는 등 당 지도부에 대한 탄압이 자행되었다. 더군다나 그해 11월에는 사회당과 공산당의 기관지들을 비롯하여 야당의 기관지들이 폐지되거나 발간 금지되면서 이탈리아는 무솔리니 체제하의 파시스트 독재가 공고화되었다. 이 시기 그람시는 자신의 프롤레타리아 통합 전략을 새로운 관점에서 고민하기 시작했다. 특히 통일 이탈리아가 갖는 사회적인 모순, 다시 말해 북부 노동자계급과 남부 농민계급 사이의 불화와 갈등을 치유하고 통합된 이탈리아 건설을 위해 남부의 농민과 북부의 노동자를 연대시킬 수 있는 노농연맹을 결성하기 위해 고민하기 시작하였다.

모든 야당을 비합법적인 정치세력으로 규정하고 탄압하던 파시스트는 1926년 10월 31일 15세 소년의 무솔리니 암살 기도를 빌미로 전면적이고 대대적인 정치 탄압에 나섰다. 많은 이들이 그람시의 스위스 망명을 추진했지만, 그람시는 하원의원이라는 면책특권을 믿고 있었기 때문에 자신이 체포되리라고는 생각하지 않았다. 그러나 그람시는 결국 파시스트 정권에 체포되어 재판을 받았다. 불법적인 재판이었음에도 불구하고 판사가 그람시의 두뇌를 20년간 영원히 못 쓰게 해야 한다고 주장할 만큼 그람시는 파시스트 정권에 위험한 존재였다. 그람시는 파시스트 정권의 특별법정에서 20년형을 선고받고, 테라치니와 공산당 동지들과 함께 영어의 몸으로 비합법인 정당을 이끌어야 했다.

이때부터 그람시의 길고 긴 감옥 투쟁이 시작되었다. 선천적인 허약함이나 신체적인 결함 문제뿐만 아니라, 외부와의 차단 및 국내외적 상황과의 단절이라는 악조건 속에서 그람시는 『옥중수고』를 집필하기 시작하였다. 1929년 2월부터 쓰기 시작한 『옥중수고』는 그람시 정치사상의 결정판으로 비평서이기도 하다. 『옥중수고』 집필은 그람시가 감옥에서 죽기 전까지 계속되었으며, 다양한 주제와 정치적인 함의를 담고 있는 저작으로 평가받고 있다.

그람시가 『옥중수고』에서 펼쳤던 사상체계와 주제는 일관된 것이었다. 비록 후대의 비평가들과 그람시 연구가들이 조금씩 다른 평가와 해석을 하고 있기는 하지만, 그람시가 가졌던 일관된 문제의식은 다음과 같이 정리해볼 수 있다. 첫째, 그람시는 이탈리아의 역사에서 이탈리아 지배계급이 권력을 유지할 수 있었던 이유와 원인을 찾고자 했다. 흔히 언급되듯 그람시가 국제적인 시각에서 자본주의체제 전반을 분석·검토했다는 추정은 다소 과장된 면이 있다. 둘째, 그람시는 지식인의 역할 및 지배계급이 유지하고자 하는 헤게모니 개념의 이론적 발전에 주목하였다. 이는 러시아혁명의 성공과 1919년에서 1920년 사이 유럽 국가들에서 실패한 사회주의혁명 간의 차이 및 사회구성체들의 근본적인 성격 차이를 규명하기 위한 중요한 출발점이었다. 셋째, 이런 일련의 연구를 통해 기존의 마르크스주의자들과는 다른 방식으로 현재의 계급 질서를 해체하고 새로운 국가와 사회를 건설하기 위한 전략과 전술을 구체화하는 것이다. 다시 말해, 기존의 헤게모니를 대체할 수 있는 대항 헤게모니를 구축하는 데 필요한 노동자와 농민의 동맹을 추진하고, 이를 위해 경제적인 계급투쟁을 넘어 문화와 의식 영역에서의 투쟁을 강조하는 전술을 제안하고자 했다.

그람시가 선고받은 20년 4개월 5일의 형은 건강 악화와 국제적인 사면 여론의 비등으로 인해 더 이상 유지되기 어려웠다. 그러나 건강 회복 가능성이 거의 사라진 뒤에야 파시스트 정권이 그람시를 석방시킨 것은 그가 지닌 지적이고 이데올로기적인 능력에 대한 두려움 때문이었다. 결국 그람시는 47세라는 젊은 나이에 생을 마감했다. 그람시의 위대함은 지금도 그의 정치사상이 현대정치와 문화를 이해하는 데 풍부한 영감과 통찰을 주고 있다는 데 있다.

전기 그람시 저술과 정치사상의 주요 내용

그람시의 정치사상을 한국 사회에 적합하게 해석한다거나 정확하게 분석한다는 것 자체가 어쩌면 어울리지 않는 표현이다. 그는 자신의 사상과 이론을 이탈리아에 적합하게 구성하는 데는 성공했을지 몰라도 미국화하거나 세계화하는 수준까지는 나아가지 못했다. 그람시가 자신의 이론과 주요 개념을 정리하여 쓴 일차 저작들(전반기의 글들과 후반기의 『옥중수고』를 포함한 전체 저작)은 아직까지도 완전히 번역되지 않았다. 그나마 이탈리아 인접

국가인 프랑스와 독일에서는 번역 작업이 많이 진행되었지만, 영어와 일본어로는 일정 수준 이상을 넘어서지 못하고 있다. 기껏해야『옥중수고』와 서간집 혹은『옥중수고』이전 글들을 선별해 번역해놓은 정도다.

그러나 그람시가 실제로 남긴 글은 A4 용지를 기준으로 대략 10,000여 페이지에 달한다. 학문적 수준에서 본격적으로 글을 남기기 시작한 것은 1914년일 것으로 추정하고 있다. 이후에는 거의 모든 분야에 걸쳐 글을 썼고, 잡다한 수준의 칼럼에서부터 이론적 정교함을 갖춘 체계적인 글은 물론 단편적인 비평 혹은 논문에 이르기까지 수많은 글을 남겼다. 우리에게 비교적 자세히 소개된『옥중수고』는 감옥에서 마지막 생을 정리하는 가운데 자신의 사상과 생각을 비교적 체계적으로 정리한 수고집이다.

그의 글은 크게 시기와 종류에 따라 분류할 수 있다. 먼저 시기적으로는 체포되기 전후로 나눌 수 있고, 종류별로는 문화평론과 정치평론 및 이론적인 글과 수필 형태의 글, 그리고 서간문 등으로 나눌 수 있다. 체포되기 전에 썼던 글들은 편지를 모은 한 권 분량의 서간집과 에이나우디 출판사에서 연도별로 정리하여 출간한 다섯 권 분량의 글이 있다. 이 시리즈는 1914년부터 1926년 파시스트에 체포되기 전까지 각 시기의 주요 사건을 편집해놓은 것이다.

이 시리즈를 순서대로 열거하면 다음과 같다.『상징 탑 아래서』(*Sotto la Mole*, 1972),『젊은 날의 글』(*Scritti giovanili*, 1972),『신질서』(*L'Ordine nuovo, 1919-1920,* 1972),『사회주의와 파시즘 - 신질서』(*Socialismo e fascismo-l'Ordine nuovo, 1921-1922,* 1972),『이탈리아공산당 창당』(*La costruzione del Partito Comunista, 1923-1926,* 1972). 이 5권의 시리즈는 나름대로의 특징이 있다. 특히 그람시 사상과 이론의 점진적 변화를 보여주는 글들로, 초기 그람시의 사상적·이론적 토대를 찾아볼 수 있다는 점에서 의미심장하다.

먼저『상징 탑 아래서』는 그람시가 토리노에서 문화평론가로 활동할 때

쓴 글들로 문화와 관련된 수필이나 평론을 모은 책이다. 초기 그람시의 문화적 관점을 잘 알 수 있다. 그람시가 다소 거칠지만 재기 넘치는 은유적 표현과 독특한 글체를 많이 사용했다는 사실을 알 수 있다.

두 번째 『젊은 날의 글』은 그람시에게 후일 참전론자라는 불명예를 안긴 "능동적이고 절대적 중립"이라는 글이 첫머리에 실린 책으로 1918년까지의 문화평론과 정치평론을 묶어놓은 것이다. 이 책은 초기 그람시가 성숙되지 않은 사회주의 사상으로부터 어떤 영향을 받고 있는지를 알려주는데, 특히 그의 정치사상에 흡수된 다양한 사상적·개념적 영향을 찾아볼 수 있다.

세 번째의 『신질서』는 1919년 톨리아티, 타스카, 테라치니 등과 구상했던 새로운 시대의 사회주의 문화지인 《신질서》(L'Ordine Nuovo)에 실린 글들을 묶은 것이다. 그람시가 초기에 생각했던 사회주의의 성격을 그대로 보여주는 글이 많이 수록되어 있다. 특히 공장평의회운동을 전개하면서 자신이 생각하던 노동자운동과 조직에 대해 직접적으로 언급한 글들이 담겨 있으며, 초기 프롤레타리아 노동계급과 공산주의혁명에 대한 사상적 발전 과정도 잘 보여주는 책이다.

네 번째 『사회주의와 파시즘 - 신질서』에는 그람시의 초기 공산주의 사상과 국가에 대한 분석 등이 잘 나타나 있는 글이 많이 수록되어 있다. 특히 이탈리아에 한정된 시각에서 국제적인 시각으로 그람시의 지평이 전환되었음을 보여주는 글들과 국제공산주의 노동운동을 다룬 글들이 수록되어 있다. 특히 파시즘의 등장과 발전 과정에 대한 예리한 분석은 저개발국가나 아직 자본주의가 정착하지 않은 국가와 사회를 분석하는 데 매우 유용하다는 점에서 충분한 학문적 의미가 있다.

끝으로 『이탈리아공산당 창당』은 그람시가 정당 지도자 겸 국회의원으로서 이탈리아공산당을 이끌며 현실정치에서 느낀 것들을 가감 없이 전달하고 있다. 권력의 쟁취와 유지에 관한 이론을 정교화하려고 시도한 글들도 보인다. 여기에는 헤게모니 개념의 단초로서 남부문제에 대한 그람시의 평론이 실려 있으며, 아울러 이탈리아 국내외 정치적 상황을 정교하게 분석한 글들과 향후 자신이 하나의 이론으로 발전시키려던 개념들을 언급한 글들도 수록되어 있다.

이렇듯 그람시는 옥중에 수감되기 전까지 다양한 형태의 글들을 남겼다. 하지만 여전히 그람시가 어떤 생각과 개념을 정말로 말하고 싶어 했는지 정확히 모른다고 하는 편이 더 정확할 것이다. 특히 이 시기에는 주요 개념이나 내용 면에서 다소 혼란스러운 모습을 보인다. 그럼에도 당시 이탈리아의 정치사회적 상황을 이해하는 데 매우 중요한 저서들이다. 이 시기의 그람시를 이해하는 데 가장 중요한 요소는 이탈리아의 상황과 역사에 대한 이해다.

그람시는 자신이 살았던 격동의 시기만큼이나 이탈리아 상황을 자신의 생각과 사고의 중심에 두었다. 갓 통일한 이탈리아의 여러 사회문제를 몸소 체험하면서 자신의 사상을 구체화했다. 통일이 되었지만 여전히 남아 있는 지방 중심적인 사회구조, 북부의 산업과 남부 농업의 불일치에서 오는 지역문제인 '남부문제', 유럽의 열강들에 둘러싸인 이탈리아의 현실, 급속한 자본가계급의 성장 등 많은 문제들이 전통적인 지배계급과 사회구조의 변화를 가져왔다. 하지만 노동자계급과 농민계급, 대중이 중심이 된 일반 계층은 아무런 대책이나 전략을 세울 수 없었다. 새로운 대중문화가 필요하던 시기에 대항 헤게모니를 창출할 수 없었던 이들의 무기력함은 불안정한 이탈리아의 내외적 상황 속에서 새로운 정치체제의 창출이 갖는 역사적인 의미를 축소시켜버렸다. 이런 현실을 목도하면서 그람시는 너무나 심각한 이탈리아 사회의 구조적이고 사회적인 문제까지 근본적으로 고민하고 성찰할 필요성을 재인식하게 되었다.

북부 부르주아는 주변 도서들과 남부 이탈리아를 지배하였고, 그들을 식민지 착취의 영토로 축소시켰다. 북부 프롤레타리아는 자신들을 자본에 의한 예속상태에서 해방시킴과 동시에 북부의 기생적인 산업주의와 은행에 예속된 남부 농민 대중을 해방시킬 것이다. 농민들의 정치적이고 경제적인 재생은 메마르고 척박한 토지의 분할에서가 아니라 산업 프롤레타리아의 연대에서 찾아야만 한다. 산업 프롤레타리아는 자신의 입장에서 보아 농민들과의 연대가 필요하며, 자본주의가 토지 소유자들에 의해 경제적으로 재생되지 않아야 한다는 데에, 그리고 남부와 도서들이 수구적인 자본의 군사적 토대가 되지 않아야 한다는 데에 이해관계가 있다. 산업에 대한 노동자들의 통제를 허용하면서 프롤레타리아는 산업을 농민들을 위한 농기계와 직물 및 제화 그리고 전기 에너지 생산으로 전환시킬 것이다. 이에 덧붙여 산업과 은행이 농민들을 착취하는 것을 막을 것이며, 그들이 농민들을 그들 금고에 갇힌 노예와 같이 지배당하는 것도 막을 것이고, 공장에서의 전횡을 분쇄함과 동시에 자본적 국가의 억압 장치 역시 분쇄하며 아울러 효율적인 노동법 아래 자본가들을 복종시키는 노동자 국가를 창설함과 동시에 노동자들이 농민들 자신을 비참함과 절망으로 몰아넣은 모든 속박들을 깨부술 것이다. 이는 프롤레타리아트가 노동자 국가를 출범시키면서, 산업과 은행을 수중에 장악하고, 가진 자들과 자연상태 및 온갖 재해에 대항하는 자신들의 투쟁에 노동자들을 동참시키기 위하여 국가의 조직화와 관련한 광범위한 권력을 전개할 것이다. 이를 위해 농민들에게 대출을 하고, 협동조합을 창설할 것이며, 약탈자들에 대항하여 재산과 개개인의 안전을 보장할 것임과 동시에 농지 개발과 관개를 위한 공공사업을 할 것이다. 이는 그들의 이익이 농업생산의 증가를 기할 수 있으며, 농민 대중의 연대를 유지하고 지속할 수 있고, 또한 산업생산을 도시와 농촌 그리고 북부와 남부 사이의 동맹 및 평화를 위한 효율적 노동을 통해 전개할 수 있기 때문이다.[3]

그의 문제 제기와 고민은 이처럼 이탈리아적인 상황—미완성의 통일과 남부문제의 존재 및 지배계급의 권력 유지와 작동의 원리 등을 구하고자 하는 계기와 동기—에서 출발했다. 그람시가 전형적인 남부 농촌사회이자 봉건적 사회구조를 가진 사르데냐에서 성장하면서 가졌던 '사르데냐주의'를 벗어던질 수 있었던 것은 '남부문제'라는 지역문제에 대한 관심이 계기가 됐다. '남부문제'는 그가 협소한 민족주의적인 시각을 넘어 더욱 확장된 시각을 갖게 된 계기가 되었던 것이다. 이렇게 그람시는 이탈리아 사회의 구조와 모순에 대한 연구로 관심을 확장할 수 있었다.

또한 노동자들과 접하게 되면서 노동운동이라는 틀에서 프롤레타리아 계급동맹의 문제와 국가 지배구조를 파악할 수 있게 되었다. 그리고 이는 훗날 그람시의 문제의식이 정치권력의 획득 문제로 발전하게 되는 계기로 작용했다. 지배계급이나 산업자본가들에게 대항하기 위해서 노동자들만의 새로운 문화가 필요함을 역설하고, 새로운 문화의 토대가 되는 '실천철학'을 전개하였다. 또한 모스크바 시절부터 국제적인 차원으로 노동운동의 지평을 확장하고 새로운 문화를 조직할 필요성에 대해 고민하면서 그람시는 점차 국제적인 노동운동가의 모습을 갖추어갔다. 이후 국회의원이 되어 현실정치 세계를 경험하면서 더욱 구체적으로 국가와 국가권력 문제를 고민하게 되었는데, 이것이 자신의 사상체계를 총체적으로 정리해야 할 필요성을 인식하게 했다.

『옥중수고』와 그람시 정치사상의 현대적 해석

전기 그람시의 저작들은 그람시가 이탈리아의 상황과 현실에 대해 고민하면서 갖게 된 사상과 개념들을 간략하게 정리한 글들이다. 이 글들이 이론적이고 사상적인 글들로 본격적으로 발전하게 된 것은 역설적이게 도 옥중에서 자신의 생각을 정리한 수고 형식의 문집을 집필하면서부터 다. 그람시는 파시즘 정권하의 감옥에서 서간문과 『옥중수고』를 집필했 다. 특히 주요 저작인 『옥중수고』는 모두 33권의 노트에 총 2,840여 페이 지 분량이다. 이 책은 처음 출간되었을 때부터 논란의 여지가 많았다. 당 시 이 책은 편집과 연구를 책임졌던 톨리아티의 자의적 판단에 따라 많 은 것이 가감되었다. 최초로 출간되었을 당시에는 5개의 주제 ─ 마키아벨 리, 르네상스(Risorgimento), 과거와 현재(Passato e presente), 문학과 국민 적 삶(Letteratura e vita nazionale), 지식인들과 문화의 조직(Gli intellettuali e i'organizzazione della cultura) ─ 로 분류되어 1960년대에 출판되었다. 이것 들은 나중에 다시 보완되어 연대기 순으로 에이나우디 출판사에서 총 4권 으로 출간되었다.

『옥중수고』에는 이전부터 그람시가 보여왔던 관심과 개념들을 더 발전 시킨 부분들이 있는데, 이 부분들은 전기와 후기 그람시의 연속성을 주장 하는 학자들에게 좋은 근거가 되기도 한다. 하지만 다른 한편으로는 전기 의 이론적인 부분 및 설명들과 다소 반대되는 내용도 있기 때문에 전기 그 람시와 후기 그람시를 분절시키는 근거로 활용되기도 한다. 그럼에도 『옥 중수고』는 그람시의 사상이 정리된 저서라는 점에서 중요한 의미가 있다.

그람시는 『옥중수고』를 통해 적어도 다음과 같은 주장을 펴고자 했던 것 으로 보인다. 그람시는 이탈리아의 특수 상황이 구체적인 현실정치나 정치 이론에 중요한 동기를 부여한다고 믿었다. 이는 마치 정치학의 시조로 일 컬어지는 마키아벨리[4]가 이탈리아의 당대 현실을 배경으로 정치학을 당위 의 학문으로 재정립하고자 했던 것과 유사하다. 마키아벨리는 신학의 지배 로 인해 현실과 유리된 현실정치를 강하게 비판하고 통일 이탈리아를 꿈꾸 며 현실정치에 임했다. 그람시는 이런 마키아벨리에게서 단서를 얻었다.

정치학이라는 학문을 마르크스주의 안에서 현실적인 학문으로, 구체적인 토대를 가진 학문으로 발전시키고자 했다. 이런 그람시의 의지가 반영된 것이 바로 『옥중수고』다.

실제로 그람시는 헤게모니 개념 이외에도 자신이 사용했던 많은 개념을 이탈리아의 역사 속에서 구했다. 지식인 개념, 마키아벨리의 신(新)군주 개념에 착안하여 정당을 현대의 군주로 재해석한 것, 진지전과 기동전에 대한 전술적 접근 방법, 역사적 블록의 개념, 국민적이고 대중적인 문화, 파시즘을 통한 국가 분석, 사회의 지도원리이자 오랜 역사적 전통을 지닌 가톨릭에 대한 비판 등등 많은 개념을 이탈리아 역사 속에서, 또 그 역사를 이끌었던 지식인들을 통해 구하고자 했다. 이것이 바로 그람시 이론이 여전히 지속될 수 있는 이유이며 그의 정치사상이 앞으로도 활발히 적용될 수 있는 이유이다. 역사는 앞으로도 비슷하게 반복될 개연성이 있기 때문에 그람시의 정치사상도 계속해서 생명력을 지닐 것이다.

이것은 한국의 이승만 정권부터 이어져온 전근대적 한국 지배계급의 속성이 지금까지 남아 있는 것과 유사하다. 다시 말해 1948년 대한민국 정부 수립 이후 지속되어온 지배계급의 정치적·사회문화적 성격—친일의 흔적이나 반공 이데올로기를 통한 체제 유지—이 현재까지 지속되고 있는 것과 유사하다. 뉴라이트의 탄생, 반공 이데올로기의 재생과 반복인 종북 논쟁, 개발과 성장의 신화를 버리지 못한 국가주의의 잔재 등은 지배계급 헤게모니의 재생산에 다름 아닌 것이다.

그람시 사상의 핵심 개념과 한국적 함의

어려운 시대와 힘든 공간에서 불굴의 의지로 실천적 삶을 살아온 그람시는 몇몇 개념과 사상을 우리에게 남겼다. 비록 불명확하거나 다양한 해석의 여지를 남겨 사회과학적 엄밀성이 부족한 것들도 있지만, 자기 삶의 궤적을 일관되게 관통하는 개념과 사상을 제시하고 있다. 이 절에서는 기존에 소개된 그람시의 주요 개념과 사상을 좀 더 체계적으로 살펴봄으로써 그람시 사상의 온전한 모습을 재구성해보고자 한다. 앞서 언급한 국가론을 비롯한 주요 이론들을 상론하기에는 지면상의 문제가 있기에 그 이론들을 설명하고 이해하는 데 필수적인 개념과 사상을 중심으로 서술하고자 한다.

가장 먼저 주목할 것은 '현대군주'(modern prince) 개념이다. 국가론과 정당론의 출발점이자 기본 개념이라 할 수 있는 '현대군주'는 새로운 국가를 위한 전위정당의 필요성을 마키아벨리의 신군주 개념에 차용해 분석하고 있다. 마키아벨리 시대의 분열된 이탈리아를 통일시키기 위해 '목적을 위해 수단을 정당화할 수 있는 군주'의 필요성을 신군주라는 개념으로 제시한 마키아벨리를 원용하여 구성한 것이 그람시의 현대군주 개념이다. 그람시가 제시한 현대군주는 새로운 유형의 정치지도자나 정치가를 의미하는 것은 아니다. 새로운 국가를 이끌 새로운 정당으로서 이탈리아공산당을 상정하고 이 개념을 제시하였다. 그람시가 살았던 이탈리아의 정치적 현실에서 통합된 국가를 이끌 수 있는 새로운 유형의 정치권력과 정당이 필요하다고 생각했던 그람시는 마키아벨리 시대의 신군주와 같은 역할을 할 계급정당 겸 민주정당으로 현대군주를 제시했다.

그람시가 현대군주를 뒷받침하기 위해 제시한 또 다른 개념은 사회문화 변혁을 이끌 수 있는 국민적이고 대중적인 문화 개념이다. 국민적이고 대중적인 문화는 정치 지도자나 지배계급에 의해 제안된 위로부터의 개혁이나 '수동적 혁명'(passive revolution) — 아래로부터 발생한 자발적이고 능동적인 혁명이 아니라, 위로부터 전달되거나 강제된 수동적인 의미의 개혁이나 변혁 — 이 아닌, 노동자 계급이 중심이 된 대중과 통합된 국민이 참여와 실천을 통해 만들어낸 문화이다. 이는 기존의 문화와 다른 새로운 유형의 문화가 총합적으로 구체화된 문화로 지배계급의 헤게모니에 대항할 수 있는 대항 헤게모니를 형성할 수 있는 문화이다. 새로운 국가의 문화는 기존 문화를 변형한 것이 아닌 아래로부터 자생적으로 만들어진 것으로, 지배계급의 이데올로기를 반영하지 않은 새로운 의미의 대중과 국민의 문화였다.

『군주론』에 관한 기본적인 사실은 그것이 체계적인 서술이나 총론이 아니라 정치이념과 정치과학이 극적인 형태의 '신화' 속에 혼합하여 만들어진 '생동적인' 작품이라는 점이다. 특정한 정치적 목표를 지향하기 위해 하나의 확정적인 집단의지의 형성 과정을 보여주는 지점에서 마키아벨리는 (…) 개인의 자질 · 성격 · 의무 · 자격들을 통해 (정치이념과 정치과학이 생동적인 작업이라는 점을) 보여주었다. 마키아벨리의『군주론』은 분산되고 흩어진 사람들에게 작용하여 그들의 집단의지를 일깨우고 조직하기 위한 정치적 이념의 주요한 사례로 연구될 수 있는 것이다.[5]

현대군주의 중요한 과업과 임무는 지적이고 도덕적인 개혁의 문제에 집중하는 것이다. 다시 말해, 종교 혹은 세계관의 문제에 전념해야 한다는 것이다. 현대군주는 지적 · 도덕적 개혁의 선구자이자 조직가여야 하며 또 그렇게 되지 않을 수 없다. 이는 국민적 · 민중적 집단의지의 최근 발전 방향이 근대문명의 우월하고 전체적인 형태의 실현 방향으로 계속해서 발전해나아갈 수 있는 지형이 창출되는 것을 의미하는 것이기도 하다. 이상의 두 가지 기본적인 요점 ─ 하나는 현대군주가 국민적 · 민중적 집단의지의 조직가인 동시에 그것의 적극적이고 능동적인 표현이라는 점, 둘째는 지적이고 도덕적인 개혁을 어떻게 할 것인가의 문제 ─ 이 작업 구조를 구축해야 한다는 것이다.[6]

이를 위해 그람시는 다양한 국가 사례와 지배계급의 형성 및 이 과정에서 지식인들이 수행하는 역할 등을 설명했다. 우선 지배계급이 정치권력을 유지하기 위해 다양한 방식의 헤게모니 수단을 사용한다고 설명한다. 시민사회(civil society)의 다양한 영역에서 교육, 언론, 종교 등의 수단을 통해 자발적인 '동의'를 구하면서, 동시에 정치사회(political society)를 통해 공권력과 정치권력을 작동시키는 '강제'의 방식을 활용하면서 지배계급의 헤게모니가 작동한다고 보았다. 이 과정에서 지배계급은 끊임없이 기존의 정치권력을 향유하는 집단에 지식인을 비롯한 새로운 지배집단을 끌어들여 하나의 지배계급 블록을 역사적으로 형성한다고 설명한다. 이렇게 역사적으로 형성된 지배계급의 블록을 그람시는 '역사적 블록'(historic bloc)이라 명명하였다.

그람시는 자신의 이론과 개념들을 설명하기 위해 다양한 역사적 사례를 예시하였다. 부르주아 계급의 형성과 발전, 프랑스혁명과 이후의 반동적 상황, 이탈리아의 파시즘 체제 등이 그런 사례들이다. 특히 그람시가 주목했던 역사적 사례는 러시아혁명과 서구 자본주의 국가 사이의 차이, 그리고 파시즘 체제의 성격이었다. 이 절에서는 두 개의 역사적 사례를 중심으로 그람시 이론과 개념의 정치사상사적 의미를 간략하게 서술하고자 한다.

먼저 러시아혁명과 서구 자본주의 국가의 차이에 대한 그람시의 비교 분석은 혁명이론과 서구 자본주의 사회의 특징을 설명하고 후기 산업사회에 대해 전망하고 분석했다는 점에서 중요한 의의가 있는 것으로 평가된다. 그람시가 특히 주목했던 점은 러시아혁명의 성공 요인에 대한 자본주의체제 분석의 명료함이었다. 당대 러시아는 유럽의 마지막 왕조였던 로마노프 왕조가 차르(Zar)라는 절대 군주의 지도 아래 농업 중심의 자본주의 전제군주국체제를 유지하고 있었다. 후진적이긴 했지만 유럽 최강의 기병대를 보유하고 광활한 농토에 기반한 전제군주국 러시아에서 보잘것없는 소비에트 혁명대에 의해 발생한 사회주의혁명이 성공하여 체제를 바꾼 것은 역사적으로도 충격적인 일대 사건이었다.

러시아혁명의 여파는 한창 진행 중이던 제1차 세계대전까지도 서둘러 종결시켰으며, 종전 이후 후발 선진국이었던 독일과 이탈리아에서는 러시아와 유사한 사회주의혁명의 분위기가 고조되고 있었다. 1919년부터 20년까지를 '붉은 2년'이라고 했던 것은 사회주의혁명의 공포가 서구 자본주의 국가에서도 임박했다고 판단했기 때문이었다. 특히 이탈리아와 독일은 혁명 직전까지 상황이 악화되었음에도 혁명의 파고를 넘지 못하고 반동의 시대로 돌입하게 되었다. 반동의 파고 끝에 이탈리아에서는 파시즘 체제가 들어섰다. 그람시가 주도했던 '신질서' 운동이 실패했던 것은 바로 이 시기였다.

그람시는 러시아와 다른 자본주의 국가 사이의 차이를 시민사회와 정치사회 개념 및 진지전과 기동전이라는 개념으로 설명하고자 했다. 그람시가 보기에 러시아에서 사회주의혁명이 성공한 결정적인 이유는 무엇보다 시민사회의 역량이나 규모가 정치사회보다 작고 허약했기 때문이었다. 지배계급의 강제력과 정치권력을 보다 공고하게 유지하기 위해서는 '동의'가 작동하는 시민사회의 영역이 정치사회보다 훨씬 폭넓고 다양한 층을 이루어야 하는데, 러시아에서는 이런 조건이 갖춰지지 않아 사회주의혁명이 성공했다. 다시 말해 시민사회가 강건하고 공고화될수록 체제전환이나 체제전복과 같은 혁명이 발생하기 어렵게 된다는 것이다. 결국 그람시는 서구 자본주의 국가와 러시아 사이의 결정적인 차이는 시민사회의 폭과 역량에 있었다고 평가했으며, 파시즘의 등장과 같은 반동적 상황이 도래한 것도 사회주의혁명의 파고를 낮출 수 있는 시민사회의 강건함과 굳건함 때문이었다고 분석했다. 이런 이유로 혁명의 파고와 사회 구조적인 약점이 많이 존재하는 사회에서 혁명은 러시아와 같은 기동전 전략을, 시민사회와 자본주의체제의 공고함과 견고함을 갖춘 서구 자본주의 국가들에서는 때를 기다려 공격하는 진지전 전략이 주효하다고 주장했다. 그람시는 이러한 자신의 생각을 구조와 상부구조의 관계에서 형성되는 역사적 블록의 문제로 설명하고 있다.

> 구조와 상부구조는 역사적 블록을 형성한다. 즉 복합적이고 불일치하기도 하는 상부구조들의 총합은 생산에 대한 사회적 관계들의 총합을 반영하는 것이다. 이로부터 다음과 같은 사실을 이끌어낼 수 있다. 단지 전체주의 이데올로기만이 구조의 모순들을 합리적으로 반영하고 혁명적 실천을 위한 객관적인 조건들의 존재를 대표한다. 만약 하나의 사회 계층이 100%의 동질적인 이데올로기에 따라 형성된다면, 이는 전적으로 100%에 해당하는 혁명의 전제조건이 존재한다는 것을 의미한다. 다시 말해 '합리적인 것'이 실제로 적극적인 상황에서 현실적이 될 수 있다는 것이다. 이와 같은 근거는 구조와 상부구조 간의 상호적(상호적이란 바로 실제적인 변증법적 과정을 말한다) 필요성에 기초하고 있다.[7]

혁명의 실패를 몸소 경험했던 그람시는 그 과정에서 등장했던 파시즘의 실체를 명확하게 파악하였다. 혁명의 성공을 위해 필요한 대항 헤게모니의 형성, 사회 변혁, 새로운 국가 건설에 필요한 '현대군주'인 새로운 정당의 조직화를 강조했던 이유를 다양한 방식과 사례를 통해 부각시키고자 했던 것이 『옥중수고』를 집필한 계기였다. 파시즘 분석 및 '남부문제'에 천착했던 이유는 자신의 사상과 이론을 이탈리아의 구체적인 사례와 구조를 통해 입증하고자 했던 문제의식 때문이었는바, 이는 그람시의 사상과 이론이 매우 가치 있는 사회분석으로서 현재까지도 재해석되고 있는 이유이기도 하다.

이외에도 그람시는 다양한 방식으로 자신의 이론과 사상을 개념화하고 실증하기 위해 노력했다. 비록 『옥중수고』가 그람시의 의도를 충분하고 명확하게 반영하지 못한 미완의 상태로 세상에 소개되었을지라도, 그가 제시한 방법과 가치는 현대 자유민주주의체제에서도 충분히 활용될 수 있는 여지가 있다. 사회주의나 공산주의란 용어를 이미 역사의 박물관에나 전시될 개념으로 치부해버리는 현재의 한국 사회에서 그람시를 어떻게 읽고 해석해야 하는가의 문제는 너무나 진부해 보일지도 모른다. 그람시가 제시했던 많은 개념과 이론이 21세기 신자유주의를 완벽하게 구현하고 있는 한국에서는 큰 학문적 의미를 지니기 어렵기 때문이다. 그러나 찬찬히 살펴보면 그람시가 제기했던 많은 논의와 개념이 우리 사회의 많은 면들에서 충분히 적용 가능하다는 사실을 분명히 알 수 있다.

그람시가 가장 먼저 관심을 두었던 '남부문제'는 영호남의 지역문제 외에도 통일 후 나타날 남북의 지역 격차와 차이를 극복하는 데 중요한 사례가 될 수 있다. 토리노에서의 노동자운동을 통해 그가 구현하고자 했던 새로운 문화인 '신질서'는 급변하는 산업사회에서 노동자계급에 적합한 '신사회 운동'의 성격을 갖고 있다고 볼 수 있다. 더불어 공장평의회라는 노동자 조직은 신자유주의라는 거대한 파고에 맞서서 노동자계급의 연대와 동맹을 국제적인 차원으로 발전시켜야 할 현시점에서도 적실성을 지닌다고 볼 수 있다.

그람시는 공장평의회를 통해 새로운 정당과 국가를 건설하는 데 실패한 이후에 대항 헤게모니를 구축한다는 목표를 가지고 새로운 대중문화의 형성에 힘을 쏟았다. 허약하고 정체성이 불분명한 한국 문화를 새롭게 형성함에 이와 같은 그람시의 시도는 중요한 함의가 있다.

그람시는 혼란과 위기에 빠진 1920년대 이탈리아의 현실을 직시하면서 특수한 정치체인 파시즘의 실체를 가장 먼저 파악하고 이해했던 인물이었다. 자신이 살고 있는 국가 구조를 파악하여 그에 적합한 운동 방식을 창출하고, 다가오는 위기에 대항하려고 노력했던 것이다. 이런 그의 노력은 현재 대한민국의 민주적 정체성과 관련하여 시사해주는 바가 크다. 그것은 성장과 발전 가치의 절대화, 반공 이데올로기의 재생산과 확대, 미국 없는 독자생존의 불가능성 등 지배계급의 주요 논리들을 그 어느 것 하나 해체시키지 못하고 있는 현실에 맞서 혁신적인 대항 헤게모니를 구축할 필요성을 일깨워주고 있기 때문이다. 요컨대 위기와 전환의 시대를 횡단하고 있는 대한민국에서 더 나은 미래와 한반도 평화체제를 위해 그람시를 다시 한번 소환할 필요성은 충분하다.

더 읽을거리

- Gramsci, Antonio. 1974. *Quaderni del Carcere*. Torino: Einaudi.

  그람시 사상의 핵심이 담겨 있는 저서이다. 아직은 영어 혹은 한국어로 번역
  되어 있지 않다. 영어 혹은 한국어 번역본은 그람시의 생각을 온전하게 전달
  하는 데 큰 어려움이 있을 것이다.

- 안토니오 그람시. 2006. 『그람시의 옥중수고 1, 2』. 이상훈 옮김. 거름.

  그람시의 저서를 영어로 번역한 책을 다시 한국어로 번역한 책으로 당대 이
  탈리아에 대한 설명도 들어 있다. 이중번역에서 오는 문제점에도 불구하고
  초기 그람시 사상을 이해하는 데 큰 도움이 된다.

- 김종법. 2015. 『그람시의 군주론』. 바다출판사.

  그람시가 마키아벨리를 통해 이야기하고자 했던 자신의 사상과 이론을 저자
  의 시각으로 편집한 책이다. 한국에서 출간된 그람시 관련 저서 중에서는 비
  교적 원어 분석과 현대적 해석이라는 강점을 갖고 있다.

2부

전체주의와 냉전 시대의 정치사상

5.

철학의 공동체적 의무와 자기방어

레오 스트라우스

박성우

Leo Strauss

개요

스트라우스 정치철학은 고대부터 현대에 이르는 서양정치철학 전체에 걸쳐 매우 광범위한 주제를 다루고 있다. 그러나 그의 정치철학은 하나의 일관된 목표를 갖고 있는데, 첫째 철학이 정치공동체의 건전성을 유지하기 위해서 일정한 역할을 다해야 한다는 것이며, 둘째 그러기 위해서는 철학이 공동체에서 완전히 배제되지 않고 지속성을 가져야 한다는 것이다. 이러한 목표가 설정된 것은 그가 20세기 자유주의를 위기로 진단한 것과 깊은 관련이 있다. 스트라우스에게 자유주의의 위기는 일시적인 현상이 아니라, 서양정치철학사, 특히 근대정치철학의 제 요소들에 의해서 야기된 필연적인 결과물이다. 근대정치철학은 정치철학 본연의 역할을 차츰 망각하게 되면서 자유주의의 위기를 자초했다. 이런 맥락에서 스트라우스는 역사주의를 비롯한 근대정치철학을 철저히 비판한다. 더불어 스트라우스는 정치철학 본연의 역할을 회복하기 위해 고전정치철학으로의 복귀를 역설한다. 주목할 것은 스트라우스의 고전정치철학 해석은 정치와 철학의 갈등을 전제로 한다는 점이다. 스트라우스에게 정치와 철학의 갈등은 정치철학이 정치적 합리성을 복원하고, 정치철학 본연의 역할을 회복하는 전제가 된다. 그러나 스트라우스의 시야는 고대 아테네에 의해 대표되는 고전정치철학에만 머물지 않는다. 스트라우스는 서양 문명의 또 다른 전통을 계시에 기초한 성서적 전통에서 찾을 뿐만 아니라 철학과 성서, 이성과 계시가 서양 문명 전체에 걸쳐 결코 화해할 수 없는 근본적 갈등 관계에 놓여 있다고 해석한다. 정치철학자로서 이성과 계시의 갈등의 불가피성을 피력하고, 그럼에도 불구하고 철학의 최고성을 역설한 스트라우스의 정치철학은 자유주의 정치이념 하에서 종교의 재부상에 직면해 있는 현대정치에도 시사하는 바가 크다.

생애

레오 스트라우스(Leo Strauss, 1899-1973)는 1899년 9월 20일 키르키하인이라는 독일의 작은 마을에서 태어나 유대인 교육을 받았고, 1917년 마부르크 근처의 김나지움을 졸업했다. 1921년 함부르크 대학에서 에른스트 카시러(Ernst Cassier)의 지도 아래 "프리드리히 하인리히 야코비(Friedrich Heinrich Jacobi)의 철학 원칙에서 지식문제에 관하여"라는 제목의 논문으로 박사학위를 받았다. 이듬해 스트라우스는 프라이부르크 대학에서 에드문트 후설(Edmund Husserl)과 그의 조수로 있었던 하이데거의 수업을 들었으며, 이 무렵부터 훗날 20세기의 영향력 있는 여러 사상가들, 예를 들어 한스게오르크 가다머(Hans-Georg Gadamer), 알렉상드르 코제브(Alexandre Kojève), 카를 뢰비트(Karl Löwith), 게르숌 숄렘(Gershom Scholem), 프란츠 로젠츠바이크(Franz Rosenzweig) 등과 교류했다. 1925년 스트라우스는 베를린에 있는 유대교학 학술원에서 연구직을 얻었다. 1928년 첫 번째 책『성경연구의 기초로서 스피노자의 종교비판: 스피노자의 신학정치론에 대한 연구』를 출판했다. 1932년 파리의 록펠러 재단의 펠로십을 얻었으며, 거기서 그는 미리암 베른존(Miriam Bernsohn)과 결혼했다. 이듬해 스트라우스는 영국으로 이주하여, 다시 록펠러 펠로십을 받았으며, 1936년에서 1937년에는 케임브리지 대학의 연구 펠로십을 얻었다. 1937년 미국으로 건너가 콜롬비아 대학의 펠로십을 얻었으며, 이후 미국 이민자로서의 삶을 이어간다. 1938년부터 1948년까지 약 10년간 사회연구뉴스쿨 대학원에서, 1949년부터 약 20년 동안은 시카고 대학에서 교수로 재직했다. 1968년부터 약 1년 반가량은 클레어먼트멘스 대학에 재직했으며, 1969년부터 1973년 마지막 순간까지는 아나폴리스의 세인트존스 대학에서 정치학을 강의했다.

주요 저술

Strauss, Leo. 1952. *Persecution and the Art of Writing*. Chicago: University of Chicago Press.

Strauss, Leo. 1953. *Natural Right and History*. Chicago: University of

Chicago.

Strauss, Leo. 1959. *What is Political Philosophy and Other Studies.* Chicago:
University of Chicago Press.

Strauss, Leo. 1964. *City and Man.* Chicago: University of Chicago Press.

Strauss, Leo. 1968. *Liberalism Ancient and Modern.* Chicago: University of
Chicago Press.

Strauss, Leo. 1989. *The Rebirth of Classical Political Rationalism: An
Introduction to the Thought of Leo Strauss,* ed. Thomas Pangle.
Chicago: University of Chicago Press.

머리말

레오 스트라우스가 세간의 관심을 끌기 시작한 것은 2000년대 초, 부시 행정부의 외교정책을 주도한 네오콘의 사상적 지주로 그의 이름이 거명되면서부터이다. 이라크 전쟁이 발발하자 매스컴은 전쟁의 배후 인물로 그를 지목했다. 정치철학자로서 단 한 번도 현실정치에 직접 관여한 적이 없는 그가 세상을 떠난 지 수십 년이 지난 후, 미국 외교정책에 결정적인 영향력을 끼친 인물로 평가받은 것은 매우 이례적인 일이었다.

사실 스트라우스에 대한 학계의 관심은 이보다 훨씬 이전부터 극명하게 대립되는 두 입장으로 나뉘어왔다. 먼저 스트라우스 정치철학을 매우 "사악한" 것으로 묘사해온 일부 학계의 비판적 평가가 있다. 이러한 평가는 스트라우스를 엘리트주의에 젖어 있는 플라톤주의자, 악을 교사하는 마키아벨리주의자, 그리고 도덕과 신앙을 조롱하는 니체주의자로 묘사한다. 이에 따르면, 스트라우스는 서양정치철학사에서 비민주적이고, 반자유주의적인 계보를 이어온 인물이다.

이와는 대조적으로 스트라우스를 신중한 현실주의자이자, 진정한 자유주의자로 보는 긍정적 평가도 존재한다. 이러한 평가는 스트라우스에 대한 비판을 그가 추구한 정치철학의 의미를 왜곡한 결과로 파악한다. 예컨대, 스트라우스의 저작에는 "고상한 거짓말"의 필요성이나, 사회적 부정의의 항시성을 언급하는 대목이 발견되지만, 이것을 곧바로 스트라우스 정치철학이 거짓이나 부정의를 정당화했다는 근거로 삼을 수는 없다는 것이다. 또한 스트라우스는 고전 해석에 있어서 전통적인 방식을 거부하고, 비전주의(esotericism)라는[1] 매우 독특한 방식을 적용하는데, 이에 대해서도 첨예한 대립이 나타난다. 한편에서는 이를 그의 정치철학이 이단적이라는 증거로 삼는가 하면, 다른 편에서는 이러한 고전 해석 방식이 오히려 서양문명을 관통하는 핵심적인 주제를 대변하고 있다고 평가한다.

과거 스트라우스 정치철학은 그를 추종하는 일부의 학자들(세간에서는 이들을 스트라우시안이라고 일컬었다)에 의해서만 추앙받는 것으로 인식된 적이 있다. 그러나 그의 정치철학의 저변은 서양정치철학사와 현대정치철학의 맥락에서 점차 확대되고 있는 추세다.[2] 최근 스트라우스 정치철학은 근대성 문제를 이해하는 데 가장 핵심적인 요소로 간주되고 있으며, 21세기에 새롭게 대두된 제 문제들―예컨대, 세계화에 따른 글로벌 정의의 문제 대두, 탈세속화로 인한 종교적 신념의 재부상, 과학기술의 발전으로 인한 삶의 가치의 부조화 등―을 이해하고 진단하는 데에도 매우 유용한 시각을 제공하는 것으로 평가받고 있다. 이 글은 스트라우스에 대한 객관적이고 중립적인 입장에 근거하여, 그의 정치철학의 핵심적인 주장을 검토하고 그것의 현대적 의의를 되새겨보는 것을 목적으로 한다.

이 글이 다룰 스트라우스 정치철학의 주제는 자유주의에 대한 위기 진단과 상대주의 비판, 역사주의 비판, 근대정치철학 비판과 고전정치철학에의 호소, "소크라테스 문제"와 "저술의 기술", 마지막으로 이성과 계시의 대립에 관한 것이다. 이제부터 이 주제들을 하나씩 검토하면서 이것들이 어떻게 스트라우스 정치철학 체계 안으로 들어오게 되었으며, 각각이 지시하는 현대적 의의가 무엇인가에 대해서 살펴보고자 한다.

자유주의의 위기와 상대주의 비판

스트라우스는 근대 이후 서구 세계의 지배적인 이념으로 자리 잡아 온 자유주의 정치이념이 20세기 정치의 제반 문제를 해결할 능력을 상실했다고 진단한다. 이러한 진단에 기초한 그의 자유주의 비판은 대단히 통렬한 것이어서, 때때로 그를 반(反)자유주의자라 비난하는 근거가 되기도 한다. 그러나 그의 자유주의 비판은 냉전 시기 자유주의 진영의 취약성을 우려한 것으로서 자유주의 자체에 대한 비판이라기보다 자유주의를 수호하기 위한 비판이라고 보는 것이 타당하다. 실제로 스트라우스의 자유주의 비판의 출발점은 바이마르 공화국의 자유주의가 왜 나치에게 권력을 내줬는가라는 문제의식에 있었다. 이런 맥락에서 스트라우스는 스스로를 단순한 자유민주주의의 "아첨꾼"이 아닌 진정한 "친구"로 규정한 바 있다.[3]

스트라우스는 특히 공산주의에 의한 자유주의의 위협이 서구 세계 전체를 위기로 내몰았다고 역설한다. 서구 세계는 자유민주주의의 확산을 통해 전쟁의 위협이 없는 평화로운 국제사회의 출현을 기대했지만, 이런 이상은 사실상 좌절됐다고 스트라우스는 결론 내린다.[4] 만일 스트라우스가 1950년대가 아닌 1980년대 말 소련의 붕괴와 동유럽의 민주화가 진행되는 와중에 자유주의를 진단했다면 자유주의의 승리를 주장했을까? 그렇지 않다. 스트라우스가 자유주의를 위기로 진단한 것은 단순히 시대적 상황 인식에 따른 것이 아니라, 19세기 이래 진행되어온 자유주의의 내재적인 한계, 즉 상대주의에 의한 자유주의의 위기를 인식했기 때문이다.

스트라우스는 자유주의가 상대주의에 토대를 두고 있는 한 온전히 자신을 방어하지 못하거나, 자기모순에 빠질 수밖에 없다고 경고한다. 근대 자유주의는 원칙적으로 개성과 다양성을 존중하며, 이 원칙은 어떤 가치도 절대적인 것으로 받아들이지 않는 가치 상대주의와 친화력을 갖는다. 가치 상대주의는 기본적으로 관용의 원칙에 의존한다. 그러나 이 관용의 원칙이 관용 자체를 거부하거나 자유주의를 부정하는 가치까지 용인할 수는 없다. 문제는 자유주의가 관용을 부정하는 가치를 용인하지 않는다면 이 관용의 원칙이 바로 절대적인 가치가 되어버리고, 절대적인 가치를 부정하는 자유주의 원칙과는 모순을 야기하게 된다는 것이다. 스트라우스는 자유주의가 온전히 유지되기 위해서는 관용의 한계가 필요하다는 것을 인정하지만, 이로 인해 자유주의가 자기모순의 비판에서 벗어날 수 없다는 점을 지적한다.

그러나 스트라우스가 더욱 심각한 문제로 본 것은 자유주의는 결코 상대주의를 폐기하지 못한다는 사실이다. 이로 인해 스트라우스는 자유주의가 위기를 초래할 수밖에 없다는 것이다. 허무주의는 자유주의 위기의 한 형태로 나타난다. 상대주의의 수용으로 인해 어떤 가치라도 옳고 그름을 판단할 수 있는 대상이 아니라고 여겨지게 되면, 모든 가치는 각각의 개인이 자의적으로 선택한 선호로 간주된다. 가치가 개인의 선호에 불과하다면, 어떤 가치에 대해서도 책임을 묻거나 비난할 근거가 사라진다. 스트라우스는 이러한 상황이 허무주의를 초래한다고 보고, 이는 결국 광적인 반이성주의나 극단적인 결단주의를 부추기게 된다고 경고한다.[5]

스트라우스는 상대주의에 사로잡힌 자유주의는 법실증주의에 의존할 수밖에 없고, 결국 자연법은 설 자리를 잃게 된다고 지적한다. 자유주의가 옳고 그름에 대한 절대적인 기준을 상실한 상태에서 자유주의에 기초한 정체가 정당성을 주장할 근거는 실정법밖에 없다. 법실증주의에 따르면, 법은 실증적으로 규정되어 있는 것만으로 정당성을 얻는다. 문제는 이렇게 자연법이 부재한 상황에서는 어떤 사회의 법도, 설령 그것이 식인주의를 인정하는 법이라고 하더라도 그 부당함을 지적하기 어렵다는 것이다.[6] 스트라우스는 여기서 식인주의를 극단적인 예로 들고 있지만, 정치과정의 합법성을 근거로 권력을 찬탈한 나치를 염두에 두었다.

요컨대, 스트라우스는 자유주의가 상대주의에 빠져, 옳고 그름, 좋음과 나쁨을 판단할 수 있는 근본적인 기준을 상실할 때, 결국 자신을 방어할 수 있는 기제마저 잃게 됐다고 진단한다. 특기할 만한 것은 스트라우스는 자유주의 위기의 보다 근본적인 원인을 근대정치사상이 17세기 이래 진전시켜온 역사주의에서 찾는다는 점이다.

역사주의 비판

인간사의 모든 문제를 역사로 환원시켜 이해하려고 시도하는 역사주의에는 다양한 층위가 존재하지만, 스트라우스가 주목하는 역사주의는 역사적 관찰로부터 상대주의를 유도하는 소위 역사적 상대주의다. 역사적 상대주의는 좋음과 옳음에 대한 규정이 사회마다 다르고, 어떤 사회도 이에 대해서 완벽한 합의에 이르지 못한다는 것이 역사적으로 관찰된다고 보는 사고다.

스트라우스는 역사적 상대주의에 근본적인 이론적 오류가 있다고 지적한다. 스트라우스는 절대적인 옳음이나 정의(正義)는 인간의 합의 여부와 무관하다고 지적한다. 합의가 존재하지 않는다는 것은 역사적 상대주의가 믿는 바와 같이 절대적인 옳음이 존재하지 않는다는 것을 의미하는 것이 아니라, 인간들 간에 이성의 발휘 수준에 차이가 있어 아직 정의가 무엇인지 알아내지 못했다는 것을 의미할 뿐이라는 것이다. 따라서 역사적 관찰을 근거로 절대적인 정의의 존재를 부정하려면, 단지 정의에 대해 합의가 역사적으로 존재하지 않는다는 것을 지적할 것이 아니라, 인간의 이성이 결코 좋음이나 정의를 알아낼 수(know-able) 없다는 것을 철학적으로 입증해야 한다. 스트라우스에 따르면 역사주의는 결코 이성의 무능력을 철학적으로 입증한 바 없다.

스트라우스는 또한 역사주의가 이론적으로 자기 모순성을 띤다고 지적한다. 역사주의는 모든 인간의 사유는 역사적일 수밖에 없고, 따라서 역사주의만이 보편적으로 타당한 사유라는 전제를 깔고 있는데, 이런 전제는 역사주의만은 예외적으로 역사에 환원되지 않는 초역사적 진리라는 반(反)역사주의 원칙에 입각해 있기 때문이다. 스트라우스는 역사주의가 역사가 아닌 특정한 철학적 가치에 기초하고 있음을 강조한다. 이런 면에서 역사주의는 정의의 절대적 가치와 자연법의 존재를 주장하는 또 다른 철학적 가치를 부정할 자격이 없다는 것이 스트라우스의 역사주의 비판의 요지다.[7]

스트라우스는 역사주의가 출현한 역사적 배경과 그 경로를 검토하면서 역사주의로부터의 탈피를 시도한다.[8] 놀랍게도 스트라우스는 역사주의가 일찍이 고전 시대부터 인습주의 형태로 존재했다고 지적한다. 인습주의(conventionalism)란 각각의 사회가 옳음에 대해서 각기 다른 인습과 합의를 갖고 있음을 받아들이는 사고이다. 고전적 인습주의는 인습(convention 혹은 nomos)을 절대적이고 독자적인 질서를 갖고 있는 자연과 엄격히 구별한다는 점에서 역사주의와 유사하다. 그러나 고전적 인습주의는 인습이 진리는 아닐지라도 사회적 안정과 평화를 위해서 이를 존중하는 것이 필요하다고 보는 점, 그리고 자연의 기준에 의하면 절대적이고 불변하는 정의와 옳음이 존재할 수 있다는 것을 인정하는 점에서 근대에 출현한 역사주의와 구분된다.

스트라우스가 비판의 대상으로 삼고 있는 근대적 역사주의는 고전적 인습주의와 달리 자연의 영역과 인간의 자유 및 역사의 영역을 철저하게 차별화하는 이원주의를 채택한다. 즉 근대에 출현한 역사주의는 자연에 어떤 질서가 존재하더라도 그것은 인간사의 영역과 무관하다는 역사감각(historical sense) 혹은 역사의식(historical consciousness)에 의존하고 있다는 것이다.[9]

스트라우스는 이 근대적 역사주의가 여러 단계를 거쳐 결국 근대성의 위기를 초래했다고 설명한다. 우선, 근대적 역사주의의 출발점은 프랑스혁명 이후 보수파의 반동적 사고였다고 지적한다. 급진적 혁명을 두려워한 보수파는 혁명이 시대와 역사를 초월하는 보편적 원칙을 지향한다는 점에 착안하여 인간의 지혜는 보편적 원칙이 아니라 오랫동안 지속해온 전통적 질서에서 발견된다는 주장을 제시했다는 것이다. 그러나 반동적 사고에서 출발한 근대적 역사주의는 보수파의 기대와 달리, 혁명 세력의 이데올로기가 됐다고 설명한다. 역사주의는 기본적으로 초국가적 수준의 보편성을 부정하므로, 혁명 세력은 이를 수용하여 전 세계인의 권리를 주장하는 대신, 개별 국민, 개별 민족의 권리만을 내세웠다. 그러나 개별 국가에 귀속된 역사주의는 여전히 영원성의 문제(무엇이 영원한 가치인가?)에 대한 답을 요구받게 되는데, 이에 대한 답으로 역사주의는 "진보에 대한 믿음"을 제시했고, 이는 결국 혁명의 기운을 더욱 북돋아 주는 결과를 초래했다는 것이다. 스트라우스에 따르면, 18세기의 역사주의는 혁명 세력의 이데올로기로서 기능하게 되면서 근대 국가를 휩쓰는 영향력을 행사했지만, 역사적 진화와 진보라는 보편적 법칙을 내세우게 되면서 역사주의의 기본 가정과는 모순되는 결론에 이르게 됐다.[10]

스트라우스가 유아기적 역사주의로 명명하는 18세기 역사주의와 달리 19세기 역사주의는 실증주의와 결합하면서 역사주의의 내적 원칙을 더욱 공고히 할 수 있었다. 실증주의는, 신학이나 형이상학은 이제 인간사(事)를 설명하는 지식으로서 적절하지 않고, 모든 진정한 지식은 실증적 과학이어야 하며, 이 실증적 과학은 오로지 경험을 통해서만 가능하다는 사고다. 19세기 역사주의는 이 실증적 경험과학의 토대를 제공했다. 그러나 스트라우스는 적어도 편견 없는 역사가라고 한다면 이러한 실증적 역사 연구로부터 결코 객관적 규범이 도출될 수 없다는 것을 인정할 것이라고 주장한다. 실증적 역사라는 것은 "의미 없이" 일어난 일련의 과정에 불과하다. 역사적 사건에 의미가 부여되는 것은 개인이 선택한 특정한 가치에 의해 가능한데, 스트라우스는 이러한 가치가 객관적으로 옳다는 것을 역사적으로 입증할 수 없다는 것을 강조한다. 문제는 이런 상황에서 어떤 가치가 지배적인 것이 되더라도 이를 비판하거나 저지하지 못하고, 그저 역사의 흐름을 숙명으로 받아들이는 허무주의에 빠지게 된다는 것이다(NRH, 17-18).

스트라우스는 실증주의를 강화했던 막스 베버조차 이 문제를 정확히 인식하고 있었다고 해석한다. 즉, 베버는 실증주의가 역사주의와 결합함으로써 허무주의로 전락하는 위험성을 잘 알고 있었다는 것이다. 그럼에도 불구하고 베버가 안고 있는 심각한 문제는 그의 대응이 결과적으로 문제를 더욱 악화시켰다는 점이다. 베버는 가치와 사실을 엄격히 구분함으로써, 사실 영역에서만이라도 실증과학이 가능하다는 것을 보여주고자 했지만, 스트라우스에 따르면 베버의 이러한 시도는 오히려 가치와 규범에 대한 지식 혹은 과학이 원초적으로 불가능하다는 가정을 더욱 강화시키는 결과를 초래했다는 것이다.[11]

스트라우스는 19세기의 역사주의는 현대까지도 강력한 지배력을 행사하고 있어서, 이로부터 탈출하는 것은 상상하기조차 어려워졌다고 진단한다. 그는 역사주의로부터의 탈피는 역사주의에 물들지 않는 고전철학으로 회귀할 때 비로소 가능하다고 본다. 그러나 이마저도 쉽지 않다고 판단한다. 근대정치철학이 오랜 전통을 통해 구축해놓은 편견 때문이다. 스트라우스는 고전정치철학으로의 회귀를 위해 근대정치철학에 대한 비판을 선행한다.

근대정치철학 비판

스트라우스는 마키아벨리로부터 시작하는 근대정치철학이 급기야 허무주의와 급진적 역사주의에 빠졌고, 이로 인해 근대인은 삶의 좌표를 완전히 상실하는 위기에 직면했다고 진단한다. 스트라우스에게 근대정치철학은 정치철학을 타락으로 이끈 주역이고, 홀로코스트와 같은 비극적인 사건이 인류 역사에 일어나도록 한 장본인이다. 앞서 언급한 자유주의의 위기가 20세기 인류가 목도한 비극의 가까운 원인이라고 한다면, 근대정치철학의 타락과 이로 인한 근대성의 위기는 이 자유주의의 위기를 초래한 보다 근본적이고 먼 원인이다.

스트라우스에 따르면 근대정치철학은 고전정치철학과 대조적으로 정치생활에의 직접적인 개입을 거부했고, 이로 인해 정치적 판단의 기준을 제공하는, 정치철학의 고유한 기능을 상실했다. 스트라우스는 근대정치철학이 이런 상황에 이르게 된 가장 큰 원인을 소위 과학적 방법론의 부상에서 발견한다. 16세기 이래 태동한 근대정치철학은 자연과학의 모델을 좇아 "과학적"인 것만을 정치철학의 대상으로 삼는 "정치과학"을 지향했다.[12] 더욱이 근대정치철학은 과학성을 인정받기 위해서, 어떤 목적을 추구할 것인가가 아니라, 주어진 목적을 달성하기 위해서 어떤 방법을 택할 것인가에만 골몰하게 됨으로써, 정치생활이 실질적으로 필요로 하는 정치적 판단의 기준을 제공하는 역할은 다하지 못했다고 한다.

스트라우스는 근대정치철학이 소위 "세 개의 물결"로 명명되는 일련의 과정을 거치면서 타락의 길을 걸어왔다고 주장한다. 스트라우스가 주목하는 근대정치철학의 세 개의 국면은 마키아벨리, 루소, 니체에 의해서 주도된다. 이들은 각각 독특한 방식으로 교조적 원리들을 만들어냈고, 이후의 정치철학은 그들이 만들어낸 담론에 환원됨으로써 정치철학 본연의 역할을 망각하게 됐다는 것이다.

스트라우스는 마키아벨리로 인해 정치철학의 목표가 본격적으로 저급화되기 시작했다고 지적한다. 마키아벨리는 당위와 현실을 구분할 뿐만 아니라, 당위를 정치철학의 대상에서 완전히 제외시킴으로써, 현실 속에서만 정치철학의 목표를 사유할 수 있도록 했다는 것이다. 당위가 그대로 현실에 반영될 수는 없지만, 이것이 당위가 무엇인가를 알아내는 작업을 무의미한 것으로 간주할 근거가 되지는 못한다. 무엇을 목표로 현실을 개선할 것인가를 알아내기 위해서는 당위를 논해야 한다. 물론 당위에 대한 논의는 단순히 최선의 상태, 가장 바람직한 상태를 무책임하게 제시하는 것에 그쳐서는 안 된다. 당위는 현실의 개선 가능성을 고려하여 신중하게 검토되어야 하기 때문이다. 이런 맥락에서 정치철학은 당위와 현실을 적절히 조화시킬 수 있는 실천적 지혜와 신중함을 포함해야 한다. 그럼에도 불구하고 마키아벨리는 이 당위에 대한 논의 자체를 처음부터 배제함으로써 정치의 목표를 저급한 것으로 떨어뜨렸다는 것이 스트라우스의 해석이다.[13]

스트라우스는 마키아벨리에 이어 홉스와 로크도 정치의 범주를 더욱 협소하게 만들어버렸다고 해석한다. 홉스는 정치생활에서 인간의 목표를 동물적 생존에 한정함으로써 정치의 목표를 낮추었고, 로크도 그 연장선에서 인간의 가치 지향성 혹은 다양한 방식의 행복 추구를 소유권의 추구로 단순히 등치시켰다는 것이다. 스트라우스는 마키아벨리부터 로크에 이르는 과정을 근대정치철학이 만들어낸 교조적 원리의 첫 번째 물결로 간주한다.

근대정치철학의 첫 번째 물결은 큰 틀에서 보면 정치생활 즉 인간사에서 옳음이나 정의를 찾아내기 위한 방법으로 자연의 질서를 탐구하는 것을 원초적으로 배제한다. 인간사의 제 문제를 다룸에 있어서 자연의 질서를 거론하는 것은 부적절하다는 것이다. 그러나 다양한 의견, 그것도 대립하는 의견이 존재하는 정치생활에서 그것들을 초월하는 보편적 기준으로서 자연의 질서에 눈을 돌리는 것을 불합리하다고 단정할 수만은 없다. 그럼에도 불구하고 근대의 첫 번째 물결은 이러한 자연에 대한 탐구를 정치철학과 절연시켰다. 마키아벨리에게 자연은 통제 불가능한, 따라서 가급적 "거칠게" 다룸으로써 그 영향력을 최소화할 수 있는 운명(fortuna)으로 치환됐고, 홉스에게 자연은 통합된 하나의 질서라기보다 분절된 물리적 재료에 불과했다. 로크에게 자연은 인간이 소유권을 확대하기 위해 활용할 수 있는 수단, 즉 개척과 개발의 대상으로 전락했다.[14]

스트라우스는 루소가 근대정치철학의 두 번째 물결을 주도됐다고 파악한다. 스트라우스가 루소를 급격한 진환점으로 본 이유는 그가 인간의 정치생활 목표를 가장 원시적 상태의 자연(소위 인간의 황금기)으로 환원시킴으로써, 목적과 질서를 가진(teleological and ordered) 자연은 도저히 상상도 할 수 없을 지경으로 만들었다는 데 있다. 이런 맥락에서 스트라우스는 루소가 자연과 인간의 관계가 돌이킬 수 없을 정도로 훼손했다고 본 것이다.[15]

이어지는 세 번째 물결의 핵심은 자연의 지위가 하락된 상태에서 인간이 눈을 돌리게 된 곳이 역사라는 것이다. 인간사의 판단 기준을 역사에서 찾고자 했다는 것이다.[16] 이에 대해서는 스트라우스의 역사주의 비판에 대해 논한 부분에서 자세히 설명했으므로 여기서는 생략한다.

요컨대, 근대정치철학은 세 개의 물결을 거치면서 자연의 질서와 인간사를 완전히 절연시키고, 역사주의만이 인간사를 해석할 수 있는 유일한 관점인 것처럼 믿어버리는 교조적 원칙을 세웠다는 것이 스트라우스의 근대정치철학 비판의 핵심이다. 스트라우스는 근대정치철학이 이러한 교조적인 원칙에 의해 매개됨으로써 정치생활 자체에 순수하게 관여하는 것이 불가능해졌다고 지적한다. 근대정치철학의 타락으로 정치철학은 그 본연의 역할, 즉 정치생활에서 가치판단의 근본적인 기준을 제공하는 임무를 다하지 못하게 됐다. 이러한 해석을 바탕으로 스트라우스는 정치철학이 아직 본연의 역할을 다하고 있었던 고전정치철학으로 돌아가 소위 "고전적 합리성"을 회복해야 한다고 역설한다.

고전정치철학으로의 회귀

스트라우스는 고전정치철학의 가장 두드러진 특징으로 정치철학이 일상적인 정치생활에 직접 개입할 수 있었다는 점을 든다. 정치생활은 기본적으로 구성원 간의 갈등과 마찰을 전제로 하는데, 고전정치철학은 이같이 대립하는 의견을 중재하고 조정하는 역할을 기꺼이 떠맡았다는 것이다. 고전정치철학이 무엇보다도 정의의 문제에 집중했던 이유도 정치생활의 변화무쌍한 상황 속에서 객관적으로 옳은 정치적 판단을 내릴 수 있는 실천적 기준을 마련하기 위함이라는 것이다.[17]

정치철학이 직접적 개입을 통해 공동체가 설득할만한 기준을 제시한다는 것은 곧 입법을 의미한다. 그러나 입법은 실질적으로 정치에 참여하는 입법자에게 맡겨지므로, 정치철학의 역할은 결국 입법자를 교육하는 것에 집중된다. 요컨대 고전정치철학에서 정치철학자가 심판관 노릇을 해야 한다는 것은 입법자의 선생으로서의 역할을 해야 한다는 것을 의미한다. 입법자의 선생이 된다는 것은 법의 내용이 무엇이어야 하는지 그리고 법을 온전히 준수하기 위해서 어떤 사항을 고려해야 하는지 등을 가르친다는 것을 의미한다. 이 중에서 가장 핵심적인 문제는 결국 누구를 지배자로 세울 것인가, 즉 어떤 정체를 만들 것인가에 관한 것이다. 전통적으로 정체는 왕정, 과두정, 민주정으로 분류되지만, 스트라우스는 이 가운데 무엇이 가장 훌륭한 정체, 최선의 정체인가를 밝히는 것이 정치철학의 임무라고 지적한다.[18]

그런데 최선의 정체를 제시하는 과정에서 고전정치철학은 예기치 않은 딜레마에 직면하게 된다. 간단히 말하자면, 최선의 정체(best regime)는 최선의 인간(best man)에 의해서 다스려져야 하는데, 최선의 인간은 지배를 거부하는 속성을 지녔다는 것이다.[19] 최선의 인간은 덕(아레테)을 추구하는 자, 더 정확히는 그에 관한 지혜를 추구하는 자이므로 이들은 결코 통치를 하는 "수고"를 떠맡으려 하지 않는다는 것이다. 플라톤의 〈국가〉에 예시되어 있듯이 동굴을 빠져나온 철학자들은 지혜에 대한 사랑과 황홀함에 취해 결코 동굴로 다시 내려가 통치하기를 꺼려한다. 〈국가〉에서 소크라테스는 이들을 강제함으로써 통치하게끔 해야 한다고 말하지만, 스트라우스는 소크라테스의 주장을 액면 그대로 받아들이지 않는다. 철학자를 강제하는 것은 비철학자들인데 이들은 결코 철학자가 통치할 필요성을 인정하지 않을 것이기 때문에 사실상 철학자를 강제할 주체는 존재하지 않는다는 것이다.[20]

이러한 해석은 플라톤의 이상국가론에 대한 독특한 해석으로 이어진다. 즉 플라톤이 〈국가〉에서 제시한 이상국가론은 현실의 국가를 이상국가로 만들기 위한 청사진이 아니라, 가장 이상적인 국가가 실현될 가능성이 얼마나 낮은지, 그럼에도 불구하고 만일 이상국가를 액면 그대로 실현하겠다는 시도가 있었다고 한다면 그것이 얼마나 위험한 일인지를 경고하기 위함이라는 것이다.[21]

사실 이상국가 실현의 어려움을 논하면서 플라톤이 강조하고 있는 부분은 철학자가 통치를 거부할 것이라는 예견만이 아니다. 보다 현실적인 문제는 정치공동체가 철학자를 통치자로 인정하지 않는다는 것이다. 사실 철학에 대한 편견 내지 혐오는 소크라테스 이래 끊이지 않는 고전정치철학의 주제다. 소크라테스는 공동체를 지탱하는 가치들(예컨대 용기, 절제, 정의, 경건)에 대한 근본적인 물음, 즉 "무엇이 진정한 덕인가"라는 질문을 던지는 것을 주요한 철학적 활동으로 삼았다. 주지하는 바와 같이 이러한 소크라테스의 활동은 정치공동체를 위태롭게 하는 것으로 받아들여졌고, 이는 결국 정치적 핍박으로 이어졌다. 스트라우스는 이 사건을 단순히 아테네 정치와 소크라테스 철학 간의 갈등으로 보지 않는다. 철학이 가치 있는 삶에 대한 근본적인 물음을 제기한 소크라테스로부터 시작했고, 정치공동체가 온전히 유지되기 위해서는 공동체의 결속과 연대성을 해치는 요소를 묵과

할 수 없다고 한다면, 소크라테스에 대한 심판은 일회적으로 일어난 사건이 아니라 정치와 철학의 근본적인 갈등을 대표하는 사건이라는 것이다.

원론적으로 철학자는 보편적 진리를 추구하므로 그가 속한 공동체가 지향하는 가치를 초월하는 기준을 제시할 가능성이 크다. 정치공동체 입장에서 이런 철학자는 공동체의 연대성을 심각하게 훼손할 수 있는 경계의 대상이 될 수밖에 없다. 스트라우스는 고전정치철학이 이처럼 정치와 철학의 근원적인 갈등에서 출발하고 있음을 주목한다. 이러한 해석이 옳다면, 이제 철학적 삶을 추구하는 이들은 철학이 정치적 핍박의 대상이 될 수 있다는 소위 "소크라테스 문제"를 염두에 두고 철학적 활동을 전개해야 하고, 이들에 대한 해석 역시 "소크라테스 문제"를 전제로 해야 한다.

"소크라테스 문제"와 "저술의 기술"

스트라우스는 플라톤이 "소크라테스 문제"를 계승하여 자신의 철학적 활동을 개진했다고 해석한다. 주지하는 바와 같이 플라톤이 선택한 철학적 활동은 대화편이라는 독특한 방식의 저술 활동을 통해서 전개됐다. 철학에 대한 정치적 핍박을 대비한다는 관점에서 대화편이라는 저술 형식은 저술 내용이 반드시 저자의 입장과 일치하는 것은 아니라고 주장할 근거를 갖는다. 거리에서 직접 시민들에게 질문을 던진 소크라테스와 달리 그를 등장 인물로 사용한 플라톤의 대화편은 정치적 핍박의 위험으로부터 한발 물러서 있다. 플라톤의 대화편은 또한 다양한 방식의 극적(劇的) 구성요소를 활용하고 있다. 이러한 장치들을 통해 플라톤이 정치적 핍박으로부터 자신을 보호하고 있다는 스트라우스의 해석은 설득력이 있다.[22]

즉, 스트라우스는 플라톤이 정치적 핍박을 피하기 위한 "저술의 기술"(art

of writing)을 발휘했다고 본다. 정치와 철학의 갈등을 인지한 고전정치철학자에게 "저술의 기술"은 필수불가결한 것이었다. 그럼에도 불구하고, 기독교적 세계관이 지배했던 중세 이후부터 정치와 철학의 갈등은 마치 해소된 것으로 오해를 샀고, 이때부터 "저술의 기술"에 관한 전통도 점차 잊혔다는 것이다.[23] 이런 맥락에서 스트라우스는 정치와 철학의 근원적인 갈등을 온전히 이해하고 있고, 이에 따라 "저술의 기술"의 전통을 보존하고 있었던 중세 이슬람 철학(알파라비)과 중세 유대 철학(마이모니데스)이 플라톤 정치철학의 본질을 꿰뚫고 있다고 해석한다.[24]

저술의 기술이란 철학적 진리를 혐오할 대상에게는 그 진리가 잘 드러나지 않도록 숨기되, 그것을 이해할만한 내부의 대상(inner circle), 예컨대 철학자들에게는 진리가 전달될 수 있도록 하는 비전주의(esotericism)를 의미한다. 내부의 대상에게 전달할 철학적 진리란 다름 아니라 철학적 삶의 우위를 말한다. 달리 말하자면 철학자들은 어떠한 경우에도 정치에 참여하지 말아야 한다는 것을 받아들이는 동시에, 이상국가의 유토피아적 성격(실현불가능성)을 이해한다는 것이다.

스트라우스는 저술의 기술에는 철학자를 향한 비전적 교훈(esoteric teaching)뿐 아니라, 공동체 구성원들을 향해 건전한 공동체를 유지하게끔 하는 외면적 교훈(exoteric teaching)도 담겨 있다고 주장한다.[25] 철학이 공동체에 위협이 되는 가장 큰 이유는 공동체의 가치가 철학적으로 입증되지 않을 때, 이를 비판하고 부정할 수밖에 없기 때문이다. 그럼에도 불구하고, 철학은 대부분의 사람들이 공동체적 가치를 지지해야만 공동체가 온전히 유지될 수 있다는 것을 인정하고, 만일 이러한 가치가 신화에 기초해야 한다면, 이마저도 부정하지 않는다는 것이다. 철학자에게 신화는 "거짓"으로 규정될 수밖에 없지만, 공동체를 이롭게 한다는 측면에서 "고상"하다. 이런 맥락에서 공동체를 이롭게 할 목적으로 하는 외면주의(exotericism)는 "고상한 거짓말"을 지지할 수 있다. 비전주의와 외면주의는 고전정치철학이 적용하고 있는 저술 기술의 동전의 양면과 같다.[26]

스트라우스는 정치와 철학의 갈등, 철학에 대한 정치적 핍박을 전제로 하는 고전정치철학을 결국 "정치를 철학적으로 다루는" 것이 아니라, "철학을 정치적으로 혹은 대중적으로 다루는" 것이라고 결론 내린다. 철학을 정치적으로 다룬다는 것은 정치적 핍박을 피하면서 철학적 활동을 전개해야 한다는 것을 의미함과 동시에 제한된 집단에게는 그럼에도 불구하고 철학적 삶이 가장 가치 있는 삶이라는 메시지를 전하는 것이다.[27]

스트라우스는 정치와 철학의 갈등이라는 틀 안에서 전개되고 있는 고전정치철학의 메시지를 두 방향으로 정리한다. 하나는 철학이 공동체가 건전하게 유지될 수 있도록 사회적 책임을 다해야 한다는 것이다. 이는 무책임하게 정치적 이상을 내던지는 것이 아니라, 이상적 정체를 제시하되 그것의 현실적 적용을 고려하게끔 하는 것이다. 스트라우스에 따르면 플라톤은 결코 무책임하고 급진적인 이상주의자가 아니었다. 플라톤은 이상국가를 통해 현실국가가 나갈 방향을 정해주는 책임 있는 이상주의자였다. 이런 맥락에서는 플라톤도 신화의 사용을 허용했고, 수사학의 필요성도 인정했다는 것이 스트라우스의 해석이다. 스트라우스는 고전정치철학이 이러한 외면적 교훈(exoteric teaching)뿐 아니라, 철학적 삶의 우위라는 비전적(esoteric) 메시지 또한 확실하게 남겼다고 해석한다. 고전정치철학은 한편으로 공동체를 이롭게 하고, 정치적 핍박으로부터 철학을 보호하는 기능을 함과 동시에, 잠재적 철학자로 하여금 어떠한 경우에도 철학적 삶을 포기해서는 안 된다는 메시지를 남겼다는 것이다. 고전정치철학이 끝까지 남겨놓은 비의적 교훈은 철학적 삶의 우위다.

그런데 스트라우스는 고전정치철학이 철학적 삶의 우위의 메시지를 전달하는 과정에서 새로운 도전에 직면하게 된다는 사실에 주목한다. 그에 따르면, 철학적 삶의 우위가 온전히 입증되기 위해서는 계시를 기초로 한 신학적 도전과 대결해야 한다. 이제 스트라우스 정치철학의 마지막 주제로서 이성에 기초한 철학과 계시에 기초한 신학의 대립에 대해서 검토할 차례이다.

이성과 계시의 대립

"예루살렘과 아테네"로 상징되는 이성과 계시의 대립은 스트라우스 연구자들 사이에서 비교적 최근 주목받기 시작한 주제이다. 스트라우스는 1965년 그의 자전적 서술이라고 일컬어질 만한 글에서 이성과 계시의 대립을 근간으로 하는 "신학적 – 정치적 문제"를 1920년대부터 줄곧 한 번도 잊은 적이 없는 중심주제였다고 회고한 바 있다.[28] 일차적으로 이성과 계시의 대립은 정치와 철학의 갈등 연장선에서 이해할 수 있다. 고전적 정치공동체에서 법(넓은 의미의 규범 nomos)을 강제할 수 있는 가장 효과적인 모티브는 신의 명령 혹은 계시다. 그러나 예의 철학자들은 법이 신적 기원을 가졌다는 것을 맹목적으로 받아들이지 않으며, 신으로부터 법적 강제의 근거를 찾지 않는다. 철학자들에게 법적 강제의 근거는 법이 얼마나 자연의 질서와 조화로운가에 달려 있다. 이러한 고전철학자의 태도는 계시나 신화를 바탕으로 공동체의 질서를 유지하고, 구성원 간의 연대감을 높이고자 하는 정치적 동기와 배치된다.

　법에 대한 입장의 대립은 정치와 철학의 대립의 한 형태이다.[29] 그러나 이러한 대립의 보다 근본적인 요소는 무조건적인 복종을 전제로 하는 계시와 합리적인 설명이 제시되지 않는 한, 복종을 거부하는 이성 간의 갈등이라는 것이 스트라우스의 해석이다. 법규범에 대한 철학적 도전은 정치공동체가 추구하는 가치를 의심함으로써 정치적으로 위협 요소가 될 뿐 아니라, 법규범을 신적 계시로 믿고 따르는 이들의 종교적 신념에 대한 도전이기도 하다.[30]

이성과 계시의 대립에서 스트라우스는 의외로 계시의 도전이 대단히 강력하다는 것을 시사한다. 스트라우스는 이성이 인간을 둘러싼 모든 문제, 즉 자연현상이나 인간사 전체에 대해 포괄적이고 완벽한 설명을 내놓지 못하는 한, 계시는 결코 완전히 논박될 수 없다고 한다. 예컨대, 우리가 모든 자연현상을 이성적으로 완벽하게 설명할 수 있다고 선언하지 못하는 한, 성서에 나타난 기적이 이성적으로 이해될 수 없다고 해서 기적의 존재 자체를 부정할 수는 없다는 것이다. 물론 계시는 기적의 근거에 대해 합리적인 설명을 제공하지 못한다. 그렇다고 그것이 계시의 존립 근거를 해치는 것은 아니다. 계시는 처음부터 이성적 설명에 의존하는 것이 아니라, 신의 명령에 복종해야 한다는 믿음에 의존하기 때문이다.[31] 계시가 절대 포기할 수 없는 한 가지가 있다면 그것은 무조건인 믿음과 복종이다. 반면, 이성의 관점에서 절대 포기할 수 없는 것은 어디에도 의존하지 않는 "독자적인 이해"이다. 이성과 계시는 상대를 완전히 부정할 수 없는 상태에 놓여 있다. 이런 면에서 이성과 계시의 대립은 어떤 대립보다도 항시적이며, 근본적이다.[32]

스트라우스는 이러한 이성과 계시의 대립이 특정한 역사적 국면, 예컨대 대부분의 사람들이 계시를 따르던 중세 이슬람 국가나 유대 국가에만 나타나는 현상이라고 보지 않았다. (물론 중세 이슬람이나 유대 국가에서 이성과 계시의 갈등이 비교적 적나라하게 드러나는 것은 사실이다.) 예루살렘과 아테네가 역사적으로 상대의 존재를 의식했던 것은 아니지만, 아테네로 상징되는 이성과 예루살렘으로 상징되는 계시는 늘 상대편을 완전히 논박할 수 없는 대상으로 인식하면서 서로 대립해왔다는 것이다.

이성과 계시의 대립, 혹은 철학과 성서의 대립은 정의와 도덕을 대하는 상반된 태도에 의해서 가장 잘 드러난다. 양자는 모두 인간사의 가장 근본적인 문제가 정의를 둘러싼 문제라는 것에 동의한다. 특히 세속적인 관점에서 보면, 인간사에서 정의가 과연 작동하고 있는가에 대해 의심을 품을 수밖에 없다는 것에 동의한다. 예컨대, 왜 사악한 자가 영화를 누리고, 정의로운 자가 억울함을 당하는지에 대해서 성서와 철학은 모두 의문을 던진다는 것이다.[33] 그러나 양자는 세속적으로 불만족스러운 정의의 상태를 어떻게 극복할 것인가에 대해서는 전혀 다른 답을 내놓는다. 이성의 최종적인 답은 모순되는 것으로 보이는 세상을 보다 잘 이해하기 위해서 우리는 관조적 삶, 철학적 삶을 살아야 한다는 것이다. 반면, 성서는 겸손과 죄의식, 참회와 신적 자비에 대한 믿음을 통해서만 정의에 대한 세속적 불만족을 극복할 수 있다고 답한다.

성서적 신은 전능하고, 전지하다. 이러한 신의 본질에 대해 인간이 알아내는 것은 불가능하다. 스트라우스는 그럼에도 불구하고 이러한 신을 신뢰하고 복종해야 하는 이유를 신약(信約)에서 찾는다. 신약이 실현되기를 원한다면, 인간은 신의 명령에 무조건 복종해야 한다. 그것이 곧 신약의 조건이다. 반면 철학은 증거로 입증되지 않는 것, 합리적 설득을 결여한 것은 받아들이지 않는다. 스트라우스는 특히 철학이 성서를 합리적으로 설명하는 방식을 택함으로써 이성과 계시가 화해할 수 있다고 보는 견해에 대해서 부정적이다. 이성은 합리적 설득을 목표로 하고 계시는 무조건적인 복종을 요구하는 바, 양자는 결코 양립할 수 없기 때문이다. 스트라우스에 따르면, 철학과 성서는 궁극적으로 상대를 부정함으로써 자신의 존립 근거를 찾을 수 있다.

계시가 요구하는 복종은 즉각적이며, 삶과 죽음의 문제이다. 따라서 복종은 일시적으로 유보되거나, 설명을 요청할 수 있는 것이 아니다. 판단의 유보는 곧바로 불복종을 의미하기 때문이다. 이를 상대하는 철학의 입장은 유일하게 확실한 지식은 무지의 지(knowledge of ignorance)밖에 없지만, 인간에게 남겨진 선택으로 이러한 지식을 바탕으로 철학적 탐구를 지속할 수밖에 없다라는 것이다. 만일 이 작업을 멈추고 유보된 판단을 근거로 복종하는 삶을 살게 된다면, 이는 이성을 가진 인간의 존재를 스스로 부정하는 것이다. 따라서 철학적 관점에서 무지의 지를 출발점으로 끊임없이 지식을 추구하는 것, 철학적 삶, 관조적 삶을 사는 것이야말로 인간이 할 수 있는 최선의 선택이다.[34]

　서구 문명에서 성서와 철학이 마치 조화 가능한 것처럼 보인 적이 있었다. 중세 유럽이 그러했다. 그러나 스트라우스는 이 화해의 시도, 조화의 노력이 근본적으로 파국에 이를 수밖에 없음을 강조한다. 궁극적으로 철학이 절대 포기할 수 없는 한 가지가 "독자적인 이해"이고, 궁극적으로 성서가 절대 포기할 수 없는 한 가지가 "복종하는 삶"이라고 한다면, 양자가 접점을 찾는다는 것은 불가능하다는 것이다. 철학이 만약 하나의 수단으로 여겨지거나 분과학문으로 여겨진다면 성서와 타협할 수 있을지 모른다. 그러나 철학이 그 본질을 유지하고, 온전히 세상과 삶에 대한 "독자적인 이해"를 모색하려고 하는 한 철학은 계시와 끝까지 대립할 수밖에 없다.[35]

　이성과 계시의 대립이 이토록 강렬함에도 불구하고, 스트라우스는 이러한 이성과 계시의 대립을 파괴적으로 보지 않는다. 놀랍게도 그는 이 대립을 통해 서구 문명이 정치의 문제를 돌아보고, 좋은 삶에 대한 논의를 이어갈 수 있도록 하는 생동감을 얻을 수 있었던 비밀이라고 말한다.[36] 이성과 계시의 대립은 결국 바람직한 삶의 방식이 무엇인가로 귀결되기 때문이다.

　이성과 계시의 갈등, 그리고 신학정치적 문제를 스트라우스 정치철학의 핵심축으로 놓고 보면, 스트라우스가 왜 그의 정치철학의 범주를 서구의 근대정치철학이나 고대정치철학에 한정하지 않고, 마이모니데스나 할레비와 같은 유대 사상 그리고 알파라비와 같은 이슬람 사상에까지 확대했는가를 알 수 있다. 이러한 시각은 또한 스트라우스의 플라톤 해석에 대해서도 새로운 지평을 열어준다. 철학자로서의 플라톤은 정치와의 대립뿐 아니라, 신학과의 대립을 전제로 철학적 활동을 전개했다고 봐야 한다는 것이다. 이런 관점에서 스트라우스는 이성과 계시의 갈등에 익숙한 이슬람 철학자들의 플라톤 해석이 기독교를 배경으로 하는 전통적인 플라톤 해석보다 플라톤의 의도에 보다 근접해 있다고 평가한다. 전통적인 플라톤 해석은 신플라톤주의와 그 연장선상에 있는 중세적 관점의 플라톤 해석으로서 철학이 기독교적 신앙을 보조할 수 있다는 가정에 기초해 있다. 반면, 스트라우스의 플라톤 해석은 플라톤 정치철학이 인간사에서 계시와 신학이 완전히 배제될 수 없음을 의식하면서 전개되고 있다고 이해하고 있다.[37]

맺음말

스트라우스 정치철학을 한마디로 요약하자면, 한편으로 근대 이후 상실한 정치철학 본연의 역할을 회복하고, 동시에 철학의 우위, 철학적 삶의 최고성을 재확인하는 것이라고 할 수 있다. 정치철학 본연의 역할이란 정치공동체의 운영에 토대가 될만한 "가장 근본적인 기준"을 제시하는 것이다. 혹자는 이러한 스트라우스의 정치철학이 현실정치에 직접적인 개입을 암시하고 있다고 주장한다. 하지만 스트라우스는 철학이 현실정치에 직접 개입하여 이상을 실현할 수 있다고 보지 않았다. 그렇다고 스트라우스가 철학과 정치의 단절을 주장한 것은 아니다. 스트라우스는 철학과 정치가 적당한 거리를 유지해야 하고, 이럴 때 정치철학은 공동체가 극단적인 오류를 범하는 것을 막는 제 기능을 발휘할 수 있다고 봤다.

철학과 정치가 적당한 거리를 유지한다는 것은 무엇을 의미하는가? 정치는 철학을 존중해야 하지만, 철학이 추구하는 진리는 결코 정치에 수용될 수 없다는 것을 이해하는 것이라고 할 수 있다. 철학은 그 속성상 그것이 찾아낸 진리가 완벽하지 않으며 잠정적인 것에 불과하다는 것을 의식하고 있다. 따라서 철학자는 끊임없이 진리만을 사랑하며, 되도록 정치를 하는 수고를 떠맡으려 하지 않는다. 만일 누군가 자신의 철학적 이상이 정치를 개선할 수 있는 청사진이라고 주장하면서 정치에 개입하려 든다면 그는 스트라우스의 기준에서 (스트라우스의 플라톤 해석에 따르면, 플라톤의 기준에서도) 결코 철학자가 아니다. 철학은 존재하는 것만으로 정치적 기능을 발휘해야 한다는 것이 스트라우스의 입장으로 풀이된다. 철학과 철학자의 존재는 공동체 안의 다른 구성원들로 하여금 진리의 존재를 환기시키고, 자신들의 정치적 행위가 명백한 오류에 빠지는 것을 방지할 것이다. 공동체 안에서 철학의 존재를 인정하는 것은 진리가 무엇인지 확인되지 않더라도, 적어도 진리를 부정하거나 적극적으로 거부하는 것을 막을 수 있다. 스트라우스는 정치철학이 이러한 '소극적' 기능을 행사할 때, 자유민주주의가 철학으로부터 독자성을 유지하고, 아울러 공동체가 독재로 전락하는 것을 막을 수 있다고 봤다. 고전정치철학의 회복은 철학과 정치가 적절한 거리를 두고 있는 본보기를 배우는 것이며, 고전적 합리성과 고전적 자유를 회복하는 것이다.

그런데 정치철학이 이런 기능을 유지하기 위해서는 적어도 철학적 삶을 유지하는 철학자의 존재가 선행되어야 한다. 이 때문에 스트라우스는 철학적 삶의 최고성을 끊임없이 역설한다.

스트라우스에 따르면, 오늘날의 정치철학사의 전통은 이와 같이 정치와 적당한 거리를 유지하며 철학적 삶의 최고성을 역설하는 데 많은 장애를 남겨놓았다. 스트라우스의 근대정치철학 비판, 역사주의 비판, 고전정치철학에의 호소는 모두 이러한 장애에서 벗어나기 위한, 그의 학문적 노력이 었다. 한편, 이성과 계시의 대립은 철학적 삶의 최고성에 대한 정치 외적 도 전이다. 스트라우스에게 계시는 철학적 삶의 최고성을 주장하는 데 가장 근본적이고 강력한 도전이다.

스트라우스가 직접적으로 지적하고 있진 않지만, 이성과 계시의 갈등, 신학정치적 문제는 철학적 삶을 선택한 이들만의 문제는 아니다. 현대 정치에서 종교의 역할이 재부상하는 현상은 종교를 사적 영역으로 간주함으로써 정교분리의 원칙을 정립한 자유주의 이념이 충분히 효과적이지 않다는 것을 입증한다. 어떻게 종교와 자유주의에 바탕을 둔 정치가 공존할 것인가? 종교의 재부상을 자유주의 이념으로 제어할 수 없다면, 철학이 공적 영역에서 종교의 부정적 영향력을 제어할 유일한 기제가 된다. 자유주의는 철학을 배제했지만, 이제 철학은 자유주의를 방어하기 위해 재투입되어야 한다. 이런 맥락에서 정치철학의 위상과 철학적 삶의 최고성을 역설하는 스트라우스의 정치철학은 오늘날 우리가 직면하고 있는 자유주의 문제를 재성찰하는 출발점이 될 것이다.

더 읽을거리

- Strauss, Leo. 2013(초판 1961). *On Tyranny*. Chicago: University of Chicago Press.

  고대 그리스의 작가인 크세노폰의 〈히에론〉을 해석하고 이에 대한 주석을 붙인 스트라우스의 저서이다. 스트라우스의 고전 해석 방식이 잘 드러나 있으며, 특히 스트라우스는 정치와 철학의 근본적인 관계를 어떻게 파악했는가를 이해할 수 있는 저서이다.

- Strauss, Leo. 1983. *Studies in Platonic Political Philosophy*. Chicago: University of Chicago.

  스트라우스의 유언대로 책의 이름과 챕터의 순서를 정한 그의 유고집이다. 제목과 다른 연구 논문들을 포함하고 있어서 스트라우스에게 "플라톤 정치철학"이란 단지 플라톤에 대한 연구에만 한정된 것이 아니었음을 강하게 시사하는 저서이다.

- Smith, Steven B. 2009. *The Cambridge Companion to Leo Strauss*. Chicago: University of Chicago Press.

  스트라우스 정치철학의 여러 쟁점들을 정리하고, 학계의 연구 동향을 파악할 수 있는 연구서이다.

- Tanguay, Daniel. 2007. *Leo Strauss: An Intellectual Biography*. New Haven: Yale University Press.

  스트라우스의 지적 여정을 그린 전기적(傳記的) 저서로서, 특히 스트라우스의 미국 망명 이전의 초기 사상이 이후 그의 사상 형성에 어떤 영향을 미쳤는가를 잘 분석한 연구서이다.

• Zuckert, Catherine & Michael. 2006. *The Truth about Leo Strauss: Political Philosophy and American Democracy*. Chicago: University of Chicago Press. 스트라우스에 대한 세간의 오해와 진실을 정리하고, 그의 정치철학이 현대 미국의 민주주의와 자유주의 형성에 어떤 영향을 끼쳤는가를 분석한 연구서 이다.

6.

민주주의에서 '민주제'로

프리드리히 하이에크

서병훈

Friedrich

Hayek

개요

하이에크는 신자유주의 경제질서를 앞장서 주창한 경제사상가이다. 그는 사회주의가 아무리 그 의도가 좋더라도 결말이 나쁠 수밖에 없다는 생각에 그 이론적 토대를 분쇄하는 데 일생을 바쳤다. 하이에크는 사회주의를 거부하는 철학적 논리의 연장선에서 현대 민주주의의 병폐를 통감하고 그 대책을 찾는 데 노력을 기울였다. 그는 인민주권의 이름으로 무한권력을 정당화하고 법의 지배를 유명무실하게 만드는 민주주의의 민낯에 절망하면서 '민주제'(demarchy)라는 새로운 이름 아래 '위대한 사회'를 건설할 방안을 모색했다. 하이에크가 제창한 민주제의 핵심은 권력분립과 법치주의 원칙을 회복하는 것이다. 그는 허구적 인민주권론에 기생하는 무한 민주주의의 한계를 극복하기 위해 '모델 헌법'도 선보였다. 민주주의와 자유주의 사이에 갈등이 심화, 증폭되는 시점을 맞아 하이에크의 통찰이 새롭게 조명되고 있다.

생애

프리드리히 하이에크(Friedrich August von Hayek, 1899-1992)는 1899년 오스트리아 빈에서 태어나 93세에 세상을 떠났다. 그는 젊은 시절 사회주의에 빠졌지만 빈 대학에서 경제학을 공부하며 자유주의 시장경제로 돌아섰다. 하이에크가 경제학자로 입신할 무렵에는 사회주의 이론이 욱일승천(旭日昇天)하고 있었다. 그는 존 메이너드 케인스(John Maynard Keynes)와 오스카르 랑게(Oscar Lange) 등과 논쟁을 벌이며 고전적 자유주의를 소리 높여 옹호했다. 시대의 대세를 거스른다는 점에서 돈키호테 취급을 받기 십상이었지만 그는 굴하지 않고 1944년 『노예의 길』(The Road to Serfdom, 1944)을 썼다. 그는 이 대표작에서 인류가 사회주의를 받아들이면 노예로 전락하고 말 것이라고 경고했다. 고군분투하던 하이에크에게 뜻하지 않게 전기(轉機)가 찾아왔다. 1974년 노벨경제학상을 받게 된 것이다. 이를 계기로 시장 자유주의를 엄호하는 하이에크의 목소리에 힘이 실리기 시작했다. 그는 여세를 몰아 민주주의에 대한 자신의 숙고(熟考)를 담은 『자유헌정론』(*The Constitution of Liberty*, 1960), 『법, 입법 그리고 자유』(*Law, Legislation and Liberty*, 1973) 등 역저를 잇달아 출간하였다. 하이에크는 명성에 비해 단조로운 삶을 살았다. 연구와 집필, 교육에만 전념했기 때문이다. 여론이나 세상의 인기에 영합하지 않았고, 정치활동도 일절 하지 않았다. 당연히 그 어떤 정당에도 가입하지 않았다. 그런 식으로는 사회 개혁이 불가능하다고 생각했던 것이다. 그는 몽펠린 연구소와 런던 경제문제연구소 등 싱크탱크를 중심으로 신자유주의 개혁 프로그램을 설계하는 한편, 시민들에게 개혁의 필요성을 설파하는 데 앞장섰다. 하이에크는 1992년 세상을 떠났지만 최근 들어 그의 사상, 특히 민주주의론에 대한 재조명이 활발하게 이루어지고 있다.

주요 저작

프리드리히 A. 하이에크. 2016.『자유헌정론』1, 2. 김균 옮김. 자유기업원.

프리드리히 A. 하이에크. 2018.『노예의 길』. 김이석 옮김. 자유기업원.

프리드리히 A. 하이에크. 2018.『법, 입법 그리고 자유』. 민경국 · 서병훈 · 박종운 옮김. 자유기업원.

머리말

하이에크는 신자유주의 경제질서를 앞장서 주창한 이데올로그(ideologue)로 널리 알려져 있다. 신자유주의를 비인간적 메커니즘 정도로 치부하는 사람들은 하이에크라는 이름만 들어도 불쾌감이 엄습할지 모른다. 그러나 그런 사람들도 하이에크가 현대 민주주의에 가하는 일침은 유념하고 경청하는 것이 옳다. 신자유주의 이론가의 입에서 나온 것이라는 이유만으로 그의 고언(苦言)을 내쳐버린다면 그 사람 역시 이데올로그 또는 '청맹과니'라는 비웃음을 면하기 어려울 것이다.

하이에크는 1899년 오스트리아 빈에서 태어나 93세에 세상을 떠났다. 그는 젊은 시절 사회주의에 빠졌지만 대학에서 루트비히 폰 미제스(Ludwig von Mises)의 강의를 듣고 자유주의 시장경제로 돌아섰다. 하이에크는 케인스와 랑게 등 당대 이론가들과 사회주의 경제에 대해 격론을 벌였다. 그러나 당시 경제학자 하이에크의 명성은 그리 높지 못했다. 케인스와는 비교할 처지가 못 되었던 것이다. 시대의 대세를 거스른다는 점에서 돈키호테 취급을 받기 십상이었지만 그는 소신을 굽히지 않았다. 하이에크는 1944년 『노예의 길』을 출간했다. 이 책은 사회주의의 극복을 필생 과제로 삼았던 하이에크의 대표작이다. 그는 이 책에서 인류가 사회주의를 받아들이면 노예로 전락하고 말 것이라고 경고했다.[1]

그로부터 정확하게 30년이 지나 하이에크는 노벨경제학상을 받게 된다. 이때도 여전히 케인스 경제학이 세상을 주도하고 있었고, 미제스와 하이에크는 변방의 비주류 신세였다. 그런 상황에서 하이에크가 스웨덴 경제체제를 사회주의로 개혁하는 데 공이 컸던 칼 군나르 뮈르달(Karl Gunnar Myrdal)과 노벨상을 공동 수상한 것이다. '부조화의 조화'라고나 할까, 묘한 인연이 아닐 수 없었다. 노벨상을 계기로 시장 자유주의를 옹호하는 하이에크의 목소리에 힘이 실리기 시작했다.

　그러나 하이에크는 현실참여와는 선을 그었다. 정치인은 생존을 위해 여론에 영합하지 않을 수 없고, 영합으로는 개혁을 이루기가 불가능하다고 생각했다. 그는 대신 싱크탱크를 만들어 시민과 정치인을 계몽하는 일에 열중했다. 하이에크는 1947년 자유주의 사상을 확산하기 위해 몽펠린 연구소를 만드는 데 앞장섰다. 그는 이 거점을 통해 칼 포퍼, 루트비히 폰 미제스, 밀턴 프리드먼(Milton Friedman) 등과 함께 고전적 자유주의를 현대적 상황에 맞게 개발하는 데 힘을 기울였다. 하이에크는 자유주의 싱크탱크인 런던 경제문제연구소 출범에도 큰 역할을 했다.

　공과(功過)를 어떻게 평가하든, 2020년 이 시점에 경제를 움직이는 근본 동력이 신자유주의에서 나온다는 사실을 부인하기는 어렵다. 이 이유 하나만으로도 하이에크의 이름을 가벼이 볼 수 없을 것이다. 하이에크는 경제학자이지만 민주주의가 자유주의를 '핍박'함으로써 야기되는 일탈현상에 대해 경계했다. 계획경제가 인류를 노예의 길로 몰아넣게 될 것이라는 그의 경구(警句)와 더불어, 자유주의를 멀리하는 민주주의는 그 본래 이름값을 유지할 수 없으리라는 그의 '정언명제'는 오늘 이 시점에서 그 반향이 더욱 크다.

'구성주의' 비판

하이에크는 『노예의 길』 이후 정치철학 쪽으로 집필 방향을 돌렸다. 그 첫 작품이 1960년에 출간한 『자유헌정론』이다. 그는 고전적 자유주의를 오늘날의 문제의식에 맞게 재정립하기 위해 이 책을 썼다. 이 책은 자유사회에 관한 자신의 신념과 포부를 잘 담아내고 있는데, 그가 '정치철학자'로 거듭

났다는 평가를 들을 정도였다.

그러나 하이에크 본인은 만족할 수 없었던 모양이다. 그는 이 책의 부족한 점을 보완하기 위해 『법·입법 그리고 자유』를 쓰기 시작했다. 그는 '자유, 자생적 질서, 법의 지배 그리고 제한적 민주주의'를 구현하는 것이 인류가 평화롭게 번영을 누리며 공존할 수 있는 유일한 길이라는 사실을 강조하고 싶었다.[2] 그는 책을 쓰는 동안 건강이 나빠졌다. 하이에크는 3부작 책을 한꺼번에 출판하려던 계획을 바꾸어 순차적으로 내기 시작했다.

첫 번째로 출판된 『규칙과 질서』(*Rules and Order*, 1973)는 자생적 질서와 인위적으로 조성된 질서의 차이를 규명하였다. 이어서 하이에크는 보편적 규범을 담아야 할 법이 편의에 따라 변질되고, 그 결과 법의 지배가 유명무실해진 것이 고전적 자유주의가 쇠락하게 된 원인이라고 지적했다.

두 번째 책 『사회적 정의의 환상』(*The Mirage of Social Justice*, 1976)은 '사회정의론'의 허구를 밝히는 일에 주력하고 있다. 하이에크에 따르면, '정의'를 구획하는 기준은 자의적일 수밖에 없다. 모든 사람에게 공평하게 적용할 기준은 존재하지 않는다. 일부가 특별대우를 받으면 다른 사람은 희생을 감수해야만 한다. 그가 볼 때, '사회정의'는 권력자들이 특정 집단에 혜택을 주기 위해 도덕적 정당성이라는 명분을 만들어낸 것에 지나지 않는다.[3] 사회정의라는 개념 자체가 잘못된 것이기 때문에 그것은 아무런 내용도, 의미도 없다. 사회정의라는 구호는 한 마디로 속임수라는 것이 하이에크의 결론이다.[4]

마지막 책인 『자유사회의 정치질서』(*A New Statement of the Liberal Principles of Justice and Political Economy*, 1979)에서 하이에크는 고전적 자유주의가 결코 흘러간 '구닥다리' 사상이 아니라 지금 이 시점에서 전면적으로 부활되어야 할 사회체계라는 점을 역설하고 있다. 경제학자 시각에서 민주주의의 문제점을 날카롭게 지적하고 있어 특별히 관심을 끈다. 이 부분은 다음

절에서 자세히 살펴보도록 하자.

하이에크는 그의 나이 90을 바라보는 나이에 출간한 마지막 책『치명적 자만』(*The Fatal Conceit*, 1988)에서도 세상을 야만에서 구출하기 위해서는 사회주의를 내쳐야 한다는 그의 평생 신념을 뜨겁게 설파하고 있다. 유토피아를 꿈꾸는 사회주의의 지적 허세와 도덕적 위선, 즉 '치명적 기만'을 통렬하게 비판하는 것이『치명적 자만』을 관통하는 핵심 주제이다.

하이에크는 이런 저술 활동을 통해 '인간 이성의 구조적 무지, 자생적 질서, 규칙에 의해 조종되는 인간 행동'을 집중 조명했다.[5] 그중에서도 인간 이성의 한계에 대한 그의 통찰은 특별한 의미를 지닌다. 하이에크 사상의 큰 줄기가 이것으로부터 비롯되기 때문이다.

하이에크의 정치적 신념은 크게 보아 칼 포퍼의 '비판적 합리주의'와 흡사하다. 포퍼가 이성의 무오류성을 주장하는 '순진한 합리주의'를 닫힌 이데올로기[6]라고 배격했듯이, 하이에크도 구성주의적 합리주의(constructivist rationalism)의 허구를 집중 비판하는 것을 자신의 철학적 사명으로 인식했다. 하이에크에 따르면, 구성주의적 합리주의자들은 모든 사회제도가 용의주도하게 설계의 산물이라고 가정하고 있다. 그러나 하이에크는 이런 지적 전통이 사실과 규범 두 측면에서 모두 오류라고 비판한다. 현존하는 제도가 모두 설계의 산물은 아니기 때문이다. 그는 이용 가능한 지식을 근본적으로 제한하지 않는 한, 전체 사회질서를 설계에 의해 좌우하는 것은 불가능하다고 생각했다.[7]

구성주의적 합리주의에 대한 하이에크의 적개심은 그의 경제이론은 물론 정치, 사회이론의 토대가 된다. 이를테면 문화에 대한 그의 생각이 그렇다. 그는『자유사회의 정치질서』마지막 부분에서 문화를 다음과 같이 규정하였다. 문화는 전적으로 자연적인 것이 아니지만, 그렇다고 인간의 이성에 의해 인위적으로 만들어진 것도 아니라는 것이다. 문화는 그저 '학습

된 행동 규칙', 즉 전통의 산물일 뿐이다. 언어나 도덕과 같은 문명의 기본
도구는 저절로 만들어진 것이지 인간의 창조물이 아니라는 것이다. 하이에
크는 문화가 본능이나 이성의 작품이 아니라 전통의 집적물(集積物)이라는
점을 강조함으로써 인간이 문화를 창조한다는 통설을 전면 부인하였다. 인
간이 할 수 있는 일이란 그저 그 전통이 일궈내는 결과를 '땜질'하는 정도
에서 그칠 수밖에 없다. 이런 주장은 '이성 만능'에 대한 하이에크의 경고와
그대로 연결된다.

> 사람들은 자신의 능력도 잊은 채 모든 것을 알 수 있다는 환상에 사로잡
> 혔다. 바로 이런 의미에서 미신에 빠져 있었던 것이다. … 아이러니컬하게
> 도 이런 미신은 미신 타파를 무엇보다 중요한 사명으로 간주했던 이성의 시
> 대(Age of Reason)의 유산이었다. 계몽주의자들은 과거에 인간의 이성을 지
> 나치게 낮게 평가한 것에 불만을 느꼈다. 그런데 현대는 인간 이성의 능력을
> 너무 높게 평가하는 오류를 범하고 있다. … 인간은 결코 자기 운명의 주인
> 이 되지 못하고 있으며 앞으로도 그럴 것이다.[8]

전통이 문명의 기초를 이룩하고 있다는 생각은 하이에크 경제철학의 근
간을 이룬다. 그는 무엇보다 인간이 스스로 경제체계를 창조한 것은 아니
라고 강조한다. 어떻게 하다 보니 그런 체계를 이루게 되었고, 제도 자체의
관성에 인간이 적응하면서 살아온 것에 지나지 않는다는 주장이다. 그렇다
면 시장의 권위를 인정해주면서 시장이 자연스럽게 잘 작동할 수 있도록
'내버려 두는 것'이 가장 바람직하다.

하이에크는 시장에 대한 이런 믿음을 바탕으로 '시장 자유주의'를 거침
없이 제창한다. 국가는 뒷전에 물러나고 시장이 우리 삶의 '주재자'가 되어
야 한다고 역설한다. 즉, 외적의 침입을 막고 법질서를 집행하기 위해 군대

를 보유하는 것, 그리고 일정 수준의 최저임금제, 반경쟁적 행위 제한, 간접세의 문제점을 보완하기 위한 직접세 활용 등 예외적 경우를 제외하고는 국가가 일절 경제에 개입해서는 안 된다는 것이다. 그는 교육이나 교통, 우편이나 전보, 전신, 전화를 포함한 모든 통신과 방송 등 소위 말하는 '공공시설'과 다양한 형태의 '사회보장제도'를 폐지하는 것이 마땅하다고 주장한다.

하이에크는 '심지어' 〈화폐의 탈 국유화〉까지 요구한다. 그는 효율성 측면뿐만 아니라 자유사회의 보존이라는 보다 근본적인 가치를 위해서도 과연 정부가 화폐 서비스를 독점적으로 제공하는 것이 좋은지 따져보자고 한다. 하이에크는 정부의 화폐 독점권을 혁파하지 않으면 정부로 권력이 집중되는 폐단을 혁파할 수 없고, 따라서 민주정부가 전체주의적 경향을 띠는 것을 막을 수도 없다고 생각한다. 그는 화폐의 필요성 충족과 화폐 가치의 안정적 유지를 위해서도 민간 기업에서 발행한 각기 다른 화폐 중에서 사람들이 골라 사용할 것을 촉구한다.[9]

시장주의자 하이에크는 어느 누구도 가난하다든가 부유하다는 이유 때문에 정부로부터 남다른 대우를 받아서는 안 된다고 주장한다. 불평등을 시정하기 위해 차별적으로 강제력을 행사하면 시장의 활동공간을 제약함으로써 자유사회의 기본 원리를 침해한다고 보았기 때문이다.

이런 생각의 소유자가 사회주의적 발상을 어떻게 바라보았을지 짐작하고도 남는다. 하이에크는 사회주의를 구성주의의 '친자'(親子)로 간주했다. 그의 생각에 정부가 거대사회를 조종, 통제하고 이상사회를 설계할 지적 능력을 보유하고 있다고 믿는 것은 미신에 빠진 것이나 마찬가지다.[10]

하이에크는 사회민주주의 같은 '제3의 길'도 용인할 수 없었다. 그의 '경제 사전'에는 중간노선이나 제3의 길 같은 것이 아예 빠져 있다. 세상에는 아무도 인위적으로 조작할 수 없는 시장 기능, 아니면 중앙에서 계획에 따라 통제하는 방식, 둘 중 하나만 있을 뿐이다. 이 두 원칙은 결코 상호 조화를 이룰 수 없다. 둘을 섞어버리면 이것도 저것도 아닌 결과가 나온다. 따라서 하이에크는 두 가지 선택 중에 타협이란 있을 수 없다고 외쳤다.[11]

하이에크는 '이성의 남용과 쇠퇴'[12]를 목격하고 난 뒤부터 이성의 자만과 계획사회의 재앙을 고발하는 소명과 씨름해왔다.[13] 그는 인간의 미래를 인위저으로 창조할 수 있다는 환상에서 벗어날 것을 강력하게 촉구했다.[14]

민주주의의 쇠락

1. '민주적' 정부에 대한 오해

한때 정치적으로 좋은 것에다 무조건 민주주의라고 이름 붙이던 시절이 있었다. 민주주의는 지선지고(至善至高)의 가치 그 자체나 마찬가지였다. 그러나 오늘날 상황은 급반전의 연속이다. 민주주의에 대한 믿음이 급격히 줄어들면서 앞으로의 전망이나 가능성에 대한 환멸과 의구심이 만연하고 있다.[15] 하이에크는 비판적 지성 사이에서 민주주의에 대한 자부심이 빠른 속도로 감퇴되는 현실에 대해 특히 걱정이 많았다.[16] 무엇이 문제인가? 왜 민주주의가 오늘날 계륵(鷄肋) 같은 신세가 되었는가? 하이에크는 민주주의라는 미명 아래 무한권력이 정당화되고 권력분립 원칙이 유명무실해지면서 민주주의 본래의 의미가 퇴색되고 만 것을 문제의 뿌리라고 진단한다.

하이에크는 '이성의 한계'에 대한 그의 소신을 자유사회의 정치질서에도 그대로 적용한다. 그는 경제질서와 마찬가지로 사회질서를 형성하는 요소들도 너무 많아서 어떤 한 개인이나 조직이 도저히 그 움직임을 다 알 수 없다고 주장한다. 바보가 아니고서야 사회질서를 인위적으로 조작해서는 안

된다는 것을 모를 수 없다고 확언한다.

우리가 어디로 가야 하는지, 무엇을 해야 좋은지 알 수 없다면, 정부가 할 수 있는 최선의 일이란 것도 언제나 소극적 성격을 띨 수밖에 없다는 것이 그의 생각이다. 다시 말해, 자유사회에서 권력이 할 수 있는 일은 단지 법규에 따라 옳지 않은 일은 하지 못하게 금지하는 것뿐이다. 정부가 자유나 정의 또는 법과 같은 것을 적극적으로 규정하면 자유사회의 기본 원리를 왜곡하게 되기 때문이다. 하이에크는 각 개인의 노력이 바람직한 열매를 맺기 위해서는 어떤 가치가 적극적으로 투입되기보다 사람들을 괴롭히는 요소들이 결여된 상태가 더 도움이 된다고 생각한다.[17]

하이에크의 민주주의론도 이런 관점 위에 서 있다. 하이에크는 우선 민주주의가 정치적 문제를 해결하고 정부의 정책을 결정하는 방법, 또는 절차를 뜻한다는 사실을 천명한다. 민주주의를 어떤 구체적인 목표나 가치(이를테면 물질적 평등) 또는 특정 방향과 동일시하면 그 본래의 의미가 왜곡된다는 것이다.[18]

그러면서 하이에크는 민주주의의 가장 큰 가치를 평화적 정권교체를 가능하게 하는 절차라는 측면에서 찾는다. 사람들이 지금까지 고안한 정치체제 중에서 평화적인 방법으로 변화를 일으키게 할 수 있는 가장 효과적인, 그리고 단 하나뿐인 방법이 바로 민주주의라는 것이다. 하이에크는 평화적으로 정권 교체를 가능하게 한다는 바로 그 이유 때문에 민주주의를 '목숨을 걸고서라도 지킬 가치'가 있는 제도라고 부른다.[19]

하이에크는 자유사회에서 권력이 적극적인 성격을 띠어서는 안 되듯이, 민주주의도 '직극적으로 내용을 규정'하게 되면 타락의 길로 접어들게 된다고 주장한다.[20] 민주주의의 위기가 심화되고 민주주의를 오랫동안 실천해왔던 국가들조차 점차 전체주의적 성향을 띠게 되는 근본 이유가 바로 그런 기본원칙을 무시하고 외면하기 때문이라는 것이다. 방법으로서의 민주주의의 본질을 망각하면서 권력분립 원칙이 힘을 잃었고, 덩달아 법치주의도 실종되고 만 것이 그 반증이라는 생각이다.

몽테스키외 같은 근대 민주주의 이론가들은 권력분립을 개인의 자유를 지키는 안전판으로 생각한다.[21] 권력을 제한하고 견제하는 것을 민주정부를 구성하는 제1 원리로 간주했다. 그러나 민주주의가 힘을 얻으면서 이런 철칙이 훼손되고 있다. 민주적 과정만 지킨다면 정부 권력에 대한 일체의 제한이 불필요하다는 환상이 확산되고 있는 것이다. 하이에크는 사람들이 무엇이든 합의하기만 하면, 그것이 곧 정의가 된다면 마침내 무엇이 정의인지 묻는 일도 없어질 것이라고 경고한다.[22]

뿐만 아니다. 최고 권력이라 하더라도 상위규범의 제약에서 벗어날 수 없었던 초기 입헌주의 전통도 역사 너머로 사라지고 있다. 하이에크는 사람들에게 적극적으로 지시를 내리는 긍정적인 권력은 '스스로 변경할 수 없는' 규칙의 통제 아래서만 행사되어야 한다고 생각했다. 그래야 권력이 자의적으로 남용되는 것을 방지할 수 있기 때문이다.[23] 현대 민주주의는 이런 근본 원리마저 폐기처분하고 있다.

하이에크는 민주주의의 이름으로 무한 권력을 추구하고 그 어떤 법적 통제도 용인하지 않는 이런 현상을 '야만'이라고 규정한다.[24] 그는 그런 야만의 뿌리를 인민주권(popular sovereignty) 개념에서 찾는다. 주권론자들은 국민 다수가 합의하면 무엇이든 할 수 있다고 강변한다. 주권 개념이 무제한 권력의 원천인 것이다. 그러나 하이에크는 그릇된 구성 이론에 입각해 있다면서 인민주권론의 논리적 정당성 자체를 부정한다.[25]

하이에크는 민주주의의 이름으로 무한 권력을 추구하고 그 어떤 법적 통제도 용인하지 않는 탈선 속에 비극의 씨앗이 들어 있다고 진단한다.[26] 사실 따지고 보면 이것이 민주주의의 숙명이고 고질인지도 모르겠다. 많은 사람이 현대 민주주의의 전범(典範)으로 추앙하는 고대 아테네 민주주의부터 그런 씨앗을 잉태하고 있었기 때문이다. 하이에크는 『자유사회의 정치질서』의 첫머리에 기원전 5세기 말 크세노폰(Xenophon)이 한 증언을 옮겨 적었다. 그 책의 핵심 주제가 그 속에 들어 있다고 본 것이다.

> 아테네 의회의 절대다수는 시민들이 무엇을 원하든 간에 그들이 그것을 하지 못하게 막으면 엄청난 재앙이 초래될 것이라고 아우성을 쳤다. … 그래서 프리타네스(Prytanes)는 겁에 질려 그 문제를 안건으로 삼을 것에 동의했다. 그러나 그들 중 소프로니스쿠스(Sophroniscus)의 아들인 소크라테스만은 반대를 했다. 그는 그 어떤 경우에도 오직 법에 따라서만 행동할 것이라고 말했다.

2. '다수 지배'의 왜곡

더 심각한 사실은 이처럼 무한정 집중된 권력이 '오도된 민주주의'에 의해 악용되고 있다는 점이다. 사람들은 흔히 민주주의를 '다수에 의한 지배'라고 규정한다. 그래서 다수의 의사가 반영되기만 한다면, 다시 말해 '민주적' 통제가 이루어지기만 한다면, 그 결과에 대해 개의치 않으려 한다. 그러나 하이에크는 '다수가 합의하는 것이 곧 정의'라는 믿음을 배격한다. 그는 정의의 이름으로 소크라테스를 죽음으로 몰아넣은 아테네 민주주의의 죄과를 잊지 못한다.

문제는 여기에서 그치지 않는다. '절반의 성공'이라고 할 수 있는 그 다수의 지배마저도 허구에 불과하기 때문이다. 하이에크는 민주정부가 진정 다수의 뜻대로 움직인다면 그렇게까지 욕을 먹을 이유가 없다고 생각한다. 겉으로는 다수가 세상을 움직이는 것처럼 보이지만 실제로는 소수, 즉 이익집단들이 결정권을 가지기 때문에 문제가 된다는 것이다. 다수파는 다수의 지위를 유지하기 위해 숱한 이익집단들의 눈치를 봐야 한다. 이익집단의 정치적 지지를 얻는 대가로 그들의 요구를 들어주지 않으면 안 된다. 따라서 '다수의 뜻'이란 국민 다수의 뜻을 모은 것이라기보다는 다른 사람들의 희생을 전제로 특정 집단에 혜택을 주는 장치에 불과하다.[27] 뿐만 아니다. 다수파가 소수집단의 이익을 충족시켜 주는 데 급급하면 자유사회를 지탱해주는 보편적 규칙, 즉 법의 지배도 흔들리게 된다. 법을 지키는 것보다 특정 집단의 정치적 지지를 확보하는 것이 더 중요해지기 때문이다. 따라서 다수지배를 가장한 이런 '매표(買票)행위'는 반민주적일 수밖에 없다.[28]

하이에크는 이런 분석 끝에 현대 민주주의가 '우리도 모르는 사이에 실제로는 다수가 원하지 않는, 심지어 반대할 수도 있는 일을 다수의 이름으로 추진하는 것이 가능한 체제'를 만들어냈다고 비판한다.[29] 무한권력을 휘두르는 집권 세력이지만 실제로는 소수파에 의해 발목이 잡혀 있는 이와 같은 형국이야말로 다수 지배, 법치주의, 권력분립이라는 민주주의의 핵심이 증발되어버리고 만 오늘날의 현실을 웅변으로 보여주는 징표라고 하지 않을 수가 없다.

'의회주권론'이라는 괴물

흔히 현대사회에서 정부의 역할이 증대되면서 행정부가 독주하게 될까 봐 우려한다. 행정부가 법률의 집행권을 행사하는 데 머물지 않고 그 제정권까지 잠식해 들어가는 것처럼 보이기 때문이다. 그러나 하이에크는 생각이 다르다. 그는 행정부가 입법의 영역을 침범하는 것보다 입법부가 행정부를 감독하는 일을 자임하는 것이 더 큰 문제라고 주장한다. 입법부가 권력집중의 원인 제공자라는 것이다.[30]

하이에크는 입법부가 일반 원칙(general rules of conduct)을 발의, 결의하는 일보다 행정과 관련된 특정 사안을 처리하고 감독하는 데 더 많은 시간을 쓴다고 비판한다. 대의기구가 '정의로운 행동 규칙', 즉 법률을 제정하는 것은 물론 정부도 통제하려 드는 것이 자유민주주의 제도의 지배적 모델이 되었다는 것이다.[31] 입법활동과는 거리가 먼 예산심의가 입법부의 연중 최대 행사가 되어버린 현실이 보여주듯이, 대의기구는 대부분의 시간과 정력을 행정부를 지휘, 감독하는 데 사용하고 있다. 권력분립의 근간이 무너진 것이나 다름없다.[32]

하이에크는 이런 일탈현상이 의원들의 재선 여부가 입법활동이 아니라 행정적 역량에 달려 있는 까닭이라고 분석한다. 유권자들이 법률 제정보다는 당장 그 혜택을 볼 수 있는 정부 조치에 더 관심이 크기 때문에 의원이 지역 구민의 숙원 사업과 직결된 일상적 행정업무에 치중하지 않을 수 없다는 것이다.[33] 의원들이 본연의 업무 외 다른 일에 신경을 쓰다 보니 관료들의 '입법권' 행사를 적절히 통제하는 것도 어려워졌다.[34] 하이에크는 의원이 지역구 주민들의 이익을 대변하는 중개인으로 전락한 것을 권력분립 원칙이 붕괴되는 근본 원인으로 지목한다.[35]

'의회주권론'의 시작은 그리 대단한 것이 아니었다. 의회 위에 상위의 어떤 기관이 존재한다는 것을 인정할 수 없다는 정도였다. 그러던 것이 점차 의회는 자신이 원하는 바는 무엇이든 할 수 있다는 차원으로 그 뜻이 변질되었다. 법주권과 의회주권이 같은 말이 되다시피 했다.[36] 하이에크는 의회주권이 강화되면서 자생적 질서가 이익집단에 봉사하는 전체주의체제로 바뀌는 현상을 크게 우려한다.[37]

하이에크는 현대 민주주의가 '뒤뚱거리며 몰락' 중이라고 결론 내린다. 민의를 대변해야 할 대의기구가 '동의를 동원', 즉 조작하고 있는 것이 그 단적인 반증이다.[38] 다수 지배라는 명목을 내세우지만 그 실상은 '하찮고 유해하기까지 한 특수 이익의 비위를 맞추어가며 표를 사 모으는 과정'에 불과하다는 것이다. 하이에크는 엄밀한 의미의 다수 지배 자체를 폄하하지는 않는다. 단, 다수가 최종 결정을 내리더라도 그 다수가 임의로 변경하지 못하는 원칙에 의해 제약받는 한에서만 그렇다. 그래야 민주주의가 명실상부할 수 있다는 것이다(Hayek 1997, 60). 하이에크는 민주적 제도가 법의 지배라는 구속을 팽개치는 곳에서는 전체주의적 민주주의(totalitarian democracy), 경우에 따라서는 신임투표제 독재체제(plebiscitary dictatorship)가 출현할 수 있다고 거듭 경고한다.[39]

'위대한 사회'를 위한 제언

하이에크는 그동안 인류가 실험했던 자유가 실패할 수밖에 없다면, 그 실패의 원인은 자유가 비현실적인 이상에 불과해서가 아니라 우리가 그 자유를 잘못 사용했기 때문이라고 생각한다. 이런 부작용에 대한 책임은 이 시대를 풍미하는 특수한 형태의 민주주의가 져야 한다고 주장한다. 무제한적인 권력을 행사하면서도 수많은 하위집단의 정치적 지지에 의존하지 않을 수 없는 특수한 정부 형태만이 그런 문제점을 안고 있다는 것이다.[40] 이런 전제하에서 하이에크는 잘못된 민주주의를 바로잡기 위한 나름의 처방을 제시한다.

첫째, 하이에크는 '민주주의'라는 말을 폐기하고 다른 용어를 찾자고 제안한다. 그는 분명 정부가 다수 국민이 승인한 원칙에 따라 운영되어야 하며, 그렇지 않으면 평화와 자유를 유지할 수 없다고 생각한다. 그런 의미에서 그는 여전히 민주주의자이다. 그러나 그는 다수가 아무런 제약도 받지 않은 채 정부를 움직이는 것을 민주주의라고 부르는 것에는 동의하지 않는

다. 그런 민주주의는 선택할 수 없다고 단호하게 말한다.[41]

이 대목에서 하이에크는 오늘날 통용되고 있는 '민주주의'와 결별할 것을 제안한다. 그는 현대사회에서 민주주의의 참된 의미가 갈수록 왜곡되고 있다고 생각한다. 원래 정치적 영역에서 통용되던 민주주의라는 말이 점차 엉뚱한 영역에까지 확대 사용되면서 그 의미의 변질이 더 심화되고 있다. 민주주의를 내걸어 정당성을 치장하고 사익을 공익인 것처럼 미화하는 경우가 비일비재하다. 민주주의의 기본도 갖추지 못한 공산주의자들이 '인민민주주의'라는 가당찮은 이름을 내걸기까지 한다. 많은 사람들이 아직도 민주주의를 불멸의 이상으로 여기고 있지만 긴 설명을 붙이지 않으면 쉽사리 이해할 수 없을 정도로 '변종' 민주주의가 넘쳐나고 있다.

그래서 하이에크는 민주주의의 원래 모습을 적절히 묘사하기 위해서는 새로운 용어가 필요하다고 역설한다. 절대다수의 의지라 하더라도 나머지 사람을 구속하는 힘을 가지려면 그 다수가 일반 원칙에 충실해야 한다. 다수의 결정에 정당성을 부여하는 것은 수의 힘이 아니라 옳은 일을 한다는 믿음이다. 하이에크는 오늘날 통용되는 민주주의가 더 이상 그런 의미를 담아내지 못한다면서 민주제(demarchy)라는 새로운 단어를 제시한다.

그리스 말의 민주주의는 인민을 뜻하는 demos와 권력을 뜻하는 kratos가 합쳐져서 만들어진 것이다. 그런데 그리스어에는 권력을 의미하는 또 다른 단어인 archien이 있었다. 이 말은 군주제(monarchy), 과두제(oligarchy), 무정부제(anarchy) 같은 합성어를 만드는 데 쓰인다. 고대 그리스에서 인민의 지배를 뜻하는 말로 democracy가 정착되고 demarchy라는 용어가 쓰이지 않은 것은 이 말이 아테네에서 지역(deme)의 우두머리 관직을 지칭하는 의미로 이미 사용되고 있었기 때문이다.

하이에크 생각에, 그렇다면 이제 민주주의 원래 뜻을 되살리기 위해 demarchy, 즉 민주제라는 표현을 사용하지 못할 이유가 없다. 민주주의라는 말이 더 이상 포괄하지 못하는 의미의 공백을 메우기 위해 민주제라는 때 묻지 않은 새 용어를 쓰자는 것이다. 민주제를 통해 민주주의의 본래 이상을 표현하고 이를 계기로 민주주의의 쇄신을 도모해보자는 것이다.[42]

둘째, 하이에크는 이런 논의 끝에 민주제의 기본원칙을 재천명한다. 우선 법치주의의 회복을 요구한다. 아무리 절대다수라 하더라도 스스로 원칙을 지킬 때만 그 의지가 정당화될 수 있다는 점을 되풀이해 강조한다. 대중의 의지 위에 또 다른 '의지'를 두어야 대중의 의지를 제한할 수 있다고 말한다. 누구를 막론하고 일반 원칙에 헌신해야 민주주의의 원래 이상을 회복할 수 있다는 것이다.[43]

셋째, 하이에크는 대의기구에 권력이 무제한 집중되지 않게 할 것을 강력하게 요구한다. 권력분립의 원칙이 대의기구부터 적용되어야 한다는 것이다. 하이에크는 대의기구가 무제한 권력을 휘두를 수 있으므로 특정 개인이나 집단에 파당적 혜택을 주게 된다면서 그런 권한을 박탈하자고 말한다. 동시에 정부 기능을 수행하는 모든 권력기관은 특정 목적을 위해 서비스를 제공하거나 철회해서는 안 된다고 하는 대원칙을 반드시 지켜야 한다고 역설한다.[44]

넷째, 하이에크는 이런 원칙 위에서 '머지않은 장래에 현재의 제도들이 어쩔 수 없이 붕괴 상태에 이를 때 그 위기에서 우리를 구출해줄 수 있는' 구체적, 실천적 구상을 선보인다. 사람들은 민주주의체제를 유지해야 한다는 강박감에 현실 민주주의가 초래하는 부작용을 그냥 감수하려 든다. 하이에크는 민주주의의 참된 가치를 회복하기 위해서라도 그런 소극적, 방관적 태도에 영합할 수 없었다. 그가 '현실성이 떨어지고 실험적 성격이 강한' 이론적 도상 설계를 과감하게 공개한 것도 이런 이유에서이다. 그 핵심은 권력분립에 입각한 제한정부를 복구하는 것이다. 정부가 특수 이익집단의 포로가 되지 않도록 권력분립의 원칙을 최고 수준으로까지 실천해야 한다

는 것이다.[45]

구체적으로 하이에크는 국가의 최고 권력을 민주적으로 선출된 두 기관, 즉 '입법의회'(Legislative Assembly)와 '정부의회'(Governmental Assembly)로 양분할 것을 주장한다. 입법의회는 보편적 정의의 원칙을 제정하는 일만 전담하게 한다. 정부의회는 그러한 원칙에 의거해서만 업무를 처리해야 한다. 그 원칙에 직접 기초하지 않은 명령은 시민 개개인에게 내리지 말아야 한다.

하이에크는 권력분립의 또 다른 축을 지방분권에서 찾는다. 그는 연방정부 형태가 개인의 자유를 보호하는 데 더 적합하다고 주장한다. 중앙정부가 할 일은 법질서를 확립하는 것에 국한시키고 나머지 모든 서비스는 지역 정부기관들이 담당하되, 상위법 규범을 좇아 해당 지역 주민들의 이익을 위해 서로 경쟁을 벌이는 것이 가장 이상적이라는 생각이다.

다섯째, 하이에크는 입법부가 본래의 기능을 잘 수행하기 위해서는 훌륭한 자질을 가진 대표를 선출하는 것이 관건이라는 생각에 플라톤의 철인정치를 연상시키는 제도를 기획한다. 그 내용은 다음과 같다.

입법의회를 구성하는 대표를 연령별, 세대별로 선출한다. 그러면 사람들은 장차 자기네 연령층에서 누군가가 국가를 위해 중요한 일을 하게 될 것을 알기 때문에 일찍부터(18세?) 또래들끼리 지역별 모임을 만들 것이다. 이런 종류의 지역별 클럽은 사회적 연대감을 증진하고, 계층과 직업의 차이에 따른 이질감을 해소하는 데 도움이 된다. 각 연령층은 회장직을 돌려가며 맡음으로써 미리 리더십을 훈련할 수 있다. 연령별, 지역별로 대의원을 선출하기 때문에 최적임자를 판별하는 데 아무 문제가 없을 것이다. 이런 모임은 장차 국사를 담당할 후보자를 교육하는 데 매우 유익하다. 따라서 모임을 위해 국가가 집회 장소 등 편의시설을 제공할 필요가 있다.

하이에크는 나이가 45세쯤 되면 동년배 집단에서 최적임자를 선출해서 이들 대표가 15년 정도 입법의회에서 봉직하게 하자고 했다. 그는 이렇게 선출된 의원들이 입법부의 일원으로 재직할 때 재선(再選)하고 싶은 욕심에, 또는 자신의 개인적인 미래에 대한 걱정 때문에 소신을 굽히는 일이 생기지 않도록 각종 안전장치도 제시하였다.[46]

'민주제'의 현대적 의미

하이에크는 경제학자답게 시장의 논리가 정치세계에도 그대로 적용되어야 한다고 역설했다. 그는 권력분립의 원칙이 훼손되고 다수의 지배가 왜곡되면서 심화되고 있는 현대 민주주의의 위기국면을 법치주의에 입각한 시장체제의 확립으로 극복하자고 주장한다. 하이에크가 품고 있는 시장에 대한 기대, 민주주의를 목적이 아니라 하나의 방법으로 파악하는 관점, 그리고 문명의 한가운데에 전통을 위치 지우는 독특한 역사해석 등에 대해 다양한 토론이 가능할 것이다. 현대 민주주의의 위기 양상에 대해서는 이미 여러 각도에서 적지 않은 논점이 축적되었기 때문에 하이에크의 문제의식이 특별히 새로운 지평을 열었다고 보기도 어려울 것이다.

우선 하이에크의 세계관, 특히 정치 그리고 민주주의에 대한 그의 시점(視點)에 불만을 느끼는 사람이 많을 것이다. 그는 포퍼의 비판적 합리주의의 터전 위에서 줄곧 부정적, 소극적 정치관을 유지해왔다. 세상을 바라보는 확실한 기준을 찾을 수 없다면 눈앞에 보이는 '해악'을 제거하는 것이 정치가 집중해야 할 일차적 과제가 되어야 한다고 생각했다. 그런 관점에서는 민주주의도 특정 가치관이나 목적의식이 아니라 평화적 정권교체를 가능하게 해주는 절차로 그 의미가 국한될 수밖에 없다.

첫째, 이런 하이에크의 생각은 정치를 '훌륭한 삶'이라는 목적을 달성하기 위한 인간의 존재론적 활동으로 규정하는 아리스토텔레스 철학과 정면 배치된다. 민주주의의 경박함과 천박함에 진저리를 내면서도, 그런 체제 속에서 공동체를 향한 긍지와 헌신의 가능성이 싹틀 수 있다고 보았던 '닫힌 이데올로그' 플라톤보다도 훨씬 퇴영적이다. 다른 것을 다 떠나 모든 사람은 평등하게 자유를 누릴 수 있어야 하고 그런 당위를 그 어떤 체제보다도 효율적으로 보장해주는 것이 바로 민주주의라는 신념을 공유하고 있는 대다수 현대인들의 믿음에 어긋나는 것이 하이에크의 '위대한 사회'가 아닐 수 없다.

둘째, 하이에크가 씨앗을 퍼뜨린 것이나 다름없는 신자유주의 경제이론에 대해서는 굳이 사족을 달 필요가 없을 것이다. '족쇄 풀린 지구적 자본주의의 자기 파괴적 본능'을 길들이지 않으면 정치적 안정은 물론[47] 민주주의의 존립 자체가 위태로울 수 있다는 지적은[48] 아무리 강조해도 지나치지 않을 것이다.

셋째, 하이에크가 권력분립 원칙을 되살리고 법치주의를 강화하자고 주장한 것 그 자체는 옳은 말이다. 문제는 그가 '정치제도라는 견고한 건축물만으로 권력남용을 충분히 억제할 수 있다'고 주장했던 몽테스키외의 처방에 머물러 있는 듯하다는 점이다. 몽테스키외는 1748년 『법의 정신』에서 권력분립 개념을 처음 소개했지만 헌법 설계와 공학적 문제를 구분하지 않았고, 제도를 움직이는 규범의 힘을 간과했다. 그러나 오늘날 미국의 '트럼프 현상'이 보여주듯, 규범이 헌법을 뒷받침하지 않으면 헌법이 사문화(死文化)될 수도 있다.[49] 하이에크가 절차와 제도의 위력을 과신한 나머지 규범이나 가치 같은 문화적 요소를 간과한 것은 큰 잘못이다.

이런 한계를 인정하더라도 현대 민주주의의 난맥상에 대한 시장주의자 하이에크의 문제의식 중에는 새롭게 음미할 만한 내용이 적지 않다. 그의 지적을 중심으로 논의를 이어가 보자.

민주주의에 불만을 품은 사람들은 전통적으로 그것 특유의 얄팍함, 특히 무지와 어리석음을 가장 못마땅해했다. 플라톤은 탐욕스럽고 어리석은 대중과 이런 데모스(demos)의 욕망에 영합하는 정치인들에 대한 노골적 경멸을 숨기지 않았다. '다채로운 외투처럼' 겉으론 빛나지만 그 속의 썩어 있는 민주주의에 대한 플라톤의 불신은 시공을 건너뛰어 현대인에게도 광범위하게 퍼져 있다.[50]

하이에크의 미덕은 민주주의를 둘러싼 이런 전통적 힐난에 머물지 않고 그 체제가 현대사회에서 일그러진 모습으로 변질되는 것을 두 개념, 즉 '무한 민주주의'와 '반자유적 민주주의'로 구체화하는 데 성공했다는 데 있다. 하이에크는 권력분립 원칙이라는 제도적 올가미로 스스로를 제한하지 않는 한 민주시민들이 '야만인' 행세를 하지 않는 것은 불가능하다고 선언한다.[51] 민주주의의 성지(聖地) 아테네가 그랬다. 아테네 시민들은 자신이 원하면 무엇이든 할 수 있는 것이 민주주의라고 생각했다. 주권자의 뜻을 가로막는 것을 용납할 수 없었다. 죄 없는 소크라테스마저 민주주의를 내세워 사형에 처했다. 그 어떤 법도 민주시민을 제어할 수 없었다. 그 결과 아테네 시민들은 점차 '폭군'으로 변해갔다.

어느 잊지 못할 순간에 회의장의 아테네 시민들은 자신들이 선택한 것이 무엇이든 그것을 못 하도록 가로막는 것은 절대 부당하다고 선언했다. 아무도 그 기세를 막을 수 없었다. 그들은 그 어떤 의무에도 구애받지 않을 것이고, 자신들이 직접 만든 것이 아니면 아무 법에도 속박받지 않을 것이라고 결의했다. 이렇게 해서 아테네의 자유시민들은 점차 폭군으로 변해갔다.[52]

"하이에크는 이런 아테네의 악몽이 현대사회에서 '개인 권리를 보장하지 않는 민주주의'(democracy without rights), 즉 '반자유적 민주주의'로 재현되고 있음을 고발한다. 그는 개인의 권리를 내세우는 자유주의와 국민자치를 제1 가치로 삼는 민주주의가 상호의존적 관계에 있어야 하며, 바로 그런 이유에서 19세기 이후 자유민주주의가 보편적 '유일 가치'가 될 수 있었다고 주장한다. 따라서 하이에크는 자유주의와 민주주의가 갈라서기 시작하던 전조(前兆)를 누구보다 예민하게 받아들였다. 그가 권력분립과 법치주의라는 새롭지 않은 처방에 매달리는 것도 이처럼 민주주의의 위세 앞에서 갈수록 힘을 잃는 자유주의를 되살리기 위한 충정의 발로이다. 하이에크의 정치이론은 바로 이 부분에서 가장 큰 울림을 낸다고 할 수 있다. 자유주의와 민주주의의 관계, 특히 그 길항(拮抗) 관계에 대한 세간의 편견이 공고하기는 하나, 그 둘은 하나로 묶이지 않으면 불완전한 체제가 될 수밖에 없기 때문이다.[53]

현대 민주주의가 문제 되는 것은 '반자유적 민주주의'로의 경사 때문만은 아니다. 하이에크가 주창하는 신자유주의의 격랑 때문에 '비민주적 자유주의'가 똬리를 트는 상황도 경시할 수 없다. 대중의 성향이 민주주의의 이름으로 '반자유'로 흐르는 반면, 엘리트들은 자유주의를 내세워 '비민주'를 선호하고 있는 현상도 간과해서는 안 된다.[54] 그런 점에서 하이에크의 걱정과 처방은 단편적이다. 그런 한계에도 불구하고 민주주의가 자유주의를 배척하고 있는 현실의 비상함[55]에 대한 하이에크의 질타는 또 그것대로 평가되어야 할 것이다."

하이에크 자신이 '유보적 전제'를 단 것처럼 그가 제안한 모델헌법은 타당성과 현실성 양 측면에서 비판적 질문을 자아낸다. 시각에 따라서는 경제학자의 순진함과 무모함의 결정체라는 비아냥거림을 들을 만도 하다. 그러나 그가 정치지도자들의 현실태에 절망한 나머지 탈출구를 찾아보고자한 문제의식 자체를 도외시할 이유는 없다. 한국 사회에서 특히 그렇지만, 정치인이 밉다고 정치인의 존재 자체를 손쉽게 (따라서 무책임하게) 부정하는 세태는 상황을 더 악화시킬 뿐이다.[56] 이 점에서 하이에크는 그 특유의 부정적 접근법을 버리고 정치인의 자질을 발전시키는 방안을 적극적으로 고민한다. 그의 상상력을 그대로 따라 할 필요는 없지만, 그 맥락을 살리는 실천적 고민은 그 누구도 외면할 수 없을 것이다.[57]

하이에크가 지도자 육성에 비해 '공민 교육'의 중요성을 상대적으로 간과한 것도 아쉽다. 정치인도 결국은 국민이라는 우물 속에서 나올 수밖에 없다는 점에서 더욱 그렇다.[58] 플라톤이 개탄했듯이, 민주정의 선동가가 '아첨'으로 시민들의 환심을 사려고 할 때 그것을 막는 것은 깨어 있는 시민의 식뿐이다. 소크라테스가 정치가 아니라 교육을 통해 민주사회 아테네를 구원하고자 했던 깊은 뜻을 헤아려야 할 것이다.

민주주의는 이대로 시름시름 앓다가 세상을 하직하고 말 것인가? 하이에크의 '저주'처럼 과연 현대 민주주의의 고질이 더욱 깊어져야 사람들이 그의 주장에 귀 기울이게 될지 두고 볼 일이다.

더 읽을거리

• 알렉시 드 토크빌. 2018. 『아메리카의 민주주의』. 이용재 옮김. 아카넷.

토크빌은 민주주의의 천박함과 '다수의 횡포' 가능성에 대해 걱정이 많았다. 그러나 그는 참여를 통해 민주주의의 해악을 발전적으로 극복할 수 있다고 믿었다. 시민집단의 활성화가 미래 민주주의의 성공을 담보한다는 주장은 특히 경청할 만하다.

• 존 스튜어트 밀. 2012. 『대의정부론』. 서병훈 옮김. 아카넷.

밀은 직접민주주의에 대해 환상을 가지지 말 것을 경고한다. 대의민주주의만이 인간 발전이라고 하는 정치 본연의 소명을 훌륭하게 완수할 수 있다고 역설했다. 특히 그는 민주적 통제와 정치 엘리트의 적극적 참여가 조화를 이루는 숙련(skilled) 민주주의에 기대가 컸다.

• 야스차 뭉크. 2018. 『위험한 민주주의』. 함규진 옮김. 와이즈베리.

뭉크는 국민자치를 지향하는 민주주의와 개인 권리의 보장을 강조하는 자유주의가 자유민주주의의 틀 속에서 조화를 이루어야 한다고 역설한다. 그런 의미에서 그는 '반자유적 민주주의'(포퓰리즘)와 '비민주적 자유주의'(신자유주의)가 횡행하는 현실을 크게 우려한다.

7.

시민결사와 법의 지배

마이클 오크숏

김비환

Michael
Oakeshott

개요

오크숏은 관념론을 독창적으로 재구성했고, 역사주의, 실증주의, 실용주의를 거부했다. 시민결사와 기업결사라는 두 가지 결사형태를 이론화했으며, 근대 유럽의 정치사를 이 둘 사이의 상보적인 긴장 관계로 재해석했다. 기업결사가 특수한 목적을 중심으로 결합한 결사라면 시민결사는 법의 권위에 대한 공동의 승인에 입각해 있다. 오크숏은 시민결사가 근대인들의 도덕적 특성(자율적 개인)에 적합한 질서라고 생각했지만 실제로는 기업결사의 성격이 두드러지게 나타났다고 분석했다. 그는 집단적 대화 혹은 심의를 정치의 주된 이미지로 제시했는데, 특히 시민들 사이의 관계를 규제하는 공적인 규칙체계의 바람직함 여부를 검토·수정하는 심의를 정치의 고유한 의미로 규정했다. 오크숏은 주로 보수주의자로 통하지만 자율적인 개인을 찬양했고, 법의 지배 아래서 개인들이 얼마든지 새로운 것을 실험할 수 있다고 보았다. 그에게 보수주의는 주로 친숙한 것을 선호하는 성향을 의미한다. 그에게 정치란 철학, 예술, 시, 과학과 같은 문명 활동들을 보호하는 역할을 수행하는바, 목적지도 없이 망망대해에 떠 있는 배의 균형을 잡는 행위로 이미지화된다. 그는 근대성과 다원주의를 지지했지만 근대 합리주의의 병폐에 대해서는 가차 없이 비판했다.

생애

마이클 오크숏(Michael Oakeshott, 1901-1990)은 1901년 12월 11일 잉글랜드의 켄트에서 우체국장이었던 아버지와 간호사였던 어머니 사이에서 둘째 아들로 태어났다. 그는 진보적인 남녀공학인 세인트 조지 스쿨에 다녔으며, 교장인 그랜트(C. Grant) 목사에게서 철학과 신학을 배웠다. 1920년에 케임브리지의 곤빌 앤 키스 칼리지에 진학해 역사를 전공했는데, J. M. E. 맥타가르트(John McTaggart Ellis McTaggart)의 철학개론을 수강하기도 했다. 졸업 후에는 독일의 마르부르크 대학교와 튀빙겐 대학교 대학원에 진학하여 철학을 공부했다. 귀국 후 잠시 영어 선생으로 일한 뒤 곤빌 앤 키스 칼리지로 돌아와 연구와 강의를 계속했다. 오크숏은 러셀과 비트겐슈타인의 동시대인이었지만 그들의 실재론(realism, 인식 주체와 독립된 외부의 실재가 존재한다고 보는 입장)에 동조하지 않았고 오히려 옥스퍼드의 헤겔주의자 프랜시스 허버트 브래들리(Francis Herbert Bradley)와 깊은 교감을 나눴다. 1933년에는 최초의 주저 『경험과 그 양상들』(*Experience and its modes*, 1933)을 출판했다. 제2차 세계대전 중 정보장교로 참전한 뒤 케임브리지로 돌아온 오크숏은 《케임브리지 저널》을 간행했으며 뛰어난 강의로도 명성을 날렸다. 1951년 런던정경대학(LSE) 정치학부의 학장으로 취임하여 성공적으로 학과를 이끌었다. 1966년에 영국학술원 회원이 되었으며 1968년에 은퇴했다. 오크숏은 영국 남부의 도싯에 있는 오두막집에서 아내인 크리스텔과 여생을 평온히 보내다 1990년 12월 19일에 사망했다. 그는 인식론, 역사철학, 교육철학 그리고 무엇보다 정치철학에서 큰 업적을 쌓았다.

오크숏

183

주요 저술

Oakeshott, Michael. 1933. *Experience and Its Modes*. Cambridge: Cambridge University Press.

Oakeshott, Michael. 1962(개정판 1991). *Rationalism in Politics and Other Essays*. Indianapolis: Liberty Fund Press.

Oakeshott, Michael. 1975. *On Human Conduct*. Oxford: Oxford university Press.

마이클 오크숏. 2015. 『신념과 의심의 정치학』. 박동천 옮김. 모티브북.

머리말

오크숏은 20세기를 대표하는 영국의 철학자 겸 정치사상가이다. 1990년 이전까지 그의 정치사상은 주로 이데올로기적인 관점에서 연구되었다. 즉 그가 보수주의자인가 아니면 자유주의자인가 하는 문제가 주된 관심사였다. 하지만 1990년에 폴 프랑코(Paul Franco)가 『마이클 오크숏의 정치철학』을 출간하면서 그의 철학과 정치사상을 유기적으로 통합시켜 이해하려는 새로운 경향이 대두했다.[1] 특히 1999년에 결성된 '마이클 오크숏 협회'는 이런 연구 경향을 더욱 확산시켜 그동안 이데올로기적 해석에 의해 굴절되어 온 그의 정치사상을 새롭게 이해할 수 있는 토대를 마련했다.

이들의 연구를 통해 (정치)합리주의 비판과 시민결사이론 등 오크숏 정치사상의 전반적인 내용은 물론, 그의 철학이 지닌 근대적 성격 및 회의주의적이고 비(非)토대주의적인 성격도 분명히 드러났다.[2] 또한 그의 초기 사상을 전체적으로 규정하고 있는 관념주의 철학과 후기에 두드러지게 나타나는 회의주의 사이의 관계도 해명되었으며, 그의 교육철학과 정치사상이 맺고 있는 연관성 및 그의 정치관이 지닌 심의민주주의적인 성격도 조명되었다. 그리고 종교와 시에 관한 오크숏의 견해가 그의 철학과 정치사상과 맺고 있는 구조적 연관성도 깊이 있게 연구되어 오크숏의 철학과 사상에 대한 전반적인 이해가 가능하게 되었다.

그럼에도 오크숏이 가장 크게 기여한 분야 중 하나가 정치철학 혹은 정치사상이라는 데는 별로 이견이 없다. 따라서 그의 사상체계 전반을 이해하는 데 정치사상만큼 좋은 출발점이 없다. 이런 문제의식을 가지고 이 장에서는 오크숏의 정치사상과 철학적 관념론의 관계를 간략히 살펴본 후, 그의 정치합리주의 비판, 결사이론, 법의 지배이론을 차례로 설명한다. 그리고 끝으로 그의 정치사상이 지닌 보수적 성격과 진보적 성격의 관계를 검토함으로써 관례적인 이데올로기적 연구의 한계를 비판하고, 정치에 관한 그의 관점이 홉스에게서 영향을 받았다는 점을 지적한다.

정치사상의 철학적 토대

1933년에 철학적 주저『경험과 그 양상들』을 발표한 후 오크숏은 크게 세 가지 목표를 가지고 정치생활을 연구했다. 첫째는 인간의 전체적인 경험세계—곧, 문명—에서 정치의 위상과 의미를 확인하는 한편 정치철학 개념을 확립하는 것이고, 둘째는 근대의 합리주의와 이데올로기정치를 비판하는 것이었다. 그리고 셋째는 인간행위에 대한 이론적 고찰에 입각하여 시민결사(civil association)와 기업결사(enterprise association)를 대비시켜 고찰하고, 이 두 가지 결사형태를 활용해 근대 유럽 국가의 성격을 설명하는 것이었다.

하지만 이 세 가지 목표는 서로 밀접한 관계를 맺고 있기 때문에 그것들을 서로 분리시켜 연구하게 되면 그의 정치사상이 지닌 체계성과 통일성을 간과하기 쉽다. 표면적으로는『경험과 그 양상들』이 그의 정치철학이나 정치이론과 무관하게 보일 수도 있지만 이 책에 펼쳐진 그의 관념론 철학은 그의 정치사상에 통일성을 부여해준다.

『경험과 그 양상들』은 당대에 유행했던 역사주의, 실증주의, 실용주의에 맞서 헤겔주의적 관념론을 독창적으로 옹호한 책이다. 이 책에서 그는 경험의 총체성(혹은 경험 자체)을 어떤 조건이나 전제도 없이 완벽하게 이해하려는 철학과 경험의 총체성을 특정한 조건과 전제 위에서 제한적으로 이해하고자 하는 '경험의 양상'(modes of experience)을 구분하고, 대표적인 '경험양상'으로 역사, 과학, 실천을 제시·설명했다. 역사, 과학, 그리고 실천은 각각 독자적인 가정과 전제 위에서 고유한 지식체계를 발전시키지만, 경험의 총체에 대한 무조건적이고 만족스러운 이해를 포기한다는 점에서 철학과 구분된다. 그럼에도 각각의 지식체계(관념세계)는 자체의 고유한 가정과 전제 위에서 보다 만족스러운 지식(정합적인 지식체계)을 추구한다는 점에서 철학적인 충동을 내포하고 있다.

『경험과 그 양상들』이 오크숏의 정치사상에 대해 갖는 중요성은 두 가지다. 하나는 관념론이 갖는 중요성이며, 다른 하나는 철학 개념의 비판적이며 회의주의적인 성격이다. 전자는 당시에 흥기하고 있던 논리실증주의와 달리 개인과 현상들을 개별적이고 분리된 실체들로 간주하지 않고 보다 큰 전체의 일부로 통합시켜 이해한다. 논리실증주의는 인간 주체의 의식과 독립적으로 존재하는 외부의 객관적 실재가 존재한다고 보는 케임브리지 실재론(Cambridge realism)을 수용하고, 과학적인 실험과 검증을 통해서만 의미 있는 지식 혹은 진리가 확인된다고 보는 (진리에 관한) 조응이론(correspondence theory of truth)을 지지한다.[3] 반면에 오크숏이 지지하는 관념론은 모든 경험은 사유이며, 사유와 독립된 객관적인 실재는 없다고 본다. 다시 말해 인간의 의식적 이해를 통해서만 경험이 성립되며, 인간의 경험과 따로 존재하는 객관적인 실재는 존재하지 않는다고 본다. 따라서 세계는 경험(사유된 것)의 총체이며, 이 경험의 총체성을 완전히 그리고 만족스럽게 이해하는 것이 철학이고, 제한된 관점에서 수립된 특수한 지식이 경험의 양상이다.

오크숏의 관념론은 정치철학과 밀접한 연관성이 있다. 관념주의는 모든 개별적인 경험을 보다 포괄적인 맥락에서 유기적으로 이해하도록 유인한다. 예를 들어, 개인을 포괄적인 사회적 맥락에서 이해하도록 이끎으로써 국가와 정치에 관한 특수한 관념을 갖게 한다.

또한 오크숏의 철학 개념은 미셸 드 몽테뉴(Michel de Montaigne)의 회의

주의와 함께 오크숏의 정치사상에 회의주의적인 분위기를 조성한다. 오크숏에게 철학은 경험의 총체성에 대한 무조건적이며 만족스러운 이해를 추구하는 사유방식인 동시에 역사, 과학, 실천과 같은 경험양상들의 조건적이며 제한적인 성격을 비판하는 사유방식이다. 철학의 근본적인 비판적 성격은 다양한 지식체계의 모순과 제한성을 비판하는 파괴적 경향으로 발현된다. 근대 합리주의 및 이데올로기정치에 대한 오크숏의 비판도 철학의 파괴적이고 회의적인 성격을 반영한다.

오크숏의 철학 개념에서 보면 정치적 사유는 비판성의 정도에 따라 세분화될 수 있다. 즉, 정치철학은 정치적 삶에 관한 가장 비판적이며 체계적이고 포괄적인 사유방식이고, 정치이론은 인간의 도덕적 특성에 관한 특정한 가정이나 전제에 입각하여 정치적 삶의 의미를 체계적으로 설명하는 사유활동이다. 그리고 정치적 삶에 관한 특수한 신념체계인 정치이데올로기는 비판적 성격이 가장 약한 사유 활동이며, 정치뉴스는 일상적인 정치현상을 대중에게 알리는 사유 활동이다. 오크숏에게 정치사상(political thought)은 정치뉴스를 제외한 세 가지 사유방식을 포괄하는 개념이다. 근대 합리주의에 대한 그의 비판은 정치철학적 사유방식을, 그리고 그의 결사이론은 정치이론에 속한다.

오크숏에게 정치철학은 우리가 이미 어느 정도 이해하고 있는 정치적 삶의 의미를 보다 완전하고 만족스럽게 이해하려는 지적 활동이다. 정치철학의 목표는 정치생활에 대한 불완전하고 제한된 이해를 보다 완전하고 만족스러운 이해로 발전시키는 데 있지, 이상사회에 대한 특수한 비전을 제시하고 그에 따라 세계를 개혁하는 데 있지 않다. 철학은 그런 의도도 능력도 없다. 정치철학은 특수한 경험양상인 실천(practice)을 다루기 때문에 실용적 목적을 추구해야 한다고 주장되곤 하지만, 그것이 목표로 삼는 것은 정치생활에 대한 보다 철저하고 만족스러운 '이해'이다. 정치생활을 개혁하고자 한다면 정치이론이나 이데올로기 수준에서 생각해야 한다. 따라서 오크숏의 정치철학이 비실천적이라고 비판하는 것은 정치적 사유의 다양한 수준을 구분하는 그의 입장을 제대로 이해하지 못한 소치이다.

정치합리주의 비판, 전통, 그리고 정치

정치철학 개념을 정립한 오크숏은 르네상스 이후 유럽문화의 주된 특징이 된 합리주의와 이데올로기정치를 비판한다.[4] 합리주의는 데카르트 시대에서부터 프랑스 계몽주의에 이르는 시기에 확립된 지적 경향으로서 정치·경제·교육 등 모든 삶의 영역에 침투했다. 따라서 근대적인 정치양식을 정확히 이해·비판하기 위해서는 합리주의를 분석할 필요가 있다.

근대 합리주의는 이성이 설명할 수 있거나 이성이 구성한 원칙들만을 참된 지식으로 간주한다. 합리주의자는 구체적이고 풍부한 경험들을 추상적인 몇 가지 원칙들로 축약시키며, 과거와 전통을 이성에 대한 장애물로 간주하는 경향이 있다. 합리주의자에게 인간의 의식은 과거의 기록(과거 혹은 전통)을 지워버리고 새로운 것을 다시 쓸 수 있는 흰 칠판과 같다. 행위의 차원에서 보면 이것은 이성이 행위의 목표를 제시하면 행위가 그것을 이행하는 것과 같다.

합리주의는 지식을 두 종류로 분류한다.[5] 하나는 규칙이나 원칙으로 명시할 수 있는 기술적인 지식(technical knowledge)이고, 다른 하나는 구체적인 행위로만 발휘될 수 있는 실천적 지식(practical knowledge)이다. "이 두 종류의 지식은 인간의 모든 활동에 포함되어 있으며, 구분할 수는 있지만 분리시킬 수 없다." 요리, 그림, 음악, 시, 그리고 심지어 과학에서도 이 두 종류의 지식은 함께 활용되며, 정치의 영역에서도 마찬가지다. "모든 곳, 특히 정치활동에서는 더욱더, 기술적 지식과 실천적 지식은 분리할 수 없으며, 어떤 곳에서도 이 두 가지 지식은 동일하지도 서로를 대체할 수도 없다.”

두 가지 지식의 근본 차이는 지식이 표현되고 학습되는 방식에 있다. 기술적 지식은 규칙, 원리, 지시 그리고 격언들과 같은 명제로 표현하기 쉽기 때문에 확실해 보인다. 반면에 실천적 지식은 구체적인 행위―예컨대, 감식 · 감별 행위―를 통해 표현되기 때문에 부정확하고 불확실하게 보인다. 또한 기술적 지식은 서적을 통해 학습될 수 있는 반면, 실천적 지식은 도제/마스터 관계에서처럼 구체적인 행위를 통해 전승되고 습득된다.

하지만 기술적 지식의 확실성과 완전성은 환상에 불과하다. 왜냐하면, 요리책만 보고 만든 요리는 신통치 않듯, 기술적 지식은 경험을 통해서만 습득할 수 있는 실천적 지식으로 보완되어야 완벽한 지식이 될 수 있다. 다시 말해, 기술적 지식과 실천적 지식은 완전한 하나의 지식을 이루는 상보적인 지식들이다. 하지만 합리주의는 기술적인 지식만을 완전한 지식으로 규정하고, 그 지식에 입각하여 현실을 개조하려 든다.

오크숏에 따르면, 정치야말로 17세기부터 20세기 중반에 이르기까지 합리주의의 세례를 가장 많이 받은 영역이다. 이 시기에 정치행위의 전통과 관행들이 이데올로기에 자리를 물려주었다. 다시 말해 오랜 시간을 통해 형성된 전통에 따라 수행되던 정치가 합리적인 기획에 따라 수행되는 이데올로기정치가 되었다. 그 결과 신중한 “수선의 정치”(politics of repair)가 대담한 “파괴와 창조의 정치”로 대체되었다.

전통에 담겨 있는 합리적인 요소만을 추출하여 구성한 이데올로기에 따라 행동하는 합리주의자는 정치를 일종의 문제해결의 테크닉으로, 다시 말해 의식적으로 설정한 목표를 추구하는 사회공학으로 간주함으로써 합리주의 정치를 탄생시켰다.

합리주의 정치는 완전의 정치(politics of perfection)와 획일성의 정치

(politics of uniformity)를 지향한다. 이 두 가지는 함께 합리주의 정치의 본질을 이룬다. 합리주의자는 정치를 문제해결로 생각하는 동시에 모든 정치적 문제에는 '완전한' 해결책이 있다고 본다. 그리고 완전의 정치가 가능하다는 믿음으로부터 획일성의 정치가 도출되는데, 획일성의 정치는 최선의 통치형태가 존재한다는 믿음으로 표현된다. 이렇게 해서 합리주의 정치는 인간행위에 획일적인 조건을 부과한다.

오크숏에 의하면 근대 유럽사는 합리주의적인 정치기획으로 얼룩져왔다. 이 중에는 인류를 무지, 빈곤, 분열, 죄악 그리고 비참으로부터 해방시켜줄 수 있는 세계협약에 대한 로버트 오웬(Robert Owen)의 기획이 있는데, 이것은 합리주의자들마저도 상도를 벗어난 것으로 생각할 만큼 웅장한 것이었다. 하지만 정도의 차이는 있을지언정 후속 세대도 정치합리주의를 지향했다. 사회를 인권선언 위에 구축하고자 하는 시도나, 민족자치 원리나 인종자치의 원리들, 그리고 비버리지 보고서 등은 모두 합리주의 정치의 후예들이다.

정치합리주의는 특히 두 가지 측면에서 악영향을 끼친다. 첫째는 지식의 본질에 관한 오해를 불러일으켜 정신의 퇴보를 초래한다. 이데올로기에 충실하면 할수록 정신이 퇴보하고 지적인 불성실함이 발생한다. 합리주의자는 실천적 지식을 무시할 뿐만 아니라 그것을 파괴하기 때문에 올바른 교육을 시킬 수 없다.

둘째는, 정치합리주의를 수용한 사회는 점점 더 합리주의적인 교육 형태를 취하게 되어 포괄적인 지식―실천적 지식을 포함한 지식―을 전수해줄 수 없다.

오크숏이 '전통'을 중요한 철학적 범주로 부각시키게 된 것은 합리주의 정치와 교육에 대한 이와 같은 부정적인 인식에 기인한다. 전체로서의 실천―이론적 지식으로 추상화되기 이전의 경험 전체―이 이론보다 앞서 존재한다면, 특수한 행위는 그것이 의미를 갖게 되는 전통이나 관행(idiom)에 근거를 두고 있다고 보아야 한다. 행위는 시행착오를 거치는 가운데 전통과 관행에 익숙해지며 적절한 행위의 기준들을 습득한다. 이런 관점에서 보면 '합리성' 개념 또한 개별적 행위가 속하는 관행의 정합성을 보존하고 증대시키는 행위의 특성을 의미한다.

합리주의 정치에 대한 비판 및 실천적 합리성에 대한 옹호는 오크숏이 긍정적으로 생각하는 정치관을 암시해준다. 그에 의하면 정치는 이미 존재하고 있는 행위의 전통 속에서 수행되는바, "[전통] 속에 암시되어 있는 것을 탐색하고 추구함으로써 기존의 질서를 수정하는 형식을 띤다."[6] 그리고 '암시의 추구'가 정치의 근본 특성이라면, 정치활동은 개방적인 대화를 본질적인 요소로 삼을 수밖에 없다. 왜냐하면 전통이나 관행 속에 '암시되어 있는 것'은 어떤 명확한 방향을 지시하거나 자명한 내용을 지녔다고 단정할 수 없기 때문에 계속적인 대화를 통해 끊임없이 탐구될 필요가 있기 때문이다. 끊임없이 계속되는 개방적인 대화로서의 정치를 오크숏은 다음과 같이 이미지화한다.

> 정치활동에서 인간은 끝없고 바닥도 없는 바다를 항해한다. 거기에는 대피를 위한 피난처도 없고 닻을 내릴 수 있는 바닥도 없으며, 출발지도 지정된 목적지도 없다. 그 기획[정치활동]은 바다 위에 평평하게 떠 있는 것이다. 바다는 친구이기도 하고 적이기도 하다. 그리고 항해술은 전통적인 행위방식의 자원들을 사용함으로써 모든 적대적인 상황을 친구로 만드는 것이다.[7]

정치에 관한 지식은 바로 이와 같은 정치적 행위의 전통에 관한 지식이다. 이 전체 전통을 알지 못한 채 '서적'에 담겨 있는 추상적인 이론만을 가지고 정치를 하는 것은 마치 항해에 대한 이론적 지식만을 가지고 거친 바다를 항해하는 것과 같다. 안전한 항해를 위해서는 기상 상황의 변화에 적절히 대처할 수 있는 경험적 지식이 필요하듯, 올바른 정치 또한 구체적인 상황 속에서 어떻게 대응하는 것이 최선인가를 시사해주는 정치전통에 대한 지식을 필요로 한다. 그리고 정치적 행위의 전통을 아는 것은 그 전통을 매우 상세히(in detail) 구체적으로 아는 것이며, 추상적인 관념들을 아는 것이 아니라 "생활의 구체적이고 응축된 양식을 그 모든 미묘함 가운데" 아는 것이다.[8]

오크숏은 정치전통을 더 철저히 이해하면 할수록 전통의 자원들을 더 손쉽게 활용할 수 있으며, 무지와 방심의 결과로 야기될 수 있는 몇 가지 환상들로부터 자유로워질 수 있을 것으로 본다. 첫째, 정치에서는 행위의 전통이 없어도 잘해나갈 수 있다는 환상으로부터 자유로울 수 있다. 둘째, 전통의 축약(추상화)이 정치를 잘 인도할 수 있다는 환상으로부터 자유로울 수 있다. 셋째, 정치에서는 어딘가에 안전한 정박지가 있고 도달해야 할 목적지가 있으며, 확인할 수 있는 진보의 방향이 있다는 환상으로부터 자유로울 수 있다.

오크숏은 전통이 이미 개혁을 위한 가치판단의 근거들을 내포하고 있으며, 심지어 내재적 비판을 통해 전통 내부의 오류와 부정합성을 교정해갈 수 있는 자원을 가지고 있다고 본다. 비록 '나쁜' 전통이 존재할지라도 그 전통 내부에는 '좋고' '바람직한 것'도 존재할 가능성이 크다. 왜냐하면 오크숏이 강조하듯, 전통은 서로 정합적이지 않은 다양한 요소들로 구성되어 있으며 수많은 암시로 가득 차 있기 때문이다.

시민결사와 기업결사

『인간행위론』에서 오크숏은 시민결사를 기획결사(혹은 목적결사)와 대비시켜 설명한다. 이 두 가지 결사는 현존하는 결사들을 묘사한 것이 아니라 그것들을 의미 있게 이해하기 위한 이상형들이다. 오크숏은 이 두 가지 결사를 대조시킴으로써 근대 유럽 국가의 성격을 분석한다. 그에 의하면 유럽의 근대 국가는 시민결사와 기업결사의 양극단 사이에서 때로는 시민결사에 가깝게 때로는 기업결사에 가깝게 접근했다.

먼저 기획결사는 공동의 목적을 추구하기 위해 구성된 결사다. 기획결사의 구성원들은 공동의 신앙을 전파하거나 특정한 상품을 생산하기 위해 모인 파트너들일 수도 있고, 공동의 대의나 탐험을 위해 혹은 공동의 적에 대항하기 위해 모였을 수도 있다. 목적의 다양성에도 불구하고 이 결사들은 단일한 공동의 목적을 추구한다는 점에서 공통점이 있다.

기획결사는 "목적을 추구하기 위한 경영"을 주된 활동으로 삼는다. 기획결사는 시시각각 변하는 상황에서 공동의 목적을 달성하기 위해 결정을 내려야 하는데 이런 경영활동이 곧 정치다.

기획결사는 장기적인 존속을 위해 공동의 규칙이나 제도—약관, 규칙서, 충성서약, 가입과 탈퇴의 조건, 임무에 따른 규정집 등—를 필요로 한다. 이 규칙들은 몇 가지 특징이 있다. 첫째, 그것들은 기획결사의 정체성을 규정하지 않는다. 기획결사의 정체성은 구성원들이 공유하는 공동의 목적이나 이익을 통해서만 규정되기 때문이다. 둘째, 그것들은 기획결사의 목적을 촉진 또는 저해하는가에 따라 적합성이 평가된다. 셋째, 그것들을 준수한다고 해서 기업의 목적이 자동으로 달성되는 것은 아니며, 그것들을 지키지 않는다고 해서 기업결사가 해체되는 것도 아니다. 기업결사의 규칙들은 단지 특수한 목적을 추구하는 데 필요한 도구에 지나지 않는다.

시민결사는 기업결사와 달리 특수한 목적을 추구하지 않는다. 그것은 특수한 규칙들의 권위를 승인하는 사람들이 모인 결사다. 시민결사의 구성원들은 그들 사이의 관계를 규제하는 공적인 규칙체계의 권위를 인정하는 한, 삶의 목적을 자유롭게 정하고 추구할 수 있다. 같은 목표를 추구하는 사람들끼리 모여 기업을 세울 수 있고, 종교단체와 이익단체를 조직할 수도 있다. 하지만 그런 목적을 추구하는 과정에서 반드시 추가적인 규칙들을 준수해야 하는데, 그 규칙들은 바람직한 시민 관계를 유지하는 데 필요하다. 따라서 시민결사는 시민들 사이의 바람직한 관계를 규정하는 추상적인 규칙들의 권위를 승인하는 사람들의 결사체라 정의할 수 있다.

시민결사는 시민들 사이의 특수한 '관계양식'(practice)에 기반을 둔 결사라 할 수 있다. 시민결사의 구성원들은 각자 특수한 목적을 추구하는 과정에서 다른 시민들의 권리를 침해하지 말아야 한다는 추가적인 규칙들을 준수해야 한다. 그런데 시민들이 다른 시민들의 권리를 존중하면서 행동하게 되면 시민들이 서로를 자유롭고 평등한 존재로 대우하는 특수한 관계 — 곧 시민적 관계 — 가 형성된다. 그러므로 시민결사는 이 특수한 관계양식을 유지하는 데 필요한 규칙들의 권위를 인정하는 사람들로 구성된 결사체라고 할 수 있다.

시민결사와 기업결사는 중세 말 지식인들이 여러 가지 결사와 공동체들을 구분하기 위해 사용했던 societas와 universitas라는 관념들을 수정하여 구성한 이상형들이다. societas는 선택을 통해서나 우연한 상황 때문에 결사를 구성하게 된 행위자들의 결합 관계로, 그 주체인 socius들은 (특정한 목적이나 공동이익을 추구하기 위해서가 아니라) 상호 간의 관계를 규정하는 특수한 행위 규칙들의 권위를 승인함으로써 결합한다. 그린 의미에서 societas는 socius가 된 행위자들 사이의 도덕적인 관계양식이라 할 수 있다. societas에서는 socius들의 권위와 의무가 법적으로 명시되며, 재판관들이 이런 규칙들에 의거하여 그들 사이의 분쟁을 해결한다. 그러므로 societas를 법규의 권위를 인정하는 시민들 사이의 결사체이자 통치자(들)이 존재하는 결사체로 간주하게 되면 오크숏이 시민결사로 부르는 이상형이 도출된다.

societas와 달리 universitas는 로마의 법률가들이 기업적 결사 양식 ─ 혹은 사단법인 ─ 이라 불렀던 결사형태다. 기업적 결사 혹은 사단법인은 공동의 목적이나 이익을 증진하기 위해 결성된 것으로, 권위 있는 법령 ─ 국왕이나 교황의 헌장 ─ 에 의해 일정한 권력과 자치권(privilegium universitas)을 인정받았다. universitas로부터 그 자발적 성격 및 (universitas를 감시하는) 외부의 우월한 법적 권위 ─ 국왕이나 교황의 대리인 ─ 를 제거하게 되면 오크숏이 기업결사라 부르는 이상형이 도출된다.

시민결사와 기획결사는 근대 유럽인들의 정치의식이 그 사이에서 움직였던 이상형들이다. 근대의 정치이론가들은 이런 이상형들을 활용하여 국가를 연구했으며, 통치자들은 이런 이상형들에 적합한 정치의식을 가지고 국가를 통치해왔다. 한 마디로 시민결사와 기업결사는 함께 결합하여 근대 유럽인들의 정치적 상상력을 형성했다. 이와 같은 정치적 상상력은 우익/좌익과 같은 다른 긴장 관계에 주목하는 정치의식에 비해 훨씬 더 중요한 의미가 있다.

마지막으로 시민결사와 기업결사는 각각 고유한 인간형을 전제하고 있다. 시민결사에 조응하는 인간형은 자율성과 진정성을 지닌 독립적인 개인이다. 이 인간형은 결과보다는 모험 자체에, 목적을 성취하는 수단보다는 여정에서의 대화에 더 큰 의미를 부여하며, 공동의 목적보다는 행위의 규칙들을 더 존중한다. 반면에 기획결사에 조응하는 인간형은 타인들과 함께 공동목적을 추구하는 파트너 겸 자원의 공동소유자로서 모험보다는 결과에, 욕구함보다는 실질적인 혜택에 더 큰 비중과 의미를 둔다.

인간 — 혹은 근대 유럽인 — 의 두 가지 타입은 근대 국가 및 정부의 모호한 성격을 이해하는 데 도움이 된다. 오크숏은 이 두 가지 인간형에 입각하여 근대 국가의 성격을 설명하는 방법이 적절한가에 대해 의문을 품을 수 있다고 본다. 하지만 오크숏은 근대 국가를 이해하기 위해서는 국가 형태에 전제되어 있는 인간의 특성 — 심리적인 유형이 아니라 역사적인 자기해석 — 을 반드시 이해할 필요가 있다고 주장한다.

요컨대, 오크숏은 시민결사(혹은 societas)와 기업결사(혹은 universtas)를 대비시키는 동시에 근대 유럽인들이 역사적으로 성취한 두 가지 인간형들을 대비함으로써 근대 유럽 국가의 성격과 정부의 역할을 더 심층적으로 이해할 수 있다고 본다.

법의 지배와 정치

오크숏은 시민결사를 설명하는 과정에서 법에 대해 설명한다. 시민결사는 규칙들의 권위를 존중하는 사람들의 결사로서 그런 규칙들이 무엇이고 또 어떤 과정을 통해 그것들이 수정되는가를 살펴보아야만 그 특성을 완전히 이해할 수 있기 때문이다.

주지하듯이 시민결사는 규칙들의 권위에 대한 공동의 승인에 기초해 있다. 오크숏은 이런 규칙을 법이라 부르고 라틴어 lex로 표기한다. lex로서의 규칙들은 행위자들에게 공통으로 적용되는 의무사항들을 명시한 것으로, lex를 통해 시민결사의 구성원들은 "공식적으로 평등한 자들"(formal equals)인 시민들이 된다.[9]

오크숏은 lex가 갖추고 있는 특징들로, 정확성, 간결성, 공개성, 자의적 면제나 완화의 여지가 없어야 할 것, 일반성 및 체계성을 든다. 여기서 lex의

체계성은 lex를 구성하는 규칙들이 서로 모순되지 않아야 한다는 것, 다시 말해 규칙들이 시민들에게 요구하는 행위 조건들이 정합적이어야 한다는 요구를 나타낸다. 이 체계성을 통해 개별적인 규칙들이 해석되고 조정됨으로써 lex는 비로소 '자족적인 규칙들의 체계'가 된다.

시민결사가 lex에 기반을 두고 있다는 사실은 시민결사에 또 다른 조건이 필요함을 시사한다. 그 조건은 lex가 '일반적으로' 준수되어야 할 필요성과 연관된 것으로, 특수한 상황에서 어떤 행위가 관련된 규칙에 부합하는지의 여부를 따지는 재판절차가 그것이다. 이 절차는 lex에 규정되어 있는 것으로 행위의 적법성 여부를 가려주고 결사의 조건들을 확인시켜준다.

재판과 법규의 관계는 다음과 같이 설명할 수 있다. 법규는 재판에 앞서 존재하지만, 재판은 특수한 상황에서 법규가 갖는 구체적인 의미를 드러내 준다. 재판은 특수한 상황에서 관련 법규의 구체적인 의미를 밝혀줌으로써 관련 법규의 의미를 "의미심장하게(significantly), 정당한 방식으로 (justifiably), 적절하게(appropriately), 그리고 지속적으로(durably) 증대시켜준다(amplified)."[10] 여기서 재판이 법규의 의미를 의미심장하게 증대시켜준다는 표현은 "재판의 결론이 법체계 속에 들어 있지 않다는 것"을, 그리고 정당한 방식으로 증대시켜준다는 표현은 증대 행위가 법체계에 의해 승인된다는 것을 의미한다. 또한 '적절하게'라는 표현은 재판 결과가 특수한 상황에서 법규의 구체적 의미를 드러내 준다는 것을, 그리고 '지속적으로'라는 표현은 "그 결론이 법체계에 편입됨으로써 판사가 미래의 불확실성과 분쟁을 해결하는 데 활용할 수 있으며, 시민들 또한 자신의 행위를 결정하는 데 활용할 수 있다는 것"을 의미한다.

이어서 오크숏은 lex가 사법절차의 남용을 방지할 수 있는 규칙과 원칙들을 포함하고 있다고 지적하고, 이런 규칙과 원칙들을 통해 재판절차가 남용되거나 시민들이 법에 의해 피해를 당하지 않도록 법의 경직성(rigor juris)이 완화될 필요가 있다고 주장한다. '형평 원칙'(equity)은 그런 원칙들 중 하나다.

시민결사의 핵심 요소인 법체계 및 사법절차와 맞물려 있는 다른 조건이 있다.[11] 새로운 법을 제정하거나 기존의 법을 개정·폐기할 수 있는 권위 있는 입법절차가 그것이다. 지나치게 성급하거나 빈번한 입법은 법체계를 불안정하게 만들 수 있다. 그럼에도 시민결사는 바람직한 시민 관계에 대한 인식과 정서가 변할 경우 그런 변화를 법체계에 수용할 필요가 있다. 다시 말해 권위 있는 입법절차를 수립하여 시민결사의 지속성을 담보할 필요가 있다. 하지만 이 절차 역시 사법절차와 마찬가지로 법규들로 구성되어 있고 법체계의 일부로 존재해야 한다.

입법은 재판과는 상이한 절차를 따른다.[12] 재판은 특정한 경쟁 상대들을 대상으로 삼아 관련 법규의 구체적인 의미를 확정하는 반면, 입법은 법체계에 일반적인 행위규범을 새롭게 삽입하는 활동이다. 그러므로 입법제도는 법체계가 변경될 수 있다는 믿음, 승인된 개정절차, 그리고 법체계의 바람직함을 검토할 수 있는 가능성을 전제한다. "시민에게 법(lex)은 행위를 선택할 때 고려하지 않을 수 없는 (권위 있는) 조건들의 체계이며, 재판관들에게 법은 특정한 상황에서 법규의 의미에 관한 결론을 내릴 수 있는 근거다. … 하지만 입법자들에게 법은 그것이 어떤 측면에서 변경·확장 또는 축소되어야 할 지를 숙고해야 한다는 요청이며, 필요한 경우 어떻게 수정할 것인가를 숙고해야 한다는 요청이다."

권위 있는 입법기관이 필요한 이유는 시민들의 관계를 규제하는 공적인 규칙체계인 lex에 빈틈이나 부정합성(혹은 모순)이 존재할 수도 있기 때문이다. 법의 부정합성은 내부적인 모순뿐만 아니라 (시민들의 불만으로 나타날 수 있는) 시대적 부적합성에 기인할 수도 있다. 그러므로 시민결사의 입법제도는 법체계 내부의 부정합성이나 시대적 부적합성을 시정할 수 있는 능력과 자원을 지니고 있어야 한다. 시민결사의 이런 능력 혹은 자원을 오크숏은 고유한 의미의 '정치'로 규정한다.

> 바람직함의 측면에서 공적인 규칙체계가 정한 조건들에 대해 숙고하고, 현재 상태와는 다른 조건들을 상상해보며, 그 조건들을 변경하거나 변경하지 않으려는 활동을 고찰함으로써 우리는 고유한 의미의 정치(politics properly speaking)에 관심을 갖게 된다. 이것이 내가 정치라는 단어를 사용하는 방식이다.[13]

오크숏은 공적인 규칙체계의 바람직함을 재검토하는 정치적 활동이 반드시 더 바람직한 규칙을 산출하는 것은 아니라고 본다. 공적인 규칙들의 권위를 문제 삼지 않으면서도 그것이 규정하는 조건들의 바람직함이나 효율성에 대해 검토하는 정치적 활동은 좋은 결과를 산출할 수도 있고 더 나쁜 결과를 산출할 수도 있다.

정치는 또한 숙고와 논쟁을 통해 수행된다는 점에서 권위적이고 강제적인 발언(명령)을 통해 수행되는 통치와 구분된다. 물론 통치에서도 숙고와 논쟁이 필요할 수도 있다. 하지만 통치 활동에서의 숙고와 논쟁은 '특정한' 상황에서의 법규의 구체적인 의미에 관한 것이지, 법이 규정하고 있는 '일반적인' 조건의 바람직함에 관한 것이 아니다. 통치는 공적인 규칙체계로서의 법의 권위에 의존하기 때문에 그것이 규정하는 조건들의 바람직함에 대해 숙고하는 정치와 구분된다.

정치의 이런 성격 때문에 시민적 통치자들, 특히 공적인 규칙체계의 변경을 주된 임무로 삼고 있는 입법자들은 특수한 선호나 이익들을 후견해서는 안 된다. 그들이 수호하는 법체계는 특수한 주장과 이익들을 반영해서는 안 되기 때문이다. 물론 이런 지적은 어떤 정치적 제안들이 (특수한 만족을 성취함에 있어) 좌절된 노력이나 불이익에 대한 분노로부터 출현할 수 없다 거나, 공적인 규칙체계의 변경이 특정 집단에게 이익이나 혜택을 가져다줄 수 없다는 뜻은 아니다. 예컨대, 모든 입법활동은 직업 법조인에게 이익이 되는 측면이 있으며, 납세 관련 입법은 여러 집단들에게 상이한 혜택과 부담을 지운다. 그러므로 정치적 담론은 공적인 규칙체계와 직접적인 연관성이 없는 다른 목적들을 배제해야 한다는 주장은 입법절차가 특수한 욕구나 불만 때문에 시작될 수 있는 가능성을 부인하기 위한 것은 아니다. 그것은 다만 어떤 제안이 정치적인 의미를 갖기 위해서는 시민결사의 공적인 규칙체계의 수정을 위한 제안으로 이해되고 검토되어야 한다는 것을 의미한다.

공적인 규칙체계로서의 법의 권위와 성격을 부각시키고, 법의 바람직함을 검토·수정하는 심의 활동으로서의 정치의 고유한 역할을 강조한 오크숏의 시민결사이론은 근대 자유민주주의 국가의 핵심 원리인 법의 지배와 민주적 심의 원칙을 반영하고 있다. 여기에 유럽의 근대 국가는 시민결사와 기업결사의 양극단 사이에서 움직여왔다는 그의 역사적 설명을 덧붙여보면, 오크숏이 법의 지배와 심의민주주의가 통합된 법치민주주의 국가를 이상적인 결사형태로 보고 있다는 것을 어렵지 않게 알 수 있다.

보수주의자인가 진보주의자인가

대처 수상이 집권하는 동안 오크숏은 주로 대처 정권을 이론적으로 뒷받침한 보수주의 정치이론가로 이해되어왔다. 하지만 1990년대 이후 프랑코 및 몇몇 학자들의 새로운 해석에 힘입어 자유주의자로의 이미지도 얻게 되었다. 하지만 그렇다고 해서 보수주의적 해석이 사라진 것은 아니다. 2010년에 코리 아벨(Corey Abel)이 편집한 논문 모음집 『마이클 오크숏의 보수주의』는 오크숏의 보수주의가 지닌 다양한 측면들을 분석하고 있는바, 여전히 오크숏을 보수주의 전통에 속하는 이론가로 이해하려는 입장이 건재함을 보여주고 있다.[14]

그렇다면 보수주의자로의 오크숏과 자유주의자로서의 오크숏이라는 대조적인 평가를 어떻게 이해해야 하는가? 오크숏의 정치사상이 이 두 가지 모순적인 측면을 성공적으로 해소하지 못했다고 보고, 각 측면에서 필요한 지혜를 얻으면 된다고 주장할 수도 있을 것이다. 그가 매우 탁월한 사상가라고 해도 그 역시 오류와 모순을 범할 수 있다고 보면, 그리고 세계는 보수적인 측면과 진보적인 측면이 공존하는 곳이라고 보면, 그가 이 두 가지 흐름을 하나의 일관된 사상으로 통합시키지 못했다고 해서 치명적인 모순을 범했다고 비판하기는 어렵기 때문이다. 만일 그런 비판이 설득력이 있다면, 정치철학의 위대한 전통에 속하는 그 어떤 철학자도 모순적인 사상가라는 비판을 면치 못할 것이다.

하지만 오크숏이 자신의 정치사상에 담겨 있는 두 가지 상반된 흐름을 지각하지 못하고 매우 모순적인 정치사상을 제시했다는 해석은, 관념세계의 정합성이든 시민결사와 같은 정치이론의 정합성이든 전체―경험 전체, 경험양상으로서의 관념세계 전체, 국가이론 전체 등―의 정합성을 강조한 오크숏이 간과했다고 보기에는 너무나 분명한 모순이었다는 점에서 신빙성이 떨어진다. 그리고 이런 해석은 정치에 대한 이데올로기적 접근을 거부하는 그의 입장과 양립하기 어려운 것으로, 정치현상을 통합적으로 이해해야 한다는 그의 방법론적 기조에 충실한 해석으로 대체할 필요가 있다. 이런 방법론을 취할 경우 오크숏의 정치사상이 지닌 보수적인 측면과 진보적인 측면은 단일한 정치질서를 구성하는 상보적인 두 측면으로 해석할 수 있다.

오크숏이 보기에 보수적인 측면과 진보적인 측면은 정치질서를 구성하는 본질적인 두 측면이다. 정치질서에 고유한 전통과 권위가 존재하지 않을 경우 개별적인 정치행위들은 방향성과 안정성을 지니기 어렵고 정치질서로서의 형식마저 유지할 수 없다. 반면에, 장기적으로 변화를 수용할 수 있는 능력이 없다면 정치질서는 위기에 빠지거나 붕괴할 수밖에 없다. 그러므로 보수적인 측면과 진보적인 측면은 단기적이고 현실적인 차원에서는 서로 대립적일 수 있지만, 장기적이고 근본적인 차원에서는 안정과 쇄신의 균형과 조화를 산출함으로써 정치질서의 장기적인 존속에 기여한다.

오크숏의 정치사상에 나타나는 보수적 요소와 진보적(또는 자유주의적) 요소는 정치질서를 통합적으로 이해하고자 하는 그의 철학적인 방법론의 필연적 귀결이다. 물론 오크숏은 일차적으로 보수주의를 특수한 기질을 갖고 있는 사람들의 심리적 성향으로 이해한다. 다시 말해 보수주의는 사람들이 익숙하고 가깝고 친숙한 것들에 대해 갖게 되는 자연스러운 애착 성향을 의미한다.[15] 정치적 보수주의는 이런 성향이 정치전통을 향해 발현될 때 형성된다. 그것은 한 사회가 오랜 시간에 걸쳐 발전시켜온 관계양식이나 정치체제에 대한 애착으로 나타나며, 정치체제나 전통을 급격히 개혁하려는 운동을 억제 또는 절제시킴으로써 정치질서의 안정에 기여한다.

하지만 오크숏은 또한 개인의 자율성을 최대한 존중하는 시민결사를 근대사회의 정치적 비전으로 제시하고 있다. 이것은 그가 자율적이고 주체적인 개인들이 주도하는 시민사회의 역동성 및 진보성을 긍정하고 있다는 사실을 말해준다. 그러므로 오크숏은 모든 개인이 다 보수적인 성향을 지니고 있는 것이 아니라 그런 성향을 지닌 사람들이 보수적 태도를 견지한다고 주장하는 것일 뿐, 사회에는 익숙한 것보다는 새롭고 신기한 것에 끌리는 사람들도 적지 않으며 또 그들의 모험적인 삶을 통해 사회가 진보할 수 있는 개연성을 부정하지 않는다. 다만 그런 변화는 전통과 관행이 제공해주는 최소한의 안정성에 기반을 둘 때 '합리적인' 것이 된다고 보고(맥락 합리성), 개인의 자율성을 존중하는 작은 정부의 이상을 옹호해온 고전적 자유주의 전통을 지지한다.

물론 오크숏은 정치의 역할을 정치적 규칙들을 안정적으로 관리하는 활동으로 한정시키지는 않는다. 만일 그가 정치를 공적인 규칙체계를 안정되게 관리하는 행위로 규정했다면, 그를 정치적 보수주의자라고 단정 지어도 무방할 것이다. 하지만 오크숏은 정치에 진보적인 기능도 부여한다. 그에 의하면 정치는 시민결사의 공적 규칙들을 새롭게 개정하는 역할도 수행한다. 심지어 오크숏은 주어진 공적 규칙체계에 따라 정치사회를 관리하는 활동을 '통치'로 규정하고, 공적 규칙체계를 새롭게 개정하는 행위를 정치의 고유 기능이라고 강조한다.[16] 이런 주장은 오크숏을 보수주의자로 평가하는 해석이 그의 정치사상에 대한 매우 제한적이고 편협한 해석이라는 점을 명확히 밝혀준다. 요컨대, 급격한 사회변화로 인한 충격을 완화시켜줄 수 있는 정치적 규칙들 ― 혹은 정치제도들 ― 의 중요성을 강조하면서도 그런 규칙들을 새롭게 수정할 수 있는 정치의 개혁성을 동시에 부각시키고 있는 그의 입장은 정치세계에서는 변화와 안정이 서로 대립적인 가치들이 아니라 상호보완적인 가치들이라는 인식을 반영하고 있다.

이데올로기적인 이분법적 사고에 입각하여 정치현실에 대응해온 관례적인 접근 방법들에 대한 오크숏의 부정적인 태도는『신념의 정치와 회의의 정치』에서 그가 근대 유럽의 정치사를 개관하기 위해 사용하고 있는 두 가지 정치 스타일들을 생각해보면 다소 의아스럽게 느껴질 수도 있다. 어쨌든 오크숏도 서로 대립적인 것으로 여겨지는 두 가지 정치 스타일 ― '신념의 정치'(politics of faith) 대 '회의의 정치'(politics of scepticism) ― 의 대항 관계로 유럽 정치사를 개관하고 있기 때문이다. 하지만 중요한 것은 오크숏 역시 이분법적인 도식을 사용하고 있다는 사실이 아니라, 그가 그 두 가지 정치 스타일을 사용하는 방법의 차별성이다. 전통적인 이데올로기적 접근법은 두 가지 대립물들을 상정하고, 그중에서 한 가지 입장을 옳거나 발전된 것으로 간주하고 다른 입장은 그릇되거나 낙후한 것으로 치부한다. 따라서 서로 대립하는 두 가지 관점이나 입장들은 결코 화해하거나 공존하기 어렵다. 그에 따라 통치 집단의 정치행위는 지배적인 가치에 입각하여 사회질서를 창출하는 사회공학으로 간주되고, 반대 세력에게는 정치가 지배집단의 통치 권력을 빼앗으려는 필사적인 투쟁으로 간주된다. 한 마디로 관례적인 이데올로기적 정치이해에서는 지배와 저항이라는 권력투쟁이 곧 정치로 인식된다.

오크숏의 접근 방법은 이와 다르다. 그 역시 근대 유럽 정치사를 이분법적인 개념 틀을 가지고 접근한다. 하지만 두 가지 모델들은 서로 대립 관계에 있으면서도 상보적인 관계를 형성한다. 이상형들로 구성된 두 가지 정치 모델들은 그 성격상 서로를 배제할 수밖에 없다. 왜냐하면 각 모델이 이상적으로 작동하기 위해서는 다른 모델의 원리를 배격해야 하기 때문이다. 하지만 이 두 가지 모델은 이론적인 구성물일 뿐 실제로는 서로를 반드시 필요로 한다. 각 모델이 다른 모델에 의해 어느 정도 보완되지 않으면 내재적인 한계 ― 오크숏은 이것을 각 모델의 인과응보(nemesis)로 표현한다 ― 로 인해 붕괴될 개연성이 크다는 그의 주장은 이와 같은 인식을 반영한다. 요컨대, 정치문제에 대한 오크숏의 접근 방법은 전통적인 이데올로기적 접근 방법들에 공통적인 기계론적 이분법을 거부하고, 대립적인 두 가지 모델들을 사용하되 그 둘 사이의 관계를 변증법적인 관계로 재규정함으로써 보수와 진보의 이분법을 넘어선다. 그러므로 오크숏의 정치적 입장을 보수 대 진보라는 이분법적인 도식에 따라 재단하고 평가하려는 관례적인 접근 방법은 오크숏 자신이 단호히 거부하는 접근 방법으로 오크숏의 정치사상을 분석·평가하는 오류를 범하는 것이다.

이와 같은 관점에서 보면, 오크숏의 정치철학이 현대의 정치철학과 법철학 분야에서 가질 수 있는 의의는 매우 광범위함을 알 수 있다. 현대사회의 중요한 정치철학적·법철학적인 논쟁들인 자유주의/공동체주의 논쟁이나 실증주의/자연법주의 논쟁, 그리고 자유주의 내부의 자유주의/자유지상 주의 논쟁은 (관례적인 이데올로기적 접근 방법에 전형적으로 나타나는) 기계론적 이분법을 전제하고 있다. 하지만 지금까지 계속되고 있는 이런 논쟁들은 정상적인 공동체 생활을 위해서는 서로 대립적으로 보이는 두 가지 요소 혹은 원리들이 모두 필요하다는 인식으로 귀결되고 있다. 자유와 공동체(혹은 공동선), 권리와 의무, 좋음과 옳음, 목적과 의무, 인치와 법치, 완전주의와 반완전주의(혹은 중립주의), 최소국가와 사회국가(복지국가) 등 이분법적인 도식들은 정치질서와 법질서의 바람직한 성격을 이해하는 데 필수적이지만, 한쪽만으로는 바람직한 정치질서와 법질서를 유지하기 어렵다는 사실이 자명해지고 있다. 그런 의미에서 안정이 개혁의 필수조건이고, 개혁이 안정을 담보하는 데 필요하다는 오크숏의 변증법적인 인식 방법은 그가 전적으로 보수주의자거나 자유주의자라는 일방적인 평가의 문제점을 잘 드러내 준다. 그가 이상적인 정치가의 모델로 '균형자'를 제시한 것이나, 다양한 사회·경제적 변화에 성공적으로 적응해온 영국의 자유주의적 대의민주주의 전통을 지지한 것은 그를 특수한 이데올로기적인 범주로 규정해보려는 시도가 그릇되었다는 것을 입증해준다.

맺음말

근대의 이데올로기정치에 대한 오크숏의 비판은 철학적인 성격을 갖고 있다. 그 비판이 '철학적인' 이유는 이데올로기정치의 인식론적 토대가 되는 합리주의를 비판할 뿐만 아니라, 합리주의에 전제되어 있는 지식이론과 합리성 개념까지도 비판 대상으로 삼을 정도로 철저히 비판적이기 때문이다. 만일 오크숏이 이데올로기정치와 그것의 전제가 되는 합리주의적인 태도만을 비판했다면, 그 비판은 충분한 철학적 성격을 지니기 어려웠을 것이다.

오크숏에 의하면 정치철학은 근본 비판적인 성격을 잃을 경우 더 이상 '철학적인' 연구가 될 수 없고, 다른 종류의 정치연구―정치이론이나 정치이데올로기 등―가 된다. 그러므로 오크숏이 정치철학은 실용적인 목적을 추구할 수도 추구해서도 안 된다고 주장했다고 해서, 그가 정치에 관한 이론적인 연구나 이데올로기적인 연구의 필요성을 부정했다고 봐서는 안 된다. 그는 결코 실용적인 정치연구의 가능성을 부정하지 않았다. 따라서 오크숏이 엄격한 의미로 사용하는 '철학'이란 용어를 다소 융통성 있게 이해할 경우, 정치에 관한 철학적 연구에 미치지 못하는 연구도 정치철학의 범주에 넣을 수 있다.

정치철학의 비판적이며 비실용적인 성격을 강조하는 오크숏의 입장은 국가나 정부의 바람직한 역할을 "가능한 한 무엇을 하지 말아야 할 것인가"의 관점에서 접근하는 '회의주의적인' 태도와 친화성이 있다. 그리고 정부의 역할에 대한 회의주의적인 접근은 무엇보다 근대의 합리주의 정치('신념의 정치')에 대한 그의 통렬한 비판에 함축되어 있다. 정치철학이 제시하는 이상이나 목표가 아무리 숭고할지라도 그것들은 정치를 결국 사회공학적 도구로 만들어버린다. 그리하여 불확정적인 상황에서 집단적인 심의를 매개로 실현되는 개인의 자유를 억압하게 된다. 나아가서 실용적인 정치철학은 사회공학적인 태도를 전제하고 있거나 부추김으로써 성공적인 사회공학에 필요한 정치권력의 집중을 야기할 수 있다. 그리하여 문명의 표층에서 문명을 보호해야 할 정치활동을 문명의 핵심 내용을 결정하는 활동으로 만들어버린다. 이런 관점에서 보면, 오크숏의 정치철학은 철학을 세계를 변혁하는 실천적 활동으로 간주했던 마르크스보다는 역사의 황혼녘에 역사를 이해하는 활동으로 보았던 헤겔의 철학 개념에 더 가깝다.

오크숏의 정치철학은 일차적으로 특정한 상황 속에서 실용적인 문제해결이나 방향 제시를 위해 존재하는 학문이 아니다. 그것은 끊임없이 문제를 발견하고 그 문제를 이해하려고 하는 '열려진 사고방식' 혹은 '삶의 방식'에 더 가깝다. 그런 사고방식 혹은 삶의 태도는 당면한 문제를 해결하기 위해 일시적으로 비판적인 태도를 중지할 수는 있지만, 더 근본적인 문제를 발견하려는 철학적인 충동 때문에 당면문제에 대한 실용적 대응책을 모색하는 데 머무르지 않는다. 이런 측면에서 오크숏의 정치철학은 실용적인 문제해결에 경도된 현대정치철학의 지배적인 경향과 뚜렷이 대조된다.

물론 (정치)철학의 비실용적 성격을 강조한 오크숏의 정치사상에 실천적인 함의가 전혀 없는 것은 아니다. 정치철학과 과학 그리고 역사와 시를 포함한 모든 지적 활동들을 실용적인 가치로 환산·평가하려는 오늘날의 지배적인 추세―실용주의의 승리―속에서 (정치)철학의 비실용적인 가치를 옹호하는 오크숏의 입장은 전체 문명에서 다양한 지적 활동들이 지닌 고유한 가치를 웅변적으로 변론하는 것으로 이해할 수 있기 때문이다. 다시 말해 오크숏의 비실용적인 (정치)철학은 문명을 구성하는 다양한 활동들이 '실용' 이데올로기에 의해 위축됨으로써 초래된 문명의 빈곤화 현상에 대한 지적인 저항으로 볼 수 있다. 요컨대, 다양한 경험양상들(지식 형태 또는 사고방식)의 다원주의를 강력히 옹호하는 한편, 사고의 다양한 범주들―철학적 이해, 이론적인 이해, 이데올로기적·실천적 이해―을 구분하고 상이한 범주들 사이의 상호침투를 엄격히 배격했던 오크숏의 입장은 문명의 핵심 내용을 구성하는 다양한 지적·예술적 활동들의 고유한 가치를 부각시킴으로써 인류가 더 풍성한 삶을 향유할 수 있는 문명을 창출하기 위한 실천적 목표를 함축하고 있다고 해석할 수 있다.

이와 같은 맥락에서 보면 오크숏에게 정치는 그렇게 특별한 위상을 점하고 있지 않은 듯 보인다. 정치는 문명의 핵심 내용을 구성하지도 못하고 문명의 내용을 결정해서도 안 되는 활동으로 격하되고 있다는 느낌을 주기 때문이다. 하지만 오크숏은 문명생활에서 정치가 수행하는 역할을 결코 가볍게 보지 않았다. 정치가 없으면 문명전체가 붕괴될 수 있다고 보기 때문이다. 요컨대 오크숏에게 정치는 문명을 구성하는 핵심적인 활동은 아니지만 문명을 보호해주는 중요한 역할을 수행한다. 이와 같은 오크숏의 정치관에는 그의 위대한 스승 토머스 홉스의 영향이 짙게 배어 있다. 자연상태와 문명사회를 갈라놓는 것이 바로 정치라고 생각했던 홉스처럼, 오크숏도 정치야말로 안정적인 문명생활을 가능하게 하는 근본적인 인간조건이라 생각했기 때문이다.

더 읽을거리

- 김비환. 2014. 『오크숏의 철학과 정치사상』. 한길사.
  오크숏의 생애, 사상이 형성된 과정, 그의 철학과 정치사상 전반을 체계적으로 설명하고, 그의 철학과 정치사상을 20세기의 대표적인 사상가들의 그것과 비교함으로써 그의 정치사상이 지닌 차별성을 부각시킨 책이다.

- 마이클 오크숏. 2015. 『신념과 의심의 정치학』. 박동천 옮김. 모티브북.
  오크숏의 정치사상의 일단을 직접 들여다볼 수 있는 원전 번역서다. 근대 유럽의 정치 스타일을 '신념의 정치'와 '의심의 정치'(또는 '회의의 정치')로 구분하고, 이 둘 사이의 길항적인 공존 관계로 450년의 근대정치사를 해석한다.

- 에드먼드 닐. 2013. 『마이클 오크숏』. 이화여대통역번역연구소 옮김. 아산정책연구원.
  오크숏을 근대성과 다원주의를 옹호한 사상가로 해석하고 초기의 관념론 철학에서 후기 역사철학에 이르기까지 짜임새 있는 사상체계를 제시했다고 평가한 책으로, 오크숏의 사상 전반을 들여다보기에 좋은 번역서다.

8.

정치, 인간적 삶의 조건

한나 아렌트

김선욱

Hannah
Arendt

개요

아렌트의 초기 관심사는 형이상학과 신학에 있었으나, 나치의 등장과 유대인의 박해가 점차 심각해지자 정치로 방향을 전환하였다. 아렌트는 박해받는 이들의 바람직한 정치참여는 무엇인가를 유대인의 입장에서 고민하였고, 이는 전체주의에 대한 연구로 이어졌다. 이데올로기와 테러의 공포를 두 축으로 가동되는 전체주의는 역사의 필연적 산물이 아니라 여러 요소들이 결합되어 형성된 결정체였고 피할 수 있는 사건이었다. 그렇게 전체주의를 만든 요소들은 지금도 여전히 문화의 저류에 흐르고 있고 언제든 다시 등장할 수 있다. 전체주의를 막는 길은 올바른 정치를 세우는 것이므로, 아렌트는 정치 개념을 명료히 수립하는 노력을 기울였다. 이를 위해 아렌트는 인간학적 방식과 역사적 – 이론적 방식을 사용하여 '사회적인 것'과 '정치적인 것', '인간의 복수성', '정치적 행위' 등의 개념을 분석한다. 이는 혁명, 정치적 자유, 시민불복종, 법, 권력 등의 개념에 대한 이해의 토대가 된다.

생애

한나 아렌트(Hannah Arendt, 1906-1975)는 1906년 독일 하노버에서 태어나 1909년에 쾨니히스베르크로 이사하여 거기서 어린 시절 대부분을 보냈다. 아렌트의 가문은 개혁파 유대교에 속했고 아렌트는 친할아버지로 인해 일찍 유대교와 접촉하였지만, 아렌트의 부모는 비종교적이었고 아렌트 자신도 종교에 관심이 적었다. 마르부르크 대학 시절 1년 동안의 불트만에게 신학을, 하이데거에게 철학을 배웠다. 하이데거와의 연애 사건은 유명하지만, 하이데거에게서 받은 철학적 영향력이 학문적으로 더 중요한 문제이다. 아렌트가 야스퍼스에게서 박사논문을 쓰며 받은 영향력은 일생동안 유지되었다. 유대인에 대한 박해가 점차 심각한 상황에서 아렌트는 시온주의자를 돕다가 비밀경찰에 구금되어 심문받은 뒤 독일을 탈출해 프랑스에서 유대인 지원 활동을 도왔다. 나치가 프랑스를 침공하자 아렌트는 수용소에 수감되었다가 탈출하여 미국으로 건너가 18년간 난민 신분으로 지냈다. 이때 아렌트는 『전체주의의 기원』(*The Origins of Totalitarianism*, 1951)을 발표하여 학자로 인정받고 이후 정치에 대한 심화된 연구를 진행하였다. 1960년에 유대인 학살의 주범 아돌프 아이히만(Otto Adolf Eichmann)의 예루살렘 재판을 참관하고 악의 평범성에 대한 통찰을 남겼다. 이후 아렌트는 권위, 문화, 교육, 정치에서의 거짓말, 시민불복종 등에 대한 저술을 남기고 『정신의 삶』을 저술하던 중 1975년에 사망하였다. 아렌트 사후에도 유고들이 지속적으로 출간되고 있다.

주요 저술

한나 아렌트. 2002. 『칸트 정치철학 강의』. 김선욱 옮김. 푸른숲.

한나 아렌트. 2004. 『혁명론』. 홍원표 옮김. 한길사.

한나 아렌트. 2005. 『과거와 미래 사이』. 서유경 옮김. 푸른숲.

한나 아렌트. 2006. 『예루살렘의 아이히만』. 김선욱 옮김. 한길사.

한나 아렌트. 2008. 『전체주의의 기원』. 이진우 외 옮김. 한길사.

한나 아렌트. 2011. 『공화국의 위기』. 한길사.

한나 아렌트. 2016(수정판). 『인간의 조건』. 이진우 옮김. 한길사.

한나 아렌트. 2019. 『정신의 삶』. 홍원표 옮김. 한길사.

머리말

아렌트가 사망했을 당시 그녀의 영향력은 뉴욕의 지식인 사회를 크게 벗어나지 못했다. 그러나 오늘날 그녀의 사상은 전 세계적으로 소개되며 연구되고 있고, 그 영향력 또한 점차 강력하게 작용한다. 아렌트 사상이 처음으로 세계적인 주목을 받았던 것은 그녀가 사망한 지 10년도 더 지나서 동구권과 구소련 체제가 순식간에 붕괴되었을 때였다. 거짓말의 체계인 이데올로기로 구축된 전체주의체제는 순식간에 붕괴된다는 아렌트의 예견이 적중하였기 때문이다. 이후 그녀의 정치이해는 근대적 정치이해에 대한 반성의 맥락에서, 여성주의 이론이 여러 대안적 방향을 모색하는 과정에서, 여러 곳에서 발발한 시민혁명의 해석 과정에서, 체제 순응적으로 살아가는 지식인의 평범악을 비판하는 맥락에서, 세계적으로 다시 발흥하는 극우의 부활과 정치세력화의 문제점을 이해하고 대응하기 위한 노력에서, 우리의 정치적 사유를 재삼 자극함으로써 그 적실성을 입증해왔다.

아렌트 정치사상에 대한 설명을 연대기적으로 하자면 억압받는 유대인들이 어떠한 정치적 자각을 해야 하는가라는 논의에서 시작해야 한다. 하지만 여기서는 전체주의에 대한 아렌트의 논의에서 시작하여, 그 논의에서 구체화된 정치에 대한 그녀의 숙고 내용, 그 정치이해를 바탕으로 이루어진 혁명에 대한 이해, 혁명의 토대를 이해하게 하는 권력과 법 개념, 그리고 권력과 폭력의 차이에 국한하여 소개할 것이다.

전체주의 이해하기

『전체주의의 기원』 서문에서 아렌트는 전체주의를 이해해야 한다고 말한다. "이해란 잔악무도함을 부인하거나, 선례에서 전례 없는 일을 추론하는 일, 혹은 현실의 충격과 경험에서 오는 쇼크를 더 이상 느껴지지 않게 만드는 유추와 일반화를 통해 현상들을 설명하는 것이 아니다. 오히려 이해는 이 시대가 우리에게 지운 짐을 검토하고 의식적으로 짊어진다는 것을 의미하며, 그 짐의 존재를 부인하거나 그 무게에 패기 없이 굴복하는 것을 의미하지 않는다. 간단히 말해, 이해란 현실이 무엇이건 간에 미리 숙고하지는 않았어도 그에 주의력 있게 맞서고, 저항하는 것을 의미한다."[1]

전체주의에 대한 이해를 위해 아렌트는 유추와 일반화를 활용한 과학적 역사기술이 아니라, 내러티브 혹은 이야기를 통한 역사서술 방법을 채용한다. 기존의 역사가들은 이 책에 감정적 요소가 많이 개입되어 있으며, 책의 구성에 엄격성이 상실되었고, 역사과학에서 다루어야 하는 이론적 도구들이 활용되지 않고 있다고 비판했다.[2] 하지만 아렌트는 과학적 기술 방법은 인과율에 따른 필연성을 주장함으로써 자칫 일어난 과거에 대한 정당화로 이어질 수 있다고 반론한다. 사건이 주는 충격을 논리적 방법을 통해 이성적 부담을 경감해서는 안 되며, 심리적으로 혹은 정신적으로 부담스러운 사건을 정면으로 직시하면서 맞서는 방법이 전체주의 연구에 필요하다는 것이었다.

『전체주의의 기원』은 반유대주의, 제국주의, 전체주의 등 세 부분으로 구성되어 있다. 이는 전체주의가 반유대주의와 제국주의의 결합된 형태로 등장했다는 생각에 근거한 것이다. 전체주의는 20세기에 들어와 발생한 새로운 현상이며, 독재나 파시즘, 전제정치, 제국주의 등과는 본질에서 구분된다. 전체주의적 요소를 갖고 있는 정치체제라고 해서 그것이 반드시 전체주의체제는 아니다. 아렌트에게 전체주의란, 이데올로기와 테러를 활용하여 총체적 지배를 이루는 체제를 말한다. 이렇게 볼 때 현존했던 전체주의체제는 1938년 이후의 독일의 국가사회주의(National Socialism)체제와

1930년 이후의 러시아의 볼셰비즘 체제가 대표적이다.

총체적 지배란, 한 개인의 외부세계와 내면세계의 모든 것, 나아가 인간 전체를 전적으로 지배하는 것이며, 그 수단은 이데올로기와 테러다. 총체적 지배의 목적은 개별 인격체를 일정한 자극에 대해 항상 동일한 반응을 일으키는 존재로 환원하여 결국 각각이 다른 덩어리와 임의로 교환 가능한 존재로 만드는 것이다. 다양하고 차별화되는 인간들을 오직 한 명의 개인처럼 만드는 것이다.

총체적 지배로 향하는 길은 세 단계로 이루어진다. 첫째 단계는 인간의 법적 인격의 살해이다. 이는 사람들을 법적 보호에서 몰아내고 국적 박탈을 함으로써 비(非)법적 상태에 넣거나, 강제수용소와 같이 정상적 형벌체계가 작동하지 않는 예외적 지역을 만든 뒤 정상적인 법적 절차와 무관하게 사람들을 골라 수용소에 집어넣는 방법 등을 통해 실행되었다. 둘째 단계는 인간의 도덕적 인격의 살해다. 전체주의체제 속에서 인간은 선과 악 사이의 선택이 아니라, 이런 살인과 저런 살인의 선택 속에 내몰린다. 친구를 속여 살해하기. 혹은 자신의 아내와 아이를 죽음에 빠지게 만들기. 이때 자살을 선택하면 가족도 함께 죽는 상황. 세 자녀 가운데 한 아이를 골라 죽게 만들어야 하는 선택을 강요받은 엄마. 이런 상황에서 양심과 선행은 전적으로 불가능해진다. 이런 전체주의 정권의 범죄에 모든 사람이 의식적으로 조직적으로 가담하며 딜레마 상황이 총체적으로 전개될 때 도덕적 인격은 파괴된다. 셋째 단계는 개성(individuality)의 파괴다. 법적 인격과 도덕적 인격의 파괴 후에도 개인들의 차별화된 개성은 마지막 보루로 남아 있는데 이것은 신체적 파괴와 더불어 파괴된다. 수용소로 이송될 때 발가벗긴 채 완전히 서로 달라붙은 상태에서 며칠을 보내고, 그렇게 도착한 수용소에서 삭발하고 이상한 수용소 복장이 입혀진 채 죽지 않을 정도로 이루어지는 육체적인 고문. 그리고 지속적으로 이루어지는 인간 신체에 대한 절대적으로 냉혹하고 체계적인 파괴. 이러한 파괴는 개성의 파괴를 넘어 인간 존엄성의 파괴를 초래한다.

전체주의의 두 축: 이데올로기와 테러

총체적 지배를 추구하는 전체주의는 이데올로기와 테러 두 축으로 작동하였다.[3] 이데올로기는 과학적인 사유의 체계를 표방하며 그 자체가 과학적인 것처럼 행세하지만 실상은 사이비 과학에 불과하다. 그 이념적 뿌리를 현실에 두는 것 같지만 결국 현실을 망각하게 하고 왜곡하는 결과를 가져온다. 이데올로기가 주입되면 사람들은 마치 현실의 문제가 해결되는 것처럼 착각하지만 정부는 이런 방식으로 현실을 왜곡하여 자신이 원하는 결과를 얻으려 한다.

아렌트가 말하는 이데올로기의 특징은 다음과 같다. 첫째, 이데올로기는 현실에 대한 총체적 설명이 가능하다고 주장하지만, 현실을 설명하기보다는 생성 및 소멸의 과정을 전체적으로 설명하는 방식을 취한다. 둘째, 이데올로기는 경험에 근거한 판단을 인정하지 않은 채, '진정한' 현실에 대해 인식할 수 있는 육감을 요구한다. 육감을 제공하고 그것을 정당화하는 것 또한 이데올로기의 몫이다. 셋째, 이데올로기는 사실상 현실을 바꿀 힘을 갖고 있지 않기 때문에 이데올로기에 사유를 묶어 두기 위해서 논리에 집착하며, 사유를 경험에서 분리시켜 이데올로기의 일관된 체계에 사유를 묶어놓는다. 이런 특징을 가질 수 있는 것은 이데올로기가 철저히 폐쇄적인 자기 완결성을 갖고 있어서 현실의 경험이 개입될 여지를 남겨놓지 않기 때문이다.

이런 이데올로기를 국민들에게 주입시키고 믿게 만들기 위해 활용하는 방편이 테러다. 테러란 일반적으로 폭력을 통해 적 혹은 상대를 위협하거나 공포에 빠트려 인민 대중을 완전히 순종적으로 만든다. 나치 독일의 경우 테러는 유대인들에게 전면적으로 가해졌고, 구소련의 경우에는 누구나, 심지어 자신도 희생자로 만들 수 있는 비밀경찰을 통해 이루어졌다. 그리고 어디서나 강제수용소는 필수적이었다. 강제수용소는 전체주의체제의 창작물은 아니나, 전체주의체제는 고립적 환경을 만들어 인간에 대한 어떠한 실험이나 악행도 다 해볼 수 있는 곳으로 발전시켰다. 수용소는 인간에게서 자발성을 제거하고 인간에게 인격을 제거하여 단순한 반응 기계로 만들어버리는 곳이다. 총체적 테러는 개인들의 비인간화를 만들어내고, 개인들 간에 형성되는 자유의 공간을 파괴하며, 개인의 자발성을 압박하고, 이데올로기가 지시하는 대로 실천하게 만든다. 이를 두고 아렌트는 근본 악(radical evil) 혹은 절대 악(absolute evil)[4]이라고 했다.

전체주의는 전체주의운동을 통해 유지된다. 전체주의운동은 대중의 조직화로서 이루어진다. 이러한 대중은 계급에 속한 사람들이나 시민이 아니라 정치적 대의제 외부에 존재하는 사람들이다. 이들은 자기의 이익에 대한 관심에서 벗어나 있으며 공리적 사유를 경멸하는 특징을 갖는다. 또한 죽음이나 개인적 파국에 대해서도 냉소적 태도를 취하며, 현실의 구체적인 관계에 몰두하기보다는 추상적 관념들을 삶의 안내자로 삼고 있다. 경험에 근거한 가장 명백한 상식에 대해서도 경멸적 태도를 취한다. 이런 인간들은 고립적으로 살아가고 있으며 정상적 관계가 결핍된 자들이다. 이런 점에서 아렌트는 "전체주의운동은 원자화되고 고립된 개인들의 대중적 조직이다"[5]라고 말한다.

전체주의는 대중을 조직함으로써 권력의 극대화를 추구한다. 대중은 조직화를 통해 눈에 보이는 현실적인 힘을 경험한다. 전체주의 사회가 지향하는 것은 이데올로기가 제공하는 허구를 현실화하는 것이지만, 그런 현실화가 안정적 모습을 갖추는 것 자체는 거부한다. 안정성을 갖춘다는 것은 곧 운동의 중지를 의미하기 때문이다. 운동이 지속적으로 작용하는 것과 허구적 세계가 현실의 사실적 힘에 의해 붕괴되지 않도록 하는 것이 중요하므로 비밀경찰과 강제수용소가 필요한 것이다. 총체적 지배는 현실의 경험이 주는 사실의 힘과 인간의 내면에 있는 자유의 능력이 작용하지 못하도록 함으로써 달성된다.

총체적 지배가 이루어진 사회는 모든 것이 조직적으로 진행될 것이라는 기대 때문에 무척 효율적이라고 생각될 수 있다. 하지만 전체주의체제를 유지하기 위하여 국가의 안정적 조직이 소멸되고, 조직의 중간단계가 가져야 할 권위와 권한이 주어지지 않으며, 이로 인해 조직적 권위가 부재하게 됨으로써 조직 운영으로부터 나오는 효율성을 확보할 수 없고, 또 각각의 관청들이 마땅히 지니고 수행해야 할 전문적 능력과 책임감을 갖지 못하게 되고, 나아가 개인에게 있어서도 자발성과 자유가 상실된 탓에 주어진 상황에 대해 창의적인 대처가 불가능하게 된다. 모든 것이 지도자의 의지에 달려 있으므로 지도자의 의지가 결정되기 전까지 작업은 지연되고 판단은 유보된다. 이런 분위기는 관청을 넘어 모든 사람에게까지 확대됨으로써 결국 전체주의 사회에는 경험과 책임에 따른 실질적인 판단 능력은 소멸하게 되고, 모든 것은 정무적 판단에 좌우된다. 이런 사회에서는 효율성과 생산성은 결코 기대할 수 없게 된다.

전체주의의 위험에 맞설 수 있는 열쇠는 전체주의가 억압하려고 했던 것, 즉 이데올로기를 통해 차단하려 했던 사실의 힘과 테러를 통해 차단하려고 했던 인간의 자발성, 즉 자유에 있다. 사실의 힘은 허구를 깨고 삶이 가능한 길을 열어가는 힘이므로, 우리는 현실의 경험을 통해 우리에게 다가오는 것에 주목하고 현실의 소리에 귀를 기울여야 한다. 또한 우리에게 주어진 자발성, 나만의 개성, 인간의 복수성은 함께 살아가는 공동의 삶 속에서 자유를 가능하게 하는 원천이므로, 그런 자유의 이름인 정치적 자유가 우리 가운데 살아 있도록 해야 한다. 전체주의의 극복은 경험에서 다가오는 사실의 힘에 기초하여, 개인의 내면에서 나오는 자발성에 따르며 자신을 드러내는 가운데 더불어 살아가는 방식인 자유를 확보함으로써 가능하게 된다.

정치, 인간적 삶의 조건

『전체주의의 기원』에서 아렌트는 바람직한 정치 개념을 전제로 전체주의를 설명하지만 정작 그 정치 개념이 무엇인지를 설명하지는 않고 있다. 그 이후 아렌트는 이 문제에 집중하였고, 결국 『인간의 조건』(*The Human Condition*, 1958)에서 명료하게 보여주었다. 『인간의 조건』은 여러 내용을 풍요롭게 지니고 있지만, 그 가운데 아렌트가 현상학적 방법으로 드러낸 '정치적인 것'(the political)에 대한 이해가 핵심적 역할을 하고 있다.

"정치란 무엇인가?"에 대한 대답 또는 '정치적인 것'에 대한 해명을 아렌트는 '인간학적'이라고 부를 수 있는 방식과 '역사적 – 이론적'이라고 부를 수 있는 방식으로 진행한다. 인간학적 방식으로 설명한 내용은 대체로 다음과 같다.

첫째, 정치는 인간적 현상이다. 인간이 함께 모여 공동생활을 영위함으로써 정치는 발생한다. 동물들은 물리적 힘을 바탕으로 서로 욕구의 갈등을 해결하기 때문에 동물의 삶에는 정치가 존재하지 않는다. 하지만 인간의 경우, 갈등을 육체적 또는 물리적 힘으로 해결하려 하지 않고 말로써 조정하려 한다는 점에서 다르다. 물리적 힘에 의존하지 않고 인간적 방식으로 문제를 해결하려는 데 정치가 존재한다. 따라서 정치가 인간적 현상이라는 특징은 인간이 복수로 존재한다는 사실과 인간이 언어를 사용한다는 사실에 근거를 두고 있다.

둘째, 정치를 요구하는 인간적 갈등은 인간의 복수성(human plurality)에서 나온다. 인간의 복수성은 모든 개인마다 다른 특성을 가지고 있다는 점을 강조한 개념으로, '다양성'이나 '다원성'보다 차이를 더 강조한 표현이다. 동물과 인간에게서 발생하는 갈등의 양상은 다르다. 동물의 경우는 먹이와 연관된 갈등이지만, 인간의 경우는 단순한 이익 문제만이 아니라 자존심과 명예, 열등감, 정의, 체면 등이 갈등의 소재가 된다. 즉 동물의 갈등은 이해관계의 갈등으로 환원되지만 인간의 갈등은 인간 개체가 모두 서로 다른 모습을 하고 또 이것이 존중받기를 바라는 데 특징이 있다. 개인마다 존재하는 차이는 인간의 복수성을 구성하며, 이것이 정치를 요청하는 인간학적 토대가 된다.

셋째, 정치는 인간이 언어를 사용한다는 점에서 가능해진다. 그래서 아리스토텔레스는 동물이라는 "인간은 언어를 사용하는 동물"이라는 정의에서 "인간은 정치적 동물"이라는 정의를 이끌어낸다. 언어는 개인의 고유한 모습을 드러내는 기능과 소통을 통해 갈등을 조정하는 기능을 갖고 있다. 전자의 기능은 정치적 행위를 분투적(agonal)으로 만들고, 후자의 기능은 소통적(communicative)으로 만든다. 아렌트의 정치 개념은 이 두 측면을 모두 포괄한다. 분투적 행위로서의 정치는 미적 판단과 같이 절대적 기준에 의존하지 않는 반성적 성격의 판단을 요구한다. 소통적 행위로서의 정치는 철저히 언어를 매개로 한 방식으로 정치를 이루어갈 것을 요구하며, 폭력이 정치의 연장으로 여기는 관점, 예컨대 "전쟁은 다른 수단을 이용한 정치의 연장"이라는 관점에 대해 아렌트는 반대한다.

넷째, 아렌트는 인간의 다양한 활동을 분석하는 가운데 정치적 행위가 인간에게 가능함을 규명함으로써 정치를 설명한다. 인간의 행동은 그 본질적 특성에 따라 노동, 작업, 행위로 구분된다. 노동(labor)이란 인간의 가장 기본적인 삶의 조건과 관련되는 문제, 즉 신체의 신진대사를 위해 필요의 충족을 위한 것이다. 먹고사는 문제는 인간의 생명 유지와 직결되기 때문에 이 노동의 대상에 대한 욕구는 인간의 욕망 가운데 가장 강력한 것이라고 할 수 있다. 노동은 생산과 재생산, 소비라는 주기적이며 반복적인 활동을 특징으로 한다. 이러한 반복의 종언은 생명의 끝을 의미한다. 노동에 종사하는 모습의 인간을 노동하는 동물(animal laborans)이라고 한다. 작업(work)이란 집이나 가구 등과 같이 생활의 필요에 따라 보다 항구적인 물건이나 시설을 만드는 활동을 말한다. 생명 유지라는 관점에서 볼 때 작업은 노동에 비해 직접성이나 긴급성은 떨어지지만, 그의 생산품은 보다 항구적이고 지속성을 갖고 있다. 작업의 생산물로 인해 사람들 간에 교환관계가 형성된다. 작업으로 만든 공간에서는 정치적 활동도 이루어지므로, 작업은 인간의 공동 세상을 형성하기도 한다. 노동은 전적으로 사적인 욕구를 해결해줌으로써 그 자체는 사적인 차원에 머물러 있지만, 작업은 공적인 세상을 열어간다. 작업에 종사하는 인간을 공작인(homo faber)이라 부른다. 행위(action)란 인간의 복수성에 기초하여 이루어지며, 다른 사람들이 보는 가운데 자신의 모습을 드러내고 다른 사람들이 자신의 말에 경청하기를 원하는 활동을 말한다. 만일 어떤 사람에게 모든 물질적 풍요를 보장하는 대신 자유를 빼앗는다면 그 사람은 행복할 수 있을까? 풍요로운 노예의 삶은 인간적인 삶이 될 수 있을까? 그 대답이 부정적일 수밖에 없는 이유는 인간의 자유가 억압되고 자신의 고유한 정치적 판단을 공적 영역에서 내릴 수 없을 때 인간은 인간다운 삶을 살 수 없기 때문이다. 인간의 복수성이 드러나는 행위의 중요성은 생명 유지 활동만큼이나 중요하다는 것은 인간에게 정치가 불가피하다는 것을 말해준다. 따라서 인간이 정치적 동물이라는 말은 모든 인간에게 해당한다.

다섯째, 정치는 인간 관계의 망을 통해 형성된다. 인간 관계에는 주관적 측면과 객관적 측면이 있다. 관계의 객관적 측면은 물건 거래 관계처럼 물질적 연관 관계를 중심으로 형성되는 측면을 말한다. 일반적인 사회관계는 객관적 측면을 중심으로 형성된다. 관계의 주관적 측면은 인간이 상호 교류하면서 형성되는, '순전히 함께 하는' 측면을 말한다. 친구 관계, 친한 이웃 관계가 형성하는 것이 이런 측면으로 진정한 소통이 이 측면을 통해 가능하게 된다. 그러나 이 측면은 억압적 사회구조하에서 제대로 형성될 수 없다. 정치적 행위는 인간관계 망을 통해 그 영향력이 전파된다. 서로 다른 사람들이 형성해내는 이 망을 통과할 때 정치적 행위의 영향력은 한 개인의 예상과 통제력을 벗어나게 된다. 그래서 인간사는 예측불가능한 것이 되고, 세계는 전례 없는 일들로 충만하게 된다.

'정치적인 것'의 개념

정치에 대한 역사-이론적 설명은 '정치적인 것'에 대한 설명을 중심으로 진행된다. 여기서는 사적/공적, 사회적/정치적이라는 개념 쌍들이 분석된다. 사적/공적 개념의 분석을 위해 아렌트는 고대 그리스와 로마 사회에 대한 역사적 설명을 시도한다. 고대 그리스 사회에서 '사적'(the private) 개념은 공적 정치적 관심이나 논의의 대상이 될 수 없는 것을 지칭한다. 혼자서 혹은 가정 내에서 해결해야 하는 문제들이 여기에 해당된다. 경제문제는 이런 사적인 것의 전형적 예이다. 경세문제는 가정에서 해결되어야 했고 따라서 가정은 사적 공간의 전형이다. 가정을 의미하는 그리스어 'oikos'가 경제를 의미하는 'economy'의 어원인 것은 이러한 맥락을 보여준다.[6]

'공적'(the public) 개념은 '사적' 개념과 모순적 관계에 있는데, 정치적 문제나 국제적 분쟁과 같은 것이 그 예다. 이런 문제들은 아고라(agora)와 같은 열린 공간에서 참정권을 가진 시민들에 의해 토론되고 논의된다. 아렌트에 따르면 고대 그리스 사회에서는 법에 의해 가정과 폴리스의 구분을 구체화하였는데, 그 이유는 사적인 문제들이 갖고 있는 힘이 공적 토론의 성격을 침해할 것을 염려했기 때문이다. 빵의 문제가 자유의 문제보다 더 급하고 절실하게 느껴지는 것처럼 경제문제는 인간의 생명 유지와 연관된 것이므로 이것이 공적 영역에 들어오게 되면 자유로운 공론의 장이 압도될 수 있다는 것이다. 이처럼 '공적인 것'은 타인의 현존 가운데 자유롭게 자신을 표현하고 소통할 가치가 있는 것을 가리키며, '사적인 것'은 자유로운 소통과 검증을 필요로 하지 않는다는 것을 가리킨다.

사적/공적 개념 쌍의 분석은 다시 사회적/정치적이라는 개념 쌍의 분석으로 이어진다. 이 연관은 사회적인 것의 등장(the rise of the social)이라는 현상과 연관하여 설명된다. 이 현상은 과거 사적 영역에 속하였던 경제적 관심이 근대에 들어와 국가적 차원에서 공적 관심의 대상이 되어버린 역사적 과정을 가리킨다. 경제문제와 같이 원래는 사적인 특성을 가진 것이 공적 관심을 획득한 것을 '사회적인 것'이라 부른다. 현대사회에 '사회적인 것'이 중심을 이룸으로써 진정으로 '공적인 것'은 위기에 빠졌다. 현대의 위기의 본질은 이런 진정으로 공적인 것, 즉 '정치적인 것'의 위축에 있다. 따라서 아렌트는 정치적인 것이 자신의 자리를 회복할 것을 요청한다.

한편, 정치 개념을 명료화하는 아렌트의 작업은 정치의 자율성을 드러내는 데로 귀결된다. 정치의 자율성이란 정치가 다른 것을 위한 수단으로 존재하거나 또는 다른 것으로 환원되지 않고, 그 자체로서 고유한 영역을 가지고 있음을 의미한다. 또한 정치는 인간적 공존 양식을 지향, 보존, 강화시킬 목적으로 취해지는 자기-목적적 활동이라고 할 수도 있다.[7] 정치의 자율성은 정치영역의 고유성과 존엄성을 의미한다. 아렌트에 따르면 정치행위의 궁극적인 지향점은 정치적 공간(공적 영역, 세계)의 존속이라고 할 수 있다. 이는 정치 공간이 있는 곳에서만 인간은 자신의 정체를 드러낼 자유를 누릴 수 있고, 공동의 관심사를 합의에 의해 도출해낼 수 있기 때문이다.

혁명과 새로운 질서

『혁명론』(*On Revolution*, 1963)에서 아렌트는 서양사에 나타난 혁명을 분석하면서 자신의 독특한 혁명 개념을 제안한다. 아렌트는 혁명을 전쟁과 구별하고, 또한 해방과도 구분한다. 관점에 따라 혁명은 전쟁을 포함하며 따라서 혁명은 폭력을 포함하는 것으로 보인다. 하지만 아렌트는 비록 전쟁의 목표를 혁명으로 설정함으로써 전쟁의 폭력을 정당화하려는 시도는 할 수 있지만, 혁명은 정치적 자유를 추구하는 것이고 '새로운 세속 질서'(novum ordo seculorum)의 출현을 목적으로 하기 때문에 전쟁과는 다르다. 따라서 혁명이 시작되기 전 해방의 과정으로 전쟁이 활용된다고 해도 해방 혹은 그 구체적 행위인 전쟁(해방전쟁)은 혁명과 엄밀하게 구분되어야 한다.

아렌트의 혁명 개념은 다음과 같은 네 가지 특징을 갖는다. 첫째, 혁명은 정치적 자유를 목적으로 한다.[8] 정치적 자유란 남의 지배를 받지 않고 누리는 정치 영역에서의 자유를 말한다. 정치적 자유란, 자연적 상태에서는 평등하지 않은 존재들이 정치공동체를 만들고 그 안에서 서로 평등한 존재가 되겠다고 약속하고 그 공동체를 존속하면서 누리게 되는 약속 구성원의 자유다.[9] 이런 정치적 자유가 혁명정신의 요체이다.

둘째, 혁명은 비폭력적이다. 해방 과정에서는 폭력이 사용되지만 혁명의 과정은 비폭력적이어야 한다. 폭력이 혁명에서 지배적 역할을 하는 한, 혁명은 정치영역 밖에 있다. 혁명은 어디까지나 정치적 행위이다. 혁명은 폭력적인 해방의 과정을 끝낸 뒤에 이루어지는 것이며, 헌법제정 과정을 핵심으로 하는 비폭력적인 과정이다. 해방 과정에서 발생하는 폭력은 해방을 막아서는 세력에 대한 방어로 등장하므로, 그 폭력은 개인 권리와 집단의 자율권 억압을 목적으로 하는 폭력에 대한 대항적 폭력 성격을 가진다는 이유에서 정당화가 가능하다. 억압자가 자신의 법으로 해방 행위에 대응하고 처벌함으로써 발생하는 폭력은 해방자들에게는 저항의 대상일 뿐 순종의 대상일 수 없기 때문이다.

셋째, 혁명은 그 과정에서 혁명정신을 실현하기 위한 평의회(council)를 형성한다. 평의회는 "우리가 참여하기를 원한다, 우리가 토론하기를 원한다, 우리의 목소리가 대중에게 들려지기를 원한다, 그리고 우리가 우리나라의 정치과정을 결정할 책임을 원한다"[10]는 취지에서 형성된다. 이는 자발적 결사체의 핵심 태도이다. 평의회는 여러 형태로 프랑스혁명, 파리 코뮌, 러시아혁명, 헝가리혁명 등에서 나타나며 미국의 경우에서도 타운홀 미팅과 같은 회의체의 모습으로 나타났다. 평의회는 혁명의 정신을 실질적으로 담지한 기초적 조직이다.

넷째, 혁명은 정치적 자유의 구성(constitution)으로서 새로운 정치질서 산출을 목적으로 하는 헌법(Constitution)을 만들어낸다. 혁명은 새로운 세속적 질서를 탄생케 하는 잠정적 국면이다. 새로운 세속적 질서는 헌법을 통해 만들어진다. 그래서 아렌트는 헌법 제정이야말로 참된 혁명적 요소라고 강조한다. 혁명은 이 헌법을 구성하는 과정과 그 결과로서 새로운 질서 수립을 요구한다.

정리하면, 혁명은 정치적 자유를 정신으로 가지며, 비폭력의 태도로 평의회를 주체로 하여 그 결과물로 헌법을 만들어내 사회를 안정화함으로써 성공에 이르게 된다. 아렌트는 『혁명론』에서 이 혁명 개념에 적합한 경우가 미국혁명이라고 하였다. 프랑스혁명의 경우는 정치적 자유를 그 정신으로 갖고 시작했지만, 그 과정에서 '사회적 문제'(the social question)에 집중함으로써 결국 실패했다는 것이 아렌트의 평가다. 아렌트는 사회적 문제에 몰입하는 것은 정치적 혁명이 될 수 없고, 또 그 경우 혁명을 실패로 귀결시킨다고 보았다.

시민불복종

혁명이 새로운 질서를 최초로 수립하려는 시도라면, 시민불복종은 이미 수립된 법질서가 더 이상 현실을 잘 반영하지 못할 때 부분적으로 법의 변경을 시도하는 행위이다. 시민들의 집단행동이 시민불복종 행위가 되려면 몇 가지 조건을 충족시켜야 한다. 우선 그것은 정치공동체를 염두에 둔 시민적(civil) 행위여야 하며, 개인의 양심에 따라 이루어지는 개인적 혹은 집단적 행위여서는 안 된다. 아렌트가 헨리 데이비드 소로(Henry David Thoreau)의 불복종 행위에 대해 '시민불복종'이 아니라고 규정한 것은 그것이 시민적 행위가 아니라 양심적(conscientious) 행위였기 때문이었다. 또한 양심적 병역거부도 개인의 양심 혹은 신앙에 따른 불복종이므로 시민불복종에 해당되지 않는다. 시민불복종은 잠정적으로라도 시민 전체에 해당되는 사안으로 시민 전체를 대표하여 행위한다는 의미를 갖는 것이며, 개인이나 특정 집단에 제한되어 수행되는 것이 아니다.[11]

둘째, 시민불복종 행위는 집단행동을 하는 시민들이 정치적 사안에 대해 갖는 공통의 의견을 중심으로 해야 한다. 집단행동의 참여자 수가 소수인지 다수인지는 중요하지 않으며, 심지어 한 명이 행위할 때조차도 그것이 다수 공통의 의견을 대표하는 방식으로, 즉 그의 일원으로 수행된다면 시민불복종 행위가 된다. 시민불복종 행위는 집단 이기심의 발로가 아니라 공동행위(action in concert)를 통해 마치 하나의 자발적 결사체가 형성될 때 갖게 되는 것과 동일한 정신을 드러내는 정치적 의견의 표출 행위다.

셋째, 시민불복종 행위는 법률에 대한 불복종 행위지만, 이와 동시에 헌법 정신에 부합하는 행위이다. 시민불복종의 행위자는 정치공동체의 일원이며, 자발적 결사체인 이 공동체의 정신은 헌법을 통해 나타나기 때문이다. 따라서 불복종 행위는 헌법에 대한 불복종이 아니라 법률에 대한 불복종이다. 이 행위의 불복종 대상이 되는 것은 현재 문제가 되는 법률 그 자체를 위반하는 방식, 혹은 그 법률 자체에 대한 저항이 불가능한 경우에는 고의적으로 경미한 불법행위(예컨대 도로교통법 위반 등)를 저지르는 방식의 저항행위이다. 법적 허가에 따라 이루어지는 행위는 합법적 의사표현이지 불복종 행위는 아니다.

넷째, 법률에 대한 집단적인 불복종 행위가 시민불복종 행위로 간주되기 위해서는 "변화를 이루어낼 정상적 통로가 더 이상 기능하지 못하고 불만이 더 이상 청취되지 않거나 처리되지 않는다는 확신이 드는 상황"이거나, "정부가 그 적법성과 정통성이 심각히 의심스러운 방식으로 어떤 변화를 꾀하거나 정책에 착수하고 추진한다는 확신이 들 때"라는 조건이 필요하다. 이런 조건에서는 '불복종'의 귀책사유가 불복종 행위 참여자들이 아니라 그런 행위를 할 수밖에 없도록 만든 제도와 조직 혹은 정치지도자에게 있다. 이 조건에서 시민불복종 행위는 법률에 어긋날 수 있으나 그 법이 정당화되는 헌법 정신에는 부합하기 때문이다.

다섯째, 시민불복종 행위는 진정한 권력 행사의 문제이다. 불법적으로 보이는 그들의 행위는 사실상 시민의 권력 표현이며, 현행 법률에 의해 소외되었던 권력의 주체가 누구인지를 확인하며 바로 잡는 과정이다. 한나 아렌트는 주권 중심의 국가 개념에 대해 비판적이었기 때문에 이 맥락에서 '시민의 주권'이라는 표현보다 '시민의 권력'이라는 표현이 더 적절하다.

끝으로, 시민불복종 행위는 물리적 폭력을 수단으로 사용해서는 안 된다. 불복종 행위는 시민적 행위이며, 시민들의 동의를 구하는 내용을 위한 것이기 때문이다. 동의란 의견과 토론을 바탕으로 하는 것이므로, 폭력을 통한 자발적 동의에의 호소란 자기모순이다. 따라서 폭력을 반드시 동원해야만 하는 집단적 주장은 정치적 주장일 수 없고 시민불복종 행위일 수도 없다. 시민의 권력은 폭력이 아니므로 시민의 권력에 대해 강제력을 동원하여 억압하려는 정부의 행위는 권력이 아니라 폭력이다.

권력의 적법성(legality) 혹은 정통성(legitimacy)은 공동체를 형성한 정신에 근거한다. 그 정신은 정치공동체를 최초로 형성했던 행위, 즉 혁명을 통해 처음 표출되었던 것으로 헌법을 통해 보존되어온 것이다. 따라서 근대적 국가 개념으로 볼 때, 권력은 시민에게서 나오며, 법이 구현하는 권력의 근거는 시민에게 있다. 만일 현존 헌법이 독재자의 자의에 따라 형성되어 있고 시민의 권력에 근거한 것이 아니라면, 정치적 자유를 추구하는 시민은 그 법에 저항하며 해방과 새로운 질서 형성을 추구할 것이다. 이것은 시민불복종이 아니라 헌법 자체를 바꾸려는 혁명이다. 시민불복종은 그 국가의 헌법이 시민의 권력에 근거한 것이라는 인식이 일반적일 때, 헌법보다 하위의 일부 법률이나 명령, 혹은 정부의 정책을 바꾸려는 노력으로 이루어지는 것이다.

정통성을 가진 국가 권력에 대한 복종은 폭력에 의한 노예적 굴종과는 다르다. 정치 기구들은 시민 권력의 구체화이며, 정치적 장치를 통하여 시민은 자신들을 규제하는 자들을 규제한다. 권위란 시민의 소통과 합의에서 이루어진 법에 근거한 힘이며, "왜"를 묻지 않고 따르게 만드는 힘이다. 시민불복종 행위는 법과 국가의 권위가 시민의 권력에 기초하지 않는다는 확신에 근거한 것으로 진정한 권력적 행위인 것이다. "불복종"이란 표현은 그런 법률의 권위에 복종하지 않는다는 말이다.

자유의 구성과 법

아렌트는 자유가 정치의 존재 이유이며, 자유가 경험되는 영역은 정치적 행위라고 말한다. 정치적 자유는 정치적 장을 형성하며, 또 그 장에서 행위자 자신을 드러내는 행위로 표현된다. 정치적 자유의 원형은 그리스어 이소노미아(ἰσονομία) 개념에서 찾을 수 있다. 이 말은 평등을 뜻하는 이소스(ἴσος)와 법을 뜻하는 노모스(νόμος)의 합성어이다. 이는 흔히 "법 앞의 평등"으로 번역된다. 통상적으로 평등은 '조건에 있어서의 평등', 즉 물질적 재화가 평등하게 이루어진 상태를 의미하는 말로 이해되지만, 이소노미아는 즉 "동료 집단(a body of peers)을 형성한 이들 사이의 평등"을 의미한다. 따라서 아렌트는 이소노미아를 "법의 영역 내에서의 평등"으로 옮기는 것이 더 적절하다고 주장한다. 이소노미아가 보장하는 평등은 "모두가 평등하게 태어났기 때문에" 이루어져야만 한다는 근대적 의미의 평등과도 다르며, 오히려 그 반대로 "인간은 자연적으로는 불평등하게 태어났기 때문에" 인간들이 인위적으로 만들어 생활하는 공동체 내에서 법을 세우고 그 법이 적용되는 한(법의 영역 안)에서 의도적으로 이루어내려는 평등이다. 결국 이소노미아가 의미하는 평등은 개인의 속성 혹은 개인이 요구하는 권리에 근거한 평등이 아니라, 공동체의 속성으로 존재하는 것이다. 그리스 도시국가 관점에서 본다면 평등은 폴리스의 특성인 셈이다.

정치적 평등이 이루어지기 위해서는 인간이 만든 법에 의해 인위적으로 형성된 특별한 영역이 필요하다. 이러한 영역이 정치적 영역이다. 정치적 평등은 정치 영역에서 정치행위를 통해 자신을 드러낼 수 있고 자신의 의견이 다른 사람들에게 청취되고 평가될 수 있도록 할 수 있는 평등성의 확보를 통해 존재할 수 있다. 어떤 사람이 이런 정치공동체에서 태어난다면 그는 태어나면서 평등을 누릴 기회를 갖겠지만, 그렇다고 해서 이런 기회가 자연적으로 주어지는 것은 아니다. 정치공동체는 항상 어떤 사람들에 의해 인위적으로 만들어지고 유지되어온 것이다. 이런 정치공동체를 최초로 열어낸 것은 혁명과 같은 방식으로 작동한 정치적 자유이다. 따라서 우리는 정치적 자유를 통해서 정치적 평등이 가능하게 된다고 말할 수 있다.

시민이 정치적 자유를 지속적으로 향유하기 위해서는 제도화라는 장치가 필요하다. 제도화는 법을 통해 이루어지고, 법은 정치공동체의 근본 틀을 구성하는 헌법에 명시된 원리에 따라 구체적으로 서술된다. 이러한 과정을 표현하는 말이 "자유의 구성"(the constitution of freedom)이다. 구성(constitution, 構成)이란 말은 골격을 만들어낸다는 말이며, 지금의 맥락에서는 기본 틀을 형성하거나 기본 원리를 구축한다는 의미가 된다. "구성"(constitution)과 "헌법"(Constitution)은 영어로는 근본적으로 동일한 단어이다. 헌법은 혁명에 참여한 이들의 합의를 담은 것이므로, 권력은 인민에게서 나오며, 법은 헌법에 그 근원을 갖는다. 헌법은 기록된 문서, 지속적으로 존재할 수 있는 객관적 물체이고, 지속성을 가진 유형적인 것으로 현세적 실체이며, 그것이 탄생시킨 정치체에 대해 구속력을 가진다. 헌법과 연관되어 이해되는 권력 개념은 미국에서 시작되었다.

이런 권력 개념이 등장했던 것은 메이플라워호 선상에서 102명의 청교도들이 〈메이플라워 서약〉(Mayflower Compact)을 작성하고 대륙 상륙 즉시 서약했을 때였다. 이들은 신대륙에서 경험할 "자연상태, 어떠한 경계로도 제한되지 않은 미답의 황무지뿐, 그리고 어떠한 법에 의해서도 구속받지 않는 인간들의 무제한적인 주도권"을 두려워했다. 이러한 공포는, 토머

스 홉스의 경우에는 인민들이 자신의 주권을 국가에 양도하여 리바이어던과 같은 절대적 권력체를 형성하는 계기가 되었지만, 이들 청교도들에게는 "시민적 정치체"를 형성하는 데로 나아가는 계기가 되었다. 이 시민적 정치체란 "'하나님의 현전(現前)과 서로가 모인 가운데' 했던 상호적 약속의 힘에 의해서만 결합된 것으로, 필요한 정부의 법과 도구를 모두 '시행하고, 구성하고, 기초할' 만큼 상당히 강력했다." 이러한 합의와 서약과 서약서를 만드는 행위가 이후에 일어날 일들에 "전례"가 되었던 것이다.

시민적 정치체와 연관된 권력 개념은 유럽에서 생각했던 권력 개념과는 다른 특징을 가지고 있었다. 우선 청교도를 따라 미대륙으로 이민온 영국인들이 형성한 시민적 정치체들은 지배(rule)를 함의하고 있지 않았으며, 주민을 지배자와 피지배자로 구분하지 않았다는 점에서 특이하다. 이러한 정치체는 권력을 향유하는 정치 영역이면서 동시에 주권을 소유하거나 주장하지 않으면서 권리를 요구할 자격을 갖추고 있는 정치 영역을 이루었다. 이러한 권력에 대한 경험, 그리고 이러한 정치 조직에 대한 경험이 미국에서 형성될 공화국의 성격에 영향을 주었다. 즉, 공화국이 형성되고 확장되어 나감에 있어 그 원리가 "팽창"이나 "정복"이 아니라, "권력의 지속적 결합"으로 작용할 수 있게 했던 것이다.

권력과 폭력

권력은 사람들이 함께 행위하는 가운데 생겨나며 흩어질 때 소멸하는 것이므로, 권력의 존속은 약속과 서약을 통해 가능하게 된다. 이런 행위와 약속, 서약을 통해 사람들이 안정적으로 거주할 수 있는 공간을 열게 되는데, 이를 "세계"라고 부른다. "권력은 정치 영역에 있어서 최상의 인간적 능력이라 할 수 있는 약속하기와 약속 지키기를 통하여 [공동체를] 구성하는 가운데 인간으로 하여금 서로 연결되며 결합하게 만드는 현세적 사이 공간에만 적용되는 유일한 인간적 속성이다."[12] 이를 아렌트는 '권력의 구문'(the syntax of power)이라 불렀다. 권력이란 인간의 속성이며, 어떤 공적 사안에 대해 서로 연결되어 함께 행위하는 가운데 드러나며, 서로 약속하고 지키는 가운데 공동체를 구성하고 그 안에서 함께 공동의 삶을 영위할 수 있게 하는 힘이다. 권력이 형성되는 것은 행위를 통해서이고, 권력이 존속되는 것은 약속을 통한 법의 형성을 통해서이다.

이렇게 이해된 권력은 폭력과 정반대되는 것이다. 폭력이란 개인 혹은 집단의 의지가 다른 개인 혹은 집단의 의지를 제약하는 현상과 관계된다. 법이 개인에게 제약으로 작용할 때 개인은 그것을 국가의 폭력으로 여길 수 있다. 하지만 제약이 근본적으로 자신이 동의해서 형성된 법에 따라 이루어진 것이라면 그것은 자신이 자신에 대해 권력을 행사한 것으로 이해될 수 있다. 개인이 약속한 내용을 위반했을 때 발생한 것이 그런 제약이기 때문이다. 그 한에서 국가의 정당한 권력은 폭력일 수 없다.

폭력이 권력과 유사하게 인식되는 것은 정치를 지배자 – 피지배자의 관계로 접근할 때이다. 이때 권력이란 지배자가 피지배자를 통치(ruling)하기 위한 도구일 뿐이다. "모든 정치는 권력을 위한 투쟁이다"라는 말에서 정치란 지배자가 되어 지배적 권력을 행사하는 자리를 차지하려는 투쟁적 노력이라는 말이다. 한나 아렌트는 이러한 권력정치 개념이 플라톤에서 마르크스에 이르기까지 서양의 정치사상사를 지배해왔다고 말한다. 막스 베버는 권력을 타인에 대해 자신의 의지를 관철시키는 것이라고 했고, 국가에 대해서는 "적법한 폭력에 기초한 인간에 대한 인간의 지배"라고 규정했다. 이렇게 보면 권력과 폭력은 그다지 거리가 먼 개념이 아니다. 그러나 수평적으로 이해된 합의라는 관점에서 권력 개념을 보면 권력과 폭력은 정반대의 것이 된다.

　권력은 정치적 자유와 함께한다. 정치적 자유란 지배와 피지배의 관계에 속하지 않는 것을 의미하며, 정치 영역은 인간에 의해서만 형성되고 또 자신의 동료들 사이에서 움직이는 공간을 의미한다. 자유로운 개인으로서 동료란 자신과 동등한 관계에 있는 자들이며, 동등한 자들 사이에서는 강제력과 강요를 통해서가 아니라 말을 통해서 더불어 사는 삶의 형식을 마련한다. 권력이란 이렇게 사람들이 함께 어울려 의견을 나누는 가운데 공동 의견을 확인하고, 이를 바탕으로 공동행위(action in concert)를 하는 데서 형성된다. 이렇게 볼 때 폭력은 권력과 정반대의 위치에 있다. 권력이 최대화되면 폭력은 최소화되고, 폭력이 최대화되면 권력은 최소화되는 것이다.[13]

　아렌트의 권력 개념, 그리고 이러한 권력이 구성되는 계약과 공동체 건설 개념에는 공화주의의 원리가 포함되어 있다. 공화주의적 원리란 "권력은 인민에게"(postestas in populo)라는 정식으로 표현될 수 있는 것으로, 이런 권력 속에서 통치자의 존재는 불합리한 것이 된다. 권력은 호혜성에서 산출되고, 구성원 간의 평등성을 전제로 하며, 약속을 통해 권력의 크기를 만들어내고, 서약을 통해 지배를 배제한 공동체로 나아감으로써 권력의 구성을 이룩한다.

맺는말

『인간의 조건』에서 서술되는 정치에 대한 이해는 정치적 행위자의 역할을 중심으로 서술이 되며, 앞선 저술들에 잘 나타나지 않던 정치 개념이 명료하게 서술된다.『인간의 조건』에 이르기까지 아렌트 생각의 성숙 과정은 유고집으로 출간된『정치의 약속』(*The Promise Of Politics*, 1993)에서 읽을 수 있다. 『인간의 조건』 이후에 나온 『혁명론』과 『공화국의 위기』(The Crises of the Republic, 1972)에서 아렌트는 정치 개념이 현실정치에 어떻게 적용될 수 있는지를 보여주며, 성숙한 정치적 평론가로서의 면모도 보인다.

그러나 아렌트는 1960년에 예상치 않게 예루살렘에서 진행된 아이히만의 재판을 참관하게 되며, 이때 갖게 된 생각을 '악의 평범성'이라는 개념에 수렴시킨다. 그리고 이와 더불어 아렌트는 보다 철학적인 사유로 나아간다. 아렌트는 1975년에 사망하면서 원래 3부작으로 예정된 『정신의 삶』(The Life of the Mind, 2004)을 미완성으로 남겨놓는다. 이때 쓰지 못한 부분이 어떤 모습인지는 이후 아렌트의 제자에 의해 편집되어 출간된 『칸트 정치철학 강의』(Lectures on Kant's Political Philosophy, 1982)라는 유고집을 통해 어림잡아 이해할 수 있다. 미처 쓰지 못한 그녀의 정치적 판단 이론은 시민이 이끌어가는 정치가 어떻게 가능한지, 즉 시민 정치의 가능성에 대한 논구로 읽힐 수 있다. 아렌트가 말한 정치가 과연 정치가를 위한 것인지 일반 시민을 위한 것인지는 해석상의 문제로 남아 있다. 하지만 아렌트는 정치가가 시민의 판단을 항상 염두에 두고 행위할 때 정치가 바람직하다고 생각하였다.

더 읽을거리

- 김선욱. 2001. 『정치와 진리』. 책세상.

  아렌트 정치관을 구성하는 핵심 개념인 '인간의 복수성', '정치적 행위', '사회적인 것'과 '정치적인 것'의 구분, 정치에서의 진리와 의견 등에 대해 설명하고 이를 바탕으로 시민사회운동의 정치철학적 의미를 규명한 책이다.

- 김선욱. 2015. 『아모르 문디에서 레스 푸블리카로: 한나 아렌트의 공화주의』. 아포리아.

  『전체주의의 기원』, 『예루살렘의 아이히만』, 『혁명론』, 『공화국의 위기』 등을 중심으로 아렌트의 전체주의 분석과 그 극복을 위한 정치적 전망, 악의 평범성 개념의 의미, 시민의 권력과 법, 혁명 등 공화주의 개념을 바탕으로 그녀의 정치사상의 핵심을 설명한 책이다.

- 김선욱. 2018. 『한나 아렌트의 생각』. 한길사.

  한나 아렌트 정치사상을 전체적으로 쉬운 언어로 안내한 작은 분량의 입문서로서, 촛불혁명 이후의 한국사회 및 정치를 이해하는 데 도움이 되도록 아렌트의 생각과 개념들을 정리하고 해설한 책이다.

- 리처드 J. 번스타인. 2019. 『왜 우리는 한나 아렌트를 읽는가』. 김선욱 옮김. 한길사.

  2010년대에 다시 세계적 관심이 아렌트에게 쏠리게 된 난민, 권리를 가질 권리, 인종주의, 정치에서 사실의 문제, 정치에 대한 개인의 책임 문제 등을 중심으로 아렌트 사상 전체를 조망한 책이다.

9.

다원적 자유주의의 실천

이사야 벌린

박동천

Isaiah Berlin

개요

벌린은 집단적 이익이란 불확실하거나 논쟁적인 반면에 개인들의 희생은 확실하고 구체적이기 때문에, 집단의 이익을 위해 개인들의 희생을 정당화할 수 있는 경우는 매우 드물다고 봤다. 그러므로 벌린은 다양한 개별성을 가급적 억누르지 말고, 각자의 개별적 추구가 나름의 결과를 스스로 얻어내서 향유하거나 책임지는 다원주의와 자유주의를 평생 주창했다. 이러한 입장의 저변에는 인간과 사회에 대한 이해에는 자연과학적 지식 모델이 적용될 수 없고, 역사는 법칙에 의해서 진행하는 것이 아니라 인간 행위자들의 의도와 소원과 가치가 어떤 정도로든 작용한다는 인식론이 깔려 있었다. 인간과 사회에 관한 지식이 외부적인 기준에 의해 결정되는 것이 아니라, 어떻게든 실제 개인들의 감정이나 지각과 연관되어 있다는 생각은 벌린으로 하여금 이론을 연구하되 언제나 실천적 함의와 결과를 간과하지 않으려는 자세로 직결되었다. 실천과 이론의 접점을 놓치지 않으려는 그의 학문관은 20세기의 폭력을 직간접적으로 겪은 그의 삶에서 우러난 결론이기도 했다. 벌린에게는 단지 희미할 뿐인 목적을 거창하게 내걸고 개인들을 기꺼이 말살하는 정치가 부당하며 전혀 불필요할 따름이었다. 따라서 그는 목적이 아무리 고상하더라도 당장 참혹한 수단을 마구 휘두르지는 않는 방식, 혹시 조금 틀릴지는 몰라도 일단은 참아주고 지켜보는 방식의 정치를 제창했다.

생애

이사야 벌린(Isaiah Berlin, 1907-1997)은 1909년 6월 6일 라트비아의 리가에서 유대인 목재상의 아들로 태어났다. 집안이 잠시 상트페테르부르크로 이주한 1917년 2월과 10월에 두 차례의 러시아혁명이 있었고, 일여덟 살 소년의 눈으로 여러 장면을 목격했다. 부친이 어렵사리 소련 당국으로부터 이주 허가를 받아 부모와 함께 1921년 영국으로 이주했다. 그 후 사망할 때까지 영국에서 영국인으로 살았다. 옥스퍼드의 코퍼스 크리스티에서 고전학과 PPE(정치학, 철학, 경제학)를 공부했고, 1932년 올 솔즈의 펠로가 되었다. 제2차 세계대전 중에는 워싱턴의 영국 대사관에 근무하면서 정보보고서를 작성했고, 종전 직후에는 모스크바의 영국 대사관에 파견되었다. 1946년 옥스퍼드로 돌아와, 철학보다는 사상사 연구로 방향을 정했다. 1957년에는 옥스퍼드 대학교의 사회정치이론 분야 치첼리 교수직에 취임했고, 1966년에는 울프선 칼리지 초대 학장이 되었다. 1971년에 영국 여왕으로부터 공로 서훈을 받고, 1974년에는 영국 학술원 회장에 취임하는 등, 학계 안팎에서 많은 영예를 누렸다. 물리학자 한스 할반(Hans von Halban)의 부인이던 알린(Aline Berlin de Gunzbourg, 1915-2014)과 사랑에 빠져서, 우여곡절 끝에 1956년 결혼에 성공한 후 40년 넘게 행복하게 살다가 1997년 11월 5일 옥스퍼드에서 사망했다.

주요 저술

이사야 벌린. 1997(확장 개정판).『비코와 헤르더』. 강성호 · 이종흡 옮김. 민음사.

이사야 벌린. 2001.『칼 마르크스: 그의 생애와 시대』. 안규남 옮김. 미다스북스.

이사야 벌린. 2006(보급판 2014).『이사야 벌린의 자유론』. 박동천 옮김. 아카넷.

이사야 벌린. 2007.『고슴도치와 여우』. 강주헌 옮김. 애플북스.

이사야 벌린. 2008.『러시아 사상가』. 조준례 옮김. 생각의나무.

이사야 벌린. 2005.『낭만주의의 뿌리』. 강유원 옮김. 이제이북스.

머리말

이사야 벌린은 유대인 이주민 출신으로 영국에 정착해서, 영국적 정치사상을 어떤 영국인보다도 앞장서서 옹호하는 방향으로 저술하고 강의한 20세기의 인물이다. 그는 옥스퍼드 대학에 입학한 이후 사망할 때까지 옥스퍼드인으로 살았고, 그 대학에서 많은 직책을 맡아 수행했으며, 영국 여왕으로부터 기사 칭호 및 공로 서훈(Order of Merit)을 받을 정도로 영예를 누렸다. 그는 또한 1940년대부터 1960년대까지 영국, 미국, 러시아, 이스라엘 등지의 많은 정치인 및 명사들과 친분을 가졌고, 냉전기에는 "반공산주의 마녀사냥꾼"이란[1] 비난을 듣기도 했다. 이처럼 20세기의 현실과 매우 밀접하게 연관된 삶을 살면서도, 그는 어떤 종류든 십자군 비슷한 운동에는 가담하지 않았다.

그는 모든 종류의 열심당이나 광신주의를 거부했다. 이런 점에서 그의 정치사상을 굳이 한마디로 정리하자면 "절제의 정치" 정도가 가장 알맞을지 모른다. 물론 절제나 중용을 주장한 사람들은 수없이 많기 때문에, 그리고 막상 구체적인 사정과 해결이 필요한 문제가 주어졌다고 할 때 절제라는 것이 어떤 노선을 가리키는 것인지는 그야말로 다양한 견해들이 등장할 수 있는 질문이기 때문에, 그런 정도의 문구는 벌린의 사상을 축약하기에 너무나 일반적이고 다의적이다. 그러므로 "절제"의 이념은 일반적인 틀로 바탕에 깔되, 그 틀 안에서 벌린 특유의 좀 더 구체적인 성격을 부각할 필요가 있다.

통상 벌린의 정치사상은 다원주의와 자유주의라는 각도에서 논의된다. 여기서도 그의 다원주의와 자유주의를 중점적으로 살펴보고, 보충해서 공산주의에 대한 그의 반대와 민족주의에 대한 그의 입장을 검토할 것이다. 그렇지만 그가 어떤 의미에서도 무슨 주의자, 즉 이데올로그가 아니었다는 점을 무엇보다도 먼저 강조해야 한다. 이는 일정한 이론이 현실과 일치하지 않을 때 현실을 이론에 끼워 맞추기보다는 이론적 요구를 완화하고 절충하는 편을 일차적으로 선호하는 그의 자세와 결부된다. 이러한 자세는 절제와 다원성과 개인의 자유를 중시한 그의 정치사상에서 근저를 구성하는 핵심 요소에 해당한다. 그리고 이 요소는 어떤 면에서는 그가 살아가면서 겪은 실제 경험에서 비롯된 개인적 기질이라고 볼 수 있겠지만, 동시에 그가 연구와 사색을 통해서 도달한 지성적 결론이기도 하다.

시대적 · 지적 배경

벌린은 1909년부터 1997년까지 살면서 20세기에 일어난 중요한 변화와 격동을 직접적으로 또는 간접적으로 거의 모두 경험했다. 그는 러시아 제국의 리보니아 지방에 속했던 현재 라트비아의 수도 리가에서 유대인 목재상의 아들로 태어났는데, 이내 가족이 페트로그라드(현재의 상트 페테르부르크)로 이주했다. 그리고 페트로그라드에서 1917년 2월과 10월에 일어난 두 차례의 러시아혁명을 현장에서, 일여덟 살 소년의 제한된 시야로나마, 목격하게 된다. 특히 2월혁명 때 제국 치하의 경찰관 한 명이 "고통으로 일그러진 창백한 얼굴로" 군중에게 붙잡혀 어디론지 끌려가던 모습과 10월혁명 이후 볼셰비키가 벌린 집안을 수시로 수색하면서 괴롭힌 사정 등은 그에게 평생 생생한 기억으로 남았다.[2] 더구나 소련에 남은 벌린의 친가와 외가 쪽 가족들도 고초를 겪었다.[3]

"사람들은 추상적인 존재에게 구체적인 존재를 제물로 바친다. 사람들은 또한 개별적인 인간들을 전체로서의 인간을 위해 제공한다"[4]고 한 콩스탕(Benjamin Constant)의 문장을 벌린이 가슴 깊이 받아들이게 된 배경에는 이와 같은 개인적인 경험들이 작용한 것이 틀림없다. 하지만 여기에는 벌린이 지적인 탐구를 통해서 나름대로 도달한 의식적인 입장도 깊게 스며들어 있다. 지적인 탐구, 특히 인간과 사회에 대한 탐구에서 연구자 개인의 경험이 지식의 객관성, 보편성, 중립성 따위의 이념을 위해서 제거되어야 할 걸림돌이라는 흔한 인식론을 배격하는 것이 벌린의 결론이었다.

벌린의 지적인 여정에는 세 가지 중요한 계기가 있었다. 옥스퍼드의 일상언어학파 동료들과의 토론과 교유, 자신의 문화적 뿌리로서 러시아의 지적 전통, 그리고 그로 하여금 철학을 떠나 사상사 연구에 몰두하게 만든 깨달음이다.

첫째, 벌린이 옥스퍼드에서 철학을 공부하던 시기는 그린(T. H. Green), 보즌케트(Bernard Bosanquet), 브래들리(F. H. Bradley) 등의 영국 관념론이 퇴조하고 언어의 의미와 실존적 삶 사이의 연관을 파고드는 방향으로 발상의 전환이 영국 철학계에서 일어나고 있던 때였다. 케임브리지의 러셀(Bertrand Russell), 무어(G. E. Moore), 비트겐슈타인(Ludwig Wittgenstein)이 이러한 전환을 선도한 주요 인물들인데, 이들보다 한 세대 정도 나중에 태어난 라일(Gilbert Ryle), 오스틴(J. L. Austin), 에어(A. J. Ayer), 햄프셔(Stuart Hampshire) 등이 옥스퍼드에서 일상언어의 용례에 주목함으로써 이 전환의 다른 한 축을 형성하게 된다.

이들이 언어에 기울인 관심이 모두 같은 종류의 관심이었던 것도 아니고, 이들끼리도 상대방의 생각에 관해 항상 서로 명쾌한 이해에 도달했던 것도 아니며, 벌린은 의미, 지식, 경험, 실재, 현상, 본질, 증명 등등의 주제에 관해서 이들 가운데 누구와도 어떤 지점에서는 심각하게 견해가 달랐다. 다만, 이들의 견해를 연구하고, 특히 오스틴, 에어, 햄프셔와는 친구로서 빈번한 토론을 벌이면서, 벌린의 마음속에는 여러 개의 개체들을 하나의 기표 아래 한데 묶을 수 있다고 해서 그 개체들이 반드시 어떤 특정한 속성을 공유해야 하는 것은 아니라는 점이 분명해졌다. 사람이라는 일반 명사로 뭉뚱그려 지칭될 수 있는 수많은 개인들 사이에 어떤 공통점이 있는지는 사람들 가운데 어떤 개인들을 염두에 두고 공통점을 묻는지에 따라 그때그때 대답이 달라질 수밖에 없는 것이다.

둘째, 벌린에게 첫 번째 철학 스승은 리가에서 태어난 유대인이자 러시아 멘셰비키로서 런던에 망명해 살던 라흐밀레비치(Solomon Rachmilevich)였다. 라흐밀레비치는 칸트 이래의 독일 철학과 러시아 역사를 둘러싼 논쟁들을 벌린에게 소개했다. 라흐밀레비치가 소개한 칸트는 딜타이(Wilhelm Dilthey)처럼 순수이성보다는 역사와 문화를 중시하는 방향의 칸트였다. 이 방향의 연구를 통해서 벌린은 인간과 사회를 연구하는 일은 자연과학과 같을 수 없다는 신조를 굳혔다. 이는 계획을 잘 짠다면 인간의 문제를 대거 해소할 수 있다는 발상이 근본적인 오류에서 비롯된다는 인식으로 이어졌고, 또한 역사에서든 윤리에서든 불변의 원리 같은 것을 찾아 나서기보다는 개별적인 인물이나 특정 시대를 주제로 삼는 연구 자세로 응결되었다. 그리하여 그가 최초로 출판한 저서는 『칼 마르크스: 그의 생애와 시대』(*Karl Marx: his Life and Environment*, 1939)였고, 마르크스의 근거 없는 형이상학을 드러내 비판하는 것이 이 책의 기조가 된다.

벌린은 사람들이 태어나 자란 문화적 배경이 개인의 정체성에 미치는 지대한 영향을 대단히 중시했고, 개인적으로도 스스로 러시아 출신 유대인이라는 점을 중요하게 의식했다. 아울러 사상사가로서 러시아의 지식인들이 러시아의 사회 변혁에서 수행한 역할을 탐구했다. 『고슴도치와 여우』(*The Hedgehog and the Fox*, 1953)는[5] 톨스토이(Lev Tolstoy)의 역사관을 다룬 작품인데, 이미 여기서부터 벌린은 모든 것을 포괄할 것처럼 여겨지는 원리를 찾아가면서 모든 개별성을 하찮은 우연으로 치부하는 "고슴도치형"과 특정한 시대와 특정한 장소에서 특정한 활동을 벌이는 특정한 개인들의 세

부사항에 신경을 쓰는 "여우형"을 구분했다. 아울러 벌린은 러시아 사회주의의 선구자 두 명, 게르첸(Alexander Herzen)과 플레하노프(Georgi Plekhanov)를 읽고서도 큰 감명을 받았다. 두 사람은 모두 사회주의 혁명가였고 마르크스주의를 받아들였으나, 기질상으로는 마르크스나 레닌과는 결이 달라서, 조직의 이름으로 개인을 말살하는 어떤 처사에도 동조할 수 없는 사람들이었다. 톨스토이와 게르첸, 그리고 여타 러시아 사상가들에 관해 벌린이 쓴 평론들은 선집 『러시아 사상가』(*Russian Thinkers*, 1978)에 수록되었다.

셋째, 벌린은 칸트에게 많은 영향을 받았는데, 특히 "인간성이라는 뒤틀린 목재로 똑바른 것이 만들어진 적은 한 번도 없다"[6]는 칸트의 언명을 즐겨 인용했다. 벌린으로 하여금 칸트를 이런 방향으로 해석하도록 이끈 또한 명의 중요한 인물은 옥스퍼드의 철학자이자 역사가였던 콜링우드(R. G. Collingwood)다. 콜링우드를 통해서 벌린은 비코(Giambattista Vico)와 헤르더(Johann Gottfried Herder)에 접하게 되었고, 이어서 헤르더의 스승 하만(Johann Georg Hamann)으로 관심의 폭을 넓혔다.

벌린은 인류의 역사가 모종의 객관적 법칙 또는 보편적 원리에 의해 움직인다는 발상을 거부했다. 역사는 개별적인 사건이나 사태들로 이뤄지고, 역사 속의 사건이나 사태는 자연적 환경 아래서 사람들의 행위로 구성된다. 사람들은 각기 나름의 지각과 감성, 가치와 소원, 동기와 목적을 가지고, 그리고 드물지 않게 오해와 무지와 공포와 충동에 이끌려 행동한다. 역사를 이해하기 위해서는 사람들의 행위를 이해해야 하고, 사람들의 행위를 이해하기 위해서는 그들의 지각, 감성, 가치, 소원, 동기, 목적, 오해, 무지, 공포, 충동 등, 인간적인 요소들을 이해할 수 있어야 한다. 고대 그리스인, 고대 로마인, 18세기 이탈리아인, 20세기 러시아인들처럼 다른 시대, 다른 문화에서, 서로 다른 언어로 서로 다른 질문을 묻고 서로 다른 대답을 내놓은 사람들을 모조리 꿰뚫어서 하나의 이론체계 안에 맞춰 넣을 길은 없다. 그들을 이해하려면 무엇보다도 개별적인 방식으로, 해당 시대, 해당 사회, 해당 언어, 해당 인물에 충분한 무게를 부여하면서, 접근해야 한다.

벌린이 철학의 길을 포기하고 사상사 연구로 방향을 바꾼 것은 1944년 초에 하버드의 수리논리학자 셰퍼(Henry M. Sheffer)와의 만남이 직접적인 계기였던 것으로 알려져 있다.[7] 그러나 논리실증주의 및 형이상학 전반에 대한 셰퍼의 비판은 그 내용에서 벌린에게 새로운 것이 전혀 아니었다. 형이상학적 체계의 형태로 제창되는 학설들은 실재론이든 현상론(phenomenalism)이든, 분석철학이든 논리실증주의든 검증주의(verificationism)든, 결정론이든 일원론이든, 그 어느 것도 벌린이 전적으로 받아들인 적은 1944년 이전에도 없었고 그 후에도 없었다.[8] 셰퍼와의 만남은 이미 내심 형이상학적 탐구에서 멀어지고 있었던 마음을 새삼 확인하고 한 가닥 남아 있던 미련을 정리하는 데 도움이 되었을 뿐이다.

요컨대, 그는 계몽주의의 후예로서, 계몽주의가 영국에서 정치적으로 진화한 판본인 자유주의 신조를 수용하고 전파하는 데 앞장섰지만, 동시에 계몽의 과잉을 지적하고 비판하는 데에도 적극 나섰다. 그리하여 계몽주의에 대한 반작용으로 낭만주의가 일어나는 사연을 세심하게 추적하지만,[9] 낭만주의의 과잉 역시 비판할 때에는 가차 없었다. 어떤 신조나 주장이든지 나름의 일리가 있는 데까지는 마땅히 인정을 받아야 하고, 특정한 사정과 조건이 알맞다면 현실을 꾸려나가는 정책으로도 적용할 가치가 충분히 인정되어야 하지만, 그러한 특정성의 한도를 벗어나 보편적 타당성을 가식하려 들거나 일반적 지침의 지위를 참칭하려 드는 것은 용납할 수 없는 일이다.

일반적 진리나 보편적 원리가 가능하지 않다는 것은 벌린에게 경험에서 나오는 결론이면서 동시에 합리적 추론의 결과였다. 인류의 지성사에서 일반적 진리나 보편적 원리를 찾아 나선 뛰어난 지성들이 적지 않은데, 과연 지금까지 그런 것이 하나라도 나왔느냐는 질문에 긍정적으로 답할 수 있는 길을 벌린은 알 수가 없었다. 인류의 3천 년 역사에서 뛰어났다고 공인된 지성들이 줄곧 찾았는데도 아직 못 찾았다면, 어쩌면 그런 것은 애당초 없는 것일지도 모른다고 의심하는 편이 합리적이다. 그럼에도 여전히 모종의 일반원리를 계속해서 찾아 나서야 한다고 느낀다면, 그리고 동료 지식인들이 그러한 노력에 동참하든가 아니면 적어도 그런 노력의 가치만이라도 인정해주기를 바란다면, 최소한 자신이 찾고자 하는 그것이 도대체 어떤 종류의 항목인지만이라도 다른 사람들이 알아들을 수 있도록 분명하게 제시할 필요가 있다. 왜냐하면, 인류의 지성사야말로, 어떻게 보면 선배가 찾아 놓은 지식의 알맹이를 후배가 계승하고 발전시키는 누적적 진보의 과정인 것처럼 보일 수도 있으나, 다른 각도에서 보자면 혼동과 오해와 과장과 허풍들이 켜켜이 쌓여서 한 치 앞도 잘 보이지 않는 수렁이라고 비판할 수도 있기 때문이다. 벌린과 그의 옥스퍼드 친구들은 각자의 신조에서는 차이가 있었지만, 학문에 임하는 그들의 자세는 일치했다. "명료함, 엄밀성, 정직성을 숭앙하고 가식과 회피와 혼동을 경멸하는 지식인의 윤리 및 미학"[10]이 그들의 특징이었다. 철학이나 형이상학이라는 이름 아래 자기가 무슨 말을 하는지도 모르는 채 기발한 단어들을 지어내 나열하는 행태를 그들은 가장 경멸했다. 벌린이 개별성을 중시한 것은 잘 모르는 것을 아는 척할 수는 없다는 지식인으로서 가장 기초적인 윤리를 실천한 셈이다.

다원주의

지구상에 사람은 여러 명이다. 대한민국에만 대략 5천만 명이 살고, 지구 전체에는 70억 명이 산다고 한다. 여기에 더해서, 인류 역사상 지금까지 태어나 살다 죽은 사람들도 있고, 앞으로 태어나 살아갈 사람들도 있다. 이 사람들은 서로 다른가 아니면 사람이라는 점에서 모두가 같은가?

사람이라는 단어를 누가 언제 처음 그리고 어떤 경우에 어떤 의미로 사용했는지를 밝혀내기는 아마도 불가능하겠지만, 사람을 사람이게 만드는 본원적 속성이 무엇이냐는 철학적 질문에 대한 답이 준비된 다음에 사용되기 시작한 것이 아니라는 점만은 분명하다. 일반적으로 말해서, 철학이든 과학이든 경제학이든 정치학이든 윤리학이든 이론이 있기 전에 인간의 실천이 있었다. 그리고 실천은 누가 어디서 언제 무엇을 어떻게 왜 하느냐고 하는 특정성들로 구성되는 것이 이론과는 사뭇 다른 특징이다. 특정성이란 두말 할 필요도 없이 다양할 수밖에 없다.

물론 여전히 반론은 있을 수 있다. 원시 상태의 실천에 비해서 이론적 지식을 획득한 다음의 문명, 이론적 지식들이 축적되고 종합되어 발전한 상태의 문명이 훨씬 뛰어나기 때문에, 그리고 이론적 지식이란 겉으로 보기에 다양해 보이는 여러 현상들의 표면을 뚫고 들어가, 내면에 숨어 있는 인과관계 또는 필연성을 포착함으로써 얻어지는 것이기 때문에, 외견상으로 대상들이 아무리 잡다해 보이더라도 여전히 다양성의 표면을 걷어내고 그 저변을 관통하는 원리를 찾아내는 작업은 지식의 향상을 위해 필수적이라는 주장이 가능하다.

벌린의 다원주의는 겉으로 보이는 현상의 다양성에 관해서 더이상 아무것도 할 수 없다든지, 해서는 안 된다고 주장하지 않는다. 일반적 지식은 당연히 가능하다. 다만 세 가지 구분을 간과하면 일반성과 개별성 사이에서 혼동을 면하기 어렵다. 첫째, 자연과학과 사회 연구의 차이다. 자연과학의 경우에는 아마도 높은 수준의 일반화가 가능할 것이다. 그러나 사회 연구에서는, 즉 정치, 역사, 윤리 등의 분야에서는 그와 같은 일반원리를 기대하

기 어렵다. 적어도 지금까지 인류가 도달한 지성의 수준에서는 그런 일반
원리란 꿈도 꿀 수 없다. 둘째, 사회 연구에서도 공인된 이론적 지식들이 없
지 않다. 그러나 그것들이 이론적 지식으로서 위상을 공인받고 있다고 해
서, 아직 공인되지 못한 이론적 지식 또는 아직 구체적인 형체도 갖추지 못
한 채 단지 막연한 동경 수준에 머무는 어렴풋한 관념의 조각이 타당성을
인정받아야 할 이유는 전혀 없다. 셋째, 사회 연구에서 현재 공인되고 있는
이론적 지식들은 모두 보편적인 타당성을 가지는 것이 아니고, 각기 나름
의 일정한 한계 안에서만 의미를 가지고 현실에 적용될 수 있다.

이와 같은 세 가지 구분을 염두에 두고 생각하면, 역사의 진행 원리라든
가, 사회의 조직 원리라든가, 또는 인생의 바람직한 목표 같은 항목들은 시
대와 공간을 초월하는 보편성을 가지고 확정될 수 있는 주제가 아니라고
봐야 한다. 시대와 공간을 훨씬 좁혀서, 현재의 대한민국이나 아이슬란드
나 미국 같은 인구 집단에서도, 그 인구 내부의 모든 구성원들에게 공통되
는 역사의 진행 원리, 사회의 조직 원리, 인생의 바람직한 목표를 찾을 수는
없을 것이다. 여기서 보편적 원리를 "찾을 수 없다"고 벌린이 말할 때 그가
말하는 불가능성이란 선험적인 근거에서 연역되는 문법을 따르지 않는다.
그가 생각하기에 건강한 분별력을 가진 사람이라면 각기 통상적으로 경험
할 수 있는 자료에 근거해서 추론할 수 있는 최소한의 공통분모에 따를 때,
현재 그런 원리의 후보로 고려될 만큼 그럴듯한 주장도 나와 있지 않을 뿐
만 아니라, 장차 언제쯤 그런 후보가 등장할 수 있을지, 그리고 백보를 양보
해서 그런 날이 설령 온다고 가정할 때, 그때 후보감으로 등장할 주장은 대
략 어떤 형태를 띠게 될지를 어림짐작해보기도 불가능하다고 판단하리라
는 상식적 추정의 문법이 그가 말하는 불가능성의 문법이다.

경험칙에 따라 추정할 때 불가능해 보이는 일일지라도 경험칙이 혹시 놓
친 지평에서는 가능할지 모른다. 그런데 이런 방향의 여지가 열려 있다는

인정은 인간이 불완전한 존재라는 자각과 결부된다. 하지만 이 자각에는 적극적인 내용은 없다. 그래서 벌린은 실천의 지평에서, 보편적 원리의 가능성을 계속해서 추구하고자 하는 사람이라면, 단순히 현재 보이는 것이 전부가 아닐지도 모른다는 정도의 미약한 가능성에만 의존하지 말고, 가능성을 구체화하고 명료화할 책무를 져야 한다는 것이다.

벌린의 다원주의에 대해 제기되는 반론 중에는 상대주의와 다를 바 없지 않느냐는 반론이 있다. 대표적으로 스트라우스(Leo Strauss)는 벌린의 논문 「자유의 두 개념」에 대해, "자유주의의 위기, 자유주의가 자신의 절대주의적 기반을 포기하고 온통 상대주의적으로 되고자 노력하는 바람에 발생한 위기의 전형적인 문서"라고 규정했다.[11] 확실한 원칙이 없다면 상대주의로 빠져서 아무 결정도 내릴 수 없다는 발상은 보편타당한 확실한 원칙이 있어야 한다는 발상과 같은 뿌리에서 나온다.[12] 그러나 다원주의 때문에 아무 결정도 내릴 수 없게 되리라는 염려는 적어도 두 가지 혼동에서 비롯된다.

첫째, 보편적으로 타당한 확실한 원칙이 없다고 해서 아무런 원칙이 없는 것은 아니다. 헌법을 정해서 시행하는 나라라면 각기 나름의 헌정 원칙이 있는데, 이 원칙 중 어떤 것도 시대와 공간을 뛰어넘는 보편성을 자처할 자격은 없고, 그 모든 원칙들에 대해 나라 안팎에서 이런저런 비판과 시비가 존재한다. 보편타당한 확실한 원칙도 아무런 원칙이 없는 상태도 현실에 구현되기는 불가능에 가까운 이념형에 불과하다. 현실에서 작동하는 원칙들은 그 사이에서, 지리적으로나 시대적으로나 윤리적으로나 철학적으로나 일정한 한계를 가지면서 그러한 한계 안에서 작동한다. 둘째, 개인이든 집단이든 행동 경로의 결정은 하나의 최고 원칙에 의거해서 연역적으로 이뤄지는 경우보다, 여러 가지 원칙들이 경합하는 가운데 해당 상황의 여건에 비춰봤을 때 그 가운데 어떤 원칙을 따르는 편이 바람직할지를 판단하는 방식으로 이뤄지는 경우가 훨씬 더 많다. 첫째 논점은 사실 조금만 생각해보면 너무나 당연한 이치기 때문에, 굳이 더 이상 전개할 필요가 아마도 없을 것이다. 반면에 둘째 논점은 원칙과 그 적용 사이의 관계, 다시 말해서 이론과 실천의 관계를 벌린이 이해한 방식과 깊게 결부되어 있다.

"내가 암에 걸렸다는 사실을 안다면 그로써 내가 더 행복해지거나 더 자유로워지지는 않는다 ― 항상 가능한 한 많이 아는 것과 때로는 모르는 것이 축복인 상황도 있다고 인정하는 것 사이에서 나는 선택을 해야 한다."[13] 지식과 행복은 모두 인간에게 좋은 것이지만, 때로는 서로 충돌한다. 자유와 평등, 자발성과 안전, 자비와 정의 등도 모두 하나하나는 궁극적 가치지만 때로는 서로 충돌한다. 여기서 "충돌"이란 가치들 사이의 경합을 일률적으로 해소할 수 있는 일반원리, 즉 이론을 찾을 수 없다는 뜻이다. 하지만 실천은 회피할 수가 없다. 예컨대, 죽음이 임박한 환자에게 의사는 그 사실을 알려주거나 아니면 숨길 수 있을 뿐이지, 제3의 길은 없다. 만약 선택을 마냥 미룬다면 그것이 곧 알려주지 않는 셈이며, 다른 사람에게 흘린다면 알려주는 셈이 되기 때문이다. 일률적인 지침을 정해줄 이론이 없더라도, 실천은 해야 한다. 주어진 특정 상황에서 인간은 어쨌든 (부작위, 회피, 우회 등을 포함해서) 뭔가를 하기는 (의식적이든 습관적이든) 해야 하고, 그 결과에 대해 도덕적으로 또는 사법적으로 책임을 질 수밖에 없다.

사회집단의 경우, 지금 이 논의는 전형적으로 정치의 역할 및 위상에 대한 각별한 성찰로 연결된다. 공동체에 어떤 문제가 닥쳤을 때, 그리고 대응 방안을 둘러싸고 다양한 의견들과 가치들과 이론들이 치열하게 경합하는 것이 이상한 일이 아니라 오히려 정상이라는 것이 벌린의 다원주의다. 그렇게 되면 공동체가 결정 장애에 빠지고 혼란을 겪으리라는 것이 다원주의와 상대주의를 동일시하는 사람들의 우려다. 그러나 바로 그러한 경합이야말로 정확히 정치의 기능이 요구되는 지점이다. 물론 치열한 내부 경합 때문에 무너진 사회의 사례들은 매우 많다. 하지만 내부 경합을 훌륭하게 극복하고, 즉 정치의 기능이 활성화되어 오히려 집단의 목적을 분명히 정형화하고 집합적 의지를 구체화하는 계기로 승화하여, 공동체의 연대를 (다른 사회에게 피해를 주거나, 안 주거나, 도움을 주는 등의 다양한 방식으로) 더욱 강화한 사례들도 매우 많다.

사람들이 추구하는 선들이 서로 반드시 조화를 이루지 않는다는 점을 발굴해서 적시한 것이 마키아벨리의 독창성이라고 벌린은 해석한다.[14] 이 해석은 마키아벨리에 의해서 정치의 독자성이 최초로 명확하게 포착되었다는 통상적인 해석과 부합한다. 다만, 필요하다면 잔혹한 수단이라도 써야 한다는 『군주론』의 대목은 그런 필요가 있을 때가 과연 언제겠느냐는 질문을 너무 가볍게 흘려버린 혐의가 짙다. 나중의 계몽주의자들, 그리고 특히 18세기 프랑스의 필로조프들과 19세기 이후 마르크스주의자들이 거창한 목적을 위한 희생을 정당화하는 데 너무 쉽게 이용되었기 때문이다. "오믈렛을 만들려면 계란을 깨야 한다"고 이런 사람들이 주장할 때, 벌린은 "계란이 깨지는 것은 확실하지만 … 오믈렛은 찾기에 까마득하고 무한히 멀어지며 희미하다"[15]고 응수한다. 개인들을 희생시켜야 할 만큼 고상하고 커다란 목적은, 엄밀하게 따져 보면, 역사에서 거의 찾기 힘들다는 것이다.

자유주의

벌린의 자유주의를 이해하기 위해서는 먼저 우리 자신의 시야부터 점검할 필요가 있다. 앞에서 언급했듯이, 벌린은 자유와 평등이 때로는 충돌한다고 말했다. 이는 항상 충돌한다는 말이 아니라 항상 조화롭지는 않다는 말이다. 벌린에게 자유와 평등은 (여타 어떤 쌍 개념도) 이분법적으로 대립하지 않는다. 벌린은 세상만사가 자유 아니면 평등으로 귀결된다고 생각하는 사람이 아니라, 바로 그런 식의 이분법의 주창자들을 "끔찍한 요약꾼들"(terribles simplicateurs)[16]이라 부르면서 배격한 다원주의자다.

또한 벌린은 자유가 유일한 가치라고 생각하지도 않았다. "한 사람 또는 한 나라 인민이 스스로 원하는 대로 살 수 있는 자유를 얼마나 누려야 할지는 자유 말고 다른 가치를—예컨대 평등, 정의, 행복, 안전, 공공질서 등이 아마 가장 두드러질 것이다—향한 요구에 견주어 경중을 재야 한다."[17] 그의 저술 가운데 그의 생전에 아마도 가장 널리 읽히고 논의된 「자유의 두 개념」에서 그가 강조하고 싶었던 핵심 논지는 자유라는 용어를 왜곡하고 과장하고 오용하고 남용하다 보면 아주 엉뚱한, 때로는 몹시 참혹한 결과가 자유의 이름으로 자행될 수 있다는 경고였다. 세 가지 요점으로 정리할 수 있다.

첫째, 자유의 조건은 자유에 도움이 될 수는 있지만, 그 자체가 자유는 아니다. 학비나 의료비가 없어서 교육을 못 받거나 치료를 못 받는 사람을 두고, "그에게도 교육 받을 자유와 치료 받을 자유는 있다. 단지 돈이 없어 그 자유를 누리지 못할 뿐"이라고 말하는 것은 말장난밖에 안 된다는 점은 벌린도 완전히 인정한다. 그러나 그렇다고 해서, 그런 사람에게 교육이나 치료를 제공하는 것이 곧 자유를 제공하는 것은 아니라는 엄밀한 구분을 벌린은 견지한다. 이와 같은 경우, 교육비나 치료비를 자유와 섞어서 말하려고 하지 말고, "그에게 당장 필요한 것은 자유가 아니라 의료와 교육"이라고 말하는 것이 오해와 혼동을 방지하는 첩경이라는 얘기다.

둘째, 통상적인 의미에서 자유란 속박 없는 상태를 가리키는데, 이때 "속박 없는 상태"라는 것을 스토아주의자들처럼 외부 환경이 어떻든 속박으로 느끼지 않는 상태까지 포함하는 것으로 의미를 확장하게 되면, 자유라는 단어의 변별력이 모조리 사라져버린다. 에픽테토스(Epictetus)가 그랬다고 전해지듯이, 노예이면서도 자유롭고 고문당하면서도 자유로울 수 있는 것이라면, 자유는 외부 환경과 아무 상관없이 단지 개인의 심리에 따라 좌우되는 항목이 되고 만다. 이런 식으로 의미가 확장된 자유는 적어도 정치적으로 중요한 개념일 수 없다.

셋째, 적극적 자유라는 개념은 각자가 자신의 주인이 되어, 자기가 원하는 자유를 자기가 원하는 방식으로 누리는 상태를 지향한다. 이런 지향은 인류의 지성사에서 오래전부터 있었고, 분명히 인간이 동경하는 모종의 높은 경지를 가리키는 것이 사실이다. 그런데 이런 지향이 논의되고 개발되다 보니, "경험적 자아"와 "진정한 자아"의 구분이 때로는 여기에 결부되기에 이르렀다. 이 구분은 전형적으로 경험적 자아가 어떤 실수를 저지를 때 선명하게 드러난다. 술에 취해 자기가 날 수 있다고 믿으면서, 건물 옥상에 올라가 몸을 던지려는 사람이 있다고 치자. 옆에 있는 친구가 이 사람을 만류하고, 기어이 말을 안 듣는다면 완력을 써서라도 그를 속박하는 것이 그 사람을 위해서 당연하다. 이와 같은 경우 친구는 주정꾼의 안전을 위해서 자유를 속박한 것이라고 말하면 문제가 없다.

그런데 굳이 그 친구가 주정꾼의 자유를 위해서 그를 속박했다고 말한다면 어떤가? 대표적으로 "강제당함으로써 자유롭다"고 말한 루소(Jean-Jacques Rousseau)의 어법이 그렇다. 이 어법은 이렇게 전개된다. 주정꾼은 술 취한 상태에서는 친구의 제지에 저항하지만, 다음날 술이 깨서 자초지종을 듣게 되면, 완력을 써서라도 자신의 목숨을 구해준 친구에게 고마워할 것이다. 지난밤에 자기는 제정신이 아니었고, 만약 제정신이었다면 그런 짓을 하지 않았을 터이기 때문이다. 술에 취한 자아는 "경험적 자아"고, 정신을 차렸을 때의 자아는 "진정한 자아"다. 경험적 자아가 원하는 것은 진정한 자아가 원하는 것이 아니다. 자유는 진정한 자아가 원하는 바를 행하는 것이어야 한다. 그런데 이런 경우처럼, 진정한 자아가 원하는 바를 경험적 자아가 몸부림을 치면서 거부하는 때도 있다. 이럴 때는 누군가 다른 사람이 나서서 무력을 써서라도 경험적 자아를 속박하고 진정한 자아가 원하는 바를 하도록 만드는 것이 그 사람의 자유를 증진하는 셈이 된다.

한 사람이 어떤 이유에서든 생각을 잘못해서 스스로 금세 후회할 행동을 하려고 할 때 스승이나 부모나 친구가 그를 제지하는 것은 당연하다. 때로는 무력을 써서라도 제지할 수 있다. 선의의 간섭을 정당화하는 담론은 옛날부터 있었고, 여기에는 분명히 일리가 있다. 하지만 루소식의 어법은 "A가 B의 안전을 위해 B의 자유를 구속했다"고 말해야 할 곳에서, "A가 B를 구속해서 B를 자유롭게 했다"는 뒤죽박죽을 조장하기 때문에 문제다. 그리고 이런 어법은 루소만이 아니라 공산당의 지도적 역할에 관한 마르크스의 생각, 그리고 스탈린(Joseph Stalin)의 문구 "인간 영혼의 엔지니어"[18] 등을 통해서 실제적인 권력으로 등장했다. 적극적 자유의 개념이 이렇게 왜곡될 수 있다는 벌린의 비판은 자유라는 개념을 정확하게 사용하지 않는 모든 사람을 겨냥한 것이었지만, 당시의 맥락에서는 소련을 비롯한 공산주의 체제를 겨냥한 것이라고 흔히 받아들여졌다.

「자유의 두 개념」은 1957년에 벌린이 옥스퍼드의 치첼리 교수(Chichele Professor) 자리에 취임하면서 행한 강연 원고였다. 그리고 자유와 복종, 자유와 강제를 뒤죽박죽 섞어버린 루소에 대한 비판은 이미 야콥 탈몬(Jacob Talmon)의 『전체주의적 민주주의의 기원』[19]에서 신랄하게 이뤄진 바 있었다. 이 때문에 벌린과 탈몬은 소위 "냉전 자유주의자"로 손쉽게 분류되기도 했다. 그리고 비슷한 상상력의 연장선 위에서 벌린이 적극적 자유보다 소극적 자유를 중시한다는 오해가 널리 퍼졌다. 그러나 벌린은 자기가 적극적 자유의 가치를 의심하고 있다는 말을 듣게 된 연유를 "도무지 알 수 없다"[20]고 항의했다. 자신의 목표는 적극적 자유든 소극적 자유든 문구의 왜곡 때문에 발생하는 위험을 지적하는 것이었는데, 다만 "소극적 자유라는 발상에 어떠한 재앙이 함축되어 있는지에 관하여 지난 백 년의 세월 동안

행해진 강조가 부족하지는 않기 때문에, 현시점에서 소극적 자유의 부작용보다는 적극적 자유의 부작용을 폭로해야 할 필요가 더 크다"[21]는 것이다.

벌린이 논의하고 평가하고 비판한 과녁은 실제 체제 또는 실제 정책보다는 체제와 정책의 배후에서 작용하는 발상과 이론과 이념과 사고방식이었다. 다른 한편, 이념과 사고방식을 평가하고 비판할 때, 그는 그것들이 실제 현실에서 초래할 결과를 항상 주목했다. 이는 그의 모든 저술을 관통하는 일관된 자세다. 그러나 이처럼 다차원적으로 복잡하고 세심한 뉘앙스의 차이를 묵살하지 않는 방식의 담론을 음미한 다음에 반응하기에는 당시 현실은 너무나 거칠고 대척적이었다. 자유주의와 공산주의가 상호의존적으로 정의되는 세태에서, 적극적 자유와 소극적 자유는 각각 복지의 확대와 부자의 자유를 뜻하는 것으로 간단히 치부되었다.

그렇지만 벌린의 생각에 자본주의체제에서 사회적 약자를 위한 복지 정책을 정부가 시행하는 것은 원칙적으로 당연한 일이었다. 그는 정치적 자유주의와 복지사회를 지향하는 자유주의적인 사회민주주의자(liberal social democrat)[22]였다. 다만 자기가 사회민주주의자라든지 복지 정책에 찬성한다는 얘기는 그가 생각할 때 어차피 별로 의미가 있을 수 없는 표찰에 불과했다. 구체적으로 무엇을 지향하고 무엇을 반대하는 사회민주주의자인지, 어떤 복지 정책을 언제 어떻게 해야 하느냐가 그런 표찰보다 훨씬 중요하기 때문이다.

벌린은 자유주의를 공산주의나 사회주의 또는 보수주의나 전통주의를 상대로 서로 대립하는 이데올로기라기보다는 인간적인 사회생활이 가능하기 위해 필요한 최저선 노는 필수 요건으로 바라봤다. 정부 또는 사회적 주류가 권력을 가지고 추진하고자 하는 정책의 구체적인 내용 하나하나에 대해서 평가하거나 비판하는 것은 철학자나 역사가가 담당할 임무가 아니었다. 그의 임무는 일련의 정책들에서 배후에 작용하는 사고방식의 형태를 읽어내고, 그 연원을 따져서 밝히고, 그러한 사고방식이 현실에서 어떤 결과로 이어지는지를 드러내는 것이었다. 정치적 문제에 하나의 확실한 정답이 있다는 발상, 그러므로 지금 당장은 모르더라도 정답이 틀림없이 있을 것이라는 사고방식이 18세기 이후 인류의 역사에서 어떤 문제들을 일으켰고 점점 증폭시키고 있었는지가 그가 특히 고발하고자 했던 주제였다. 그리고 그런 사고방식을 탈피한 형식의 정치를 줄기차게 제창했다. 어지간한 일이면 당사자들에게 맡겨 두는 정치, 굳이 권력이 나서야 할 일이라면 왜 그런지를 명료하게 공표할 수 있는 정치, 그리고 그렇게 해서 나서더라도 실제 권력의 행사는 참혹한 결과를 낳지 않도록 최대한 자제하는 정치를 그는 바람직하다고 여겼다. 어떤 명분으로도 침해할 수 없는 개인 자유의 최소한이 보장되어야 한다는 벌린의 자유주의는 곧 강제보다 소통이 우선하고, 강제력이 불가피하게 행사되더라도 매 순간 시의적 판단에 따라 조절되어야 하는 정치를 가리킨다.

"냉전의 전사"

제2차 세계대전이 끝난 이후 냉전이 선전전의 형태로 격렬하게 벌어지는 동안 벌린은 대표적인 "냉전의 전사" 중 한 명으로 간주되었다. 그는 케넌(George Kennan)과 친구 사이로 케넌의 봉쇄정책을 지지했고, 반공주의 지식인 단체 〈문화자유회의〉(Cogress of Cultural Freedom)와 연결되어 활동했다. 「20세기의 정치사상」, 「역사적 불가피성」, 「자유의 두 개념」 등[23] 그의 저술들은 탈몬의 『전체주의적 민주주의의 기원』, 포퍼(Karl Popper)의 『열린사회와 그 적들』[24]과 더불어 "냉전 자유주의"의 이념서로 분류되었다. 그렇지만 벌린 자신은 전혀 전사 체질이 아니었다. 무슨 운동에 선봉장으로 나서기에는 그는 너무나 회의주의자였고 불가지론자였다. 이를 잘 보여주는 사연이 하나 있다.

1949년 6월 28일에 벌린은 매사추세츠의 여자대학 마운트 홀리오크 칼리지에서 「민주주의, 공산주의, 그리고 개인」[25]이라는 제목으로 강연했다. 여기서 그는 루소의 발상이 어떻게 공산주의로 연결되었는지를 설명하면서, 전문가들이 사회를 "하나의 거대한 병원"으로 상상하는 유토피아적 유혹이 18세기 이후 현대까지 어떻게 이어지고 있는지 평소의 지론을 말했다.

이 강연을 취재한 기사가 이튿날 《뉴욕 타임스》에 실렸는데, 마치 마르크스주의를 공부할 가치가 있다는 것이 강연의 요지인 것처럼 전했다.[26] 이에 벌린은 신문사 편집인에게 반론문을 보내, "마르크스주의가 반박되어야 할 필요가 있다면 … 어쨌든 먼저 이해되어야 한다"[27]는 데에 초점이 있었다고 항의했다. 그리고 지인들에게 자기가 공산주의자가 아니라고 열심히 변명했다. 두려움이 이내 가라앉자 과잉반응이 부끄러워졌다. 7월 16일에 보낸 한 편지에서, "오른쪽과 왼쪽에서 이단들이 화형당하고 있는 시점에 … 안전한 다수파와 나의 연대를 공공연히 맹세한 것이 부끄럽다"고 그는 적었다.[28]

"마르크스주의를 반박하려면 먼저 이해해야 한다"는 당연한 가언명제가 그 기사 때문에 "누구나 마르크스주의를 공부해야 한다"는 정언명제로 둔갑했다. 자신의 강연 내용이 이렇게 둔갑했으니 항의는 당연하다. 그러나 당시는 마르크스주의를 단지 연구하는 것만으로 탄압의 대상이 될 수도 있는 시대였고, 벌린은 잠시나마 두려움을 느꼈다. 그리고 바로 그 두려움을 부끄럽게 생각했다.

벌린은 자신이 과잉반응했다고 느꼈으나, 당시는 누구나 말을 조심해야 하는 상황이었다. 실제로 1950년에는 법률가 윌리엄스(Dickerman Williams)가 《뉴욕 타임스》 편집장에게 편지를 보내, 벌린이 스탈린을 변호한다고 고

발했다. 모스크바 주재 미국 대사가 쓴 회고록에 대한 벌린의 서평[29]이 그렇다는 주장이었다. 이 어처구니없는 공격에 슐레진저(Arthur M. Schlesinger Jr.)가 대신 나서서 윌리엄스에게 항의 편지를 썼더니, 윌리엄스는 "벌린의 접근은 추측건대 카 교수의 접근과 비슷하다"고 회신했다.[30]

　냉전기에 좌우를 막론하고 지식인이라는 사람들이 개념적 해상도가 얼마나 떨어지는 이분법에 사로잡혀 있었는지, 그리하여 침소봉대와 왜곡을 저지르면서 그것이 침소봉대와 왜곡인 줄도 몰랐는지를 잘 보여주는 사연이다. 카(E. H. Carr)와 벌린을 동일시한다는 것은 윌리엄스가 벌린은 물론이고 카도 이해하지 못했다는 반증이다. 카는 역사 서술이 몰인격적이어야한다고 주장함으로써 벌린의 입장을 정면에서 부정했고, 실제로『역사란 무엇인가?』[31]는 적어도 부분적으로 벌린의「역사적 불가피성」을 겨냥한 반론이었다.

　카와 벌린의 논쟁은 역사 철학이 주제였지만, 마르크스주의와 소련을 어떻게 볼 것인가, 그리고 "반공 좌파"와 "공산 좌파"의 관계는 어때야 하는가 등과 같은 당대 현실의 첨예한 쟁점들과 결부되어 있었다. 벌린은 사상사가로서 마르크스주의에 관심을 기울였고, 또한 러시아 출신으로서 러시아 사상가들을 세밀하게 이해하고자 했다. 좌우 이분법에 사로잡힌 사람에게 이는 공산주의에 동조하는 모습으로 비춰졌다. 그리고 그가 철학자로서 유물론과 결정론의 허점을 짚어내는 대목에서는 마르크스주의 역사가들에게 부르주아를 옹호한다는 비난을 받아야 했다. 세밀한 뉘앙스의 차이를 놓치지 않으려는 벌린의 자세는 이와 같은 풍조 아래서 지속적으로 양쪽으로부터 공격을 받을 수밖에 없었다.

민족주의

벌린은 어떤 명분을 내걸든지 권력이 침범해서는 안 될 개인적 자유의 최소한이 있고, 바로 양심의 자유, 내면의 자유, 사상의 자유 등이 그런 최소한이라고 확신한 자유주의자였지만, 그렇다고 사회 이전에 개인들이 있었다고 보지도 않았다. 오히려 개인들은 물리적인 의미에서만이 아니라, 도덕적인 의미에서도 사회 안에서 개인으로서 중요한 의미를 가진다.

여기서도 벌린의 사유는 예외 없는 일반법칙을 좇아가지 않고, 상식 수준의 경험칙을 따라간다. 아주 드문 예외가 있을지는 모르나, 대부분의 인간은 일정한 사회 안에서 태어나서 자란다. 언어와 습속을 배우고, 학문과 예술과 지식과 기술을 터득하며, 더불어 사는 방법을 익힌다. 이런 와중에서도 각자는 이웃과는 다른 나름의 정체를 또한 구성하고 자각한다. 이것이 개인이다.

개인적 정체성의 바탕이 되는 사회집단 중에서도 민족은 특별히 더 중요하다. 이와 관련해서 벌린에게 가장 중요한 스승은 헤르더였다. "각 공간에는 나름의 무게 중심이 있는 것과 마찬가지로 각 민족의 내부에는 행복의 중심점이 있다."[32] 사람들에게는 나름의 문화에 정상적으로 속한다는 느낌이 필요하다. 이 문화적 소속감은 음식이나 물 또는 자유나 마찬가지로 기본적인 인간의 욕구다. 문화의 단위는 하나의 집단, 지방 또는 민족이 될 수 있는데, 이미 헤르더의 시대 18세기 중엽에도 민족을 단위로 하는 문화적 정체감이 생겨나고 있었다.

그러나 헤르더는 문화적 민족주의를 제창했지 정치적 민족주의를 부르짖지는 않았다. 벌린은 헤르더의 시대에는 아직 정치적 민족주의 같은 것은 존재하지 않았다고 본다.[33] 다양한 사회 분야 사이의 경계가 느슨하고, 권력과 복종의 관계도 다각적인 상태라도 문화적 민족주의는 가능하다. 나폴레옹의 독일 침공 이후에 독일에서 정치적 민족주의가 나타났지만, 여전히 민족주의가 민족의 내부 질서를 제국처럼 상명하복으로 짜야 할 필요는 없다. 민족 내부의 다양한 구성 부분들 사이의 관계를 다원적으로 유지하면서, 각기 자율성을 서로 존중하면서, 충돌이 발생하는 지점에 관해서만 정치적인 해결책을 모색하면 된다. 이러한 형태의 자유주의는 물론 법의 지배와 갈등의 절차적 해결을 지향하는 것이고, 벌린에게 이 점은 굳이 논의가 필요하지 않은 사항이었다.

벌린에게 민족주의라는 주제는 사상사 연구를 위해서만이 아니라 자신의 실제 삶과도 긴밀하게 연관되는 주제였다. 유대인의 국가가 건설되지 않는 한, 지구상의 모든 유대인은 어디를 가든지 이주민 신세였다. 이 때문에 벌린 역시 청년기에는 시온주의에 동조했다. 유대교 신앙을 점차로 상실하고 신에 관해 알 수 없다는 자각을 겪으면서 벌린의 시온주의 역시 열기는 가라앉았지만, 이스라엘의 건국과 유지에는 일말의 주저도 없이 강력한 지지를 보냈다. 그러면서도 그는 이스라엘이 막상 건국되자, 초대 대통령 바이츠만(Chaim Weizmann)과 초대 수상 벤구리온(David Ben-Gurion) 같은 지도자들이 같이 일하자고 붙잡는 손을 뿌리치고 옥스퍼드로 귀환했다.

민족이 어려움에 처했을 때 옥스퍼드를 선택한 것 때문에 벌린은 내심 자기가 비겁하지 않은지 고뇌를 평생 안고 살았다. 자신의 할 일이 옥스퍼드에 있으므로, 그 일을 하지 않는다면 "무가치한 사람이 되었"으리라는 나름의 정당화 논거는 있었다. 그렇지만 이 선택에는 이스라엘의 존속을 위해 폭력이 행사되고 있을 때, 현장을 벗어나 버렸다는 의미도 담긴다. 바이츠만의 점진주의로는 이스라엘 건국이 난망해지자, 벤구리온이 일방적으로 이스라엘 건국을 선포해버렸고, 이에 1948년의 전쟁이 일어난 참이었기 때문이다. 벌린이 이 전쟁에 반대하려면 협상에 의한 건국의 경로를 찾아낼 수 있었어야 했다. 반면에 전쟁에 찬성한다면 현장에 남아서 건국에 보탬이 될 길을 모색했어야 했다. 벌린은 어느 쪽도 아닌 절충의 길을 택했다. 현장을 떠나되 시온주의는 유지한다. 하지만 이것은 방관자로 남을 만한 개인적인 형편이 되는 사람만이 누릴 수 있는 사치 아닌가? 1948년 9월에 전황이 이스라엘에 유리해지자, 벌린으로서도 약간은 떳떳하게 "시온주의자로 남겠지만 이스라엘 정부에는 동조하지 않겠다"[34]는 입장을 표명할 수 있게 되었을 뿐이다.

이스라엘 정부에 동조하지 않는 것과 이스라엘 정부의 처사를 공개적으로 비판하는 것은 다르다. 벌린은 팔레스타인에 대한 이스라엘의 정책을 승인하지 않았다. 그러나 비판은 물론이고 발언 자체를 거의 하지 않았다. 정통 유대교 신자였던 모친 때문이기도 했지만, 자신 역시 1948년에 방관자의 길을 선택한 마당에 개입해서 왈가왈부할 자격이 부족하다고 생각했기 때문이다. 그리고 이 때문에 자기 자신에 대해 항상 뭔가 모자란다고 느꼈다. 그러다가 사망하기 직전에 자신의 견해를 밝혔다. 1997년 10월 16일 그는 「이스라엘과 팔레스타인 사람들」이라는 제목의 짧은 글을 써서 예루살렘의 친구에게 보냈다. 벌린은 11월 5일에 사망했고, 이 글은 11월 7일에 히브리어로 이스라엘 신문 〈하레츠〉(Haaretz)[35]에 실렸다. 그 내용은 양측이 타협해서 땅을 분할하고 친한 이웃으로 지내라는 지극히 상식적인 제안이었다.

공산주의에 대한 태도와 이스라엘에 대한 태도는 벌린에게 많은 고뇌를 안겨준 숙제였고, 다른 사람들로부터 많은 비난을 받은 이유기도 했다. 공산주의에 대해서는 당대의 정치적 이분법에 자신을 다소 가볍게 노출한 면이 있고, 이스라엘에 대해서는 시온주의를 유지하는 한편 핵심적인 쟁점을 회피함으로써 어정쩡한 태도를 오랫동안 취했다. 물론 두 쟁점 모두 그야말로 정답이 외부에서 내려올 수 없는 실존적 선택의 문제였던 만큼 어떤 다른 선택을 내렸더라도 새로운 비판자들이 나타났을 것이 틀림없다. 그렇지만 주변의 눈치를 보는 듯한 인상을 남긴 것도 엄연한 사실이다. 다만 그가 사상사 연구를 끊임없이 현실 속의 선택과 연결해서 추구했다는 점에는 변함이 없을 것이다. 그리고 현실 안에서 한 개인이 내린 선택에는 항상 스스로 짊어져야 할 짐이 뒤따른다는 그의 지론이 자기 자신에게도 그대로 적용되는 사례에 해당할 것이다.

맺음말

이사야 벌린은 스스로 철학을 포기하고 사상사 연구로 방향을 틀었다고 생각했다. 그러나 역사에 전념하게 된 핵심적 이유는 나름의 깊은 성찰을 거쳐서 도달하게 된 하나의 철학적 입장이 아닐 수 없다. 모든 문제에 하나의 정답이 있어야 한다는 발상이 틀렸다는 깨달음, 그리고 역사에서 인간의 역할이 모조리 사상될 수는 없다는 깨달음은 자체로 철학적인 각성에 해당한다.

이론을 생각할 때 항상 실천적 함의를 고찰하는 벌린의 자세는 언어를 가급적 명료하고 정확하고 정직하게 사용하려는 자세를 낳았다. 「역사적 불가피성」과 「자유의 두 개념」은 지식인들이 언어를 부정확하게 사용하는 탓에 발생하는 혼동과 착각을 지적하는 논문들이다. 그 결과 벌린은 다원주의와 자유주의를 지지하지 않을 수 없는 나름대로 확고한 근거에 도달했다.

벌린의 다원주의와 자유주의가 많은 쟁점들을 여백으로 남겨두고 있는 것은 사실인데, 그 대부분은 기실 정치적 실천의 영역에 속하는 것으로서, 사전에 이론적으로 지침을 정할 수는 없는 성격이다. 나아가 그는 정치적 실천의 영역에서도 가급적이면 권력이 개입하기보다는 당사자들의 선택에 맡기고, 권력이 개입하더라도 가급적이면 충돌보다는 타협을 취하며, 권력이 개입해야 하는 필요를 자타가 공인할 수 있도록 명료하게 제시하는 정치를 바랐다.

이는 다른 말로 하면, 절제의 정치라고도 부를 수 있을 것이다. 벌린이 현실정치의 갈등 안에 들어가 공산주의에 반대하고, 시온주의를 지지한 대목은 보기에 따라 그가 절제의 균형점에서 지나쳤거나 아니면 미치지 못한 경우라고 비판할 수도 있다. 그러나 어쨌든 그로서는 자신에게 엄습한 실존적 선택의 길목에서 그처럼 움직였던 것이고, 그러한 선택에 뒤따르는 결과는 자신의 평소 지론에 따라 그 자신이 짊어져야 할 짐에 해당한다. 이 모든 담론과 행위의 와중에서 그는 자기가 헛소리를 하고 있지는 않은지를 끊임없이 자문하고 성찰했다.

더 읽을거리

• 이사야 벌린. 2014(보급판). 『이사야 벌린의 자유론』. 박동천 옮김. 아카넷.

벌린 사후에 그의 제자이자 편집자인 헨리 하디(Henry Hardy)가 1969년 판
*Four Essays on Liberty*를 확장하고 수정해서 펴낸 *Liberty*의 번역본이다.

• 릴라 · 드워킨 · 실버스 외. 2006. 『이사야 벌린의 지적 유산』. 서유경 옮김. 동아시아.

벌린 사후에 여러 전문가들이 벌린의 사상을 대주제로 학술회의를 가진 후
발표문과 토론 내용을 모아서 펴낸 모음집의 번역본이다. 다원주의, 자유주
의, 민족주의에 관련된 학계의 논의 현황을 일별할 수 있다.

• 마이클 이그나티에프. 2014. 『이사야 벌린』. 이화여대통역번역연구소 옮김. 아산
정책연구소.

벌린의 생애와 지적 여정을 서술한 평전이다. 복잡한 시대에 복잡한 생각을
가지고 살았던 벌린의 인간적인 면모와 함께, 그의 정치사상과 그의 실제 인
생행로 사이의 연관을 음미할 수 있는 정보들이 담겨 있다.

• 벌린의 저술을 출판되지 않은 것들까지 망라해서 정리한 총목록은 Isaiah
Berlin Virtual Library(URL = ⟨berlin.wolf.ox.ac.uk⟩)에서 찾아볼 수 있다. 벌린
에 관한 논문과 서적 목록도 정리되어 있다.

3부

자유주의와 공동체주의

10.

공정으로서의 정의

존 롤스

장동진

John Rawls

개요

롤스는 1971년 『정의론』(A Theory of Justice, 1971)을 통해 공정으로서의 정의 (justice as fairness)를 제시했다. 이 저술에서 롤스는 철학 분야에서 오랜 전통을 지닌 공리주의와 직관주의를 비판하고 전통적인 계약론의 발상을 고도로 추상 화시켜 원초적 입장(the original position)이라는 가상적 합의 장치를 만들어 정의의 두 원칙을 도출해낸다. 공정으로서의 정의는 일종의 절차적 정의관이다. 우선 정의의 내용(정의의 두 원칙)을 공정성을 보장할 수 있는 특정의 절차(원초적 입장)를 통해 산출해낸다. 이렇게 산출된 정의관은 일견 매우 형이상학적이고 보편적 성격을 지닌 것처럼 여겨질 수 있다. 이러한 문제에 직면하여 롤스는 1993년 『정치적 자유주의』(Political Liberalism, 1993)를 통하여, 도덕철학과 정치철학을 구분하고, 자신의 공정으로서의 정의가 자유주의적인 정치적 정의관이라는 점을 명백히 밝힌다. 이 정치적 정의관은 상이하고 갈등을 일으키는 자유민주 사회의 포괄적 교리를 지닌 사람들조차도 그 정의 원칙의 타당성과 가치를 인정하고 수긍할 수 있으므로 상충적인 포괄적 교리들로 분열된 자유민주 사회의 화합과 안정성을 보장할 수 있는 중심이 된다. 나아가서 롤스는 『만민법』(The Law of Peoples, 1999)에서 칸트의 영구평화 발상을 계승하고 계약론을 채택하여, 자신의 정치적 정의관의 중심 발상들인 원초적 입장, 합당한 다원주의, 공적 이성 등의 개념을 활용하여 국제사회의 평화를 유지할 수 있는 자유주의적 국제 정의원칙들을 도출해낸다. 이러한 세 저술을 거치면서 롤스의 자유주의적 정의 관인 공정으로서의 정의는 형이상학적인 성격으로부터 점차 보다 실천적 모습을 띠게 된다.

생애

존 롤스(John Rawls, 1921-2002)는 1921년 2월 21일 볼티모어에서 윌리엄 리 롤스(William Lee Rawls)와 안나 아벨 롤스(Anna Abell Rawls) 사이에서 다섯 아

들 중 둘째로 태어나서, 2002년 11월 24일 렉싱턴의 자택에서 사망했다. 그는 1939년에 프린스턴 대학에 입학하여 1943년 1월에 철학 전공에서 최우등으로 졸업한다. 그리고 1946년 초에 프린스턴 대학의 대학원에서 철학 전공으로 공부를 시작하여, 월터 스테이스(Walter Stace)의 지도로 박사학위 논문을 쓰게 되고, 1948년 말에 마무리 짓는다. 논문의 주제는 반정초적 절차(antifoundationalist procedure)를 개발하는 것이었는데, 후의 그의 반성적 평형(reflective equilibrium) 개념과 유사하다. 롤스가 첫 출판한 논문인 "윤리학을 위한 결정 절차의 개요"(Outline of a Decision Procedure for Ethics)는 원래 그의 박사학위 논문의 일부분이다. 학위 논문을 마무리할 무렵 장차 그의 부인이 되는 마디(Margret Warfield Fox)를 만나 1949년 6월 결혼하여 자녀 넷을 두게 된다. 이후 코넬 대학 교수, 매사추세츠 공대 교수, 하버드 대학 철학과 교수 및 명예교수를 지냈다. 하버드 대학에서는 미국 지성의 상징인 제임스 브라이언트 코난트 대학 교수 지위(the James Bryant Conant University Professorship)로 임명된 바 있다. 그의 『정의론』, 『정치적 자유주의』, 『만민법』은 다른 많은 저술과 함께 현대 도덕 및 정치철학 논의에 심대한 영향을 미쳤다.[1]

주요 저술

Rawls, John. 2000. *Lectures on the History of Moral Philosophy*. Edited by Barbara Herman. Cambridge: Harvard University Press,

Rawls, John. 2007. *Lectures on the History of Political Philosophy*. Edited by Samuel Freeman. Cambridge: The Belknap Press of Harvard University Press.

존 롤스. 2003. 『정의론』. 황경식 옮김. 이학사.

존 롤스. 2016. 『정치적 자유주의』. 장동진 옮김. 동명사.

존 롤스. 2017. 『만민법』. 장동진 외 옮김. 동명사.

머리말

롤스의 정의론은 그의 세 가지 저서『정의론』,『정치적 자유주의』,『만민법』을 통하여 제시되고 있다. 이것은 기본적으로 자유주의 정의관을 대표한다. 이 세 가지 저술은 이 저술 이전에 쓰여졌던 논문들의 주요 발상들이 체계적으로 결합되어 나타난 것이기도 하다. 그리고 이 세 가지 저술 사이에는 자유주의적 관점의 정의관이라는 큰 주제에서의 일관성은 유지되지만, 동시에 저술들 간의 중요한 차이도 나타나고 있다. 특히 위의 저술 중『정의론』과『정치적 자유주의』는 한 정치사회를 염두에 두고 자유민주사회에 적합한 정의원칙을 모색하는 이론적 작업인 반면,『만민법』은 정치문화를 달리하는 정치사회 간에 적용될 수 있는 국제적 정의원칙을 탐색하는 이론적 작업이다. 이 글은『정의론』,『정치적 자유주의』,『만민법』을 통해 제시되는 롤스의 자유주의적 정의관의 방법론적 고유성 및 중심 내용을 정리하고 있다.

『정의론』에서의 문제 인식과 중심 주장

롤스의『정의론』은 서두에서 사회계약의 관점을 고도로 추상화시켜 사회의 기본구조에 적용될 수 있는 정의원칙을 모색하고자 한다는 것을 밝힌다. 그리고 정의란 "진리가 사고의 체계에서 제1 덕목인 것처럼, 정의가 사회제도의 제1 덕목이다"(Justice is the first virtue of social institutions, as truth is of systems of thought)와 함께, "각 개인은 사회 전체의 복리(를 위해서)조차도 유린할 수 없는 정의에 입각한 불가침성을 가진다"고 천명한다.[2]

『정의론』은 내용상으로는 고전적 공리주의(classical utilitarianism)를 비판하고, 방법론상으로는 정의원칙을 모색하는 데 있어 직관주의(intuitionism)의 한계를 거론하면서 시작된다. 철학에서 오랜 전통을 지닌 공리주의는 사회 전체의 복리에 그 초점을 두고 있다. 롤스는 이러한 공리주의 정의관은 사회 전체의 복리를 위해 일부 사람들의 자유가 희생될 수 있는 위험을 지적한다. 롤스는 공리주의 사상 일반 및 이의 다양한 상이한 입장 모두에 대안이 될 수 있는 정의론을 모색하는 것을 목적으로 한다고 말한다.

『정의론』의 「고전적 공리주의」에서 롤스는 공리주의는 기본적으로 목적론적 이론(teleological theories)에 속하는 것으로 규정한다. 목적론적 입장은 윤리학의 두 주요 개념인 옳음(the right, 올바름 또는 정의)과 좋음(the good, 선 또는 가치)의 관계에서, 좋음을 옳음과는 독립적으로 규정하고, 옳음은 곧 좋음을 극대화하는 것으로 규정한다. 반면 의무론적 이론(deontological theories)은 좋음을 옳음과 독립적으로 규정하지도 않으며, 또한 옳음을 좋음을 극대화하는 것으로 해석하지도 않는다. 자신이 제시하는 공정으로서의 정의(justice as fairness)는 의무론적 입장에 서며, 공리주의는 목적론적 입장에 서 있다고 구분한다.[3]

롤스에 의하면, 공리의 원칙(the principle of utility)은 사실상 한 개인이 자신의 복리를 최대한 증진시키려는 개인의 선택 원칙을 집단의 복리를 최대한 증진시키려는 사회에 적용시킨 것에 불과하다고 지적한다. 이러한 사고의 과정에는 공정한 객관자(the impartial spectator)와 동감의 확인(sympathetic identification) 개념이 내재해 있다. 이 공정한 객관자는 동감과 상상력의 능력을 지니고 있어, 다른 사람들의 욕망들을 마치 자신의 것처럼 확인해내고 경험할 수 있는 완전한 합리적 존재이다. 공정한 동감적 객관자(the impartial sympathetic spectator)의 상상적 행위를 통해서 수많은 사람이 한 사람으로 혼합되어 응축되는 것이다. 이렇게 하여 한 개인에 적용되는 선택의 원칙을 사회로 확장하는 결과를 가져오게 된다. 따라서 공리주의

는 개인들 간의 구별을 심각하게 고려하지 못하게 된다.[4]

한편 직관주의(intuitionism)의 한계를 지적한다. 이것은 정의의 내용보다는 정의원칙을 모색하는 방법론상의 문제와 관계있는 것으로 여겨진다. 직관주의를 좀 더 일반적인 관점으로 이해한다면, 서로 환원 불가능한 일군의 제1원칙들이 존재하는데, 이 원칙들을 서로 저울질하여 평가함에 있어 우리의 숙고된 판단(considered judgment)을 통하여 이들 원칙들 간에 어떻게 균형을 이루는 것이 가장 정의로운지를 스스로에게 물어보는 방식이다. 직관주의 이론은 두 가지 특징을 지닌다. 첫째는 특정한 구체적 사례의 유형에서 상반된 지침을 내릴 수 있는 서로 갈등적인 복수의 제1원칙들이 존재한다. 둘째, 이러한 원칙들을 상호 간 비교 평가할 수 있는 명시적 방법 또는 우선성 규칙들이 없다. 우리는 다만 우리에게 가장 좋은 것으로 여겨지는 것, 즉 직관에 의해 평가를 내릴 수밖에 없다. 직관주의 관점의 특징은 목적론적 또는 의무론적인 것에 있는 것이 아니다. 그것은 구성적이거나 인지 가능한 윤리적 기준에 의해 지도되지 않는 우리의 직관적 능력에 호소한다는 점에 있다.[5]

이러한 롤스의 직관주의 비판은 그가 왜 로크, 루소, 칸트의 계약이론을 고도로 추상화한 정의관으로 제시하고자 했는지에 대한 이유를 설명해준다. 이러한 계약론의 고도의 추상화는 그의 반성적 숙고(reflective equilibrium)의 개념과 함께 원초적 입장(the original position)의 고안으로 진전된다. 계약론의 고도화는 이후의 『정치적 자유주의』에서 정치적 구성주의(political constructivism)로 보다 구체화된다.

위에서 언급하였듯이 『정의론』은 계약론의 발상을 계승하여 원초적 입장(the original position)이라는 가상적인 계약적 상황을 설정하여 정의의 두 원칙을 도출하고 있다. 원초적 입장의 개념은 계약 당사자의 특성과 계약 상황에 관한 설명으로 이루어진다. 우선 계약 당사자의 특성은 자유롭고 평등하며(free and equal), 합리적이며(rational), 상호 무관심한(mutually disinterested) 존재로 규정된다. 계약 상황은 정의원칙에 대한 합의에서 공정성을 보장하기 위한 것으로, 합의에 임하는 계약 당사자인 개인은 자신의 특수한 입장 즉 자신의 타고난 자연적 자산 및 능력, 가치관 및 심리적 성향, 사회 경제적 지위를 모르도록 규정한 무지의 장막(the veil of ignorance)을 핵심적 특징으로 한다. 이러한 상황에 처한다면, 합리적 개인들은 자신의 입장을 최악의 상황에서도 최선으로 보장할 수 있는 상태를 선택하는 맥시민 원칙(the maximin rule)에 따라 그가 제시하는 정의의 두 원칙에 도달할 것이라고 한다. 맥시민 원칙은 여러 가지 대안 중에서 각 대안이 가져올 수 있는 가능한 최악의 상황을 비교하여 그중에서 가장 나은 결과를 가져오는 대안을 선택하는 일종의 선택 전략이다.[6]

[표 1] 맥시민 원칙

Decisions	Circumstances		
	C1	C2	C3
D1	-7	8	12
D2	-8	7	14
D3	5	6	8

(Rawls, *A Theory of Justice*, 1971, 153)

원초적 입장의 상황에 처한다고 가정하면, 해당 당사자들은 D1, D2, D3의 결정이 가져올 가장 최악의 상황인 C1의 -7, -8, 5 중에서 5가 가장 낫기 때문에 D3을 선택하게 된다는 것이다. 이러한 맥시민 원칙을 사회적 선택의 문제로 전환하면 다음과 같은 사회, S1, S2, S3, S4의 각각 '하'의 10, 0, 30, 20을 비교하여 30이 가장 나은 지표를 보여주기 때문에 S3을 선택하게 될 것이다.

[표 2] 맥시민 원칙에 의한 사회 선택

	S1	S2	S3	S4
상	10	300	150	200
중	10	150	80	100
하	10	0	30	20*
종합	30	450	260	320

*20: 사회 최저 생계선

이러한 원초적 입장 하의 개인들은 맥시민 원칙에 따라 사회의 기본구조에 적용될 정의원칙으로 다음 두 가지 정의원칙을 채택할 것이라 한다.

첫째, 각자는 다른 사람들의 유사한 자유의 체계와 양립할 수 있는 평등한 기본적 자유의 가장 광범위한 체제에 대하여 평등한 권리를 가져야 한다.

둘째, 사회적 · 경제적 불평등은 다음과 같은 두 조건을 만족시키도록, 즉 (a) 모든 사람들의 이익이 되리라는 것이 합당하게 기대되고, (b) 모든 사람들에게 개방된 직위와 직책이 결부되게끔 편성되어야 한다."[7]

사회의 기본구조에 적용될 위의 정의 두 원칙은 기본적 사회가치(primary social goods)의 공정한 배분과 결부되어 있다. 기본적 사회가치는 권리와 자유(rights and liberties), 기회와 권한(opportunities and powers), 수입과 부(income and wealth)로 구체화된다. 이것은 누가 어떤 인생을 살든 간에 필요한 재화로서, 합리적 인간이라면 누구나 원하는 인생의 장기적 목적을 실현하기 위해 필요한 전목적적 수단(all-purpose means)이라 할 수 있다.

그리고 기본적 사회가치는 누구에게나 가장 중요한 기본적 가치인 자존감(self-respect)의 실현에 절대적으로 필요한 수단이다. 롤스의 자존감은 두 가지 측면으로 설명된다. 첫째는 자기 자신의 가치에 대한 감각 즉 자신의 가치관 및 인생계획이 추구할 가치를 지닌다는 확신, 둘째는 자신의 의도를 실현할 수 있는 능력에 대한 자신감을 시사한다.[8]

특히 정의 제1원칙은 기본적 자유를 우선적으로 보장하는 것을 목적으로 하기 때문에 자유의 우선성(the priority of liberty) 또는 평등한 자유(egual liberty)의 원칙으로 축약할 수 있다. 제2원칙은 사회경제적 가치의 배분과 관계된 사회경제적 분배의 원칙이다. 이것은 다시 공정한 기회 평등의 원칙(the principle of fair equality of opportunity)과 차등원칙(the difference principle)으로 이루어진다. 공정한 기회 평등의 원칙은 직위와 직책들이 형식적 의미에서 개방뿐만 아니라 보다 실질적인 의미에서 모든 사람이 이를 달성할 수 있도록 하는 공정한 기회를 가져야만 한다는 것을 의미한다. 한편 차등원칙은 관련 당사자들의 입장이 개선되지 않는다면, 평등한 분배가 선호되어야만 한다는 아주 강력한 평등주의적 관점에서 시작된다. 이 발상이 보다 구체적으로 '최소 수혜자 계층의 최대 이익'(to the greatest benefit of the least advantaged)이라는 조건으로 사회경제적 불평등이 정당화될 수 있다는 원칙으로 구체화된다. 정의 제1원칙과 제2원칙의 관계에서는 제1원칙이 제2원칙에 우선하는 계서적(lexical-ordering) 관계로서, 제2원칙은 제1원칙을 위배할 수 없다.

정의의 두 원칙과 기본적 사회가치를 연결시켜본다면, 정의 제1원칙은 권리와 자유의 공정한 배분과 관계된다. 제1원칙을 통해 평등하게 보장받아야 할 기본적 자유들의 목록으로 대략, 정치적 자유(투표 및 공직에 진출할 권리), 언론 및 집회의 자유, 사상 및 양심의 자유, (개인적) 재산을 소유할 인신의 자유, 법의 통치 개념에 의해 규정되는 자의적 체포 및 점령으로부터의 자유를 열거하고 있다.[9] 그리고 정의 제2원칙 중 공정한 기회 평등의 원칙은 권한과 기회의 배분, 차등원칙은 수입과 부의 배분과 관계된다. 특히 정의 제2원칙의 공정한 기회 평등의 원칙과 차등원칙은 제1원칙의 기본적 자유의 평등한 보장의 실질적 공정성을 보장하기 위한 장치로 이해할 수 있다.

이러한 정의원칙들에 의해 운영되는 사회를 질서정연한 사회(a well-ordered society)로 설명한다. 그리고 이러한 질서정연한 사회의 구체적 모습을 재산 소유 민주주의(a property-owning democracy)로 규정한다. 이 사회의 배경 제도들은 기본적으로 생산 자산들의 사적 소유와 작동 가능한 경쟁 시장구조를 통해 운영되지만, 부와 자본의 소유권을 분산시켜 사회의 일부가 경제를 장악하고 나아가서 정치적 생활을 간접적으로 통제하는 것을 방지하려고 한다. 이 재산 소유 민주주의의 목적은 장기간에 걸쳐 자유롭고 평등한 사람들 간에 공정한 협동체계로서의 사회를 유지하려는 것에 있다. 이것은 사회 경제적 불평등 문제를 사후적 재분배를 통해 해결하려는 복지국가(a welfare state)와 구분되며, 이 불평등을 사전적 제도적 장치로 조율하는 공정한 제도들을 배경적 정의의 장치로 갖추고 있는 것을 의미한다. 이것을 상호성 또는 상호이득의 원칙(a principle of reciprocity or mutuality)에 기초하는 일종의 자유주의적 사회주의체제(a liberal socialist regime)로도 설명한다.[10] 이러한 특징과 목적을 지닌 정의의 두 원칙이 구현되는 사회에서 개인의 자존감(self-respect)이 다른 대안적인 사회에서 보다 최악의 경우에 더 낮게 개인들에게 보장될 것이라고 주장한다.

그렇다면, 이러한 공정한 사회가 현실적으로 어떻게 구현되고 안정성을 유지할 수 있는가 하는 문제가 대두된다. 롤스는 『정의론』의 31절을 통하여 「4단계 과정」(the four-stage sequence)을 설명한다. 첫 단계는 원초적 입장에서의 정의원칙들의 선정 단계이다. 두 번째 단계는 헌법제정 회의(constitutional convention)의 단계로서, 정부의 헌법적 권한체계와 시민들의 기본적 자유를 보장하는 적정한 체계를 고안하는 것이다. 이 헌법제정 회의에서 정의 제1원칙인 평등한 자유를 보장하기 위한 장치를 만든다. 이후 제3단계인 입법의 단계(the stage of legislation)에서 정의의 제2원칙의 공정한 기회 평등의 원칙과 차등원칙을 구현하기 위한 정책의 문제가 들어오게 된다. 마지막 단계는 특수한 경우에 대한 규칙의 적용(the application of rules to particular cases) 문제를 다룬다.[11] 이러한 4단계를 통해 공정으로서의 정의가 작동하는 질서정연한 사회가 구현될 수 있다고 주장한다.

한편, 이러한 질서정연한 사회가 어떻게 안정적으로 유지될 수 있는지를 『정의론』의 8장 「정의감」(The Sense of Justice), 보다 구체적으로 76절의 「상대적 안정성의 문제」(The Problem of Relative Stability)를 통해 논의한다. 그 요지는 다음과 같다. 질서정연한 사회란 그 구성원의 이득을 증진할 수 있도록 고안되고 동시에 공적 정의관에 의해 효과적으로 규제되는 사회이다. 이 사회의 모든 사람들은 다른 사람들도 동일한 정의원칙을 받아들이고 있다는 사실을 알고 있으며, 그 기본적 사회제도들이 이러한 정의원칙을 충족시키고 있으며 동시에 충족시키고 있다는 것이 널리 알려져 있다. 이러한 사실은 그 구성원들로 하여금 정의원칙에 따라 행동할 강력하고 정상적인 갈망을 가지도록 할 것이라고 한다. 즉 제도가 정의롭다면, 이러한 제도들에 참여하는 사람들은 이에 부응하는 정의감(a sense of justice)을 습득하게 될 것이며, 이 제도들을 유지하는 데 자신의 역할을 하려는 의욕을 가지게 될 것이라고 한다.[12] 요약하자면, 사회제도가 정의롭다면 사람들은 이 제도를 유지하기 위한 정의감을 가지게 될 것이고, 그러면 그러한 정의로운 제도를 지닌 사회는 장기간에 걸쳐 안정성을 유지할 수 있다는 것이다. 이후의 『정치적 자유주의』에서 안정성의 문제(the problem of stability)는 중심주제가 되고, 또한 정의감(a sense of justice)은 정치적 인간관의 두 가지 도덕적 능력(two moral powers)의 하나로 자리 잡게 된다.

『정치적 자유주의』로의 전환: 도덕철학과 정치철학의 구분

『정치적 자유주의』의 핵심은 도덕철학과 정치철학을 구분하고 정의의 문제를 진리의 문제와 분리시켜, 자유로운 독립적인 입장에서 정치적 구성주의의 방법을 통해 정치적 정의관을 만들어내는 것에 있다. 그것은 "합당한 종교적, 철학적 및 도덕적 교리들로 심각하게 분열된 자유롭고 평등한 시민들 간에, 정의롭고 안정된 사회를 상당 기간 유지시키는 것이 어떻게 가능한가?"[13]라는 근본적 질문으로 시작한다. 『정치적 자유주의』는 현대 자유민주사회의 근본적 특징으로서 합당한 다원주의의 현실(the fact of reasonable pluralism)과 함께 판단의 부담(the burden of judgment) 문제를 제기하고, 정의로운 자유민주사회가 어떻게 스스로 안정성을 획득해갈 수 있는지를 논한다.

　『정치적 자유주의』의 저술 구성은 1단계(Lectures I-III)와 2단계(Lectures IV-VI)로 구분되어 이루어지고 있다.[14] 1단계는 시민들 간의 공정한 협력의 조건은 물론, 사회의 기본제도가 언제 정의로운지를 구체화하는 정의의 원칙들을 제시한다. 이것은 정치적 구성주의를 통해 정의의 원칙을 도출해내는 과정이다. 제2단계는 질서정연한 사회의 합당한 다원주의에도 불구하고 공정으로서의 정의가 구현되는 질서정연한 민주적 사회가 어떻게 화합과 안정성을 유지할 수 있는지에 대해 설명한다. 이 제2단계에서의 가장 중요한 핵심적 개념은 중첩적 합의(an overlapping consensus)와 공적 이성(public reason)의 개념이다.

　롤스는 『정의론』에서는 자유민주사회의 핵심적 특징인 다원주의에 따른 신념 및 도덕 간의 갈등을 심각하게 고려하지 않고 있어 도덕과 정치의 구분이 명확히 드러나지 않고 있다고 스스로 문제를 제기한다. 즉 자유민주사회가 오래 지속되면 자연스럽게 상이한 신념 및 교리들이 대두될 수밖에 없고, 이것은 불가피하게 다원주의의 현실(the fact of pluralism)을 형성하게 한다. 다원주의의 현실은 자유민주사회에서 일시적으로 사라질 수 없는 항구적 특징으로 자리 잡게 된다. 『정의론』은 이러한 자유민주사회의 다원주의의 현실, 특히 합당한 다원주의의 현실(the fact of reasonable pluralism)을 심각하게 반영하지 못하였다고 한다.

이러한 문제 인식은 롤스의 1985년의 논문 「Justice as Fairness: Political not Metaphysical」을 통해 명확히 표현되기 시작한다. 이 논문에서 롤스는 『정의론』에서 제시된 "공정으로서의 정의"(justice as fairness)는 자신이 마땅히 피했어야 할 보편적 진리(universal truth)에 관한 주장, 또는 인간의 본질적 성격과 정체성에 관한 주장(the essential nature and identity of persons)에 의존하고 있다는 점을 시인한다. 나아가 공정으로서의 정의에서 기초하였던 기본적인 직관적 발상들을 결합하여 입헌민주정체에 적용되는 정치적 정의관(a political conception of justice for a constitutional democracy)을 구성하려 한다는 점을 밝히고 있다. 이러한 정치적 정의관은 특정한 철학적 및 형이상학적 주장과 결별하고, 입헌민주정체에서 공적 정의관(the public conception of justice)은 가능한 논란이 많은 철학적 및 종교적 교리들과는 독립적으로 형성되어야만 한다는 생각을 제시한다. 이러한 정치적 정의관을 형성하기 위해 (종교적 갈등 해결에서 비롯되었던) 관용의 원칙(the principle of toleration)을 철학 그 자체에 적용하여야 한다고 한다. 그렇기 때문에 "공적 정치관은 정치적인 것이며, 형이상학적이 아니다"(the public conception of justice is to be political, not metaphysical)라고 설명한다.[15]

위의 논문을 통하여 롤스는 『정의론』에서 공정으로서의 정의가 하나의 정치적 정의관으로 의도되었다는 점을 표명하지 못했다고 한다. 즉, 이 점을 충분히 강조하지 못했다고 밝힌다. 정치적 정의관 역시 도덕적 관념이지만, 그것은 특별한 종류의 주제, 즉 정치적, 사회적 및 경제적 제도에 적용하기 위해 고안된 도덕적 관점이다. 특히 공정으로서의 정의는 자신이 명명하는 현대의 입헌민주 정체의 "기본구조"에 적용하기 위해 고안된 것이라고 말한다.[16] 이 논문과 함께 이후의 논문들의 발상을 체계화시켜 하나의 일관된 저술로 나타난 것이 『정치적 자유주의』이다.

1. 1단계: 정의원칙의 도출

우선 『정치적 자유주의』의 가장 중요한 이론적 특징은 정치와 도덕의 구분, 즉 정치철학과 도덕철학의 명확한 구분에 있다. 특히 『정치적 자유주의』에서는 정치적인 것의 고유영역(the domain of the political)을 명료히 밝혀내려 하는데, 그것은 헌법적 본질(constitutional essentials)과 기본적 정의의 문제(matters of basic justice)라고 간주한다. 이것은 도덕적, 철학적 및 종교적인 포괄적 교리가 다르다 할지라도 누구라도 수긍할 수 있는 정치적인 것의 근본 문제라고 생각한다. 이러한 정치적인 것의 고유영역이 설정되고 이에 적합한 기본적 정의원칙을 정치적 구성주의(political constructivism)를 통해 도출해내고 있다.

정치적 구성주의는 실천이성(practical reason)을 통해, 원초적 입장이라는 대표 장치를 통해 정의원칙을 도출한다. 정치적 구성주의의 첫 번째 특징은 정치적 정의의 원칙들이 구성절차의 산물로 대표되고 있다. 이 구성절차에서 합리적 행위자들, 즉 시민의 대표로서, 합당한 조건들에 예속되어서 사회의 기본구조를 규제하는 원칙들을 산출해낸다. 이러한 구성의 과정에 동원되는 이성이 바로 실천이성이며 이론적 이성(theoretical reason)

에 기반하지 않는다. 이러한 정치적 구성주의는 합리적 직관주의(rational intuitionism)와 대비된다. 합리적 직관주의의 첫 번째 특징은 도덕적 제1원칙과 판단들이 독립적인 도덕적 가치의 질서에 관한 올바른 진실이라고 말하며, 이러한 도덕적 제1원칙들은 이론적 이성을 통해 알 수 있다는 것이다.[17] 결국 합리적 직관주의와 정치적 구성주의의 핵심적 차이는 정의의 원칙들을 이론적 이성을 통해 밝혀내느냐, 아니면 우리의 실천이성의 능력을 활용하여 특정 절차를 통해 구성하여 산출해내느냐에 있다.

구체적으로 『정치적 자유주의』에서의 정치적 구성주의를 통한 정의원칙의 도출은 다음과 같은 과정을 거쳐 산출되는 것으로 해석된다. 기본적으로 그의 『정의론』에서 언급된 바 있는 인간이 축적해온 광범위한 경험과 지식을 토대로 하는 『반성적 평형』의 사유과정을 통하여, 공정성을 담보하고자 하는 원초적 입장의 설정, 그리고 공정한 협력체계로서의 적정한 사회관, 그리고 두 가지 도덕적 능력인 가치관의 형성능력(a capacity for a conception of the good)과 정의감의 능력(a capacity for a sense of justice)을 지닌 정치적 인간관을 설정하고, 이러한 기본개념을 조합하여 정의의 두 원칙을 산출해낸다.

이러한 기본개념들을 정합적으로 구성해보면, 두 가지 도덕적 능력을 지닌 정치적 인간이 공정성을 담지하는 대표의 장치로서 원초적 입장(the original position as a device of representation)을 통해 세대를 넘어 상당한 기간 존속할 수 있는 공정한 협동체계로서 사회를 어떻게 구성할 것이냐 하는 문제를 씨름하게 된다. 이러한 과정에서 정치사회의 현실적 여건인 '태생에 의해 진입하고 죽음에 의해 탈퇴'(Its members enter it only by birth and leave it only by death)[18]하게 되는 정치사회의 폐쇄적 성격, 그리고 여러 포괄적 교리들이 공존하는 자유민주사회의 합당한 다원주의 현실, 그리고 판단의 부담(burden of judgment)으로 표현되는 인간 이성의 한계가 배경으로 작동한다. 이렇게 하여 도출되는 것이 정의의 두 원칙이다.『정치적 자유주의』에서 정의의 두 원칙은 전체적으로『정의론』에서의 공정으로서의 정의관을 유지하지만, 특히 제1원칙에서의 표현의 변화와 함께 정치적 자유의 공정한 가치(the fair value of the political liberties) 문제가 강조된다.

    a. 각자는 평등한 기본권과 자유에 입각한 완전한 적정구조에 대한 동등한 주장을 할 수 있는 권리를 가진다. 이 구조는 모든 사람에게 해당되는 동일한 적정구조와 양립할 수 있어야 한다. 그리고 이 구조에서는 평등한 정치적 자유들, 그리고 다만 그러한 자유들만이 그 공정한 가치를 보장받을 수 있도록 되어야 한다.

    b. 사회적 및 경제적 불평등은 다음 두 조건을 만족시켜야만 한다. 첫째, 이들 불평등은 공정한 기회 평등의 조건 하에서 모든 사람에게 개방된 직위와 직책에 결부되어야 하며, 둘째, 이들 불평등은 사회의 최소 수혜자들에게 최대한의 이익을 가져올 수 있어야 한다.[19]

특히 정의 제1원칙과 관련하여『정의론』에서의 "an equal right to the most extensive total system"(가장 광범위한 총체적 체제에 대한 평등한 권리)이『정치적 자유주의』에서 "an equal right to a fully adequate scheme"(완전한 적정구조에 대한 평등한 권리)으로 변화되어 나타난다.[20]『정치적 자유주의』에서도 정의의 제1원칙은 기본적 자유의 평등 보장을 여전히 강조하지만, 특히 정치적 자유의 특별한 위치(the distinctive place of the political liberties)와 함께 그것의 공정한 가치의 보장(the guarantee of the fair value of the political liberties)을 강조한다.[21] 그리고 제2원칙은 공정한 기회 평등의 원칙과 차등원칙을 천명하고 있다.『정의론』에서는 제2원칙에서 차등원칙이 공정한 기회 평등의 원칙보다 먼저 기술되었는데,『정치적 자유주의』에서는 공정한 기회 평등의 원칙이 차등원칙에 앞서 기술되었다. 정의원칙의 계서적 우선성을 고려할 때, 기본적 자유의 평등원칙, 공정한 기회 평등의 원칙, 그리고 차등원칙의 순서가 타당한 것으로 여겨진다.

2. 2단계: 안정성의 획득

2단계에서의 롤스는 1단계에서 획득된 정의원칙들이 다양한 신념체계를 지닌 사람들 안에서도 수용되어 사회의 안정성을 획득할 수 있음을 주장한다. 특히 잠정적 타협, 헌법적 합의, 중첩적 합의에 이르는 역사적 과정의 설명을 빌어 정치적 정의원칙들에 대해 합당한 포괄적 교리들이 그 중요성을 인식하고, 이들에 의해 실제적 정치과정에서 상당한 정도의 중첩적 합의를 획득하게 되면 정치적 화합과 안정성을 획득할 수 있게 된다고 주장한다. 사람들이 포괄적 신념에서는 차이를 보인다 할지라도, 올바른 이유(for the right reasons)에서 정치적 정의관을 지지하게 된다. 이러한 정치적 정의관에 대한 이해도가 높아지고 사람들이 공적인 문제해결에 있어서 정치적 정의관에 입각하여 공적 이성을 널리 행사하게 된다면, 우연적인 사회적 역학관계를 통한 잠정적 합의가 아닌, 올바른 이유에 입각한 중첩적 합의에 도달하게 된다. 이렇게 되면 사회적 화합과 안정성을 유지할 수 있다는 것이다. 이러한 주장의 핵심은 시민들이 비록 도덕, 종교 및 철학적인 면에서 포괄적 신념을 달리한다 해도 정치적 정의관에 동의할 것이고 이에 대한 정의감을 발전시켜 자발적으로 지지하게 될 것이라는 점이다.

3. 평가

롤스의 정치적 자유주의에 대한 후속적 비판들을 대략 다음과 같이 정리해

본다.

우선, 도덕철학과 정치철학의 관계에 관한 것이다. 도덕적인 것과 구분되는 정치적인 것의 고유영역을 사전적으로 가정할 수 있는가? 이러한 유형의 반론의 핵심은 모든 도덕적 문제들이 정치화될 수 있으며, 정치적인 것의 영역은 특정 사회의 정치적 과정을 통해 설정될 수밖에 없다. 모든 사적이거나 개인적인 것이 정치적인 문제이다. 또한 롤스는 정의의 문제를 가능한 인식론적 문제와 결별하여 실천적 이성의 능력에 의존하여 정치적 정의의 원칙을 도출하는데, 정의의 문제가 이론적 이성의 인식작용 역할과 완전히 독립할 수 있는가? 정의의 논쟁이 진리의 논쟁을 벗어날 수 있는가?이다.

한편 실천적 비판으로서, 정치적 자유주의를 통해 제시되는 정치적 정의관이 질서정연한 사회 내에 존재하는 비자유적이지만 합당한 포괄적 교리들을 적절히 수용할 수 있는가? 킴리카의 자유적 다문화주의는 롤스의 정치적 자유주의가 질서정연한 사회 내에 존재하는 특정신념의 집단들을 적절히 수용할 수 있는 구체적 방안을 제시하지 못하고 있다고 비판한다. 킴리카는 다양한 합당한 포괄적 교리의 집단들을 수용하기 위해서는 각 집단의 고유성을 보장하기 위해 보편적 권리로서의 개인의 자유와 권리와는 별도로 각 집단에 적합한 특별한 권리를 부여해야 한다는 집단차별적 권리(group-differentiated rights)를 주장한다.[22]

마지막으로, 롤스의 정치적 자유주의는 질서정연한 사회의 안정성 문제를 중첩적 합의를 통해 해결할 수 있다고 주장한다. 이러한 주장은 정치적 자유주의의 목적이 합당한 다원주의를 현실적 배경으로 하는 자유민주사회의 불안정성을 극복하기 위한 실천적 제안인지, 아니면 자유민주정체에 적용될 수 있는 정치적 원칙의 규범적 정당성을 정당화하는지에 관한 근본적 의문을 제기하게 한다. 즉 안정성 문제해결 그 자체는 규범적 정당성의 논의를 대체하는 데 한계가 있음이 지적되고, 또한 실천적 차원에서 중첩적 합의를 통한 안정성 확보가 어떻게 가능한지에 대한 설득력 있는 해답을 제시하지 못하고 있다고 비판된다.

전체적으로 이론적 일관성과 정합성의 문제에서『정치적 자유주의』는『정의론』과 비교하여보았을 때, 개념 상호 간의 관계 및 위치, 그리고 이들이 어떻게 정합되어 하나의 이론적 체계를 이루는지에 대해 독자들이 이해하는 데 많은 혼란을 주고 있다. 정치적 정의원칙과 공적 이성, 그리고 중첩적 합의의 3자 관계가 어떻게 작동하여 민주적 안정성을 유지할 수 있는지에 대한 일관된 설명 구조를 파악하는 것이 용이하지 않다. 그럼에도 불구하고 도덕적인 것 및 도덕철학과 구분되는 '정치적인 것' 및 정치철학의 고유성을 밝혀내려는『정치적 자유주의』의 시도는 탁월한 작업으로 평가할 수 있다.

『만민법』으로의 확장: 인권에 기초한 세계평화의 구상

롤스의『만민법』(The Law of Peoples, 1999)은 만민의 사회를 위한 정의원칙을 자유주의적 관점에서 제시한다. 롤스는 칸트의 영구평화 발상과 계약론을 결부시키면서 자신의 자유주의적 해결방식인 원초 입장(original position)의 개념을 사회 간 합의에 적용시켜 합당한 만민사회의 정의원칙을 도출한다.『만민법』의 발상은『정의론』의 58절의「양심적 거부의 정당화」(The Justification of Conscientious Refusal)에서 정의론을 '만국법'(the law of nations)으로 확장할 필요성을 언급하는 데에서 이미 나타나고,[23] 이후의 논문「만민법」(The Law of Peoples)을 통해 보다 구체화된다.

『만민법』은『정의론』과『정치적 자유주의』에서 시도하였던 자유적 정의관의 주요 개념 및 발상을 국제사회에 적용하여, 국제사회의 정의원칙의 도출을 시도하고 있다. 『만민법』은 국제사회에서 일시적이 아닌 영구적 평화를 정착시키려는 칸트의 「영구평화론」(Perpetual Peace)의 발상을 기반으로 계약론적 전통의 연장선상에서 합의를 통하여 국제사회 정의원칙을 도출하려는 자유주의적 기도로 평가할 수 있다. 롤스는 칸트가 제시하는 평화조약 pactum pacis(treaty of peace)과 구별되는 평화연합 foedus pacificum(league of peace)의 발상을 자유주의적 관점에서 구체화한다. 전자는 하나의 전쟁을 종식시키는 것을 추구하지만, 후자는 모든 전쟁을 영구적으로 종식시키는 것을 추구한다.

1. 국제사회의 다원주의와 다섯 가지 형태의 사회

우선 롤스는 국제사회를 정치문화가 상이한 국민들의 사회로 규정한다. 이의 특징 역시 다원주의라 할 수 있다. 이것은 그의 국내 사회에 적용되는 정의원칙 도출에 있어서, 특히 『정치적 자유주의』에서 강조되는 자유민주 사회의 다원주의 또는 합당한 다원주의 현실(the fact of pluralism or reasonable pluralism)과 유사한 모습을 띤다. 『정치적 자유주의』에서 합당한 포괄적 교리(reasonable comprehensive doctrines)로 분열되어 있는 합당한 다원주의 현실에서는 상이한 포괄적 교리에도 불구하고 하나의 정치적 정의관에 동의할 수 있다는 가정과 마찬가지로, 상이한 정치문화를 지닌 상이한 국민들(peoples) 간에도 일련의 국제정의원칙들에 동의할 수 있다는 가정을 한다.

　롤스는 peoples을 국제정의원칙의 합의 주체로 설정하고 다섯 가지 형태의 정치체제를 구분한다. peoples은 정치문화적 개념으로서 '정치문화를 공유하고 있는 한 사회에 속한 인민'을 의미한다. peoples을 국제사회의 정의원칙의 주체로 채택함에 있어, 롤스는 전통적으로 국가의 주권이 지닌 두 가지 권리, 즉 국가의 정책을 수행하기 위한 전쟁의 권리와 자기 국가의 국민을 다루는 데 있어 특정한 자율성의 권리가 잘못되었다고 비판한다.[24] 이러한 전통적 주권국가 개념에 대한 비판과 함께, 인권(human rights)의 준수 여부를 기준으로 하여, 국제사회의 다원주의를 형성하고 있는 다섯 가지 형태의 peoples (또는 사회 societies)을 구분한다. 그것은 합당한 자유국민(reasonable liberal peoples), 적정수준의 국민(decent peoples), 무법국가(outlaw states), 불리한 여건의 사회(societies burdened by unfavorable conditions), 자애적 절대주의체제(benevolent absolutisms)이다. 합당한 자유주의 국민과 적정수준의 국민을 "질서정연한 국민"(well-ordered peoples)으로, 나머지 세 국민은 질서정연한 국민으로 간주하지 않는다. 여기에서 특히 적정수준 decent의 개념은 합당한 reasonable보다 완화된 개념으로 적정수준의 사회란 인권을 존중하지만 비자유적 사회를 의미한다. 이러한 다섯 가지 사회 또는 국민을 기준으로 하여, 『만민법』은 이상적 이론과 비이상적 이론으로 구분된다.

2. 이상적 이론(ideal theory)

1) 이상적 이론의 제1부

여기에서 롤스는 합당한 자유주의 국민 상호 간에 합의될 수 있는 정의원칙을 제시한다. 국제정의 원칙의 도출과정에서 『정의론』과 『정치적 자유주의』에서 합의의 장치로 활용되었던 원초적 입장(original position)이 채택된다. 여기에서 원초적 입장은 두 차례 적용된다. 일차적으로 개별 자유주의 사회의 정의원칙을 도출하는데, 이차적으로 합당한 자유 국민 상호 간의 정의원칙 합의에 적용된다. 롤스의 국제 원초적 입장의 특징은 합의 당사자들이 상이한 사회를 대표한다는 사실을 알고 있지만 개별 사회의 영토 및 인구의 규모, 그리고 상대적 힘의 차이를 모르도록 되어 있다. 이것은 무지의 베일이 국제 수준에 적용되고 있음을 반영한다. 이러한 원초적 입장을 적용하여 자유국민 상호 간에 합의할 수 있는 여덟 가지 원칙을 제시한다. 이 정의원칙들은 사실상 역사적으로 자유 국민 상호 간에 전통적으로 인정되었던 원칙들이다.

1. 만민은 자유롭고 독립적인 존재이다. 이들의 자유와 독립성은 다른 국민에 의해 존중되어야 한다.
2. 만민은 조약과 약속을 준수해야 한다.
3. 만민은 평등하며 자신들을 구속하는 약정에 대한 당사자가 된다.
4. 만민은 불간섭의 의무(duty of non-intervention)를 준수해야 한다.
5. 만민은 자기방어의 권리를 가진다. 그러나 자기방어 이외의 이유로 전쟁을 일으킬 수 있는 권리를 가지지 못한다.
6. 만민은 인권(human rights)을 존중해야 한다.
7. 만민은 전쟁 수행에 있어 특별히 규정된 제약사항들을 준수해야 한다.
8. 만민은 정의로운 또는 적정수준의 정치사회 및 사회체제의 유지를 저해하는 불리한 여건하에 살고 있는 국민들을 도와줄 의무가 있다.[25]

2) 이상적 이론의 제2부

합당한 자유국민 상호 간에 합의된 정의원칙이 적정수준의 국민으로 확대될 것이라고 주장한다. 자유주의 국민 간에 합의한 정의원칙들이 비자유적이지만 적정수준의 국민에 의해 수용될 것으로 생각한다. 이러한 자유적 정의원칙의 확장과정에서 자유 국민들이 비자유적이지만 인권이 존중되고 있는 적정수준의 국민들을 관용할 수 있음을 논의하며, 동시에 이 양 국민

간에 원초 입장이 또 한 차례 적용될 수 있음을 논의한다.

3. 비이상적 이론(nonideal theory)

질서정연한 국민들이, 합의된 국제정의원칙에 의거하여, 질서정연하지 못한 국민들에 대하여 어떻게 행동하여야 하는지의 문제를 다룬다. 이것은 모든 국민이 만민법을 수용하고 준수하도록 하는 것이 어떻게 달성될 수 있을지를 논하는 것으로 두 부분으로 이루어진다.

1) 무법국가

무법국가에 대하여 취할 수 있는 일차적 단계는 경제 및 기타 지원을 거부하는 것과 같은 외교 정책적 조치를 취하여 무법국가의 방식을 변경시키는 것이다. 나아가서 무법국가의 팽창주의 정책으로 질서정연한 국민의 안전이 위협받는다는 것이 합당하게 생각될 때에는 질서정연한 국민이 자기방어 전쟁권이 있음을 주장한다. 특히 자기방어의 전쟁권은 질서정연한 사회의 시민의 기본적 자유와 민주적 제도를 보호하기 위한 것이다. 이러한 방어 전쟁권은 오늘날의 '인도주의적 개입'(humanitarian intervention)이나 '보호의 책무'(Responsibility to Protect: R2P)의 정당화의 발상과 깊은 연관성을 지닌다.

2) 불리한 여건의 사회에 대한 원조 의무(duty of assistance)

원조 의무는 불리한 여건의 사회가 만민 사회의 충분한 성원이 될 수 있도록 도와주는 것이다. 이 목표가 달성되면 원조 의무는 더 이상 적용되지 않는다. 원조 의무는 중단점(cut-off point)을 지닌다는 점에서 『정의론』과 『정치적 자유주의』에서 일관적으로 주장되어온 국내사회의 분배 원칙인 차등

원칙(the difference principle)과 구분된다. 차등원칙은 최소 수혜자 계층의 입장을 개선시키는 조건으로 불평등이 인정될 수 있다는 평등주의적 분배원칙으로서 중단점이 없다. 불리한 여건의 사회에 대해 중단점이 있는 비평등주의적인 원조 의무를 제시하는 근거는 국민 간의 경제적 불평등은 자연적 자원의 부존보다는 특정 사회의 정치문화의 성격에 기인한다는 가정에 있다.

4. 비판 및 평가

비판 및 평가의 중심 내용은 다음과 같이 정리할 수 있다.

첫째, 롤스의 『만민법』에서 인권은 인간이라면 누구나 가지는 보편적 권리이지만, 그 내용은 매우 축소되어 특수한 부류의 긴급한 권리만을 국제사회 정의의 기준으로 채택한다. 그 구체적 인권 개념의 내용은 노예제와 농노제로부터의 자유, 양심의 자유(양심의 자유는 인정되지만 평등하게 인정되는 것은 아니다), 대량 학살과 인종 학살로부터의 보호와 같은 긴급한 권리로 이루어진다. 『만민법』에서 롤스의 인권개념은 최소한의 개념으로, 특히 표현 및 결사의 자유와 민주적 정치참여권을 생략하고 있다. 최소한의 인권개념은 정치사회 간 합의의 가능성을 높여주는 역할을 하지만, 오늘날 점점 더 확장되어가는 인권 개념과는 배치된다. 만약에 보다 확장된 인권 개념을 국제사회 정의원칙 수립에 적용한다면 보다 평등주의적이고 보다 범세계주의적 정의관이 될 것이다. 롤스의 최소한의 인권개념은 규범적 정당성을 지닐 수 있는가?

둘째, 국제사회 정의에 관한 롤스의 접근은 찰스 베이츠(Charles R. Beitz)의 개념 구분을 빌린다면, 세계주의적 자유주의(cosmopolitan liberalism) 입장보다는 사회적 자유주의(social liberalism) 입장을 채택하고 있다. 그리고 롤스의 국제사회 정의관은 합의의 주체로서 국가(states)나 개인(individuals)이 아닌 정치문화적 성격을 지닌 국민(peoples)을 채택하고 있다. 보다 세계주의적 자유주의에서는 개인을 범세계적 정의원칙의 합의 당사자로 설정할 수 있을 것이다. 반면에 보다 현실적인 대안에서는 국가가 합의 당사자가 될 수 있을 것이다. 롤스의 『만민법』은 사회 또는 국민을 합의의 주체로 설정한다는 점에서 현실주의적 접근은 물론 세계주의적 정의관 접근과 차이를 보인다.

셋째, 이상적 이론의 제2부에서 자유 국민과 비자유적이지만 적정수준의 국민 간의 원초적 입장의 적용 가능성과 함께 관용을 논하고 자유주의적 정의원칙이 확장될 수 있음을 주장하고 있다. 과연 비자유주의적인 적정수준의 국민은 이러한 원칙들을 수용할 수 있는가? 관용을 통한 자유적 정의원칙의 확장성을 논하는 롤스의 입장은 자유 국민과 적정수준 국민 간의 평등한 대칭성을 의미하는 것이 아니라 자유적 국민 중심주의적인 관용의 일방성을 반영하는 것은 아닌가?

넷째, 롤스의 인권개념은 개별 정치사회의 주권(sovereignty) 행사에 대한 제약 사항으로 작동한다. 현실적으로 볼 때, 인권을 제도적으로 보장하고 준수하는 질서정연한 사회가 그렇지 못한 사회에 제재 또는 개입할 수 있는 근거로 작용할 수 있다. 그 정당성을 인정한다 하더라도, 무법국가에 대한 개입의 실천적 문제가 대두된다. 비록 대량적 인권침해를 방지하기 위해 마지막 수단으로서의 무력에 의한 무법국가에 대한 개입의 정당성이 인정된다 하더라도, 무법국가에 대한 개입 문제에서 어떠한 방식으로 어느 정도까지 개입하는 것이 합당한 정당성을 지니느냐 하는 실천적 논란의 문제를 함유하고 있다.

다섯째, 원조의 의무에 대한 반론을 예상할 수 있다. 롤스는 국민 간의 경제적 불평등의 발생은 정치문화의 성격에 있다고 간주한다. 그러나 경험적 측면에서 볼 때, 오늘날 정치사회 간 경제적 불평등은 정치문화의 성격뿐만 아니라 자원의 부존 여부, 국제정치 경제상에서의 특정 사회의 위치 등에 의해 영향을 받고 있는 것이 현실이다. 롤스의 원조 의무는 국제사회에서 차등원칙의 발상을 적용해야 한다고 주장하는 세계시민주의적 발상에 의해 도전받고 있다. 베이츠는 "자원재분배 원칙"(the resource redistribution principle)과 "세계적 분배원칙"(a global distribution principle) 두 원칙을 제시한다. 토마스 포게(Thomas Pogge)는 실천 가능한 대안으로서 "세계적 자원세"(Global Resources Tax), 또는 세계적 자원 배당금(global resources dividend) 제도를 제시한다. 그 내용은 각 국민은 자신의 영토 내에 있는 자원을 소유·통제할 수 있는 반면, 자원을 추출·사용할 경우에는 세금을 내야 한다. 이 세금은 여러 가지 방법으로 국제사회의 불평등 문제를 완화하는 데 사용해야 한다는 것이다.

마지막으로, 『만민법』을 롤스는 "현실주의적 유토피아"(realistic utopia)의 기획으로 제시한다. 이것은 현실에서 실현 가능한 유토피아를 의미한다. 그렇지만 이러한 롤스의 실용주의적 접근은 국제사회 정의원칙의 규범적 정당성 문제에 대한 근본적 논의를 우회하는 회피전략(avoidance strategy)의 특징을 지닌다. 『만민법』의 현실주의적 유토피아는 충분히 이상주의적이지도, 충분히 현실주의적이지도 못하다는 비판을 받을 수 있다. 그럼에도 불구하고 롤스의 『만민법』은 현재 각 국가의 주권이 유효하게 작동하고 있는 현실과 정치사회 상호 간 정치문화의 다원주의 현실을 감안하여 최소한의 국제사회 정의의 근거를 모색한다는 긍정성을 지닌다.

맺음말

롤스의 『정의론』이 출판된 지도 거의 반세기가 가까워지고 있다. 그간 『정의론』, 『정치적 자유주의』, 『만민법』을 중심으로 롤스의 정의이론이 대학 강의 및 학계의 논의를 통해 한국에 소개되어 이젠 상당한 이해의 수준에 이르고 있다. 롤스의 정의이론은 한국 민주주의의 정착 과정에서 별 실천적 영향을 미치지 못하였지만, 한국 민주정치가 어느 정도 제도적 정착을 이룬 지금의 현실에서 그 실천적 의미의 중요성이 점점 더 증대해가고 있다. 롤스의 정의이론은 다음 몇 가지 점을 구체적으로 우리의 민주정치 운영에 시사해준다.

첫째, 롤스의 정의이론은 우리 사회의 기본구조가 어떠한 근본적 정의원칙에 의해 운영되어야 하는지에 대한 하나의 반성적 평가의 틀을 제공해준다. 그간 한국 민주정치에서 우리 헌법의 근간이 되는 근본 원칙에 대한 심각한 논의와 반성적 평가는 이루어지지 못했다. 현재 및 앞으로의 한국 사회의 기본구조를 자유주의, 민주주의, 그리고 시장경제를 어떠한 형태로 배합하여 운영해야 할지에 대한 심각한 논의를 할 때, 롤스의 정의이론은 하나의 대안으로서 자유주의적 기본 틀을 제공해주고 있다.

둘째, 보다 근원적으로 롤스의 자유주의적 정의관은 자유주의의 의미 및 중요성에 대한 우리 국민의 이해를 증진시킬 수 있는 이론적 기반은 물론, 자유민주정체에 대한 반성적 평가를 할 수 있게 하는 이론적 틀을 제공해준다. 이와 함께 롤스의 정의의 두 원칙 중 제1원칙을 통해 강조되는 기본적 자유의 평등한 보장이 왜 중요한지를 이해할 수 있는 논거를 제공해준다.

셋째, 제2원칙에서의 공정한 기회 평등의 원칙과 차등원칙은 한국 사회에서 사회 및 경제적 불평등을 조정해나가는 데 있어 근본적 방향을 제시해줄 수 있다. 이러한 평등주의적 발상을 현실적으로 실현하는 데 있어서는 한국 사회의 전반적인 능력과 현실을 고려하여 그 구체적 정책을 고안하고 실천해야 하는 어려움이 따른다. 그러한 이유로 롤스는 『정치적 자유주의』에서 기본적 자유의 평등한 보장을 헌법적 본질(constitutional essentials)로 간주하는 반면, 제2원칙을 통해 제시되는 공정한 기회 평등의 원칙과 차등원칙을 기본적 정의의 문제(matters of basic justice)로 구분한다.[26] 이것은 공정한 기회 평등의 원칙과 차등원칙의 구체적 실현이 정치적 논란이 많을 수 있는 복잡한 문제라는 점을 시사해준다.

넷째, 『정치적 자유주의』에서 강조되고 있는 도덕과 정치의 구분 역시 한국 민주정치 운영에 많은 현실적 시사점을 제공해준다. 도덕적 판단은 주로 개인적 신념이나 교리에 입각하고 있어 정치적 정의에서 강조되는 공공선(the public good)과 상호성의 원칙(the principle of reciprocity)을 넘어설 수가 있다. 정치의 본질은 한정된 정치적 공간에서 신앙 및 도덕적 신념을 달리하는 사람들조차도 함께 공존하여야만 할 것을 전제한다. 롤스의 정치적 자유주의에서 도덕과 구분되는 정치의 고유성은 공존의 원칙을 모색하는 것에 있다.

다섯째, 『만민법』을 통하여 제시되는 국제정의원칙 도출과 그 실천 가능성에 관한 논의는 세계화가 확대 가속 및 심화되고 있는 현실을 감안하여 볼 때, 일반 한국 시민이 앞으로 세계적 및 국제적 규범과 정의원칙에 대한 이해 그리고 이러한 규범과 정의원칙을 준수할 수 있는 세계 및 국제적 시민적 덕성 함양의 필요성을 제기시킨다.

마지막으로, 롤스의 자유주의적 정의관은 정의원칙의 도출과정에서 반성적 숙고와 함께 공정한 합의를 강조한다. 이러한 발상은 한국 민주정치 운영에서도 실제 민주적 토론을 지도하는 지침으로 활용될 수 있다. 반성적 숙고를 기반으로 하는 토론 및 합의 과정은 나의 주장에 대해 타자도 수긍할 수 있느냐 하는 상호성 원칙의 검증과정이다. 이러한 과정을 통해 어

떤 주장이 한국 사회의 공공선을 찾아가고 실현할 수 있는 타당한 대안인
지를 평가할 수 있게 됨으로써, 한국 민주정체의 화합과 안정성을 이룩해
나갈 수 있을 것이다.

더 읽을거리

- 윌 킴리카. 2018. 『현대정치철학의 이해』. 장동진 외 옮김. 동명사.

  이 저술은 현대정치철학에서 논의되고 있는 공리주의, 롤스의 자유적 평등주의, 노직의 자유지상주의, 마르크스주의, 공동체주의, 시민 덕성 이론, 다문화주의, 페미니즘 이론을 다루고 있다. 특히 『정의론』과 『정치적 자유주의』를 중심으로 롤스의 정의이론을 심도 있게 분석하고 있다. 동시에 이 책에서 롤스의 정의이론은 위에서 열거된 다른 정의관과 대조하여 분석, 설명하고 있다.

- 황경식 · 박정순 외. 2009. 『롤스의 정의론과 그 이후』. 철학과 현실사.

  롤스의 정의론에 관하여 국내 학자들이 쓴 글들을 모은 것이다. 이 책은 주로 롤스의 『정의론』과 『정치적 자유주의』를 중심으로 롤스의 정의론을 자유주의와 연관시켜 개괄적으로 논의한 논문, 보다 세부적으로 중심적 내용 및 발상을 이론적으로 직접 분석한 논문, 나아가서 특정 이론가 또는 공리주의나 여성주의와 비교 분석한 논문, 끝으로 현실적 적용 및 한국적 관점에서 본 롤스의 정의관을 다룬 논문들로 이루어져 있다.

11.

권리의 우선성과 국가의 영역

로버트 노직

김병곤

Robert
Nozick

개요

노직의 논리 전개의 출발점은 개인이 사유재산권을 중심으로 하는 일련의 불가침의 권리를 가지고 있으며 아무리 그 동기가 선의에서 나왔다 하더라도 개인의 권리를 침해하는 모든 정부는 전제정치라는 것이다. 노직은 무정부주의자와 유사한 논리에서 출발하면서도 무정부주의를 거부하고 동시에 복지국가를 개인의 권리를 침해하는 존재로서 공격한다. 노직은 개인이 권리를 지키는 것과 상응하는 최소한도의 권력 개입 형태 즉 '최소국가' 혹은 유토피아에 대해 논증함으로써 보다 확대된 국가는 도덕적으로 정당화할 수 없음을 제시한다. 그의 최소국가는 자원 재분배 등의 복지국가 계획과 양립이 불가능하다. 따라서 만일 국가가 노동의 결과에 대한 평등을 추구한다면 그것은 국가의 정당한 영역을 넘어서는 것이다. 국가의 역할은 강제, 절도, 사기, 계약 불이행에 대한 보호기구(protective agency)로서의 기능에 국한되어야 한다는 것이다. 개인은 다양하며 모든 사람에게 봉사하는 유토피아는 없다는 견해가 견지된다. 다양한 개인들의 다양한 욕구만큼이나 다양한 유토피아가 가능하며 단일한 유토피아를 강요하려는 모든 생각을 버려야 한다는 것이다. 결국 노직에게는 실험이 가능한 사회나 국가 자체가 오히려 유토피아이며 그것은 결국 "아무도 자신의 유토피아를 타인에게 강요하지 않는 사회"이다. 즉 유토피아는 자유와 실험을 위한 구조이며 최소국가이다.

생애

로버트 노직(Robert Nozick, 1938-2002)은 1939년 브루클린에서 러시아 유대인 이민자 가정에서 태어났다. 그는 컬럼비아 대학교 학부에서 철학을 전공하고 프린스턴 대학교에서 박사학위를 취득하였다. 그는 프린스턴, 록펠러 대학교에서 철학 강의를 시작하였고 하버드 대학교로 옮긴 이후 2002년에 생을 다할 때까지 하버드에 재직하였다. 그는 학부 시절 사회주의를 지지하였으나 컬럼비아에서 대학원을 다니던 시절부터 서서히 자유지상주의로 이념적 입장을 전환하였다. 이 전환은 프린스턴의 동료 대학원생 브루스 골드버그(Bruce Goldberg)와의 토론과 그 이후 하이에크, 프리드먼 등의 영향이 중요한 계기를 제공하였다. 그러나 노직의 자유지상주의는 그 이전의 학자들과는 달리 강력하게 권리 중심적이라는 특징을 가지고 있다. 노직의 권리 중심적 자유지상주의는 그의 첫 번째이자 대표적인 저서인 『무정부, 국가 그리고 유토피아』(*Anarchy, State and Utopia*, 1974)를 통해 전개되었는데 이 책은 출간과 함께 미국 정치철학자들 사이에서 엄청난 논쟁의 대상이 되었다. 이 책은 1975년 미국 최고 저술상을 수상하였으며 자유지상주의 고전의 하나로 자리 잡게 되었다. 이 책이 출간된 1974년은 적어도 영미 학계에서는 자유지상주의적 입장이 그리 큰 관심을 끌지 못하던 시기였다. 아직 하이에크나 프리드먼이 노벨상으로 유명세를 타기 이전이었다. 따라서 노직에 의해 자유지상주의가 미국의 지식인 세계에 자리를 차지하게 되었다고 해도 과언이 아니다. 그는 열정적인 교사였고 끊임없이 영감을 불러일으키는 철학자였다. 수업 시간에는 늘 다이어트 청량음료 한 캔을 들고 들어와 학생들과 끊임없이 토론하였고, 죽기 일주일 전까지도 동료들과 자신의 저작을 주제로 학문적 대화를 나누었다.

주요 저술

Nozick, Robert. 1981. *Philosophical Explanations*. Cambridge, MA: Belknap Press

Nozick, Robert. 1993. *The Nature of Rationality*. Princeton, NJ: Princeton University Press.

Nozick, Robert. 1997. *Socratic Puzzles*. Cambridge, MA: Harvard University Press.

Nozick, Robert. 2001. *Invariances: The Structure of the Objective World*.

Cambridge, MA: Belknap Press.

로버트 노직. 1997.『아나키에서 유토피아로』. 남경희 옮김. 문학과지성.

로버트 노직. 2014.『무엇이 가치 있는 삶인가』. 김한영 옮김. 김영사.

머리말

20세기 중반까지만 하더라도 많은 학자들이 정치사상은 이제 더 이상 본질적인 가치를 갖지 못할 것으로 평가하였다. 특히 사회과학에 있어 가치 중립적 원칙을 추구해야 한다는 주장이 득세하면서 정치학 내에서조차 정치사상의 영역은 좁혀져만 갔다. 이런 상황 속에서 피터 래즐릿(Peter Laslett)은 성급하게도 정치사상의 죽음을 선언하는 데 이르렀다. 정치사상의 혼란한 위치는 정치학과 내에서도 뚜렷이 나타나서 정치학의 다른 분야와의 관련성이 점점 약화되어 동떨어진 존재로 보였다. 적어도 영미 학계에서 이런 상황을 타개하고 정치철학에 대해 다시 주목하게 만들 수 있을 만한 중요한 걸작의 등장은 요원한 것으로 보였다.

이 분위기에 대한 반전의 거대한 첫걸음이 1970년대 초반에 시작되었다. 그것이 바로 하버드 대학의 철학자 존 롤스의 『사회정의론』의 출판이었다. 롤스의 책은 사회정의 문제를 중심적 주제로 본격적으로 전개하면서 그 이후 자유주의뿐 아니라 수많은 입장에서 정치철학이 활성화되는 직접적 계기를 제공하였다. 롤스의 책이 출판되기까지 영미 정치사상, 특히 자유주의 정치사상의 철학적 바탕은 주로 공리주의가 제공해왔던 상황이었다. 공리주의에 있어 정의의 문제는 좋음의 극대화, 좀 더 정확히 표현하면 공리의 극대화(the maximization of utility)에 의해 결정된다. 롤스는 공리주의 이론이 분배적 정의를 비롯한 정치철학의 중심문제를 설명하는 도덕철학으로서 문제가 있다고 파악하였고, 사회계약론 특히 칸트의 이론을 바탕으로 대안적 이론을 제시하였다.

롤스의 책 출간은 정치철학의 화려한 부활을 이끌었다. 이후 정의론에 새로운 지평이 열렸고, 그 이후 많은 학자에 의해 다양한 정치철학의 견해가 제시되었다. 롤스의 정의론은 자유주의 이념 속에서 분배적 정의의 문제에 대해 본격적인 시도를 했다는 의의를 가지지만, 기존의 자유주의의 기반으로부터 일정 정도 이탈했다는 평가 또한 가능하다. 특히 고전적 자유주의 이념과 모델을 견지하는 자유지상주의(Libertarianism)는 나름의 정의론으로서 공적에 기초한 정의의 관념의 정당화를 제시했다. 『무정부, 국가 그리고 유토피아』에서 노직은 로크에서 존 스튜어트 밀(John Stuart Mill)까지의 자유주의 사상을 재검토하면서 자신의 최소국가론을 정당화하는 논리를 전개하였다. 노직의 자유지상주의의 정의론은 1970년대 초반 롤스에 의해 전개된 자유주의 복지국가의 정의론에 정면으로 도전하는 것으로 많은 반향을 일으켰다.

노직의 논리 전개의 출발점은 개인이 자신을 다스릴 권리를 가지고 있으며, 개인의 권리를 제한하는 모든 정부는 전제정부라는 것이다. 노직은 무정부주의자와 유사한 논리에서 출발하면서도 무정부주의를 거부하고 동시에 복지국가를 개인의 권리를 침해하는 존재로서 공격한다. 결국 그는 대안으로 최소국가(minimal state)를 중심으로 하는 자유지상주의를 제시한다. 노직의 정의론은 사유재산권에 대한 강력한 지지와 복지권에 대한 부정을 중심으로 전개된다. 그는 사유재산권에 기반한 야경국가론으로 자유지상주의 국가론을 전개하였다. 노직의 최소국가론은 많은 논쟁을 불러일으켰으며, 특히 롤스의 사회정의론보다 훨씬 많은 비판의 대상이 되었음에도 불구하고 한동안 미국에서 롤스의 대안으로서 역할을 수행했다.

이 글은 노직이 자신의 책에서 편 국가론의 논리를 그대로 추적하여—즉 자연상태론으로부터 최소국가의 도출과 보다 광범위한 복지국가의 부도덕성의 증명까지를—분석하여 노직의 주장에 나타나는 기본적 주장을 분석하고, 노직 이론의 중심으로 간주되는 소유자격론에 대한 비판에 대한 소개까지 포함하여 설명함으로써 노직의 정치사상의 기본적 요소에 대한 이해를 추구할 것이다.

노직의 정치학: 최소국가론

노직의 책의 서문은 다음과 같은 문장으로 시작한다.

> 개인들은 권리를 가지고 있어서, 어떤 사람이나 집단도 개인들에게 해서는 안 되는 일들이 있다. (그런 일을 할 경우 그들의 권리를 침해하는 것이 된다.) 이 권리들은 너무나 강력하고 광범위하여 국가나 국가의 공무원들이 할 수 있는지, 있다면 무엇까지 할 수 있는지 등의 질문을 제기한다. 즉 개인의 권리에 대해 국가는 얼마만큼의 여지를 가지는가 하는 문제이다.

노직 정치사상의 대전제는 침해할 수 없는 권리를 가진 개인이다. 따라서 그의 이론은 아무리 좋은 목적을 가진 국가의 행위도 개인의 특정한 권리 침해를 정당화할 수 없다는 근본적 제약을 전제로 전개된다. 결국 아무리 논리적으로 정교하고 많은 사람의 지지를 받는 이론이나 정책도 개인이 가진 권리를 침해한다면 수용 불가능한 것이다. 노직에게 있어 권리는 사유재산권을 중심으로 구성된다. 노직 정치사상의 궁극적 목표는 사유재산권을 중심으로 하는 개인의 권리를 보장하기 위하여 가능한 최선의 정치체제는 최소국가이고 최소국가를 넘어서는 어떠한 국가도 ─ 특히 복지와 평등을 추구하는 국가는 ─ 정당화될 수 없다는 점을 밝히는 것이다.

노직 정치사상 특히 국가론의 바탕을 이루는 질문은 다음과 같다. 그것은 바로 "정부는 얼마나 커야 하는가?"이다. 노직의 정치사상은 두 가지의 반대 입장에 대한 공격을 염두에 두고 전개된다. 우선 노직은 무정부주의(Anarchism)에 반대한다. 무정부주의자들은 개인의 자유와 권리는 최상의 가치를 가진다고 전제한다. 이에 반하여 정부는 어떤 방식으로든 자유와 권리를 침해하므로 모든 정부는 원칙적으로 전제정부이며 이에 따라 모든 정부를 배격한다. 이에 대해 노직은 개인의 권리에 대한 최상의 보전을 위해 정부와 사회적 제도를 거부하는 무정부주의가 그 목적을 달성할 수 없으며 최소한의 국가의 존재가 필요함을 주장한다.

노직의 다음 공격 대상은 국가주의, 좀 더 구체적으로 말하면 복지국가(welfare state)이다. 노직은 국가가 정의로운 분배나 평등, 국민의 복지 등을 위해 개인의 삶에 개입하는 것은 개인의 권리에 대한 침해라는 관점에서 복지국가와 복지에 대한 권리를 거부한다. 즉 국가는 "일부의 시민으로 하여금 타인을 돕게 하거나 혹은 시민들 자신의 선과 보호를 위해 어떠한 활동을 금지시키기 위한 목적으로 강제적 장치를 사용해서는 안 된다"[1]는 것이다.

자유지상주의는 근대 자유주의의 태동기인 17세기 이후 많은 자유주의자들에 의해서 전개되어온 권리이론(Rights Theories)에 기초해 있다. 느슨하게 이야기하면 권리이론은 국가, 정치제도의 평가 기준은 어떤 것이 개인의 권리를 가장 잘 보호하고 있는가에 의해 결정되며 특히 로크 이후 사유재산권이 가장 중요한 권리로 인정받아왔다. 개인의 권리는 절대적인 가치를 가지며, 이에 대한 침해는 어떠한 경우도 용납될 수 없다는 것이다. 노직은 17세기의 고전적 자유주의자의 이론부터 20세기의 하이에크 등의 이론에 이르기까지 다양한 정치철학을 이론적 배경으로 하여 자신의 이론을 전개하고 있다. 자유지상주의는 온정적 강제를 포함하여 개인의 삶에 대한 모든 간섭을 거부한다. 그러므로 국가의 정당한 영역은 "강제, 절도, 사기로부터의 보호와 계약의 이행과 같은 협의의 기능들에 국한"[2]된다.

자유지상주의에서 모든 개인은 타인의 영역을 침해하고 타인에게 위해를 가하지 않는 한, 자신의 영역 속에서 자유롭다. 개인의 자신에 대한 완전한 소유권, 자신의 행위에 대한 간섭으로부터의 자유가 노직이 생각하는 자유 개념이다. 따라서 노직의 자유에 관한 설명은 소위 '소극적 자유'(negative liberty)의 관념을 중심으로 전개되고 있다. 노직의 이론 속에서 자아의 완성, 평등, 재분배 등은 정치의 영역으로부터 제외된다. 국가는 불우한 사람들을 돕기 위하여 아무런 역할도 할 수 없다.

노직에게 있어 국가는 '최소국가'이며 그 이상도 그 이하도 아니다. 노직의 국가가 작동하는 영역은 현재 일반적인 국가의 그것과 근본적인 차이를 가지고 있다. 우리가 생각할 수 있는 국가의 영역은 다음의 네 가지를 들 수 있다. 첫째, 국내와 국외로부터 발생하는 시민의 안전과 권리 등에 대한 침해를 막는 것이 있다. 둘째, 도로 건설 등의 공공 서비스를 제공하는 것이다. 세 번째는 스스로를 보살필 수 없는 상황에 처한 개인을 보살펴주는 것을 들 수 있다. 그리고 마지막으로 국가가 개인의 인생을 감독하거나 지도하는 것 등이 있다면 노직은 그 중 첫 번째 만이 정당한 정부의 영역이라고 주장한다. 그는 특히 세 번째와 네 번째의 영역을 거부한다. 이에 따라 정부는 일부 시민을 위해 다른 시민이 세금을 내도록 강요하여서는 안 된다는 점을 명백히 함으로써 시민이 가진 복지에 대한 권리에 대한 인정을 거부한다. 노직에게 불우한 이웃을 위한 도움은 개인의 자발적인 자선 행위의 영역이며, 권장될 수 있을 뿐 결코 국가가 이를 맡아서 행해서는 안 된다는 것이다.[3] 결론적으로 노직은 개인의 권리 보호에 필요한 최소한도의 권력만이 개입 가능한 국가, 즉 최소국가에 대해 논증함으로써 보다 확대된 국가는 도덕적으로 정당화할 수 없음을 강력히 주장한다.

그의 최소국가는 자원 재분배 등의 복지국가 계획과 양립이 불가능하다. 따라서 만일 국가가 노동의 결과에 대한 평등을 추구한다면 그것은 국가의 성낭한 영역을 넘어서는 것이다. 국가의 역할은 강제, 절도, 사기, 계약 불이행에 대한 보호기구(protection agency)로서의 기능에 국한되어야 한다는 것이다. 따라서 노직의 국가론은 19세기의 자유방임주의의 야경국가(night-watch state)와 유사한 영역을 가지는 것으로 이해될 수 있다.

그러면 노직은 국가의 발생을 어떻게 설명하고 있는가. 국가 발생에 대한 노직의 설명은 자연상태로부터 출발하되 기존의 사회계약론과는 다른 '보이지 않는 손'에 의한 것이다. 이를 통해 그는 누구의 권리도 침해하지 않는 국가의 발생 방식을 보여준다.

두 가지 점에서 사적인 보호협회와 국가는 다르다. 즉 보호협회는 국가의 최소개념을 충족시키지 못한다고 생각할 수 있다. 첫째, 협회는 어떤 사람들에게 자신들의 권리를 행사할 수 있도록 허용한다. 둘째, 보호협회는 그의 영역 안의 모든 사람들을 보호하지 않는다. 막스 베버의 전통 아래서 저자들은 한 지리적 영역 안에서의 권력의 사용에 있어 권리의 사적 행사를 허용하지 않는 독점권의 소유가 국가의 존재에 있어 결정적인 것으로 간주한다.[4]

노직은 막스 베버의 견해에 주목하여 영역 안의 모든 사람을 보호하면서도 영역 안의 어느 누구에게도 독자적 강제력의 사용을 허용하지 않는 것을 국가의 중요한 속성으로 규정하고 그런 국가의 발생을 설명하고자 한다. 노직의 이론은 대부분의 자연권 이론과 마찬가지로 자연상태에서 출발한다. 그런데 노직과 다른 자연권 이론가와의 차이점은 인간의 자연적 본성에 대한 자세한 분석이 없다는 것이다. 이에 반해 대부분의 고전적 자연권 이론은 자연적 인간의 본성에 대한 규정을 철저히 한다. 그리고 이 규정이 자연상태로부터 사회상태로의 전이의 중요한 근거가 된다.[5]

노직의 자연상태의 인간은 비용을 지불하는 사람들에게 전문적으로 보호를 서비스하고 대가를 지불받는 상업적 보호협회를 구성한다. 상업적 보호협회가 성립되기 위해서는 상당한 양의 사유재산을 보유하고 있는 사람들로 구성된 사회가 전제로서 요구된다. 다시 말하면, 이미 사유재산제도가 정착되고 보호협회의 상업적 요구를 충족시킬 수 있는 고객이 충분히 존재할 때만이 상업적 보호협회는 활성화할 수 있다. 이런 측면에서 보면 사유재산제는 노직 사상의 전제가 된다.

노직은 최소국가의 발생과 연관하여 노동의 분화, 시장의 압력 등의 조건을 전제하고 있다. 그러면서도 보호라는 상품의 중요성과 타인으로부터의 보호 가치의 상대성을 이유로 들어 일반적인 상품의 시장과 보호의 시장의 차이를 열거하며 결국 유력한 보호협회들 사이의 경쟁과 파산의 소용돌이를 통해 지배적 보호기구의 형성을 설명하고 있다.[6]

그러면 상업적 보호협회는 어떻게 하여 지배적 보호협회로 변모하는가. 노직에 의하면 보호협회는 그 크기, 즉 보호받는 회원의 수에 따라 독점을 형성하고 지역적으로 지배적인 보호협회가 형성된다. 특정한 지역에 특정한 보호업체가 독점적으로 존재하게 되는 것이 협회로부터 국가로 전환하는 첫 번째 단계이다. 그 이후 지배적 보호협회는 결국 극소국가를 거쳐서 최소국가로 변모한다. 지배적 보호협회는 독립적인 생활과 독자적인 권리 보호를 행하며, 보호협회에 가입하기를 원하지 않는 사람들의 권리행사를 자제시키면서 국가의 형태로 변모해간다. 마지막으로 보상의 원리(the principle of compensation)에 의해 영역 내의 모든 사람이 보호협회의 영역에 포함됨으로써 최소국가가 발생한다. 보상의 원리는 개인이 자신의 권리행사를 포기함으로써 발생하는 개인의 피해가 보상되는 방식으로 작동된다. 이제 노직의 특정 영역에 속하는 모든 사람은 스스로 자신의 보호에 대한 권리를 행사하지 않는 대신 최소국가가 보호를 제공해주게 된다. 노직의 최소국가는 어떤 개인의 권리에 대한 일방적 강제 없이 만들어지게 된 것이다.

사유재산이론

20세기 이후 분배적 정의에 관한 정치철학적 논쟁에 있어 분배적 평등의 개념은 중심적 위치를 차지해왔다. 이에 반해 노직은 자신의 정의론에서 평등을 대단히 제한적 의미로 사용하고 있다. 일반적으로 분배적 평등을 주장하는 논리는 다음과 같다. 평등주의자들은 물질적 조건이 더욱 평등해지도록 정부가 정책을 펴야 한다고 전제한다. 그 이유는 불평등한 사회는 곧 정의롭지 못한 사회이기 때문이다. 그러나 노직은 평등의 개념을 사유재산권을 모두에게 보편적으로 적용한다는 것 이상으로 확대시키기를 거부한다. 노직의 정의론의 중심에는 경제적 평등의 지향성 대신에 소유자격론(entitlement theory)이 있다.

그러면 애초에 사유재산은 어떻게 발생하는가. 사유재산 발생에 대한 노직의 설명은 로크의 이론에 바탕을 두고 있다. 일반적으로 로크의 사유재산 발생에 대한 설명을 노동에 의한 소유물 취득 이론이라 부른다. 즉 나의 신체를 사용한 노동과 그 대상의 혼합으로 나의 사유재산이 발생한다는 설명이다. 로크의 사유재산이론은 자연권으로서 성립된 개인의 사유재산권에 대한 강력한 보호를 목적으로 전개되었다. 즉 자신의 신체는 원래 개인의 사유재산이고 그 영역의 확대가 사유재산의 발생인 셈이다. 개인의 노동은 개인의 인격이 합하여진 것이며, 노동의 대상물은 개인의 신체처럼 인격의 일부라는 것이다. 그러므로 사유재산에 대해서 타인은 침해할 수 없다는 것이 로크의 논리의 핵심이다. 즉 자연상태의 것은 인간의 작위가 더해짐으로써 자연상태로부터 해방된다는 논리이다. 그런데 노직에 의하면 이 설명은 무언가 명료하지 못하다는 약점을 지니고 있다.

노동이 섞여질 수 있는 것들의 경계는 무엇인가? 한 우주인이 화성에 택지를 조성한 경우 그는 전 화성에 노동을 가한 것인가, 단지 우주의 거주자 없는 지역 전부인가 아니면 특정의 조그만 터인가? … 내가 한 캔의 토마토 주스를 소유하고 이를 바다에 부어 그 입자들이 바다에 골고루 퍼지게 한다면, 나는 이를 통해 바다를 소유하는가? 아니면 어리석게 내 토마토 주스를 낭비한 것인가? 그런 것이 아니라 아마도 로크의 생각은 무엇에 노동을 가한다는 것은 그 대상을 개선시키고 더욱 가치 있는 것으로 만든다는 것일지도 모른다. 또 자신이 그 가치를 창출한 것은 그것을 소유할 권리가 있다는 것을 의미한다는 것이다.[7]

그런데 노동에 의한 사유재산의 발생 논리를 수용한다 하더라도 또 하나의 문제가 남아 있다. 여기서 발생하는 문제는 만약 원래 지상의 모든 것이 공동재산이었다면 그중 일부를 취하는 것이 타인에 대한 침해가 아닌가 하는 문제이다. 여기에 대해서 로크는 다른 사람을 위해 충분하게 남아 있을 시는 침해가 아니라고('No injury is committed when there is enough left for others') 이야기하고 있다.[8] 이것이 바로 로크적 단서조항(Lockean provisos)이며 노직도 기본적으로 이 단서조항을 수용하고 있다.

로크의 재산에 대한 설명, 특히 단서조항과 관련하여 발생하는 중요한 의문은 그의 설명이 자연상태 혹은 원시시대에는 설득력을 가지지만 그 설득력이 현실사회의 재산권 문제에도 변함없이 유지되는가 하는 점이다. 여기에 대해 로크는 몇 가지의 단계를 거치면서 사유재산에 대한 제한과 그 완화과정을 설명한다. 첫 번째 단계는 필요한 만큼만 획득해야 한다는 제한이 제시되는 단계이다. 이 제한을 우리는 일반적으로 필요 제한 혹은 부패 제한이라 부른다. 부패 제한은 사과 같은 것을 썩어서 먹지 못하고 버릴 정도로 지나치게 많이 수확한다면 이는 도덕적으로 용납 불가능하다는 것이다. 두 번째 단계에서 로크는 필요의 의미를 반드시 취득하는 개인 자신이 소비해야 할 필요를 넘어서는 것으로 규정함으로써 이 제한을 완화한다. 그러면서 두 번째 제한이 등장한다. 다른 사람이 소유할 것을 충분히 남겨 져야 한다는 소위 충분 제한이다. 마지막으로 동의에 의한 화폐의 도입이 다.[9] 그리고 화폐의 도입은 교환경제를 가능하게 한다. 따라서 로크의 이론 은 사유재산의 무제한 축적에 대한 규제와 완화의 논리 가운데 서 있다.

노직의 재산권이론의 외면적 구조는 로크의 이론과 대단히 유사하다. 물론 노직이 로크 이론의 외적 구조를 답습했다는 것이 두 이론의 완전한 일치를 의미하는 것은 아니다. 무엇보다도 노직에게는 로크의 중심적 요소인 자연법, 신의 존재 등이 없다. 그럼에도 불구하고 노직은 사유재산권의 논리를 여전히 소유되지 않은 것들로 가득한 자연상태와 그것이 개인의 사적 재산으로 전이되는 과정을 중심으로 구축한다. 자유지상주의의 논리 속에서 사유재산은 그 발생 과정에서 타인의 권리를 침해하지 않는 한 아무런 문제 없이 성립된다. 역시 "중요한 문제는 소유되지 않은 것에 대한 취득이 타인의 상황을 악화시키는가"[10]이다. 그렇지 않은 한 사유재산의 취득과 축적은 아무런 문제도 가지고 있지 않다. 여기에 덧붙여서 노직은 비록 재산의 취득이 타인의 권리를 침해하더라도 그것을 보상할 때는 권리는 침해받지 않은 것이라고 이야기하고 있다.

노직의 소유자격론을 좀 더 자세히 요약하면 다음과 같다. 소유에 있어 중요한 세 가지 원리는 소유물의 원초적 취득, 소유물의 이전, 그리고 앞의 두 가지가 잘못되었을 때의 교정 원리이다. 다시 말하면 소유물이 타인의 권리를 침해하지 않고 취득되었거나 이전되었다면 그 소유는 정의롭다. 그리고 만일 취득과 이전이 정의롭지 않았다면 교정하여야 한다. 따라서 노직은 다음 세 가지의 귀납적 정의를 제시한다.[11]

①취득에서의 정의의 원리에 따라 소유물을 취득한 자는 그 소유물에 대

한 소유 자격이 있다.

② 이전에서의 정의의 원리에 따라 소유 권리가 있는 자로부터 소유물을 취득한 자는 그 소유물에 대한 소유 자격이 있다.

③ 어느 누구도 ①, ②의 (반복적) 적용에 의하지 않고서는 그 소유물에 대한 소유 자격이 없다.

즉 "한 분배가 정의로울 충분조건은 그 분배 하에서 모든 사람이 자신의 소유물에 대해서 소유 자격을 가지고 있다는 것이다."[12] 결국 노직의 사유재산이론은 사유재산의 발생 과정에 초점을 두고 있다. 소유권이 정의롭기 위해서는 정당한 상황에서 정당한 방식으로 소유권이 발생해야 하며 그러한 소유권은 항상 정의롭다는 것이다.

노직은 소유권 혹은 분배에 대한 이론을 정형적(a patterned theory) 혹은 최종결과(an end-result or end-state theory) 이론과 비정형적, 역사적(unpatterned, historical) 이론으로 구분한다. 정형적 이론은 소유권의 형성 과정을 고려하지 않고 현재의 분배상태만 고려하여 분배적 정의의 문제에 접근한다. 이에 대해 역사적 이론은 각 소유물에 대한 권리는 그 권리의 취득 당시의 소유권 발생 과정이 정의로웠는지 아닌지에 초점을 맞춘다. 다시 말하면 정형적 이론이 현재 시간 단면(current time-slice), 다시 말하면 과거와는 상관없이 현재의 소유 분배상태만 고려하는 반면에 역사적 이론은 과거 행위의 정당성 여부를 판단하여 소유 자격 문제를 고려한다. 노직의 이론은 역사적 이론에 속하며 그는 역사적 이론만이 정당화가 가능하다고 주상한다.[13]

노직은 분배적 정의를 주장하는 이론들은 결코 중립적 용어가 아니라고 주장한다. 분배적 정의 이론은 이전의 대부분의 분배적 정의에 관한 논의는 분배적 정의를 미리 상정하고 그것을 위해 인위적으로 재분배를 해야 한다는 점이 전제되어 있는 발상이라는 것이다. 어떤 패턴으로 재산이 분배되어 있는 것이 정의로운지는 미리 정해져 있는 것이 아니다. "분배적 정의의 완결된 원리는 오직 다음과 같을 것이다. 어떤 한 분배가 정의로울 충분조건은 그 분배 하에서 모든 사람이 자신들이 소유하고 있는 것에 대한 소유의 자격을 가지고 있을 때이다."[14]

노직에게 분배적 정의란 역사적 원리로서 과거에 소유가 어떻게 발생했는지를 중시한다. 그런데 공리주의, 복지경제학을 포함하는 대부분의 분배적 정의론은 지금 당장의 분배 상태만 가지고 정의 여부를 판별한다. 그리고 대부분의 경우 어떤 패턴을 미리 상정하고 그에 따라 정의 여부를 결정하는 방식으로 전개되어왔다. 이런 방식의 논의를 노직은 정형적 원리라 명명한다. 노직 자신이 제시하는 소유 자격에 의거한 권리만이 정형적 논리가 아니다. 분배 문제에 있어 생산과 분배는 두 개의 분리된 문제가 아니라는 것이 노직의 생각이다. "무엇이 만들어지고 만들어진 것을 누가 갖느냐의 문제가 서로 별개인 상황이 아니다."[15] 누가 정당하게 무엇을 만들었다면 그것은 그가 갖는 것이 정의로울 따름이다. 왜냐하면 사물은 무로부터 튀어나온 것이 아니기 때문이다.

만약에 우리가 어떤 방식으로든 평등한 분배 상태를 만들었다고 가정하자. 그러면 우리는 분배받은 사람의 소유와 자유로운 사용의 권리를 인정하여야만 한다. 그럴 경우 패턴은 유지될 수 없다. 결국 최종 상태적 원리는 끝없는 간섭 없이는 유지가 불가능하다. 노직의 입장에서는 어떤 선호된 정형도 변화하며 평등주의의 어떠한 분배적 정형도 무너지는 것이 가능하기 때문이다. 분배적 정의의 원리를 구현하기 위해서는 재분배가 필연적이다. 여기서 문제는 재분배는 개인의 권리에 대한 침해일 수밖에 없다는 것이다. 노직은 근로소득에 대한 과세를 강제노동과 동일한 것으로 간주한다. 가외로 노력하는 사람이 희생되어야 할 이유는 없으며 오히려 역의 대책이 요구된다는 것이다.

물론 노직의 이론에 반대를 나타내는 다수의 학자가 존재한다. 노직의 소유자격에 의한 분배적 정의론에 대해 학자들이 가지는 가장 대표적인 논변은 사유재산권의 정당성에 대한 노직의 설명이 불충분하다는 것이다. 노직은 자유지상주의의 관점에서 개인의 권리 보장을 불가결의 요소로 제시한다. 그러면 노직이 중시하는 개인의 권리 중 가장 중요한 사유재산권의 정당성을 충분히 설명하지 않는 한에서 그의 이론 전체의 정당성을 어떻게 주장할 수 있는가 하는 것이다. 노직의 사회는 사유재산을 가진 자유로운 개인들의 사회이다. 따라서 일견 사유재산권이 인정되는 한 모든 문제는 해결될 것처럼 보인다. 그러나 사유재산권도 사회의 제약 속에 존재한다.

> X에 대한 재산권 개념의 핵심은 … X를 가지고 무엇을 할 것인가를 결정할 권리이다. 즉 X에 관한 제약적 선택지들의 집합 중 무엇을 실현하거나 시도해야 할 것인가를 결정할 권리이다. <u>제약들은 그 사회 내에서 작동하고 있는 다른 원칙들이나 법에 의해 정립된다.</u>[16]

이것이 의미하는 것은 제약이라는 것은 사유재산의 관념 속에 내재하는 것이 아니라 외연적으로 사유재산을 제약하는 요소이다. 따라서 사유재산에 대한 제약들―예를 들면 충분 제한―이 사유재산의 취득 자체에 대한 정당화의 근거일 수는 없다. 노직의 소유자격론은 그 근거를 명확히 제시하지 못하는 한 미완으로 그칠 수밖에 없다는 주장에 대해 동의하는 학자들도 많다.

만약에 노직의 이론을 현존하는 사실상 재산보유자의 권리를 그대로 인정하고 이 보유자들이 사유재산에 대한 완전한 권리를 인정받아야 하고 이에 대한 침해는 금지된다는 방식으로 이해한다 하더라도 문제는 마찬가지이다. 이 논리를 연장하면 순환론적 구조에 빠진다. 현존의 자유주의적 사유재산제도하에서 어느 소유자에게도 그의 재산권을 침해할 수 없다. 따라서 현존의 사유재산제도에 대한 어떠한 변형도 불법적이다. 특정 방식의 사유재산권에 대한 독립적 정당화 이전에는 사실상 그 사유재산권을 완전히 인정하기가 어렵기 때문이다. 노직은 자원의 재분배는 인간의 권리와 자유를 제약하는 것으로 인식하고 있다. 그것은 일종의 강제노동(forced labor)이다.[17] 복지권이나 재분배에 대한 노직의 논리 전개는 자유지상주의적 사유재산권을 전제로 할 때만이 가능하다.

사유재산에 대한 완전한 권리를 인정하고 그에 대한 침해를 도덕적으로 부당한 것으로 간주하기 위해서는 그 소유권에 대한 정당화가 선행되어야만 한다. 특히 역사적 이론이라는 노직의 주장을 감안할 때 자유지상주의적 소유제도가 모든 현존 소유의 최초취득 과정에서도 존재했고 그에 따라 사유재산이 발생했다고 주장할 근거를 발견할 수 없다. 노직의 이론은 이 부분이 정당화의 핵심임에도 불구하고 충분한 설명을 제시하지 못하고 있다.

노직은 사유물의 취득은 그것이 로크적 단서조항[18]을 위반하지 않는 한 정당하다고 주장한다. 여기서 로크적 단서조항은 재산권의 발생이 타인들을 위해 충분히 남겨져 있는 경우가 아니면 그 재산권의 발생은 정당화할 수 없다는 것이다. 이러한 로크의 재산권에 대한 소위 '충분 제한'(sufficiency limit)을 노직은 약하게 적용하고 있다. 즉 어떤 사람 A가 소유되지 않았던 어떤 물건 X를 사유화했을 때 그 행위가 다른 사람 B의 권리를 침해하는 경우는 B가 이제 더 이상 X를 사유화할 수 없게 되었기 때문이 아니라 B가 X만큼의 가치를 가지는 자기 상황의 개선 기회를 가지지 못할 경우이다. 만일 A가 사과를 모두 따서 사유화했다고 해도 B는 동일한 가치의 오렌지를 사유화해서 자신의 처지를 향상시킬 수 있는 한 노직이 제시하는 로크적 단서조항은 위반되지 않는 셈이 된다.[19]

롤스 비판

롤스는 협동적 상황의 분배문제에 있어 정의의 원칙이 요구됨을 주장한다. 사회적 협동의 경우, 뛰어난 사람은 뛰어나지 않은 사람과 협동함으로써 소득을 얻고 뛰어나지 않은 사람도 마찬가지이다. 그러나 노직은 롤스가 이들을 다루는 방식에 문제가 있다고 지적한다. 사회적 협동이 이득을 안긴다는 점에서 두 부류의 사람들의 입장은 대칭적인데도 불구하고 롤스의 차등 원리는 이 두 부류의 사람들을 대칭적으로 다루지 못하고 있다는 것이다. 롤스의 이론은 덜 자질 있는 자들이 더 자질 있는 자들보다 왜 많은 것을 얻어야 하는가에 대한 명확한 대답을 제시하지 못하고 있다는 것이다.

롤스의 차등 원리는 협동을 위한 공정한 기반을 제시하지 못하고 있다. 노직은 이에 대해 왜 차별적 기여가 차별적 소유 자격으로 이끌어지지 않는가라는 의문을 제시한다. 롤스의 이론은 분배의 대상인 사물을 '하늘로부터의 만나'(manna from heaven), 즉 무로부터 온 것으로 취급한다는 것이다. 결국 무지의 베일은 소유 자격을 배제하고 분배되어야 할 것을 하늘에서 떨어진 만나로 취급하게 만든다.

노직에 의하면 소유 자격과 역 소유 자격이 있다. 역 소유 자격은 가장 권리가 없는 자에게 가장 큰 것을 주는 것을 의미한다. 그런데 원초적 입장은 소유 자격과 역 소유 자격을 동일시하고 있다. 원초적 입장은 결국 최종상태적 원리를 위한 장치이며 합의는 오로지 최종상태적 분배상태에 관한 고려만을 기초한다. 노직에 의하면 원초적 입장에서 제시되는 결론은 무지하며 무도덕적인 개인들의 합리적 계산에 다름 아니다.

롤스의 차등원칙은 사회의 기본구조에만 적용된다. 이에 대해 노직은 어떤 근거에서 정의의 근본적 원리들은 오직 사회의 근본 제도와만 연관되는

지에 대한 해명을 요구한다. 롤스를 비판함에 있어 노직은 롤스의 정의론의 도덕적 부적절성을 지속적으로 지적한다.

> 이런 식의 논변은 단지 한 개인에 관한 주목할 만한 모든 것을 완전히 어떤 〈외적〉 요인들에 귀속시킴으로써만, 그 개인의 자율적 선택과 행위의 도입을 봉쇄하는 데 성공할 수 있다. 한 개인의 자율성과 그의 행위에 대한 그의 우선적 책임을 이와 같이 훼손시키는 것은 자율적인 존재의 존귀함과 자존감을 밑받침하고자 하는 이론으로서는 위험스러운 노선이다.[20]

결국 원초적 입장 등은 롤스의 결론을 위해 구성된 장치에 불과하다. 노직은 또 자연적 자질을 공유자산으로 간주하는 롤스의 견해에 대해 그러한 정의관은 시기(envy)가 그 기저에 놓여 있는 것 아닐까 하는 의문을 제기한다.

최소국가와 유토피아

노직은 자연상태에서 출발하여 보이지 않는 손에 의한 설명(invisible-hand explanation)의 방식을 통하여 최소국가의 발생을 시도한다. 최소국가는 개인들이 자신의 입장 개선을 위해 각자 노력한 결과 나타나는 자연적 결과이다. 더우기 최소국가는 누구의 권리도 침해하지 않고 발생한다.[21] 최소국가의 발생은 다음의 4단계를 거친다. 첫번째, 권리를 가진 개인들이 자연상태에 살고 있다. 두번째로 개인들은 자신들의 보호를 위해 자발적으로 보호협회를 구성한다. 세번째로 보호협회는 지역적으로 분리되고 각 지역에서 지배적 보호협회를 구성하여 결과적으로 극소국가(ultraminimal state)를 형성한다. 마지막으로 극소국가는 독립적으로 남아 있는 독립인에게 보상을 제공, 흡수하여 최소국가를 형성시킨다.[22]

　일단 최소국가가 노직의 말대로 권리의 침해 없이 성립 가능하다고 가정하자. 그래도 남아 있는 문제가 있다. 그것은 바로 그런 최소국가의 기치 아래 누가 투쟁할 것인가 하는 것이다. 즉 최소국가는 유토피아가 아니다. 이 문제에 대해 노직은 유토피아를 위한 골격이라는 『무정부, 국가 그리고 유토피아』의 마지막 장에서 해결을 시도하고 있다. 어떤 국가가 최선의 국가인가라는 질문에 대해서 그는 개인은 다양하며 모든 사람에게 봉사하는 이상국가는 없다는 견해로 대답한다. 개인들의 다양한 욕구만큼이나 다양한 유토피아가 가능하다는 것이다. 결국 노직에게는 어떤 사회가 가장 좋은 사회인지 개인들이 실험할 수 있는 사회나 국가 자체가 오히려 유토피아이다. 진정한 그리고 유일하게 도덕적으로 정당화 가능한 유토피아는 "아무도 자신의 유토피아를 타인에게 강요하지 않는 사회"이다. 즉 유토피아는 자유와 실험을 위한 구조이며 결국 최소국가로 귀결된다.[23]

　최선의 국가를 구성하는 데 있어 가장 중요한 문제는 그것이 누구를 위한 세계인가 하는 것이다. 결국 각 개인은 자신의 이상에 가장 가까운 현실적 공동체를 선택할 것이다. 각자가 추구하는 가치는 모두 틀릴 것이며 한 사람 이상의 사람들의 가치들 모두를 충족시킬 방도는 없다. 따라서 노직은 "오직 한 종류의 공동체가 있을 경우보다는 다양한 공동체들이 있을 경우 보다 많은 사람들이 그들이 살고자 하는 방식에 가까이 갈 수 있을 것이다"라고 주장한다.[24] 노직에 의하면 유토피아에 이르는 다양한 이론적 길들이 존재한다. 또 사람은 서로 다른 존재이므로 하나의 유토피아를 기술하려는 시도는 무의미하다. 즉, 오직 한 종류의 이상적 공동체는 불가능하다는 것이다. 유토피아는 유토피아들을 위한 틀이며 유토피아적 사회는 유토피아적 사상의 사회이다.

노직이 제시하는 유토피아는 여타의 유토피아에 비해 장점을 보유하고 있다. 그것은 우선 거의 모든 유토피아 사상가들이 받아들일 수 있으며, 특정의 유토피아적 비전과 양립 가능하다는 것을 들 수 있다. 노직의 유토피아는 유토피아들의 공존을 모색한다. 결국 노직이 제시하는 Utopia는 자발적인 유토피아적 실험은 강조하고 세부적인 계획은 거부한다. 다시 말하면 유토피아와 반(反)유토피아의 장점과 이점을 취합한 시도라고 할 수 있다. 유토피아를 위한 골격은 최소국가와 같다. 노직의 논리 속에서 도덕적으로 용인되는 유일의 국가는 최소국가이며 최소국가가 바로 유토피아적 열망을 가장 잘 실현하는 국가이다.

최소국가는 우리를 불가침의 개인으로 취급한다. 즉, 개인들은 이 국가 안에서 타인에 의해 수단이나 도구 혹은 기구나 자원으로 이용당할 수 없다. 최소국가는 우리들을 존엄성으로 구성된 개인권을 가지고 있는 인격으로 취급한다. 우리의 권리를 존중함으로써 우리를 존중으로서 대우하는 최소국가는 개인적으로 혹은 우리가 선택하는 사람들과 함께 우리가 가능한 우리의 삶을 선택하고, 우리의 목표와 우리가 자신에 대해 가지는 우리 자신의 관념을 실현하도록 허용한다. 그리고 우리는 이 실현과정에서 우리와 마찬가지로 존엄성을 지닌 다른 개인들로부터 자발적인 협동의 도움을 받는다. 어떤 국가나 개인들의 집단이 감히 그 이상 또는 그 이하를 할 수 있을 것인가?[25]

맺음말

노직의 자유지상주의 이론은 그것에 반대하건 찬성하건 간에 현대정치철학에서 없어서는 안 될 중요한 위치를 차지하고 있다. 노직은 무정부주의와 국가주의에 반대하여 최소국가를 제시하고 있다. 최소국가론은 한편으로는 국가의 존재를 부정할 때 가장 개인의 권리가 잘 보장된다는 무정부주의 이론에 대해 여전히 개인의 권리는 국가를 통해 보장될 수밖에 없으며 국가는 아무런 권리를 침해하지 않고도 발생할 수 있다는 점을 논증하려 노력했다. 또 비록 국가의 존재가 필요하지만 국가는 복지 등 최소한의 개인의 권리 보호를 넘어서는 영역까지 확장될 수 없음을 밝힌다.

노직의 이론 속에서 가장 중심적 역할을 담당하는 것이 사유재산이론 즉 소유자격론이다. 소유자격론은 로크의 소유권 이론의 외적 구조를 따르고 있다. 그는 취득과 이전 그리고 교정에서의 정의 원리로서 소유자격론을 구성한다. 소유권의 정의로움에서 가장 중요한 기준은 소유의 발생 자체가 정의로웠는가 하는 점이다. 이 점에서 노직은 자신의 소유권 이론을 기존의 정형적 이론과 구분하여 역사적 혹은 비정형적 이론으로 부르고 있다. 그는 자신의 역사적 이론만이 정당화가 가능한 정의론이라고 주장한다.

자신이 제시하는 최소국가의 발생에 대해 노직은 '보이지 않는 손에 의한 설명'의 방식을 따른다. 보이지 않는 손에 의한 설명은 음모설로 대표되는 숨은 손(hidden hands)에 의한 설명 방식과 대비된다. 이는 자연상태에서 누구의 권리침해도 없이 국가가 발생하는 과정을 보여주려는 시도라 볼 수 있다. 즉 국가는 자연상태로부터 시작하여 보호협회, 지배적 보호협회, 극소국가, 그리고 최소국가의 과정으로 발생한다. 여기서 노직이 또 한 가지 주장을 제기하는 것은 자신이 제시하는 최소국가만이 정당화가 가능한 국가라는 것이다. 그의 유토피아의 비전 속에서 유토피아는 모든 사람이 자신의 나름대로 유토피아를 추구할 수 있는 사회이며 아무도 남에게 자신의 유토피아를 강요하지 않는 사회이다. 노직의 논리 속에서 유토피아를 위한 골격은 바로 최소국가인 것이다.

이러한 노직의 이론에 대해 몇 가지 반대 논변이 가능하다. 첫 번째가 그의 소유자격론에 관한 것이다. 노직의 이론은 비정형적=역사적 이론이다. 따라서 소유의 발생 부분 즉 사유물의 취득을 이론의 중심에 두어야 한다. 그러나 노직은 소유의 발생, 취득에 대한 명확한 해답을 제시하지 않는다. 개인이 어떻게 특정한 대상을 사유화했는가에 대한 해답 없이 노직의 이론이 완성되기는 어렵다. 또 노직이 가장 중시하는 개인의 권리 중 가장 중요한 사유재산권의 정당성을 충분히 설명하지 않는 한에서 그의 이론 전체의 정당성을 어떻게 주장할 수 있는가 하는 문제도 발생한다. 설사 노직의 이론을 현존하는 사실상의(de facto) 재산보유자의 권리를 인정하는 방식으로 이해해 보더라도 문제는 마찬가지이다. 복지권이나 재분배에 대한 노직의 논리 전개는 자유지상주의적 사유재산권을 전제로 할 때만이 가능하다. 역사적 이론이라는 노직의 주장을 감안할 때, 자유지상주의적 소유제도가 모든 현존 소유의 최초취득 과정에서도 존재했고 발생했다고 주장할 근거를 발견할 수 없다.

두 번째 비판의 대상은 로크적 단서와 노직의 이론 간의 관계이다. 노직은 사유물의 취득은 그것이 로크적 단서를 위반하지 않는 한 정당하다고 주장한다. 여기서 로크적 단서는 재산권의 발생이 타인들을 위해 충분히 남겨져 있는 경우가 아니면 그 재산권의 발생은 정당화할 수 없다는 것이다. 로크의 이론에서 사유재산권이 가능한 이유는 일단 인간에게 사유화할 대상인 자연이 공유물로서 주어졌다는 사실이다. 노직의 경우는 로크적 자연상태론을 도입하면서도 신이 부여한 공유물로서의 자연 개념이 존재하지 않는다. 노직의 자연상태의 모든 것들은 공유물이 아니라 단지 주인 없이 존재하는 것들일 따름이다. 여기서 문제가 되는 것은 로크적 단서가 어떻게 공유물을 전제하지 않고도 작동할 수 있는가 하는 것이다.

이 문제는 생명을 보존할 권리의 개념과도 깊이 연관되어 있다. 로크의 논리의 배경에는 신이 인간에 부여한 생명에 대한 권리가 존재한다. 그것은 자연을 인간의 삶의 유지를 위해 이용하고 소비할 수 있는 권리를 의미한다. 그런데 노직의 소유자격론에는 로크와 같은 요소가 전혀 존재하지 않는다. 노직의 이론 속에서 개인과 개인의 관계로 인해 사유재산권이라는 거의 유일한 권리를 제약하는 로크적 단서는 어떻게 정당화되는가 하는 질문에 대한 명확한 대답을 찾을 수 없다.

마지막으로 최소국가론과 연관된 부분이다. 노직의 자연상태의 추상적 합리적 개인들은 보호협회를 구성하고 이는 곧 상업적 보호협회로 변모한다. 여기서 나타나는 첫 번째 문제점은 상업적 보호기구가 사유재산과 시장을 감안할 때 계층화될 가능성이 대단히 크지 않는가 하는 의문이다. 또 상업적 보호협회를 지배적 보호협회로 변모시키는 논리 속에서 우려되는 것은 지배적 보호협회가 자신의 지배적 위치를 이용하여 부정적인 행위로 영역을 넓힐 염려는 없는가 하는 것이다. 노직의 논리 속에서 지배적 보호협회가 충실하고 효과적인 보호를 제공해줄 것이라는 확신의 근거가 약하다.

마지막으로 보상의 원리(the principle of compensation)에 의해 영역 내의 모든 사람이 보호협회의 영역으로 포함됨으로써 최소국가가 발생한다. '보상의 원리'의 주된 문제점은 이것이 노직 자신의 권리에 대한 측면제약이론(side-constraint theory)과 양립할 수 있느냐 하는 것이다. 측면제약이론은 어떤 사람의 목적 추구가 타인의 권리 침해를 가져와서는 안 된다는 도덕적 제약이다. 권리이론으로서의 노직의 자유지상주의 이론 속에서 독립적인 인간의 권리행사만 제약을 받아야 하는 이유를 설명하기가 어렵다. 독립적인 인간만이 권리의 측면제약사항 적용을 받지 못할 근거는 적어도 노직의 이론 속에서는 발견될 수 없다.

노직은 자연상태로부터 출발하여 최소국가는 정당하며, 또 최소국가만이 정당함을 보여준다. 그러나 과연 노직의 최소국가가 유토피아를 위한 골격을 제공해주는지는 의문스럽다. 또 노직의 이론이 그가 공격하는 이론

중 하나인 공리주의를 넘어서는 장점을 성공적으로 보여주고 있는 것으로 보이지 않는다. 대부분의 자연상태 이론의 결론처럼 그의 최소국가는 불평등한 세상으로 끝난다. 오히려 대부분의 자연상태 이론이 자연상태라는 출발점에서의 인간의 평등을 전제로 해서 현실의 체제를 정당화하고 있는 데 반해 그의 이론은 그것조차 충분히 전제하지 않는다. 불평등한 사유재산과 시장의 존재 하에서 국가를 건설함으로써 처음부터 과감하게 불평등을 전제로 한 사회구조를 건설한다. 그리고 이 불평등에 대한 국가의 어떠한 간섭도 거부하고 있다. 어떤 의미에서는 자신이 공격한 정형적 이론처럼 언제나 지금 현실의 소유구조를 정형으로 강제하고 정당화할 가능성을 배태하고 있고, 이러한 가능성은 그의 이론이 진정한 역사적 이론으로 확대되는 것을 제한하고 있다.

더 읽을거리

• Schmidtz, David edit. 2002. *Robert Nozick*. Cambridge University Press.
노직의 정치철학뿐만 아니라 전 학문체계에 대해 소개한 책이다. 그의 대부분 저작들의 내용이 정확하면서도 비교적 평이하게 소개되어 있다. 정치철학자 노직을 넘어선 지식인 노직의 진면목을 느끼기에 좋은 책이다.

• 장동진 · 김만권. 2000. "노직의 자유지상주의." 『정치사상연구』 3집, 195–220.
노직의 정치철학 전반에 대해 비교적 간략하게 소개해놓은 논문이다. 노직을 처음 접하는 독자는 이 글을 읽어도 좋다.

• 조너선 울프. 2006. 『로버트 노직: 자유주의 정치철학』. 장동익 옮김. 철학과현실사.
노직의 정치철학 전반에 관한 종합적인 해설서이다. 노직에 대한 단순한 소개를 넘어 비판적으로 다룬 부분까지 포함되어 있다. 원저는 Wolff, Jonathan. 1996. *Robert Nozick: Property, Justice and Minimal State*. Polity.

12.

자유주의 비판과
덕 윤리 전통의 복원
알래스데어 매킨타이어

손민석

Alasdair
MacIntyre

개요

이야기와 전통에 주목한 매킨타이어는 현대정치철학 담론에 깊은 영향을 미쳤다. 그는 아리스토텔레스적 덕 윤리를 복원한 것으로 널리 알려졌는데, 그에게 아리스토텔레스주의는 파편화된 개인주의에 반대해 덕성의 공동체를 구현하는 길과 잇닿아 있다. 매킨타이어가 단순한 보수적 전통주의자였던 것은 아니다. 그는 혁명적 정치에 관한 마르크스주의적 전망에도 깊은 영향을 받았다. 한편 매킨타이어가 학계는 물론 대중에게까지 널리 알려진 계기는 자유주의-공동체주의 논쟁이었다. 그는 자유주의 이론가들이 보편적 합리성 규범을 내세우며 실제로는 현실의 사회적 이해관계를 은폐한다고 비판했다. 그는 추상화된 규범 대신 이야기와 전통에 주목했다. 학문 여정의 초기 그는 고전적 형이상학을 배제하고 사회적 관계에 집중해 실천, 인간 삶의 서사적 통일성, 전통을 통해 덕을 설명하려 했다. 하지만 후기 매킨타이어는 형이상학적 토대 없이는 덕성의 계발과 좋음에 대한 탐구가 충분할 수 없음을 깨닫게 된다. 이후 그는 토마스 아퀴나스(Thomas Aquinas) 사상을 중심으로 그리스도교 전통을 탐구하는 데 몰두했다. 마르크스의 해방적 정치경제 비판과 아퀴나스의 초월적 신앙 전통을 결합해 후기자본주의 지배문화에 맞서고자 했던 것이다.

생애

알레스데어 매킨타이어(Alasdair MacIntyre, 1929-)는 1929년 1월 12일 스코틀랜드 글래스고에서 태어났다. 켈트어파의 언어인 게일어를 사용하는 농부, 어부, 시인, 이야기꾼의 구술문화는 유년기를 지나 학문 활동에도 큰 영향을 끼쳤다. 1945년에서 1949년까지 런던 대학 퀸 메리 칼리지에서 고전학을 전공했다. 1951년 맨체스터 대학에서 "도덕 판단의 중요성"을 주제로 철학 학위를 받고, 같은 대학에서 6년 간 교편을 잡았다. 1950년대에서 1960년대 초까지 정치적으로는 혁명적 마르크스주의자로 활동했다. 1957년 리즈 대학에서 윤리학을 가르치면서 사회학의 중요성을 깨달은 뒤에는 옥스퍼드 대학으로 자리를 옮겨 학위를 한 차례 더 취득하였다. 1966년부터 에식스 대학에서 사회학을 가르치다가 1969년경 미국으로 이주하여 브랜다이스 대학, 보스턴 대학, 웰즐리 대학, 반델 빌트 대학, 노트르담 대학, 예일 대학, 듀크 대학, 프린스턴 대학 등 여러 대학에서 연구를 이어갔다. 그가 학계에 널리 알려지게 된 계기는 현대정치이론 지형에서 자유주의 – 공동체주의 논쟁을 통해서였다. 아리스토텔레스적 덕 윤리 부활에 중요한 영향을 끼쳤으며 1980년대 가톨릭 신앙으로 회심한 이후 대표적인 가톨릭 사상가로 활동하고 있다. 기포드 강좌를 비롯해 여러 유서 깊은 강연에 초대를 받았으며, 미국 가톨릭철학회에서 아퀴나스 메달을 수여한 바 있다. 미국 철학회 회장을 지냈고, 미국 예술과학학술원과 영국학술원 회원이다. 2010년 대학 강단 일선에서 은퇴한 이후에도 노트르담 윤리와 문화센터 선임연구원으로 집필과 강연을 이어가고 있다. 그의 저작은 철학사, 종교철학, 사회과학철학, 윤리학, 정치철학을 폭넓게 아우른다.

주요 저술

MacIntyre, Alasdair. 1988. *Whose Justice? Which Rationality?* University of Notre Dame Press.

MacIntyre, Alasdair. 1990. *Three Rival Versions of Moral Enquiry*. University of Notre Dame Press.

MacIntyre, Alasdair. 1999. *Dependent Rational Animals: Why Human Beings Need the Virtues*. Open Court.

MacIntyre, Alasdair. 2016. *Ethics in the Conflicts of Modernity*. Cambridge University Press.

알레스데어 매킨타이어. 1997. 『덕의 상실』(*After Virtue*, 1981). 이진우 옮김. 문예출판사. (이 글에서는 『덕 이후』로 표기.)

머리말

인간은 이야기 안에서 살아가는 존재다. 상처 입고 망가진 세상을 살면서 격정적인 분노의 서사에 휩싸이기도 하고 가끔은 희귀한 선물 같이 찾아오는 사랑 이야기와 만나기도 한다. 한 인물의 윤리적·정치적 지향점은 그가 걸어왔던 삶의 흔적, 그리고 그를 둘러싼 커다란 이야기와 떼어내기 어렵다. 정치철학자 알래스데어 매킨타이어는 "'나는 무엇을 해야 하는가?'라는 물음은 '나는 어떤 이야기 혹은 어떤 이야기들의 일부로 나 자신을 발견하는가?'라는 선행하는 물음이 해명될 때라야 비로소 답변될 수 있다"고 말한 바 있다.[1] 매킨타이어가 어떤 이야기의 일부였는지를 살피는 건, 그의 삶과 사상을 이해하기에 좋은 출발점일 것이다.

1990년대 초반, 한 인터뷰에서 매킨타이어는 자신의 학문적 궤적을 세 시기로 구분했다.[2] 첫 번째는 영국 맨체스터에서 철학을 연구한 1949년부터 미국으로 건너가 자리를 잡기 시작한 1970년대 초까지다. 이 시기 매킨타이어는 제2차 세계대전 이후 냉전체제와 영국의 신좌파 형성이라는 이야기 안에 있었다. 그는 약탈적 자본주의에 대한 반대 투쟁뿐 아니라 전체주의적 스탈린주의를 비판하는 이론가들과 함께 논의를 개진한 성찰적 실천가였다. 하지만 1960년대 중반 이후 그는 비관적 전망과 함께 마르크스주의 진영과 거리 두기를 하게 된다.

두 번째 시기였던 1970년대는 그의 표현을 빌리자면 "고통스럽게 자기를 비판하면서 성찰하는 시간"이었다. 매킨타이어는 자신이 헌신했던 마르크스주의를 포함한 당대 이념은 사회적 삶의 두 축인 이론과 실천의 관계를 충분히 조명하지 못한다고 비판했다. 추상적인 규범이론을 실천의 장에 단순 대입해 적용하는 방식으로는 이론과 실천의 관계를 규명하기 어려웠기 때문이다. 그가 보기에 사회학이 반영되지 않은 규범이론은 허구에 지나지 않았다. 정치적 실천을 비판적으로 성찰할 토대 없이 이념적으로만 헌신하는 것도 만족스럽지 못하기엔 마찬가지였다. 매킨타이어는 현실의 다양한 정치적 실천을 적절하게 평가하고, 통합적으로 판단할 도덕적 준거를 찾고자 지적인 씨름을 이어갔다. 이러한 지적 '과도기'를 지난 결과, 그는 세계에 대한 규범적 판단을 적절하게 내리기 위해서는 인간의 실존을 역사적으로 조망하고, 이야기를 재구성하는 작업이 필요하다는 점을 인식하게 된다. 자신의 대표작 『덕 이후』(After Virtue, 1981) 초고를 마무리하던 1977년 즈음부터 그는 인간 실존의 이야기와 전통에 주목하면서 자신의 사상적 전환을 알리는 논문들을 발표하기 시작했다.

매킨타이어의 세 번째 학문적 궤적은 1980년대 미국 자유주의 – 공동체주의 논쟁과 얽혀 있다. 그는 자유주의자들이 내세우는 비역사적인 추상적 규범을 비판하면서 삶의 서사에 주목하고 전통 안에서 발견되는 합리성을 복원하고자 했다. 그의 작업은 아리스토텔레스적 덕 윤리의 현대적 복원에 기여했다. 이후 매킨타이어는 아리스토텔레스를 계승하면서도 그를 계승하는 동시에 교정한 아퀴나스 사상을 탐구했다. 그가 보기에 아퀴나스는 아리스토텔레스의 자기충족적인(self-sufficient) 덕 윤리를 뛰어넘어 인간의 허약성과 상호의존성을 더 깊게 다루고 있었다. 매킨타이어는 자신의 학문적 정체성을 "토마스주의적 아리스토텔레스주의(Thomistic Aristotelianism)"로 명명하기에 이른다.

이처럼 혁명적 정치를 논의한 초기 마르크스주의 사유, 자유주의 비판과 아리스토텔레스적 덕 윤리의 복원, 그리고 아퀴나스를 경유한 그리스도교 전통의 합리성에 이르기까지 매킨타이어의 사유는 방대하게 펼쳐져 있다. 이 장에서는 먼저 초기 매킨타이어를 형성했던 영국 신좌파 활동과 마르크스주의에 대한 성찰을 살펴보고, 다음으로 자유주의 비판과 그가 대안으로 제시한 아리스토텔레스적 덕 윤리의 사회적 측면을 검토한다. 끝으로 그리스도교 전통의 정치신학과 아퀴나스를 경유한 그리스도교 전통의 합리성을 추적한다. 결론적으로 매킨타이어는 초기에 영향받은 마르크스의 해방적 정치경제 비판과 학문적 전환기에 방향을 재설정한 아리스토텔레스적 덕 윤리, 그리고 후기에 천착한 아퀴나스의 초월적 신앙 전통을 결합하여 후기자본주의 지배문화에 맞서고자 했다는 점을 지적한다.

영국 신좌파 활동과 마르크스주의

매킨타이어가 본격적으로 학문적 삶을 시작한 1950년대, 세계는 자본주의와 공산주의 진영으로 양분되어 있었고, 진영 간 긴장은 고조되고 있었다. 당시 그는 영국의 신좌파 정치 그룹에 속해 혁명적 마르크스주의 이론가로 활동했다. 하지만 1960년대 이후 그는 혁명에 대한 낙관론을 접게 된다. 1980년대 초 출간된 『덕 이후』에서는 자유주의 정치이론과 마르크스주의적 전망을 동시에 비판했다. 이 저서에서 매킨타이어는 고전적인 덕 윤리를 강조했는데, 이를 두고 향수에 젖은 복고주의자가 된 것이 아니냐는 비판이 일기도 했다. 하지만 그는 자신의 입장이 현대 보수주의에 대한 그 어떤 공감의 표현으로도 해석되지 않기를 바란다고 분명하게 밝힌 바 있다. 매킨타이어는 자신의 작업을 "마르크스의 자본주의 비판을 유산으로 삼아, 통찰을 더 깊게 하는 시도"로 이해했다. 마르크스의 혁명정치와 아리스토텔레스의 윤리적 실천을 결합시켰다는 점에서 그의 사상은 "혁명적 아리스토텔레스주의"(revolutionary Aristotelianism)로 호명되기도 했다.[3] 이 절에서는 초기 매킨타이어의 신좌파 활동과 『덕 이후』에 나타난 마르크스주의적 전망에 대한 비판을 검토하고, 근래 저작에 드러난 마르크스주의적 실천에 대한 호의적 입장을 살펴본다.

1956년 흐루쇼프(Nikita Khrushchyov)는 '개인숭배와 그 결과들에 대하여'라는 글을 발표해 스탈린 공포 독재를 비판했고, 이를 계기로 급물살을 탄 스탈린 격하운동은 헝가리 혁명으로 이어졌다. 하지만 소련의 헝가리 침공으로 혁명은 결국 무산되고 만다. 소련 사회주의체제에 대한 정치적 비판이 계속되자 소련과 긴밀한 관련을 맺고 있던 영국 공산당 지도부는 소련 비판 논쟁이 확산되지 않게 막으려 했지만, 이에 반발한 신좌파 이론가들은 탈당한 후 비판을 이어갔다. 이때 창간된 《뉴리즈너》(New Reasoner) 저널에서 매킨타이어는 에드워드 톰슨, 찰스 테일러 등의 이론가들과 함께 소련의 사회주의 실현 가능성에 관한 논쟁을 벌인 바 있다. 그는 「도덕적 황무지에서 보낸 노트」(Notes from the Moral Wilderness)에서 스탈린주의자들이 역사적 전개 과정에서 나타나는 결과를 도덕적으로 정당화하고 있다고 비판한다. 매킨타이어가 보기에 그들은 역사적 진보를 기계적 숙명론으로 이해한 나머지 갖가지 역사적 결과들을 당위적 원칙 아래 우겨넣고 있었다. 매킨타이어는 역사는 기계적 숙명론으로 이해될 수 없다는 점을 지적하면서 스탈린주의의 역사발전이론을 비판했다. 또한 그는 마르크스주의에 입각한 사회주의 이행은 토대와 상부구조 관계를 혁명적으로 변화시킨다는 점을 상기시키면서 '위로부터 사회주의' 모형과 소련의 억압적 정치구조에 비판을 가했다.

매킨타이어는 초기부터 줄곧 개인주의적 자유주의에 비판적이었는데, 이 또한 마르크스의 부르주아 근대성 비판에 영향받은 것이었다. 마르크스주의에 기초한 그의 초기 자유 개념은 1960년 발표한 「자유와 혁명」(Freedom and Revolution) 논문에 잘 드러나 있다. 그는 헤겔의 사유를 따라 자유를 인간의 본질로 보면서 마르크스주의적 관점에서 계급 없는 사회와 자유를 긴밀하게 연결시킨다. 매킨타이어는 "자유의 문제는 단순히 사회를 반대하는 개인의 문제라기보다 어떤 종류의 사회와 어떤 종류의 개인을 원하는지에 대한 물음"이라는 점에서 보헤미안과 비트족의 자유는 많은 부분 부르주아 가치가 전도된 것일 뿐이라고 비판을 가한다. 타자에게 의존하고 있음을 인식하지 못한 채 개인으로만 남고자 하는 이들은 실제로는 사회의 지배이념을 수동적으로 수용하기에 이른다는 점을 지적한 것이다.[4]

매킨타이어는 1960년대 초까지 사회주의노동자연맹과 트로츠키주의 경향의 국제사회주의 그룹에서 활동했는데, 점차 혁명적 정치에 대한 낙관론에 회의하게 되었고 1960년대 중반 이후에는 마르크스주의 전통에 비판적 입장을 견지하게 되었다. 1981년 출간된 『덕 이후』에서 그는 두 가지 이유에서 마르크스주의가 파편화된 개인주의적 자유주의의 대안이 되기 어렵다고 평가한다. 첫째, 마르크스의 급진적 개인주의의 토대가 해명되지 않았다. 마르크스는 『자본론』에서 생산수단에 대한 공동소유, 생산과 분배의 규범을 자유로운 개인들이 자발적으로 동의하는 연합이라는 전망을 표명한 바 있다. 하지만 마르크스주의 전통의 역사를 돌아볼 때 마르크스의 급진적 개인주의 전망이 어떤 토대 위에서 가능한지는 충분히 설명되지 못했다는 게 매킨타이어의 생각이었다. 게다가 마르크스주의자들이 주장하는 연합의 원칙이 정작 자신들이 다른 이들을 향해 이데올로기적이라고 비판한 추상적 도덕 원칙과 유용성이었다는 점에서 그들은 자가당착에 빠져 있기도 했다. 둘째, 마르크스주의적 사회주의 중심에 있는 낙관주의가 설득력을 상실했다. 혁명적 정치의 동력이 되는 인적 자원들은 선진자본주의 사회에서 끊임없이 도덕적으로 빈곤한 상황에 내몰리게 된다. 이들이 고갈되어가는 상황에서 사회를 갱신하고, 자본주의 구조를 변혁할 대안을 이끌어낼 자원들을 어디에서 발견할 수 있는가. 마르크스주의자들은 '이상적 프롤레타리아'(루카치), '이상적 혁명가'(레닌주의)를 소환했는데, 이는 권력에 대한 접근에 있어서 니체적 의미의 '초인'(Übermensch) 혹은 베버주의자가 된다는 점을 나타낸다. 매킨타이어는 마르크스주의 중핵에 있는 낙관

주의가 비관적 전망으로 어긋나는 지점을 지적한다.[5]

아리스토텔레스적 덕 윤리로 방향을 재설정하면서 정의에 대한 의견 불일치를 경제적 적대 혹은 계급의 이해관계의 반영으로만 보는 환원론을 비판하기는 했지만, 그는 이후에도 마르크스의 자본주의 비판을 중요하게 여겼다. 매킨타이어는 현대인의 삶을 핍진하게 만드는 약탈적 자본주의에 비판적이었다. 근래에는 마르크스가 사상을 전개함에 있어서 아리스토텔레스에게 빚지고 있는 지점을 주목하면서 인간의 잠재성 계발과 공동선 추구를 모색했다. 『근대성의 갈등 속에서의 윤리』(*Ethics in the Conflicts of Modernity*, 2016)에서 매킨타이어는 토마스주의적 아리스토텔레스와 마르크스의 관점을 결합시킨다. 전자를 통해 근대성의 사회질서를 보다 포괄적으로 조망하면서 후자의 비판적 통찰을 통해 현대세계에 생산적인 방식으로 관여할 수 있다는 것이다.

매킨타이어는 퇴락한 근대성에 대항하는 실천을 근대성 내부로부터 모색하기 위해서는 내러티브가 불가피하게 포함된다고 지적하면서, 아리스토텔레스, 아퀴나스, 마르크스에게 영향을 받은 20세기의 네 인물을 범례로 제시한다. 소련의 압제를 그려낸 『삶의 운명』의 작가 바실리 그로스만(Vasily Grossman), 미국 첫 여성 연방대법관 산드라 오코너(Sandra O'Connor), 아이티 노예혁명을 다룬 『블랙 자코뱅』을 집필한 마르크스주의자 C. L. R. 제임스(Cyril Lionel Robert James), 1981년 아일랜드 단식투쟁의 주역이었던 시민운동가이자 가톨릭 사제인 데니스 파울(Denis Faul)이 그의 모델이다.[6] 다수는 관료주의 국가를 포함한 자본주의 제도의 파괴적 측면을 진지하게 드러낸 인물들이다. 후기 매킨타이어는 혁명적 노동계급만을 사회 변혁의 행위자로 상정하지는 않았다. 그럼에도 그에게 마르크스를 경유한 해방의 정치는 다시 전유되어야 할 전통으로 자리 잡고 있다.

현대의 곤경, 계몽 기획의 실패, 그리고 자유주의 비판

매킨타이어는『덕 이후』서두에서 현대의 도덕적·정치적 삶의 문화가 위기상황에 처했다고 진단하며, 이를 파국 이후 파편화된 단편들만 남은 무질서 상태에 비유한다. 파국의 불길이 꺼진 후 잿더미 속에 남겨진 텍스트 조각을 맞추다 보면 단어들을 재배열할 수 있을지도 모른다. 하지만 재앙의 결과로 텍스트에 의미를 부여했던 본래 맥락이 사라져버렸다면 텍스트 해석은 자의적 수준에 머무를 수밖에 없다. 매킨타이어는 오늘날 도덕의 언어가 처한 상황이 이와 유사하다고 지적한다. 도덕의 언어는 자신을 온전히 드러낼 이론적 맥락을 상실한 채 파편화된 조각으로만 존재한다는 것이다.

도덕적·정치적 문화의 혼돈상황은 현실의 정치무대에서 벌어지는 논쟁에서 뚜렷하게 드러난다. 다양한 쟁점을 둘러싸고 발생하는 의견 불일치 그 자체는 문제가 아니다. 진정한 문제는 대립하는 도덕적 논증 사이에 의사소통이 불가능할 지경이 되었다는 점이다. 가령 국제정치의 정의로운 전쟁 담론 또는 사회적으로 쟁점이 되는 성(性) 담론에서 경쟁하는 입장들은 제각각 자신이 정당하며, 자신에게 합리적 토대가 있다고 주장할 것이다. 문제는 그 각각의 정당성과 합리성들이 서로 비교될 수 없는 교착상태에 이르렀다는 점이다. 자신에겐 너무나도 자명한 논리가 상대방에겐 전혀 그렇지 않기 때문이다. 상대 입장의 근본 전제가 터무니없이 잘못되었다는 주장을 서로 반복하며 제각각의 입장을 반복하게 될 뿐이다. 각자 의지와 신념은 표출되지만 이를 조율할 공동의 측정기준은 공유하지 못하는 것이다.

매킨타이어는 개별 논쟁 아래에 자리 잡은 문화적 토대로 눈을 돌린다. 그는 대립하는 입장들 사이의 관점을 비교하고 타당성을 평가할, 나아가 상대를 설득할 합리적 토대를 제시하지 못하는 정의주의(emotivism) 문화를 문제 삼는다. 사실에 대한 판단이라면 진위를 판가름할 절차를 마련할 수 있지만, 도덕적 판단의 경우에는 합리적 해결방안을 마련하기 어렵다고 정의주의는 주장한다. 이때 도덕적 판단은 도덕 감정을 표현하는 기능 정도로 왜소화되며, 가치평가를 수반하는 언술의 유용성은 궁극적으로 자신의 감정과 태도를 표현하거나 다른 이의 감정과 태도를 변화시키는 것에 그치고 만다. 도덕의 언어가 수사일 따름인 상황은 타자를 수단으로 보는 조작적인 관계를 야기한다. 매킨타이어는 현시대에 만연한 정의주의 문화에 반대하면서 도덕적 성찰을 통해 스스로를 형성하고, 도덕의 언어를 사용해서 타자와 의미 있는 의사소통을 할 수 있어야 한다고 말한다. 그 결과 현대의 도덕적 곤경이 중요 해결과제로 제시된다.

매킨타이어는 문제의 근원을 해명하기 위해 도덕 역사의 변화과정을 추적한다. 그에 따르면 현대의 도덕적 혼란의 배경에는 근대 '계몽주의' 기획의 실패가 놓여 있다. 키르케고르(Søren Kierkegaard)부터 칸트(Immanuel Kant), 디드로(Denis Diderot), 흄(David Hume)의 논의를 추적하면서, 매킨타이어는 이들이 인간 본성에 대한 특정한 전제를 바탕으로 도덕 규범을 이끌어낸 점을 주목한다. 그의 입장에서 도덕의 정당화를 시도한 계몽의 기획은 실패로 돌아갈 수밖에 없다. 근대 계몽의 윤리학 실패는 목적론에 기초한 고전 윤리관과 비교할 때 적절하게 해명된다. 고전 윤리학의 목적론적 도식에는 두 개의 인간 본성이 존재한다. "현재 상태의 우연히 존재하는 인간"(Man-as-happens-to-be)과 "자신의 목적을 실현할 때 가능한 인간"(Man-as-he-could-be-if-he-realized-his-telos)이 그것이다. 목적론은 현재 상태의 인간이 마땅히 되어야 할 인간으로 이행할 수 있도록 유인하면서 사실과 가치를 결합한다. 이러한 도식에서는 도덕규범이 전자와 후자의 간극을 줄이는 데 관여하는 것이 합리적이다. 고전 윤리학은 목적이 무엇인지는 물론 그에 어떻게 도달할지 수단 역시 함께 제시한다.

고대에서 중세까지 중요하게 작동했던 이러한 도덕 도식은 근대 물리학의 등장과 함께 목적론적 사고가 붕괴되면서 변화되었다. 여기에는 고전 물리학의 붕괴라는 상황뿐 아니라 이성에 대한 개념 자체의 변화가 수반된다. 이성은 이제 과거처럼 목적을 제시할 수 있는 것으로 간주되지 않는다. 다만 사실의 진위 파악과 수학적 관계만을 판단할 수 있는 것으로 이해될 따름이다. 윤리학에서도 목적이 사라진 자리에 우연히 존재하는 인간 본성과 도덕규범만 덩그러니 남겨진다. 근대 계몽주의 철학자들은 인간 본성 자체가 목적을 지닌다는 관점을 거부하고, 존재에서 당위로 이행하는 토대를 제거했다. 이와 함께 현재의 인간 본성이 도덕적 명령을 따라야 할 이유 역시 사라지게 되었다. 여기에 더해 계몽주의로 인한 도덕의 세속화는 이전 시대에 신적 권위를 통해 담보했던 도덕적 판단의 위상을 변용시켜나갔다. 그 결과 우연히 존재하는 인간 본성으로부터 발현된 가치창출 시도는 자의적 결정에 지나지 않게 된다. 매킨타이어는 이처럼 가치의 물음이 공동의 준거 없이 주관적으로 소비되는 현실을 비판한다.

정의주의에 토대한 의견 불일치는 현대 자유주의 정치이론 논쟁에서도 드러난다. 매킨타이어는 자유주의적 평등주의(liberal egalitarianism)와 자유지상주의(libertarianism)를 대표하는 롤스(Rawls)와 노직(Nozick)의 논쟁을 예로 든다.[7] 롤스와 노직은 일반시민들의 의견 불일치를 도덕철학 차원에서 정치하게 논증했다. 롤스가 『정의론』에서 욕구(needs)와 관련된 평등의 원칙을 내세운다면, 노직은 『아나키, 국가, 유토피아』에서 권리(entitlement)와 관련된 평등의 원칙을 전면화한다. 각자의 정의 관념이 실제로 의미하는 바가 다른 것이다. '공정으로서의 정의'를 주장한 롤스가 소득 재분배에 초점을 맞춘다면, '소유 권리로서의 정의'를 내세운 노직은 소유권을 보장하는 권리에 우선순위를 둔다. 롤스의 입장에서는 재분배의 원리가 올바르게 작동할 경우 조율될 수밖에 없는 취득과 권리가 있다면, 그에 대한 간섭은 허용되어야 한다. 반대로 노직의 입장에서 취득과 권리의 원리를 정당하게 시행한 결과가 불평등으로 이어진다면, 이는 감수되어야 한다.

두 입장은 각각 내부적으로는 정합적이다. 하지만 양자의 도덕적 논증은 통약 불가능하다. 매킨타이어는 무지의 장막을 예로 제시한다. 롤스는 사고실험을 통해서 무지의 장막 뒤에 있는 사람은 자신의 취득, 권리보다 욕구와 필요를 우선적으로 고려하게 될 것이라 주장한다. 자신의 취득에 관해 그 결과를 미리 알 수 없는 상황에서만 합리적 결정이 내려질 수 있다는 것이다. 하지만 노직은 재분배의 원리가 합법적으로 취득한 소유물에 관한 자유를 침탈한다면, 이는 불가침의 기본권 조항을 어긴 것이라고 반박할 것이다. 결국 각자가 사용하는 정의 개념 자체가 너무나도 다르기에 논쟁은 교착상태에 빠지게 된다.

매킨타이어는 자유주의가 표면적으로 보편적 합리성 규범에 호소하고는 있지만, 추상화된 권리담론 속에 특정한 사회적 이해관계가 은폐되고 있다고 비판한다. 롤스와 노직 어느 입장도 중립적이지 않다. 나아가 두 사람의 논증은 과거를 배제하거나 신화화한다. 롤스의 사고실험은 현재의 재분배 원리에 초점을 맞추며 정작 이전부터 쌓여온 부정의의 연원, 즉 현재 심각한 수준의 어려움에 처한 이들이 어떻게 해서 그 현재에 이르게 되었는지를 주변화한다. 반대로 노직은 정당한 권리를 원초적 취득의 정당성으로 설명하는데, 이는 인류 역사에서 행해진 수탈과 착취를 은폐하고 취득과 상속의 정당성을 신화화한다. 양자가 시도하는 불편부당한 합리성에의 호소는 모두 편파적인 것으로 드러난다. 역사와 무관하고 전통과 단절된 채 보편적으로 존재하는 합리성이란 존재하지 않는다. 가치를 둘러싼 담론이 역사적으로 뿌리를 내리고 사회적 공간에서 구현된 것이라는 점을 소거하는 것은 논의에 참여하는 이들을 유령적인 존재로 만드는 시도다.

매킨타이어는 롤스와 노직의 논증을 비역사적인 개인주의와 결부시킨다. 이들의 관점은 외딴섬에서 서로에게 이방인으로 살아가는 집합체와 같다는 것이다. 개인주의적 관점은 공동의 생활방식을 규정하는 좋음에 대한 이해를 공유하고, 이를 바탕으로 유대관계를 맺는 공동체를 배제한다. 자유주의적 중립국가론에 따르면 좋은 삶의 추구는 개별 당사자들에게 맡겨져 있다. 국가는 개별 시민들이 추구하는 목적을 따라 선택하면서 살아갈 수 있도록 최소한의 울타리 역할에 그친다. 매킨타이어는 이러한 국가는 자신을 정치적으로 정당화하는 데 실패한다고 지적한다. 가치를 부여하지 않겠다고 하지만, 다른 한편으로 공공복리를 위해 불가피한 위험한 직업군을 모집하게 될 때는 '성스러운 가치'를 위한 헌신을 촉구한다는 점에서 일관되지 못하다는 것이다.

좋음에 대한 공유된 이해와 사회적 유대는 공론장에서 특정한 쟁점을 둘러싼 논의의 정당성 혹은 부당성을 합리적으로 평가하는 토대가 된다. 이와 같이 롤스를 비롯한 자유주의에 대한 매킨타이어의 비판은 파편화된 개인주의에 초점이 맞추어져 있다. 그런데 표면적 논증 형식과는 무관하게 롤스가 원초적 상황을 구상했을 때 그의 의도가 사회적 유대와 단절된 개인주의를 주창하기 위한 것이라고 보기는 어렵다. 도리어 롤스의 자유주의적 평등론은 당대의 역사적 맥락에서 자유와 평등에 대한 시민들의 공유된 이해가 반영되어 전개한 이론적 기획이라고 보는 것이 적절하다. 이 점은 자유주의는 매킨타이어가 복원하고자 했던 전통의 범주에 포함될 수 없는지에 대한 질문을 불러일으켰다.

매킨타이어는 『누구의 정의인가? 어떤 합리성인가?』(*Whose Justice? Which Rationality?*, 1988)를 출간한 이후부터 반(反)전통적이고 파편화된 자유주의적 개인주의 문화와 지적 전통으로서의 자유주의를 구분한다. 후자와 관련해서 그는 자유주의를 살아 있는 도덕적, 정치적 전통이라고 명명한 바 있다. 또한 보다 근래에는 개인성(individuality)에 대한 관심을 보다 적극적으로 표명하고 있다. 앞서 언급했던 2016년 저작에서 인종, 젠더, 계급, 이념이 각기 다른 개인들의 삶의 서사를 통해서 회복되어야 할 모델을 그린 것 역시 이와 무관하지 않다. 매킨타이어는 전통에 대한 강조와 파편화된 개인주의를 향한 자신의 비판이 개인성의 억압으로 이어지길 원하지 않는다. 그가 추구한 인간다움은 삶의 독특함에 대한 응답을 지지한다. 그가 덕 윤리를 복권한 것 역시 이와 근본적으로 충돌하지 않는다.

실천과 인간 삶의 서사적 통일성, 그리고 전통

매킨타이어는 전통의 지평에 대한 망각과 파편화된 개인주의에 반대하면서 고전 윤리학의 덕과 목적론적 사유를 되살려냈다. 그는 추상적 논리 대신 삶의 서사에 귀를 기울이고, 전통의 합리성을 회복할 때 현대 도덕적 다원주의의 교착상태를 돌파할 창구가 마련된다고 보았다. 매킨타이어는『덕 이후』에서 세 단계에 걸쳐 덕에 대한 논의를 전개한다.[8] 첫 번째 단계는 실천(practice)과 관련되어 있다. 이 단계에서 덕은 실천에 고유하게 내재된 좋음을 성취하는 데 필요한 자질이다. 두 번째 단계는 삶의 서사적 통일성과 관련을 맺고 있다. 여기에서 덕은 삶 전체의 좋음에 기여하는 자질로 간주된다. 셋째 단계는 전통에 관한 것이다. 그는 시간의 검증을 통과해 이어진 사회적 전통에 대해 적절한 감각을 갖추고 인류를 위해 좋음을 추구하는 덕을 이야기한다.

첫째, 매킨타이어는 실천의 범주를 통해 덕을 설명한다. 그는 실천을 단순한 행위와 구분한다. 그에게 실천은 "사회적으로 정립되어 있는 협력적인 인간 활동의 일관성 있고 복합적인 형식이다. 그러한 형식에 적절하고, 부분적으로는 그것을 규정하는 탁월성의 표준에 이르기 위해 노력하는 과정에서 활동에 고유하게 내재된 좋음이 실현된다. 그리고 그 결과로 탁월성을 성취하고자 하는 인간 역량과 그 활동과 관여된 목표와 좋음에 대한 인간 개념이 체계적으로 확장된다."[9] 이 규정에 따르면 관계적이지 않은 것은 실천의 범주에 속하지 않는다. 즉, 실천으로 간주되어온 것은 예술, 과학, 학문 공동체, 스포츠, 정치와 가정생활 등 인류공동체를 창조하고 유지하는 데 관여된 것들이었다.

실천에는 내재하는 고유한 좋음이 있다. 그것은 돈이나 특권적 지위와 같은 외재적 좋음, 즉 사회적 정황과 맞물리면서 따라오고 다른 방법으로도 취할 수 있는 좋음과는 다르다. 경험해보지 않은 이들은 판단할 수 없고 실천할 때라야 알 수 있는 내재적 좋음이 존재한다. 실천에는 탁월성의 준거가 있고, 실천에는 그 준거점에 대한 인정이 동반된다. 여기서 탁월성의 표준을 권위 있는 것으로 인정하라는 매킨타이어의 주장을 보수적 권위주의로 이해해서는 안 된다. 준거점의 권위는 절대불변하거나 고착화된 것이 아니기 때문이다. 그것은 변용되고 확장되기도 한다. 다만 실천하려면 현재까지 검증된 최선의 준거점을 인정해야 한다. 좋은 선수가 되고자 한다면, 탁월성의 표준을 인정하면서, 표준에 걸맞은 태도와 선택, 훈련을 통해 자신을 굴복시켜야 하는 것과 마찬가지다. 실천 안에는 핵심 덕성이 존재한다. 좋은 선수가 되기 위해서는 자신의 부족함을 투명하게 드러냄으로써 현재 상태를 정직하게 진단하고, 진실하게 격려와 경책이 담긴 이야기에 귀 기울이는 모습이 요청된다. 이는 실천에 참여하는 건 관계 속으로 들어간다는 것을 의미한다. 그 관계란 비단 현재에 국한되지 않는다. 현재 수준까지 실천의 범위를 확장하는 데 기여했던 이들과의 관계로 들어가는 것이기 때문이다. 공유된 작업에 참여하면서 자신 역시 풍성해진 역량으로 지평을 넓혀간다.

모든 실천은 기술 숙련을 요청한다. 하지만 기술 숙련이 기존의 확립된 목표를 따르는 반면 실천은 준거점 자체의 변화에 개방적이라는 점에서 양자는 구분된다. 실천과 제도의 관계는 복합적이다. 우선 인간은 제도적 형식을 갖춘 공동체 안에서 덕을 배우고 그의 실천이 제도의 틀을 통해 유지되지만, 그와 동시에 실천의 창조적 역량 구현이나 공동선을 향한 협력이 제도 때문에 방해받고 좌절되기도 한다. 매킨타이어가 보기에 자유주의적 '중립' 국가는 덕의 실행을 배우기에는 적절하지 못한 제도적 형식이다.

그런데 덕이란 실천의 범주 하나로만 설명될 수 없다. 그 외에도 중요한 가치들이 있으며, 한 부분의 실천에만 몰두한 나머지 다른 가치들을 내팽개칠 수 있기 때문이다. 가령 초기에 명예롭게 전쟁에 참여한 실천이 이후 야만적 잔혹함으로 치달을 수 있다. 매킨타이어는 실천이 악을 산출할 수 있다는 점을 허용하면서 덕에 대한 두 번째 단계로 논의를 이어간다. 이는 삶 전체를 포괄하는 통합적인 전망과 목적에 대한 개념화 없이는 덕에 대한 이해가 불완전하다는 자각에서 비롯된다. 그는 먼저 특정 행동을 이해하기 위해서는 의향과 욕구, 목표와 관련된 특징을 포착해야 한다는 점에 주목한다. 한 인간의 발화행위는 어떤 맥락에서 수행했는지에 따라 내용과 의미가 달라진다. 가령 '어떻게 된 일인지 모르겠다'는 발언을 통해 의도하는 바를 포착하려면 배경의 내력을 알아야 한다. 그것은 재난의 슬픔 속에 외치는 탄식일 수도, 예상치 못한 승전보 소식에 내뱉는 감격일 수도 있다. 이처럼 모든 언어 행위는 하나의 이야기 속에서 자기 자리를 잡는다. 배경의 내력을 이해할 때 이야기의 한 장면이 파악된다.

인간은 제각각 하나의 삶, 곧 하나의 인생 드라마를 살아낸다는 점에서 배우와도 같다. 셰익스피어의 희극 『뜻대로 하세요』에 나온 표현처럼 이 세계 전체가 하나의 무대이고, 사람들은 배역을 바꾸어가면서 등장과 퇴장을 반복한다. 우리 각자는 배우일 뿐 아니라 자기 삶의 서사를 써 내려가는 작가이기도 하다. 하지만 인간은 단독작가가 아니다. 교향곡의 협주에서 음색이 서로에게 흘러가는 것처럼 이야기들은 서로 흘러 들어간다. 대본이 공동으로 작성되는 만큼 예상치 못한 배역을 맡기도 한다. "우리는 우리 자신이 설치하지 않은 무대에 올라가고, 우리가 만들지 않았던 배우 역할을 한다. 우리 각자는 자신의 드라마에서는 주연이지만, 다른 이의 드라마에서는 조연이다. 각 드라마는 다른 드라마를 제약한다."[10] 서사 인생은 매끈한 방식으로 흘러가지 않는다. 연극적 이야기로서 삶이란 원하는 지점에서 시작되지도, 원하는 대로 흘러가지도 않는다. 특히, 예측이 불가능하다는 점에서 그렇다. 삶은 특정한 규칙을 따라 지배되지 않으며, 그렇기에 예측 가능하지 않다. 앞으로 어떤 일이 다가올지는 누구도 정확하게 알 수 없다.

매킨타이어는 예측 불가능성이 목적론과 공존 불가능하지 않다고 지적한다. 어떤 난관에 부딪히게 될지 알지 못하더라도 우리의 삶을 미래를 향해 내던지게 하는 일정한 형식이 존재한다. 이야기라는 형식이 바로 그것이다. 매킨타이어는 삶 전체가 여정이며, 하나의 이야기를 살아가는 과정 중에 있다는 점에 착목한다. 삶의 여정 곳곳에 여러 제약 여건을 만나게 되지만, 충돌하는 시간 경험 속에서 또 다른 이야기로 이어진다. 이는 매끈한 방식으로 정리되고 다음 단계를 시작하는 방식이 아니라 조각난 여러 시간 경험들이 합류되고 나뉘는 방식이다. 그 와중에 망각하거나 이해 불가능하게 남겨진 불투명한 부분도 존재한다. 그럼에도 불구하고 인간은 삶의 고비 속에서 왜 바로 이것을 행하게 되었는지를 숙고하는 존재이다. 이렇게 해서 여러 작은 이야기는 하나의 큰 줄거리를 구성해간다. 개인이 이야기를 구성하는 과정은 고립적이지 않다. 한 사람의 이야기는 다른 이들의 이야기와 맞물려 있기 때문이다. 이 점에서 인간은 책임감 있는 해명을 요구받는 존재인 동시에 타자에게 책임을 묻고 질문하는 존재로서 하나의 통일된 이야기를 구성해간다. 매킨타이어는 삶의 여정을 지나며 구현된 이야기의 통일성에서 전체 삶의 통일성을 발견한다.

이야기의 통일성을 향한 탐구는 완벽하게 정해진 정답을 선택하는 것이 아니다. 그것은 열린 결말을 가지고 추구하는 과정 속에서 발견된다. 탐구는 첫 번째 단계에서 실천을 통해 접근했던 덕 개념 그 이상을 추구하는 질문에서 출발한다. 즉, 이는 경쟁하는 여러 가치를 질서 있게 배열하도록 만드는 좋음이 무엇일지 묻는 일에서 시작된다. 두 번째 단계에서 요청되는 덕은 삶에서 부딪히는 여러 난관에 침식되지 않고, 온갖 유혹과 위험, 번민을 극복하면서 좋음을 추구하도록 지탱할 수 있는 것, 나아가 이를 통해서 자기이해가 더 풍성해지고 좋음에 대한 지식 역시 증진될 수 있도록 하는 성품적, 지적 덕목이다.

덕에 대한 세 번째 설명은 전통과 관련되어 있다. 개인이 단독적으로 좋음을 탐구하는 것은 불가능하다. 삶의 이야기는 단독 저자의 것이 아니다. 가령 인종차별의 역사를 지닌 공동체에 속한 이가 역사적 부채의식은 결여된 채 인종 문제를 자신과 무관하다고 여기는 건 인종차별의 지속적인 권력 효과를 부인하는 일인 동시에 자기정체성 뿌리를 망각하는 행위이다. 매킨타이어가 보기에 자아를 개인의 사회적, 역사적 자리와 분리시키는 건 불가능하다. 추한 역사라고 하더라도 그것은 부인할 수 없이 자신을 형성해온 전통이다. 전통 유산은 심대하고 개인은 전통의 담지자 가운데 하나이다. 이 말이 의미하는 건, 개인이 자신의 공동체 형식의 도덕적 한계에 갇힐 수밖에 없다는 것이 아니다. 오히려 이는 역사적 전통과 절연한 담론의 피상성에 대한 지적이다. 이야기적 존재로서 개인이 탐구를 추구해갈 때 전통은 역사적 사회적 맥락을 제공한다. 실천의 역사 역시 유구한 전통의 역사 안에 편입된 것이다.

매킨타이어는 전통을 "적절한 감각"을 가지고 존중하는 덕목을 요청한다. 그는 살아 있는 전통 안에서 역사적, 도덕적 한계를 이해할 뿐 아니라 이를 돌파하고 극복하는 힘을 발견한다. 그가 호소하는 전통은 과거의 권위에 매몰되어 있는 퇴락한 전통주의와 무관하다. 도리어 "살아 있는 전통은 역사적으로 확대되고, 사회적으로 구현된 논증이며, 부분적으로는 정확히 그 전통을 구성하는 좋음에 대한 논증이다."[11] 좋음의 논의를 기득권을 유지하고 자신들의 권위를 정당화하는 데 소진시켜버리는 퇴락한 전통주의와 달리, 좋은 상태의 전통은 자신을 구성하고 목표를 부여한 좋음에 대한 논의에 민감하게 열려 있다. 그것은 좋음을 추구하고, 해명하며, 논증한다. 전통에 대한 적절한 감각을 갖는다는 것은 전통과 비판적 관계를 맺으면서 좋음을 추구하는 것이다. 살아 있는 전통은 역사적으로 시간의 검증을 통과한 것이다. 그것은 또한 현재 사회에 안착하면서 적절한 방식으로 제도화된 것이다. 그리고 살아 있는 전통은 여전히 완성되지 않은 이야기를 계속 진행한다. "적절한 감각"을 가지고 옛 전통의 전망을 통해 미래의 가능성을 타진하는 것은 현재를 위한 작업이다.

그리스도교 전통의 정치신학과 덕 윤리

전통의 역사와 공동체 속에서 인간에 대한 탐구를 진행한 매킨타이어는 1980년대 그리스도교 전통, 보다 구체적으로는 가톨릭 신앙으로 회심한다. 그는 아퀴나스가 자연법 논의를 통해 아리스토텔레스의 사유와 도덕적 탐구를 더 깊게 성취했다고 보았다. 매킨타이어가 아퀴나스 사상을 본격적으로 탐구한 것은 1980년대 이후였다. 하지만 이것이 그가 그리스도교 전통에 대한 관심이 후기에 비롯되었음을 의미하지는 않는다. 매킨타이어는 첫 번째 저작 『마르크스주의: 하나의 해석』(*Marxism: An Interpretation*, 1953)에서 신학적 전망을 표명한 바 있다. 그에 따르면 마르크스주의 관점에서 복음을 권력과 대면시키면서 정의의 문제를 정치적으로 주제화한다. 구속과 갱신에 대한 그리스도교 복음의 역사는 조명될 수밖에 없고, 복음으로 형성된 세속주의 이념인 마르크스주의는 최고의 신학적 중요성을 지니고 있다고 지적한다.[12] 근대 그리스도교 주류세계는 정의주의 문화와 결부되어 있었고, 신앙을 개인의 취향 문제로 축소시키면서 세계에 대한 비판적 관점을 상실했다. 매킨타이어는 근대 부르주아 그리스도교가 상실한 지점을 마르크스를 통해서 회복될 필요가 있다고 보았다. 그는 근대세계에 가장 적실성 있는 두 텍스트는 『마가복음』과 마르크스의 『경제학·철학 수고』라고 지적하면서, 일상의 세속적 실존에 깊이 관여하고 물신숭배에 맞서 사회정의를 위해 투신할 것을 주창했다. 이 시기 매킨타이어는 마르크스주의와 그리스도교 전통을 합류시키는 해방신학 에토스를 전진시키고 있었다.

다른 한편 1950-1960년대 매킨타이어는 무신론의 관점에서 종교철학적 논의를 개진했다. 그는 그리스도교 전통을 혁명적 이데올로기로 전유하는 동시에 유신론은 세속근대성의 지적 문화와 사회변화에 적실성이 없다는 관점을 고수했다. 이는 한편으로는 1960년대 유행하던 신-죽음의 신학(Death of God theology) 담론과 조우된 것이었고, 다른 한편으로 일관된 유신론 전통을 신앙의 우월성을 독자적으로 정당화하는 신앙주의(fideism) 노선으로 국한했던 것과 결부된 것이었다. 이 시기 매킨타이어의 종교철학 사유에 영향을 끼친 인물들은 카를 바르트(Karl Barth)와 비트겐슈타인이었다. 아퀴나스와 같은 합리주의 신학 전통은 세계를 해명하는 도덕철학을 포괄하려는 것이었지만, 이 시기 매킨타이어는 아직 신앙의 합리성 전통에 적절한 관심을 기울이지 못했다. 매킨타이어는 첫 번째 시기 자신의 연구가 "이질적이고 서투른 조직화를 수행하거나 파편적이었으며, 좌절하면서

혼란스러운" 상태로 진행되었다고 언급했다.[13]

세계 해명에 대한 그리스도교 전통의 설명력을 기각했던 매킨타이어는 아퀴나스 사상과 만나면서 지적 회심을 하게 된다. "은총은 자연을 파괴하지 않고 오히려 그것을 완성한다"라는 언술은 자연과 초자연의 세계를 포괄한 그의 탐구를 대표한다. 후기로 갈수록 매킨타이어의 아퀴나스 철학에 대한 평가는 긍정적으로 변해갔다. 사실 1980년대 초반 『덕 이후』 출간 당시만 하더라도 매킨타이어는 자신의 덕 윤리와 충돌되는 지점 때문에 아퀴나스를 소극적으로 다루었다. 앞서 살펴본 것처럼 매킨타이어는 덕의 탐구를 실천에서 인간 삶의 서사적 통일성, 전통으로 상향식(Bottom-up) 접근 방식으로 진행했다. 여기에는 도덕철학이 사회학 혹은 사회의 물적 관계를 반영한다고 보는 관점이 반영되어 있다. 또한 실제 행동과 공동의 삶의 형태가 나타나기 전에 독립적 이론을 미리 구상하는 것이 불가능하다는 인식을 드러내는 것이기도 하다. 이것은 공동체 수준뿐 아니라 개인 삶의 목적을 탐구할 때도 마찬가지다. 삶의 목적은 미리 정해져 일방적으로 위로부터 계시되지 않는다. 오히려 삶을 추구하는 과정에서 발견된다. 그 와중에 기존의 인식으로는 설명되지 않는 위기상황이 도래하기도 하지만, 위기 앞에 경쟁하는 해석들을 무화시키지 않고 이야기를 재구성할 때 새로운 인식은 인간 앞에 당도한다. 덕에 대한 탐구는 정해진 답이 아닌 열린 결말을 향해 진행된다.[14] 그와 반대로 아퀴나스는 하향식(Top-down) 접근 방식으로 덕에 대한 탐구를 모색했다. 그는 포괄적 분류체계 형식으로 덕의 목록을 제시한다. 이를 두고 매킨타이어는 연역적 위계로 인해 실천을 통한 경험적 지식의 맥락이 상실될 수 있으며, 신학적, 철학적 위계가 정치와 윤리, 교육의 영역을 잠식하게 된다고 우려를 나타낸 바 있다. 하지만 이후 매킨타이어는 자신이 그동안 평가절하했던 형이상학적 토대가 제공되기 전까지는 인간의 좋음에 대한 설명이 불충분하다는 점을 깨닫게 된다. 그는

『덕 이후』 3판 서문에서 아퀴나스 입장을 긍정적으로 재고해야 한다고 평가한다.

아퀴나스에 대한 매킨타이어의 관심은 1980년대 후반 이후 지속적으로 이어진다. 그는 『누구의 정의인가? 어떤 합리성인가?』에서 정의와 합리성과 관련된 네 가지 지적 전통을 검토한다. 첫 번째는 아리스토텔레스 전통으로, 이 전통의 대표자는 호메로스에서 아리스토텔레스, 이후에 아랍 및 유대 저자를 거쳐 알베르투스 마그누스(Albertus Magnus)와 아퀴나스를 포함한다. 두 번째는 아우구스티누스(Augustinus) 전통으로, 성서에서부터 아우구스티누스를 거쳐 아퀴나스에 이르는 전통이다. 세 번째는 스코틀랜드 도덕 전통으로 칼뱅주의적 아리스토텔레스(Calvinist Aristotelian) 전망에서부터 흄에 이르는 탐구 전통이다. 그리고 마지막으로 하나의 전통으로 변모한 자유주의 전통이다.[15] 매킨타이어가 추적한 전통 개념은 대단히 역동적이다. 그것은 시간의 시험대를 통과했을 뿐 아니라 대내적, 대외적 갈등을 통해 근본적 동의가 정식화되고 갱신된다. 전통 외부와의 논쟁이 근본적인 동의를 전면적으로 혹은 적어도 그 핵심을 거부하는 가운데 이루어지는 것이라면, 전통 내부 논쟁은 해석학적 투쟁을 통해 근본적 동의의 토대와 의미를 새롭게 드러냄으로써 전통을 진전시킨다. 전통의 안과 밖은 고착화되어 있지 않고 교차하면서 복잡한 논쟁을 재구성한다.[16] 이처럼 네 가지 대표적인 전통은 정합성과 해석학적 유연성, 포함과 배제의 넘나듦을 특징으로 한다. 아퀴나스는 두 개의 전통을 계승하면서 전통들의 충돌을 넘어서는 인물로 제시된다.

기포드 강연을 기초로 출판된 『도덕적 탐구의 세 가지 경쟁하는 버전들』(*Three Rival Versions of Moral Enquiry*, 1990)에서는 20세기 네오 토마스주의 부활의 토대가 된 19세기 후반 교황 회칙을 당대 집필된 다른 도덕적 탐구들과 비교, 검토한다. 레오 13세의 교황 회칙 『영원하신 아버지』와 함께 그가 선택한 문건은 『브리태니커 백과사전』 9판, 니체의 『도덕의 계보학』이다. 그는 경쟁하는 도덕적 탐구들이 통약 불가능하고 번역이 불가능한 지점들을 진지하게 고려한다. 매킨타이어는 이러한 난점에도 불구하고 합리적 토론 자체가 불가능하다고 보지는 않는다. 그는 각각의 관점이 불일치할 때 건설적 논쟁을 활발하게 유인하는 한 가지 방법으로 특정한 관점에 우호적인 자세를 취하겠다고 밝힌다. 그는 전통의 합리성을 대표하는 교황 회칙의 전망을 탁월한 것으로 간주하면서, 경쟁하는 도덕적 탐구들과 비교한다. 먼저 『브리태니커 백과사전』 9판은 계몽주의적 관점을 대표하는데, 계몽이성은 모든 합리적 인간이 동의할 수 있는 탐구의 표준을 제시할 수 있다는 입장에 서 있다. 이와는 대조적으로 『도덕의 계보학』에서는 진리 주장이 실제로는 권력 관계를 반영한 것에 불과하다는 점을 드러낸다. 매킨타이어는 독단적 합리성을 제시한 계몽의 기획과 진리를 환상으로 보는 니체의 관점을 넘어 진정한 탐구의 가능성을 전통과 연결시킨다. 아퀴나스의 위대함은 인식론적 위기를 통과하면서 그전까지 독립적이고 상호 충돌하던 사유의 전통을 종합하고 전통의 방향을 새롭게 진전시켰다는 데 있다.

한편 매킨타이어는 『덕 이후』 초판에서 고전 물리학과 윤리학을 결합한 아리스토텔레스 사유 가운데 "형이상학적 생물학"은 배제했다. 붕괴된 고전 우주론을 수용하지 않으면서도 목적론적 덕 윤리를 모색하기 위함이었다. 하지만 이후 매킨타이어는 생물학과 무관한 윤리학이 불가능하다고 보았다. 『의존적인 합리적 동물』(*Dependent Rational Animal*, 1999)에서 그는 인간의 동물적 본성에 기초한 도덕적 사유를 중요하게 생각한다. 여기에서 그는 인간의 동물적 취약성 이해를 바탕으로 개인주의에 함몰되지 않는 연대성을 모색했다. 또한 이 저작에서 매킨타이어는 아퀴나스가 아리스토텔레스를 교정한 지점에 주목한다. 아리스토텔레스는 위대한 영혼

(megalopsuchia)을 덕으로 제시한 바 있다. 매킨타이어가 보기에 자기충족적인 아리스토텔레스의 덕 윤리는 불충분했다. 그는 인간의 허약성에 대한 생물학적 조건에 대한 깊은 이해가 상호의존성에 대한 사회적 실천을 발전시킨다. 매킨타이어는 자기충족적인 관조적 삶을 최고의 삶으로 간주하는 아리스토텔레스 대신 아퀴나스가 제시한 덕목, 신에 대한 의존적 태도와 타자의 아픔에 심장이 동하는 자비(misericordia)라는 덕목을 강조한다.[17]

　『덕 이후』초판은 지성과 도덕성을 간직하고, 문명을 보존하는 공동체의 지역적 형식을 건설해야 한다고 지적하면서 성 베네딕토(Sanctus Benedictus)를 기다린다는 말로 마무리된다. 성 베네딕토는 누르시아 출신의 수도사로 그가 설립한 수도원과 수도 규칙은 하나의 전통이 되었다. 매킨타이어가 수도 공동체를 덕의 전통 모델로 삼은 것은 과거 종교적 관행에 대한 무비판적 고수와는 무관하다. 도리어 그것은 시민 공동체의 덕성과 관련되어 있다. 매킨타이어는 이야기를 상실한 시대에 좋음이 무엇인지를 함께 질문하고 탐구하면서 당대 지배문화에 도전하는 정치공동체를 추구했다. 2007년에 출간된『덕 이후』출간 25주년 서문에서 그는 현재 제기되는 도전이 자본주의 근대성의 지배문화라는 점을 명시하면서 베네딕토와 마르크스를 융합하면서 마무리한다. 매킨타이어는 주류교파 신도들이 간과한 그리스도교적 요소, 곧 자본주의에 대한 비판적 태도와 분석이 재천명되어야 할 때 마르크스가 적실한 토대를 마련해줄 수 있다는 초기 입장을 가톨릭 신앙으로 회심한 이후에도 유지한다.

맺음말

삶의 서사가 파편화된 시대에 매킨타이어는 이야기와 전통, 공동체에 주목한다. 그는 근대 자본주의의 등장과 전개가 공동선을 추구하는 삶을 침식시키고 있다는 점을 문제 삼는다. 이러한 문제의식 위에서 마르크스의 근대 부르주아 근대성 비판은 매킨타이어에게 깊은 영향을 끼쳤으며, 그는 마르크스주의자로 학문적, 정치적 삶을 시작했다. 초기 혁명적 마르크스주의 관점에서 벗어난 이후에도 자본주의 질서 자체를 부정하지는 않았지만 현대 자본주의 지배질서에 대한 비판적 시선을 거두지는 않았다. 그에게 현재의 자본주의는 '자유 시장' 경제가 아니다. "진정한 자유 시장은 언제나 거래소 생산자들이 참여 여부를 선택할 수 있는 지역적이고 소규모의 시장에서 이루어질 따름이다."[18]

그가 널리 알려진 계기는 1980년대 자유주의 – 공동체주의 논쟁이었다. 매킨타이어는 현대국가가 다양한 사회제도로 구획화하는 방식으로 사회를 통제하고 있다고 지적한다. 구획화된 사회 집단들은 자신만의 문법을 가지고 삶의 양식을 구축해간다. 공론장에서 논쟁이 생기더라도 개별적인 논리와 의지적 신념의 대립을 넘어서지 못하게 된다. 매킨타이어는 도덕 언어가 도덕의 수사로 환원되는 지점을 심각한 문제로 받아들였다. 집단 내에서의 가치와 이해관계에 함몰되어 공동선에 대한 탐구를 배격하기 때문이다. 보편적 합리성을 주장하는 자유주의 이론은 문제를 해결하기보다 문제를 심화시킬 뿐이다. 매킨타이어는 근대 자유주의적 개인주의가 보편적 합리성에 호소하지만, 이면에 사회적 이해관계를 은폐한다고 지적한다.

매킨타이어는 도덕적 다원주의의 교착상태를 돌파하기 위해 전통과 삶의 서사에 주목한다. 경쟁하는 논증들이 통약 불가능한 상황에서 도덕적 접합점을 모색하는 작업은 추상화된 논리가 아닌 삶의 서사에 귀를 기울이면서 시작된다. 그는 추상화된 합리적 논리 뒤에서 정치경제적 이해관계를 은폐하지 말고 도덕적 논증의 토대인 역사를 추적하자고 제안한다. 공동의 생활양식을 규정하는 좋음이 무엇인지에 대한 탐구는 전통의 유산에 대한 귀 기울임으로 이어진다. 매킨타이어의 전통 개념은 비판에 개방적이다. 한 전통이 유지되고 성장한 배경에는 번역이 불가능할 듯해 보인 문제들과 씨름하며 이를 자기 전통의 틀 내부에 다시 담아내고자 하는 노력이 있었기 때문이다. 서로 화해 불가능해 보이는 전통을 담아내서 현재에 이르렀다면, 현재 도덕적 다원주의 시대에도 경쟁하는 논증들을 평가할 준거점을 마련할 가능성은 존재할 것이다. 후기 매킨타이어는 초월적 신앙 전통에도 개방적이었다. 탈세속의 현대세계에서 종교적·이념적·정치경제적 대립이 극한으로 치달으면서 타자를 악마화하는 태도가 중요한 문제로 부각되고 있다. 또한 자본이 신적 위치를 차지하며, 그에 대한 반동으로 약탈적 자본주의에 대한 비판 역시 쏟아지는 상황이다. 매킨타이어는 해방의 정치경제 전통과 초월적 신앙 전통을 결합하여 물신숭배의 지배문화에 맞설 방법을 모색했다. 이를 위해 그는 공동의 좋음을 함께 탐구하는 공동체를 제안한다. 이야기와 전통에 대한 그의 탐구는 지금도 계속되고 있다.

더 읽을거리

- MacIntyre, Alasdair. 1988. *Whose Justice? Which Rationality?* University of Notre Dame Press.

  서구지성사의 맥락에서 정의와 합리성에 대한 다채로운 지적 전통을 검토한 책. 호메로스에서 아리스토텔레스, 아우구스티누스에서 아퀴나스, 데이비드 흄에서 자유주의 전통에 이르는 경쟁하는 정의관과 복수의 합리성 개념을 제시한다. 매킨타이어의 전통 개념의 역동성을 확인할 수 있다.

- 알래스데어 매킨타이어. 1997. 『덕의 상실』. 이진우 옮김. 문예출판사.

  매킨타이어의 대표작. 도덕적 다원주의 시대에 현대 자유주의의 맹점을 지적하고, 근대 계몽주의 윤리학의 한계를 지적한다. 아리스토텔레스의 윤리학을 현대에 참신한 방식으로 제시함으로써 덕 윤리 부활에 영향을 끼친 책이다.

- 알래스데어 매킨타이어. 2010. 『철학의 과업』. 박병기·김민재 옮김. 인간사랑.

  매킨타이어가 1970년대 이후 30여 년 동안 쓴 에세이들 가운데 영향력 있는 10편을 모은 책. 『덕의 상실』의 모티브가 된 논문에서부터 후기 아퀴나스 사상에 대한 매킨타이어의 관심을 일별하기에 유익하다.

13.

윤리적 삶을 위한
의미 지평의 모색

찰스 테일러

유홍림

Charles
Taylor

개요

테일러는 전문화된 철학보다 현실 문제를 다루는 '살아 있는 철학'을 지향한다. 그는 인간의 삶에서 회피할 수 없는 '의미'의 문제가 인간과 사회에 대한 탐구에서 가장 중요한 주제라고 생각한다. 현실의 배후에 존재하는 '의미 지평'은 인간이 정체성을 형성하고 삶의 의미를 파악하는 기반이다. 테일러는 근대적 의미 지평을 구성하는 도덕적, 문화적 원천은 다양하고 복합적이라고 이해하고, 근대성의 형성과 변화, 의의와 한계를 역사적 '내러티브'를 통해 명료화하려 한다. 그는 자유주의와 진정성의 윤리가 근대의 도덕적 열망과 가치들을 내포한다고 본다. 그러나 극단적인 원자론과 개인주의는 자멸적인 결과를 초래할 수 있으며, 보다 적실하고 생명력을 유지할 수 있는 자유주의는 '전체론적 존재론'과 '인정의 정치'를 열린 자세로 수용해야 한다고 주장한다. 나아가 도덕적 삶의 '충만함'을 실현하기 위해서는 배타적 휴머니즘과 세속주의의 한계를 인식하고, '유신론적 의미 지평'의 확장 가능성을 모색해야 한다고 주장한다. 즉, 자유주의의 중립적이고 최소주의적인 윤리와 배타적 휴머니즘의 한계를 극복하고, 근대의 세속적 삶에서 도외시되어온 '도덕의 원천들'을 회복하려는 노력이 없으면 근대성의 불안과 병폐를 치유할 수 없다는 것이다.

생애

찰스 테일러(Charles Taylor, 1931-)는 1931년 11월 5일 캐나다 몬트리올에서 태어났다. 그는 프랑스어권의 모계와 영어권의 부계로 구성된 가족 환경 속에서 두 언어를 병용하며 성장했고, 이러한 경험은 언어와 정체성의 연관성에 대한 인식, 그리고 다문화적 갈등과 공존에 대한 감수성의 형성으로 이어졌다. 그는 몬트리올 소재 맥길 대학교에서 역사학을 공부한 뒤, 1953년부터 영국 옥스퍼드 대학교에서 철학, 정치학, 경제학을 수학했고, 1961년 이사야 벌린의 지도하에 철학 박사학위를 받았다. 테일러는 학문 활동과 더불어 활발한 정치 활동을 전개해왔다. 그는 옥스퍼드 학생 시절 반핵운동을 주도했고, 〈뉴 레프트 리뷰〉의 전신인 사회주의 저널 창간에도 기여했다. 1961년 귀국 후 10여 년 동안 맥길 대학교와 몬트리올 대학교에서 정치학과 철학을 강의하면서 민주사회주의 정당인 신민주당(New Democratic Party) 활동에 적극 관여했고, 당선에는 실패했지만 네 차례에 걸쳐 연방하원의원 선거에 신민주당 후보로 출마했다. 이후 정당 활동에서 물러나 1973년 맥길 대학교 교수로 부임했고, 1975년 근대 사상사에 대한 오랜 관심의 결실인『헤겔』(Hegel, 1975)을 출간했다. 테일러는 이 책의 명성에 힘입어 1976년부터 치첼레 교수로 옥스퍼드 대학교에서 강의를 담당했으나, 1979년 캐나다 퀘벡주의 분리운동 관련 국민투표 캠페인을 계기로 다시 귀국하게 되었다. 이후 맥길 대학교 교수로 연구와 교육, 저술 활동을 하면서, 캐나다의 헌법 개정을 둘러싼 정치적 논쟁에도 참여했다. 1995년 은퇴 이후 강연과 저술에 몰두했으며,『자아의 원천들』(Sources of the Self, 1989)에서의 문제의식을 종교적 정체성의 차원으로 발전시켜 2007년『세속의 시대』(A Secular Age, 2007)를 출간했다.

주요 저술

Taylor, Charles. 1985. *Human Agency and Language: Philosophical Papers 1*. Cambridge: Cambridge University Press.

Taylor, Charles. 1985. *Philosophy and the Human Sciences: Philosophical Papers 2*. Cambridge: Cambridge University Press.

Taylor, Charles. 1989. *Sources of the Self: The Making of the Modern Identity*. Cambridge, MA: Harvard University Press.

Taylor, Charles. 1992. *The Ethics of Authenticity*. Cambridge, MA: Harvard University Press.

Taylor, Charles. 1994. *Multiculturalism: Examining the Politics of*

Recognition. Amy Gutmann, ed. Princeton: Princeton University Press.

Taylor, Charles. 1995. *Philosophical Arguments*. Cambridge, MA: Harvard University Press.

Taylor, Charles. 2007. *A Secular Age*. Cambridge, MA: Harvard University Press.

3부 자유주의와 공동체주의 —

머리말

테일러의 철학과 사상은 매우 풍부한 원천을 가지고 있다. 그는 영국 유학 당시 옥스퍼드의 주류 학풍이었던 분석철학, 특히 일상 언어 분석과 함께 헤겔, 후설, 하이데거, 모리스 메를로퐁티(Maurice Merleau-Ponty) 등의 대륙철학 전통에도 많은 관심을 가지고 있었다. 그는 철학 분과의 전문화 경향에 비판적이었으며, 박사학위 논문에 기초한 그의 첫 저작 『행동의 설명』 (The Explanation of Behaviour, 1964)은 철학적 개념 분석과 함께 심리학적 경험 증거도 다루었다. 이후의 저서 『헤겔』은 철학적 주석과 역사학, 사회학적 성찰을 모두 담고 있으며, 『자아의 원천들』은 자아 개념에 대한 철학적 분석으로부터 출발하지만, 대부분은 사상사, 문학, 예술, 신학 등의 탐구로 구성되어 있다.

테일러는 인문사회과학에서 행태주의의 영향력이 확대되어가는 경향을 비판하는 일련의 저술[1]과 헤겔에 대한 연구서[2]를 통해 철학과 정치사상 분야에서 입지를 다지기 시작했다. 그의 학문적 관심과 기여는 인식론, 언어철학, 과학철학, 현상학, 해석학, 근대 낭만주의와 자유주의 정치사상, 다문화주의와 민주주의 이론 등 많은 분야에 걸쳐 있다. 그러나 다양한 주제에 대한 그의 저술을 관통하는 핵심적 관심은 인간의 삶에서 회피할 수 없는 '의미'(meaning)의 문제를 어떻게 이해하고 대처해야 하는가라는 것이다. 그에게 있어 외부세계에 대한 지각, 인간 상호 간의 사회적 행위, 의미 기반으로서의 문화와 공동체에의 소속, 그리고 윤리와 정치문제 등은 분리될 수 없는 인간 존재의 차원들이다. 인간 삶의 현실은 의미의 여러 층위로 구성된다. 그리고 이 모든 층위에서 인간의 좋음에 대한 관념, 동기와 목적, 열망과 의미는 가장 중요하고 필수적인 탐구 대상이다.

테일러는 이러한 관점에서 가치중립적 태도에 입각해 의미를 배제하거나 사실 차원으로 환원하려는 근대과학주의적 시도를 비판하고, 과학주의 또는 자연주의적 세계관이 낳는 불안과 병폐를 '치유'하기 위해 윤리적으로 충만한 '의미 지평'(horizons of significance) ― 삶의 의미를 파악할 수 있게 하는, 현실의 배후에 존재하는 사회적 의미들의 체계 ― 의 회복 가능성을 모색한다. 테일러는 과학과 합리성을 부분으로 포함하는 근대 문화는 인간의 존엄성과 자아실현을 추구하는 강력한 휴머니즘의 척도와 도덕적 열망을 내포하고 있음을 인정한다. 그러나 근대 이후의 실제적 삶은 비도덕적 개인주의와 기술 관료적 합리성의 지배하에 열망과는 달리 도덕적으로 천박하고 정신적으로 빈곤한 양상으로 전개되었다. 이러한 상황에서 테일러는 근대과학과 철학, 그리고 문화의 제약에 의해 억압되거나 묻혀버린 '도덕의 원천들'(moral sources)을 이론과 실천의 모든 차원에서 '복구'(retrieval)하고자 한다.

테일러의 실천적인 '복구 작업'은 일관된 철학 체계를 수립하기보다는 당대의 여러 공적 관심 사안을 둘러싼 철학적, 정치적 논쟁에 참여하는 방식으로 전개되어왔다. 그는 고립되고 전문화된 철학보다는 현실 문제를 다루는 '살아 있는' 철학을 지향한다. 이러한 맥락에서, 인간과 사회에 대한 탐구에 자연과학적 방법을 적용하려는 자연주의(naturalism)에 대한 비판, 인간 행동의 설명에 있어서 자기 ‒ 해석의 중요성 강조, 근대 도덕철학의 형식성과 주관주의 비판, 원자론적 인간 존재론과 절차주의적 권리 담론 비판, 근대성의 의미와 한계에 대한 역사적 재해석, '인정의 정치'(the politics of recognition)와 다문화주의에 대한 분석, 그리고 세속화에 대한 대안적 내러티브와 현대의 위기 진단 등을 통해 테일러의 정치사상적 기여를 파악할 수 있다.

인간 존재론

테일러를 공동체주의자로 분류할 수 있는 근거는 그의 '인간 존재론'(an ontology of the human)에서 찾을 수 있다. 테일러는 개인의 정체성은 그가 어디에 위치하는가, 즉 어느 공동체에 속해 있는가에 의해 결정된다고 주장한다. 공동체는 소속감과 유대뿐만 아니라 가치판단의 기준을 포함하는 의미 지평을 제공하기 때문이다. 그는 인간을 '자기 – 해석적 존재'(self-interpreting animals)로 규정하는데, 그 의미는 타인과의 관계망인 공동체적 삶으로부터 비롯되는 좋음 또는 선에 대한 관념과 정향을 바탕으로 자신의 정체성을 규정하는 것이 인간 고유의 특성이라는 것이다. 인간을 자기 – 해석적 존재로 이해하는 경우, 윤리적 가치와 이상의 '질적 구분' 또는 좋음과 나쁨, 옳음과 그름의 위계적 서열을 포함하는 '강한 가치평가'(strong evaluation)가 자기정체성의 핵심요소로 인정될 수밖에 없다. 인간의 삶은 근본적으로 도덕적 삶이다. 테일러는 '도덕 공간'(moral space)에서 이루어지는 가치판단의 차원을 배제하면, 인간과 사회에 대한 이해는 왜곡될 수밖에 없다고 본다. 인간은 '강한 가치평가'를 통해 보다 중요한 가치와 목적을 설정하는 도덕적 판단의 '틀'(framework) 또는 '지평'을 형성하고, 그에 근거해 자신의 정체성을 이해하고 삶의 방향을 모색한다. 그리고 과거와 현재, 미래를 연결하는 역사적 '내러티브'는 의미를 공유하는 언어공동체 속에서 인간이 자기정체성을 해석하고 재해석하는 방식이다.

'자기 – 해석적 존재'로서의 인간이 가지는 의미 창출 능력에 대한 관심은 테일러의 사상 전반에서 발견된다. 그의 '해석'에 대한 관심은 인간의 경험 현실을 보다 명료하게 드러내는 인간 존재론 또는 철학적 인간학(philosophical anthropology)을 옹호하고 재정립하려는 노력으로부터 비롯된다. 테일러는 헤겔과 더불어 하이데거와 메를로퐁티의 현상학, 가다머의 해석학 등 대륙철학 전통의 철학 이념과 방법을 수용하여 자신의 사상을 발전시킨다. 인간을 자기-해석적 존재로 이해하고, 세계 내의 인간의 위상을 역사적 맥락과 구체적 상황 속에서 파악하려는 그의 철학적 인간학은 대륙철학의 영향을 반영한다. 그리고 철학적 탐구가 인간의 삶에 의미를 부여하는 '틀' 또는 '지평'을 명료화(articulation)하고 해석하는 작업이라는 철학에 대한 이해도 대륙철학으로부터 계승한다.

인간의 행동에 대한 자연주의적 설명을 비판하는 테일러는 하이데거의 영향 하에 해석학을 존재론과 결합하고, 나아가 메를로퐁티의 지각현상학을 수용하여 해석학을 인식론의 중심에 놓는다. 테일러는 좁게 이론화된 인식론을 비판하고, 인간의 모든 지식은 세계 내적 존재로서의 구체적 행위자가 실제적 관여와 실천적 경험을 통해 만들어내는 것이라고 파악한다. 그리고 주변 세계는 개인 행위자들이 상호작용하며 그들의 목적을 추구하는 의미 있는 맥락으로 기능한다. 인간의 지각과 지식의 '배경'(background)으로서의 세계는 단지 객관적 대상이 아니라 전제조건으로서의 의미를 갖는다. 그리고 인간 세계는 언어를 통한 '자기표현' 능력을 발휘함으로써 구성된다. 언어와 자기표현 능력에 대한 테일러의 관심은 인간의 사회적 존재론을 구명하려는 노력의 연장이다.

철학적 인간학의 발전과 관련해서 테일러의 또 다른 중요한 기여는 원자론(atomism) 비판이다. 소중한 가치와 좋음의 대상이 온전히 인간 영역 내의 산물이라는 생각과 마찬가지로, 인간은 기본적으로 독립적 개인으로 존재하며, 사회는 개인의 목적 실현을 위한 수단에 불과하다는 관념 또한 근대적 사유방식이다. 근대 자유민주주의의 사상적 기초인 사회계약론은 개인들이 사적인 목적을 달성하기 위해 사회를 구성하는 것으로 개인과 사회의 관계를 설정한다. 홉스와 로크는 "정치 구조와 행위를 정당화함에 있어 권리 관념이 핵심적 역할을 차지하는 정치적 사유의 전통을 우리에게 남겨

주었다."[3] 원자론은 개인의 법적 권리상의 자율성과 자족성을 주장하는 계몽주의 교리로서, '외연 없는 추상적 주체, 인식론적 백지상태, 그리고 무조건적 권리의 담지자'인 독립된 개인들이 그들의 이익을 실현하고 권리를 보호하기 위해 사회를 구성한다고 주장한다.

원자론적 인간관과 권리이론을 계승하는 노직의 경우도 개인의 권리 실현에 수반하는 의무와 사회적 조건에 대해 침묵하며, 권리의 우선성과 연관된 특정한 인간 능력에 대한 가치판단의 지평을 논외로 한다. 그러나 권리 주장은 권리의 실현 능력에 대한 가치부여를 전제로 하며, 개인의 자율성에 우선적 가치를 부여하는 경우, 자율의 능력을 계발하고 유지할 수 있는 사회적 조건도 동시에 우선시되어야 한다. 테일러는 특정한 정치형태와 사회경제적 제도, 문화적 발전이 뒷받침되어야만, 복합적인 자율성의 이상이 의미를 가질 수 있다고 본다. 물론 테일러는 자유주의 사회가 추구하는 가치와 이상의 정당성을 인정한다. 그러나 개인의 권리와 자율성을 절대시하는 '극단적 자유주의'의 개인주의와 주관주의와는 거리를 둔다. 그는 자율적, 주체적 개인의 정체성은 사회적 기반을 필요로 하며, 자유와 권리의 본질을 논의하기 위해서는 인간의 사회적 존재론의 문제를 회피할 수 없다고 역설한다.

테일러는 근대적 개인의 특징을 자기정체성의 "내재화"(immanentization), "주관화"(subjectivization) 또는 "내면성"(interiority)이라고 규정한다.[4] 이러한 개념들이 의미하는 바는 근대적 자기정체성의 형성 과정은 전통적인 도덕과 정체성의 기반이었던 신, 공동체, 우주론, 그리고 위계질서로부터의 탈피 과정이라는 것이다. 테일러의 인간에 대한 윤리적 이해는 일종의 '도덕 존재론'(moral ontology)을 전제로 한다. 이른바 그의 도덕 존재론은 서구 근대에 등장한 특징적 도덕관의 '배경 또는 지평'을 명료하게 드러내기 위한 이론적 시도이다. 즉, 테일러는 근대 이후 지배적인 사조를 이룬 주관주의와 인간중심주의를 극복하기 위해, '인간을 넘어선 영역'에서 도덕적 동기부여의 근원을 찾을 수 있는 도덕 존재론의 윤곽을 제시하려 한다.

테일러는 일상적 도덕 경험에 근거해서, 인간은 자신보다 상위의 가치와 존재를 인정하고, 그로부터 자신의 도덕적 책임과 소명의식을 도출한다고 이해한다. 근대 주관주의적 도덕철학은 도덕 경험의 차원을 인간의 주관으로 환원하는 한계를 가지며, 이를 극복하기 위해서는 도덕 경험의 '수직적' 층위를 보다 명료하게 드러내는 작업이 필요하다는 것이 테일러의 판단이다. 그의 대표 저작 중 하나인『자아의 원천들』은 인간중심주의를 넘어선 도덕의 원천을 '복구'하려는 시도이다. 이 책에서 테일러는 도덕적 삶의 근원과 실재를 명료하게 드러내지 않는 근대 자유주의적 "모호성의 윤리"(an ethics of inarticulacy)[5]가 등장하게 된 사상적, 문화사적 배경을 명료화하고 비판한다. 그럼으로써 억압되고 묻혀버린 도덕의 원천들을 복구하여 현대의 도덕적 위기와 빈곤현상을 극복하려 한다.

자유주의 비판

테일러는 근대 자유주의가 인간과 사회현실의 복잡한 구성을 편협하게 단순화하고, 자유주의가 추구하는 정치적 이상과 원리를 실현하기 위해 필요한 전제조건과 사회적 맥락을 충분히 고려하지 못함으로써 자멸적인 결과를 초래한다고 비판한다. 예컨대, 자유에 대한 자유주의적 관념은 '소극적 자유'와 '적극적 자유'의 도식적 구분을 전제로 선택의 기회와 범위에 초점을 둔 소극적 자유를 옹호하는데, 이러한 관념은 자유의 실현과 관련된 현실의 복잡성을 제대로 반영하지 못한다.[6] 벌린이 제시한 '자유의 두 개념'이 현실적으로 구분되기 어렵다고 보는 테일러는 소극적 자유 관념이 정당화되기 위해서는 개인이 추구하는 목적의 상대적 가치를 평가할 수 있는 '윤리적 판단의 지평'이 요구된다고 주장한다. 무엇이 더 의미 있는 선택인가에 대한 판단을 유보하는 소극적 자유 관념은 사회적 맥락으로부터 괴리된 공허한 자유의 형태일 뿐이다.

자유주의 전통의 정당성과 설득력이 인정되기 위해서는 자유주의가 공동체에 대한 관심을 수용하고 통합해야 한다는 테일러의 입장은 '공동체주의적 자유주의'로 이해될 수 있다. 일반적으로 테일러는 자유주의를 비판하는 공동체주의자로 분류되지만, 그는 기존의 자유주의-공동체주의 논쟁이 전제하는 구분을 비판하고 분석적 오류를 지적한다.[7] 테일러는 논쟁 참여자들이 '존재론적 쟁점'과 '옹호의 쟁점'을 구분하지 못함으로써 혼란을 가중시켰다고 본다. '존재론적 쟁점'은 인간의 사회적 삶을 설명함에 있어 궁극적인 사실을 어떻게 규정하는가의 문제를 둘러싸고 제기되며, 여기에서의 입장은 '원자론'(atomism)과 '전체론'(holism)으로 대별된다. 전자는 개인의 속성으로부터 모든 사회적 현상을 도출함에 비해, 후자는 개인과 사회의 불가분적 관계성을 강조한다. '옹호의 쟁점'은 정치적, 윤리적 주장과 관련된 입장 차이에서 비롯되며, '개인주의'(individualism)와 '집단주의'(collectivism)를 양극단으로 하는 스펙트럼이 존재한다. 전자는 개인의 자유와 권리를 우선시함에 비해, 후자는 공동체적 삶과 공동선의 가치를 우위에 둔다.

테일러는 이 두 차원의 쟁점은 별개의 영역으로서 한쪽에서의 입장이 다른 쪽에서의 입장과 어느 정도 친화력을 갖기는 하지만 필연적으로 귀결되지는 않는다고 본다. 여기에서 자유주의와 공동체주의는 어느 한 차원의 쟁점에 국한된 대립적 입장이 아니다. 공동체주의자가 사회적 존재론 차원에서 전체론 입장을 수용한다고 해서 정치적으로 집단주의를 옹호한다고 볼 수는 없다. 이러한 상황은 마찬가지로 자유주의자에게도 해당된다. 결국 논쟁의 두 차원을 구분하면 네 가지 입장을 조합해볼 수 있다. 즉, 노직과 같은 원자론적 개인주의, 스키너(B. F. Skinner)와 같은 원자론적 집단주의, 빌헬름 폰 훔볼트(Wilhelm von Humboldt)와 같은 전체론적 개인주의, 그리고 마르크스와 같은 전체론적 집단주의를 구분할 수 있다. 여기에서 테일러는 존재론적으로 인간의 사회 구속성을 수용하면서, 동시에 정치적으로 개인적 자유의 가치를 옹호하는 전체론적 개인주의 입장에 동조한다.

테일러는 현대 자유주의 이론이 공동체와 정체성 같은 사회 존재론적 문제들을 회피하고, 지나치게 개인의 권리와 중립성의 원칙, 절차주의에 경도되는 추세를 비판한다. 테일러는 근대 이후의 자유주의 도덕철학과 정치 이론이 좋음(행복)의 문제보다 옳음(정의)의 문제에 치중해왔다고 비판한다. 자유주의에 의하면 좋음의 관념은 개인이 형성하는 것이며, 그에 따라 개인은 자신의 삶을 설계하고, 그것의 실현을 위해 사회를 구성한다. 각자 삶의 계획은 동등하게 인정되어야 하고, 정치의 영역에서는 가치판단이 배제된 '중립성'의 원칙과 '절차적 정의'가 준수되어야 한다. 그러나 자유주의 전통과 대비되는 시민 인문주의(civic humanism) 전통에 의거하면, 정치공동체는 참여와 자기표현을 통해 실현되는 윤리적 삶의 토대이며, 도덕적 신념과 행위의 근원은 공동선의 관념에 근거한 좋음의 가치일 수밖에 없다.

그러나 이러한 이해방식은 근대의 주관주의적 주류 철학과 이론에 의해 지속적으로 억압되어왔으며, 좋음 또는 최고선에 대한 아리스토텔레스적인 목적론적 논의의 전통은 형이상학적 미궁으로 치부되어왔다. 테일러에 따르면, 좋음의 객관성에 대한 고대적 신념은 여전히 일상의 도덕적 삶에 실재한다. 인간의 사회성을 강조하는 아리스토텔레스와 헤겔의 영향을 받은 테일러는 개인이 추구하는 좋음의 대상과 기준은 역사적으로 형성된 공동체와 문화 속에 존재하며, 개인의 자아실현을 위해서는 사회적 관계망의 토대인 공동체를 복원하고 유지하려는 노력이 필요하다고 주장한다. 절차적 자유주의가 소홀히 다루는 자치에의 참여, 자신이 속한 역사적 공동체에 대한 애정과 희생정신, 공동선에 대한 믿음 등은 윤리적 삶을 형성하고 지탱하는 지고의 역량이자 가치이다.

　개인의 권리와 중립성을 강조하는 절차적 자유주의에 대한 테일러의 비판은 현대의 주요 정치문제로 부상한 다문화주의, 민족주의, 인정의 정치에 대한 관심으로 이어진다.[8] 테일러는 절차주의와 중립성의 원칙에 치중하는 현대 자유주의 이론은 보편적 경험이 아닌 미국의 특수한 정치전통과 밀접하게 연관된다고 본다. 미국과 달리 역사와 언어공동체, 민족 문화를 기반으로 형성된 정치공동체에서는 절차주의적 모델이 적실성을 확보하기 어렵다. 테일러는 자유주의적 가치가 실현되는 방식이 현실적으로 다양할 수밖에 없다고 본다. 그리고 개인의 자유와 자아실현, 진정성의 이상이 성취되기 위한 조건은 개인과 집단의 상호작용 속에서 형성되는 특수한 문화적 정체성을 인정하는 것이며, 이 요구를 수용하는 것이 자유주의 정치이론이 당면한 중요한 과제라고 생각한다.

　상이한 정체성을 평등하게 인정해야 한다는 정치적 요구가 등장할 때, 이에 대한 대응의 한 방식은 법적, 형식적 평등의 원리를 적용해 모든 시민의 평등한 권리와 존엄성을 인정하는 보편주의적 접근이다. 모든 개인은 자아실현의 잠재력을 발휘할 수 있는 권리와 기회를 평등하게 보장받으며, 자아실현 방식의 차이에 대해서는 정치적으로 중립적인 태도를 견지해야 한다. 이러한 형태의 자유주의는 정체성의 '차이'를 사실상 무시하는 결과를 초래한다. 테일러는 개인과 집단의 정체성은 특수한 역사적 경험과 문화를 공유하는 집단적 삶의 산물이며, 개인과 집난의 삶의 방향을 설정하는 가치관과 결합되어 있다고 본다. 이른바 '차이의 정치'는 특정 개인과 집단의 독특한 정체성을 적극적으로 인정하는 방식의 대응이다. 이 경우 평등한 존중과 인정의 대상은 잠재력의 발현을 통해 형성된 상이한 정체성이다.

차이의 정치 관점에서 볼 때, 자유주의는 모든 시민의 법적 권리와 존엄성의 평등을 인정하지만, 실제로는 일부 시민이 형성한 상이한 정체성의 동등한 가치를 인정하지 못한다는 한계를 갖는다. 그리고 자유주의의 이러한 '차이-색맹'(difference-blindness)은 표면적 주장과 달리 가치중립적이지 않다고 비판받을 수 있다. 즉, 다수의 지배적 정체성을 보편적인 것으로 내세워 소수의 특수한 정체성을 억압하는 결과를 낳는다는 것이다.

테일러는 자유주의적 입장에서 소수의 특수한 문화적 정체성을 인정하는 것이 정당화될 수 있다고 본다. 즉, 시민 모두에게 평등하게 인정되어야 하는 기본적 권리 및 자유를 훼손하지 않으면서 역사적으로 형성된 특수한 문화적 정체성의 보전을 위한 입법과 정책 수립을 시행하는 것이 가능하다는 것이다. 물론 이것이 가능하기 위해서는 원자론적 개인주의와 정치적 중립성의 제약으로부터 어느 정도 벗어난 '전체론적 자유주의'(holistic liberalism)의 확장된 지평이 필요하다. 정치공동체 내에서 전체론적 자유주의의 지평이 공유된다면, 기본적 권리 및 자유의 보장과 문화적 특수성의 보전은 구체적 상황 속에서 이루어지는 '타협'을 통해 모두 인정될 수 있다.

테일러의 사회 존재론에 따르면, 인간의 정체성은 역사적으로 형성된 공동체와 문화를 배경으로 하며, 그 양상은 다원적이다. 문화적 정체성의 고유성과 다원성을 공동선 추구의 결과로 인정한다면, 정치적으로 그 가치를 인정하는 것은 중요한 과제이다. 물론 이 과제를 수행하는 과정에서 많은 논쟁은 불가피하다. 테일러가 직접 관여했던 캐나다 연방과 퀘벡주 사이의 헌법 개정 논쟁도 이러한 예에 해당한다. 테일러는 이 논쟁에서 연방 차원의 시민의 기본권과 주차원의 특권 또는 면책을 구분함으로써 양자의 조화 가능성을 모색한다. 캐나다 연방헌법은 기본적으로 자유주의 연방 체제를 지향하며, 모든 시민의 평등한 권리와 자유 보장을 목적으로 한다. 테일러는 이러한 자유주의적 연방의 틀 내에서 주차원의 특수한 문화적 정체성과 정치공동체에 대한 상이한 비전을 보전하고 발전시키는 것이 가능하고 바람직하다고 주장한다. 그러나 보편적 권리와 특별대우 양자를 조화시키려는 정치적 노력은 많은 우여곡절 속에 현재에 이르기까지도 해결되지 않은 상태로 남아 있다.

근대의 윤리적 이상으로서의 진정성

테일러는 근대 문화와 사회적 관행에 대한 일반적 비판의 내용을 세 가지로 정리한다.[9] 첫째, 근대성은 의미의 상실과 도덕적 차원의 퇴조를 초래한다. 근대적 자유 관념을 토대로 한 개인주의의 대두에 의해 오랫동안 지속되어온 도덕의 기반이 불신의 대상이 되고, 이에 따라 사회적 삶의 의미 규정이 혼돈 상태에 빠지게 되었다. 둘째, 근대성은 도구적 이성의 지배를 강화하여 삶의 궁극적 목적에 대한 관심을 소외시켰다. 셋째, 근대성은 정치 영역에서의 자유를 무의미하게 만들었다. 즉, 관료제의 심화에 따라 개인은 공적 영역으로부터 소외되고 정치적 영향력을 상실하게 되었다. 이러한 근대성의 불안과 병폐 현상을 논의함에 있어 테일러는 근대성에 대한 일방적 비판이나 무비판적 옹호 입장에 동조하지 않는다. 테일러는 매킨타이어나 여타의 비판가들과는 달리 근대 휴머니즘과 개인주의의 발전 과정에서 새롭게 형성된 윤리적 이상을 발견한다. 그리고 보편적 권리와 절차적 정의를 강조하는 자유주의가 근대적 삶과 이상의 복잡한 성격을 명료하게 드러내고 충분히 대변할 수 없다고 주장한다. 테일러는 자기실현에 맹목적인 개인주의와 상대주의적 주관주의를 비판하지만, 근대 문화에 대한 총체적 비난이나 경멸에 동조하지 않는다. 그는 현실적 왜곡에도 불구하고 근대 개인주의의 배후에는 삶의 의미를 추구하는 윤리적 관심과 이상이 나름대로 작동하고 있다는 사실을 드러내려 한다.

테일러는 자기중심적 개인주의는 도덕적 사고의 폭을 협소하게 만들고, 그 질적 가치를 저하시킨다고 본다. 그러나 근대 개인주의의 발전 과정에 내재하는 윤리적 이상이 자기중심적으로 해석될 소지가 있지만, '진정성'(authenticity)이라는 근대적 이상 자체의 가치는 인정되어야 한다고 주장한다. 그는 근대적 개인주의의 타락하고 왜곡된 형태와 그 배후에 존재해온 이상을 구분하면서, 근대의 윤리적 이상에 내포된 풍부한 함의를 밝히고, 그 이상의 전체적 모습을 복원하려 한다. 이러한 이론적 노력은 근대성에 대한 온전한 이해를 촉구하고, 이를 통해 사회적 삶의 의미에 대한 세속적 사고방식을 전환시키려는 실천적 의도를 반영한다. 테일러는 개인주의의 지배적 형태인 이기주의와 자기중심주의를 내재적으로 비판하고, 진정성이라는 근대적 이상의 기저에 존재해온 여러 차원에 걸친 상호성(dialogicality)의 전제들에 주목한다.

테일러에 따르면, 진정한 존재 질서가 외재적인 형상의 세계에서 찾아질 수 있다고 본 플라톤은 "근대적 휴머니즘의 내면화 추이"의 출발점이다. 성 아우구스티누스는 '근본적 성찰'의 창시자로서 중요성을 갖는데, 그로부터 초월적 신의 존재를 내면적으로 경험할 수 있는 가능성이 열린다. 그러나 근대적인 내면화 과정은 데카르트(René Descartes)와 로크에 이르러 본격화되며, 이들 모두는 지식과 도덕의 근원과 기준을 인간 내면에서 찾으려 한다. '거대한 존재의 사슬'에 기초하는 목적론을 부정함에 따라, '해방된' 자아로서의 근대적 개인은 인간의 목적과 도덕 기준이 경험적 관찰에 의해 발견될 수 있거나, 아니면 자율적으로 선택되는 것으로 인식하게 되었다. 근대 문화의 주관주의적 성향의 보다 중요한 근원은 루소 이후의 낭만주의, 특히 헤르더에서 발견된다. 각 개인은 자신의 '척도'를 갖는다는 관념을 헤르더가 개진함에 따라 개인의 특성과 창의성이 도덕적 의미를 가지게 되었다. 이러한 자아실현의 이념은 진정성의 핵심이자 근대 문화의 도덕적 기반이다.

진정성의 윤리는 상대적으로 새로운 근대 특유의 문화적 특성이다. 그것은 데카르트의 합리적 개인주의와 로크의 정치적 자유주의를 기반으로 18세기에 형성된 윤리적 이상으로서, 공동체적 유대를 소홀히 하는 합리주의적이고 원자론적인 사회관에 비판적이었던 낭만주의의 산물이기도 하다. 이렇듯 복합적인 진정성의 이상은 근대적 정체성의 형성 과정과 밀접히 연관되어 있다. 루소의 "존재 감성"(le sentiment de l'existence)이라는 관념과 내면적 자아와의 도덕적 대면, 자아실현, 그리고 주체적 결정의 자유라는 일련의 관념들이 진정성이라는 이상을 구성한다. 이러한 관념들의 의미를 종합해보면, 인간은 외부적 강제를 배척하고, 주체적 결정을 따라야 하며, 도덕은 내면적 자아의 명령을 따르는 것이다.

그러나 진정성의 문화는 그 내부에 존재하는 주관화의 성향이 편파적으로 강조되고 제도화될 때, 왜곡되고 파행적인 형태를 띠게 된다. 이른바 "나르시시즘의 문화"(the culture of narcissism)는 방종과 이기주의의 표현으로서 부분적으로는 진정성의 윤리적 이상을 반영하지만, "주관주의적 경도"(the slide to subjectivism)의 예라 할 수 있다.[10] 테일러는 나르시시즘의 문화와 진정성의 문화를 구분하면서, 현대의 문화를 이상과 현실적 관행 사이의 긴장으로 가득 찬 상황으로 파악한다. 현실적으로 현대의 문화는 나르시시즘의 문화이지만, 그 내부에는 충분히 이해되고 인정되지 않은 윤리적 이상과 열망이 존재한다. 요컨대 나르시시즘의 문화는 그 자신이 결국 체계적으로 저버리게 되는 이상을 내포하고 있다는 것이다.

그러면 진정성의 윤리가 현상적으로 왜곡되어온 원인은 무엇인가? 테일러는 근대적 사회 변동에서 원인의 일부를 찾는다. 근대의 산업 사회화는 전통적인 사회관계의 틀을 붕괴시키고, 이러한 사회적 상황은 원자론적이고 인간중심주의적인 세계관 및 사고 유형과 친화력을 가지고 상호 지지의 관계를 형성한다. 또한 도구적 합리성에 기초한 기술 관료제적 사회제도는 원자론적 사회관을 강화한다. 그러나 테일러는 사회 변동의 양상이 근대 문화의 일탈과 편향성을 충분히 설명하지 못한다고 본다. 그는 진정성의 이상 자체에 내포되어 있는 두 가지 추세를 지적한다. 첫째는 대중문화에서 자아실현이라는 이상이 자기중심적 형태로 경도되는 추세이고, 둘째는 상위문화에서 니힐리즘이 등장하고 의미 지평을 부정하는 추세이다. 두 번째 추세는 니체와 샤를 보들레르(Charles Baudelaire), 그리고 데리다와 푸코 등의 포스트모던 사상가들에 의해 대표된다. 테일러는 이들 사상가의 영향이 역설적이라고 파악한다. 즉, 그들은 니체의 가치관 비판을 극단까지 밀고 나가 진정성의 이상과 자아 개념 자체까지도 '해체'하기에 이르지만, 결국에는 인간중심주의를 찬양하고 강화한다는 것이다. "마침내 니체의 비판은 '자아'라는 범주에 대해 회의적임에도 불구하고, 인간 주체로 하여금 기준이 없고 '자유로운 유희'와 자아의 미학에 탐닉하는 세계 앞에서 무제한의 힘과 자유를 느끼게 한다."[11] 이러한 포스트모더니즘은 진정성의 이상과 근원을 공유한다. 그러나 결과적으로는 포스트모더니즘이 대중문화의 자기중심주의를 더욱 강화하고, 그에 대한 철학적 정당화도 제공한다는 것이다.

테일러가 이해하는 진정성은 한편으로 창조, 구성, 발견, 창의성, 그리고 모든 외부적 제약에 대한 저항이라는 관념을 내포한다. 그러나 다른 한편으로 진정성은 '의미 지평'에의 개방과 '상호대화'를 통한 자아 규정을 요구한다. 이 두 측면은 서로 갈등 관계에 있지만, 어느 한 편을 우선시하는 것은 오류이다. 테일러는 바로 포스트모더니즘의 해체주의가 이러한 오류의 예라고 지적한다. 즉, 포스트모던 이론가들은 표현적 언어의 구성적, 창조적 성격을 강조하는 한편, 의미 지평의 중요성을 망각하고, 창의성의 몰

도덕적 성격을 극단적으로 고수함에 따라 창조적 행위의 사회적 기반을 무시한다. 그리고 이러한 오류는 '주체적 결정의 자유'에 매몰되어 개인의 선택 행위에 배경적 지평을 제공해주는 전통과 맥락의 중요성을 인식하지 못한 결과이다. 요컨대 근대 문화에서 주관주의적 편향이 강화된 것은 진정성이 주체적 결정의 자유로 좁게 해석되고 극단화되었기 때문이다. 이에 따라 테일러는 "진정성은 주체적 결정의 자유와 항상 함께할 수도 없고 해서도 안 되는데 … 이는 자멸의 길이기 때문이다"라고 주장한다.[12]

테일러는 현대 문화에서 무시되기 쉬운 진정성의 다른 측면이 인정(recognition)의 필요성이라고 본다. 이러한 타인에의 의존 형태는 근대의 독특한 새로운 현상은 아니다. 전근대사회에서는 사회적 인정이 신분제도 등의 사회적 범주를 통해서 이루어졌으며, 개인의 정체성은 사회적으로 규정되었다. "근대에 이르러 나타난 것은 인정 욕구가 아니라 사회적 인정이 불가능해진 상황이다."[13] 즉, 진정성의 시대에서는 개인의 정체성과 삶의 방식이 사회제도로부터 파생될 수 없고, 개인의 내면으로부터 형성되고 도출되어야 한다. 그러나 한 개인의 정체성이 타인과의 상호적 관계에 결정적으로 의존한다는 사실이 부정될 수는 없다. 근대사회에서도 타인에의 의존은 사적 및 공적 영역 모두에서 찾아볼 수 있다. 사적 영역에서 가족과 동료 등의 친분 관계는 자아실현의 이상을 실현하는 데 필수불가결한 것으로 인식되어왔고, 행복한 삶도 직장과 가족, 일과 사랑이라는 "일상적 삶"에서의 성공으로 이해되기에 이르렀다.[14] 또한 공적 영역에서도 상호성을 통해 정체성이 형성된다는 관념은 절차적 정의, 보편적 권리, 상호 차이의 동등한 인정 등을 뒷받침하는 기반이다.

사적 및 공적 영역에서의 삶은 진정성의 문화에 내재하는 사회관, 즉 사람들이 어떻게 함께 살아야 하는가에 대한 관념을 반영한다. 여기에서 테일러가 제기하는 문제는 결사체와 공동체를 단지 자기실현의 도구로서 취급하는 자기중심적 삶의 방식이 진정성의 이상에 비추어 정당화될 수 있는 가라는 것이다. 테일러는 공동체 내의 구성원들 사이에 공유되고 있는 구체적 합의와 가치판단의 기준인 '의미 지평'이 진정성의 필수 요건임을 강조한다. 평등이나 상호 존중과 같은 보편적 이념들도 참여를 기반으로 하는 공동체적 정치생활 맥락과 유리되면 공허한 허울에 지나지 않는다. 또한 공동체라는 사회적 맥락과 그 속에서의 대인 관계는 자아정체성 형성에 필수불가결한 조건이기도 하다. 개인과 공동체의 관계가 수단적인 관계로 전락하게 되면, 진정성의 이상은 왜곡될 수밖에 없다.

테일러는 구속으로부터 해방된 자아라는 자유주의적 관념과 이에 근거한 진정성에 대한 자기중심적 해석이 의미 상실을 초래한다고 비판한다. 이러한 비판의 전제는 사회적 삶은 본질적으로 '상호성'에 기초한다는 명제이다. 사회적 존재의 이러한 특성은 나르시시즘의 문화에 의해 지배되는 현실사회에서 주변으로 밀려나고, 이론 차원에서도 도외시되어왔다. 테일러는 이러한 상황을 나르시시즘적인 현대 문화의 자멸적 측면으로 이해한다. 즉, 자기중심적 사고방식은 상호성을 배제함으로써 진정성이라는 이상 자체의 실현을 위한 조건을 파괴한다는 것이다. 테일러에게 있어 "도덕적 문제에 관한 이성적 사유는 항상 타인과 함께하는 사유"이며, 한 개인의 자아정체성은 "의미 있는 타자"와의 지속적인 상호작용을 통해 형성된다.[15] 따라서 진정성의 이상을 실현하기 위해서는 개인의 정체성, 그리고 선택과 판단에 의미와 중요성을 부여하는 사회적 의미 지평이 필요하다.

테일러는 진정성의 이상과 상대주의 사이에는 친화력이 있음에 주목한다. 즉, 진정성은 주관적 자유 관념을 토대로 삼기 때문에 어느 정도의 상대주의를 인정할 수밖에 없다. 따라서 특수한 윤리적 이상을 강력하게 주장하는 것은 논리적으로 허용되지 않는다. 이것이 이른바 근대적 이상의 자가당착적 특성이며, 이러한 이유로 진정성의 이상은 이의를 제기할 수도 또한 자세히 설명할 수도 없는 공리와 같은 것이 되어버린다. 근대의 윤리적 이상과 상대주의의 친화력 때문에 롤스나 로널드 드워킨(Ronald Dworkin), 그리고 킴릭카 등의 중립적 자유주의는 상대주의를 반대함에도 불구하고, 개인의 행복에 대한 논의를 정치적 논의의 장에서 추방하는 결과를 초래한다. 즉, 중립적 자유주의는 정부가 개인의 행복 관념에 대해 중립적이고 공정한 입장을 견지해야 하며, 윤리적 문제가 공적으로 규정될 수 없고 되어서도 안 된다고 주장한다. 테일러는 이러한 중립적 자유주의의 윤리를 '모호성의 윤리'라 특징짓는다. 좋음과 행복한 삶의 문제에 대한 중립적 태도는 진정성의 이상에 대한 명료한 이해와 주장을 불가능하게 하며, 이러한 모호성은 도덕적, 철학적 주관주의와 가치중립적 사회과학의 설명 양식에 의해 더욱 심화된다는 것이다.

세속적 시대의 한계를 넘어서

가톨릭 신자인 테일러 자신의 도덕적 원천과 의미 지평의 철학적 고백이라고 평가되는 『자아의 원천들』에서 근대 서양의 도덕적 원천을 역사적으로 고찰한 테일러는 근대 서양이 '세속' 문명의 중심이 된 과정을 종교적 관점에서 천착하는 작업을 수행한다. 어떻게 세속화가 이루어졌는가라는 질문은 1990년대 중반 이후 테일러의 연구를 추동한 핵심 주제이다. 1999년 에든버러 대학의 기포드 강연에서 테일러는 "우리 시대를 세속적이라고 말할 때, 그 의미는 무엇인가?"라는 질문을 본격적으로 제기하고, 그에 대한 설명을 시도한다. 그리고 2000년 비엔나 인문학연구소 초청 강연[16]을 통해 지금의 세속적인 시대에서 종교가 차지하는 위상의 문제를 다루고, 2002년 제6회 다산 기념 철학 강좌[17]에서는 근대의 사회적 상상 또는 통념과 관련된 주제들, 즉 세속적 시간관념, 종교와 집단 정체성의 관계, 초월성과 내재성, 종교의 새로운 형식 변화 등에 대해 논의한다. 이상의 강연을 통해 발전시킨 세속화의 과정과 현대의 정신적 위기에 대한 탐구는『근대의 사회적 상상』(*Modern Social Imaginaries*, 2004)을 거쳐『세속적 시대』(*A Secular Age*, 2007)라는 방대한 저서 출간으로 결실을 본다.[18]

테일러는 많은 사람이 근대 서양의 특징을 '세속주의'(secularism)라고 말하지만, 그것이 무엇을 의미하는지에 대해서는 충분한 논의가 없었다고 지적한다. 고대로부터 '세속적인 것'(the secular)은 '신성한 것'(the sacred)과 대비되어 이해되어왔다. 그러나 근대로 접어들면서 그 의미가 전환된다. 근대 이후 지배 담론이 된 '세속화이론'(secularization theory)에 따르면, 근대화와 과학기술의 발전이 이루어지면 점차로 종교적 신앙과 종교활동에의 참여가 쇠퇴하게 된다. 즉, '신앙의 시대'로부터 '이성의 시대'로의 전환은 계몽을 추구하는 근대화의 당연한 귀결이라는 것이다. 이러한 주장은 자연스러운 것으로 널리 인정되었고, "신의 죽음" 또는 "삭감 담론"(subtraction stories)의 형태로 일반화되었다. '삭감'은 근대화에 비례해서 종교적 신앙과 참여가 줄어드는 것을 의미한다. 그리고 이러한 계몽주의적 세속화 담론에서의 '세속'의 의미는 무종파의 입장이나 탈종교적 영역을 의미한다. 공적 삶의 영역은 '세속적' 영역으로서 종교로부터 분리되어 중립적이고 보편적인 합리성에 의해 운영된다. 이것이 바로 '세속화이론'이나 규범적 '세속주의'가 전제로 하는 '세속'의 의미이다.

테일러의 저서『세속적 시대』에서의 '세속적'의 의미는 현대사회의 또 다른 측면을 포착한다. 테일러는 종교적 신앙이 여러 선택 중 하나에 불과하게 된 상황에서 신과 초월적인 것에 대한 믿음이 논쟁의 대상이 되고, 그 결과로 종교적 신앙생활이 더욱 위축되어 상실의 위기에 처하게 된 현대 사회의 "믿음의 조건"(conditions of belief)에 주목한다. 이러한 의미에서의 세속화는 "신에 대한 믿음이 당연시되는 사회로부터 종교적 신앙이 수용하기 쉽지 않은 하나의 선택으로 이해되는 사회로의 전이"[19]이다. 이러한 의미에서 우리는 '세속적 시대'에 살고 있다.

테일러는 근대화의 진행에 따라 종교의 위상과 영향력이 지속적으로 쇠퇴해왔다는 종교에 대한 비역사적 설명방식인 '삭감 담론'에 반대한다. 그는 종교적 형식들이 변화하고, 스스로를 개혁해가는 방식, 그리고 변화된 세계 속에서 새로운 형태를 띠게 되는 방식에 관심을 기울인다. 테일러에 따르면, 신을 포기하는 것이 종교의 쇠퇴를 의미하지 않으며, 그것은 또 다른 종교적 삶으로의 이행과정의 한 부분이다. 따라서 세속화 상황에서의 새로운 종교적 삶은 '도덕적 충만함'(moral fullness)을 위해 새로운 도덕의 원천을 창조하고 발견하려는 시도 속에서 끊임없는 불안정과 종교적 형식의 재구성을 특징으로 한다. 그리고 많은 사람이 신에 의지하지 않고, 지고의 도덕적 가치와 능력의 소재를 순전한 인간 영역 내에서 찾음으로써 도덕적 만족을 경험하게 된다. 이와 같이 세속주의와 종교는 의미를 추구하는 인간의 항구적인 노력 때문에 밀접하게 연관된다.

테일러는 근대적 세속성이 "새로운 형태의 도덕적 자기이해"인 "배타적 휴머니즘"(exclusive humanism)의 등장을 가능케 했다고 본다. 배타적 휴머니즘은 신앙의 시장에 등장한 새로운 옵션으로서 자연적인 것 또는 내재적인 것을 넘어선 모든 것이 가려진 삶의 비전이다. 배타적 휴머니즘은 '초월적'인 것 또는 '수직적'인 것이 존재할 여지를 남겨두지 않는 '닫힌' 혹은 '수평적'인 세계 구조를 전제로 인류의 복지와 번영, 인권과 자유, 보편적 정의와 박애를 궁극적인 목적으로 수용하는 인간중심주의이다. 테일러에 따르면, 이러한 닫힌 세계 속의 "무신론적 또는 배타적 휴머니즘"은 과거 500년 전 사람들이 생각조차 할 수 없는 것이었다. 그 당시 대부분의 사람은 신앙을 갖지 않는다는 것은 상상조차 할 수 없었다. 그러나 현대사회 속의 사람들은 종교적 신앙을 갖지 않거나, 혹은 신앙을 가진 사람들은 이방인처럼 살아갈 수밖에 없다. 그러면 이러한 놀라운 변화가 이루어지게 된 원인과 과정은 무엇인가? 이에 답하기 위해서는 기존의 세속화 담론과는 다른 대안적인 '스토리' 또는 '내러티브'가 필요하다. 『세속적 시대』에서 테일러는 역사와 분석을 종합하여 매우 복잡하고 거대한 대안적 '내러티브'를 제시한다.

테일러는 중세시대의 '사회적 상상' 또는 '배경'의 특징으로부터 시작한다. 전근대에서 '자연적인 것'은 '초자연적인 것'과의 관계 속에서 이해되었고, 지상의 왕국은 신의 왕국에 기반을 두었다. 요컨대 사람들은 '주술적' 세계 속에서 살았으며, 초월적인 것에 열려 있고, 그 힘의 영향을 항상 받기 때문에 닫혀 있거나 자족적인 삶은 생각할 수 없었다. 그러나 이러한 종교적 세계와 신앙의 지평은 기독교 내의 '개혁'(Reform)을 통해 서서히 변화했다. 일상적 삶의 가치가 인정되고, 성/속의 구분이 점차 와해되었다. 세속주의의 원형으로서의 유명론, 그리고 "일상적 삶의 신성화"를 완성한 프로테스탄트 종교개혁은 '개혁'의 중요한 계기들이다. 또한 신의 섭리가 세계에 '내재화'되어 있다는 신학적 교리에 의해 '인류의 번영'을 초월하는 상위의 목적은 가려지게 되었다. 이제 신의 섭리는 은총이나 구원과 멀어져서 인간의 상호 이익을 위한 질서를 수립하는 것으로 이해되었다. 신의 섭리는 신비해서 헤아릴 수 없는 것이 아니고, 인간을 위한 신의 계획이기 때문에 인간이 이해할 수 있는 것이 되었다. 그리고 이러한 신학적 변화는 '자족적인' 경제 및 정치질서 수립과 맞물려 진행되었다. 이른바 "섭리적 이신론"(providential deism)은 배타적 휴머니즘이 '실제적인 옵션'이 될 수 있는 길을 열었다. 즉, 인간 스스로의 노력에 의미를 부여하는 '도덕적 기획'을 포기하지 않으면서 초월성을 배제할 수 있는 길이 열린 것이다.

근대철학과 과학의 발전과 함께 세속적 시대에 접어들면, 유신론적 신앙은 더 이상 당연한 것이 아니라 논쟁의 대상이 된다. 그러나 세속적 세계는 계몽에 대한 확신과 명료한 합리성이 가득 찬 세계는 아니다. 테일러에 따르면, 세속적 시대의 사람들은 끊임없는 회의 속에 시달린다. 종교적 신앙을 갖지 않는 것이 하나의 선택이 되자마자 그들은 세속화에 의해 시시하게 변해버린 세계의 모습을 걱정하며 다시금 보다 의미 있는 무엇을 찾게 된다. 현대인은 세속화의 결과로 실존적인 상실감과 불안을 경험한다. 그리고 한편으로 내재성과 계몽의 압력을 받으면서, 다른 한편 초월성과 의미 추구의 압력을 동시에 받는다. 이러한 이중 압력에 시달리는 많은 사람은 다양한 형태의 "제3의 길"을 찾으려 노력한다. 이신론과 인간중심주의를 비판하는 낭만주의 사조는 문학과 예술을 통해 근대성 속에 새로운 "열린 공간"을 창조하고, 종교적 신앙으로 회귀하지 않으면서 '내재적 신비'를 경험할 수 있는 길을 모색한다. 그러나 결국 '닫힌' 세계의 내재적 질서 속에서 사이비-초월성을 추구하는 노력은 불안과 공허함의 증폭을 가져올 뿐이다.

테일러에 따르면, 현대인 모두는 초월성을 믿는다고 해도 "내재적 구조"(immanent frame), 즉 초월적 질서와 대비되는 자연적이고 자족적인 내재적 질서 속에 살고 있다. 그러나 내재적 구조와 질서 형태는 닫힌 것일 수도 있고, 열린 것일 수도 있다. 테일러는 "닫힌 세계 구조"(closed world structures)에 대한 분석을 통해 근대 인식론과 유물론, "신의 죽음" 논변, 근대 도덕 질서의 한계를 비판한다. '배타적 휴머니즘'이 등장하게 된 역사적 내러티브와 '닫힌 세계 구조'에 대한 분석적 비판을 통해 테일러가 천착하는 질문은 인간의 삶에서 불가피한 '열린 의미 지평'을 어떻게 복구할 수 있는가라는 문제이다. 결론적으로 테일러가 제기하는 질문은 세속적 시대에 '도덕적 충만함' 또는 영적 갈망의 실현을 위해서는 사유와 믿음의 "전향"(conversion)이 불가피한가라는 문제이다.

맺음말

테일러는 근대적 자아의 정체성과 윤리적 이상에 대한 이해와 해석의 방식이 갖는 실천적 함의에 관심을 기울인다. 즉, 배타적 휴머니즘과 왜곡된 형태의 개인주의가 사회를 지배하는 배후에는 편협한 이해와 해석이 적지 않은 영향을 행사하고 있다는 것이다. 따라서 테일러는 근대성에 대한 새로운 이해와 폭넓은 해석이 원자론적이고 세속주의적인 세계관의 지배력을 완화시킬 수 있다고 보고, 인간 존재의 상호성에 기초한 '진정성'의 이상을 온전한 형태로 복원하려 한다. 물론 그는 근대 개인주의와 자유주의의 파행적 전개를 설명함에 있어 근대사회가 경험한 정치 및 사회경제적 변화도 중요한 변수로 고려하지만, 기본적으로 역사적 변화의 동력으로서 인간의 이상과 열망, 그리고 문화적 이념의 영향력에 더 큰 비중을 둔다.

　테일러는 자신이 "복구 작업"(a work of retrieval)[20]을 수행한다고 말한다. 테일러는 복잡하게 형성된 근대 문화가 한계와 가능성을 모두 가지고 있다고 본다. 한편으로 그는 자기중심적이고 원자론적인 개인주의가 가지는 위험성과 근대적 삶에서 나타나는 의미 상실의 현상에 심각한 우려를 보이면서도 다른 한편, '진정성'이라는 근대의 윤리적 이상이 내포하는 잠재적 가능성에 주목한다. 그는 근대성에 대한 일방적 지지 또는 비판의 시각에서 탈피하여 진정성이라는 근대적 이상의 전체적 모습을 명료화하려 한다.

　진정성은 내면적 자아와의 도덕적 대면, 자아실현, 주체적 결정의 자유라는 이념을 내포하며, 이 이념들은 근대 정체성의 역사적 형성 과정에서 동시적으로 출현하여 복잡한 관계 속에서 상호작용해왔다. 테일러는 근대적 상황에서 주체적 결정의 자유라는 이념과 자아실현의 목표가 일방적으로 강조되어왔다고 본다. 사회적 존재 양식의 상호성과 '의미 지평', 그리고 상호 인정의 필요성, 참여적 정치생활 등은 진정성이라는 근대적 이상의 또 다른 중요한 측면들이다. 테일러는 공동체적 삶을 통해 공유되어온 의미 지평을 무시하고는 진정성의 윤리적 이상이 궁극적으로 옹호될 수 없음을 강조한다. "사회적 요구와 대립하여 자기실현만을 추구하는 현대 문화는 역사와 공동체적 유대를 배제함으로써 자멸의 양상을 보인다."[21] 그러나 테일러는 이러한 병폐가 진정성의 이상 자체에 의해 초래된 것이 아니라, 그 이상이 실현되기 위한 요건들―의미 지평, 상호성, 공동체적 유대 등―이 현실 관행에 있어서나 이론 차원에서 억압되고 도외시되었기 때문이라고 판단한다.

테일러는 근대성을 구성하는 철학 사상적, 문화적 원천은 다양하고 복합적이라고 이해하고, 근대적 이상의 포괄적 배경 또는 지평의 형성과 변화, 의의와 한계를 역사적 '내러티브'를 통해 명료하게 드러낸다. 자유주의는 근대성의 가장 중요한 문화 형태로서 보편적 정의와 박애 정신, 일상적 삶에 대한 긍정, 인간의 존엄성과 자율성 등의 가치를 표방한다. 테일러는 기본적으로 자유주의적 가치의 정당성을 인정한다. 그러나 지나친 원자론과 개인주의는 자멸적인 결과를 초래할 수 있음을 경계하며, 보다 적실하고 생명력을 오래 유지할 수 있는 자유주의는 '전체론적 존재론'과 '차이의 정치'를 열린 자세로 수용해야 한다고 주장한다. 나아가 도덕적 삶의 '충만함'을 실현하기 위해서는 도덕적 동기부여에서 힘을 발휘하지 못하는 배타적 휴머니즘과 세속주의의 한계를 인식하고, '유신론적 의미 지평'의 확장 가능성을 모색해야 한다고 주장한다. 즉, 자유주의의 중립적이고 최소주의적인 윤리와 배타적 휴머니즘의 한계를 극복하고, 근대의 세속적 삶에서 억압되어온 '도덕의 원천들'을 회복하려는 노력이 "근대성의 불안"(malaises of modernity)을 치유하기 위해 필요하다는 것이다.

더 읽을거리

• 찰스 테일러. 2001. 『불안한 현대 사회』. 송영배 옮김. 이학사.

테일러의 현대사회에 대한 진단을 명료하게 파악할 수 있는 책이다. 테일러
는 개인주의와 도구적 이성의 지배, 정치적 자유의 상실이 초래한 현대사회
의 불안과 나르시시즘의 문화를 극복하기 위해 진정성의 윤리적 이상에 내포
된 상호성과 의미 지평의 복구 가능성에 주목한다.

• 찰스 테일러. 2003. 『세속화와 현대 문명』. 김선욱 외 옮김. 철학과현실사.

2002년 다산 기념 철학 강좌에서 발표된 네 편의 글과 저자 서문, 인터뷰와
해설이 포함된 책으로 테일러 자신의 종교적 지평을 이해하는 데 도움을 준
다. 세속적 문명, 즉 초월성에 닫혀 있는 세계의 특성과 연원을 분석하고, 현
대 사회에서 종교가 갖는 위상을 논의한다.

• Smith, Nicholas H. 2002. *Charles Taylor: Meaning, Morals and Modernity*.
Polity.

테일러의 철학과 정치사상 전반에 대한 충실한 해설서로서, 다양한 연구주제
를 관통하는 테일러의 핵심 프로젝트를 제시하고, 그것이 구체화되어가는 과
정을 면밀히 추적한다. 테일러의 철학적 관심과 스타일, 정치적 주장과 사회
비평, 예술과 종교에 대한 논의를 망라한다.

4부

페미니스트 정치사상

14.

사회계약과 민주주의,
그리고 페미니즘

캐롤 페이트만

박의경

*Carole
Pateman*

개요

민주주의 정치사상가이자 페미니스트로서 캐롤 페이트만은 근대정치사상에서 여성이 배제되었음에 주목하고, 그 기원을 사회계약론에서부터 살펴보기 시작한다. 『남과 여, 은폐된 성적 계약』(*The Sexual Contract*, 1988)을 통해 사회계약론에 '성적 계약'의 문제를 포함시켜 근대 민주주의의 저변에 여전히 강하게 자리 잡고 있는 가부장제도의 근대적 확립과정을 분석해내고, 『여자들의 무질서』(*Disorder of Women*, 1989)에서는 이성과 언어 중심인 로고스의 사회에서 여성의 말이 무시되는 상황에 초점을 맞추면서 민주주의가 바르게 움직이기 위한 기제가 여성에 있음을 드러낸다. 현대정치사상가로서 페이트만이 다루어온 주제는 매우 다양하다. 민주주의, 자유주의와 정치적 의무, 페미니즘과 계약 이론 그리고 시민권을 위한 사회적, 법적, 경제적 선결요건, 기본소득 등 현대정치에서 다루어야 하는 거의 모든 문제에 대한 분석과 설명을 시도해온 정치사상가가 페이트만이다. 그가 다루어온 주제 중 어느 하나도 현대정치에서 소홀히 다룰 수 없는 주제이고, 어떤 것도 그리 단순한 주제가 아님에도 불구하고, 페이트만은 이 모든 주제에 대해 심도 깊게 논의하고 숙고하면서, 통찰력 있는 결론과 대안을 제시한다.

생애

캐롤 페이트만(Carole Pateman, 1940-)은 1940년 12월 11일 영국 서섹스에서 태어났다. 정치사상가이자 페미니스트인 그는 4개의 대륙에 거주한 경력이 있고, 3개의 지역에서 교육과 연구를 수행할 정도로 국제적 경력을 가지고 있다. 루이스 카운티 여자 초등학교를 졸업하고, 1963년에 옥스퍼드의 러스킨 칼리지에 입학하였으며, 1972년에는 시드니 대학의 정치사상 강좌를 맡은 바 있다. 러스킨 칼리지는 정규 교육과정을 거치지 않은 노동계층 학생을 위해 옥스퍼드 대학교 내에 설치된 독립적인 성인 교육기관이었으며, 여기서 페이트만은 경제학과 정치학, 역사와 사회학을 공부하였다. 1965년에 러스킨 칼리지 출신의 유일한 여성 지원자로서 옥스퍼드 대학교에 진학하게 된다. 페이트만은 옥스퍼드 대학에서 정치, 철학, 경제학에서 학사학위와 이어서 박사학위를 받았으며, 1990년 1월에 캘리포니아 주립대학교(UCLA) 정치학과 교수가 되었고, 현재는 명예교수로 봉직하고 있다. 여성 최초로 페이트만은 1988년에서 1989년까지 세계국제정치학회 회장을 역임하였고, 2007년에는 영국학술원 회원으로 이름을 올렸다. 2010-2011년에는 미국정치학회 회장을 역임하였으며, 호주 사회과학 학술원 회원이기도 하다. 페이트만은 또한 2006-2008년까지 영국의 카디프 대학 유럽연구학과에서 연구를 수행하기도 하였다. 자유민주주의에 대한 비판으로부터 현대사회의 민주주의 담론이 가부장적 논리와 자유주의적 논증에 갇혀 있다고 비판하면서, 페이트만은 최근에 본격적으로 논의되기 시작한 기본소득(basic income)이 진정한 자유와 페미니즘을 실현시킬 수 있는 방법이라는 생각하에, 담론에 적극적으로 참여하고 있다.

주요 저술

Pateman, Carole. 1970. *Participation and Democratic Theory*. Cambridge: Cambridge University Press.

Pateman, Carole. 1979. *The Problem of Political Obligation*. New York: John Wiley and Sons.

Pateman, Carole & Mills, Charles. 2007. *Contract and Domination*. Cambridge: Polity Press.

머리말

인간이 모여 살아가는 국가공동체란 자연의 산물이라는 고대의 신념을 개인이 주도하는 계약으로 대치시켜 언젠가 누군가 국가공동체를 인위적으로 형성했다는 생각은 근대의 혁명적 사고에서 출발한다. 이러한 생각은 17세기 시민혁명의 시기에는 계급 불평등에 대한 불만과 함께 역사적 당위성과 적실성을 외치며 매우 급진적으로 다가서 세상에 변화를 가져온 바 있다. 사회계약에 대한 신념은 여전히 존재하고 있지만, 자본주의의 이행과 함께 20세기 후반부터 드러나는 빈부격차, 신분 상승 사다리의 소실이라는 말 등에서 찾아볼 수 있는 사회적 균열과 파열음 속에서 사회계약을 다시 들여다보는 작업의 필요성이 제기되고 있다.

내가 과연 계약의 주체인가? 혹시 아니라면 계약 사회에서 나의 위치는 어디인가? 계약에서 배제되거나 제외된 자들은 없는가? 있다면 그들은 계약사회의 그 어디에 숨어 있는 것인가? 이와 같은 다양한 질문과 함께 1970년대 초부터 사회계약론은 재조명되게 된다. 이 과정에서 캐롤 페이트만은 1970년대부터 참여민주주의 사상가로서 작업장에서의 민주주의를 집중적으로 논하면서, 산업 현장에 있는 노동자들을 중심으로 민주주의가 자리 잡아가야 함을 역설하고 사회계약의 중심에서 여성이 발견되지 않고 있음에 주목한다. 민주주의 사상가로서 페이트만이 노동자에 주목하고 여성의 문제에 천착하게 된 것은 사회에서 소외된 자들의 문제를 해결하지 않으면 민주주의는 더 이상의 진전이 불가능하다는 생각에서 시작된다. 페이트만에게 여성의 문제는 민주주의를 민주주의라 부를 수 있게 하기 위해 절대적으로 필요한 작업이 된 것이다.

민주주의 정치사상가이자 페미니스트로서 캐롤 페이트만은 근대정치사상에서 여성이 배제되어 있음에 주목하고, 그 기원을 사회계약론에서부터 살펴보기 시작한다. 『남과 여, 은폐된 성적 계약』을 통해 사회계약론에 '성적 계약'(sexual contract) 문제를 포함시켜 근대 민주주의의 저변에 여전히 강하게 자리 잡고 있는 가부장제도의 근대적 확립과정을 분석해내고, 『여자들의 무질서』에서는 이성과 언어 중심인 로고스의 사회에서 여성의 말이 무시되는 상황에 초점을 맞추면서 민주주의가 바르게 움직이기 위한 기제가 여성에 있음을 드러낸다.

현대정치사상가로서 캐롤 페이트만이 다루어온 주제는 매우 다양하다. 민주주의, 자유주의와 정치적 의무, 페미니즘과 계약 이론 그리고 시민권을 위한 사회적, 법적, 경제적 선결요건 등 현대정치에서 다루어야 하는 거의 모든 문제에 대한 분석과 설명을 시도해온 정치사상가가 페이트만이다. 그녀가 다루어온 주제는 어느 하나도 현대정치에서 소홀히 다룰 수 없는 주제이고, 어떤 것도 그리 단순한 주제가 아님에도 불구하고, 페이트만은 이 모든 주제에 대해 심도 깊게 논의하고 숙고하면서, 통찰력 있는 결론과 대안을 제시한다.

정치사상적 배경: 민주주의와 계약, 그리고 참여

17, 8세기 시민혁명으로 민주주의가 영국과 프랑스 등 서구 선진국에서 정치체제로 자리 잡아가는 과정에서 홉스, 로크, 루소로 대표되는 사회계약론은 민주주의의 사상적 지주로 뿌리내렸다. 자연상태라는 가설에서 시작해 좋은 삶을 추구하는 인간의 상상력이 사회계약을 생각해냈고, 민주주의라는 이름의 정치체제를 2000여 년 전의 그리스 아테네에서 소환하게 된 것이다. 과거에서 소환된 민주주의는 사회계약을 통해 새로운 모습으로 리모델링되어 현재에 이르고 있다.

17세기 사회계약을 주창하는 사상가들은 자유롭고 평등한 시민이라는 새로운 인간형을 만들어내고, 그 시민들의 주체가 되어 계약하여 설립한 국가공동체(Commonwealth)가 바로 현실에 있는 그 국가임을 역설한다. 그리하여 국가는 소속된 모든 이의 공동의 부를 가진 코먼웰스가 되고, 이는 또한 공적인 것(res publica)을 대표하게 되면서 공화국(republic)으로 자리 잡았다. 이 모든 작업의 전제는 모든 사람이 자유롭고 평등한 시민이라는 데 있고, 그 전제가 무너지면 그 위에 설립된 국가공동체는 마치 모래 위에 지은 집처럼 허상으로 사라져버릴 가능성이 언제나 존재했으나, 애써 무시해왔던 사상적 구조물이었다.

민주주의는 개인의 존재를 전제로 하고, 여기서 개인은 자유로워야 한다. 개인의 자유로운 선택으로, 동의(consent)라는 과정을 통해서, 개인은 자신이 속한 공동체를 형성하고 그 속에서 질서 있게 살아가게 된다. 여기서 개인은 시민으로 전환되고, 시민은 민주주의 사회의 주체이자 객체로서, 지배의 대상이나 지배자로서, 이중적 정체성을 가지고 공동체를 유지해나간다. 사회계약론에서 말하는 계약의 주체이자 계약의 당사자이기도 하다.

페이트만은 자신의 저술을 통해 지속적으로 '동의'의 개념과 역할에 대해 의문을 제기한다. 특히 고전 사회계약 사상과 자유민주주의의 관계를 다루면서 고용계약과 결혼계약 문제에 주목한다. 사회계약론을 기반으로 형성된 근대 민주주의 이후 모든 계약관계에서 동의는 이후 행위자들의 행동을 정당화하는 근거가 된다. 근대사회 성립 이후 사회에서 발생한 수많은 종류의 계약에서 '동의'는 행위자의 자유와 평등을 보장하는 근거가 되고 있지만, 어떤 '동의'는 행위자의 자유와 평등을 오히려 저해하고 있을 수도 있다는 것이 페이트만의 주장이다. 즉, '동의'는 모든 정당성의 근거라는 '동의'에 대한 환상이 현실의 자유와 평등을 보장해주는 것이 아니라, 오히려 부자유와 불평등을 발생시키고 억압을 지속시키는 '합리적?' 근거로 제시되고 있을 가능성을 개진하고 있는 것이다.

페이트만은 초기 저서인 『참여와 민주주의 이론』(*Participation and Democratic Theory*, 1970)에서 루소와 밀, 콜을 통해 참여민주주의 사상을 발전시키면서부터 '동의'와 '계약'에 천착한다. 1960년대 후반, 동시에 등장했던 정치참여에 대한 대중의 요구와 지나친 참여는 사회 불안과 위험 요소가 될 수 있다는 참여 폭발 현상에 대한 우려의 기이한 동거를 보면서, 페이트만은 현대 민주주의의 이론적 지지 기반으로서의 사상적 기초와 경험적 근거를 재검토하게 된다.[2]

> 이론상, 민주주의는 정치적 방법이고 일련의 제도이다. 결국 민주주의라 일컫는 제도의 특징은 정기적이고 자유로운 선거에서 유권자들에 나서는 지도자들의 경쟁에서 잘 드러난다. 다수가 지도자에 대한 통제력을 확보하는 과정이라는 의미에서 선거는 민주주의에 결정적으로 중요한 역할을 한다. … 정치적 평등이란 보통선거권과 지도자에 영향을 줄 수 있는 통로에 접근할 수 있는 기회의 평등으로 이해된다. 결과적으로 참여는 정책 결정자를 선택하는 데의 참여를 의미한다. 이렇게 볼 때 사상적으로 참여의 기능은 매우 방어적일 수밖에 없다. 선출된 지도자의 자의적 권력으로부터 개인과 자신의 사적 이익에 대한 보호를 위해서. 이러한 목적을 달성하는 데에 민주적 방법의 정당성이 놓여 있는 것이다.[3]

당시 참여에 대한 대중적 요구의 급증과 함께, 참여는 정치적 효율성을 저해할 수 있으며, 정치적 안정성과 발전을 담보하기 위해 엘리트가 등장하는 길을 열어두어야 한다는 지식인들의 우려에 대해, 페이트만은 산업 민주주의 현장에서의 참여가 노동자들에 대한 민주주의 교육과 함께 정치적 효능감을 오히려 증대시킬 수 있다고 역설한다.

참여민주주의 이론에서 민주적 시스템은 참여 과정에서 증대되는 인간의 가능성에서 그 정당성이 발견된다. 즉, 최대의 참여 투입이 요구되면서 결과적으로 정책 결정이 이루어질 뿐만 아니라 각 개인의 정치사회적 발전을 도모할 수 있는 체제로 참여민주주의 모델을 우리는 상정한다. 즉, 투입(input)에서 산출(output)로의 환류작용(feedback)이 바로 그것이다.[4]

개인적 차원과 체제의 안정성 측면에서 모두 참여가 긍정적 효과를 드러낸다는 점을 강조하고 확인하게 되면서, 페이트만은 참여민주주의 이론에 대한 관심을 불러일으키면서 1970년대 민주주의 담론에 활력을 불어넣는다. 비현실적이고 시대에 맞지 않게 되었다는 고전 민주주의 이론이 루소, 밀, 콜의 사상을 거치면서 페이트만이 정제해낸 참여민주주의 이론을 통해서 다양한 사회집단이 존재하는 시대의 민주주의 담론을 이끌어나가게 된 것이다.

산업사회에서의 참여민주주의의 가능성에 대한 재확인 과정을 통해서 자연스럽게 등장하는 사상적 관심은 자유민주주의로 이어진다. 『정치적 의무의 문제』(The Problem of Political Obligation, 1979)에서 페이트만은 자유주의와 민주주의의 자연스러운 사상적 결합에 의문을 제기한다. 자유주의 이론에 따르면, 정치적 의무란 자유롭고 평등한 개인들의 자발적 행위로부터 나오게 된다. 그러나 실제로 자유주의 제도는 개인들이 자신의 동의를 제대로 확인해볼 수 있는 참여를 강조하지 않고 있다는 현실로부터, 정치적 의무는 진정한 동의에 근거하고 있다는 생각은 정치 지도자, 대표자, 고용주 등에 대한 단순한 복종이라는 현실을 넘어서지 못한다. "자유민주주의 국가에서 정치적 의무를 정당화하는 데 문제가 없다고 가정하는 것이 실수일 뿐만 아니라, 가장 빈번하게 제시된 정당화들이 문제에 대한 해결책을 제공하지 않는다"[5]는 것이 그녀의 문제의식이다.

자유주의가 국가 안에서 정치적 의무를 논할 때 이론가들은 … 동의, 계약, 합의, 헌신 또는 약속들, 혹은 보다 광범위하게는 정치적 의무를 발생시킨다고 여겨지는 개인들의 자발적인 행위에 호소하는 것이다. 다시 말해, 정치사상가들은 통상 정치적 의무가 스스로 떠맡은 의무의 형태, 개인들이 자유롭게 들어서고 자신들의 행위를 통해 자유롭게 스스로 취하는 도덕적 헌신이라고 가정한다. … 동의, 합의, 그리고 약속의 관념이 왜 중요한지, 왜 스스로 책무를 취하거나 떠맡아야 하는 것인지에 대한 질문이 거의 제기되지 않는다. 자유민주주의 국가에서 정치적 의무를 정당화하는 문제가 얼마나 큰 문제인지를 이해하려면 이 질문에 대한 답변이 요구된다.[6]

자유주의 정치제도의 철저한 민주화가 없는 상태에서 ― 즉, 참여가 충분히 실행되고 있지 않은 상태에서 ― 이 문제는 절대로 해결될 수 없다고 페이트만은 역설한다. 참여 없이 동의는 불가능하며, 동의 없이 자발적 행동도 있을 수 없고, 자발적 행동 없이 정치적 의무가 발생할 수 없는 것은 자명한 귀결이기에, 자유민주주의 사회에서 정치적 의무의 내용을 역추적하여 동의와 참여의 과정이 발견되지 않는다면, 이는 자유주의도 민주주의도 아닐 수 있게 된다. 자유주의와 민주주의의 진정한 결합은 참여민주주의를 통하고, 동의라는 행위를 거쳐야 그 제대로 된 모습을 드러낼 수 있다는 것이다. "사회계약론자들은 자유주의적 개인주의가 갖고 온 문제를 잘 인지하고 있었다. 즉, 어떻게 그리고 왜 자유롭고 평등한 개인이 그 어떤 누군가에 의해서건 정당하게 통치될 수 있는가 하는 것이다. 이 전복적인 물음의 완전한 함축은 오늘날까지도 완전히 해결되지 않았다."[7]

개인의 동의에 의한 계약의 한계

자유롭고 평등한 개인의 동의는 계약의 기초이고, 계약의 정당성과 합법성 여부를 판별하는 기준이기도 하다. 간단히 말하자면, 동의로 계약할 수 있는 것이라지만, 여기서도 문제는 있다. 동의하는 주체가 누구인지, 계약하는 대상이 무엇인지, 그 목적은 어디에 있는지 등이 주요한 이슈로 등장하는바, 17, 8세기 홉스, 로크, 루소는 사회계약론을 통해 이를 제시한다. 이들은 모두 개인을 주체로 내세운다. 자유롭고 평등한 개인은 이전의 시민을 대체하는 정치적 주체로 등장한다. 근대의 개인은 고대와 중세시기에 공동체와 연결되어 존재했던 시민(citizen)을 대체하면서 천부인권과 자연적 권리를 지닌 존재로서 사회계약의 당사자로서 국가 설립의 주체이기도 하다.

참여를 통해 동의하는 주체를 상정하면서 참여민주주의와 정치적 의무를 개진한 페이트만이 여성에 대한 관심을 보이고, 논의를 확장하게 된 것은 어쩌면 자명한 귀결인지도 모른다. 페이트만은 사회와 가부장체제에 종속되어 있는 여성의 상태와 정치에서 배제되어 있는 여성의 현실 모두를 자신의 참여민주주의 논의를 위한 주요한 이슈로 소환한다. 참여와 동의가 절대적 요건인 민주주의의 현실과 거부할 수 없는 여성의 존재는 근대 사회계약론의 주체부터 대상, 목적까지 다시 살펴보아야 할 필요성을 드러낸다. 사회계약의 주체 개인은 남성인가, 여성인가? 양자 모두라면 여성이 당연히 포함되는 것이고, 남성만이라면 왜 여성은 아닌가? 그럴 경우, 여성은 정치사회 어디에 위치하는가? 그런 여성은 어떤 권리와 어떤 자유를 가지고 있는가? 동의에 의한 계약에는 제한이 없는가? 모든 것을 계약할 자유가 개인(남성)에게 있는 것인가? 이러한 젠더적 질문이 동의와 참여민주주의를 역설하는 현대정치사상가 페이트만에게는 절대로 그냥 넘어갈 수 없는 매우 중요한 질문으로 다가서게 된 것이다.

1989년 자신의 논문을 모아서 저술한 『여자들의 무질서』에서 페이트만은 페미니스트 정치사상가로서의 자신을 명확히 한다. 민주주의 정치체제의 사상적 기반인 사회계약론에서 자유로운 개인의 동의는 필수적 전제조건이지만, 그 동의가 과연 제대로 된 동의인지에 대한 탐구는 부족하다는 것이 그의 주장이다. 여기에 특히 페이트만이 사회계약 과정에서 여성의 동의에 초점을 맞추는 이유가 존재한다. 사회계약의 온전한 달성과 이행을 위해서 시민의 동의가 요구되는 것이라며, 그 동의가 진실한 동의여야 하는 것이기에, 현대 민주주의 사회에서 사회적 소수자들이 과연 그러한 동의를 하고 있는지에 대한 질문과 함께, 사회계약이 형성되는 시점에 여성의 동의는 어디서 어떻게 이루어졌는지에 대한 사상적 추적 작업이 페이트만의 사상에서 중요하게 등장하게 되는 것이다. 「여성과 동의」(Women and Consent)[8]라는 글에서 페이트만은 근대 자유주의 사회가, 이론적으로나 현실적으로, 여성을 남성에 종속적인 존재로 자연스럽게 편입시켰고, 따라서 여성은 시민이 되기에 절대적으로 필요한 '동의'를 할 수 없는 존재로 전락하게 되었다고 역설한다. 남/녀 성을 불문하고 모든 시민은 정부의 행위에 동의할 수 있다는 가정이 존재하지만, 진정한 동의를 위한 전제조건으로서의 자유와 평등이 부족하다. 자유주의 사상가들은 '동의', '자유'와 '평등'을 연계시켜 생각하지만, 지배, 종속과 불평등 관계가 형성되어 있을 경우에 동의가 불가능하다는 점을 간과한다."[9]

동의는 개인적 자유와 평등을 유지하는 데 필수적이기 때문에 자유민주주의에서 핵심적이다. 하지만 동의는 개인적 자유와 평등이 또한 동의의 실천을 위한 전제조건이기 때문에 자유민주주의에서 문제다. 강간에서 강요된 복종을 동의와 동일시하는 것은 동등자들에 의한 자유로운 확약과 합의를 지배, 종속화, 불평등과 구별하지 못하는 자유민주주의 이론과 실천의 더

광범위한 실패를 보여주는 극명한 사례다.[10]

개인의 자유와 평등을 전제하는 자유민주주의에서 동의가 핵심인 동시에, 또한 동의를 실천하기 위한 전제조건은 개인의 자유와 평등이다. 여기서 개인은 근대에 새로이 설정된 개념으로, 독립적인 인간으로 자연권을 지닌 자유롭고 평등한 존재를 의미한다. 이러한 추상적 개인의 개념 정의가 현실에 존재하는 남성과 여성을 만나면서 한쪽으로 휘어지는 일종의 왜곡 현상이 나타난다. 사회계약론 속에서 계약의 주체 개인이 남성으로 드러나게 되면서 여성은 현실의 수면 아래에 위치하게 되고, 결국 존재하지만 존재하지 않는 존재로 위치 지워진다. 사회계약이 설명하는 것은 사회, 즉 국가공동체의 형성이고, 국가형성 이전에 이미 존재하고 있었던 가족의 기원에 대한 계약 차원의 설명은 자연상태에서는 홉스를 제외하고는 찾아볼 수 없다. 국가 형성 이전에 존재하는 인간 조직인 가족관계[11] 내에서의 남성과 여성의 관계를 기본으로 전제하면서 남성이 근대의 개인으로 등장하게 된 것은, 사회계약적 의미에서는 여성의 암묵적 동의를 그야말로 암묵적으로 전제하고 있는 셈이다. 개인의 존재 이전에 가족이 있었고, 남성과 여성이 존재하고 있었음을 유추할 수 있으며, 여기서 사회계약의 기반이 되는 여성의 암묵적 동의가 전제되지 않는다면 사회계약의 가능성 자체가 흔들리게 되는 상황이 초래되며, 결과적으로 사회계약론에서 말하는 사회계약이란 남/녀 성의 계약이라는 일차적 계약을 딛고 형성된 이차 계약인 셈이다. 민주주의 계약의 전제조건으로서 원초적 계약이 있었다는 추론이 가능하며, 여기서 계약 당사자 간의 동의와 복종 부분에 대한 담론은 어디서도 찾아보기 어렵다.

페이트만은 여기서 사회계약의 '전제로서의 여성의 암묵적 동의'가 과연 진정한 동의일 수 있는지에 대한 문제를 제기한다. 가부장적 사회구조[12]

가 주어진 상황에서 자유로운 개인의 자발적 계약이 과연 가능한 것일까? 즉, 사회계약으로부터 여성이 복종해야 하는 상황이 동의에 의해서 이루어졌다는 가정을 추론해내기는 매우 어렵게 된다. 여성은 어떠한 상황을 거쳐 남성에게 복종하는 가족 구도 속에 갇힌 채 사회계약에 등장하게 된 것일까에 대한 문제의식이 페이트만의 사상에 자리 잡게 된 것은 민주주의를 연구해나가는 과정에 드러나는 매우 자연스러운 과정이라고 할 수 있다.

현실에서 강요된 복종과 동의를 구별해내지 못한다면, 자유민주주의는 지배와 종속, 평등과 불평등을 구별해낼 수 없다. 자유민주주의의 실패가 바로 여기, 진정한 동의에 대한 인식의 실패에서 기인하는 것이다. 권력과 지배가 존재하는 구체적 현실 속에서 실행되는 자유, 평등 그리고 동의가 그 진정한 의미를 제대로 구현해낼 수 있는지에 대한 현실적 문제를 제기하면서, 페이트만은 "동의란 자유롭고 평등한 개인들이 상호적으로 확약하거나 의무를 떠맡을 수 있는 가장 중요한 방식이 아니라 한 가지 방식일 뿐"[13]이라고 말한다.

> 이데올로기로서의 동의는 습관적인 묵인, 인정, 말 없는 반대, 복종 혹은 심지어 강요된 복종과도 구별될 수 없다. 동의의 거절이나 동의의 철회가 실재적 가능성이 아니라면, 우리는 그 어떤 진정한 의미에서도 더 이상 '동의'에 대해 말할 수 없다.[14]

개인의 자유와 평등을 전제하고, 개인의 동의를 체제 유지의 기반으로 자유민주주의 사회는 형성되었지만, 그 민주주의 사회의 두 당사자 간에 존재하는 권력관계 또한 현실이다. 즉, 자유도, 평등도 현실이라는 판 위에서 작동하는 것이고, 동의는 또한 그 권력관계의 직접적 결과이기도 하다는 점에서, 사회에서 소수자—특히, 여성—가 행하는 '동의'에 대해서는 보다면밀하고 조심스러운 분석이 필요하다는 것이 페이트만의 주장이다.

자유로운 개인이 동의를 통해서 세상의 모든 것을 계약할 수 있다는 것이 근대 사회계약론의 핵심이지만, 자유에도 한계가 있듯이 계약에도 한계가 없을 수 없다. 현대사회에서 모든 이는 자의에 따라 계약을 이행하지만, 원천적으로 불가능한 계약도 존재한다. 소위 신체 포기각서나 인간의 신체를 사고파는 행위에 대한 계약, 그리고 노예계약 등이 개인의 자유와 평등을 인정하고, 동의를 필요조건으로 하는 한 현대사회에서 용인될 수 없는 행위라는 데 이의를 제기할 사람은 없을 것이다.

이렇게 볼 때 사회계약 이전에 가족이 존재했고, 가족 구성원 중 남성만이 개인으로 사회계약의 당사자가 되었다는 것은 시작부터 논리적 모순을 배태하고 있으며, 자유로운 개인의 자유와 평등이라는 전제에 결정적 흠결로 존재하게 되는 것이 바로 계약의 대상에서 배제된 여성으로, 사회계약론은 전 사회적 조직체인 가정에서 여성을 빼내거나 숨길 수도 없으며, 여성을 계약 당사자로 내세울 수도 없는 미묘한 상황에 처하게 되었다. 여성의 존재를 인정하지 않으면 사회계약의 전제가 무너지고, 존재를 인정하게 되면 왜 여성이 계약당사자로서의 개인에 포함되지 못하는지에 대한 답변을 해야 하는 상황에 봉착하게 되어버린 것이다. 노예계약을 계약으로 인정하지 않는 현대사회에서 가족 구도 내에서의 여성의 제한적 위치와 역할은 개인의 자유와 평등을 근거로 한 근대의 민주주의 이론에 왜 결함[15]이 생길 수밖에 없는지를 잘 설명해주고 있다.

> 여성들은 여성들이 종속 안에서 태어나며 그들의 종속이 자연적이며 정치적으로 무관하다고 주장하는 '개인주의'와 '보편주의'의 모순을 단번에 포착했다. … 17세기 말 메리 애스텔(Mary Astell)은 '모든 남자들이 자유롭게 태어난다면, 모든 여자들이 노예로 태어난 것은 어째서인가?'라고 질문했다.[16]

사회계약에서 배제되고 소외된 집단의 존재는 시작부터 민주주의의 일탈과 왜곡 가능성을 배태하고 있으며, 그 성장 과정에서 인간의 본성에 기생하는 권력에 대한 욕망이 기형적으로 성장하게 되는 계기를 제공하기도 한다. 보편성을 강조하면서 동시에 개별적 차이를 인정하고 있는 모순적 상황에서, 억압된 일부의 권리를 밟고 서 있는 '모든 이들의 권리'가 가지는 허구적 상황에 대한 페이트만의 비판과 분석은 자본주의와 동반 발전하면서 빈부격차가 자연스러운 현상이라는 인식에 함몰된 20세기 이후의 자유민주주의에 대한 정면 도전이자 대안사회의 제안으로 이행된다.

사회계약과 여성: 개인과 시민 지위의 회복

　　사회계약이 만들어질 때까지 자연적인 조건에 있는 모든 여성들은 꼭 남성에 의해 정복되어 남성의 신민(하인)이 된다는 가정이 반드시 필요하다. 만약 어떤 남성이 종속된 채 하인의 처지에 있다면, 그 또한 사회계약으로부터 배제될 것이다. 오직 자유롭고 평등한 '가족'의 주인인 남성들만이 사회계약에 참여하게 될 것이다.[17]

　　사회계약의 현실성과 동의의 진정성에 대한 페이트만의 비판적 분석은 20세기 말 전 세계의 정치체제로 자리 잡은 민주주의의 근간을 흔들기도 하지만, 새로운 사회로 이행하는 데 필요한 사상적 기초를 다시 세우는 작업이기도 하다. 계약을 통한 근대기획은 절반의 성공이었고, 계약에서 배제되고 소외된 자들의 존재는 미래의 걸림돌이다. 계약에서 배제된 자들의 대표집단이 여성이라고 할 때, 민주주의가 제대로 이행되기 위해서 여성문제는 반드시 해결되어야 할 과제라고 할 수 있을 것이다. 페이트만의 말을 빌리자면, "논리상 자유롭고 평등한 여성 개인이 결혼을 통해 또 다른 자유롭고 평등한 남성 개인에게 항상 스스로를 복종시킬 것을 계약할 이유는 없다."[18]

페미니스트 사상가로서의 입지를 결정적으로 굳히게 된 자신의 저서 『남과 여, 은폐된 성적 계약』에서, 페이트만은 자신의 기본적인 관심사였던 의무, 동의, 참여민주주의와 젠더의 문제를 보다 심화 발전시킨다. 페이트만의 페미니즘은 매우 독특하며, 당시 페미니스트 사상의 주요 갈래라고 볼 수 있는 자유주의 페미니즘이나 사회주의 페미니즘 그 어디에도 연결되지 않는다. 그녀는 근대 정치사상가들의 문헌을 비판적으로 읽으면서, 근대 서구 정치사상의 전통에서 정치권력의 정당성의 근거로 제시되는 '사회계약'이 잘못 이해되고 있음을 파악하고, 그렇게 계약으로 형성된 사회에 근본적 질문을 제기한다.[19] 여기에 페이트만이 급진적인 자유주의자(radical liberal)라고 평가받는 이유가 있다.

『남과 여, 은폐된 성적 계약』에서 페이트만은 홉스와 로크 등 사회계약론자는 원초적 계약을 통해 시민사회를 형성했으며, 이는 또한 여성은 종속된 상태에서 동등한 자들의 남성적 유대를 통해 남성의 지배를 보장하는 근대적 방법이라고 역설한다.

> 여성은 자유롭게 태어나지 않는다. 여성은 자연적 자유를 가지고 있지 않다. 자연상태의 고전적 특징은 또한 예속의 질서 ─ 남성과 여성 간의 ─ 를 포함한다. 여성은 남성이 그들의 자연적 자유를 시민적 자유로 바꾸는 원초적 계약에 참여하지 않았다. 여성은 계약 신민이다. (성적) 계약은 남성의 여성에 대한 자연적 권리를 시민적인 가부장적 권리로 전환시키는 수단이다.[20]

여기에 여성의 동의 능력에 대한 매우 역설적 가정이 제시되는 이유가 있다. 그 하나로서, 여성은 동의에 요구되는 개인적 속성이 부족하기 때문에 원초적 계약에 당사자로 참여할 수가 없다는 것이고, 다른 한편으로, 여성은 동의 능력을 가지고 있지만, '성적 계약'—즉, 남성과의 결혼—을 통해서 개인인 남편에게 그 능력을 이양했다는 가정이다.

자연상태에서 모든 여성은 하인이 되며 원초적인 계약으로부터 배제된다. 즉 모든 여성은 시민적 개인이 되는 것도 배제된다는 것이다. 어떠한 여성도 자유로운 주체가 아니다. 모든 여성들은 시민사회에서 특별한 종류의 '하인들', 이름하여 '아내들'이다. 확실히 여성은 계약에 들어옴으로써 아내가 된다.[21]

모든 인간은 자유롭게 태어났지만, 사회계약으로 이행되기 위한 전제조건으로서의 가족이 형성되는 시점에 여성은 그 자유를 결혼을 통해 남성에게 이양했기에[22] 사회에서는 더 이상 자유롭다고 말할 수 없다는 것이다. 여기에 사회계약이 여성에게는 성적 계약이자 노예계약일 수 있음을 역설하는 페이트만의 주장이 설득력 있게 다가서는 이유가 있다. 이는 또한 개인의 자유와 평등을 그 사상적 기반으로 하는 근대 후기에 이르러 '노예 계약이 계약일 수 없다'는 주장과 함께, 여성의 부자유와 종속을 기반으로 하는 자유계약이란 과연 존재할 수 있는 것인지, 그렇게 형성된 사회계약이 모든 이의 자유와 평등을 논할 수 있을 것인지에 대한 신랄한 비판으로 이어진다. 잘못된 가정 위에서 형성된 논증이 참이 아닐 수도 있음은 그리 복잡한 논증 과정을 거치지 않아도 이해할 수 있는 매우 자명한 내용이다.

자연적인 우월함을 향유하는 사람에게 그 스스로를 복종시키기로 항상 계약해야만 하는 존재는 자유롭고 평등한 존재일 수 없으며, 따라서 그들은

그 결과가 시민사회로 진행되었을 때 시민적 개인이 될 수 없다.[23]

사회의 구성원 모두가 자유로운 선택을 하지 않았을 수도 있었던 상황에서의 사회계약이 정치적 정당성의 근원으로 작동할 수 있었던 근대의 역사적 배경이 궁금해지는 이유가 바로 이것이다. 더불어 개인에서 시민으로의 이행과정에서 여성이 배제된 데 대한 진단과 함께 대책이 필요해지는 이유가 바로 여기에 존재한다. 시민이 주인인 민주주의 사회에서 여성은 어떤 존재이며, 어디에 존재하는 것인지에 대한 담론이 페미니스트 정치사상에서 중요한 이슈인 이유도 여기에 있다. '근대의 시민에는 여성이 포함되어 있는가?'라는 질문에는 사회계약의 주체가 누구인지에 대한 논의와 함께, 시민으로서의 여성의 가능성에 대한 논의가 포함되어 있다. 근대정치사상에서 개인이 시민으로 전화되는 과정에서 왜 여성이 배제되었는지에 대해 논리적으로 설명하고 있는 사상가는 토머스 홉스를 제외하고는 없다는 것이 페이트만의 분석이다. 홉스는 가족이 자연스럽게 형성된 것이 아니라, 인위적으로 형성된 조직이라고 보았다. "가족은 출산이 아닌 정복으로 만들어지고, 하나의 가족은 주인과 주인의 하인들, 즉 나이나 성별에 관계없이 주인의 절대적 지배권에 귀속된 모든 사람들로 구성된다"[24]는 것이 홉스의 주장이라고 페이트만은 설명한다.

아무런 계약이 없는 경우에는 지배권은 어머니에게 속한다. 왜냐하면 완전한 자연상태에서는 혼인법이 없으므로, 어머니가 확실하게 밝히지 않는 한, 아버지가 누구인지 알 수가 없기 때문이다. … 유아는 태어나자마자 어머니의 수중에 놓이게 되는데, 어머니는 그 아이를 양육할 수도 있고, 유기할 수도 있다. … 따라서 그 아이는 누구에게보다도 어머니에게 복종할 의무가 있으며, 그 결과 아이에 대한 지배권은 어머니가 갖게 된다. … 아이는 자

신을 보호한 사람에게 복종할 의무가 있기 때문이다.[25]

홉스가 가족의 형성과 부권적 지배의 출현에 대해서 말하고 있는 『리바이어던』 제20장은 자연상태에서 아이에 대한 지배권은 어머니에게 속한다는 것이지만, 그 여성이 어떻게 남성의 지배하에 들어가게 되었는지에 대한 충분한 설명은 찾아보기 어렵다. 그러나 "인간이 타인에게 복종하는 것은 생명의 유지를 목적으로 하는 것이기에, 자신을 구하거나 멸할 힘을 가진 사람에게 복종을 맹세하는 것은 지극히 당연하다"[26]는 홉스의 주장으로부터 페이트만은 최초의 사회계약 시기에 자연상태의 모든 여성이 남성에게 정복당했을 것이라고 유추한다. 미완인 홉스의 설명을 페이트만은 다음과 같은 추정을 통해 완성한다.

> 여성이 어머니가 되고, 군주가 되어 아이를 키우기로 결정하면서부터, 그녀의 지위가 달라진다. 이제 그녀는 자신의 아이까지 지켜야 하므로 남성에 비해서 약간 불리한 위치에 처하게 된 것이다. 처음에는 동등한 자로 대우해야 했던 여성을 굴복시킬 수 있게 됐다. 홉스의 자연상태에서는 어머니가 군주였지만, 역설적으로 여성에게는 이처럼 어머니이자 지배자가 된다는 것이 자신의 파멸을 부른 일이 되어버렸다. 여성은 끝없는 자연상태의 투쟁에서 남성 적들이 자신을 능가하고 정복할 수 있게 되는 기회를 제공했다. 그리고 모권은 어느덧 사라져버린다.[27]

전복된 어머니의 권리 위에 성립된 자연상태는 가부장적 가족으로 넘치고, 모든 여성은 이제 가족 내의 존재로 편입되는 것이다. 이제 자연상태에서 행위자로서는 남성만이 남게 되었고, 사회계약은 그들만의 계약이었고 이후의 진행 상황은 그들만의 리그로 이어지게 되는 것이다. 여성이 사회계약 이면에서 사라지는 극적인 장면을 그나마 유추라도 해볼 수 있는 것이 위안이라고 할 수 있을 정도로, 이후 사회계약의 논의에서 여성이 일시적이나마 지배자로, 군주로 군림하는 모습은 찾아보기 어렵다. 남성은 자유인으로 시민사회를 구성하는 계약의 주체가 되면서 계몽기획의 주인으로 등장하지만, 예속된 존재 여성은 자유롭지도 않고, 평등하지도 않으며, 나아가 '개인'도 아니기에 시민사회 형성에 참여할 자격이 주어지지 않는다.[28]

사회계약의 주체로 등장한 개인은 근대의 주인으로 등장하게 되는바, 개인으로 서지 못한 존재는 시민사회의 정식 구성원으로 인정받지 못한 채 남성 시민이 지배하는 가족의 구성원이라는 신분으로 시민사회에 입장이 허용된 셈이다. 여성의 완전한 시민성이 확보되기 위해서는 우선 시민의 자격 회복이 우선되어야 한다. 페이트만은 사회계약을 유지하는 저변에 여성과의 성적 계약이 자리 잡고 있음을 제시하면서, 결혼에 붙는 화려한 수식어에 숨겨지고 은폐되어 있는 여성의 신분에 대한 명확한 정리가 필요하다고 주장한다. 우선 그는 여성에게 사회계약은 은폐된 성적 계약이자 노예 계약으로, 결혼으로 성인 여성의 정치사회적 신분이 결정되는 것임을 명백히 한다.

공적 세계에서 계약은 동등한 개인들 간의 교환이다. 그러므로 만일 그것이 사적 영역으로까지 확산된다면 결혼 관계에서 남성과 여성 사이의 지위의 불평등은 사라져야만 한다. 그러나 여전히 남편만이 아내에 대하여 정치적 권리를 행사할 수 있고 남성만이 그러한 남편이 될 수 있다. 이 또 다른 의미에서의 신분도 계약에 의해 대체되어야 한다. … 계약의 자유 혹은 적절한 계약은 성과 같은 인간의 실체적 속성을 고려하지 않아야 한다. 만일 결혼이 순수한 계약이라면 성차는 고려되어서는 안 된다. 남편과 아내는 성에 의해 결정되어서는 안 된다. 사실 계약의 관점에서 보면 남성과 여성이라는

것 자체가 의미가 없다.[29]

여성이 개인으로 계약당사자가 되어야 시민사회를 비롯한 공적 세계에 참여할 수 있게 된다. 노예는 노예제의 모순(노예의 인간성을 인정하지 않으면서 동시에 인정하지 않을 수 없는)으로 그 전제가 무너지면서 노예 상태에서 벗어날 수 있었지만, 여성은 여성의 신분을 고정하고 종속된 지위에서 벗어날 수 없게 한 사회계약의 전제가 여전히 존속하는 한 그 종속상태에서 벗어나기 어렵다.[30] 오랫동안 존재해왔던 결혼계약의 종속적 성격이 단번에 사라지기는 쉬운 일이 아니다. 동의에 의한 자유로운 계약이라는 이름으로 자행되는 노예적 복종 계약은 동의한 것이라 보기 어렵고, 자유도 아니다.[31] 존 스튜어트 밀은 자유와 노예제는 양립할 수 없는 것이라고 말한다. 밀의 입장에서, 노예계약은 법률상 무효인 것이다. 이에 대해서는 사회계약론자 루소가 이미 언급한 바 있다.

> 모든 사람은 평등하고 자유롭게 태어나므로, 자신의 유익을 위해서만 자신의 자유를 양도한다. … 노예화할 권리는 부당할 뿐만 아니라 사리에 어긋나고 무의미하므로 무효이다. 노예와 권리는 서로 배척하는 말이다.[32]

그렇다면 결혼계약은 어떠한가? 한 여성이 한 남성에게 향후 인생에서 자신이 전적으로 복종할 것임을 계약할 수 있는 것인가? 여기서 여성이 보낸 동의는 계약이론에서 말하는 동의에 해당하는 것인가? 위에서 언급한 바와 같이 루소는 노예계약을 전적으로 거부하고, 경제적 이유로 자신을 파는 모든 관계에도 부정적이었지만, 성적 계약에 있어서는 다른 반응을 보인다. 노예계약은 잘못되고 부당하다고 역설하면서도, 결혼계약에 대한 그러한 지적은 루소에게서 찾아보기 어렵다. 페이트만은 이렇게 지적한다.

"그 결과 루소에게는 노예제와 유사한 어떠한 관계도 정당하지 않고 복종 관계를 만들어내는 어떠한 계약도 유효하지 않다. 다만, 성적 계약을 제외하고."[33]

여기서 페이트만은 사회계약, 시민사회, 민주주의 담론에서 그동안 보이지 않는 듯이 존재해왔던 '성'과 '성차'의 문제를 제기한다. 여성의 결혼이 신분을 누군가에 귀속시키는 작업이 아니라 진정한 의미에서 한 인간의 동의에 의한 한 인간과의 결합이 되기 위해서는 여성의 시각에서 제대로 된 계약이 있어야 한다는 점이다. 페이트만의 말에 따르면, "신분에서 계약으로 완전히 이동한 사회에서는 일종의 귀속적 지위인 성에 대한 차이 개념이 없어져야 한다."[34] 성차에 대한 개념의 변화가 선행되지 않으면, 신분에서 계약으로의 전적인 이행이 이루어지기 어렵고, 설사 이행된다 하더라도 이와 연계되어 있는 가부장제가 동시적으로 변화하지 않으면, 지배와 복종의 관계로부터 벗어나려는 페미니스트들의 꿈은 아직 멀리 있다고 페이트만은 분석한다.

맺음말: 페미니즘과 민주주의의 미래

근대기획이 사회계약으로부터 시작되었기에 계약 당시 행위자의 상황과 동의 문제에 페이트만이 천착한 것은 지극히 당연한 이론적 귀결이다. 페이트만은 모든 이의 자유와 평등, 개인과 시민이 형성하는 시민사회에 대한 사회계약의 담론을 지지한다는 면에서 자유주의자이자 민주주의자라고 할 수 있지만, 사회계약의 이면에 존재하는 성적 계약의 종속적, 노예적 속성을 드러내면서 이에 대한 '성차'를 문제 삼는다는 차원에서 급진적이다.

페이트만의 민주주의는 따라서 페미니즘과 직접적으로 연관되어 있다.

그동안 여성이 사회계약의 이면에서 종속적 상태로 있었음에 대한 확인과 함께, 후속 작업은 이제 여성의 민주주의 사회로의 귀환일 것이지만, 이는 그렇게 단순한 일이 아니라는 것이 페이트만의 설명이다. 과거의 귀속적 신분질서로부터 계약사회로의 변화는 개인의 자유로운 상태로의 이행을 의미하는 것이며 개인을 구속했던 전체주의적 국가, 주인, 성차별 등에서 벗어나는 것을 의미하지만, 시민사회에서는 새로운 지배와 종속 관계가 형성되었다. 과거에서의 해방을 통해 새로이 들어선 것은 동의에 의한 시민적 예속[35]과 가부장권이라는 것이다. 동의에 의한 계약이 모든 이의 자유를 의미하기 위해서는 모든 이가 이미 해방되고 자유로운 인격적 개인이라는 전제가 있어야 한다. 이것이 플라톤적 이데아나 유토피아가 되지 않기 위해서는 동의와 계약에 따라다니는 노예제의 모순과 예속적 상황에 유의할 필요가 있다.

> 시민적 예속을 자유라고 부르는 것은 시민적 자유와 가부장적 권리의 상호의존성을 감추는 뛰어난 정치적 고안물이다. … 근대 계약론적 가부장제는 여성의 자유를 부정하는 동시에 그것을 전제한다. 그러한 전제 없이 근대 계약론적 가부장제는 작동할 수 없다. 성적 계약에 대한 논의는 이 문제에 대해 의미 있는 통찰력을 제공한다.[36]

이렇게 볼 때, 여성들의 시각에서 민주주의는 결코 존재한 적이 없다 해도 과언이 아니다. 여성들은 민주주의라고 알려진 그 어떤 나라에서도 완전하고 동등한 구성원과 시민으로 인정받은 적이 없다는 말이다. 2등 시민으로 사회에 등장한 여성은 민주주의 기관으로 일컬어지는 의회, 법원, 정당 등 모든 구조물에서 배제되고 제외되어 있으며, 설사 존재한다 해도 보조자에 불과하다. 현대 모든 국가에서 여성의 정치참여 및 사회 참여도를 통계 수치로 측정하고 발표하는 것의 의미가 바로 여기에 있다. 여전히 여성은 근대의 개인이나 시민으로서의 완전한 지위를 회복하지 못하고 있으며, 그 이유는 바로 성차의 문제를 정치적으로 해결해내지 못한 데 기인하는 것이다.

민주주의의 이행과 발전을 통해 우리는 수많은 권위적 구조와 사고체계로부터 해방되어온 것도 사실이지만, 여전히 해결되지 않은 채 강고히 존재하고 있는 권위적 구조물인 가부장적 권리체계의 문제는 미래로 가는 민주주의의 길목에 걸림돌로 작동하고 있다. 페미니즘은 민주주의를 가부장제라는 전 지구적 권력체계로부터 구해내려는 매우 어려운 과업을 담당하고 있다. 페미니즘이 가부장제를 어떻게 해체해내는가에 따라 우리의 민주주의는 다른 모습으로 우리 앞에 서게 될 것이다.

17세기에 사회계약에서부터 시민사회 전면에 등장한 가부장제는 민주주의의 확산과 함께 동반성장하여온 것으로, 결과적으로 민주주의의 미래지향적 발전의 발목을 잡고 있는 형국이다. 모든 이의 자유와 평등이라는 전제가 그 의미대로 적용되기 위해서는 가부장제의 근원이 되는 남성 권력의 근저에 놓여 있는 여성의 노예적 예속상태가 해결되어야 한다는 것이 21세기 민주주의와 페미니즘의 과제인 것이다.

개인의 자유와 평등이라는 전제 및 권위의 관례적 기반이라는 그것의 귀결과 여성들(아내들)은 자연적으로 종속되어 있다는 가정 사이의 모순은 그 [사회계약] 이후로 주목되지 않은 채로 있었다. 이와 유사하게, 여성들이 자연적으로 부차적이거나 종속상태로 태어난다면 이러한 지위에 대한 여성들의 동의나 합의는 잉여적이라는 문제에 대한 아무런 인정도 없었다. 이 모순과 역설은 민주주의 이론과 실천의 심장부에 놓여 있다.[37]

페미니스트적 관점에서 볼 때, 현대의 참여민주주의 담론은 여전히 분리되어 있는 가부장적 논리와 자유주의적 논증 사이에 갇혀 있다. 문제의 근본은 공적인 삶과 사적인 삶의 구분이 남성 가부장의 삶과 어머니 여성의 삶으로 이분화되고 있다는 데서 발견된다. 가사 분담과 경제 활동의 관계, 직장 내에서의 성별 분업, 직장 내에서의 일상과 성추행의 구분 등의 중요성에 대한 인지를 통해, 남성과 여성의 삶 모두에 존재하는 공적, 사적 영역의 존재에 대한 동시적 인정이 필요하고, '개인적인 것은 정치적인 것'(the personal is political)이라는 캐치프레이즈가 바로 그 시작인 셈이다. 페미니스트적 이론화 작업은 민주주의의 이론과 실천에 새로운 관점과 통찰력, 그리고 동력을 제공한다. 민주주의는 페미니즘과 동시적으로 움직이지 않으면 민주주의 저변에 자리 잡은 근본적 지배 형태를 변화시킬 수 없으며, 궁극적으로 민주주의는 퇴행적으로 움직이게 될 것이다. 페미니즘과 민주주의는 그 근원, 동력, 지향점, 목표 등 모든 면에서 하나라는 점을 역설하면서, 페이트만은 진정한 자유와 페미니즘을 실현시킬 수 있는 방법으로 최근 본격적으로 논의되기 시작한 기본 소득(basic income)[38]의 주장을 긍정적으로 검토하고 있다.

더 읽을거리

- Carver, T and S. Chambers eds. 2011. *Carole Pateman: Democracy, feminism, welfare*. New York: Routledge.

  편저자들은 '참여'를 강조한 캐롤 페이트만의 연구 성과를 이 책에서 종합적으로 다루고 있다. 페이트만의 저술, 논문, 연설, 기고문 등 다양한 자료를 통해 참여가 민주주의에 주는 효과를 분석하고 정책 결정에 대한 기여를 강조하면서, 편저자들은 페이트만의 글을 민주주의, 페미니즘, 복지라는 세 가지 주요 분야로 분류하여 제시한다.

- O'Neill, D., Mary Lyndon Shanley and Iris Marion Young, 2008. *Illusion of Consent: Engaging with Carole Pateman*. University Part, PA: The Pennsylvania State University Press.

  이 책의 편저자들은 페이트만이 그동안 해왔던 작업의 핵심적 문제를 다루고 있다. 따라서 이 책에서는 현대정치사상의 중심에서 전통적인 '동의' 개념을 비판하면서 정치참여와 민주주의, 계약이론과 성 평등, 자유주의와 정치적 의무, 그리고 최근에는 사회적 시민권, 복지, 기본소득과 같은 현대의 핵심 주제까지 포괄하는 페이트만의 정치사상이 전반적으로 개진되어 있다. 편저자들은 자신들만의 독창적 분석과 함께 토론을 진행하면서 페이트만의 연구를 비판적으로 분석한다.

- 캐롤 페이트만, 2001. 『남과 여, 은폐된 성적 계약』. 이충훈 · 유영근 옮김. 도서출판 이후.

  이 책은 페이트만의 사상이 집약된 역작으로 여기서 페이트만은 1970년대 초부터 재조명되고 있는 사회계약론에 '성적 계약'의 문제를 포함시켜, 근대적인 가부장제가 어떻게 확립되는가를 새롭게 밝힌다. '성적 계약'이라는 자신만의 독특한 개념을 통해 여러 페미니즘의 이론적, 실천적 한계를 드러내고 페미니즘을 민주주의적 관점에서 새롭게 재구성한다.

- 캐롤 페이트만 · 메어리 린든 쉐인리, 2004. 『페미니즘 정치사상사』. 이남석 · 이현애 옮김. 도서출판 이후.

고대부터 현대까지 여성의 종속에 대한 담론의 사상적 기초를 여성의 눈으로 정치사상의 고전들을 다시 본다는 차원에서 페미니스트 사상의 연구가 모아져 있는 책이다. 페이트만을 비롯한 이 책의 필자들이 가지는 문제의식은 단순한 비판을 넘어서 고전의 정독을 통한 정면 돌파라고 할 수 있다. '정치사상의 고전들이 페미니스트 이론가들에게 주는 함의나 고전 정치사상가들이 페미니즘 정치학에 기여하는 바가 무엇인가'라는 문제의식을 바탕으로 현대의 페미니즘 정치사상에 주는 영향력을 추적하고 있다.

- 캐롤 페이트만. 2018. 『여자들의 무질서』. 이평화 · 이성민 옮김. 도서출판 b.

이 책은 페이트만이 작성한 다양한 주제의 논문을 모은 것으로, 여성의 말이 무시되는 상황에 초점을 맞춘다. 로고스 정치로 표현되는 민주주의는 시민의 말로 이루어지는데, 여성의 말이 사회에서 무시되거나 왜곡되는 현상은 가부장적 정치시스템이기에 가능하다는 것이다. 사회의 모든 공적 영역에서 자행되는 여성에 대한 불평등과 폭력이 제어되지 않으면 민주주의는 없다는 것이 페이트만의 주장이다.

15.

구조적 부정의와
포용적 민주주의

아이리스 영

김희강

Iris Marion
Young

개요

영은 사회적 약자 입장에서 정의와 민주주의를 이야기한 대표적인 정치철학자이자 페미니즘 이론가이다. 영의 정치철학은 합리성과 불편부당성으로 무장된 근대성에 대한 비판을 담지하고, 이성 중심주의 서구 정치철학이 가정하는 이성/감성, 정신/육체, 공/사, 남성/여성의 위계적 이분법에 정면으로 도전한다. 영의 정치철학은 마르크스주의의 유물론적 요소, 포스트모더니즘의 해체주의적 특성, 하버마스의 의사소통 윤리, 실존주의적 대륙철학, 다양한 여성주의철학과 흑인철학의 면면을 의미 있게 흡수하면서, 사회정의론, 글로벌 정의론, 민주주의 이론, 여성주의 현상학 등의 분야에서 독보적인 이론적 틀을 구축한다. 영 정치철학의 목적은 그녀 자신이 강조하듯이, 어떤 대안의 포괄적인 정의론을 제시하는 것이 아니다. 오히려 그녀는 사회가 공공연하게 간과하고 묵인한 부정의를 밝혀내고, 이에 도전하는 것을 통해 정의에 대해 이야기하고 싶어 한다. 무엇보다도 영은 불평등과 부정의의 문제에 대해 심각하게 고심하고, 현대사회를 살아가는 일반 시민의 입장, 특히 사회적 약자의 관점에서 정의와 정의로운 민주주의에 대해서 치열하게 고민한다. 더 나아가 사회의 고질적이고 고착화된 부정의를 드러내고 교정해야 하는 우리 모두의 책임에 대해서 적극적으로 주장한다.

생애

아이리스 영(Iris Marion Young, 1949-2006)은 1949년 1월 2일 미국 뉴욕시에서 출생했다. 퀸스 대학에서 철학을 전공하고, 1974년 펜실베이니아 주립대학에서 '비트겐슈타인의 언어와 말'에 관한 논문으로 철학 박사학위를 받는다. 이후 영은 마이애미 대학, 우스터 공과대학 등을 거쳐, 1991년부터는 피츠버그 대학교의 '공공 및 국제문제 대학원'에서 정치철학을 가르쳤고, 1999년부터 2006년 8월 57세로 세상을 떠나기 전까지 시카고 대학교 정치학과에서 정의론, 민주주의 이론, 페미니즘 이론 등을 가르쳤다. 1970년대 영의 학문적 관심은 주로 현상학, 급진적 페미니즘, '여성의 체험, 체득, 그리고 체현'에 초점이 맞춰졌으며, 당시의 연구들은『여자아이처럼 던지기: 여성주의철학과 사회이론』(*Throwing Like a Girl: And Other Essays in Feminist Philosophy and Social Theory*, 1990)으로 출판되었다. 이 책은 추후에 몇 개의 장이 추가되어『여성 몸의 체험에 대하여: "여자아이처럼 던지기"와 다른 에세이』(*On Female Body Experience: "Throwing Like a Girl" and Other Essays*, 2005)라는 책으로 개정 출판되었다. 1980년대 영은 연구영역을 현대정치이론과 정의론 분야로 확장시키며, 분배의 문제를 넘어 집단 간 억압과 지배에 주목하는 신좌파 정의론의 새로운 지평을 열게 된다. 이러한 연구는『차이의 정치와 정의』(*Justice and the Politics of Difference*, 1990)로 출판되었고, 영은 이 책을 통해서 학자로서 대내외적인 명성을 공고히 하게 된다. 1990년대에 들어 영은 정의의 담지자로서 민주주의와 구체적인 사회정책을 다루게 되는데, 이는『교차하는 목소리: 젠더, 정치철학, 정책에서의 딜레마』(*Intersecting Voices*, 1997)와『포용과 민주주의』(*Inclusion and Democracy*, 2000)로 결실을 맺게 된다. 2000년대에는 전 지구적 정의와 책임이론에 보다 주목하게 된다. 팔레스타인/이스라엘 분쟁 및 9·11테러 이후의 안보 등의 이슈를 다룬『글로벌 도전: 전쟁, 자결, 정의를 위한 책임』(*Global Challenges: War, Self-Determination and Responsibility for Justice*, 2007)이 마지막 책으로 출판된 후, 유고작인『정의를 위한 정치적 책임』(*Responsibility for Justice*, 2011)이 출판되었다. 영은 냉혹한 현실 문제를 따뜻한 철학적 시각으로 분석한 가장 탁월한 학자이자 세상을 열렬히 사랑한 사회운동가였으며, 언제나 동등한 동료이자 학생을 살폈던 자상한 어머니와 같은 스승이었다.

주요 저술

Young, Iris Marion. 1990. *Justice and the Politics of Difference*. Princeton,

NJ: Princeton University Press.

Young, Iris Marion. 1997. *Intersecting Voices: Dilemmas of Gender, Political Philosophy, and Policy*. Princeton, NJ: Princeton University Press.

Young, Iris Marion. 2000. *Inclusion and Democracy*. Oxford: Oxford University Press.

Young, Iris Marion. 2005. *On Female Body Experience: "Throwing Like a Girl" and Other Essays*. Oxford: Oxford University Press.

Young, Iris Marion. 2007. *Global Challenges: War, Self-Determination, and Responsibility for Justice*. Cambridge, UK: Polity Press.

Young, Iris Marion. 2011. *Responsibility for Justice*. Oxford: Oxford University Press.

머리말

아이리스 영은 사회적 약자의 관점에서 정의(justice)와 민주주의를 논한 대표적인 정치철학자이자 페미니즘 이론가이다. 영 정치철학의 주요 아젠다는 사회정의, 글로벌 정의, 규범적 정책분석, 민주주의 이론, 여성주의 윤리, 여성주의 현상학으로부터 불평등, 차이, 원조, 전쟁, 임신과 낙태, 사회운동, 한부모가정 등까지 넓게 걸쳐 있다. 미국 출신인 영의 정치철학에 주요하게 영향을 미친 학문적 계기로는 다음의 두 가지를 꼽을 수 있다.[1]

첫째, 1960년대부터 미국 사회 전반적으로 진행되었던 민권운동이다. 흑인은 1870년, 여성은 1920년 이래로 평등한 참정권이 부여되었음에도 불구하고 20세기 중후반의 미국은 여전히 백인과 남성에게 유리하게 구조화된 불평등한 사회였다. 당시 흑인에 대한 차별은 공공연했으며, 공공장소에서 엄격한 인종분리정책이 시행되고 있었다. 여성 역시 교육 및 직업 선택에 있어 평등한 대우를 인정받지 못했다. 이러한 차별과 불평등에 대한 저항으로서, 본격적인 반인종주의운동과 페미니즘운동이 진행되었으며, 이는 후에 장애인운동과 동성애운동 등 여타 다른 사회운동으로까지 확대되었다.

영은 20대의 학창 시절에 이러한 민권운동을 경험한다. 이때 영에게 던져진 중요한 학문적 화두는, 무엇이 이들을 거리로 나와 투쟁하게 만들었으며, 어떻게 사회는 이들을 부당하게 대했는지에 대해서였다. 영은 이들이 겪고 있는 불평등과 부정의에 주목했으며, 이들의 목소리에 귀 기울임으로써 보다 정의로운 사회로 나아가기 위한 이론적 작업에 천착했다. 실제로 영의 많은 글의 모티브는 자신이 직접 참여한 다양한 사회운동 경험, 이를 통한 고민과 실천으로부터 시작한다.

둘째, 데카르트 이후 진행된 이성 중심주의 서구 정치철학에 대한 비판이다. 영 정치철학의 기저에는 합리성과 불편부당성으로 무장된 근대성에 대한 비판이 깊숙이 깔려 있다. 영은 이성 중심주의 서구 정치철학이 가정하는 이성/감성, 정신/육체, 공/사, 남성/여성의 위계적 이분법에 정면으로 도전하면서, 포스트구조주의, 포스트모더니즘, 해체주의, 마르크스주의, 페미니즘, 비판 인종이론, 분석 도덕철학 등을 선별적으로 받아들인다. 영의 정치철학은 마르크스주의의 유물론적 요소, 포스트모더니즘의 해체주의적 특성, 하버마스의 의사소통 윤리, 실존주의적 대륙철학, 다양한 여성주의 철학과 흑인철학의 면면을 의미 있게 흡수하면서 그녀 나름의 이론적 틀을 구축하고 있다.

영 정치철학을 관통하는 핵심 주제는 '정의'다. 그러나 영 자신이 인정하듯이, 그녀의 목적은 어떤 대안의 포괄적인(comprehensive) 정의론을 제시하는 것이 아니다.[2] 오히려 그녀는 사회가 공공연하게 간과하고 묵인한 부정의를 밝혀내고, 이에 도전하는 것을 통해 정의에 대해 이야기하고 싶어 한다. 무엇보다도 영은 불평등과 부정의의 문제에 심각하게 고심하고, 현대 사회를 살아가는 일반 시민의 입장, 특히 사회적 약자의 관점에서 정의와 정의로운 민주주의에 대해서 치열하게 고민한다. 더 나아가 사회의 고질적이고 고착화된 부정의를 드러내고 교정해야 하는 우리 모두의 책임에 대해서도 적극적으로 주장한다.

영 정치철학의 큰 부분은 '정의'라는 주제를 다루지만, 반면 다른 중요한 부분으로 여성주의 현상학에 대해서도 심도 깊게 논의한다.[3] 여성주의 현상학에서는 몸의 정치학(body politics)이라 지칭되는 (임신한) 여성의 몸에 투영된 가치와 권력관계를 주로 논의한다. 그러나 이 장은 구조적 부정의에 대한 문제의식, 정의의 조건으로서 민주주의, 구조적 부정의를 드러내고 교정해야 하는 책임을 중심으로 영의 논의를 살펴보고자 한다.

불편부당성의 허구와 비판이론

영의 정치철학에는 합리성(rationality)과 불편부당성(impartiality)으로 대표되는 이성 중심주의 서구 철학에 대한 비판과 회의가 근저에 있다. 특히 도덕적 이성의 핵심적 특징을 불편부당성으로 설정한 근대 윤리학의 전제에 강하게 도전한다. 기존 근대 윤리학은 어디에도 위치하지 않는, 즉 초월적인 도덕적 관점을 규범적 이상(normative ideal)으로 상정한다. 다시 말해, 현실의 구체적인 행위를 도덕적으로 판단하기 위해서는 그러한 도덕적 판단의 기준이 현실 밖에 위치한 불편부당한 입장을 취해야 한다는 것이다. 이러한 근대 윤리학의 대표적인 학자로 존 롤스를 들 수 있다. 롤스는 정의의 원칙을 산출하기 위해 원초적 상태와 무지의 베일이라는 가상의 상황을 설정하고, 이러한 가상의 상황 속에서 불편부당한 입장을 견지한 보편이론(universal theory)을 설립한다.

그러나 영에 따르면, 현실의 상황을 규범적으로 판단하기 위해 가상의 상태나 사고 실험을 상정하여 초월적인 도덕적 관점을 상정하려는 시도, 즉 '불편부당성의 이상'(ideal of impartiality)은 허구라고 밝힌다. 어디에도 위치하지 않는 초월적인 도덕적 관점이 있다는 가정은 그 자체로 불가능하며, 또한 모든 도덕적 관점은 불가피하게 어디인가에 위치해 있기 때문에 보편적일 수 없다고 보았다. 즉, 가상적 상황에 대한 전제로부터 시작하여 사회 기본구조에 적용되는 보편원칙을 개발하고자 하는 롤스의 의도는 필연적으로 성립 불가능하다는 것이다.[4]

영에 따르면, 규범이론은 필연적으로 맥락화되어 있다. 우리가 채택하는 규범적 관점은 역사적·문화적·사회적으로 구체적인 맥락(배경, 환경)에서 비롯된다. 따라서 현재 우리가 살고 있는 구체적인 사회와 괴리된 불편부당한 규범이론을 만들고자 하는 노력은 의미 없을 뿐만 아니라 성립할 수도 없다. 이 점에서 영은 근대 윤리학과 구별되는, 자신이 추구하는 규범 이론을 '비판이론'(critical theory)이라 칭한다. 비판이론은 사회적으로 맥락화되어 있는 규범이론으로서, 그 규범적 관점은 사회 속에서 나온다. 비판이론의 규범적 근거는 "인간의 도덕성, 인간 본성, 좋은 삶"과 같은 철학적이고도 추상적인 원리 혹은 불편부당성의 이상에서 나온 것이 아니라 실질적인 사회적 맥락과 구조로부터 비롯된다.[5] 비판이론은 사회의 구체적인 상황에서 비롯되었기 때문에 이는 불편부당하지도, 포괄적이지도, 보편적이기도 않다고 영은 설명한다.

하지만 사회의 구체적인 맥락에 위치해 있으면서 동시에 그 사회의 모순을 규범적으로 지적하기란 쉽지 않다. 왜냐하면 우리의 규범적 관점과 입장은 많은 경우 이미 공고화된 관습과 제도의 모습으로 정상화(normalize)되었기 때문이다. 따라서 비판이론이 규범적인 관점을 성공적으로 견지하기 위해서는, 다시 말해 그 사회를 의미 있게 비판하기 위해서는 제도화되고 정상화된 사회의 지배·억압 관계에 주목해야 한다는 것이 영의 주장이다. 이때 중요한 것은 지배하는 집단의 관점이 아닌, 억압받는 사회집단, 즉 차별당하며 주변화되고 소외된 피억압 집단의 관점에 주목해야 한다는 점이다. 피억압 집단의 관점에서 사회의 불의와 불평등을 지적함으로써 보다 정의에 가깝게 도달할 수 있다고 보았다. 영에게 정의란 추상적이고 불편부당한 유토피아라기보다, 우리가 현재 고통 받고 있는 부정의(injustice)에 대한 부정(negation)으로 이해된다.

분배 패러다임의 한계

1990년 『차이의 정치와 정의』가 출판된다. 이 책은 영의 정치철학에서 매우 중요한 의미를 갖는데, 무엇보다도 영은 이 책에서 비판이론으로서 자신의 규범이론을 '차이의 정치'(politics of difference)라는 이름으로 제시하고 구체화한다. 후술하겠지만, 이 책은 이후 영이 민주주의이론 및 책임이론을 발전시키는 데 있어 디딤돌 역할을 한다.

이 책에서 영은 분배 중심의 자유주의 정의론의 한계를 지적한다. 영에 따르면, 자유주의 정의론은 정의를 도덕적으로 정당한 분배로 한정하고 있다는 것이다. 예를 들어, 롤스에게 정의란, 부와 소득을 포함한 사회적 재화를 사회구성원에게 도덕적으로 정당하게 분배하는 것으로 이해된다. 그 결과 자유주의 정의론은 정의와 분배를 "동연"(coextensive)개념으로 간주하는 오류를 범하게 된다고 비판한다.[6] 물론 분배가 정의의 주요한 주제일 수는 있겠으나, 정의를 분배와 쉽게 일치시키거나 단지 축소시키는 시도는 옳지 않다고 보았다.[7]

영에 따르면, 분배 패러다임 정의론의 한계는 크게 두 가지로 압축된다. 첫째, 분배 패러다임은 재화(자원, 소득, 부, 혹은 사회적 지위와 권력 등)의 분배를 다룰 뿐, 분배가 이뤄지는, 다시 말해 분배의 패턴을 결정하는 제도적 맥락을 간과하거나 당연시 여긴다고 언급한다. 이는 분배가 이뤄지는 근본적인 제도적 맥락을 규범적 평가의 대상으로 삼고 있지 않다는 증거이다. 분배 패러다임은 정의의 쟁점으로 분배의 패턴에 주로 관심이 있을 뿐, 정작 분배를 일으키는 원인과 과정을 무시하는 정태적인 입장을 취하고 있다고 영은 비판한다. 예컨대, 분배 패러다임은 여성의 사회경제적 낮은 지위에 대한 보상을 이유로 재분배를 논의할 수 있겠지만, 왜 지속적이고 고질적으로 여성은 남성에 비해 낮은 사회경제적 지위에 자리하게 되는지에 대해 근본적인 문제를 제기할 수 없다고 지적한다.

따라서 분배 패러다임의 한계는 제도를 정의의 대상으로 간주하지 않고 오히려 기존 제도를 당연시함으로써, 결과적으로 부정의가 생겨나는 원인과 과정을 방관·묵인하게 될 뿐만 아니라 부정의를 강화하게 만든다는 것이다. 영이 언급하는 제도적 맥락이란 구조와 관습, 그러한 구조와 관습을 이끄는 관행과 원칙, 사회관계를 맺을 때 매개되는 언어와 표상 등을 모두 포함한다. 정의의 이슈에서 제도가 간과될 경우, 의사결정 과정에서의 부정의, 노동 분업에서 작동하는 모순, 문화적 담론의 지배 등을 다룰 수 없게 된다고 지적한다.

둘째, 분배 패러다임은 물질적 재화를 넘어 소위 비물질적(혹은 양적으로 측정할 수 없는) 재화까지 분배의 논리가 확장된다는 점에 있다. 예를 들면, 비물질적 재화인 권리, 기회, 자존감 등도 소유되고 분배되는 것으로 간주된다. 개인은 단지 소유하고 소비하는 원자론적 존재론의 대상으로 여겨지며, 사회는 이미 존재하는, 서로 절연된 개별 개인에게 재화를 분배하는 주체로 이해될 뿐이다. 영에 따르면, 분배 패러다임은 개인이 어떤 행동을 할 수 있게 되거나 혹은 할 수 없게 된다는 조건이 궁극적으로 사람들 사이 상호관계의 함수라는 점을 인식하지 못한다는 것이다. 예컨대, 권력을 '물건'과 같이 단지 소유되는 것으로 파악한다면, 권력이 '관계'라는 사실이 은폐되기 쉽다. 권력을 행사하기 위해서는 재화나 군사 장비 등 자원을 보유해야 가능하지만, 이러한 자원 자체가 권력을 의미하지 않는다. 권력의 본질은 이를 행사하는 사람은 자신의 의도를 손쉽게 관철시키고, 반면에 권력 행사의 상대방은 이를 자의적으로 묵인하게 되는, 즉 권력 행사 당사자와 상대방 사이의 관계에 있다.

결국 영은 정의란 분배가 아니라 지배와 억압과 관련된다고 주장한다. 정의는 사람들을 자유롭게 하거나 혹은 제약하는 조건, 즉 제도적인 지배와 억압을 주목해야 한다고 언급한다. 영이 관심을 갖는 지배와 억압은 단지 소수의 강압적 영향력이거나 특정한 정책의 결과라기보다, 오랜 기간에 걸쳐서 고착화된 사회 전반에 걸쳐 있는 "구조화된 지배와 억압"이다.[8]

영은 구체적으로 다섯 가지 억압의 양상을 제시한다.[9] 이는 착취(exploitation), 주변화(marginalization), 무력함(powerlessness), 문화제국주의(cultural imperialism), 폭력(violence)이다.

착취란 자본주의 시스템에서 생산수단을 소유한 자본가와 그렇지 못한 노동자와의 관계를 설명하며 주로 언급되는 개념이다. 자본가와 노동자 관계가 착취적이라는 것은, 자본주의 시스템 아래에서 자본가는 노동자로부터 권력을 이전받게 되어 권력이 증가될 뿐만 아니라, 노동자의 권력은 자본가에게 이전된 양 이상으로 줄어들게 되는 부정의를 일컫는다. 착취의 핵심은 한 집단 노동의 산물이 타 집단에 이득이 되도록 이전되는 항상적 과정이다. 즉, 착취라는 부정의는 한 집단으로부터 다른 집단으로 에너지가 지속적으로 이전되는 과정에 있고, 이는 동시에 한 집단은 부를 축적하게 하면서 다른 집단은 그렇지 못하게 되는 방식에 있다.

주변화란 자본주의 시스템을 사용할 수 없거나 사용하지 않으려는 사람들(예를 들어, 노인, 청년, 장애인, 복지수급자 등)이 명시적인 시민적 지위로부터 배제되는 것을 지칭한다. 다시 말해, 이들은 노동하지 않는 혹은 노동하지 못하는 사람들로서, 사회에서 자율적이고 생산적이며 독립적인 행위자로 분류되지 않는다. 이들은 일반적이고 유용한 사회생활에서의 참여가 배척되며, 그 결과 대부분 심각한 물질적 궁핍을 경험한다. 더 나아가 이들은 심지어 사회적 멸종에 몰리게 될 가능성이 높다. 주변화야말로 가장 위험한 억압의 형태일 수 있다고 영은 지적한다.

무력함이란 개인이 속한 조직 및 공동체의 의사결정에 참여하지 못하고 그 결정에 수동적으로 따르게 되는 것을 의미한다. 무력함의 전제는 의사결정에 참여하는 자와 그 결정을 단지 수행하는 자가 사회적으로 구분된다는 사실이며, 무력한 자들은 의사결정 권한이나 권력을 가지지 못한 채 권력 행사의 대상으로만 존재한다. 즉, 무력한 자들이란 명령은 무조건 따라야 하지만 명령을 내릴 권리는 거의 갖지 못하는 지위에 있는 사람들이다.

문화제국주의는 지배 집단의 경험과 문화가 보편화되고 유일한 규범으로 확립됨으로써, 이 집단의 경험, 가치, 목표가 사회의 지배적인 문화생산물(dominant cultural products)이 되어, 이들의 관점과 입장에서 사회의 사건과 요소들이 해석된다. 문화적으로 지배받는 집단은 고정관념에 의해 타자라는 표지가 붙게 되지만, 또한 동시에 이들은 사회에서 보이지 않는 존재가 되어버린다는 점에서 역설적인 억압을 경험한다. 문화적으로 지배받는 사람들은 타인의 눈을 통해서 자기 자신을 바라보며, 자신을 저평가하고 열등한 존재로 대상화한다. 지배문화가 산출하는 고정관념은 사회 내에서 자연스럽고 당연하게 받아들여지기 때문에 이에 비판적이기는 쉽지 않다. 문화생산물의 사례로, 지구가 태양을 도는 것이 일반적인 상식이듯, 게이는 성적으로 난잡하며, 아메리칸 인디언은 알코올의존자이며, 여자는 아이를 능숙하게 다룬다는, 즉 상식처럼 일반적으로 받아들여지고 있는 사회적 인식이다.

폭력은 강간, 폭행, 살인을 포함해 피억압 집단을 괴롭히는 다양한 행위를 포함한다. 그러나 영이 정의하는 폭력의 핵심은 단지 폭력적인 행위 자체로 국한되지 않는다. 영은 그러한 폭력 행위들을 가능하게 하고, 심지어는 받아들일 수 있는 것으로 만들어주는 사회적 환경과 맥락에 주목한다. 다시 말해, 폭력이 개인의 잘못된 행위를 넘어서서 사회부정의의 한 현상이 되는 것은 폭력이 체계적인 사회적 실천으로서 존재하기 때문이다. 폭력이 체계적이라 함은, 특정 집단의 구성원이라는 이유만으로 이들을 향해 언제 어디서든지 폭력이 행사될 수 있는 가능성이 항시적으로 존재한다는 점이다. 또한 폭력이 사회적 실천이라 함은, 폭력이 현재 발생하고 있고 또한 앞으로도 계속 발생할 것이라고 누구나 알고 있다는 점에서 폭력이 사회적으로 이미 전제되는 사실이라는 점에 있다. 이는 실제로 폭력을 직접 저지르지 않는 사람들의 경우에도 사회적으로 통용되는 논리에 따라 사회적 상상력으로 폭력은 항상 존재한다.

영에 따르면, 다섯 가지 양상은 어떤 억압의 전형을 보여준다기보다, 피억압 집단의 구성원들이 자신이 처한 부정의한 상황을 설명하기 위해 억압이라는 용어를 사용한 용례들의 집합으로 이해될 수 있다. 이들은 구체적인 사회적 맥락과 관계 속에서 억압을 경험하며, 이들이 경험하는 억압은 다면적인 양상을 갖는 일군의 상황이다. 이러한 억압은 기존의 분배 중심의 정의론으로는 제대로 설명될 수 없다.

사회집단과 '차이의 정치'

영의 규범이론이 주목하는 것은 지배와 억압과 같은 구조화된 불평등이다. 이때 불평등이 구조화되었다는 것은 매일 매일의 생활 속에서, 일상을 매개하는 당연한 언어와 상징 속에서, 함께 따르고 지키는 다양한 제도와 규칙 속에서, 누군가가 강제로 힘쓰거나 애쓰지 않아도 자연스럽게 불평등으로 유도되는 결과를 낳는다는 것이다. 동시에 구조화된 불평등은 판에 박힌 듯한 일상을 통해, 소통되는 대화와 유통되는 미디어를 통해, 준수된 제도와 규칙을 통해 지속적으로 재생산되고 고착화된다.

구조화된 불평등의 치명적 불의는 이렇듯 아무렇지도 않은 일상의 상호관계 속에서 특정 집단은 유리하게, 반면 다른 특정 집단은 불리하게 조건 지어짐에 있다. 예건대, 구조화된 젠더 불평등은 여성과 남성이 하는 관습화된 행동과 선택, 이들이 기대하는 (혹은 이들에게 기대되는) 사회적 역할과 태도, 이러한 기대, 역할, 가치가 투영된 시장제도와 사회제도를 통해, 일반적으로 여성은 불리한 삶의 궤적을, 남성은 유리한 삶의 궤적을 갖도록 산출된 결과이다.

영의 입장에서 구조화된 불평등은 고질적이고 고착화된 부정의이다. 규범이론이라면 구조화된 불평등의 모순과 불의를 지적할 수 있어야 하며, 이러한 지적을 위해 집단들 간의 관계에 특히 주목해야 한다고 설명한다. 즉, 구조의 문제점을 지적하기 위해서는 사회에서 발견되는 지속적이고 패턴화된 집단들 간의 불평등을 눈여겨보아야 한다는 것이다. 이 점에서 영은 사회적 통계의 유용성을 언급한다. 사회현황을 보여주는 통계수치가 젠더 변수에 있어서 유의미한 차이를 계속해서 보일 때, 예를 들어, 여성의 평균소득이 남성의 평균소득에 비해 상대적으로 낮으며, 이러한 젠더 격차가 몇십 년 혹은 몇 세대에 걸쳐 큰 변화 없이 지속된 경우, 그러한 젠더 불평등은 구조화된 불평등일 수 있음을 경계해야 한다는 것이다. 쉽게 말해, 계속되는 남녀의 평균소득 차이가 그 자체로 젠더 관계의 부정의를 증빙하지 못할 수 있어도, 젠더 관계에 있어 무엇인가 잘못되고 있음을 의심해보기에는 충분하다는 것이다.

특히, 영이 구조화된 불평등을 지적하며 주목하는 집단은 사회집단이다. 사회집단은 어떤 공유하는 속성을 지닌 사람들의 집합(집합체)이 아니며, 특정 목표를 위해 계약과 같은 자발적인 동기로 구성된 집단(결사체)도 아니다. 사회집단이 집합체 및 결사체와 구별되는 가장 주요한 특징은 관계에 의해 구성된 집단이라는 점이다. 지속적이고 체계화된 사람들 간의 관계는 사회구조로 나타나며 사회구조를 매개로 구성된 사람들의 집합이 사회집단이다. 사회구조는 일반적으로 '권력의 과정, 자원의 배분, 담론의 헤게모니'를 결정짓는다. 이 속에서 유리한 지위(위치)를 차지하는 집단과 불리한 지위(위치)를 차지하는 집단이 구별된다. 예컨대, 여성과 남성이라는 집단은 사회구조에 의해서 구성된 사회집단이며, 사회구조는 권력의 과정, 자원의 배분, 담론의 헤게모니 속에서 여성과 남성을 다르게 위치시킨다.[10]

영은 사회집단에 주목하는 자신의 규범이론을 '차이의 정치'(politics of difference)라고 부른다. '차이의 정치'란 집단들 간의 구조적 차이를 긍정하는 작업이다. 특히 피억압 집단이 경험하는 억압과 불이익에 주목함으로써, 사회의 고질적이고 팽배한 불평등의 구조를 밝히고 도전하는 이론적 기반을 마련한다. 다시 말해, 집단 간 차이를 제거하는 것이 아니라 인정함으로써, 배제된 집단이 사회의 주요 제도에 충분히 참여하고 포용될 수 있는 조건을 마련하고, 이를 통해 평등과 사회정의에 다가선다.

기존 정의론과 비교할 때, 영의 '차이의 정치'는 크게 세 가지 면에서 유의미하다. 첫째, 기존 정의론은 주로 '무엇'을 분배할 것인지의 문제(what to distribute)와 '어떻게' 분배할 것인지의 문제(how to distribute)를 논의한다. 반면 '누구'에게 하는 분배인지에 대한 문제(distribute to whom)에 대해서는 소홀하다. 영은 분배의 내용이나 분배의 패턴을 결정하는 것보다 분배의 대상에 대한 문제야말로 사회의 구조적 불평등을 직시할 수 있는 정의론의 핵심주제가 되어야 하며, '차이의 정치'는 이러한 '누구'의 문제에 주목하고 있다고 주장한다.

둘째, '누구'라는 문제에 있어, 영은 그 대상으로 개인도 공동체도 아닌 (사회)집단에 주목해야 함을 강조한다.[11] 이 지점에서 영의 주장은 1980년대에 유행했던 자유주의 – 공동체주의 논쟁의 구도를 뛰어넘는다. 이는 개별 개인에게 초점을 맞추는 자유주의나 공동체 전체에 관심을 갖는 공동체주의는 구조적 불평등을 지적하기에 부족함이 있음을 보여준다.

셋째, 영의 '차이의 정치'는 '정체성의 정치'라는 이름으로 논의되는 집단주의와 다르다. '정체성의 정치'란 특정 집단이나 그 집단 구성원들의 전형적인 경험과 활동이 사회에서 제대로 가치를 인정받지 못하는 경우 그에 대한 재해석의 요구라고 볼 수 있다. 1980년대 이후 정의론 연구의 또 다른 동향은 '분배의 정치'에서 '인정의 정치'로의 패러다임 변환이었다. 따라서 몇몇 학자들은 영의 이론을 '정체성의 정치'에 속하는 것으로 임의로 분류하기도 하였다.[12] 그러나 '차이의 정치'를 '정체성의 정치'로 등치시키는 것은 잘못이다. 영이 직접 강조하듯이, 사회집단의 논의와 '정체성의 정치'는 다르다. '정체성의 정치'는 집단 정체성에 대한 가치인정의 요구인 반면, 영의 사회집단 논의는 사회의 구조적 불평등과 부정의에 대한 도전이기 때문이다.

페미니즘운동의 딜레마와 '버스를 기다리는 사람들'

'차이의 정치'의 요체는 사회집단이 겪는 구조적 불평등의 모순을 지적할 수 있음이다. 거듭 언급했듯이, 영은 이러한 집단중심 논의가 집단이기주의로 비춰질 수 있음을 염려하고 '차이의 정치'를 '정체성의 정치'와 구분한다. 이러한 맥락에서 영은 집단 개념을 보다 정교화한다. 이러한 시도는 당시 제3기 페미니즘운동이 겪고 있는 딜레마로부터도 비롯되었다고 영은 밝힌다.

페미니즘운동은 다음의 세 단계로 발전되어 왔다. 제1기 페미니즘운동은 19세기 중반부터 20세기 초반까지 지속된 여성 참정권 운동이다. 제2기 페미니즘운동은 1960-1970년대 미국의 민권운동의 맥락에서 발견된다. 20세기 초반 평등한 투표권이 보장되었음에도 불구하고, 교육과 직장에 있어 성차별이 만연하는 등 여성은 경제사회적으로 여전히 2등 시민으로 간주되었다. 정치적 권리에 주목한 제1기 운동과는 달리, 제2기 페미니즘운동은 여성의 사회경제적 지위 향상, 차별금지 및 권리 보호에 주목한다. 동시에 이는 소위 여성적(feminine) 특징, 성격, 태도에 대한 사회적 가치 인정과 재평가를 강조하기도 했다. 1980년대부터 시작된 제3기 페미니즘운동은 여성들 간의 다양성을 강조한다. 제1기와 제2기 페미니즘운동이 남성과 구별·대립되는 여성이라는 본질적이고 통일체적인 집단을 상정하는 반면, 제3기 페미니즘운동은 여성이라는 집단에는 다양한 여성들의 모습이 있을 수 있음을 지적한다. 여성들 간의 차이를 강조하는 것이 제3기 페미니즘운동의 특징이라 할 수 있다.

그러나 제3기 페미니즘운동은 다음의 딜레마에 봉착한다. 페미니즘이라는 실천과 정치적 운동을 감안한다면 젠더를 집단으로 개념화하는 것은 불가피하지만 필연적인 작업이다. 그러나 젠더를 공통의 특성을 공유하는 단일화된 집단으로 묶는다면, 젠더 집단 내의 차이 및 다양한 젠더 정체성을 간과하고 배제하는 결과를 낳는다. 반면에 젠더 집단 내의 차이 및 집단 구성원의 다양한 정체성을 강조한다면, 집단으로서의 젠더는 의미를 잃게 된다. 젠더 집단에 기반을 둔 페미니즘의 실천성과 정치적 운동성을 잃게 되는 것이다. 이 점이 바로 딜레마이다. 즉, 여성을 단일한 집단으로 본다면 집단 내 다양한 정체성을 간과하는 결과를 낳고, 반면에 집단 내 다양한 정체성을 강조하면 여성이라는 젠더 집단성을 잃게 되기 때문이다.

영은 자신이 주장하는 사회구조와 관계에 기반을 둔 사회집단 개념이 이러한 딜레마를 해결할 수 있다고 보았다. 사회집단 개념은 여성의 집단성을 유지하면서도 동시에 집단 내 여성들 간 차이를 설명할 수 있다는 것이다.[13]

이와 관련되어 영은 장폴 사르트르(Jean-Paul Sartre)의 시리즈(series) 개념을 빌려온다. 실제로 사르트르는 집단으로서의 계급을 설명하기 위해 '시리즈' 개념을 활용했다. 시리즈는 특정한 대상에 대한 '실천적 – 관성적' 행위로 구성된 사회적 무리(social collectivity)를 말한다. 사회적 무리는 특정 대상에 대한 인간행위의 결과라는 측면에서 실천적이지만, 동시에 그러한 인간행위가 다른 사람들과의 관계를 통해 형성된 습관, 관행, 제도에 의해 제약된다는 측면에서 관성적이라고 보았다. 다시 말해, 시리즈는 개인의 선택과 행동의 결과로 만들어진 것이지만, 동시에 개인의 선택과 행동은 의도하지 않은 과거의 행동이나 제도에 의해 조건 지어진 것이라는 의미이다. 따라서 시리즈는 사람들이 서로 무정형적으로 분리된 채 분포된 모습도 아니지만, 그렇다고 어떤 공통의 목적을 공유하며 조직된 집단도 아니다. 시리즈란 충분히 조직화되지 않았으며, 공동의 목적의식도 형성되지 않은 사회적 무리를 의미한다.

시리즈의 예로서 영은 '버스를 기다리는 사람들'을 제시한다. '버스를 기다리는 사람들'은 개개인의 버스를 기다리는 행위(실천적)에 의해서, 그러나 동시에 버스라는 대중교통수단(버스노선, 버스시간 등)이라는 사회적 제도(관성적)에 의해 형성된 무리이다. '버스를 기다리는 사람들' 개개인을 살펴보면, 이들의 최종 행선지, 버스를 타는 이유, 각자의 정체성, 개인이 가진 삶의 경험 등은 모두 다르다. 이들 무리 자체는 어떤 공유된 지향도 목적도 가지고 있지 않다. 그러나 이 무리는 결집력 있는 집단행동을 할 수 있는 어떤 잠재력을 가지고 있다. 예를 들어, 버스가 시간표대로 제때 오지 않는다면, 이들은 버스회사에 서비스 불만을 성토할 수 있으며, 불만과 공포의 경험을 다른 이들에게 전파할 수 있고, 또는 이들 중 대표를 정해 버스회사에 항의하거나 택시를 불러 공유하는 등 특정한 집단행동도 가능하게 한다. 이때 '버스를 기다리는 사람들'은 혼자가 아닌 서로 간에 연결된 시리즈가 되는 것이다.

여성이라는 집단도 마찬가지이다. 시리즈로서 여성을 개념화하는 것은 모든 여성이 공통된 속성이나 어떤 조건을 공유한다고 전제하지 않고서도, 인간관계망에 의해 느슨하게 묶인 사회적 무리로서 여성을 생각할 수 있게 한다. 성별 노동 분업 및 이성애 중심의 사회구조는 사회적 무리로서 여성과 남성을 다르게 위치시킨다. 젠더화된 사회구조는 집단구성원의 사고와 행위의 방향을 집합적으로 조건 짓게 함으로써, 여성에게는 불리하게 상대적으로 남성에게는 유리하게 작동한다. 그러나 이때 사회구조가 개별 여성의 정체성을 결정하는 것은 아니다. 개별 여성은 스스로의 정체성을 구성하고 만든다. 다만 이들이 속한 시리즈는 정체성 형성의 조건이 된다.

포용적 민주주의

『차이의 정치와 정의』가 비판이론의 입장에서 부정의를 다루었다면, 이로부터 10년 뒤 출판된『포용과 민주주의』는 민주주의를 통해 정의의 내용을 채우는 시도라고 할 수 있다.『포용과 민주주의』는 구조적 불평등을 직시하고 교정하기 위해 피억압 사회집단의 관점이 대표되고 소통될 수 있는 민주주의에 대한 논의이다.

　민주주의는 정치적 평등이라는 규범적 이상이다. 따라서 민주주의를 단지 전략적 선택이나 선호의 총합으로 보는 것은 그 규범성에 부합하지 않는다. 이 점에서 영은 심의(deliberation)로 이해되는 공적 토론과 의사결정 과정을 통해 정치적 평등이 반영·실현될 수 있는 심의민주주의가 다른 어떤 민주주의보다 규범적 이상에 보다 충실하다고 평가한다. 그렇다고 해서 모든 심의민주주의가 정치적 평등이라는 규범적 이상을 언제나 담보하는 것은 아니다. 정치적 평등이라는 민주주의의 규범성은 공적 토론과 의사결정 과정에 그 토론과 의사결정에 영향받는 사람들이 얼마나 실질적으로 참여하는지, 참여한 이들이 의사결정을 하는 데 있어 얼마나 정당하고 평등한 기회를 갖는지, 그리고 그러한 의사결정 결과가 정의를 위한 사회변화에 얼마나 기여하는지에 달려 있다고 볼 수 있다. 그러나 기존 심의민주주의는 이러한 규범성에 도달하지 못한다고 영은 비판한다. 그 이유는 심의 내용 및 방법 측면에서 피억압 사회집단에 대해 충분히 포용적(inclusive)이지 못하기 때문이다.

첫째, 기존 심의민주주의는 심의의 내용이 공동선(common good) 혹은 공익(public interests)에 호소하는 방향으로 전개되어야 한다고 전제한다. 즉, 공동체 전체의 화합과 이익을 위하는 방향으로 심의되어야 한다는 것이다. 그러나 영은 공적 심의가 공동선에 호소한다면 사회의 억압과 지배, 그리고 구조적 불평등으로부터 야기된 집단 간의 차이를 설명할 수 없다고 지적한다. 왜냐하면 사회 구조적으로 우위에 있는 집단은 자신의 경험과 관점에 부합하는 공동선을 정립하는 데 상대적으로 유리한 조건을 가졌기 때문에, 그 결과 공동선 혹은 공익이라는 아이디어는 흔히 배제의 수단이 되기 쉽기 때문이다.[14]

따라서 공적 심의가 진정으로 포용적이 되려면, 심의과정과 결과에 사회 구조적으로 다른 지위를 지닌 집단의 구체적이고 특수한 관점, 입장, 경험이 포함되어야 하며, 이러한 관점, 입장, 경험의 차이가 소통을 통하여 공적 의사결정으로 반영될 수 있어야 한다고 영은 주장한다. 주변화되고 배제된 사회집단의 관점을 통해서 사회의 구조적 불평등을 비판할 수 있고, 이러한 비판을 근거로 정의를 향한 사회변화를 주도할 수 있다고 보았다.

둘째, 기존 심의민주주의는 감정을 배제한 채 이성을 중심으로 이뤄지는 소그룹 면대면 상호작용으로서의 심의를 이해한다. 심의란 이해관계자들 간의 공적 논쟁이 이성적이고 예의 있고 질서정연하고 담담하게 논증되는 방식이라는 것이다. 그러나 이러한 논리는 주변화되고 차별받는 사회집단을 심의 과정에 제대로 포용할 수 없다. 영은 이를 내부적 배제라고 칭한다. 피억압 사회집단은 공적 심의의 주체로 인정받지 못하는 외부적 배제를 경험할 뿐만 아니라, 이들이 공적 심의의 테이블에 앉게 된다 할지라도, 기존 심의방식은 이들을 내부적으로 배제시킨다는 것이다. 이들이 심의 과정에 진정으로 포용되고 당당한 심의의 주체로서 역할하기 위해서

는 보다 넓고 다양한 의사소통 형태가 심의의 방법으로 고려되어야 한다고 영은 주장한다.[15]

　예를 들면, 심의의 시작은 피억압 집단을 반갑게 맞이하고 이들의 존재를 긍정하며 서로를 인정하는 (인사과 같은) 호의표시(greetings)로부터 비롯되어야 한다. 이러한 인사는 향후 토론을 지속하는 데 필수적인 상호 인정과 신뢰를 구축하는 데 필수적이다. 또한 언어로 표현되는 논증뿐만 아니라 시각적 영상, 팻말과 현수막, 가두시위, 거리공연 등도 다양한 소통방식으로 고려되어야 한다고 주장한다. 이러한 소통방식은 토론과 토론참여자의 폭을 확장하며, 피억압 집단의 요구와 관점을 대표하여 다른 이해관계자의 입장을 설득하고 변화시키는 데 기여할 수 있다.

　영에 따르면, 사회집단이 자신의 차별화된 관점에서 심의의 논리를 펼치는 것은 당연하며, 따라서 심의과정에서 자신의 관점이 공동체 모두에게 이득이 된다고 설명할 필요는 없다고 설명한다. 그럼에도 불구하고 사회집단의 관점이 그 집단의 이익만을 위한 것이라고는 볼 수 없다고 설명하는데, 그 이유는 피억압 사회집단의 관점은 궁극적으로 사회정의에 호소하기 때문이다. 따라서 집단으로 차별화된(group-differentiated) 관점은 공적 심의에서 정보를 극대화시키고 보다 정의롭고 현명한 결정을 내릴 수 있는 환경을 제공한다고 영은 지적한다.

　이 점에서 영은 사회집단의 구체적이고 특수한 관점이 공적 심의의 장애가 아니라 자원(resource)이라고 설명한다.[16] 사회의 구조적 불평등으로 인해 상대적으로 불리한 지위를 점유한 집단의 관점과 경험이 공적 심의에 포함된다면, 이는 사회의 부정의를 비판하고 보다 정의로운 사회를 향한 토대로써 작동할 수 있다는 것이다. 따라서 공적 심의에서 집단으로 차별화된 관점이 포함되고 이러한 관점이 실질적으로 의사결정에 영향을 미칠 수 있다는 것은, 집단 간 평등한 관계를 보장할 뿐만 아니라 다양한 관점이 동등한 관심을 받아야 한다는 민주주의의 입장과 근본적으로 양립한다고 보았다.

이러한 배경에서 영은 피억압 집단이 대표되는 집단대표제(group representation)를 지지한다. 사회 부정의를 인지하고 비판하려면, 피억압 사회집단의 차별화된 관점의 구체성과 특수성이 배제되어서는 안 되며, 오히려 그러한 구체성과 특수성을 가진 관점이 공적 심의에 포함되는 것이 허용되고 또한 그러한 허용이 보장되어야 한다고 보았다. 이를 통해서만이 차별, 배제, 억압, 소외당하는 사회집단이 자신만의 목소리를 가질 수 있으며, 그래야만 공적 심의 과정 속에서 제대로 포용되고 인정될 수 있다는 것이다. 따라서 집단대표제는 불리한 처지에 있는 집단이 자신의 경험과 역사 그리고 사회적 지식을 토대로 문제를 제기하고 논쟁을 야기함으로써, 사회적 사유과정을 보다 공정하게 구성하는 데 기여할 수 있다. 이것이 바로 사회집단의 관점이 대표되어야 하는 이유이고, 또한 '차이의 정치'가 요구되는 지점이다. 가장 현명하고 가장 정의로운 정치적 판단을 위한 정치적 토론은 사회적 차이를 인정하고, 이를 주목해야 하며, 이를 통해서만이 공정과 정의를 만들어갈 수 있다고 영은 보았다.

결과적으로, 영이 생각하는 민주주의는 '이질적 공중'(heterogenous public)이 대표되며, 이들의 관점이 심의 과정에 충분히 포용될 수 있는 제도이다.[17] 공동선의 추구를 위해서 차이와 특수성을 초월해야 한다는 이상에 호소하는 '동질적 공중'(homogeneous public)의 가설은 왜곡된 것이라 지적하고, 기존 심의민주주의가 전제하는 '동질적 공중'을 정면으로 비판한다. 반면, 영에게 민주주의는 의사결정에 관여하고 영향을 받는 모든 특정한(particular) 사회집단에 목소리와 표결권을 확실하게 보장하는 제도이며, 이러한 보장을 통해서만이 민주주의가 부정의에 대적하고 정의를 증진하는 최선의 정치적 수단이 될 수 있다고 보았다. 민주주의가 정의를 증진하려면 민주주의가 먼저 정의롭지 않으면 안 된다. 이것이 바로 영이 주장하는 '포용적 민주주의'이다.

구조적 부정의와 정의를 위한 정치적 책임

『정의를 위한 정치적 책임』은 책 출판을 목적으로 집필해놓은 원고를, 영의 사후 2011년 영의 딸 모겐 알렉산더 영(Morgen Alexander-Young)이 어머니를 대신하여 출판한 저서이다. 이 저서에서 영은 구조적 부정의를 바로잡고, 정의를 위한 민주적 조건을 마련하며, 더 나은 사회를 만들기 위한 책임에 대한 논의를 구체화한다. 특히 이 저서를 통해 영은 구조적 부정의에 대한 논의를 개별 국가 수준에서 전 지구적 수준으로 보다 확장시킨다.

앞서도 언급했듯이, 구조적 부정의란 개별 개인의 잘못된 행동이나 정부의 특정 정책에 기인한다기보다, 주어진 제도와 규칙, 일상에서 당연히 받아들여지는 관습과 규범 속에서 사람들이 자신의 목적과 관심을 추구하는 자연스러운 과정과 결과로서 나타나게 된다. 따라서 영은 자연스러운 협력과 그 과정에 속한 모든 사람이 구조적 부정의에 대한 책임을 갖는다고 주장한다. 다시 말해, 협력과 경쟁을 통하여 우리가 구조의 과정과 체계에 속해 있는 이상, 우리 모두는 어느 정도 구조의 부정의에 일조하고 있는 셈이기 때문에, 우리 모두는 부정의를 직시하고 교정할 책임이 있다는 것이다. 영은 이러한 책임을 '정치적 책임' 혹은 '사회적 연결(social connection) 모델에 기초한 책임'이라 칭한다.[18]

영에 따르면, 기존의 법적·도덕적 책임 개념으로는 구조의 억압과 지배 문제를 제대로 설명할 수 없다고 보았다. 왜냐하면 기존의 법적·도덕적 책임은 주로 가해/피해의 이분법적 틀로 설명하는데, 구조의 모순은 그러한 이분법적 시각으로는 적절히 규명될 수 없기 때문이다. 예를 들어, 기존의 법적·도덕적 책임은 개인 혹은 집단의 행동이 규율이나 규칙을 어기거나 피해를 야기했을 때, 그러한 잘못에 대해 책임을 져야 하는 의무가 있다고 설명한다. 반면에 구조적 부정의의 경우, 구조의 잘못이 개인 혹은 집단의 특정한 행동에 의해서라기보다 다수가 제도와 구조의 과정에 참여함으로써 야기된 것이기 때문에, 특정 개인에게 책임을 개별화하거나 분리시키는 것은 불가능하다. 물론 우리의 행동이 구조와 구조가 낳은 결과에 얼마나 일조하는지, 개인의 행동과 구조의 부정의 사이에 얼마나 직접적인 인과관계가 있는지에 대해 명확하게 밝히기는 어렵다. 따라서 정치적 책임은 그 책임의 근거를 행동과 결과 간의 직접적인 인과성이 아니라 구조적 부정의를 야기하는 제도와 과정의 참여에서 찾는다.[19]

영이 언급한 전 지구적인 구조적 부정의 사례인 저개발국의 노동 착취를 살펴보자. 많은 다국적 기업들은 저개발국에 공장을 세워 노동 집약적인 의류, 신발 등을 제조하며, 이렇게 제조된 의류와 신발 대부분은 유명 브랜드를 달고 상대적으로 저렴한 가격으로 선진국에서 팔린다. 저개발국 공장 노동자의 노동환경은 상상할 수 없을 정도로 비인간적이다. 그렇다면, 만연된 저개발국의 노동 착취는 누구의 책임인가? 저렴한 가격의 의류와 신발을 사고자 하는 선진국 소비자는 노동 착취의 책임에서 자유로울 수 있을까? 노동 착취가 일어나는 저개발국 공장장, 다국적기업 혹은 노동환경을 관리하는 저개발국 정부만이 노동 착취의 책임이 있는가?[20]

영은 선진국 소비자의 매우 일상적이고 합리적일 수 있는 소비행위가 결과적으로 저개발국의 노동 착취에 기여하고 있다고 밝힌다. 소비자는 유명 브랜드의 상품을 보다 저렴한 가격에 원하고, 다국적 기업은 보다 저렴한 노동력을 찾아 저개발국으로 이동한다. 저개발국에 수천의 하청업체를 두고 있는 다국적 기업은 제조 원가를 최대한 줄이려 노력하고, 하청업체는 이에 부응하기 위해 임금 노동을 더욱더 가혹한 조건으로 내몰게 된다. 영에 따르면, 저개발국 노동 착취를 국내 소비자의 탓이라 비난하는 것은 불합리할 수 있겠지만, 선진국 소비자의 일상적이고 합리적일 수 있는 소비가 궁극적으로 어느 정도 부정의에 일조하고 있음은 부인할 수 없는 사실이라는 점이다. 즉, 노동 착취를 야기하고 유지하는 거대한 구조에 선진국 소비자의 행위가 일조하고 있는 이상, 선진국 소비자가 노동 착취에 대해서 책임이 있다고 보았다.

정치적 책임은 누구를 탓하거나 비난하기 위한 책임이 아니며, 부정의의 생산·재생산에 직간접적으로 관여한 구성원 모두가 구조의 잘못을 지적하고 이를 바로잡아야 할 책임이 있다. 이는 현재 진행 중인 구조의 모순에 대한 책임을 의미한다. 그래서 정치적 책임은 현재의 구조 그 자체의 변화를 요구한다. 구조를 변화시켜서 잘못을 교정한다는 것은 과거에 대한 보상과 처벌보다는 구조의 변화가 야기할 미래의 정의로운 사회에 대한 정당한 기대이다. 따라서 정치적 책임은 미래 지향적이다. 또한 정치적 책임은 어떤 개인의 특정 행동에 대해 보상을 요구하거나 처벌을 부과하는 것이 아니라 구조에 속한 모든 사람에게 구조를 변화시킬 수 있도록 집단행동을 요구하는 것이다. 구조적 부정의에 기여하는 제도와 과정에 참여한 개인이 모두 함께 제도와 과정을 바꾸는 책임을 이행함으로써, 그러한 제도와 과정이 낳는 부정의를 최소화하려는 목적을 갖는다. 이러한 변화는 한 개인의 노력만으로 이뤄지지 않으며, 관계를 조직하고 행동을 조율하기 위해 다른 사람들과의 공적인 소통과 연대가 필요하다.

무엇보다도, 정치직 책임의 핵심 과제는 일상적이고 당연시 여겨지는 구조의 모순과 균열을 드러내는 것이다. 이는 권력을 소유한 일부 영향력 있는 행위자는 구조의 현상 유지를 통해 항시적인 이익을 얻고 있는 반면, 그렇지 못한 사람은 피해를 보고 있다는 사실을 폭로하는 것에서 시작되어야 한다. 착취당하고 지배당하는 사람은 권력자에게 정의를 요구해야 한다. 정의의 요구는 권력자를 비난하는 것이 아니라 권력자에게 그들의 책임을 공개적으로 추궁하는 것이다. 따라서 구조적 부정의를 정치적으로 쟁점화할 때 중요한 것은, 피억압 집단의 사람들이 겪는 특정 고통은 사실상 많은 사람이 참여해 발생한 부정의라는 것을 드러내는 것이며, 이는 부정의를 야기하는 구조와 과정을 실제로 바꿀 수 있는 구체적 힘을 가진 사람들에게 구조의 변화를 실행해야 함을 촉구하는 것이다. 이것이 바로 사회구성원인 우리 모두가 실행해야 하는 정치적 책임의 지점이다.

맺음말

영의 정치철학은 합리성과 불편부당성으로 대표되는 이성 중심주의 서구 철학에 대한 비판으로부터 시작된다. 비판이론의 입장에서 '정의'를 논의하는 영의 규범이론은 자유주의 분배적 정의론의 한계, 지배와 억압에 주목하는 구조적 부정의에 대한 이해, 사회집단론과 '차이의 정치', 정의의 조건으로서 제시되는 포용적 민주주의, 그리고 구조적 부정의를 직시하고 교정해야 할 사회구성원의 책임을 다루는 정치적 책임 논의를 포함한다.

무엇보다도 영의 정치철학은 현재의 한국 사회를 시의성 있게 설명할 수 있는 유용한 이론적 틀을 제시할 수 있다. 가속화·지속화되는 부의 불평등, 부유한 사람들은 더 쉽게 부유해지고 가난한 사람들은 더 쉽게 가난해지는 모순된 경제구조, 만연한 경제 불평등과 끈끈하게 연계된 교육·돌봄의 불평등 및 세대 간 불평등, 지배와 억압이 삶의 일상을 잠식해가고 있는 갑질 문화, 여성·장애인·노인 등 사회적 약자를 배척하고 혐오하는 사회문화와 제도, 이러한 사회적 약자에게 사회경제적으로 불리하게 돌아가는 사회시스템 등 작금의 한국 사회가 직면한 이러한 현실은 영이 언급한 구조적 부정의의 구체적인 양상이라 할 수 있다. 영의 정치철학은 기존 정치철학으로는, 즉 예를 들면, 불편부당성의 이상을 상정하는 정의론, 자유주의 분배 패러다임, '동질적 공중'을 전제한 민주주의 이론, 가해/피해의 이분법적 책임이론으로는 구조의 모순과 잘못을 지적하기 어려울 뿐 아니라 오히려 이를 방관하고 묵인하는 결과를 낳는다는 점을 여실히 보여준다.

구조의 모순과 잘못을 지적하기 위해서 고통받는 사람들 혹은 곤경에 처했다고 생각하는 사람들의 불만과 울음소리를 잘 듣는 것으로부터 비롯된다고 영은 설명한다. 이들의 불만과 울음소리에서 사회를 평가하는 규범의 잣대를 찾을 수 있음이다. 이것이 바로 정치철학자에게 부여된 책임이다. 영에 따르면, 철학자도 여느 사회구성원과 마찬가지로 사회적 맥락과 환경에 필연적으로 위치 지어진다. 만약에 사회가 억압과 피억압의 관계로 양분된다면, 철학자도 역시 억압을 하거나 혹은 반대로 억압에 도전하는 입장 중 하나에 위치 지어질 뿐이다. 다시 말해, 정치철학자는 현실과 동떨어진 불편부당한 관점이 아니라 현실의 고통받고 곤경에 처한 이들의 목소리를 대변해야 한다는 것이다.[21] 이는 세상을 초월한 시각에서 누군가를 평가할 수 있다고 보는 기존 정치철학자의 허상과 오만함을 꾸짖음과 동시에, 고통받고 곤경에 처한 이들을 외면하면 안 된다는 정치철학자의 사명을 언급한 것이기도 하다.

추상의 언어로 정의를 이야기하는 정치철학자였지만 동시에 불의에 맞서 피켓을 들고 가두시위에 참여하는 사회운동가였으며, 불평등과 부정의에 정면으로 비판적이었지만 동시에 이를 교정할 수 있는 사회정책을 제안하고 건설적인 책임을 논의한 학자였던 그녀의 이론적·실천적 논의의 반향은 정의, 민주주의, 페미니즘 등 개별 주제를 넘어 서구 정치철학 전반의 지평을 넓히는 데 크게 공헌하였다.

더 읽을거리

• 아이리스 영. 2017. 『차이의 정치와 정의』. 김도균 · 조국 옮김. 모티브북.
'정의'에 관한 영의 대표적인 저작의 번역서이다. 분배적 정의론에 대한 비판 및 구조적인 지배와 억압을 다루는 '차이의 정치'를 논한다. 한국어 이외에도 20개국 이상의 언어로 번역되었으며, 미국정치학회에서 '여성과 정치' 분야에서 탁월한 저서를 대상으로 수여하는 '빅토리아 슈크상'을 수상하기도 했다. 1990년 초판 이후 2011년 재판되었으며, 2011년 판에는 시카고 대학의 정치학과 동료였던 다니엘 앨런(Daniel Allen)의 서문이 담겨 있다.

• 아이리스 영. 2018. 『정의를 위한 정치적 책임』. 허라금 · 김양희 · 천수정 옮김. 이화여자대학교출판문화원.
구조적 부정의를 지적 · 교정할 수 있는 대안의 책임 개념으로 '정치적 책임'을 제시하고 있는 번역서이다. 개별 국가 수준을 넘어서 전 지구적 부정의 및 역사적 부정의 문제를 더불어 살펴볼 수 있다. 영의 유고작이다. 영을 추모하는 배우자 데이비드 알렉산더(David Alexander)의 머리말과 시카고 대학 동료였던 마샤 누스바움(Martha Nussbaum)의 서문을 볼 수 있다.

• 아이리스 영. 2020. 『포용과 민주주의』. 김희강 · 나상원 옮김. 박영사.
'정의'와 함께 영의 대표 주제인 민주주의 이론을 주도적으로 다루고 있는 번역서이다. 현대정치철학 분야에서 민주주의를 이론적 · 규범적으로 접근하고 있는 손꼽을 만한 저서이다. 민주주의에 관심 있는 독자들에게는 필히 권장한다. 정의로운 민주주의, 즉 '포용적 민주주의'와 함께 참여와 대표, 시민 사회, 광역(regional) 거버넌스에 대한 주제도 다룬다.

16.

성차의 정치사상

뤼스 이리가레

정인경

Luce

Irigaray

개요

이리가레는 서양 철학의 가부장적인 전제를 폭로하고 철학사 전반에 걸친 '여성적인 것'의 배제를 비판하면서 '성차'(sexual difference) 개념을 발전시킨다. 존재론적이고 인간학적인 차이로서 성차는 생물학적 성으로서 섹스(sex)와 사회문화적 성으로서 젠더(gender)의 이분법을 넘어, 자연적 현실로서 육체와 그것의 문화적 표상의 관련을 사고하기 위한 독창적인 이론적 고안물이다. 이러한 성차의 이론화를 통해 이리가레는 남성적 주체성으로 환원될 수 없는 여성의 고유성을 역설한다. 이리가레가 보기에 성차에 관해 침묵한 채 남성과의 평등만을 요구하는 것은 여성에게 자멸적인 전략일 수 있다. 평등 요구의 전제인 인간성 통념 자체가 성차를 무시한 남성적 주체성 모형으로서 여성의 섹슈얼리티와 임신·출산하는 육체를 일종의 장애로 간주하기 때문이다. 이러한 문화적 통념에 맞서 이리가레는 여성의 육체를 긍정적으로 가상할 수 있는 상징을 발명하려고 시도한다. 여성의 고유성에 입각한 권리의 제안이 그것이다. 나아가 그녀는 서로 다른 두 성이 그 차이를 존중하면서 공존할 수 있는 문명화된 관계 양식으로서 성차의 윤리를 제시한다.

생애

뤼스 이리가레(Luce Irigaray, 1932-)는 1932년 벨기에에서 출생했다. 그 외 성장환경을 비롯한 개인사에 관해서는 별로 알려진 바가 없다. 여성이 지적 논쟁에 진입하는 것 자체가 쉽지 않은 남성 지배적인 학계에서 여타의 정보들이 사상가로서 자신의 작업을 해석하는 데 부정적인 영향을 미칠 수 있다고 생각한 이리가레가 인터뷰에서 개인적인 질문을 받는 것 자체를 꺼렸기 때문이다.[1] 그녀는 벨기에 루뱅 가톨릭 대학과 뱅센느에 있는 파리 8대학에서 수학했고, 1968년에 언어학 박사학위를 받은 데 이어 1974년에 철학 박사학위를 받았다. 자크 라캉(Jacques Lacan)이 1964년에 창설한 파리 프로이트 학회(Ecole Freudienne de

Paris)에서 정신분석학을 공부하기도 했다. 그러나 서구 철학과 정신분석학이 여성적인 것의 배제에 기초하고 있음을 신랄하게 비판한 철학 박사학위 논문 『스펙쿨룸』(1974)이 출간되면서 그녀는 프로이트 학회에서 파문당했고 뱅센느의 강의 자리도 잃었다. 영미권 문학비평을 통해 쥘리아 크리스테바(Julia. Kristeva), 엘렌 식수(Hélène. Cixous)와 더불어 프랑스를 대표하는 '차이의 페미니스트'로 소개되었고 '여성적 글쓰기'의 전도사로 알려졌다. 하지만 정작 이리가레는 영미권 문학연구자들이 자신의 개념을 오도한다며 불만을 표하면서 자신의 작업이 철학적 전통에 속하는 것임을 강조했다.[2] 그녀는 여성운동과 관련을 맺는 등 정치활동에도 적극적이었는데, 특히 이탈리아 공산당 내 여성 그룹과 함께 작업하면서 성차를 존중하는 문화를 배양하기 위한 여러 정치적 기획들에 관여했다. 1964년 이래로 이리가레는 프랑스 국립과학연구센터의 연구원으로 있으며, 2019년 현재 철학 분과의 연구위원장을 맡아 여전히 왕성한 연구와 출판 활동을 하고 있다.

이
리
가
레
—

441

주요 저술

Irigaray, Luce. 1985. *This Sex Which Is Not One*, Cornell University Press.

Irigaray, Luce. 1994. *Thinking the Difference: For a Peaceful Revolution*. Routledge.

Irigaray, Luce. 1993. *Je, tu, nous : toward a culture of difference*. Routledge.

Irigaray, Luce. 1996. *I Love to You*. Routledge.

머리말

오늘 여성이 공적으로 발언하고 행위할 수 있는 정치의 주체라는 점은 의심의 여지가 없다. 그러나 얼마간 진전된 평등에도 불구하고 임신·출산·양육 등의 역할을 여성의 '자연적' 소명으로 여기는 관습은 여전하다. 이에 따르면, 여성은 육체에 속박된 존재로서 정신적 초월이 불가능하다. 여성의 육체를 성적으로 대상화하는 실천도 만연하다. 이는 남성과 다른 여성의 고유성, 즉 육체의 차이가 여성을 배제하거나 차별하는 요인이 되고 있음을 보여준다.

성에 따른 차별금지나 동등한 기회 요구는 이러한 현실에 맞서는 데 충분하지 않다. 그것은 남성의 육체 및 '남성성'을 인간성의 표준으로 삼는 성에 관한 위계적 통념을 건드리지 않을 뿐만 아니라, 여성의 육체 및 '여성성'을 폄하하는 기존의 인식을 반복할 위험마저 내포한다. '제2의 성'으로서 여성의 지위를 극복하기 위해서는 여성이 체현한 차이에 관해 침묵하거나 그것을 부인하지 않으면서 이 차이를 다룰 필요가 있다.

뤼스 이리가레가 성차(sexual difference)의 질문을 제기하는 것은 바로 이러한 맥락에서이다. 이리가레는 모든 시대는 하나의 질문에 몰두한다는 하이데거의 말을 인용하면서 우리 시대가 지적으로 탐구해야 할 중요한 질문이 바로 성차라고 말한다.[3] 그녀가 말하는 성차란 인간 종을 사고하는 가장 기본적인 차이로서, 서로 다른 두 성이 존재한다는 명백한 현실에 근거한다.[4]

문제는 문화의 상징 질서, 특히 성별 동일화(identification) 과정에 영향을 미치는 남성과 여성의 육체에 관한 표상이 남성을 인간의 전형이자 보편적 주체로 가공하는 한편, 여성을 그것의 부정 또는 결핍으로 제시한다는 데 있다. 오직 한 성만이 가치를 독점한다는 점에서 성차는 '부인'된다.[5] 담론

질서 내 남성의 특권적 위치는 남성의 가치·꿈·욕망이 지배적이며 그것들이 여성의 사회적 역할과 성적 동일성마저 정의하는 데에서 확인된다.[6]

사실 남성과 여성이 문화와 자연, 정신과 육체, 이성과 감정 등의 개념 쌍에서처럼 근본적이고 우월한 항과 그것의 지배를 받는 부차적이고 열등한 항의 이원구조로 이해된다는 점은 이미 여러 페미니스트가 비판해왔다. 이리가레의 독창성은 여기에서 한 걸음 더 나아가 진정한 차이의 관계로서 성차를 실현하려 한다는 데 있다. 그녀는 성차 없이는 세계가 재생산될 수 없다는 점을 환기하면서, 독자적인 성으로서 여성의 고유성이 인식되고 그 욕망이 긍정될 수 있는 변화를 모색한다.

이러한 이리가레의 작업은 그녀 자신의 분류에 따라 세 국면으로 나뉠 수 있다.[7] 초기 작업은 남성의 성을 규범으로 삼는 서구 담론의 가부장적인 성격을 비판한다. 이 시기에 그녀는 정신분석학의 개념과 방법을 원용하여 주요 사상가들의 저작을 비판적으로 독해한다. 중기 작업은 여성의 고유성을 긍정하는 상징의 창조에 몰두하는데, 법과 권리는 그 유효한 매개로서 사고된다. 후기 작업은 상이한 두 주체로서 여성과 남성의 윤리적 공존을 모색한다. 여기에서 그녀는 하나가 다른 하나에 예속되지 않는 새로운 관계의 모형으로서 '둘'을 제시한다.

이상의 구분은 이리가레의 주요 관심과 강조점의 이동을 드러내기 위한 하나의 이해 방식일 뿐, 각 시기의 작업이 완전한 단절이나 이행으로 파악될 수 있는 것은 아니다. 오히려 세 국면의 주제들은 언어학, 정신분석학, 철학에 걸친 이리가레의 작업 전반에서 지속적으로 등장하며 변주되는 논점이라고 할 수 있다. 이 점에 유의하면서도, 이하에서는 시기별 주요 논점의 변화를 따라 이리가레의 논의를 개관해보도록 한다.

평등인가, 차이인가?

『제2의 성』의 서문에서 보부아르는 남성적·여성적이라는 용어가 대칭적으로 사용되지만 그것이 실제로 대칭적인 차이의 관계를 나타내는 것은 아니라고 지적한다. '남성이 주체이고 절대자'이며, 여성은 남성과 관련해서만 정의되고 분화되는 '우연적이고 비본질적인 타자'이다.[8] 보부아르는 이것이 남성이 강요한 질서일 뿐이라고 단언하면서도, '여성적인 것'은 열등성을 강화할 뿐이라고 생각한다. 여성도, 남성과 마찬가지로, 인간적 초월·자유·자율성을 실현하는 주체가 되려면 여성성을 극복해야만 한다는 주장이다.

이리가레 역시 오직 남성만이 가치를 독점한 성이며, 여성적인 것은 남성의 부정 또는 결핍으로 간주된다는 데 동의한다. 지금까지 주체에 관한 모든 이론은 항상 남성적인 것에 의해 영유되어 왔으며 남성만이 보편적 인간의 전형이자 단일한 주체의 형상으로 인식되어 왔다는 것이다.[9] 그러나 이리가레는 보부아르와 정반대의 결론에 도달한다. 남성의 대립물이 아닌 독자적인 성으로서 여성의 주체성을 옹호하는 일종의 '타자되기'를 추구하는 것이다.

이리가레는 보부아르가 "서양 문화에서 이류가 되지 않기 위해 '타자'이기를 거부"하면서 "결국 나는 남성이고 싶다, 나는 남성적 주체이고 싶다"는 의식을 드러냈다고 비판한다.[10] 보부아르가 남성적 주체성 모형을 그대로 수용하면서 여성의 고유성을 인간성의 실현에 부적합한 것으로 규정하는 기존의 통념을 반복한다는 지적이다. 이리가레가 보기에 남성처럼 되기 위해 차이를 부정하는 것은 여성에게 자멸적이다.

이러한 맥락에서 이리가레는 평등의 언어에 문제를 제기한다.[11] 평등은 비교의 대상을 전제하며, 여성운동이 목표로 하는 것은 당연히 '남성과의 평등'(equal to man)이다. 남성이 누리는 이러저러한 권리들을 여성도 향유할 수 있어야 한다는 이 요구의 바탕에는 여성이 남성과 다르지 않다는 가정이 깔려 있다. 그런데 문제는 이렇게 같음을 강조하며 남성과의 평등을 요구할수록 여성이 체현한 차이는 부정적인 잔여로만 취급된다는 사실이다.

물론, 당면한 실천에서 평등을 반대할 수는 없다. 인간적 공통성에 입각한 권리 주장으로서 평등 요구는 중요할 뿐만 아니라 필수적이며, 그것이 이루어낸 성과도 무시할 수 없기 때문이다. 이리가레 역시 오늘 성차의 질문이 제기될 수 있는 토대를 마련한 것이 평등의 요구였음을 부정하지 않으며, 여성이 생활의 모든 측면에서 남성과 동등한 기회를 누릴 수 있도록 요구하고 차별적인 관행에 대항하여 마땅히 투쟁할 필요가 있다고 생각한다.[12]

그러나 이리가레는 평등의 요구가 전부가 되어서는 안 된다고 역설한다. 그것만으로는 충분치 않다는 것이다. 명백히 여성들은 과거에 누리지 못했던 여러 권리들을 향유하지만, 이리가레가 보기에 여성이 남성과 평등하다는 말은 현실을 오도할 뿐이다. 실제로 여성에게는 특정한 사회적 공간이 열렸다가 다시 봉쇄될 뿐만 아니라 오직 소수의 여성만이 최고의 지위에 오를 수 있으며, 이 과정에서 여성은 남성과 달리 상당한 대가를 치러야 한다.[13]

또한 이리가레는 남성과 '같은/평등한' 여성은 '남성처럼' 되었을 뿐이라고 지적하면서 여성운동이 "권력 구조를 그대로 둔 채, 권력의 재분배만을 목표로 할 때" 여성으로서 기여할 수 있는 것이 아무것도 없다고 경고한다.[14] 심지어 그러한 운동은 여성의 곤란을 교묘하게 은폐할 수도 있다. 특정 분야에서 일부 여성이 거둔 성공이 전반적인 여성의 지위에 관한 관심을 흐릴 수 있으며, 더 중요하게는 여성을 타자로 규정하는 문화적 통념을 약화시키지 못하기 때문이다.

오늘 여성이 직면한 곤란을 고려하면 이리가레의 비판은 충분히 새겨들을 만하다. 노동, 학문 등 공적 영역에 진출한 여성은 여성으로서도, 그리고 남성의 등가물로서도 불편하게 인식된다. 섹슈얼리티를 둘러싼 성적 긴장과 갈등이 '여성으로서' 처한 곤란을 보여주는 것이라면, 가족과 일터를 오가며 일하는 여성의 취약성은 남성의 '등가물로서' 직면하는 불안정성을 드러낸다. 이는 섹슈얼리티와 재생산에서 식별되는 여성의 고유성을 적합하게 다루지 못하는 평등 요구의 내재적 한계라고 할 수 있다.

따라서 이리가레는 여성의 동일성(identity) 형성에 영향을 미치는 문화의 상징과 표상의 유형을 문제 삼지 않은 채 여성에게 더 많은 영역을 개방하려는 시도는 피상적인 변화만 가져올 뿐이며, 성차가 문명 속에서 발전할 수 있는 다양한 가능성을 상상하는 데에도 적합하지 않다고 주장한다. 실천적으로 평등을 달성하기 위해서조차 이념적인 지표 또는 장기적인 전망의 수준에서 평등이 목표가 되어서는 안 된다는 지적이다. 그녀는 성 차별의 토대가 명백히 성차에 근거하고 있는 만큼, 성 해방 역시 성차를 통해 추구될 수밖에 없다고 단언한다.[15]

'평등의 페미니즘'을 비판하는 이러한 논의는 종종 '차이의 페미니즘'으로 분류된다. 그러나 이러한 규정은 이리가레의 작업을 이해하는 데 그다지 유용하지 않다. 그녀가 성차를 강조하는 것은 맞지만, 그렇다고 해서 이미 존재하는 '여성성'의 긍정을 주장하는 것은 아니기 때문이다. 실제로 이리가레는 '우리 여성'은 '당신 남성'과 다르다고 주장하는 미국의 '차이의 페미니스트'가 성의 관계를 변화시키는 데에는 관심이 없다고 비판한다.[16] 문화 속에서 발현되는 차이로서 남성성·여성성을 그대로 수용한 채, 주관적인 여성의 특수성을 배타적으로 옹호할 뿐이라는 지적이다.

이리가레가 문제로 지목하는 것은 자명한 것처럼 간주되는 성차에 관해 무지하고, 무관심하다는 점이다. 그녀에 따르면, 서양 문화에는 인간을 오직 남성으로 환원해온 관념만이 존재할 뿐이며, 그런 의미에서 여성의 고유성이 문화 내에서 적합한 표상을 획득한 적이 없다.[17] 이로 인해 여성은 성별 동일화 과정에서 훼손을 입게 된다. 더욱이 문화적으로 승인된 '여성성'은 여성의 주체성을 저해하는 요인으로 작용할 뿐이다. 이리가레는 이러한 담론 질서에 균열을 내는 근본적인 변형을 추구하면서 성차를 진지하게 탐구해야 할 질문으로 제시한다.

성차, 섹스와 젠더의 이분법을 넘어

페미니스트 논의에서 성 간의 차이는 주어진 것으로 전제되거나 극복의 대상으로 다뤄질 뿐 적절히 개념화되지 않는다. 더욱이 1970년대를 거치며 페미니즘의 성에 대한 이해는 특정한 방향으로 발전하게 된다. 자연적 사실로 간주되는 섹스(sex)를 무시하는 대신에 사회적 규범을 의미하는 젠더 (gender)를 주요 분석 범주로 채택하는 경향이 두드러지게 된 것이다. 여성의 열등성을 '자연적인 것'으로 정당화하는 생물학적 결정론에 대한 거부감이 '사회문화적' 성으로서 젠더 개념을 적극적으로 수용하게 된 배경이라고 할 수 있다.

젠더는 각 성에 적합한 행동에 대한 사회적 기대와 이러한 기대 하에서 개인들이 발전시키는 자기이해 및 정신적 특징을 가리킨다.[18] 여성은 "태어나는 것이 아니라 만들어지는 것"이라는 보부아르의 언급은 페미니스트 젠더 접근의 선구적 예시라고 할 수 있다. 이러한 접근에 따르면, 남성성·여성성은 생물학과 무관하게 사회 내에서 습득된 임의적 특질 및 행동 형태이다. 특히, 수동성 및 의존성과 결부되는 여성성은 남성 지배적인 사회 규범에 의해 인위적으로 부과된 것으로서 여성의 자존감을 박탈하고 자율성을 부정하는 방식으로 작동한다.

여기에서 주목할 지점은 사회에 편재하는 강력한 성 역할 규범으로서 젠더가 압도적으로 문화적인 특성으로서 이해된다는 사실이다. 이는 젠더가 인위적 구성물이며 따라서 변화 가능한 것임을 의미한다. 유구한 생물학적 편견에 도전하고 양성 관계의 변화를 도모할 수 있는 유용한 범주로서 젠더가 수용되는 것도 바로 이 때문이다. 더욱이 성의 사회문화적 구성을 강조하는 젠더 범주의 활용은 성의 차이가 궁극적으로 무효화(neutralization)될 수 있으며 그것이 바람직하다는 가정도 내포한다.

그러나 문화적 산물로서 젠더라는 통념은 인간의 자연적 육체와 그것의 사회적 존재 방식을 분리한다는 점에서 문제가 있다. 이러한 분리는 자연과 문화, 육체와 정신의 위계적인 이원론을 반복하면서 육체를 수동적인 정신의 통제 대상으로 바라보도록 한다. 또한 이로부터 의식적인 노력을 기울이면 젠더는 교정될 수 있다는 합리주의적 견해도 도출된다. 교육을 위시한 제도와 관행을 바꿈으로써 남성성·여성성 통념을 바꾼다는 인식이 그것이다.

이리가레는 이러한 주장이 피상적인 문화 비평의 수준에서만 그럴듯해 보일 뿐이라고 지적한다. 그녀가 보기에, "생물학적 설명을 일체 거부하는 것은 여성에 대한 착취를 이해할 수 있는 열쇠 자체를 거부하는 것"과 같다. 왜냐하면 그 생물학에 기초하여 여성에 대한 착취가 일어나기 때문이다.[19] 나아가 이리가레는 성 간 차이를 무효화하는 것은, 설령 그것이 가능하다 하더라도, 인류의 종말을 의미할 뿐이라고 단언하고 성 간의 평등을 원한다면 성차를 이론화하는 것이 필수적이라고 말한다.[20]

이리가레가 정교화하는 성차 개념은 무엇보다도 인간 종의 존재와 특성을 사고하는 가장 기본적인 현실을 가리킨다. 이러한 논의가 생물학적 차이를 옹호하는 것 아니냐는 질문에 대해 이리가레는 차이의 물질적 현실을 부정할 수 없다고 답하면서 자연적 산물로서 두 육체의 현존을 강조한다. 그녀에 따르면, "인간 주체, 여성과 남성은 단순한 사회 효과가 아니다. … 여성을 단순한 사회적 결정으로 환원하면서 여성적 주체성과 동일성의 고유성을 기각하는 그 누구도 여성을 가부장제에 희생시키고 만다."[21]

그렇다고 해서 성차가 단순히 생물학적인 성과 동일한 것은 아니다. 성차의 존재론적 지위를 인정하는 동시에, 육체는 투명하게 드러나지 않으며 오직 문화적 상징과 은유를 매개로 체험된다는 점을 유념할 필요가 있다. 자연적 두 육체의 현존이 물질적 현실이라면, 이러한 현실은 언어를 매개로 해서만 표상되고 인지되는 것이다. 이리가레는 이를 "성차는 언어 외적인 자연적 사실로 환원될 수 없다"는 말로 표현한다. 요컨대, 성차는 언어 형성의 조건인 동시에 언어에 의해 조건 지어진다.[22]

이처럼 이리가레의 성차 개념은 육체의 현존과 결부되는 동시에 그것이 문화 속에서 상징을 매개로 표상되는 바에 주목함으로써 자연과 문화 사이에 가교를 놓는다. 문화의 집단적 상징은 개인의 동일성 형성에 영향을 미치는데 이리가레가 보기에 그 상징 질서는 기본적으로 성적인 것으로서 여성·남성의 육체에 대한 표상이다. 이러한 표상은 남성이 남성으로, 여성이 여성으로 되는 주체화 과정에 영향을 미친다. 그런 의미에서 모든 주체는 성별화된 주체이며 성적으로 고유한(sexually specific) 주체라고 할 수 있다.

따라서 이리가레가 보기에 중요한 것은 각 성에 속하는 고유한 가치를 정의하고, 지금까지 존재한 적이 없는 각 성이 존중받는 문화를 배양하는 것이다.[23] 한 성이 다른 한 성을 중심으로 이해되면서 성차가 '부인'되어 온 것이 문제이므로, 이제 성차가 존재하도록 해야 한다는 주장이다. 이를 위해 그녀는 남성의 결핍이나 반대물이 아닌 고유성을 지닌 독자적인 성으로서 여성을 이해하고 여성의 욕망이 긍정적으로 표상될 수 있도록 성차의 권리를 정식화한다.

성차의 권리와 여성 시민의 동일성

이리가레는 성차의 관점에서 볼 때, 현재의 사회질서가 중립적이지 않기 때문에 단지 여성의 동등한 참여를 독려하는 것만으로는 부족하다고 지적한다. 그녀가 보기에 기존의 시민적 동일성은 여성이 동일화할 수 없는, 또 완전히 동화될 수 없는 동일성이다. 따라서 그녀는 남성을 모형으로 한 시민의 형상에 성별을 부여하여 성적으로 고유한 두 시민의 형상을 창출하고자 한다.

이리가레는 이것을 명시적으로 보편주의적인 기획으로 제시하는데 이는 인간에게 성이 있다는 사실과 각 성에 고유한 특징은 개별적 차이나 집단의 특수성이 아니라 바로 인간 종의 구체적 보편성의 수준에 위치한다는 사실에 의해 정당화된다. 그녀에 따르면, "자연법칙 외에 남녀 모두에게 타당한 보편은 존재하지 않는다. 여타의 보편은 모두 부분적인 구성"이다. 따라서 그녀는 인간 문화의 기본 요소로서 남녀 모두를 위해 타당한 법을 만드는 것이 "가장 먼저 확립해야 할 보편"이라고 주장한다.[24]

이는 남성이 누리는 권리를 여성도 누릴 수 있어야 한다는 주장의 근본적인 한계를 지적하는 것이다. 이리가레가 보기에 여성이 마땅히 누려야 할 권리란 여성으로서의 가치를 발견하고, 이를 위해 수 세기 동안 지속되어온 사회·문화적 가치들을 변형해야 함을 인식할 때 비로소 획득될 수 있다. 장기적으로 남녀의 평등은 성별화된 성 이론 없이는, 각 성에 따른 권리와 의무를 다시 쓰지 않고서는 얻어질 수 없다는 것이 이리가레의 주장이다.[25]

예를 들어, 그녀는 〈세계인권선언〉의 조목과 현실을 대비하며 의문을 제기한다.[26] 〈세계인권선언〉 7조 '모든 사람은 법 앞에서 평등하고 법의 동등한 보호에서 어떠한 차별도 받지 않아야 한다'는 규정은 평등을 확립하는 중요한 원칙이다. 하지만 여성 육체와 남성 육체의 동등한 대우가 의미하는 바가 무엇인지, 그것이 과연 바람직한지, 만일 차별이 이뤄지고 있다면 이와 관련하여 궁극적으로 호소할 수 있는 상징은 무엇인지에 관한 의문은 해소되지 않는다.

21조는 '모든 사람은 공무에의 동등한 접근권을 갖는다'고 규정하고 있다. 그렇다면 왜 현실에서 여성 정치지도자들은 그렇게도 적은가? 이것은 가족 내에서 여성이 담당하는 가사노동과 양육 부담 문제와 결코 분리되어 사고될 수 없다. 이러한 물질적 제약으로 인해 실제적인 '동등한 접근권'은 존재하지 않는 것과 마찬가지이다. 또한 17조는 '누구도 임의로 자신의 소유를 박탈당할 수 없다'고 명시한다. 그렇다면 강간을 비롯한 여성 학대는 무엇인가? 포르노그래피와 같은 미디어에 의한 여성 육체의 착취는 또 어떠한가?

이러한 사례들을 열거하면서 이리가레는 '보편적' 인권선언이 실제로 보편적이지 않다고 주장한다. 일반적이고 추상적인 권리의 진술 자체가 여성의 현실에 거의 무용하다는 지적이다. 성차의 고유성 자체를 자연적인 것, 또는 사적인 것으로 배제하는 현대 정치 일반의 성 맹목(sex blindness)은 가족 밖의 여성을 마치 성이 없는 존재처럼 취급한다. 그러나 이는 여성의 사적 생활과 사회적 동일성을 분리시키는 것으로서 사실상 기만이며 여성에게 오히려 해로울 따름이다.

마찬가지로, 일반적으로 법은 중성적 개인에 근거하여 성립되며 그 결과 성별 특성을 적합하게 인식할 수 없다. 특히, 법의 이러한 성 맹목성은 여성에게 고유한 위험이나 욕구가 관건이 될 때 더욱 문제적이다. 예컨대 낙태의 쟁점이나 성폭력 사안에서 두드러지는 여성 육체에 대한 통제적 시선이 그것이다. 남성의 육체를 특권화하는 반면, 여성의 자기 결정은 부인하는 법적 관행은 근본적으로 여성의 재생산 역량이나 섹슈얼리티의 독자성을 승인하지 않는 문화에서 기인한다.

따라서 이리가레는 여성이 여성으로서 자신의 동일성에 적합하게 권리를 손질하는 것이 최상의 방법이라고 주장한다.[27] 실제로 존재하지 않는 중성적 개인의 추상적 권리를 대체할 수 있는, 각 성에 적합한 권리를 재정의할 필요가 있다는 것이다. 그녀에 따르면, 헌법이나 모종의 권리 헌장에서 여성의 고유한 권리들을 정식화함으로써 여성이 이미 획득한 권리들을 계속 보유할 수 있도록 하고, 그것들이 실제로 작동하도록 하며, 여성적 동일성에 더 걸맞은 다른 권리들을 발명할 수도 있다.

구체적으로, 이리가레는 "여성의 시민적 동일성을 확립하기 위해서 입법을 요구해야만 하는 몇 가지 변화들"에 관해 말한다.[28] 우선, 그녀는 여성이 '인간으로서' 존엄성을 유지하기 위해 필요한 가장 기본적인 가치 또는 규범을 세 가지로 제시한다. 첫째, 여성의 육체와 이미지가 상업적으로 이용되지 않을 것 둘째, 모든 공적 행동 또는 말과 이미지에서 여성들이 적합하게 표상될 것 셋째, 모성과 같은 여성의 기능적 부분에 대한 착취를 중단할 것 그것이 그것이다. 이와 더불어 이리가레는 여성이 '여성으로서' 긍정적 동일성을 확립할 수 있도록 하는 권리를 제안하는데, 처녀성의 권리와 모성의 권리가 대표적이다.

먼저, 이리가레는 여성의 "육체적 · 도덕적 완전성(integrity)"을 표현하기 위한 상징으로서 처녀성(virginity)을 제안하고 이를 여성의 권리로서 옹호한다.[29] 처녀성이라는 표현은 순결을 연상시키지만, 남성과의 성관계 여부로 규정되는 전통적 관념의 단순한 반복은 아니다. 여성의 가치를 결정하는 것으로서 보존되어야 하는 전통적인 처녀성은 여성 자신의 소유가 아니라 아버지 또는 남편의 재산일 뿐이다. 반면 이리가레가 말하는 처녀성의 유지와 그것의 침해에 대항할 권리는 여성이 자신의 정신과 육체를 온전히 소유할 수 있어야 한다는 원칙을 지시한다.

이리가레는 처녀성이 해부학적인 것과 무관함을 밝히면서 "여성이 그녀의 처녀성을 지키지 않는다면 그녀 자신의 동일성을 상실할 것"이라고 말한다.[30] 이러한 처녀성은 여성이 여성으로서의 동일성을 보존하고 배양하는 역량으로 정의되는 정신적인 처녀성이자 여성의 불가침의 자기 소유의 독특한 차원을 지시한다. 이리가레에 따르면, "우리가 처녀로 태어나는 것은 분명하다. 그러나 우리는 또한 문화적·가족적 속박으로부터 우리의 육체와 영혼을 구원하기 위해서 처녀가 될 필요가 있다. 처녀로의 생성은 여성이 정신적인 것을 정복한다는 말이다."[31]

이러한 전망은 소년과 달리 소녀가 자율적이고 독립적인 개인 또는 시민의 동일성을 획득하기 어려운 현실에 대한 비판을 담고 있다. 예컨대 이리가레는 명시적으로 "소녀들의 처녀성이 거래되는" 문화를 비판하며 소녀들을 위한 이러한 자율적 동일성이 "성관계에 대한 자유로운 동의와 소외되지 않는 결혼제도"를 위해 본질적이라고 지적한다.[32] 이처럼 처녀성의 권리는 자신에 대한 정절(fidelity)이라는 의미에서 보면 일반적인 것이지만, 가족·국가·종교 집단에 의한 처녀성의 상업적이고 사회적인 착취에 맞서 자신의 육체적 완전성을 통제할 수 있는 소녀의 권리라는 의미에서 보면 상당히 구체적인 것이라고 할 수 있다.[33]

또한 처녀성의 권리는 성폭력을 쟁점으로 한 갈등을 다루는 데 중요한 참조점이 될 수 있다. 이리가레는 성폭력이 개별 사건으로만 다뤄지면서 비폭력이라는 적극적 원리에 호소하지 못하는 점을 지적한다. 더욱이 매 사건에서 피해를 당한 측이 범죄를 입증해야만 하는 현실은 여성의 고통을 가중시킨다. 이에 대해 그녀는 개별 범죄에 대한 형법상의 제재를 넘어, 여성의 육체의 자기 소유 원칙을 확립하는 근본적인 양식을 모색한다.

예를 들어 나는 강간 및 근친 강간의 사례 또는 강제적 성매매 및 포르노의 사례를 생각하고 있는데, 이러한 사례들은 여성들에게 적합한 긍정적 권리들에 대한 시민사회의 보장에 부응하여 규정되기보다 오히려 항상 범법자에 대한 처벌이라는 관점에서 규정됩니다. 그러나 피해자 여성이 단지 원고의 입장으로 설정된다는 것은 여성에 대해서나, 두 성의 관계에서나 좋을 것이 없습니다. 만일 여성을 위한 시민적 권리들이 존재한다면, 강간을 비롯한 여성에 대한 모든 형태의 폭력의 사례에서 사회 전체가 피해자가 될 것입니다. 동시에 사회는 그 성원에 대한 위해에 대항하는 공동의 원고가 될 것입니다.[34]

이러한 논의에서 드러나듯이, 이리가레가 말하는 처녀성의 권리는 여성의 정신적·육체적 완전성을 공동체가 승인하는 양식으로서 여성에 대한 다양한 형태의 성적인 침해와 폭력을 근원적으로 감축하는 접근이 될 수 있다. 달리 말해, 처녀성의 권리는 여성이 '성적인 주체'로서 공동체 내 시민으로 실존하도록 하는 상징과 같은 것이다. 이러한 점에서 처녀성은 해부학적 특성과 관련된 여성의 본질이라기보다는 오히려 여성 시민의 동일성의 요소로서 발견되고, 발명되어야 할 역량이라고 할 수 있다.

이리가레가 제안하는 여성의 시민적 동일성의 두 번째 요소는 모성(motherhood)이다.[35] 우선, 모성의 권리 주장 역시 여성의 육체를 재생산 기능으로 환원하는 전통적인 관념과는 구별될 필요가 있다. 여성은 다른 무엇보다도 모성의 역할을 통해 공동체에 통합되어 왔기 때문에 모성을 여성의 기여로 확립하려는 시도에서 새로운 점은 없다. 더욱이 여성적인 실천으로서 모성을 강조하다 보면 자칫 여성의 '자연적 소명'을 지지하는 성 차별적인 관념으로 흡수될 수도 있다.

모성의 옹호가 전통적인 성별 분업을 강화하고 여성의 선택을 제한하는 것으로 귀결되지 않으려면 모성의 '기능'과 '역량'을 구별하는 것이 중요하다. 모성을 기능으로 평가하게 되면 그 역할을 수행하지 않는 여성을 비난하고 자유를 제약하게 된다. 반면, 역량으로서 모성은 여성의 고유성을 지시할 뿐, 그 역할의 수행 여부와 무관하다. 이리가레는 여성을 모성의 기능으로 환원하고 의무만을 부과해 온 가부장제를 비판하면서 여성의 고유한 역량으로서 모성을 사고할 것을 제안한다.

이리가레는 이러한 모성의 존중이야말로 여성이 자신의 성을 부정하지 않으면서 '여성으로서' 존중받는 길이라고 믿는다. 또한 그녀는 실제 모성의 실현 여부—임신·출산을 할 지, 몇 차례 할 지 등—는 여성의 자유로운 선택에 맡겨야 한다는 '자발적 모성'(voluntary motherhood)을 지지한다.[36] 자발적 모성은, 처녀성의 권리와 마찬가지로, 여성이 자기 육체의 소유자이며 이를 스스로 통제할 수 있어야 한다는 단순하지만 지금까지 인정된 적이 없는 자기 결정의 원칙을 담고 있다.

이러한 모성의 권리는 개인의 자유로운 선택이라는 자유주의적 관념보다 더 근본적인 것이다. 예컨대 이리가레는 개인의 선택으로서 낙태의 권리는 제한적이고 사후적인 조치에 불과하다고 지적한다. 쉽게 철회되거나 개별 사례에 따라 부분적으로 인정될 수 있을 뿐이기 때문이다. 대안적으로 이리가레는 여성의 고유성에 기초한 자발적 모성을 법조문화 할 것을 제안한다. 그녀가 보기에, 여성이 가족·교회·국가의 간섭 없이 임신 여부와 그 횟수를 결정할 수 있을 때 자연적 기능에 예속된 상태로부터 해방될 수 있다.[37]

이상에서 검토한 것처럼, 이리가레는 처녀성과 모성이라는 기존의 언어를 차용하면서도 전통적 관념을 비틀고 전복적인 의미를 부여하면서 여성의 고유성을 긍정하려고 시도한다. 처녀성이 남성과의 성관계 여부와 무관한 여성의 정신적·육체적 완전성으로 정의되듯이, 모성 역시 어머니 역할의 수행 여부와 무관한 여성의 재생산 역량으로 정의된다는 점이 핵심이다. 이러한 여성 권리의 제안은 성차가 존중되는 장기적인 변화를 전망하며 논쟁을 촉발하기 위한 이리가레 자신의 정치적 개입이라고 할 수 있다.

가족의 문명화와 여성의 계보

이리가레는 여성의 시민적 동일성을 옹호하기 위해 여성의 권리를 정식화하는 한편, 여성 시민과 남성 시민의 윤리적 관계 탐구에 집중한다. 한 성이 다른 성에게 예속되지 않는 완전히 새로운 둘의 관계의 발명이야말로 우리 시대의 요청이라고 생각하는 그녀는 여성과 남성의 유대, 즉 사랑에 관한 가장 체계적인 논의를 헤겔에게서 발견한다.[38] 그 중에서도 『법철학』은 현대 핵가족을 묘사하면서 가족생활을 특징짓는 사랑에 대한 설명을 제시할 뿐만 아니라 남성과 여성의 차이에 근거한 성별 분업을 명시적으로 옹호한다.[39]

윤리적 영역으로서 가족을 분석하는 헤겔에게 모든 만족과 의무는 사랑에서 도출된다. 그가 말하는 사랑은 무엇보다도 부부 사이의 사랑으로서 이것은 독립성을 포기함으로서 통일성을 달성하는 것과 관련된다. 헤겔은 이를 "나는 다른 인격 안에서 자신을 발견한다. 나는 이 인격 안에서 인정을 획득하고 그녀는 내 안에서 인정을 획득"한다고 표현한다.[40] 이처럼 헤겔에게 결혼은 하나의 인격을 구성하는 결합이며 "정념과 특수한 일시적 변덕의 우연성 위로 승화되는 정신적 유대"이다.[41]

이 유대의 형식은 그가 규정하는 가족 안에서의 성별 분업에 의해 더 명확하게 드러난다. 헤겔에 따르면, "남성은 국가, 학문 등, 아니면 외부 세계 및 자기 자신과의 투쟁 및 노동에서 그의 현실적인 실체적 생활을 발견한다. 그러나 여성은 가족에서 그녀의 실체적 소명을 발견하고 그녀의 윤리적 성격은 이 경건성으로 구성된다."[42] 여기에서 핵심은 '윤리적 근본'으로서 '가족' 성원의 권리와 의무가 비대칭적이라는 점인데, 이리가레는 이것이 남녀 모두에게 정의롭지 못하다고 생각한다.

이리가레에 따르면, 가족 내 존재로 규정된 여성은 자신의 특수한 욕망을 포기하고 아내와 어머니가 되는 '보편자의 노동'을 수행해야 하는데, 헤겔이 사랑으로 명명하는 이것은 여성에게 부과된 의무일 뿐이다. 이 의무에 따라 여성은 남편과 자식을 인류의 무한성을 성취할 수 있는 존재로서 사랑해야 하는데 이때 인류는 무의식적으로 남성으로 동일화된다. 반면, 여성은 무한성의 성취를 포기한 채 가족적 의무로 규정되는 사랑에 헌신해야 한다. 이는 여성이 자신을 위한 사랑의 권리를 갖지 못한 채, 지속적으로 스스로를 희생해야 한다는 것을 의미한다.

이렇게 가족적 의무만을 떠안은 여성과 달리, 남성에게 사랑은 가족의 특수성 속에서 시민이 취하는 휴식이다. 가족 내 관계와 사랑은 시민으로서 남성의 노동을 충전하는 요소인 것이다. 하지만 이리가레는 여성의 사랑이 추상적 노동일 뿐인 한, 남성의 사랑도 바람직하지 못하다고 지적한다. 왜냐하면 그 사랑은 시민들 간의 유대가 아닌 '자연적 직접성'으로의 퇴행일 것이기 때문이다. 이리가레가 보기에, 일반적으로 아내 또는 다른 여성은 남성을 위해 이러한 자연적 퇴행을 제공하는 데 헌신할 뿐이다.

결론적으로, 이리가레는 서양에서 수세기에 걸쳐 존재한 결혼과 가족은 여성이 보편적 의무, 즉 공동체 내에서 남성 정신의 생성을 위해 봉사하도록 만든 제도라고 비판한다. 이로 인해 여성은 자연에 방치되고, 남성 역시 가족 안에서 자연으로 퇴행하게 된다는 지적이다.[43] 이러한 자연과 문화의 분리는 여성에게 너 치명적이다. 가족 밖의 추상적 시민의 권리들은 종으로서 인류를 대표하는 남성에게 적합할 뿐이며, 여성은 '여성으로서' 시민적 동일성을 부여받지 못한 채 아내와 어머니의 의무를 수행할 따름이다.

따라서 이리가레는 성별 관계에서 문명의 새로운 지평을 개척하기 위해 가족의 자연적 형태를 '문명화'하는 윤리적 전망을 제기한다. 즉, 그녀는 가족도 시민의 생활이 되어야 하고 그럼으로써 남녀 모두에게 특수성 및 보편성의 장소가 되어야 한다고 주장한다. 이는 친밀성의 관계로 대표되는 가족 내에서 남성과 여성 모두에게 적합한 문화적 동일성이 부여되도록 민법을 새로이 써야 한다는 주장이기도 하다.[44]

또한 이리가레는 민법에서 결혼과 가족 내 권리가 규정되어 온 바를 변형함으로써 '문명의 침묵하는 토대'가 되어온 어머니-여성의 주체성을 가공하려고 시도한다. 이리가레에 따르면 아버지와 아들의 계보, 형제간 경쟁에 대한 배타적 중시라는 점에서 서양 사회는 가부장제로 정의된다.[45] 이러한 가부장제는 기원적인 '모친 살해'에 기초하여 작동한다. 이는 아버지의 계보만이 인정되고 아버지의 이름만이 아이의 출생을 정당화하면서 어머니의 재생산 역량이 부인되는 데에서 드러난다.[46]

이러한 계보의 남성적 영유와 모계의 배제는 결국 성차의 무시로 귀결된다. "아버지가 어머니의 출산능력을 부인하고 유일한 창조자가 되려고 할 때 … 그는 살과 피로 만들어진 고대의 세계 위에 어떠한 뿌리도 없는 언어와 상징의 우주를 올려놓는다." 이것은 육체의 말소를 의미한다. 이리가레에 따르면, "남성의 상징세계"를 위한 육체의 희생은 여성의 주체성을 박탈하고 여성의 욕망을 삼켜버린다.[47]

따라서 이리가레는 "우리가 모친살해의 공범자가 되지 않으려면" 정치의 언어를 변형해야 하며, 이것은 "육체를 말소하지 않고 육체를 이야기하는 말"을 발명함으로써만 가능하다고 주장한다. 그녀에 따르면, 여성들이 육체를 지키고 보존하는 동시에 그것들을 침묵과 예속에서 벗어나게 하는 것이 중요하다. 이 지점에서 이리가레는 특히 어머니와 딸의 관계가 문명의 요소들을 취하여 계발될 필요가 있다고 역설한다. "만약 그녀가 여성이 되려면, 만약 그녀가 그녀의 여성적 주체성을 달성하려면" 여성은 "침묵하

는 어머니"를 깨우고 그녀 자신의 계보를 세우면서 여성들 사이의 공적인 관계를 확립할 필요가 있다.[48]

요컨대 여성의 '가족으로의 유폐'에 대항하여 이리가레는 여성도 개별자에서 보편자로 이행할 수 있어야 하며, 여성이 자신의 자연적 동일성을 거부하지 않으면서도 그 성에 고유한 문화를 성취하려면 여성의 계보를 인식하고 존중해야 한다고 주장한다. 수직적인 여성의 계보를 구성하고, 수평적으로 여성들 사이의 공적이고 보편적인 관계를 창조함으로써 여성은 자신의 육체와 욕망을 사고할 수 있고 따라서 주체가 될 수 있다.

성차의 윤리: 두 주체의 변증법

이리가레는 보편에 가장 적합한 것이 바로 성차라고 생각한다. 그녀에 따르면 성차는 직접적인 자연적 소여이자 보편적인 현실의 요소로서, 인간이 여성과 남성으로 존재한다는 사실에 기초한다.[49] 또한 그녀는 성의 소외는 이처럼 '둘'의 형태를 띠는 성차를 억압한 데서 비롯되므로 이를 극복하기 위해서는 '둘'에 적합한 가치를 부여하고 그 차이를 긍정할 필요가 있다고 말한다.[50] 이렇게 이리가레는 보편을 '둘'(two)로 표현하며 '둘'을 통해 더 현실적이고, 더 공정하며, 더 보편적인 문명으로 나아갈 수 있다고 지적한다.[51]

이리가레는 이를 '인간적 생성'(human becoming) 또는 '인간으로의 생성'(becoming human)이라는 관점에서 정당화한다. 그녀에 따르면 태어날 때부터 인간성이 실현되는 것은 아니다. 선천적인 인간적 특징을 지니지만 그것은 인간성에 도달하는 잠재력이 있음을 의미할 뿐이다. 그런데 이러한 잠재력은 종종 다른 종들과의 비교에서 양적인 차이로 해석되며 질적으로 고유하게 인간적인 것을 규명하지 못한다.

이와 관련하여 이리가레는 다른 종과 구별되는 인간성의 질적인 측면을 타자성에 대한 관계의 측면에서 규명한다. 즉, 그녀는 "우리가 우리의 인간성을 성취할 수 있는 것은 관계적인 행동을 통해서"라고 지적한다.[52] 여기에서 성차가 핵심적인데 그녀는 우리가 인간이 되는 수준에 상응하는 것은 성적인 끌림과 관련된 본능과 욕망을 사랑, 언어, 사고를 공유하는 과정을 통해 변형하는 것이라고 말한다. 각 성이 고유한 차이를 지닌 존재로서 만나 교환하는 방식이 다른 종들과 달리 문명적인 차원을 획득할 때 인간적인 생성이 가능해진다는 것이다.

이리가레에 따르면, 대개 인간적인 생성은 자연 상태에서 문화 상태 또는 영적인 상태로의 도약을 위한 고독한 여정으로 간주된다. 또한 이러한 여정에서 특정한 목표의 달성 즉, 진리나 신과 같은 이상적인 것에의 도달은 인간성의 실현이 아니라 포기를 의미하는 것으로 여겨진다. 이에 반해 이리가레는 인간적 생성은 인간성의 실현이며, 이는 무엇보다도 타자와 관계를 맺는 인간적인 방식을 창조함으로써 성취될 수 있다고 주장한다.

즉, 그녀가 말하는 인간적 생성은 더 이상 고독한 여정이 아닌데, 매 단계 타자와의 관계 속에서, 그리고 타자와 더불어 결정되기 때문이다. 여기에서 타자는 나와 동일한 이상 또는 절대를 공유하는 타자뿐만 아니라 다른 세계에 속한 타자, 내가 나와 다른 인간으로 고려해야만 하는 타자이며 그 다름의 기본적 원형이 바로 성차이다. 이리가레가 보기에 여성과 남성은 각자의 고유한 자연, 서로 환원 불가능한 세계에 속하는데 이러한 둘의 관계를 문화 속에서 배려하고 배양하는 것이 우리가 인간으로 생성되는 새로운 단계를 개방하는 데 도움이 된다.

'나에게 성이 있다'(I am sexed)는 말은 '내가 전부는 아니'라는 것을 함축한다.[53] 즉, 성의 인정은 부족, 상실, 분리를 수용하는 것이다. 따라서 성차는 우리에게 어떤 '한도'(limits)를 제시한다. 이 한도 덕분에 우리는 타자에게 열려 있으면서도 동시에 자기에게로 돌아올 수 있다. 이리가레는 이러한 개방과 복귀의 두 운동이야말로 인간으로 생성되는 과정에서 필수적인 것이라고 말한다.[54] 만일 두 성 사이에 공간(interval), 하나의 성이 일방적으로 영유·합병하거나 제거할 수 없는 공간이 존재한다면 두 주체의 변증법이 작동할 수 있다.

요컨대, 이리가레가 옹호하는 성차의 윤리로서 '둘'은 자신을 포기하거나 내주지 않으면서 타자의 목소리를 경청하고, 타자와 대화하는 사랑의 문화를 창조하는 것이다. 그녀에게 중요한 것은 사랑 속에서 둘을 유지함으로써 타자를 제거하지 않는 것이다. 두 상이한 주체가 그들 사이에 공간을 유지하면서 존재하는 것, 하나가 다른 하나에 속하지 않으면서 둘 사이의 욕망이 살아 있도록 만드는 것, 각각 자신의 세계 속에서 살면서 동시에 이 한도를 넘어 타자를 만나는 것이 둘의 윤리라고 할 수 있다.[55]

이는 최근 사회적 논쟁의 주제인 '환대'(hospitality)의 모형으로 참조할 만하다. 이리가레가 생각하는 환대란 타자를 타자로서 환영할 수 있는 것으로서 이는 차이를 존중하면서 '존재의 수준에서' 자기를 공유할 수 있을 때 비로소 가능한데, 성차에 근거한 둘의 관계에서 작동하는 개방과 복귀의 운동이 바로 그 모형이라고 할 수 있다.[56] 이러한 점에서 이리가레는 직접적인 끌림을 시민적 공존으로 변형할 수 있는 성차의 관계가 사회, 정치 질서의 유효한 기초가 될 수 있다고 보는 듯하다.

실제로, 그녀는 성차를 모형으로 한 타자와 자신으로 향하는 이 관계야말로 조화로운 시민 공동체의 기초이며, 이를 통해 각인의 욕구와 욕망이 존중되고 가능한 한 비위계적이면서 통합력이 보장되는 사회로 나아갈 수 있다고 주장한다.[57] 이리가레가 보기에 성차의 자연을 존중하는 동시에 그 문화를 배양하는 과정은 결국 "우리 너머의 지평에서 움직이고 하나의 세계를 구성하는 타자"를 소유하려는 욕망을 포기하는 것을 의미한다. 그녀는 이러한 방식의 타자의 인정이 성뿐만 아니라 인종, 세대, 전통의 차이도 존중할 수 있는 미래를 개방할 것이라고 말한다.[58]

결국 이리가레가 전망하는 세계는 질적인, 환원 불가능한 차이를 존중하는 문화이다. 여기에서는 하나가 다른 하나를 대체할 수 없고, 동일한 세계를 공유할 수도 없다. 동시에 타자와 진정한 차이의 관계를 맺기 위해서는 타자를 대상으로 희생시키지 않아야 할 뿐만 아니라 자신의 고유성을 발견하고 확립해야 한다. 이는 남성적 문화와 여성적 자연 사이의 위계적 분리를 대체하는 성차의 윤리, 즉 각 성이 상이한 자연과 문화를 대표하는 문명의 새로운 단계를 전망하는 것이기도 하다.

맺음말

전통적으로 성은 정치공동체의 성원자격에 특정한 제약을 부과해 왔다. 불과 1세기 전만 해도 여성은 문자 그대로의 의미에서 노예는 아니었지만 법적으로 예속되어 있었고, 여성이 정치공동체에 포함된 이후에도 여성의 '제2의 성'으로서의 지위는 쟁점이 되어왔다. 자율적이고 독립적인 주체로서 여성을 옹호하는 기획으로서 페미니즘은 인류의 절반인 여성을 적절히 고려하지 않는 정치이론이 공허할 뿐이며 여성이 자유롭지 못한 공동체는 민주적이라고 할 수 없다는 사실을 끊임없이 환기시켜왔다.

그러나 '평등과 차이의 딜레마'로 알려진 페미니즘의 역설은 성의 차이와 관련된 권리의 주장이 간단하지 않음을 보여준다. 먼저, 남성과 똑같은 인간으로서 여성의 권리를 주장하는 '평등'의 요구는 임신 · 출산 같은 여성의 고유성을 잔여적인 변이로 취급함으로써 남성과 같을 수 없는 여성을 사실상 영원한 이등시민으로 만들 수 있다. 반면, 문명에 부적합한 것으로 폄훼되어온 여성의 특성을 긍정하려는 '차이'의 옹호는 여성을 차별하고 배제하는 데 활용되어 온 기존의 통념에 흡수되어 이등시민으로서 여성의 지위를 강화할 위험이 있다.

페미니즘의 역사에서 반복적으로 관찰되는 이러한 딜레마는 남성을 근본적이고 우월한 성으로, 여성을 부차적이고 열등한 성으로 이해하는 통념에서 기인한다. 문화 · 정신 · 이성과 결부된 인간성이 남성의 본성으로 이해되는 한편 그것에 대립하는 자연 · 육체 · 감정을 여성에게 할당하는 통념이 지배하는 한, 성 간의 차이에 침묵하는 '평등'이나 그것을 찬양하는 '차이' 전략 모두 여성의 주체성을 옹호하는 데 실패할 수밖에 없다. 결국 관건은 남성을 표준으로 삼지 않고서 여성을 독자적인 성으로서 옹호할 수 있는가이다.

여기에서 중요한 것은 존재론적 · 인간학적 차이로서 성차를 인식하는 것이다. 성차는 사회적 담론의 효과로 환원될 수 없는 자연적 기초를 지니며 인간 문명의 발전은 이러한 성차의 자연을 필수적 토대로 한다. 그러나 이러한 성차가 문화적 의미를 획득한 적은 없다. 여성의 고유성은 인간성에 미달하는 자연적 기능으로 환원된 반면, 남성은 인간성의 전형으로 간주되었다. 성의 자연적 현실이 문화 속에서 인식되고 실천되는 방식에서 여성적인 것이 상징적으로 배제되었고 이것이 '제2의 성'으로서 여성의 지위를 지속시켜 온 것이다.

이에 이리가레는 문화적 통념 내에서 성의 표상이 작동하는 바, 즉 여성 · 남성의 용어에 연계된 의미작용이 여성의 동일성에 미치는 영향을 분석하려고 시도한다. 그녀는 보편적 담론을 자임하는 서양 철학이 인간과 시민의 모형을 정교화하는 과정에서 여성적인 것을 배제하는 모순을 폭로하고 그것을 비판하는 데에서 한 걸음 더 나아가 여성이 시민으로서 긍정적으로 동일화할 수 있는 상징을 발명하고 실천하려고 한다. 또한 서로에게 절대적인 타자일 수밖에 없는 두 성의 윤리적 관계를 모색하면서 결혼과 가족의 변형도 모색한다.

"사회적·정치적 제도의 형성에서 배제되었던 집단이 새로운 동일성, 새로운 의미를 창출하기 위해서 무엇을 이용할 수 있는가?"[59] 이와 관련하여 이리가레는 새로운 상징을 가공함으로써 전혀 다른 사회를 상상할 수 있다고 말하는 동시에 그러한 상상을 촉구하는 변화들을 제안한다. 그녀가 제안하는 처녀성의 권리와 모성의 권리는 실정법의 성격을 지니는 것이 아니라 일종의 새로운 '사회계약'을 예비하는 공동체의 구성 원리를 함축한다. 달리 말해 그것은 여성의 시민적 동일성을 구축하기 위한 전적으로 새로운 상징의 제안인 것이다.

동화와 변이의 딜레마를 넘어서, 남성의 동일성으로 흡수되지 않는 여성의 주체적 동일성을 옹호하기 위해서는 성차의 고유성을 사고하고 인정하는 과정이 필수적이다. 그런 의미에서 성차를 이론화하고 그에 기초하여 여성의 자율성을 전망하는 이리가레의 논의는 페미니즘 정치의 한 돌파구를 마련하는 것이라고 할 수 있다. 성 간의 진정한 평등은 각 성의 고유성을 인식하고 존중하는 데에서 출발할 수밖에 없다는 그녀의 통찰은 성을 둘러싼 갈등이 첨예화되는 시기에 또 다른 영감의 원천이 될 수 있을 것이다.

더 읽을거리

- Deutscher, Penelope. 2002. *A Politics of Impossible Difference: The Later Work of Luce Irigaray*. Cornell University Press.

  페넬로페 도이처는 이리가레의 작업을 '도래할' 것으로서 성차를 이론화하는 것으로 해석한다. 이리가레가 말하는 성차는 인정되어야 할 것으로서 이미 존재하는 것이 아니며, 이리가레의 작업 자체가 도래할 차이를 예비하는 정치적 실천이라는 것이다.

- Martin, Alison. 2004. "A European Initiative: Irigaray, Marx, and Citizenship." Hypatia 19(3).

  이리가레의 성별화된 시민권 제안과 정치적 개입에 주목한 논문이다. 1990년대 초, 유럽의 시민권에 관한 논의가 한창일 때 이리가레는 여성이 시민으로서 동일성을 부여받기 위해 필요한 성차의 권리를 제안한다. 구체적인 제안의 내용은 이리가레의 책, *Democracy Begins Between Two*(1994)에 실려 있다. 마틴은 이리가레의 정치적 기획이 당대의 지지를 얻지 못했지만 그 사고만큼은 시대를 앞선 것이라고 평가한다.

- Jones, Rachel. 2011. *Irigaray*. Polity.

  이리가레를 페미니스트 철학자로, 그녀의 작업을 성차의 철학으로 규정하면서 그 주요 내용과 함의를 체계적으로 소개한 책이다. 비교적 최근의 논의까지 포함하고 있기 때문에 이리가레의 작업 전체를 일별하는 데 유용할 것이다.

5부

근대성과 포스트모던 정치사상

17.

공론장과 토의정치

위르겐 하버마스

김주형

Jürgen
Habermas

개요

하버마스는 20세기 중반 이후 유럽의 지성계를 대표하는 철학자이자 사회이론가 중 한 명으로 널리 손꼽힌다. 그는 막스 호르크하이머(Max Horkheimer)와 테오도어 아도르노(Theodor Adorno) 이후 프랑크푸르트학파의 비판이론을 계승하여 새로운 방향으로 전개한 이론가로 널리 알려져 있다. 철학, 사회학, 정치학, 법학, 문화비평 등을 넘나드는 그의 사상체계를 일목요연하게 정리하기는 쉽지 않다. 하지만 반세기 넘게 진화해온 그의 사유를 관통하는 줄기를 재구성해볼 수 있는데, 그것은 구체제적인 전통의 억압과 불합리한 권위 및 지배를 벗어난 자유롭고 평등한 사회관계와 정치공동체의 형성, 유지, 발전이 어떻게 가능할 것인가를 다층적으로 탐색하는 과정이라고 볼 수 있다. 공론장, 담론, 의사소통행위, 합리성, 토의정치 등 그의 핵심적인 개념들 또한 이 문제의식 안에 위치 지어질 수 있다. 그렇다면 사변적이고 추상 수위가 높은 하버마스의 이론적 작업을 추동하는 동기는 지극히 정치적인 것이라고 할 수 있다.

생애

위르겐 하버마스(Jürgen Habermas, 1929-)는 1929년 독일 뒤셀도르프 근교에서 태어났다. 그는 제2차 세계대전 종전 이후 그 참상을 기록한 영화와 다큐멘터리, 뉘른베르크 재판 등을 접하면서 정치적 자각에 이른다. 특히 한때 철학적으로 신봉하였던 하이데거가 독일 나치즘의 역사적 책임을 회피하려는 태도를 견지하는 것에 큰 환멸을 느끼며, 국가사회주의가 가져온 독일의 도덕적, 정치적 파국의 깊이를 절감하게 된다. 1954년 본 대학에서 박사학위를 취득하였고, 이후 프랑크푸르트 대학에서 아도르노의 연구조교로 수년간 일하게 된다. 하버마스에게 상당한 명성을 가져다준 첫 번째 저작은 1962년에 출간된 『공론장의 구조변동』(*Strukturwandel der Öffentlichkeit*, 1962)이다. 그 후 그는 잠시 하이델베르크 대학을 거쳐 프랑크푸르트 대학에 돌아와 교편을 잡는다. 이후

1971년부터 1983년까지 슈타른베르크의 막스 플랑크 연구소의 소장으로 재직하는데, 그의 가장 중요한 철학적 성취로 평가받는 『의사소통행위이론』(*Theorie des kommunikativen Handelns*, 1981)은 이 기간에 집필 및 출간되었다. 하버마스가 프랑크푸르트로 다시 돌아온 것은 1983년이다. 이후 그는 정치이론과 법이론 등으로 꾸준히 연구 분야를 확장하며 독일을 대표하는 철학자이자 사회이론가로서의 명성을 굳건히 했고, 독일 통일을 비롯한 굵직한 사회정치적 논쟁에 적극적으로 관여하며 독일 민주 좌파의 정치적 비전의 형성과 발전에 큰 영향을 미쳐오고 있다.

주요 저술

Habermas, Jürgen. 2005. *Zwischen Naturalismus und Religion*. Frankfurt am Main: Suhrkamp.

위르겐 하버마스. 1995. 『현대성의 철학적 담론』. 이진우 옮김. 문예출판사.

위르겐 하버마스. 2001. 『공론장의 구조변동』. 한승완 옮김. 나남.

위르겐 하버마스. 2006. 『의사소통행위이론』. 장춘익 옮김. 나남.

위르겐 하버마스. 2007. 『사실성과 타당성』. 한상진 · 박영도 옮김. 나남.

머리말

하버마스가 20세기 중반 이후 서구의 지성계를 대표하는 철학자이자 사회이론가 중 하나라는 데에는 큰 이견이 없다. 그의 수많은 저술은 사회학, 철학, 정치학, 법학 등 전통적인 학제 간 경계를 넘나들며 각 분과학문뿐만 아니라 전후의 지성사 전반에 지대한 영향을 미쳤다. 하버마스가 발전시킨 공론장, 정당성, 의사소통합리성, 생활세계의 식민화, 토의정치 등의 개념은 현대사회와 정치를 진단하는 유용한 개념으로 폭넓게 활용되고 있다. 그의 저술은 하나의 체계를 이루며, 인간과 사회, 도덕과 정치, 문화와 자연을 바라보는 포괄적인 관점을 제시한다.

그러나 하버마스의 작업이 현실과 유리된 철학적 담론의 세계에 갇혀 있는 것이 아니라, 제2차 세계대전 이후의 사회적, 정치적, 지적 변동에 대한 치열한 고민의 산물이라는 점을 언급해야 한다. 단적으로 하버마스는 나치즘의 문제, 독일 통일, 이라크전쟁과 테러리즘, 유전자 조작 기술, EU 통합 등 논쟁적인 사안에 대해 무수히 많은 글을 발표해왔다. 그 스스로가 비판적 공론장의 충실한 구성원으로 활동해온 셈이다. 이에 더해 추상 수위가 매우 높은 하버마스의 이론적, 철학적 저술도 현대사회와 정치에 대한 날카로운 관찰과 분석, 그리고 처방의 성격을 갖는 측면이 있다는 점 또한 강조해야 한다. 예컨대 『의사소통행위이론』에서 제시되는 '의사소통합리성'이나 '생활세계의 식민화'와 같은 개념은 현대사회의 구조적 병폐를 진단하려는 뚜렷한 목표를 갖고 있고, 『사실성과 타당성』(*Faktizität und Geltung*, 1992)의 '토의정치' 모델은 현대의 복잡한 정치적 환경 속에서 자율성과 민주주의의 의미를 현실화하기 위한 제도적 방안의 모색이라는 강한 실천적 지향을 갖는다.

하버마스의 저술체계를 일목요연하게 정리하는 것은 쉽지 않다. 복잡하고 까다로운 저술을 무수히 내놓았다는 점이 기본적인 이유겠고, 그의 사상이 기존의 학제 간 분류를 자유롭게 넘나든다는 점도 어려움을 더한다. 수십 년에 걸쳐 구축된 하버마스의 사상체계는 여러 층위로 구성되는데, 화용론적 의미이론을 중심으로 한 언어철학, 합리성과 이성에 대한 철학적 담론, 사회이론, 담론윤리학, 정치이론 및 법이론 등이 그것이다.[1] 아래에서는 이 모두를 개괄하려 시도하기보다는 정치이론에 가장 직접적으로 해당하는 내용을 중심으로 하고, 이를 이해하기 위한 핵심적인 배경을 형성하는 사회이론의 요소를 간략히 소개하고자 한다. 이를 통해 공론장, 합리성, 자율성, 민주주의 등 하버마스 정치이론의 핵심적인 개념과 가치가 부각될 것이다. 그의 저술 중에서는 『공론장의 구조변동』, 『의사소통행위이론』, 『사실성과 타당성』 등 세 편을 주요 분석대상으로 삼았다.

부르주아 공론장의 부침

1962년에 출간된 『공론장의 구조변동』은 즉각적으로 큰 반향을 불러일으키며 하버마스에게 상당한 명성을 안겨준다. 그는 이 책에서 18세기 이후 유럽에서 이른바 '부르주아 공론장'(bourgeois public sphere)의 등장과 기능 및 그 소멸 과정을 재구성한다. 앞서 언급한 하버마스의 사상체계 안에 이 책을 위치 짓기는 모호한 측면이 있지만, 달리 보면 이후의 이론적 작업을 관통하는 문제의식과 핵심적 개념의 상당 부분을 이미 여기서 찾을 수 있다. 특히 정치이론의 관점에서 보았을 때 이 책에서 제시된 '공론장'의 아이디어는 『사실성과 타당성』을 거쳐 지금에 이르기까지 하버마스의 정치적 문제의식을 가장 잘 보여주는 개념 중 하나로 꼽기에 손색이 없다.

하버마스의 내러티브에 따르면 부르주아 공론장이 등장하게 된 배경은 근대 초기 이후 누적적으로 진행된 사회경제질서의 변화이다. 근대 국가체제와 자본주의 경제질서가 확립되면서 부르주아 계층이 형성되는데, 자신들의 사회경제적인 활동이 국가의 정책에 의해 직접적인 영향을 받게 되면서 이들이 국가의 정책과 권력 행사 방식에 관심을 가지고 목소리를 내기 시작했다는 점이 중요하다. 사적인 개인들이 모여서 함께 읽고 토론하는 '공중'(the public)을 형성하여, 신문을 포함한 정기간행물과 살롱, 클럽, 커피하우스 등의 공간을 통해 사회적으로 중요한 사안에 대해 견해를 나누고 여론을 형성해나가기 시작한 것이다.

사실 이러한 공간과 매체는 처음에는 문학 및 예술작품에 대한 토론과 비평이 이루어지는 문예적 공론장(literary public sphere)으로 기능하였다. 그러나 대화와 토론의 주제가 사회적, 정치적 사안으로 확장되어 정치적 공론장(political public sphere)으로 전환하는 것은 시간문제였다. 논의되는 주제가 무엇이었든 간에 하버마스가 주목하는 것은 개인들이 평등한 자격으로 논의의 장에 참여하여 주어진 사안에 대해 합리적, 비판적 토론을 벌였다는 사실이다. 하버마스는 '이성의 공적 사용'(public use of reason)이라는 칸트의 개념을 사용하며 이 과정을 묘사한다.

하버마스는 18세기 유럽 곳곳에서 활발히 전개된 공론장에서의 토론을 통한 여론 형성이 결정적으로 중요한 정치적 기능을 담당했다고 주장한다. 그러나 이것은 당시 세력을 키워가던 부르주아 계층이 자신들 스스로가 정치권력을 장악하고자 했기 때문이 아니라, 권력이 구성되고 행사되던 방식 자체를 변화시킬 것을 요구했기 때문이다. 즉 공론장의 참여자들은 이성과 비판이라는 무기를 갖고 사회적으로 중차대한 현안에 대해 토론하고 발언하며, 궁극적으로는 권력 행사의 공적 정당화를 끊임없이 요구했다는 것이다. 자의적이고 비밀스럽고 인격화된 지배 형태를 보편적이고 합리적인, 즉 정당성을 갖춘 통치로 전환하고자 했다는 것이다. 즉 당시의 부르주아 공론장은 "공중으로 결집한 사적 개인들이 공권력으로 하여금 여론 앞에서 자신을 정당화할 것을 강제"하는 "포럼"으로 기능했다.[2] 이러한 공론장의 정치적 기능은 법치(rule of law)의 원리와도 궤적을 같이 하는 것이라고 볼 수 있다. 법치의 근간은 법이 그저 정치적 의지의 표현이 아니라 정당화 가능한 공공의 이익과 합리적 동의의 발현이어야 한다는 것이기 때문이다.

『공론장의 구조변동』 전반부가 이처럼 공론장의 등장과 구성, 정치적 기능 등을 재구성하고 있다면, 후반부는 19세기 중반 이후 그것이 쇠퇴하는 과정과 그 정치적 함의를 추적하고 있다. 그 변화과정의 궁극적인 동학 또한 조직화된 산업자본주의의 등장과 국가 관료제의 확장 등 구조적인 차원에서 찾아진다. 우선 대중매체와 시장의 논리가 문화산업에 본격적으로 침투하면서 자율적으로 기능하던 문예적 공론장이 해체된다. 사회적 사안에 대한 진지한 논의를 회피하고 판매 부수와 광고 수입을 늘리기 위해 자극적인 내용으로 채워진 매체들이 득세하면서, 문화에 대해 비판적으로 토론하던 공중이 수동적으로 문화를 소비하는 지위로 전락하게 되었다. 또 신문과 같은 전통적인 매체 또한 비판적 담론의 생산과 전달이라는 본연의 기능을 상실하고, 이윤을 위한 상업적 활동에 매진하며 각종 홍보활동, 선전기술, 여론관리 등에 몰두하게 되었다.

합리적 토론과 공개성의 원리가 쇠퇴한 것은 정치과정에서도 매한가지이다. 19세기 중반 이후 노조, 대기업, 사용자 단체 등을 중심으로 사적 이해관계가 조직화되고 이들이 자신의 사회경제적 자원을 바탕으로 정치과정에 직간접적으로 관여하게 되면서, 정책 결정의 중심은 자연스럽게 공론장과 의회에서 관료제, 이익집단, 정낭의 서클로 이동하게 된다. 이제 비판적 공개성이 아니라 세력들 간의 역학관계를 반영한 협상을 통해 정책이 결정되고 권력이 행사된다. 정당 또한 마치 기업처럼 세 확장을 위해 각종 선전활동과 여론관리에 몰두하면서 표를 얻기 위한 기계처럼 작동하고, 의회는 토론의 장이 아니라 정당 간의 거래처로 변모한다. 마치 기업이 소비자를 공략하듯이, 선거 또한 거대한 정치 마케팅의 현장으로 탈바꿈한다. 이런 환경 속에서 시민들은 더 이상 읽고 토론하는 공중이 아니라, 경제시장의 소비자와 정치시장의 유권자로 살아가게 된다. 여기서 '여론'(public opinion)은 이제 공적인(public) 의미를 상실한 채 행정권력과 경제권력의 목적에 봉사하기 위해 조사되고 제조되는 '데이터'의 의미를 갖게 된다.

이상에서 살펴본 내용을 되짚어보면 일견 하버마스가 과거에 잠시 존재했다가 사라진 부르주아 공론장을 이상화하고, 그 잣대로 현대의 언론, 정치, 문화를 싸잡아 비판하는 것처럼 보일 수도 있다. 그러나 하버마스는 누구보다도 부르주아 공론장이 특수한 시기에 등장하여 기능한 뒤 소멸한 역사적 범주라는 사실을 날카롭게 인식하고 있다. 그렇다면 하버마스의 의도는 과거 공론장의 구체적인 형식이 아니라, 오늘날의 변화한 구조적 조건에 부합하는 형태로 공론장의 의도와 기능을 되살릴 방안을 모색하려는 것이라고 보아야 한다. 그 의도와 기능은 앞에서 본 것처럼 바로 이성의 공적 사용, 합리적 토론, 비판적 공개성 등을 통해 권력에 정당화를 요구하는 것이다.

비슷한 맥락에서 하버마스가 18세기 부르주아 공론장의 구성과 활동이 마치 완벽히 자유롭고 평등했던 것처럼 이상화하고 있는 것은 아니라는 점을 이해하는 것도 중요하다. 당시 읽고 토론하는 공중을 형성했던 사람들이 사회 전체를 놓고 보았을 때 상당한 재산을 보유하고 교육 수준이 높은 소수에 지나지 않았다는 점은 하버마스 스스로도 분명히 언급하고 있다. 즉, 자유롭고 평등한 토론을 내세운 공론장의 이상과 그 구성과 운영이 계층적으로 편향된 현실 사이에 좁히기 힘든 간극이 존재하는 것이다. 그렇다면 당시 부르주아들이 스스로를 마치 인류 전체의 가치와 지향을 대변하는 보편적인 범주로 내세운 것에는 틀림없이 이데올로기적인 측면이 존재한다고 볼 수 있다. 그러나 하버마스는 이러한 한계가 공론장의 정신과 기능을 허구로 만드는 것은 아니라고 주장한다. 그 이유는 공론장에 내재하는 평등과 합리적 비판의 원리가 갖는 자기비판적, 자기초월적 힘 때문이다. 즉 당시 현실 속에서 공론장의 구성과 운영이 여성, 노동자, 농민 등에 대한 편견과 배제로부터 자유롭지 못했지만, 평등한 참여를 통해 권력에 끊임없이 문제 제기를 하고 열린 토론의 장에서 정당화를 요구하는 공론장의 원리 자체가 시간이 흐르면서 바로 이러한 배제와 편견을 극복하게 한 원동력이었다는 주장이다. 그렇다면 부르주아 공론장이 내세운 보편적 가치와 원칙은 그것이 즉각적으로 현실화되지는 않았다고 하더라도 중요한 자기 교정적 힘을 내포하고 있었다고 보아야 한다. 이러한 이유로 하버마스는 보편적인 언어로 표현되는 부르주아 공론장의 자기이해 방식은 "이데올로기였던 동시에 단순한 이데올로기 이상의 것이었다"고 말한다.[3]

출간된 이후 상당히 오랜 시간이 지났지만 『공론장의 구조변동』은 여전히 하버마스의 정치사상을 구성하는 핵심적인 개념과 문제의식을 잘 보여주는 역작이다. 아래에서 계속 확인하게 되겠지만, 이 책에서 제시된 합리적 토론, 비판적 공개성, 정당성과 정당화의 원칙, 그리고 무엇보다 '공론장'이라는 개념은 여전히 하버마스 정치사상의 중심을 구성한다.

의사소통행위이론과 생활세계의 식민화

하비마스의 징치이론은 1992년에 출간된 『사실성과 타당성』에 상당 부분 집약되어 있지만, 『의사소통행위이론』에서 이미 구축된 사회이론이 그 중요한 배경을 이룬다. 이 절에서는 이 책에서 그의 정치이론을 이해하기 위해 필요한 부분을 추려 간단히 소개하고자 한다.

『공론장의 구조변동』이 역사적으로 특수하게 형성되었던 부르주아 공론 장이라는 범주의 재구성을 통해 사회비판의 가능성을 모색하고자 했다면, 『의사소통행위이론』은 보다 더 깊고 보편적인 수위로 논의를 전환한다. 여기서 하버마스는 언어와 커뮤니케이션의 문제에 주목한다. 하버마스가 이 문제에 관심을 갖는 일차적인 이유는 바로 언어가 사회적 행위자들의 행위를 이끌고 조율하는 불가결한 수단이기 때문이다. 우리가 언어를 사용하는 주된 목적은 단순히 외부 세계가 어떠하다는 것을 묘사하고 정보를 전달하는 데에 국한되지 않고, 주어진 상황과 세계에 대한 상호이해에 도달하고 서로의 행위를 조율하기 위해서라는 문제의식이다. 하버마스에 따르면 언어의 이러한 기능은 매우 중요한 사회적, 정치적 함의를 갖는다.

하버마스가 길게 서술하고 있는 복잡한 분류와 언어철학적 토론을 과감히 생략하고 하나의 대화 상황을 예시로 의사소통행위이론의 대강을 설명하면 다음과 같다. 미세먼지가 심한 어느 날 강의실에 들어온 교수가 앞줄에 앉아 있는 학생을 쳐다보면서 짜증스러운 목소리로 "밖에 먼지가 심한데 여기 창문이 열려 있잖아!"라고 말하는 경우를 생각해보자. 이 발언이 밖에 먼지가 많고 강의실 창문이 열려 있다는 정보를 그저 전달하려는 의도로 발화된 것이라고 생각하는 사람은 없을 것이다. 아마도 이 교수는 예의 학생에게 얼른 일어나 창문을 닫으라는 명령의 취지로 이 말을 했을 것이다. 그런데 경우에 따라 이 발언의 여러 부분이 문제시될 수 있다. 예컨대 실제로는 미세먼지 농도가 높지 않거나, 교수는 창문이 열려 있는 것으로 보았으나 사실은 그렇지 않은 경우가 있을 수 있다. 이 경우 학생이 교수에게 그의 발언이 외부 세계의 사실관계와 조응하지 않는다는 점을 지적하고 어렵지 않게 교수의 오해를 교정할 수 있을 것이다.

사회적 상황에서 보다 까다로운 문제는 양자의 규범적 기대가 어긋나는 경우에 발생한다. 예컨대 강의실에 있는 사람들이 모두 오늘은 미세먼지가 심하고 교실 앞쪽 창문이 열려 있다는 사실에 동의하지만, 과연 이런 상황에서 창문 바로 옆에 서 있는 교수가 단상 아래 책상에 앉아 있는 학생에게 수고를 무릅쓰고 얼른 일어나서 창문을 닫을 것을 명령해도 좋은지에 대한 판단이 엇갈리는 경우이다. 이 상황에서 가능한 행위 조율의 시나리오는 여러 가지가 있을 수 있다. 마침 그 학생이 교수가 그러한 명령을 하는 것이 하등 문제될 것이 없다고 생각하는 경우가 있을 수 있고, 이와는 달리 다소 불만이 있더라도 학점이나 평판 등의 불이익을 고려해 마뜩잖지만 순응하는 경우가 있을 수 있다. 전자는 전통적인 규범이 무비판적으로 수용되는 상황이고, 후자는 행위자들의 규범적 기대에 균열이 존재하지만 규범 외적인 동기—여기서는 학점과 평판—에 의해 행위가 조율되는 상황이다.

하지만 다른 전개도 가능하다. 예컨대 호명된 학생이 불만 섞인 표정으로 주저하면서 창문을 닫는 모습을 목격한 다른 한 학생이 수업이 끝난 후에 교수 연구실을 방문하여 그의 지시에 대해 문제를 제기하는 경우이다. 마침 그 교수 또한 최근 들어 권위적인 교수–학생 관계에 대한 문제 제기가 많다는 점을 인식하고 있고, 전통적인 위계질서가 대학에서 머지않아 허물어질 것이라는 예측을 하던 차일 수 있다. 그리고 나름 합당한 이유를 들어 문제 제기를 하는 학생에게 여전히 자신이 그런 명령을 할 수 있는 권리가 있다고 주장할 근거가 딱히 없다는 점도 인지할 가능성이 클 것이다. 이 경우 짧은 대화 상황 이후 그 교수의 행위 패턴에 작지 않은 변화가 생길 수도 있다. 학생들이 기대하는 것만큼 평등한 관계에 대한 주관적 신념이 곧바로 형성되지는 않겠지만, 적어도 문제시되는 상황에 대해 예전보다는 높은 감수성을 갖고 접근할 것을 기대할 수 있을 것이다.

마지막의 예시에서처럼 발화 내용의 타당성이 명시적으로 문제시되어 이를 비판하거나 뒷받침하는 근거가 교환되는 상황을 가리키는 하버마스의 개념이 바로 '담론'(discourse)이다. 그렇다면 이 예시는 담론을 거쳐 행위자들 사이의 이견이 해소되고 행위가 조정되는 경우라고 할 수 있겠다. 하지만 일반적인 사회적 관계에서는 해당 상황이나 서로의 행위 계획에 대한 이해가 딱히 논쟁적이지 않아서 매끄럽게 행위 조정이 일어나는 경우가 보다 일반적일 것이다. '의사소통행위'(communicative action)는 이 두 가지를 모두 포괄하는 개념인데, 여기서 공통점은 행위 조정이 일어나는 방식이다. 즉 사실관계와의 부합 여부나 규범의 옳음 등에 대해 명시적 혹은 묵시적으로 제기된 비판 가능한 타당성 주장(criticizable validity claim)에 대한 행위자들의 상호이해(mutual understanding)를 통해 행위가 조율되는 것이다. 행위 당사자들이 서로가 전제 혹은 제기하는 타당성 주장에 함께 수긍한다는 점에서 의사소통행위는 일방적인 명령이나 강압에 의한 문제 해결과 큰 차이가 있을 뿐만 아니라, 관습적으로 내려오는 규범이 비성찰적으로 집행되는 것과도 다른 상황이다. 또 학점이나 평판 등을 고려한 위 학생의 사례와 같은 외부적, 전략적 동기에 의한 행위와도 다르다고 볼 수 있다. 다시 강조하자면, 의사소통행위는 주장에 대한 비판 가능성, 근거 제시 가능성, 논증을 통한 타당성 주장의 확인 가능성 등을 전제하지 않는 행위 조정의 양식 ─강압이나 강제, 기만이나 조작, 시장에서의 구매 활동, 비밀스러운 전략적 고려에 의한 선택 등─과는 분명히 구분된다는 점이 중요하다. 이런 여타의 경로를 통해서도 의견일치에 도달하고 행위를 조율하는 것이 가능하겠지만, 그것은 합리적 동기에 따른 동의(rationally motivated consent)와는 엄연히 다르다고 보아야 할 것이다.

의사소통행위에서 우리가 사용하는 일상 언어는 타당성 주장을 제기하고 이를 받아들이거나 문제시하거나 거부하는 등 행위를 조정하는 핵심적인 매체로 기능한다. 언어의 이러한 측면을 강조하면서 하버마스는 "상호이해는 인간 언어에 목적인(telos)으로서 내재한다"고 말하기도 한다.[4] 하버마스가 이처럼 인간의 언어 활동에 내재된 상호이해와 행위 조율의 과정을 재구성하는 데 심혈을 기울이는 것은 결정적으로 그것이 행위자들의 행동, 더 넓게는 규범과 사회질서에 연결되기 때문이다. 의사소통행위의 개념은 사회적 행위자들이 자유롭고 평등한 관계 속에서 상호이해를 통해 행위를 조율하고 규범을 형성해나갈 수 있는 가능성을 보여준다. 개인의 미시적인 선택에서부터 문화와 규범 형성에 이르는 사회통합의 과정 전반이 무비판적으로 수용된 도덕적, 종교적 가치나 권력 관계, 강압, 처벌의 위협 등에 내맡겨지는 것이 아니라, 구성원들이 납득할 수 있는 비판과 토론에 의해 상호주관적(intersubjective)으로 진행될 수도 있다는 것이다.

이제 의사소통행위이론의 취지가 스스로의 비판적 기준을 확보할 수 있는 사회이론을 구축하는 데에 있다거나, "의사소통적 행위 자체에 들어 있는 비판의 잠재력"에 주목한다는 하버마스의 진술을 이해할 준비가 되었다.[5] 이 이론이 내세우는 상호이해를 규범적 잣대로 설정하여 특정한 사회적 행위의 상황을 분석해보면, 그것이 과연 이데올로기적 조작이나 강압에 의해 진행되지는 않았는지, 의견이 모아지고 행위가 조율되는 과정이 공정했는지, 누군가가 조직적 혹은 구조적으로 배제되지는 않았는지 등등의 질문을 던질 수 있게 되는 것이다.

또 시야를 보다 넓혀서 사회 전체의 규범과 질서가 형성 및 유지되는 과정에 대해서도 유사한 분석을 시도해볼 수 있다. 예컨대 자유로운 문제 제기와 비판적 토론이 원천적으로 불가능한 군사독재 상황은 명백히 의사소통합리성에 배치된다고 말할 수 있다. 조금 더 논쟁적인 상황을 상정해볼 수도 있겠다. 독재와 같은 명시적인 억압과 처벌의 위협이 존재하지 않더라도, 사회 구성원들의 행위 패턴이 합리적인 토론과 집합적 성찰보다는 미시적인 영역에까지 침투한 시장의 자기 조절적 메커니즘이나 온정주의적인 행정권력의 작동에 크게 기대고 있는 경우를 생각해보자. 이것이 명백한 억압이나 기만, 착취와 같은 상황은 아니라고 할지라도 앞서 소개한 의사소통행위와 합리성을 중심으로 한 사회통합이 발생했다고 보기는 어려울 것이다. 하버마스의 유명한 '생활세계의 식민화'(colonization of the lifeworld) 개념은 대략 이러한 상황을 가리키는데, 이를 이해하기 위해서는 우선 생활세계와 체계 개념을 간략히 언급할 필요가 있겠다.

'생활세계'(lifeworld)는 세계와 사회에 대한 공유된 의미와 이해의 영역을 가리키는 개념이다. 예컨대 대부분의 사람들이 하늘에 떠 있는 구름을 보고 길을 잃은 천사가 아니라 수증기 덩어리를 떠올리는 것, 연장자에게 먼저 인사하지 않고 지나치는 행위를 무례하다고 생각하는 것 등의 지식과 규범은 오늘날 우리 사회의 구성원들이 대체로 공유하는 배후 가정이자 상황 규정의 원천이라고 할 수 있다. 이런 의미에서 생활세계는 사회 전체의 문화적 재생산과 사회통합의 근간이 될 뿐만 아니라 개인의 사회화 과정에도 결정적인 영향을 미친다. 그렇다면 앞서 설명한바 의사소통행위는 바로 이 생활세계를 지평이자 배경으로 해서 가능해지고, 역으로 생활세계를 구성하는 지식과 규범은 의사소통행위를 통해 재생산되거나 변화해간다고 볼 수 있다. 이처럼 생활세계와 의사소통행위는 상호이해에 기반한 사회통합을 가능케 한다.

이와는 다른 방식의 사회통합은 대표적으로 화폐와 행정권력에 의해 제공된다. 예컨대 대형마트에서 물건을 구매한다거나 정기적으로 세금을 내고 복지혜택을 제공받는 등의 경우를 생각해보면, 화폐와 행정권력이라는 매체가 현대사회 구성원들의 삶을 조율하는 데 지대한 역할을 하고 있다는 사실을 쉽게 알 수 있다. 그러나 이러한 메커니즘을 통한 행위조정은 구성원들의 의도나 의식, 판단과는 대체로 무관한 효율성이나 기능적 합리성의 논리에 지배된다는 점에서 생활세계의 동학과는 질적인 차이를 보인다. 그 속에서 개인들은 상호이해에 도달하려는 의도보다는 각자의 특수한 목표를 효율적으로 달성하려는 —예컨대 가장 저렴한 가격으로 물건을 구입하려는—이른바 도구적 행위의 태도를 취하기 마련이다. 화폐와 행정권력은 각자의 방식으로 강력한 보상과 처벌의 계기를 보유하고 있기 때문이다. 이처럼 시장과 국가는 현대사회에서 도구적 행위가 구조화된 대표적인 영역으로서, 생활세계의 대당 개념인 '체계'(system)의 두 축을 구성한다.

하버마스가 말하는 체계에 의한 생활세계의 식민화는 그저 현대사회에서 체계와 도구적 행위의 역할이 눈에 띄게 커졌다는 사실만을 가리키지는 않는다. 복잡한 현대사회에서 화폐와 행정권력이라는 매체의 조정 역할을 무시할 수 없다는 사실은 자명하다. 고도의 전문성과 분화에 바탕을 둔 일상의 모든 문제를 토론과 합의를 통해 해결한다는 것도 어불성설이다. 그러나 문제가 되는 것은 가정, 대학, 시민사회 등 문화적 지식과 사회적 규범의 재생산이 이루어지는 핵심적인 공간들에서도 자본이나 권력의 논리가 합의 지향적 의사소통을 우회하거나 대체하고 있는 경향이다. 정치적 동기에서 거칠게 설계된 온정주의적 복지정책이 사회 구성원들을 국가에 의존적으로 만드는 상황이나, 이윤과 효율성의 논리에 의해 기초학문이나 순수예술이 위기에 처한 상황 등을 떠올려볼 수 있겠다.

하버마스는 이처럼 생활세계와 체계의 균형이 상실되어 생활세계 깊숙이 체계의 논리가 침투하게 된 것이 현대사회의 핵심적인 병리현상이라고 진단한다. 이제 사회의 구성원들은 자율적인 개인이자 정치적 효능감을 가진 시민이 아니라, 시장에서의 소비자와 국가의 고객, 복지정책의 수혜자로서 존재하게 된다. 요즘 자주 언급되는 법과 정치에 대한 냉소주의, 정치적 무관심과 정당성의 위기 또한 이러한 맥락에서 분석이 가능하다. 이 관점에서 보면 궁극적인 문제는 사회의 운영이 구성원들의 자유롭고 평등한 소통에 기반한 성찰적 통제를 벗어나는 것이라는 진단이 가능하다. 뒤집어 말해 식민화되지 않은 생활세계가 중요한 것은 바로 그것이 건강하고 생존력 있는 공론장과 민주정치의 근간을 이루기 때문이다. 이렇게 보면 복잡하고 다층적으로 구성된 하버마스의 사회이론 또한 그 문제의식에 있어서는 지극히 정치적이라고 볼 수 있겠다.

『공론장의 구조변동』이 부르주아 공론장이라는 역사적 범주의 재구성을 통해 자유롭고 평등한 사회적 관계의 단초를 발견했다면,『의사소통행위이론』은 이제 일상의 언어생활에 내재된 의사소통행위의 비판적 잠재력의 재구성을 통해 그 원형을 제시한다. 하버마스에 따르면 타당성 주장을 제기하고, 경우에 따라 이에 대해 비판하고, 비판에 직면했을 때 근거를 제시하고, 또 이러한 과정을 통해 상호이해에 이르고, 가능한 지점에서 의견을 수렴시키는 것은 일상적 언어사용 능력이 있는 사람이라면 누구나 이미 체득하고 있는 역량이다. 규범의 형성과 사회의 통합을 위해 전통이나 종교, 강제나 강압, 익명의 시장이나 관료제에 그저 기댈 수 없는 것이 현대정치의 근본적인 조건이라면, 의사소통행위에 내재한 합리성의 원리가 그 대안이 될 수밖에 없다는 것이 하버마스의 주장이다.

토의정치

1992년『사실성과 타당성』출간 전후로 하버마스는 기존의 철학적, 사회이론적 작업을 바탕으로 정치이론에 보다 직접적으로 해당하는 저술과 논문을 다수 펴낸다. '담론이론적 법이론과 민주적 법치국가 이론'이라는 부제에서도 알 수 있듯이『사실성과 타당성』은 우선적으로 법이론에 해당하는 저술이라고 보는 것이 옳다. 하지만 현대사회에서 법과 정치를 떼놓고 생각할 수 없다는 것이 책의 중요한 주장 중 하나이고, 또 곳곳에서 현대정치와 민주주의에 대한 명시적인 이론화가 시도되었다는 점에서 정치이론 저술로도 매우 중요하다.

이 책은 요즘 많은 주목을 받고 있는 '토의민주주의'(deliberative demo-cracy) 이론의 형성과 발전에 지대한 영향을 미친 것으로 평가받는다. 하버마스는 토의민주주의를 민주주의에 대한 두 가지 경쟁적인 접근법, 즉 자유주의적 및 공화주의적 이해와 구분하면서 논의를 펼쳐나간다. 하버마스에 따르면 자유주의의 전통은 개인의 사적 자유와 권리의 보호에 중점을 두는 사조로서, 민주주의를 상충하는 이해관계의 타협 과정으로 이해한다. 개인의 권리와 자유의 보호가 지상의 가치라는 점에서 민주주의에 대한 도구주의적 혹은 최소주의적 이해라고 볼 수 있다. 민주주의의 과잉은 오히려 '다수의 횡포'와 같은 문제를 야기할 수 있기 때문이다. 반면 공화주의는 시민들의 집합적 정체성과 의지의 표출로서 민주주의를 이해하는 정치적 사유의 전통이다. 공유되는 공동체의 가치와 목적이 집합적 의사결정을 통해 정치화되는 것인데, 공공선과 실질적 가치를 강조한다는 측면에서 민주주의에 대한 공동체주의적 이해라고 볼 수 있다.

하버마스가 말하는 토의민주주의는 민주주의에 대한 자유주의적 이해보다는 강하지만 공화주의적 이해보다는 약한 중도를 추구한다. 토의 모델에서 민주정치의 규범적 핵심은 자유주의에서처럼 정치과정 이전에 철학적으로 정당화되는 개인의 자유나 권리도 아니고, 공화주의에서처럼 특수한 공동체의 윤리적 삶의 형태도 아닌, 담론의 절차와 의사소통의 구조에 놓여진다. 하버마스가 이전의 저술에서 지속적으로 강조한 비판적이고 열린 의사소통이 사회 전반에 얼마나 잘 작동해서 종국적으로 법과 정책으로까지 연결되느냐가 민주정치의 핵심이 되는 것이다. 이 관점에서 보았을 때, 공화주의는 인민의 집합적 의사결정 과정을 강조한 점에서는 옳지만, 민주적 절차, 토의, 의사소통 등을 소홀히 한 측면이 있고, 자유주의는 개인의 사적 자율성에 대비하여 시민들이 집합적으로 행사하는 공적 자율성의 측면을 소홀히 함으로써, 파편화된 개인들이 어떻게 건강한 정치공동체를 이룰 수 있는지에 답하지 못하는 문제가 있다.

이러한 문제의식을 구체화하면서 하버마스는 '토의정치의 이중궤도 모델'(the two-track model of deliberative politics)을 내세운다.[6] 여기서 하버마스는 의회나 내각 등을 중심으로 한 공적인 결정기관인 이른바 '강한 공중'(strong public) 내지는 '중심부'(core)와, 시민사회와 공론장으로 구성되는 '약한 공중'(weak public) 내지는 '주변부'(periphery)를 구분한다. 법의 정당성과 입헌민주주의의 규범적 원리는 이 관점에서 권력의 순환 문제로 표현되기도 하는데, 바로 '약한 공중'에서 발원한 '의사소통권력'이 공적인 제도로서의 '강한 공중'의 결정에 방향성을 제시하고 한계를 설정하는 것이 핵심이다. 사회적 문제를 발견하고 의제화하며, 경우에 따라서는 해결책을 제시하는 시민사회의 정치적 요구가 제도권 정치와 행정기관의 결정과 집행에 충실히 반영되는 것이 바로 하버마스가 말하는 토의정치에서 권력이 선순환하는 모습이다. 이러한 선순환이 이루어질 경우 '행정권력'이 '의사소통권력'에 반하는 방식으로 자의적으로 정책을 결정하거나 집행하지 못하게 될 것이며, 사회권력이 행정권력을 통해 시민사회로 병리적으로 침투하는 것도 막을 수 있다. 그러한 순환의 핵심 고리가 바로 법이라고 할 수 있는데, 법은 정치적 공론장에서 표출되는 '생활세계'의 언어를 행정권력과 화폐로 대표되는 '체계'가 알아들을 수 있는 언어로 전환하여 이들을 규율할 수 있는 역량을 갖고 있기 때문이다. 법이라는 매개를 통해서 담론의 구조와 절차가 체계 자체의 작동 방식을 변화시킬 수 있는 가능성이 적어도 부분적으로 열리는 것이다. 의사소통행위와 담론에만 의존해서 현대 사회에서 발생하는 복잡한 행위조정과 사회통합의 문제를 해결할 수 없다는 사실이 자명하다면, 이제 정당한 법이 바로 그 핵심적인 역할을 담당하게 된다.

하버마스에 따르면 '약한 공중'의 역할은 위기 상황에서 더욱 중요해진다. 일상의 정치과정은 공식적인 법과 제도가 규율하는 루틴에 의해서 다뤄지게 마련이고, 그것이 딱히 문제일 것도 없다. 그러나 사회적 위기상황을 맞아 일상적인 문제해결 방식에 대한 구성원들의 문제 제기가 급진화될 때는 자생적으로 조직된 정치적 공론장의 네트워크가 개혁과 새로운 사회적, 정치적 비전 제시를 위해 핵심적 역할을 담당하게 된다. 즉 하버마스는 입헌민주주의의 법, 제도, 절차가 담당하는 중심적인 기능을 충분히 인정하면서도, 그것을 둘러싼 시민사회와 정치적 공론장에서의 담론과 비판이 충분히 정치과정에 영향력을 미칠 수 있는 포괄적인 메커니즘을 구상하고 있는 것이다. 앞선 저술들에서 강조한 합리화된 생활세계와 건강한 공론장의 '공명판' 내지는 '경고체계'로서의 역할이 여기서도 핵심적으로 중요해진다. 이상의 주장은 다음 문장에 잘 집약되어 있다. "토의정치의 성공은 … 의사소통의 절차와 조건의 제도화, 그리고 제도화된 숙의 과정과 비공식적으로 형성되는 여론의 상호작용에 달려 있다."[7]

한 가지 더 강조할 것은, 하버마스 민주주의 이론의 중심적인 내용이 '절차주의'라는 개념으로 자주 집약되지만, 사실 그 작동을 위해 구성원들 사이의 탄탄한 시민적 유대와 연대감이 차지하는 비중이 결코 작지 않다는 점이다. 예컨대 활발한 시민사회와 공론장의 작동은 헌법에 의한 기본권 보장이나 최소한의 절차적 민주주의의 달성에 의해서만 확보될 수 있는 것이 아니라, 시민들의 연대와 공동체에 대한 애착을 또한 전제로 한다고 보아야 할 것이다. 그에 상응하는 건강한 정치문화의 뒷받침 또한 물론 중요할 것이다. 그렇다면 토의정치의 활력은 '절차주의'라는 이름이 주는 인상과는 달리 정치적 공론장에서 시민들의 적극적인 관심과 참여에 결정적으로 의존한다. 이 조건이 충족될 때에 시민들은 공동체를 규율하는 법규범의 수신자 내지는 집행대상으로서만 존재하는 것이 아니라, 그것의 제정에 또한 적어도 간접적으로, 하지만 평등하게 참여함으로써 '공적 자율성'(public autonomy)을 획득하게 된다. 이는 하버마스가 자신의 민주주의 이론을 '사적 자율성'(private autonomy)에 방점을 두는 자유주의적 전통과 구분하는 지점이기도 하다. 개인의 사적 자유와 권리를 정치 이전에 이미 타당성을 확보한 형이상학적 개념으로 이해하게 될 경우, 개인의 권리가 민주적 절차와 토론의 내용과 방향에 제약을 가하게 되는 측면만이 강조되고, 그 권리의 내용과 위상이 민주적 실천을 통해 구성 및 구체화되는 동학을 간과하게 되기 때문이다. 앞서 언급한 것과 같이 하버마스는 이러한 이유로 토의정치의 모델이 자유주의와 공화주의의 전통을 결합하며, 사적 자율성과 공적 자율성, 인권과 인민주권의 원리가 서로 대척점에 있는 것이 아니라 '동근원적'(co-original)이라는 점을 보여준다고 주장한다.[8]

앞서 부르주아 공론장이라는 역사적 범주에 대한 연구와 사회통합의 원리로서 의사소통적 합리성의 재구성을 관통하는 하버마스의 문제의식이 자유롭고 평등한 사람들의 공동체를 구성하고 운영하는 원리를 찾고자 하는 것이었다는 점을 언급하였다. 이제『사실성과 타당성』에 이르러 같은 이론적 목표가 법이론과 정치이론 형태로 보다 정교하게 제시되는 것을 확인할 수 있다.

글로벌 거버넌스[9]

하버마스의 정치이론은 국가 내부의 법과 민주주의에 대한 논의에 국한되지 않는다. 그는 1990년대 중반 이후 국제법과 국제정치, 지구화 등에 관한 저술을 활발히 발표해오고 있다. 또 최근 십여 년 동안 유럽의 경제적, 정치적 통합 과정을 분석하고 규범적인 개입을 시도하는 신문 사설이나 강연 등에도 힘을 쏟으며, 관련 논쟁에서도 중요한 역할을 담당하고 있다. 보다 구체적으로 하버마스의 최근 저술은 지구화의 다층적인 동학과 그 정치적 영향에 대한 분석, 국제법의 발전 과정, 세계시민주의(cosmopolitanism) 정치사상, 유엔의 개혁과 글로벌 거버넌스 등에 이르는 연관 주제를 폭넓게 다루고 있다.

글로벌 거버넌스 문제와 관련된 하버마스의 이론은 시간이 지나면서 내용이 크고 작게 변하지만, 그 요지는 '지구적 헌정질서'(global constitutionalism)의 수립 내지는 '세계 질서의 헌정화'(constitutionalization of world order)와 같은 개념으로 집약될 수 있다. 이와 같은 변혁의 필요성은 지구화가 초래한 심각한 정치적 도전에서 찾아진다. 20세기 후반 이후 가속화된 다층적 지구화의 동학은 생태적 위기, 구조적 불평등, 첨단기술의 발전이 노정하는 위험, 테러리즘으로 대표되는 새로운 안보 위협 등 여러 난제를 야기했다. 하버마스는 특히 경제 영역에서의 지구화가 초래한 정치적 문제를 강조한다. 시장의 막강한 힘이 정치의 통제를 벗어나면서, 국가가 시장 규제나 재분배 정책 등을 통해 자본주의의 동학을 길들일 수 있는 능력을 잠식해왔다는 것이다. 전후 서구에서 다져진 복지국가의 근간이 흔들리고, 심화된 구조적 불평등이 개인의 평등한 자유를 침해하고, 정치적 참여를 저해하며, 사회적 유대를 파괴하는 지경에 이르렀다는 것이다. 이것은 곧 민주주의의 위기이자 정당성의 위기이기도 하다는 것이 하버마스의 진단이다. 이러한 문제들에 대한 정치적 대응은 이제 지구적 차원에서 모색될 수밖에 없으며, 그것은 국제 정치질서의 꽤나 급진적인 변화 내지는 개혁을 전제한다는 것이 하버마스의 생각이다. 그 요지는 근대를 지배했던 '국제'(inter-national)질서를 떠받치고 있는 주권과 국제법의 관념으로부터 탈피하여 세계사회를 묶을 수 있는 정치적, 법적, 규범적 틀을 새롭게 마련해야 한다는 것이다.

하버마스는 세계 질서의 헌정화와 관련된 자신의 이론적 모델을 '세계정부 없는 글로벌 거버넌스'(global governance without a world government)라고 부른다. 그는 이것이 세계국가 내지는 세계정부를 수립하려는 시도가 아니라는 점을 강조한다. 자유롭고 평등한 시민들이 서로에게 부여하는 근본적인 권리들을 토대로 수평적인 결사체를 만들어내는 과정으로서의 '헌정화'가, 정치권력의 행사와 정치적 프로그램의 집행을 가능케 하는 위계적으로 조직된 제도의 집합체로서 '국가'의 형성과 동일한 것은 아니기 때문이다.

하버마스의 글로벌 거버넌스 모델은 세 층위의 '다층적 연방 체계' 모습을 띤다. 첫째는 가장 상위의 범국가(supranational) 수준이다. 여기서 그는 개혁되고 확장된 UN 중심의 국제기구를 단일 행위자로 상정하는데, 그 역할은 국제평화와 인권 문제를 관할하는 것이다. 평화나 인권 문제와는 달리 국제사회의 폭넓은 규범적 지지와 합의를 이끌어내기가 어려운 보다 논쟁적인 사안들은 두 번째 층위를 구성하는 초국가(transnational) 수준에서 담당하게 된다. 무역이나 금융 등 경제적 문제, 환경 문제, 보건이나 이주 문제 등 오늘날 국제정치의 많은 난제들이 여기서 토론, 협상, 집행되는데, 하버마스는 이 사안들을 '지구적 내정'(global domestic policy) 문제라고 부르기도 한다. 이 층위에서 활동하는 주체로 EU나 NAFTA 등과 같은 지역 레짐이 언급된다. 마지막 세 번째 층위의 구성원은 바로 국가들이다.

하버마스는 다층적 글로벌 거버넌스의 체계를 구성하면서 앞서 소개한 그의 민주주의 이론에서 발전시켜온 일국 차원에서의 토의정치 모델을 지구적인 수준으로 확장 및 적용하고 있는 것으로 보인다. 지구적인 차원에서의 '강한 공중'은 위에서 살펴본 다층적인 제도의 집합체를 가리키는데, 이들은 각각의 영역과 사안에 있어서 주도적으로 법규범을 형성하고 정책을 집행하는 역할을 맡는다. 다음으로 지구적인 차원에서의 '약한 공중'은 바로 지구 시민사회를 가리킨다고 볼 수 있다. 여기서 시민들은 일국의 시민이면서도 세계시민으로서 자의식을 공유한다. 일국 단위에서처럼 언론을 비롯한 대중매체의 역할 또한 핵심적인데, 이들이 지구적인 문제에 대한 토의의 장으로서 중요한 기능을 담당해야 하기 때문이다.

이렇게 구성된 '이중 궤도' 모델을 상정하면, 권력의 선순환이 이루어지는 글로벌 거버넌스는 한편으로는 초국가적, 범국가적 차원의 공적인 제도들의 절차적 정당성 확보에, 또 다른 한편으로는 이 제도들의 작동을 감시하고 견제하며 건설적인 논의를 촉발하는 건강한 지구 시민사회의 발전에 달려 있다고 볼 수 있다. 이에 더해 지구 시민사회의 토의와 요구가 다층적 국제기구들의 작동방식과 방향성을 규정지을 수 있는 실질적인 힘을 갖게 되는 것도 중요하다. 이를 통해 헌정화된 세계사회의 주요 행위자들의 투명성과 책임성 및 반응성을 확보할 수 있는 것이다. 이렇게 구성된다면 하버마스가 말하는 글로벌 거버넌스 체계는 세계정부와 같은 일원화되고 집중된 권력 기구 없이도 정당성을 확보할 수 있게 된다.

하버마스는 자신이 구축하는 모델이 비현실적인 이상에 그치지 않는다는 점을 되풀이해서 강조한다. 전후 국제법과 인권 규범 등의 발전궤적을 살펴보면 이미 유사한 방향으로의 진화가 일어나고 있다는 것이다. 그럼에도 불구하고 이러한 다층적 글로벌 거버넌스 모델이 현재 국제 질서로부터 상당한 변화를 요청하는 것도 사실이다. 예컨대 일국 차원에서 시민들이나 국가들에 요청되는 태도와 관행의 변화가 상당히 포괄적이라는 점을 언급할 수 있다. 우선 시민들에게는 배타적일 수도 있는 기존의 민족적, 국가적 정체성에서 탈피하여 인류 전체에 대해 일정한 도덕적, 정치적 의무를 갖는 세계시민으로서의 정체성을 추가적으로 가질 것이 요구된다. 국가들도 이전의 단일적이고 절대적인 주권체라는 자기이해 방식에서 벗어나 세계 공동체의 책임 있는 구성원으로서의 정체성을 키워나가야 하며, 초국가적이고 범국가적인 기구에 주권 일부를 이양하는 것에 동의해야 한다. 예컨대 인권침해나 침략전쟁 혹은 대량학살 등을 막기 위해 국제기구가 무력을 사용하는 것을 지지하고 지원해야 하는데, 이는 사실상 폭력의 합법적 사용을 독점한다는 전통적 주권 개념으로부터의 상당한 전환을 수용하는 것을 뜻한다. 결국 국가들은 스스로를 "'주권체'라기보다는 연대감으로 단결된 국제공동체의 구성원으로" 생각해야 하는 것이다.[10] 요컨대 이른바 '공유된 주권'(shared sovereignty)의 제도화가 범국가적, 초국가적 층위에서 거버넌스가 작동하게 되는 필수조건이 된다고 할 수 있다.

이러한 큰 틀에서의 전환이 불가능하지 않다는 하버마스의 판단은 근대 정치사에 대한 그 나름의 독해에 바탕을 두고 있다. 그는 근대국가의 형성과 발전 속에서 정치적 데모스(demos)가 상대적으로 동질적인 민족(nation)과 그 외연을 공유하게 된 과정은 철저히 역사적인 것이었다는 점을 강조한다. 즉 '민족'과 '국가'의 결합은 필수적인 것이 아니라 '개연적'이고 '인위적'인 정치적 선택의 역사적 산물이라는 것이다. 나아가 하버마스는 민족국가의 역사적 '우연성'은 이것이 또 다른 집합적, 정치적 선택에 의한 변화의 가능성을 열어두고 있다는 점을 뜻한다고 본다. 즉 법과 제도의 형성적인 힘을 적절히 활용할 경우 집합적 정체성과 연대성이 보다 확장된 지역이나 지구적 단위에서 구성되지 말아야 할 이유는 없다는 것이다.

여기에 더해 전통적인 의미의 인종적, 민족적 애국주의가 이른바 '헌정적 애국주의'(constitutional patriotism)로 대체되고 있는 경향 또한 언급된다. 민주적인 토의와 결정에 참여하는 과정을 통해 정치적 애착과 공적인 정체성이 생겨날 수 있고, 그 내용의 중심에는 혈연이나 지연과 같은 귀속적인 준거가 아니라 헌법에 담긴 보편적 가치와 규범, 절차 등이 자리 잡게 된다는 것이다. 하버마스는 자신의 주장이 유럽의 사례를 통해 어느 정도 현실성을 획득했다고 생각한다. 그는 유럽이 세속화의 가치, 사회적 연대, 평화와 인권, 팽창적인 국가주의에 대한 반대 등을 공유한다고 보고, 이러한 토대를 견고히 함으로써 유럽의 정치적 통합이 다른 대륙이나 지구 전체가 나아가야 할 방향성을 제시해주는 '모델'로 기능하기를 희망한다.

맺음말

이 장에서는 하버마스의 정치이론과 그 배경을 구성하는 몇 가지 요소를 살펴보았다. 비록 그의 사상체계 전반을 다루지는 못했지만 정치이론에 대한 핵심적인 기여를 간략하게나마 소개하였다고 본다. 이를 통해 미시적인 사회적 관계에서부터 세계 질서에 이르기까지 어떻게 하면 근대의 가장 중요한 성취라고 할 수 있는 자유와 자율성, 그리고 평등과 민주주의의 가치를 실현할 수 있을지에 대한 하버마스의 일관된 고민을 읽을 수 있었다.

글을 시작하면서 하버마스의 사상이 현실과 유리된 이론체계로 존재하는 것이 아니라는 점을 강조하였다. 이 지점은 토의정치와 글로벌 거버넌스에 대한 그의 논의에서 가장 잘 드러나는데, 현대사회와 정치의 작동에 대한 지대한 관심을 비판적 거리를 유지하면서 이론적인 언어로 치밀하게 풀어내는 모습을 볼 수 있다. 특히 비판을 위한 비판에 머무르지 않고 자유, 평등, 자율성 등 규범적 지향을 현실화할 수 있는 제도적 방안을 모색하는 데 큰 힘을 쏟는 점에 주목할 필요가 있다. 토의정치의 모델이나 유럽통합과 글로벌 거버넌스에 대한 그의 개입이 얼마나 설득력을 갖는지에 대한 문제는 여전히 논란거리지만, 그가 제시한 개념과 분석틀, 규범적 지향과 가치가 이러한 문제를 다루는 오늘날의 논의에서 빠뜨리기 힘든 준거점 중 하나가 되었다는 것은 분명하다.

인간의 사회적 존재와 언어에 대한 철학적 분석에서부터 근대사회의 구조적 속성과 그 공과에 대한 재구성, 민주주의와 공론장, 법의 문제에 대한 다층적인 이론화 작업에 이르기까지 하버마스 사상의 여러 측면은 여전히 많은 논쟁거리가 되고 있다. 사유체계 전반이 서구의 독특한 역사적 경험을 보편화하는 오류를 범하고 있다는 주장에서부터 그의 정치이론이 규범성의 과잉으로 인해 현실적 설득력을 결여하고 있다는 지적에 이르기까지 그 비판의 내용 또한 다양하다. 서로 공존하기 힘든 복수의 이론적 전통을 무리하게 접합하려는 시도가 결국에는 성공적이지 못했다는 평가도 존재한다.

그러나 하버마스의 큰 사상적 기여는 바로 이론적 선명성보다는 절충주의와 혼종성에 유래하는 측면이 크다. 예컨대 그 스스로가 급진적 비판이론의 후계자이면서도 영미권에서 발전해온 정치적 자유주의의 전통을 진지하게 수용하려는 노력은 토의정치라는 영향력 있는 정치적 비전으로 결실을 맺었다. 이런 점에서 하버마스의 정치사상은 파괴와 창조가 아니라 다양한 이론적 전통의 수용과 전유를 통해 전개되어왔다고 볼 수 있다. 그 결과물이 복잡하고 때로는 혼란스럽게 느껴지는 것은 그의 이론 자체가 갖는 약점이라기보다는 그가 분석 대상으로 삼고 있는 현대의 사회, 정치, 문화 속에 무수한 복잡성과 긴장의 계기가 내포되어 있기 때문이라고 보는 것이 옳다. 이상이면서 이데올로기이기도 한 부르주아 공론장의 내적 긴장, 생활세계와 체계의 양 측면을 가지는 현대사회의 구조적 속성, 자유주의와 공화주의의 접점을 찾으려는 토의정치의 모델 등이 모두 그 사례에 해당할 것이다. 하버마스는 이러한 이론적 작업을 통해 스스로 구체적인 변혁의 지침을 내려주거나 해방의 비전을 제시해주기보다는 민주정치를 이끌어가는 시민들의 집합적 성찰과 정치적 관여를 요청하고 있다.

더 읽을거리

- 위르겐 하버마스. 2001. 『공론장의 구조변동』. 한승완 옮김. 나남.
  처음 독일어 원전이 출간된 이후 반세기가 넘는 시간이 지났지만, 공론장 개념을 중심으로 하버마스의 이력을 관통하는 핵심적인 문제의식과 개념을 여전히 다수 찾을 수 있다.

- 위르겐 하버마스. 2007. 『사실성과 타당성』. 한상진·박영도 옮김. 나남.
  하버마스의 법이론과 정치이론이 집대성된 역저이다. 읽기가 상당히 까다로운데, 토의정치 개념을 중심으로 그의 정치이론을 엿보려면 7장과 8장을 우선 읽을 수 있겠다.

- Finlayson, James Gordon. 2005. *Habermas: A Very Short Introduction*. Oxford: Oxford University Press.
  하버마스의 정치이론뿐만 아니라 언어철학, 사회이론, 담론윤리 등 그의 사상체계의 전반을 짧지만 밀도 있게 소개하는 탁월한 입문서이다.

18.

권력과 통치성을 넘어서

미셸 푸코

이동수

Michel
Foucault

개요

푸코는 현실에 대한 이해와 현실 문제에 대한 해결을 제시하기 위해 초월적이고 선험적인 인식 대신 우리의 현재를 구성해온 역사와 그 역사 속에서 빚어진 오염의 문제를 밝혀내고자 한다. 먼저 푸코는 이 오염을 들춰내기 위해 고고학과 계보학적 방법론을 사용하는데, 이것들은 현실이 어떻게 구성되었는지를 역사 속에서 그 발생과 유래, 성립과정 등을 추적해 드러내는 것이다. 또한 푸코는 이 방법론들을 통해 공적 영역 뿐만 아니라 사적 영역에 이르기까지, 예컨대 병원, 감옥, 가족제도, 성행위와 연관된 영역 등에서 권력이 어떻게 작용하고 있는지를 추적한다. 그리고 권력이 정상과 비정상을 나누고 이에 따라 인간사회를 어떻게 관리하고 통치하는지를 분석한다. 이런 작업을 통해 푸코는 인간이 권력과 통치성의 부산물이지 결코 주인이 아니라는 점을 명백히 한다. 특히 통치성과 관련해, 고중세적 사목적 권력의 시대를 벗어난 근대국가가 처음엔 국가이성을 앞세우고 규율적 권력을 통해 개인의 신체를 강제하는 방식으로 통치했다가 19세기 이후엔 자유주의적 통치성, 즉 전체 인구의 안전과 행복을 제공해준다는 공리주의적 목표 아래 통계학적 혹은 효율적 관리의 형태로 통치가 변화했음을 보여준다. 이러한 푸코의 논의는 얼핏 보기엔 반인간주의처럼 보이지만, 사실은 고도로 효율적으로 관리된 인간의 예속성에 대한 비판을 내포하고 있다.

생애

미셸 푸코(Michel Foucault, 1926-1984)는 1926년 10월 15일 프랑스 소도시 프와티에서 의대 교수의 아들로 태어났다. 어려서 유복한 생활을 했으며, 1946년 사르트르, 메를로퐁티, 레몽 아롱, 시몬느 드 보부아르 등 최고 지식인들이 다녔던 전통 있는 명문 고등사범학교에 입학했다. 거기서 그는 루이 피에르 알튀세르(Louis Pierre Althusser)의 수업을 들었으며, 리옹 대학 교수인 메를로퐁티의 강의도 수강했다. 철학 학사학위를 받고 졸업한 후 고등사범학교에서 잠시 강

사로 있었는데, 철학이 삶의 현실과 유리되어 있다고 생각해 심리학과 정신병
리학 연구에 몰두하였고, 성 안느 병원에서 심리학과 연관된 업무에 종사했다.
1955년부터 1959년까지는 스웨덴 웁살라 대학 조수, 폴란드 바르샤바 대학 프
랑스연구소장, 독일 함부르크의 프랑스 문화원장 등을 지냈는데, 특히 스웨덴에
서의 3년은 박사학위 논문인「광기와 비이성: 고전주의 시대에 있어서 광기의
역사」를 저술한 시기로 이를 웁살라 대학에 제출하려 했으나 여의치 않아 후에
조르주 캉길렘(Georges Canguilhem) 등의 도움으로 프랑스 소르본 대학에서 통
과되어 1961년 출판되었다. 1966년 튀니지에 갔다가 1968년 5월혁명이 일어나
자 급히 귀국해, 혁명의 결과로 생긴 뱅센느 대학의 철학과 학과장을 맡고 사회
운동을 주도했다. 1969년엔 프랑스 지식인 사회의 최고 영예인 콜레쥬 드 프랑
스의 사상체계사 담당 교수로 선출되어〈담론의 질서〉라는 제목의 취임 강연을
하였다. 1970년 이후엔 언론의 스포트라이트를 받고, 미국을 비롯해 전 세계의
주목을 받았다. 특히 1980년 이후엔 미국 유명 대학들에서 매년 초청 강연을 했
는데, 그 반응은 열광적이었다. 1984년 건강이 안 좋은 상태에서 원래 6권으로
예정된〈성의 역사〉집필계획을 수정해『쾌락의 활용』과『자기에의 배려』를『성
의 역사 2』,『성의 역사 3』으로 출간하고, 6월 25일 패혈증으로 사망하였다.

499

주요 저술

Foucault, Michel. 1980. *Power/Knowledge: Selected Interviews & Other Writings 1972-1977*. Pantheon.

미셸 푸코. 2010.『성의 역사 1: 지식의 의지』. 이규현 옮김. 나남.

미셸 푸코. 2011.『안전, 영토, 인구』. 오트르망 옮김. 난장.

미셸 푸코. 2012.『말과 사물』. 이규현 옮김. 민음사.

미셸 푸코. 2012.『생명관리정치의 탄생』. 오트르망 옮김. 난장.

미셸 푸코. 2016.『감시와 처벌』. 오생근 옮김. 나남.

머리말

푸코의 주된 관심은 현실(reality)에 대한 문제에 놓여 있다. 일찍이 칸트가 "계몽이란 무엇인가"에서 "지금 무엇이 진행되고 있는가? 우리에게 무슨 일이 발생하고 있는가? 우리가 살고 있는 이 세계, 이 시기, 바로 이 순간은 무엇인가?"라는 질문을 던졌는데, 푸코 역시 이런 문제의식에 공감한다. 다만 칸트는 이에 대한 대답으로 초월적이고 선험적이며 보편적인 인식의 중요성을 강조하지만, 푸코는 이와 달리 우리 자신의 현재를 구성해온 역사와 그 역사 속에서 빚어진 오염 문제를 밝혀냄으로써 그 해결책을 찾고자 한다.[1]

칸트를 비롯한 근대철학은 계몽된 인간이 이성과 합리성의 발현을 통해 자기 주도적인 삶을 영위하고 사회를 이끌어 가는 주체(subject)가 되어 인간해방을 이룰 수 있다는 희망을 전파해왔다. 그러나 푸코에 의하면, 이런 근대성의 희망은 현실을 직시하지 못한 허상에 불과하다. 양차 세계대전을 겪은 유럽에서 삶의 현실은 그렇게 순수한 인간들의 상호행동이나 그렇게 이상적인 사회와는 거리가 멀다. 이것은 단순히 인간이 순수함을 잃고 오염되었기 때문이 아니라, 또한 사회가 악한 자들의 부패와 불의로 가득 차 있기 때문이 아니라, 인간사회에는 언제 어디서나 항상 권력(power)이 작동하고 있기 때문이다. 우리 인간의 의식과 지식, 행동과 상호작용은 사실 권력 작동의 결과에 불과하다. 즉 인간은 권력을 소유하는 주체가 아니라, 소유할 수 없는 권력이 만들어낸 효과(effect)에 지나지 않는다는 것이다.

푸코가 보기에, 인간은 결코 주체로 존재할 수 없다. 오히려 우리는 우리 자신을 구성하면서도 우리 스스로 하여금 사고하고 행동하며 말하는 주체로 인식하도록 하는 사건들 속에서 권력의 작용에 의해 주체로 구성되어왔을 뿐이다. 이와 같은 역사적 사건들은 소위 지식이라는 형태로 이해되었고, 이 지식은 권력의 작용으로 담론(discourse)의 성격을 띠게 되었다. 따라서 이러한 담론의 껍질들을 벗기기 위해서는 현실을 구성한 역사에 대한 고고학적 천착과 계보학적 연구가 필요하다. 고고학과 계보학은 선험적이고 초월적인 어떤 실재를 전제하는 것이 아니라, 현실이 어떻게 구성되었는지에 대해 역사 속에서 그 발생과 유래, 성립과정 등을 추적하여 드러내는 것이다.

푸코는 이런 방법론을 통하여 공적인 영역뿐만 아니라 사적인 영역에 이르기까지, 예컨대 병원, 감옥, 가족제도, 성행위와 연관된 영역 등에서 권력이 어떻게 작용하고 있는지를 추적한다. 그리고 이 권력이 정상과 비정상을 나누고 이에 따라 인간사회를 어떻게 관리하고 통치하는지를 분석한다. 이런 작업을 통해 푸코는 인간이 권력과 통치성(governmentality)의 부산물이지 결코 주인이 아니라는 점을 명백히 한다. 그런 점에서 우리가 비난할 대상은 단순히 특정한 권력자나 통치자가 아니다. 그 시대 그 사회를 관통하고 있는 우리의 사고와 지식, 그것들이 표현된 제도와 법률, 그리고 그것들을 통해 우리를 관리하고 조정하는 메커니즘이 모두 인간의 자유와 해방을 가로막는 장애물들이다. 인간은 이러한 권력의 그물망으로부터 빠져나올 수 없으며, 다만 우리가 할 수 있는 최대치는 이런 권력과 통치성에 대해 저항의 거점이 되는 것이다. 만일 인간에게 주체적 요소가 조금이라도 존재한다면, 그것은 이 저항의 거점이 되는 데 있다.

푸코가 이런 문제의식을 갖게 된 것은 당시 시대 상황과 연관이 깊다. 주지하다시피, 1960년대 서구는 사상적으로 커다란 전환점을 맞이하였다. 그동안 근대사상의 중심축이었던 합리주의, 이성주의, 형이상학적 관점이 크게 흔들리면서 실존주의, 비이성주의, 해체주의가 등장하기 시작한 것이다. 이는 양차 세계대전이라는 전대미문의 참혹한 폭력과 이를 정당화시켜온 합리적 목적의식에 대한 회의에서 비롯되었다. 특히 프랑스는 승전국이면서도 엄청난 피해를 입었기 때문에, 독일식 관념론적 형이상학과는 달리 인간의 실존과 그 실존을 둘러싼 구조에 주목하기 시작하였다. 사르트르의 극단적으로 개인적인 실존주의와 클로드 레비스트로스(Claude Lévi-Strauss)의 인류학적 구조주의는 기존의 합리주의적이고 주체적인 인간관을 크게 바꾸어놓았다. 푸코는 한편으로 이들을 계승하면서 다른 한편 이들을 뛰어 넘어 후기구조주의(post-structuralism) 혹은 '역사적 구조주의'라는 관점을 취하였다. 그리고 이 관점은 인간과 인간의 실존적 삶이 어떻게 구성되고 권력으로부터 어떻게 영향받는지를 분석하기 위해 고고학(archaeology)과 계보학(genealogy)이라는 새로운 연구방법론을 채택하였다.

본격적으로 푸코의 사상에 대해 알아보기 전에 먼저 그의 사상적 배경에 대해 살펴보기로 한다. 원래 푸코는 학부에서 철학을 공부했으나, 철학이 현실의 구체적인 삶과 유리되어 있음을 직시하고 곧 심리학과 병리학 등 보다 현실적인 학문으로 관심을 옮겼다. 그는 또한 병원에서 심리학과 관련된 업무를 통해 실무능력도 익히게 되었다. 이러한 일련의 과정을 통해 푸코는 철학적 지식이라는 것이 단순히 이성이나 관념에 의해 파악되는 것이 아니라 현실을 살아가는 인간의 심리와 병리 상태 등을 통해 구성된다는 것을 알게 되었다. 또한 이런 심리와 병리 상태는 인간의 몸과 밀접히 연관되는데, 이때 몸 자체는 사회적 관계 및 이데올로기적 환경으로부터 영향을 받는다. 푸코는 이런 관점을 가스통 바슐라르(Gaston Bachelard), 캉길렘, 알튀세르, 니체 등의 사상을 통해 종합하였다.

먼저 바슐라르는 자연과학적 지식은 그 대상인 동식물의 성장과는 달리 연속적으로 진화하는 것이 아니라 단절이나 불연속의 반복을 통해 형성된다고 보았다. 또한 그의 제자인 캉길렘과 알튀세르는 사회적, 역사적 인식에 있어서도 단절과 불연속성이 존재하며, 모든 지식은 그것을 둘러싼 사회적 관계나 이데올로기적 환경과 연관된다는 것을 강조하면서 인간의 에피스테메(episteme)는 순수한 인식이 아니라 역사적 인식이라고 주장하였다. 캉길렘은 주로 의학사와 생물학사를 통해 그리고 알튀세르는 마르크스의 사적 유물론 분석을 통해 새로운 지식의 형성과 역사적 현실과의 깊은 연관을 드러내었다.

푸코는 이 가운데 특히 캉길렘을 이어받아 사회적, 정치적 요소가 지식의 내부 구성에 있어서 필수불가결하다고 본다. 과학적 사고는 정밀과학이기는 하지만 다른 한편 인간 과학이기도 해서 사회, 정치, 역사라고 하는 외부에 이미 오염되어 있다는 것이다. 그리고 이러한 오염이야말로 현실에 대한 과학적 사고의 기본적인 존재 방식이라는 것이다. 푸코는 이런 오염이 사회적, 정치적 제도로 나타난다고 본다. 푸코에게 있어서 제도는 오염된 인식에 따른 지식에 기초해 항상 권력화되어버린 제도이다. 이런 지식과 권력, 제도로 연결된 관계를 살피기 위해 푸코는 구체적으로 광기, 감옥, 성 행위 등을 분석하고 있다.

다음으로 푸코는 니체로부터 크게 영향을 받았다. 니체가 권력을 몸에까지 연관시켜 논했던 것과 같이, 푸코 역시 권력의 몸에 대한 영향력을 강조한다. 더욱이 푸코는 니체에게서 한 걸음 더 나아가 권력을 단순히 '권력에로의 의지'를 가진 억압기제로 뿐만 아니라, 무엇인가를 생성하고 만들어내는 생산기제로 보면서 그 개념을 더욱 확장시킨다. 그리하여 푸코는 학교, 군대, 공장, 병원 등에 대한 분석을 통해 권력이 제도화된 장치를 통해 개인을 억압할 뿐만 아니라, 그 장치를 운용하기 위해 인간 과학적 지식의 체계를 생산하는 것으로 묘사한다. 요컨대 권력은 소극적인 억압기제일 뿐만 아니라 적극적인 생산기제라는 것이다.

한편 푸코와 연관성이 깊은 동시대 사상가로는 프랑크푸르트학파를 들 수 있다. 푸코가 초기부터 그들의 존재를 알고 있었던 것은 아니지만 68혁명을 거치면서 서로 인식하고 교류하기 시작했으며, 상당 부분 일치하고 있음을 발견한다. 특히 프랑크푸르트학파가 주목한 권력의 과학적, 기술적 지배가 합리주의적 야만성을 초래할 것이라는 경고에 공감한다. 그러나 그들보다 한 걸음 더 나아가 권력은 단순히 억압기제가 아니라 사물에 침투하고, 사물을 만들어내고, 쾌락을 유발하고, 지식을 형성하며, 담론을 만들어낸다고 봄으로써, 권력을 사회 전역에 둘러쳐진 생산망과 같다는 점을 덧붙인다.

고고학과 계보학

앞서 말한 바와 같이 푸코의 연구는 고고학과 계보학적 방법론에 따르고 있다. 이 방법론들은 사회과학에서 일반적으로 사용하는 방법론은 아니다. 그런데 푸코가 이를 채택한 것은 권력에 오염된 사회현상을 분석하려면 그 현상이 어떻게 역사적으로 구성되어왔는지를 비판적으로 검토할 필요가 있기 때문이다. 요컨대 푸코가 말하는 고고학과 계보학은 비판적 역사방법론이라고 할 수 있다. 이는 역사적 과정을 시간의 경과에 따라 진화하는 것으로 간주해 그 기원과 법칙 등을 찾는 기존의 역사방법론과는 다르다.

푸코의 방법론은 스위스 언어학자인 페르디낭 드 소쉬르(Ferdinand de Saussure)의 연구에서 영향을 받았다. 소쉬르는 언어연구에 있어서 기존 역사개념에 대한 편견을 깨뜨리기 위해 통시적인(diachronic) 언어학을 버리고 공시적인(synchronic) 언어학을 제창한다. 즉 시간의 경과와 더불어 진행되는 언어의 진화에 관심을 갖는 것이 아니라, 정해진 한 시점에서 언어의 구조에 관심을 갖는다. 통시적인 연구는 어떤 토대에 기초해 하나의 사상이나 운동에 대한 이해를 추구하지만, 공시적인 연구는 한 시점의 구조가 어떻게 다양하게 구성되었는지에 대한 전체적인 이해를 가능케 하며 이를 통해 체계를 구축할 수 있게 된다.

푸코는 이에 자극을 받아 진화와 진보적 역사 인식과는 다른 고고학이라는 방법론을 먼저 고안해낸다. 이는 그의 초기 저작인 『광기의 역사』 (Histoire de la folie a l'age classique, 1961) 이후 1960년대에 주로 사용했던 방법론이다. 여기서 고고학이란 지식체계의 형성을 추적함으로써 우리가 어떻게 사물과 현상에 질서를 부여하고 있는가를 고고학적 발굴을 하듯이 보여주는 것이다. 따라서 고고학적 방법론이란 기원에 대한 탐구가 아니며, 역사에 대한 해석도 아니다. 고고학이란 글자 그대로 역사적 사건이나 담론들이 발생한 조건과 단면들을 분해해 기술하는 것이다. 사상사에서 주로 취급되는 발생, 지속, 총체성 등이 사상체계의 형성, 발전, 변형에 대한 언급이라고 한다면, 고고학적 분석은 사상사의 포기를 전제하며 그러한 역사의 과정과 절차를 체계적으로 거부하면서 이제까지 논의된 것과는 전혀 다른 역사를 계획한다. 그리하여 고고학은 역사 속에서 단절, 균열, 간격, 새로운 형식 등을 드러내는 데 신경을 쓴다. 요컨대 고고학이란 어떤 질서의 공간 안에서 지식이 구성되었으며, 어떤 역사적 아 프리오리(a priori)에 근거하여, 그리고 어떤 실증성의 영역 안에서 합리성, 관념, 학문, 경험이 형성되고 소멸되었는가에 대한 천착이다.

여기서 푸코는 특정한 시기 동안 지식과 학문체계를 생산하는 에피스테메의 역할에 주목한다. 에피스테메(epistēmē)란 우리의 인식과 실천, 문화를 가능하게 하는 감추어진 질서로서 담론적 실천들을 결합시키는 관계들의 총체로 규정된다. 에피스테메는 일반적으로 숨겨져 있고 무의식적이며, 표면 아래 은폐된 형태로 자리 잡고 있기 때문에 고고학적 방법론을 통한 발굴이 요구된다. 푸코는 15세기 이후 서양에는 4가지 에피스테메가 단절적으로 교차한다고 본다. 먼저 르네상스 시대에는 유사성의 에피스테메가 지배했는데, 이때 언어는 숨겨진 의미를 드러내는 암호로 간주되었다. 반면 17세기부터 시작되는 고전주의 시대에는 동일성과 차이를 중심으로 하는 표상의 에피스테메가 지배하였다. 즉 언어란 중층적 의미들의 담지자가 아니라 일대일로 사물을 지시하는 표상으로 인식된다. 또한 19세기 이후에는 표상의 구조가 무너지고 주체의 자기 표상이 주된 에피스테메가 된다. 고전주의 시대에는 표의의 한 부분에 지나지 않던 인간이 이제는 표상을 가능케 하는 인식의 근거로 작용하며, 이에 따라 지식의 영역이 전반적으로 재편성된다. 즉 표상을 통해 인간이 이해되는 것이 아니라, 인간을 통해 표상이 이해되는 것이다. 이는 인간을 인식의 기능적인 근거인 선험적 주체로 정립하며, 이제부터 주체철학의 전성기가 도래한다. 그리고 마지막으로 1950년대 이후 현대 시대는 구조주의 에피스테메가 새로이 등장한다. 이는 주체철학적 전통을 넘어 인간의 무의식을 다루는 정신분석학, 문화와 연관된 관습을 다루는 문화인류학, 기호와 연관된 무의식을 다루는 구조언어학 등이 새로운 분석틀로 작용한다. 결국 각 시대별로 그 시대에 주를 이루는 각각의 에피스테메가 있으며, 이에 따라 시대별 사상과 현상에 대한 분석이 이루어졌던 것이다. 그리고 고고학은 이런 에피스테메의 실체와 그에 따라 해석된 역사적 사건들에 대한 담론의 성립과정을 발굴해내는 작업이다.

1970년 콜레쥬 드 프랑스 취임 강연인 〈담론의 질서〉에서부터 푸코는 천천히 계보학적 방법론으로 옮겨간다. 계보학이 고고학과 완전히 분리되는 것은 아니지만, 둘 사이에는 분명한 차이가 있다. 고고학이 지식의 에피스테메와 담론형성 과정을 국지적으로 분석하는 데 초점을 둔 반면, 계보학은 그 지식과 담론이 권력과 연계되어 있음을 종합적으로 살펴보는 것이다. 그러나 이 과정에서 계보학은 권력의 힘을 떨쳐버릴 수 있는 어떤 대안을 제시하는 것은 아니다. 계보학의 과제는 "여러 우연, 미미한 일탈 내지는 역으로 완전한 반전, 다시 말해서 우리에게 중요하며 계속 존재하고 있는 사태를 불러온 실수, 그릇된 평가 및 오산을 확인하는 것"[2]이다.

따라서 권력은 제도도 아니고, 구조도 아니며, 일부 사람들에게 부여되어 있다고 하는 특정한 권세도 아니다. 권력은 오히려 주어진 한 사회에서 복잡한 전략적 상황에 부여된 이름으로서 본질적으로 분산적이며 이질적인 힘이다. 계보학은 이런 전략적 상황을 드러내는 것을 목표로 한다. 그런 점에서 계보학은 이데올로기 비판과는 다르다. 이데올로기 비판은 허위의식과 진리와의 대립을 암암리에 전제하고 있는데, 푸코는 진리임을 표방하는 지식이나 담론체계가 어떻게 형성되고 어떻게 영향을 미쳤는가에 관심이 있지 진리를 찾고자 하는 것은 아니다. 푸코에게 중요한 것은 그 자체는 진리도 허위도 아니면서 진리의 효과를 생산해내는 담론들에 대한 역사적 탐구이다. 그러나 계보학은 단순한 역사적 접근이 아니라, 한 사회 안에서 형성된 담론이 갖고 있는 고유한 권력의 효과에 대항하는 비판이라 할 수 있다. 비판으로서의 계보학은 어떤 담론에 구속되어 있는 집권적 권력효과에 맞서는 봉기라 할 수 있는 것이다.

푸코는 계보학의 특징을 구체적으로 현재의 역사, 반과학주의, 반인간주의로 압축해 설명한다. 먼저 계보학은 사건이 발생하는 상황이 어떻게 생기는지를 설명하고자 한다. 역사적 연구가 본래 기원에 대한 연구라 하더라도 일종의 과거 사건에 대한 연구로서의 계보학은 근본적인 관념이나 사건을 본질이나 진리로 인식하지 않는다. 계보학은 사건을 실제 발생한 그대로 파악하고자 할 뿐이다. 계보학이 다루는 것은 기원이라기보다는 유래와 발생이며, 이는 가계와도 같다. 둘째, 계보학은 반과학주의(anti-scientism)로서 어떤 사건에 대한 원인과 결과 등을 과학적으로 찾는 것이 아니라, 역사적 우연성을 발생한 그대로 재구성할 뿐이다. 셋째, 계보학은 반인간주의(anti-humanism) 특성을 갖는다. 이는 반인류적인 관점이 아니라 인식론적 인간주의에 대한 비판이다. 근대철학은 인식론적 인간주의를 내세워 인간을 중심에 놓고 설명하려 하기 때문에 현실에 대한 정확한 인식이 이루어지지 않으며 오히려 비정상인을 감금하고 치료하는 과정을 통해 광기를 정의하고 거꾸로 정상성을 정의하는 방식을 취함으로써 인간에 대한 현실적 인식을 방해한다. 이와 달리 계보학은 인간을 더 이상 인식론적 주체로 보지 않는다는 것을 뜻한다.

권력의 작용

고고학과 계보학적 방법론을 통해 푸코는 우리가 지식이라고 생각하는 담론의 성격을 파헤친다. 그에 있어서 지식이란 단순히 앎이 아니라 어떤 상황에서 작용하는 여러 관계들의 힘의 총합인 권력이 작용한 담론으로서, 이 담론에 덧붙여진 권력의 속성을 아는 것이 필요하다. 푸코가 보기에, 권력은 단순히 정치적 권력 혹은 물리적인 힘이 아니다. 그것은 단순히 사물이나 실체라기보다는 어떤 역할, 기능, 주제를 갖는 메커니즘과 절차의 총체로서, 모든 관계들에 내재하는 힘이다. 인간-사회관계에는 그것이 어떤 관계이든 권력의 작용이 늘 개입해 있다.

따라서 권력은 단순히 국가가 행사하는 물리력, 강제력, 행정력만을 의미하는 것이 아니다. 왜냐하면 이러한 국가의 물리적 힘을 넘어서서 사회 전반에 침투하여 사회 자체를 생산하고 구성하는 보이지 않는 힘이 작동하고 있기 때문이다. 권력은 단순히 국가만의 문제가 아니라 사회 전반의 현상에 관한 것이다. 사회의 네트워크로 구성된 권력은 단순히 한 개인에 대한 물리적 강제력이 아니며, 사회의 담론과 가치 그리고 사회생활 전반을 유도하고 생산하는 힘이다. 그러므로 권력은 사회구조 전체를 둘러싸고 있으면서 또한 그 구조 안에 내재하고 있는 "전체 사회체(social body)를 관통하는 생산적인 네트워크"[3]이다. 권력은 항상, 이미, 거기에 존재하며, 우리는 결코 권력 밖에 있지 않다.

모든 관계망 속에 입체적으로 얽혀 있는 권력은 단순히 국가나 특정 지배체제에 의해 배타적으로 소유되거나 행사되는 것이 아니라, 전체 사회체를 통과하며 작용하고 실행되는 힘이다. 즉 국가나 사회 조직의 상부에서 또는 개인적, 사회적 관계들의 외부에서 감시, 억압하고 금지하는 제도화된 실체가 아니라, 사회 전체에 그물망처럼 퍼져 현존하면서 사회의 모든 관계들에서 미시적, 생산적으로 작동한다. 그런 점에서 권력의 행사는 한편으로는 가변적이고 유연하지만, 그럼에도 불구하고 근본적으로는 권력의 전술을 둘러싸고 벌어지는 투쟁, 전쟁과 같다.

결국 권력이란 복종을 보증하는 제도나 기구의 총체도 아니고, 규칙의 형태를 띤 예속화 방식도 아니며, 특정 집단이 관철시키는 지배체제도 아니다. 오히려 권력은 존재하는 세력 관계들의 다양성, 자기 노선을 구체화시키려는 세력 관계들의 전략, 부단한 투쟁과 대립 속에서 힘의 관계를 변화, 강화, 역전시키려는 게임을 의미한다. 권력은 부동의 통일성(주권) 아래 모든 것을 끌어들이는 특권을 의미하는 것이 아니라, 모든 순간, 모든 지점, 모든 관계에서 생산되며, 바로 그런 모든 움직임의 전체효과이다.

푸코는 이런 권력을 『감시와 처벌』(*Surveiller et punir*, 1975)에서는 감옥을 중심으로, 또 『성의 역사 1』(*L'Histoire de la sexualité: La volonté de savoir*, 1976)에서는 성 담론을 중심으로 분석한다. 먼저 1975년 발표된 『감시와 처벌』에서는 규율적 권력에 대해 분석한다. 푸코에 의하면, 서구의 감옥 제도는 18-19세기에 엄청난 변화를 겪었다. 이때 형벌 제도가 인간의 육체에 가하는 체벌에서 정신적인 형벌로의 이행을 보인다. 우선 그는 처벌하는 권력의 역사적 존재 형태를 공개 고문, 인도주의적 개혁, 사법적 감금 3가지로 나눈다. 공개 고문은 절대왕정의 권위를 유지하기 위한 사회적 통제의 주된 수단이었다. 18세기 중엽까지만 해도 범죄에 대한 처벌은 범죄자의 육체에 대해 잔혹한 형벌을 가하는 것이 상례였다.

　이런 야만적인 관행은 18세기 말과 19세기 초에 걸쳐서 점차 사라지지 시작하였다. 이와 같은 전환에서 뚜렷이 드러나는 변화는, 처벌의 의식이 감소하는 현상과 육체적 고통이 더 이상 형벌의 본질적 요소로 간주되지 않는다는 사실에 있다. 19세기 초부터 확산된 계몽사상의 전파와 함께 보다 인도주의적인 처벌 방법이 도입되었는데, 이는 일반적으로 행형제도의 진보로 간주된다. 하지만 푸코가 보기에, 인도주의적 개혁이 가져온 처벌의 유연화는 처벌의 효율을 극대화시키려는 응용 방법의 변화인 것이다. 달리 말하면, 인도주의적 개혁의 진정한 목적은 처벌하는 권력이 보다 효과적으로 행사될 수 있도록 새로운 전략을 수립하는 데 있었다는 것이다.

　개혁의 목표는 불법적 행위를 처벌하고 억제하는 것을 사회의 정규 기능의 하나로 확립하기 위한 것이었으며, 그런 만큼 덜 처벌하는 데 주안점이 있는 것이 아니라 오히려 보다 효과적으로 처벌하기 위한 것이었다. 현실적 가혹성은 줄어들었을지 모르지만 법과 규율을 어기면 반드시 처벌되고야 만다는 보편성과 필연성을 증가시켰고, 나아가 사회제도 안에 처벌하는 권력을 보다 깊숙하고 광범위하게 개입시키는 결과를 낳았다. 인도주의적 개혁의 진정한 목표는 따라서 '처벌하는 권력의 신경제학'을 수립하는 데 있었다.[4] 처벌의 경제학은 처벌하는 데 드는 비용을 감소시키면서 그 효과는 극대화시키려 한다. 18-19세기 개혁이 단일한 세력에 의해 진행되지 않았던 까닭이 여기에 있다. 개혁이 개화된 지식인, 사회운동가들에 의해 촉발되고 일반 민중에 의해 지지받았지만, 정작 그것을 실행에 옮긴 당사자는 기존의 법률을 집행하는 제도권의 행정, 사법 관료였다는 사실에서 이 점이 분명히 드러난다.

　인도주의적 개혁의 결과 사법적 감금이 19세기 초반에 주요한 처벌의 형태로 정착되었는데, 사법적 감금은 범죄자에 대한 일련의 평가와 규정, 처방, 판단들이 제도적으로 치밀하게 이루어지는 것을 의미한다. 달리 말하면, 범죄자를 통제하는 가장 효과적인 수단은 그에 대한 지식과 정보를 확장시키는 것이고, 이러한 지식기제는 궁극적으로 범죄자를 교화시키는 데 동원된다. 인도주의적 개혁과 사법적 감금은 사회 전체가 범죄에 대한 예방적, 공리주의적, 교정적 처벌 권한을 갖게끔 유도하는 것이다.

푸코에 의하면, 모든 사회에서 사람의 몸은 통제하고 금지하며 조절하는 권력에 노출된다. 이 점은 비단 감옥뿐만 아니라 군대, 학교, 병원, 공장, 회사 등에서 몸을 효과적으로 통제하기 위해 일련의 규정과 방법 등을 총동원하는 현상을 보면 분명해진다. 권력은 복속되고 사용 가능하며 변화될 수 있고, 향상될 수 있는 길들여진 몸을 창조하기 위해 우리의 몸을 끊임없이 분석하고 조정한다는 것이다. 권력의 제어범위와 그 대상, 양식들이 획기적으로 확대, 심화되었던 것이다. 그 목적은 몸이 갖는 효율성과 경제성을 최대한 진작시키는 데 있었다. 제어양식은 몸의 활동에 대한 계속적 감시를 내포한다. 길들여진 몸을 창조하는 여러 다양한 기법과 전술을 통틀어서 푸코는 규율(discipline)이라 부른다. 규율은 몸의 운행에 대한 세세한 제어를 가능하게 하고 그럼으로써 몸이 가진 여러 능력을 효용성의 원리에 종속시킨다. 사회 전 영역에 퍼진 규율적 권력은 사회를 철저히 길들인다. 그 결과 18-19세기 서양에서 규율적 권력은 지배와 억압으로 정착한다.

한편 『성의 역사 1』을 통해 푸코는 성 담론에 있어서도 권력의 변화과정을 추적한다.[5] 푸코가 보기에, 성적 욕망 즉 섹슈얼리티 역시 매우 실제적이며 역사적인 형성물이다. 인간에게 '본래의 성'(sex)이라는 관념은 없다. 모든 사회적 구성물들이 역사와 사회의 결과물이듯이 인간의 성적 욕망이나 감정도 인간의 육체에 생체권력이 작동한 결과이다. 사회와 그 사회를 지탱하는 권력은 인간의 성적 욕망조차 그물망 속에 가두어 관리하고 제도화를 통해 길들이고 있는 것이다.

따라서 푸코는 순진한 인간해방론자들을 비웃는다. 정통 마르크스주의 자들뿐만 아니라 인간해방을 '성의 해방' 문제로 전화시켜 해결하고자 하는 성 해방론자들은 모두 권력의 속성을 억압적인 것으로만 간주하고 그 억압의 굴레를 벗어버리면 해방이 된다고 믿고 있다. 특히 자본주의 사회의 문제들을 문화적 투쟁으로서의 '성의 해방'을 통해 해결하려는 빌헬름 라이히(Wilhelm Reich)의 경우, '성적 억압' 가설을 통해 성의 해방이 곧 인간해방이라는 등식을 내세운다. 그러나 푸코가 보기에, 현대사회는 단순히 성을 비롯한 삶의 요소들을 억압하기만 하는 '소극적'(negative) 사회가 아니다. 성의 경우에 있어서도 자본주의 사회는 단순히 성욕을 억압하면서 통제하는 것이 아니라, 성 문제를 권력, 지식 등과 연계시켜 새로운 성 담론을 만들고 그 속에서 새로운 성 관계를 생산하는(productive) '적극적'(positive) 방식으로 성을 관리하고 있다.

그러므로 성욕이라는 효과는 성에 대한 권력적 지식 즉 성 담론 속에서 형성된다. 따라서 푸코는 성 담론들이 시대에 따라 어떻게 변천해왔는가를 주의 깊게 살핀다. 성 담론의 변천사가 권력이 성에 어떻게 영향을 미치고 또 어떻게 관리하는가를 여실히 보여주기 때문이다. 먼저 17세기 초 자본주의가 발달하고 빅토리아풍의 가족제도가 성립되면서 근대 부르주아 사회가 차차 그 모습을 갖추어가고 있던 시기는 금지, 거부, 검열, 부인, 억압을 통해 성적 욕망을 관리하는 '억압의 시대'(age of repression)였다. 이때부터 성 문제는 가정 내의 부부침실로 고립되어 은폐되기 시작했으며, 성에 대한 언급을 통제하고 언어에서도 성에 관한 단어들의 사용이 금지되었다. 이러한 성 은폐의 시대엔 유곽이나 정신병원에서만 비정상적 성이 용납될 뿐이었다.

그러나 17세기 후반부터는 오히려 성 담론이 폭발하였다. 이것은 권력

기관들이 성에 대한 권력 행사 방식을 성에 대한 담론의 증가, 즉 점차 성에 대해 말하도록 부추기는 제도적 선동, 그리고 성에 대해 말하는 것을 듣고, 분명한 표현과 끝없이 누적되는 세세한 것들을 권력 자체로 하여금 말하게 만들려는 권력 기관들의 집요함 때문이었다. 이러한 권력의 중심에 교회가 있었다. 라트랑(Lateran) 종교회의(1215) 이후 성직자들에게만 부가되었던 성에 대한 고해성사가 트랑트(Trent) 종교회의(1545-1563) 이후 17세기에 이르면 모든 신자에게 확대되었다. 이때 고해성사는 "모든 것이 말해져야 한다"는 전제를 달고 있는 것으로서, 성에 대해서도 모든 것을 말해야 한다는 것을 의미했다. 즉 성에 관한 "모든 것, 실행된 행위뿐만 아니라 관능적인 접촉, 모든 불순한 눈길, 모든 외설스러운 말 … 자진해서 동의한 모든 생각"[6]을 말하라고 함으로써 성을 더 이상 은폐시키지 않고 밖으로 드러내도록 유도했던 것이다. 이제 인간은 '고백하는 동물'(homo aveu)이 되었다.

18세기는 성의 '관리의 시대'(age of police)로서 성 담론이 정치적·경제적·기술적으로 선동되어 널리 퍼졌다. 즉 성을 계산하며, 분류하고, 분석하면서 이성적 차원에서 성 문제를 다루기 시작했으며, 성에 대한 계량적·인과론적 탐구가 병행되었다. 이것은 성을 단순히 나쁜 것, 할 수 없이 치뤄야 하는 어떤 것으로 간주하여 단순히 억압하고 금지시키려고만 하는 것이 아니라, 효용체제에 삽입시켜 최적의 조건에 따라 기능하도록 유도하고 공익을 위해 통제되어야 하는 어떤 것으로 취급하는 것이다. 그 결과 시민은 이제 단순히 인민(people)이 아니라, 재력, 노동력, 인구증가, 식량자원과 관계되어 생각되는 존재인 인구(population)로 간주되기에 이르렀다. 이 목적에 맞춰 인간의 출생률, 발병률, 수명, 임신, 건강 상태, 영양 상태, 생활환경에 대해 연구하고 인간을 관리하기 시작하였다. 국가는 국민의 성 행위를 분석대상으로 삼고, 인구 경제학을 통해 성을 관찰하였다. 이제 성 문제는 단순히 욕구나 감정의 문제가 아니라 사회적인 문제가 되었으며,

성은 단순히 도덕적 판단의 문제가 아니라 행정가, 인구학자, 의사, 교육자에 의해 관리되기에 이른다.

이러한 관리는 19세기에 접어들면서 더욱 체계화 · 과학화된다. 즉 성의 '과학화 시대'(age of scientification)로 넘어온 것이다. 더 이상 성은 성애의 기술이 아니며 모든 사회적 문제와 연관된 사회적 관심사이다. 이때부터 성 담론은 더욱 활성화된다. 그리하여 "직접적인 몸짓, 뻔뻔스러운 담론, 뚜렷이 눈에 보이는 위반, 노골적으로 노출되고 쉽게 뒤섞이는 육체, 웃고 즐길 뿐 계면쩍어하거나 부끄러워하지 않는 어른들, 그들의 주위를 어슬렁거리는 영악한 어린이들"이 난무하고, 이제 "육체들이 공작새처럼 날개를 활짝 펴고"[7] 있었다. 이때 성에 대한 의학적 · 심리적 분석과 인구통계학적 분석이 이루어졌으며, 부부관계의 성만이 대상이 아니라 다른 종류의 성관계에도 관심을 갖게 되어 부녀자, 미친 사람, 자연에 위배되는 성적 행동들을 연구하게 되었다.

푸코는 이 끝에 지그문트 프로이트(Sigmund Freud)가 있다고 본다. 그는 억압된 성을 해방시키려고 한 사람이 아니라, 이와 같이 은폐되었던 성을 표면에 드러내어 과학화 · 분석화시켜 그것을 관리하고자 한 자에 불과하다. 따라서 프로이트가『섹슈얼리티의 이론에 관한 세 논문』에서 히스테리 여인을 분석하고, 어린이의 성적 충동과 성의 도착을 연구한 것은 전혀 새로운 일이 아니라, 그가 근대적 담론의 절정기에 있다는 것을 보여줄 뿐이다. 이것은 프로이트의 이론이 정신분석과 정신치료를 통해 성을 관리하는 데 도움을 주었다는 사실만 보아도 알 수가 있다. 결국, 근대의 성 과학화 전략은 (1) 여자 육체의 히스테리화 (히스테리적 여인), (2) 어린이 성행위에 대한 교육학화 (자위하는 어린이), (3) 생식행위의 사회화 (맬더스적 산아제한과 인구조절), (4) 퇴폐적 향락의 정신의학화 (성적으로 사악한 성인) 등의 결과를 초래하였던 것이다.

이러한 성 담론의 재생산은 인간의 성에 대한 감성이나 욕망을 토대로 한 논의가 아니라 사실상 효용체계에 입각한 것으로서, 그것을 어떻게 분석하고 제도화시켜 관리하느냐의 문제와 관련되었다. 이제 현대인은 수천 년 동안 아리스토텔레스가 말하던 정치적 능력을 부여받은 존재인 '정치적 동물'(political animal)로서 정치세계를 구성해나가는 것이 아니라, 단지 '정치 안의 동물'(animal in politics)로서 감성, 충동, 창의력이 박탈된 채 수동적으로 길들여진 권력의 효과에 지나지 않으며 실존적 존재로서의 지위가 의문시되기에 이른다.

현대는 이와 같은 성의 관리를 통해 인간을 생산한다. 즉 현대의 인간 통제는 더 이상 과거와 같이 죽음, 피와 같은 직설적 위협을 통해서가 아니라 성의 관리와 재생산, 즉 감성/욕망의 조절과 같은 교묘한 방식을 통해 이루어진다. 과거 법/죽음/위반/상징체계/군주권 등이 '피'를 상징하고 이것에 대한 두려움과 억압을 통해 인간을 통제했다면, 이제 권력은 '성'으로 상징되는 규준/앎/삶/의미/규율/조절을 통해 인간을 관리한다. 오늘날 인간은 '성'의 사회, 더 정확히 말해 성적 욕망으로 조절되는 사회에 살고 있다. 거기서 권력의 기제들이 육체에 말을 걸고 인류라는 동물종, 그것의 활기, 지배능력, 또는 활용되어야 할 적성을 강화한다. 건강, 자손, 종족, 인류라는 동물종의 미래와 사회체의 활력이라는 주제를 통해 권력은 성적 욕망에 대해 그리고 성적 욕망을 향해 말한다. 따라서 성적 욕망은 징후나 상징이 아니라 대상 겸 표적이 된다.

통치성의 변화

푸코의 권력에 대한 분석은 상당한 반향을 불러일으켰다. 기존의 권력론을 넘어서는 색다른 작업이었기 때문이다. 그러나 푸코의 권력론은 지나치게 미시적 권력 분석에만 치우쳐 국가에 대한 분석을 놓치고 있다는 비난도 동시에 받게 된다. 그리하여 푸코는 좀 더 거시적인 시각에서 국가와 인구 집단에 대한 연구로 주제를 옮겨간다. 개별적 인간과 그에게 작동하는 미시적 권력으로부터 국가를 구성하는 인구집단의 생활과 행동에 영향을 미치는 국가의 통치성으로 주제 전환을 시도하게 된 것이다.

이를 위해 푸코는 1976년 1월부터 1979년 4월까지 콜레쥬 드 프랑스에서 이 문제와 연관된 일련의 강의들을—이 강의록들은 후에 『사회를 보호해야 한다』(*Il Faut Defendre La Societe*, 1978), 『안전, 영토, 인구』(*Securite, territoire, population*, 1978), 『생명관리정치의 탄생』(*Naissance de la biopolitique*, 1979)으로 출판되었다—진행하였고, 초청 강연과 인터뷰들도 이 문제에 집중하였다. 이때 푸코는 자신의 거대한 프로젝트를 '자유주의 3부작'이라 부르면서, 특히 국가 통치의 합리화 과정에 주목하였다. 하지만 이 '자유주의 3부작'에서 집중적으로 조명된 통치성 문제는 초기의 권력에 대한 분석과 완전히 단절된 것이 아니라, 미시적 권력으로부터 거시적 통치로의 이행, 보다 정확히 말해서 규율이라는 이름으로 개인들의 신체에 행사되는 미시 권력으로부터 전 인구를 대상으로 하는 생명 권력의 문제로 확대한 것이다.

푸코가 통치성을 국가와 동일시한 것은 아니다. 국가란 "이미 주어져 있는 요소와 제도의 고유한 본성, 연결, 관계 등을 사유하는 방식"의 일종이며, "이미 확정된 제도들로 이루어진 총체, 이미 주어져 있는 현실들로 이루어진 총체에 관한 인식 가능성의 도식"[8]이라고 할 수 있다. 푸코는 이러한 기존의 국가개념을 해체시키면서 통치성으로 이를 대체한다. 그에게 있어 통치성이란 "인구를 주요 목표로 설정하고 정치경제학을 주된 지식 형태로 삼으며, 안전장치를 주된 기술적 도구로 이용하는 지극히 복잡하지만 아주 특수한 형태의 권력을 행사케 해주는 제도, 절차, 분석, 고찰, 계측, 전술의 총체"[9]를 의미한다. 고대로부터 오늘날에 이르기까지 정치체는 통치성을 사용해왔는데, 그것이 고대로부터, 중세, 근대, 현대에 이르기까지 변화했다는 것이다. 다만 근대 후기 이전의 통치성은 권력, 주권, 지배 등이 주요한 통치성의 구성요소로서 오늘날의 자유주의적 통치성과는 확연히 구별된다.

먼저 푸코는 계보학적 분석을 통해 초기 기독교 모델에 제시된 양들에 대한 사목적 권력(pastoral power)에 대해 언급한다. 그에 의하면, 사목적 권력양식은 3세기경부터 기독교 목회자의 형식으로 서구 교회에서 적용되어 집단적으로 강화되고 정교해진다. 특히 종교개혁 이후 사목적 권력의 요소들은 세속적 국가의 통치양식으로 전유되기 시작하였고, 근대국가 수립에도 크게 기여하였다. 사목적 권력의 특징은 국가라는 공간보다 그 구성원인 인구집단에 주로 행사되며, 목자의 권력은 그 집단의 구원을 위한 시혜적인 권력으로서 목자가 인구집단 모두뿐만 아니라 각자를 돌보는 개인화된 권력으로 이해된다. 이런 맥락에서 근대국가 초기엔 국가란 개인들 위에 군림하는 실체가 아니라 개인들이 통합될 수 있는 매우 복잡한 구조로 성립되었다.

하지만 17-18세기 국가는 국가이성(raison d'État)을 근거로 소위 규율적 권력을 통해 통치하였다. 마키아벨리의 『군주론』이 출현한 이후 새로운 권력 행사 기술들이 발명되고, 국가의 이성이 신학적 질서와는 분리되어 다루어지기 시작한 것이다. 국가이성이란 주권의 완전성과 국가 자체의 강화에 초점을 맞추는 것으로서, 규율, 감시, 금기 등을 통해 국민을 통치하는 것을 정당화한다. 이때 국가는 주권과 사법적 권력에 의존하게 되는데, 이는 국민국가라는 영토 위에 탄생한 내치국가의 성격을 갖는다. 즉 개별 국가들 간의 경합 속에서 힘의 역학관계가 형성되고, 국가 내의 군주, 정치가,

행정 관료가 주도하는 새로운 합리성으로서의 국가이성의 기획 하에 영토와 신민에 대한 내치적인 개입, 즉 통제와 규율을 통해 통치하는 체제로 변화한 것이다.

중세의 통치자가 신민들로 하여금 내세에서 구원받을 수 있는 삶을 살도록 돕는 자에 가까웠다면, 이제 더 이상 내세에서의 구원에 조력할 필요 없이 국가는 국가 자신을 위해서, 국가 자신에 의해서, 그리고 서로 경합하는 복수의 국가들로서만 존재하게 된다. 이런 국가들의 통치에 있어서 내치의 대상은 거의 무한이라고 생각될 만큼 무제한의 지배가 판옵티콘 (Panopticon) 체제하에서 추구된다. 국가는 이제 주권과 분리되어 통치만을 위한 자연스러운 존재가 되며, 국가이성은 국가 스스로를 다른 국가들과의 경쟁에서 보호함으로써 국가 그 자체를 강화하는 것을 목적으로 한다.

그런데 애덤 스미스(Adam Smith)가 '보이지 않는 손'을 주장한 이후 즉 19세기 자유주의의 확장과 전환을 통해 근대국가가 변화하면서, 소위 자유주의적 통치성으로의 변화가 나타난다. 이는 보다 효과적인 통치를 위한 변화로서, 규율과 억압뿐만 아니라 국민들에게 안전과 행복을 보장해주기 위해 생명과 생활을 관리하는 방식으로의 전환이다. 이는 한편으로는 국가 자체의 부강함보다는 시민사회의 이익을 증진시키기 위한 것이기도 한데, 개인에게 자유를 보장해주고 인권을 신장시켜주면서도, 사회적 공리주의 입장에서 '최대 다수의 최대 행복'을 위해 인구를 관리하는 방식으로 통치하는 것이다. 그리하여 규율적 권력으로부터 생명 관리 권력으로 문제의 초점이 옮겨간다.

예전 국가이성 통치시대의 규율적 기술은 인체에 집중되어 있고, 개별적 효과를 내며, 신체를 유용하면서도 온순하게 만들어야만 할 노동력의 근원으로 간주하고 조종했다면, 자유주의 통치성 시대의 생명 관리 기술은 육체들이 전체의 생물학적 과정 안에서 대체되는 그런 기술인 것이다. 그리하여 통치란 외부에서 감시하고 통제하는 것이 아니라 자유로운 운동을 보장할 수 있는 장치들을 마련하는 과정으로 간주된다.

푸코가 보기에, 자유주의란 어떤 이론이나 이데올로기가 아니라 사물들을 대면하는 방식이자 실천으로서, "극대화를 지향하는 경제의 내적 규칙에 순응하는 합리화의 원칙이자 방법"[10]이다. 따라서 자유주의적 통치성이 추구하는 합리성은 가능한 한 비용을 절감하면서 그 결과의 극대화를 지향하는 합리성이다. 이는 인구를 중심으로 하는 지식, 실천, 및 개입이 개개인과 인구 전체의 생명을 최적화하려는 규범에 의해 합리화될 때 발생한다. 이 과정에서 통치의 목적은 주권자의 권력으로부터 인구의 복지로 바뀐다.

생명 관리를 통해서 권력은 더 이상 사법적인 것이 아니라 다분히 물질적인 것이 된다. 생명 관리에서 권력은 반드시 살아있는 존재자들인 국민의 건강, 위생, 출산율, 장수 등에 직간접적으로 행사된다. 나아가 권력은 통계학과 같은 인구의 관찰기술과 국가 행정기관의 진화와 더불어 정교화되고, 급기야 인구가 스스로 결정할 수 있는 개인적인 실천으로부터 목적과 수단의 계산망을 구성하는 실천으로 이행함으로써 통치성의 문제로 이행된다. 어원적으로 통계학(statistics)이 국가학(Statistik)에서 나왔듯이, 국가학으로서의 통계학이란 국력을 증대시키고 통합시키고 발전시키는 총체적인 집합체이자 그런 절차들의 요체인 것이다. 국가의 핵심은 바로 생명 관리를 위한 통계에 있다.

맺음말

이상에서 우리는 푸코의 정치사상에 대해 일별해보았다. 푸코에 대한 일반적인 평가는 서로 엇갈린다. 혹자는 20세기 최고의 니체주의자이며 반(反)

마르크스주의자로서 인간의 감성과 욕망을 권력과 통치성이라는 사회현실 속에서 적나라하게 들추어낸 사회비판가로 칭송한다. 반면 근대성이 이루어온 이성과 인간의 주체성에 대한 신뢰를 무너뜨리고, 인간을 권력망 속에 갇힌 나약한 존재로 간주하는 반인간주의자로 폄하하기도 한다. 하지만 그의 정치사상이 오늘날 현대사회 비판에 많은 통찰력을 제공해주었다는 점과 오늘날 사회비판가들이 그로부터 상당한 영향을 받았다는 사실은 부인할 수 없다.

푸코에게 제기되는 많은 비판 중 가장 치명적인 것은 크게 두 가지로서 서로 연관된 것이다. 먼저 그의 반인간주의적 경향에 관한 비판이 있다. 푸코가 인간을 역사의 주체가 아니라 권력의 효과에 지나지 않는다고 주장한 점, 또 인간은 "바닷가 모래사장에 그려진 얼굴이 파도에 씻겨 지워지는 것 같이 사라질 것"[11]이라고 말한 점 등이 반인간주의적 비판에 관한 중요한 근거들이다. 인간을 권력과 통치성에 의해 관리되는 수동적인 객체로 상정하고 있는 것도 인간중심주의적 사고와는 거리가 멀다.

하지만 푸코에게 있어서 인간의 주체성이 완전히 부정되고 있는 것은 아니다. 그가 강조한 것은 인간이 근대철학이 주장하는 것만큼 의식과 순수 이성을 소유한 주체적인 존재가 아니라, 상당히 제약된 존재, 특히 권력과 통치성이라는 사회적 그물망에 둘러싸인 존재라는 점이다. 그런데 이와 같은 인간에 대한 이해는 푸코에게서만 드러나는 독특한 것이 아니다. 고대 그리스 시대부터 인간은 운명과 역사 속에서 제한된 존재로 여겨졌으며, 근대 이후에야 비로소 인간의 주체적 지위에 대한 논의가 가능했던 것이다. 그런 점에서 푸코의 주장은 사실 근대성에 대한 근본적인 비판을 내포한다. 근대성이 주장하는 것만큼 인간이 주체적인 존재가 아니라, 현실적으로 인간은 여러 한계 속에 놓여 있음을 권력이나 통치성에 대한 계보학적 분석을 통해 드러내어 비판하고 있는 것이다.

두 번째 중요한 비판은 설사 푸코의 말에 동의한다손 치더라도, 그렇다면 인간은 권력 – 지식 연계 속에 갇혀 있으면서 아무런 일도 할 수 없는 무력한 존재인가에 대한 의문이다. 이 점에 대해 푸코의 해답은 명백하다. 즉 근대성이 상정하는 것만큼의 인간해방은 불가능할지 몰라도 권력과 통치성에 끊임없이 저항하는(resist) 데에서 인간의 존엄성과 자유(freedom)가 존재한다는 것이다. 인간은 권력이 생산해낸 육체와 이와 연관된 욕망을 통해 계속 길들여지고 있으며, 따라서 인간해방은 애당초 불가능하다. 그러나 인간이 그렇게 굴레에 갇혀 있는 것만은 아니다. 인간은 권력의 효과로 생산되고 길들여지는 것에 저항할 수 있으며, 인간의 자유란 바로 이 저항 속에 놓여 있는 것이다. 따라서 푸코는 우리의 "육체가 관리에 대한 저항의 거점이 되어야"[12] 한다고 주장한다. 인간은 역사 만들기나 인간해방의 주체는 아니지만, 권력과 통치성이 역사와 사회를 만들어가는 데 있어서 저항의 거점이 된다는 점에서 주체성을 갖는다는 것이다. 인간의 주체성은 권력에 저항하는 데 있다.

결국 이런 주장은 사실 푸코가 최종적으로 비판하고 싶은 대상이 단순히 권력이나 현대사회가 아니라, 이렇게 되도록 방치하고 있는 우리 인간 자신이라는 점을 보여준다. 즉 그가 비판하고자 했던 것은 통치 권력 그 자체가 아니라, 성찰과 비판기능을 제대로 발휘하지 못하고 있는 예속화된 우리들 자신인 것이다. 우리는 통치 권력이 만들어낸 자유로운 인간 주체성이라는 미몽에 사로잡혀 있으며, 따라서 더 이상 의문을 제기하거나 저항하지 않은 채 현실 속에서 안주하고 있다. 푸코가 궁극적으로 말하고 싶었던 것은 바로 이것에 대한 자기성찰인 것이다.

더 읽을거리

- Dean, Mitchell. 1999. *Governmentality: Power and Rule in Modern Society*. Sage Publications.

  이 책은 후기 푸코의 주요 주제인 통치성에 관한 분석을 제공하고 있다. 특히 새로운 이론적, 사회직, 정치적 발전의 통합을 기하고 있으며, 개정판에서는 국제통치성에 대한 내용도 추가되었다.

- Dreyfus, Hubert L. & Rabinow, Paul. 1982. *Michel Foucault: Beyond Structualism and Hermeneutics*. The University Press of Chicago.

  푸코의 사상에 관해 가장 권위 있고 충실한 해설서이다. 다만 초기 해설서이기 때문에 푸코 사후 간행된 후기 강의록들에 대한 분석은 결여되어 있다.

- Kelly, Michael ed. 1994. *Critique and Power: Recasting the Foucault/Habermas Debate*. The MIT Press.

  푸코와 하버마스의 주요 텍스트를 병치시키면서, 권력과 비판에 관한 두 가지 방법론에 대한 일련의 반응과 논평들이 추가된 책이다. 두 사람의 비교를 통해 각각의 특징과 차이를 이해하는 데 도움을 준다.

19.

해체를 통한 해방

자크 데리다

최일성

Jacque
Derrida

개요

1960년대 이후 회자되기 시작한 데리다의 해체주의는 과거 고전적 모더니즘에 의해 숭배되었던 본질, 정신, 이성 등과 같은 '관념적·정신적' 요소를 대신하여 욕망, 쾌락, 감성 등과 같은 '육체적·감각적' 요소를 강조하고 있으며, 더 나아가 모더니즘이 내세웠던 '주체'를 대신하여 '타자' 혹은 '탈중심화된 주체'를 구원해야 한다는 혁신적인 사회이론의 가능성을 예비한다. 이때 '타자'는 그동안 욕망의 대상으로 지배되고, 명명되고, 정의되고, 임명되어왔던 모더니즘의 굴레를 벗어날 수 있는 이론적 가능성을 발견하며, 비로소 '욕망의 대상'이 아닌 '욕망의 주체'로 거듭날 수 있는 해방의 가능성을 마련한다. 그런 의미에서 데리다의 해체주의는 정치사상의 영역에서 다음과 같은 논쟁을 자극한다. 해체주의의 도래는 어느 정도까지 모더니즘에 대한 반성이며, 어느 지점에서 그러한 반성이 저항적·해방적이 될 수 있는가? 혹은 누가 쓰는가, 누가 말하는가, 무엇을 쓰고 무엇을 말하는가 등에 주목해온 메타 담론에 대한 불신이 그러한 메타 담론을 통해 억압되고 소외되고 배제되어왔던 이른바 '타자'의 역사를 해체―해방―시킬 수 있는 강력한 무기가 될 수 있는가? 만일 데리다에 의해 시도된 해체주의운동이 하나의 사회·문화적 현실로 구현될 수 있다면, 요컨대 '해체를 통한 해방'이 정치사상적으로 논의될 수 있다면, 그러한 담론이 제안하는 해방적 가치와 한계를 분석하는 것은 이론적으로 필요하고, 게다가 중요한 과업이라고 할 수 있다.

생애

자크 데리다(Jacque Derrida, 1930-2004)는 1930년 프랑스령 알제리에 정착한 유대인 가정에서 태어났다. 어려서부터 언어적(아랍어/프랑스어), 문화적(유대교/가톨릭), 시민적(알제리/프랑스) 정체성의 혼란·혼종을 경험하였다. 유년 시절 경험한 인종혐오(반유대주의)로 인해 다소 반항적인 청소년기를 보냈다. 한 번의 고배 이후 바칼로레아에 합격하였고, 1952년 고등사범학교 입학시험에 합격하였다. 입학 이후 당시 유행하던 후설(Edmund Husserl)의 현상학에 심취하여 1954년 「후설 철학에서 발생의 문제」라는 논문으로 졸업학위를 취득하였다. 후설의 『기하학의 기원』을 번역하면서 집필한 방대한 서문과 주해의 학술적 가치를 인정받아 1961년에는 장 카바이예 상을 수상하였다. 후설의 초월적 주체에 대한 문제의식은 철학의 토대라 여겨진 로고스 중심주의가 단지 진리의 그림자 · 흔적 · 차연만을 보여주는 불완전한 것이라는 생각으로 이어졌고, 1967년에 발표한 「구조, 기호 그리고 놀이」를 통해 로고스 중심주의에 대한 이른바 '해체주의' 선언으로 표출되었다. 이러한 문제의식은 1967년 『글쓰기와 차이』(*L'Écriture et la différence*, 1967), 『그라마톨로지』(*De la grammatologie*, 1967), 『목소리와 현상』(*La voix et le phénomène*, 1967) 등으로 정리되었다. 1968년 이후 데리다는 프랑스를 벗어나 유럽과 미국 등지에서도 강연하였고, 아방가르드 문학잡지 《텔 켈》(Tel Quel)에서 집중적으로 활동하였다. 1972년 『박차들』(*Éperons*)을 기점으로 니체에 대한 연구에 본격적으로 매진하였다. 이 당시의 연구성과는 『해체』(*La dissémination*, 1972)와 『조종』(*Glas*, 1974)의 출간으로 이어졌다. 이 시기 데리다는 후설을 버리고 니체, 하이데거, 헤겔, 프로이트를 거의 배타적으로 연구하였다. 1983년 사회과학고등연구원의 연구소장에 임명되었고, 그동안 기획해왔던 국제철학학교의 첫 교장으로 부임하는 영예를 누렸다. 데리다의 해체주의는 예술 분야와 대중문화에 크게 영향을 미쳤고 전 세계에서 환영받았다. 그는 2004년 퇴임할 때까지 사회과학고등연구원에서 활동하고 여러 기관에서 강연하였다. 그는 2004년 10월 8일, 수년간 앓고 있던 췌장암이 악화되어 74세를 일기로 생을 마감했다.

주요 저술

자크 데리다. 1996. 『마르크스의 유령들』. 양운덕 옮김. 한뜻.

자크 데리다. 1996. 『해체』. 김보현 옮김. 문예출판사.

자크 데리다. 2001. 『글쓰기와 차이』. 남수인 옮김. 동문선.

자크 데리다. 2004. 『그라마톨로지에 대하여』. 김웅권 옮김. 동문선.

자크 데리다. 2004. 『환대에 대하여』. 남수인 옮김. 동문선.

자크 데리다. 2005. 『정신에 대하여』. 박찬국 옮김. 동문선.

자크 데리다. 2006. 『목소리와 현상: 후설 현상학에서 기호 문제에 대한 입문』. 김상록 옮김, 인간사랑.

자크 데리다. 2012. 『기하학의 기원』. 배의용 옮김. 지만지.

자크 데리다. 2019. 『후설 철학에서 발생의 문제』. 심재원 · 신호재 옮김. 그린비.

머리말

정치사상 영역에서 최근 몇십 년 동안 '해체'와 '해방'의 상관관계에 대한 활기찬 논쟁이 진행되고 있다. 이 논쟁은 그동안 서구 문명을 뒷받침해온 모더니즘의 이른바 '로고스 중심주의'를 집중적으로 문제 삼는 것이다. 주지하다시피 모더니즘은 서구 문명이 인류의 역사발전단계 가운데 최고의 단계에 도달했다는 믿음을 바탕으로 서구를 주체화한다. 따라서 역사발전의 저급한 단계에 머물러 있는 타자(비서구)는 오직 서구(주체)를 수용함으로써 발전할 수 있다는 주장을 정당화한다. 그런 의미에서 모더니즘은 타자의 열등성, 주변성, 특수성, 비역사성에 대하여 주체의 우월성, 중심성, 보편성, 역사성의 공식을 정초한다.

이런 와중에 20세기 중반 모더니즘에 대한 해체—의심, 회의, 거부, 불신, 분해, 파괴, 재구성 등을 포함하는—를 주장하는 해체주의 철학의 등장은 타자의 입장에서는 매우 주목할 만한 현상이다. 모더니즘에 내재된 주체(로고스) 중심의 보편질서를 문제 삼을 수 있을 뿐만 아니라, 더 나아가 해방의 가능성을 암시하기 때문이다. 리오타르의 말을 빌리면 타자가 배제되지 않은 '전체'만이 진리인 세상을 예비할 수 있다는 측면에서, 데리다의 표현을 빌리면 '로고스 중심주의'로부터 해방된 세상을 예비할 수 있다는 측면에서 그러하다.

실제로 최근 서구에서 제기되고 있는 모더니즘의 위기—두 차례의 세계대전이 상징하는 바와 같이—와 관련하여, 데카르트의 코기토(Cogito)에 내한 반성, 즉 모더니즘에 대한 회의, 합리적 이성에 대한 불신 등이 해체주의의 이름으로 특히 문화(문학)와 예술 분야에서 도전적으로 시도되고 있다. 사회이론 분야에서도 지배 담론에 대한 거부, 미시정치학의 대두, 탈중심화된 주체의 등장 등이 논의되고 있고, 경제적으로도 후기자본주의, 소비자본주의, 다국적기업 등에 대한 관심이 고조되면서 해체주의에 대한 장밋빛 희망이 드러나고 있다.

이때 해체주의는 서구중심의 단선적 역사에 대한 비판, 객관성에 대한 의심, 보편성 및 합리성에 대한 불신, 메타 담론에 대한 회의, 이성의 확실성에 대한 거부 등으로 특징지을 수 있고, 따라서 모더니즘에 내재된 '주체/타자'의 위계적 관계를 해체할 수 있는 이론적 가능성을 내비친다. 그러므로 정치사상 영역에서 데리다의 해체주의 철학의 등장은 인문학(미학) 차원에서뿐만 아니라 사회(문화)이론 차원에서도 '주체/타자'의 차별적 상관관계를 지지해온 모더니즘의 로고스 중심주의를 비판할 수 있는 중요한 기회가 되고 있다.

정치사상의 철학적 · 시대적 배경

정치사상 영역에서 주체 개념은 중세의 신적 세계관을 문제 삼기 시작한 모더니즘의 등장과 함께 논의되기 시작했다. 그렇다고 해서 주체 개념이 홀로 독립적으로 고민되어온 것은 아니다. 오히려 그것은 그것의 상대개념, 즉 타자와의 관계 속에서 그래왔다. 이러한 사고의 충실한 기획은 17세기 철학자 데카르트에게서 발견된다. 그는 사유적 존재(res cogitans)로서의 '영혼'과 연장적 존재(res extensa)로서의 '물체'라는 '영혼/물체'의 이원적 실체론을 자신의 철학의 토대로 삼았다. 이를 바탕으로 그는 영혼에 능동성을, 물체에 수동성이라는 상대적이고 대립적인 본질을 부여했다. 영혼과 물체에 관한 데카르트의 이원론은 '이성/신체(감성)'라는 이른바 '심신이원론'으로 연장된다. 따라서 주체성은 능동적 사유의 본질인 '이성'에게, 반면 타자성은 영혼의 수동적 껍데기에 불과한 '신체'에 할당되는바, 양자의 개념은 상대적·대립적 위상 속에서, 혹은 상대의 개념을 동시에 요청하면서 위계적이고 차별적인 의미를 마련한다. 데카르트는 이러한 '영혼/물체' 혹은 '이성/신체'의 이원적 원리 속에서 모든 실체―신의 영역을 포함하는―를 지배하는 법칙, 즉 '변함없는 계율' 혹은 '영원한 진실'이 마련될 수 있다고 생각했다.[1]

모더니즘은 이러한 '주체/타자'의 위계적·차별적 상관관계에 보편성의 가치를 부여해왔다. 그러나 역사가 증명하듯이 '주체'의 영역에서 일반적으로 여성, 유색인, 비서구의 영역은 제외되어왔던 것이 사실이다. 그러므로 모더니즘의 정치적 역학은 주변적인 요소들, 즉 여성, 유색인, 비서구 등과 같은 타자의 위상을 배제하는 데 초점이 맞춰졌다고 해도 과언은 아닐 것이다. 그런 이유로 데리다는 그동안 소외되어왔던 타자의 입장에서 생각할 것을 제안한 것이고, 이를 바탕으로 모더니즘에 만연한 주체 중심의 세계관을 해체할 수 있다고 생각한 것이다.

해체주의의 등장

이론 영역에서 데리다의 해체주의 철학의 등장은 몇 가지 새로운 논쟁을 자극한다. 바르트(Roland Barthes)가 언급한 '저자의 죽음'은 이 철학이 적용된 모범적인 사례 가운데 하나이다. 데리다의 생각은 '현전'(présence)과 '차연'(différance)을 구분한 것에서 가장 잘 이해될 수 있다. 그가 말하는 현전은 서구의 철학적 전통을 관통하는 로고스 중심의 세계, 즉 진리와 실재가 내재되어 있는 것으로 가정된 로고스 중심주의를 말한다. 여기서 독자가 해야 할 일은 저자의 의도를 따라가며 그것을 해석하는 것이다. 그러나 차연은 진리와 실재가 내재되어 있는 것이 아니라 특정 사회 안에서 합의된 하나의 해석에 불과하다고 말한다. 언어는 개연적이고 우연적인 것인데 서구 철학은 이러한 언어를 바탕으로 현전을 보여주려고 했다. 데리다가 보기에 이것은 허구이자 꿈이다. 오로지 모사적인 차연만이 가능할 뿐이다. 따라서 의미는 항상 "유예 · 연기 · 이송 · 우회 · 지연 · 유보"[2]된다는 것이 그의 생각이다. 데리다의 유명한 경구, "텍스트 밖이란 존재하지 않는다"[3]는 말은, 텍스트가 본질적이거나 필연적인 것이 아니라 다의적이며 다중적이라는 것이다. 텍스트는 이제 저자에 의해서가 아니라 그것을 읽는 독자에 의해 다의적으로 해체된다. 서구 철학의 로고스 중심주의가 '저자의 죽음'과 함께 종말을 고하고 있는 것이다.

1966년 10월 21일 존스 홉킨스 대학에서 발표한 그의 논문 "인문과학 담론에 나타난 구조, 기호 그리고 놀이"[4]는 해체주의 철학에 담긴 핵심적인 주장을 잘 보여준다. 여기서 그는 구조주의의 인식론이 우연적인 '사건'(événement)이나 독립적인 '놀이'(jeu) 등을 잘 설명하지 못한다고 지적하고, 그 원인으로 궁극적인 본질 ─아르케(arché) 등과 같은─ 을 추구하는 서구 철학의 로고스 중심주의를 지목한다. "서구 형이상학사(史)의 본래적인 형식은 그 단어의 모든 의미에 있어서 존재를 '현전'으로 결정하는 것이다. 우리는 본질적인 것, 원칙적인 것 또는 중심적인 것의 이름들을 항상 어떤 현전 ─에이도스(eidos), 아르케(archè), 텔로스(telos), 에네르게이아(energeia), 우시아(ousia), 알레테이아(aletheia), 초월성, 의식, 신, 인간 등─의 불변항으로 지시해왔음을 밝힐 수 있다."[5] 요컨대 서구 철학은 궁극적인 본질을 미리 전제하고 '본질/현상', '중심/주변', '주체/타자', '공/사', '남/녀', '이성/비이성', '참/거짓' 등과 같은 이원론의 의미를 주장해왔기 때문에, 우연적인 사건이나 놀이 등과 같이 대립항을 상상하기 힘든 실재들에 대해서 제대로 된 해석을 제시하지 못한다는 것이다. 데리다가 보기에 이러한 이원론은 사회가 세상을 이해하려는 방식 ─즉 '이데올로기'—의 전형에 불과한데도 서구 철학은 이러한 이원론을 보편화하고 특정 영역이 로고스이고 나머지는 열등하고 하찮은 것이라는 해석을 강요해 왔다. 이러한 이해는 동질성보다는 이질성을 강조하고, 양자 가운데 어느 한쪽에 긍정적인 가치를 부여하기 때문에 '폭력적인 위계'를 조장한다.[6] 데리다가 고대 그리스 철학 이래로 서구 철학이 주장해온 로고스 중심주의에 대한 해체를 주장하는 이유가 바로 여기에 있다.

그러므로 실재의 다양성에 대한 파악은 '주체/타자'로 이원화된 이러한 로고스 중심주의에 대한 해체를 통해서만이 가능하다는 것이 데리다의 입장이다. 이러한 해체작업에 일군의 학자들이 동참하는바, 예를 들어 기호학 분야의 바르트와 크리스테바, 정신분석 분야의 라캉(Jacques Lacan), 문학이론 분야의 식수(Hélène Cixous), 역사 및 문화이론 분야의 푸코, 리오타르, 보드리야르(Jean Baudrillard) 등이 그들이다. 이들은 서구 철학이 전제하는 절대적 진리나 중심은 사실은 상대적이고 유동적이며 불완전하다고 보고, 이러한 이원론을 해체시킴으로써 닫힌 구조를 개방하고 텍스트에 대한 열린 해석을 시도해야 한다고 주장한다. 이들의 지적 배경에는 모더니즘으로 인해 보편화되기 시작한 로고스 중심주의에 대한 회의가 깔려 있으며, 이것이 확대되어 주체 중심의 세계관에 대한 반성으로 이어지고 있다. 그런 이유로 해체주의는 모더니즘으로 요약되는 로고스 중심의 보편주의 혹은 주체 중심의 세계관에 대한 거부 등으로 독해될 수 있고, 바로 이 지점에서 모더니즘의 논리를 지배해온 로고스 중심주의에 의문을 제기할 수 있는 이론적 가능성을 내비친다.

해체 전략으로써의 글쓰기

데리다의 해체주의는 특히 기표의 해방, 즉 '글쓰기'(écriture)를 통해 구현되고 있다는 사실에 주목할 필요가 있다. 그의 『그라마톨로지』에 소개되고 있는 이른바 '말소(抹消)전략'은 로고스의 해체 가능성을 예시하는 좋은 사례가 된다.[7] 사럽(Madan Sarup)에 의하면 이러한 말소는 "낱말이 부정확하기 때문에, 아니 차라리 불충분하기 때문에 그것을 지운다는 뜻이며, 그럼에도 불구하고 그것이 필요하기 때문에 판독할 수 있도록 해둔다는 것"[8]을 의미한다. 예를 들어 "바깥쪽은 안쪽이다"[9]이라는 데리다의 말소실험은 '바깥쪽이 안쪽이다'라는 의미나 혹은 '안쪽이 아닌 다른 무엇이다'라는 의미 모두를 거부하는, 따라서 '안/밖'이라는 기존의 이원적 로고스를 혼란스럽게 만드는 일종의 언어적 '놀이' 혹은 '유희'이다.[10] 이러한 전략의 핵심은 언어의 불완전성을 확인하기 위해 기표를 다양한 방식으로 변형시키는 것이며, 이를 통해 서구 철학이 추구했던 문자언어를 통한 로고스의 현전 가능성을 의심하는 것이다. 이 경우 로고스의 현전에 바쳐진 저자의 역할은 더 이상 절대적이지 않게 되고, 그가 언어를 통해 생산해낸 의미는 더 이상 유효성을 획득하지 못하게 된다.

데리다가 보기에 서구 철학은 이러한 모호함과 마주하지 않기 위해 로고스를 목소리, 즉 음성언어에 할당해왔다. 이 경우 문자언어는 음성언어(로고스)를 현전하기 위한 보조수단으로 활용된다. 이것이 그가 비판하는 서구 철학의 이른바 '음성 중심주의'이다.[11] 예를 들어 종교적 서사의 경우, 로고스는 전적으로 신에게 있으며, 그의 존재(의지)는 은밀하거나 혹은 어디서 오는지 알 수 없는 '음성'(목소리)을 통해 소수의 선지자(대리인)에게 계시된다. 데리다가 예로 들고 있는 『예레미야』 사례는 이러한 음성 중심주의가 종교적 서사에 어떻게 관철되고 있는지를 잘 보여준다.[12] 여기서 여호와는 모든 정당성의 원천이지만 그의 실재성은 오직 예레미야에게 음성(말씀)으로만 전달되며, 그의 음성은 대리인인 예레미야가 '불러주는 대로' 서기관인 바룩에 의해 문자언어로 기록된다. 사실 예레미야(혹은 바룩)는 신의 대리인이기 때문에 초월적 존재인 여호와와 분리되지 않을 수 없지만, 신의 음성이 문자언어를 통해 온전하게 ─ 일말의 오해나 왜곡도 없이 ─ 현전될 수 있는 것으로 전제되면서 양자 사이의 오해 가능성이나 오작 가능성은 전적으로 차단된다. 이것은 이해 불가능한 신의 언어(음성)가 이해 가능한 인간의 문자언어로 전환(현전)되는, 혹은 그러한 전환(현전)을 신봉하는 음성 중심주의의 전형적인 사례를 보여준다. 이는 서구 철학이 추구해온 로고스가 음성언어 ─ 신적 존재 혹은 신의 의지 ─ 로 '별도로' 존재하고, 문자언어는 그것을 사후적으로, 혹은 데리다의 용어에 의하면 '대리 보충'[13]적으로 현전한다는 서구 철학의 변함없는 로고스 중심주의를 입증하는 것이다.

데리다가 의심하고 해체하고자 했던 것이 바로 로고스의 이러한 현전 가능성이다. 서구 철학자들은 자신들이 기획했던 로고스 중심주의를 완성하기 위해 음성 중심주의를 의도적으로 활용했고, 따라서 로고스, 본질, 진리, 실재 등은 항상 별도의 음성언어로 존재하고 문자언어는 그것을 파생적으로 혹은 대리 보충적으로 현전할 수 있다고 정의했다. 데리다에 의하면 이것은 부자연스러울 뿐만 아니라 "인위적이고 교활한 술책"[14]이다. 그가 보기에 글쓰기는 절대적인 것이 아니라 임의적이며, 기표에 의한 의미 결정은 항상 결정 불가능성의 상태에 머물게 된다. 저자가 텍스트를 구성하기 위해 사용하는 문자언어는 일관적이지 않을 뿐만 아니라 인위적인 조작 ─ 그의 용어에 의하면 '유희' 혹은 '놀이' ─ 이 가능하기 때문에, 저자가 기표를 통해 지시하고자 했던 특정 기의의 존재는 의심스러운 것이 된다. 그러므로 기표를 바탕으로 로고스(음성)를 현전하고자 했던 저자의 존재성은 사라지지 않을 수 없다는 것이 데리다의 생각이다.

해체를 통한 해방, 혹은 '탈중심화된 주체'의 등장

사회이론들 가운데 해체주의에 적극적인 관심을 보인 분야는 페미니즘이다. 이들은 각자의 영역에서 '해체'를 통한 '해방'의 기획에 동참하였다. 사실 페미니즘은 현실 사회의 변혁에 관여하기 때문에 거대 담론의 해체를 주장하는 해체주의와 상충관계에 놓일 수 있다. 그러나 일부 페미니스트들은 '주체'의 문제와 관련하여 그것의 역사성, 억압성, 보편성의 신화를 거부하는 해체주의와 연대를 모색한다. 이른바 '포스트모던 페미니스트들'이 그들이다. 이들은 기존의 페미니즘이 주로 '남/녀'의 차이를 설명하기 위해 '여성성'이라는 인위적인 개념에 의존하였고, 따라서 여성들 사이에 존재할 수 있는 차이에 대해서는 의도적으로 무관심했다고 비판한다. 그러므로 이들은 '남/녀' 사이의 차이와 이질성을 재설정하기 위하여 남성성 혹은 여성성이라는 개념을 적극적으로 해체하려고 한다.[15] 요컨대 주체로서의 남성에 대한 보편적 시각 못지않게 타자로서의 여성에 대한 추상적 시각 역시 해체하여야 하고, 따라서 페미니즘 내에서조차 소외되어 왔던 흑인,[16] 성소수자,[17] 제3세계 여성들[18]의 다양하고 다차원적인 시각들을 담아낼 수 있는 새로운 페미니즘을 모색해야 한다는 것이다.

　이러한 시각을 바탕으로 포스트모던 페미니스트들은 중요한 가설 하나를 공유하는데, 그것은 바로 모더니즘 혹은 모더니즘 계열의 페미니즘을 극복하기 위해 이른바 '탈중심화된 주체'를 새로운 대안적 가설로 제시한다는 사실이다. 사실 이 개념은 데리다의 해체주의가 인식론의 차원을 넘어 사회이론의 차원으로까지 확장될 수 있는 가능성을 보여준 이론적인 성취로 언급되어야 한다. 그러나 그 가능성이 어디까지인지에 대해서는 좀 더 세밀한 분석을 필요로 한다.

포스트모던 페미니스트들에 의하면 고전적 모더니즘은 궁극적인 본질을 미리 전제한 상황에서 '본질/형상', '정신/물체', '이성/신체(감성)', '남성/여성', '주체/타자' 등의 이원적 위계성―데리다의 용어에 의하면 '폭력적 위계'―을 강조해왔기 때문에 페미니즘의 당면과제라고 할 수 있는 '타자' 혹은 '여성'의 문제에 대하여 제대로 된 해석을 제시하지 못했다고 평가된다. 그들이 보기에 모더니즘은 '주체 중심적'이며 게다가 '남성 중심적'이다.[19] 그런 이유로 이들은 모더니즘의 주체(남성) 중심적 신화를 거부하고 바르트가 언급한 '저자의 죽음'과 함께 이른바 '주체(남성)의 죽음' 혹은 '탈중심화된 주체(들)의 등장'을 선언한다.

예를 들어 크리스테바는 "여성은 존재할 수 없다"[20]고 하면서 '남성/여성'의 이원적 세계관에 대한 해체를 주장하며, 가야트리 스피박(Gayatri Spivak)은 해체주의가 '중심/주변'의 경계를 해체한다는 측면에서 젠더의 위계를 문제 삼는 페미니즘에 유용할 수 있다고 평가한다.[21] 버틀러(Judith Butler)는 여성이라는 범주가 어떠한 하나의 정체성으로 규정될 수 없기 때문에 여성이라는 범주를 넘어서서 소수자의 영역으로까지 주체의 범위를 확장해야 한다고 주장하며,[22] 무페(Chantal Mouffe)는 여성성에 대한 본질주의적 관념을 포기하고 대신 사회관계에 따라 주체가 다양한 방식으로 재현될 수 있다는 사실에 주목해야 한다고 주장한다.[23] 한편 식수는 그동안 여성의 쾌락이나 욕망을 배제시켜왔던 남성 중심의 욕망 구조를 해체하고, 여성의 욕망을 자유롭게 표출할 수 있는 새로운 글쓰기, 즉 '여성적 글쓰기'―그동안 배제되어왔던 표시하기, 낙서하기, 휘갈기기, 메모하기 등을 포함하는―의 주체가 되어야 한다고 주장하며,[24] 이리가레이는 여성적 욕망의 대상이 오로지 팔루스(남근)라는, 따라서 여성은 영원히 남성적 욕망의 상징인 팔루스의 대상(타자)에 불과하다는 라캉식의 상징 질서를 거부하고 여성 역시 자유롭고 다양한 욕망의 주체가 될 수 있다는 입장을 개진한다.[25]

이들의 주장은, 물론 세부적인 차원에서는 논점의 차이가 존재하지만, 과거 고전적 모더니즘에 의해 숭배되었던 '본질', '정신', '이성' 등과 같은 관념적·성신적 요소를 대신하여 '욕망', '쾌락', '감성' 등과 같은 신체적·감성적 요소들을 강조하고 있으며, 더 나아가 모더니즘이 내세웠던 주체 중심적 세계관 이면에 그릇된 고정관념이 존재한다는, 따라서 이러한 고정관념을 해체하여 새로이 '탈중심화된 주체'를 구축해야 한다는 해체주의적인 사회이론을 모색하고 있는 것으로 판단된다.[26] 이제 주체는 '남성/여성'으로 고착화·보편화 되는 것이 아니라 다양한 욕망·쾌락·감성 속으로 흩어지며, 여성성·남성성이 고정된 관념으로 파악되는 것이 아니라 끊임없이 변화하는 일종의 '떠도는 기표'가 되어 기존의 상징체계 외부를 떠다닌다. 그런 의미에서 탈중심화된 주체(여성)들은 그동안 욕망의 대상으로 지배되고, 명명되고, 정의되고, 임명되어왔던 과거의 굴레를 벗어날 준비를 마치게 되며, 비로소 '욕망의 대상'이 아닌 '욕망의 주체'로 거듭날 수 있는 새로운 이론적 가능성을 마련하게 된다.

욕망으로의 탈주

데리다의 해체주의 등장 이후 일군의 사회이론가들 — 특히 페미니스트들—이 해체를 통한 해방의 가능성을 실천적으로 모색하였다. 이때 이들의 이목을 끌었던 것이 바로 '욕망', '쾌락', '감성' 등의 담지자라고 할 수 있는 이른바 '신체'였다. 그들은 '남성/여성' 사이에 존재하는 차이뿐만이 아니라 '여성들' 사이의 차이에 대해서도 설명할 필요성을 인식하고 있었는데, 그들에게 '욕망하는 신체'는 주체의 다원성 — 달리 말해 '남성/여성'으로 이원화된 주체 개념이 해체된 — 을 정의할 수 있는 거의 유일하면서도 매우 효과적인 원천으로 파악되었다.[27] 왜냐하면 욕망이라는 것은 그 자체의 변덕스러운 속성 덕분에 남녀를 가로질러 누구나 다르고 따라서 다양한 것으로 인정되었기 때문이다. 이제 욕망은 남성과 여성의 전유물이 아니라 다양하고 복잡한 '신체들'의 소유물로 파악되며, 따라서 고전적 모더니즘이 주창해왔던 남성성·여성성에 대한 가설들이 '욕망하는 신체들'에 대한 가설로 대치될 수 있는 가능성을 맞이하게 된다. 이론적인 관점에서 이러한 변화는 단일성이 다양성으로, 다시 말해 '주체/타자' 혹은 '남성/여성'이라는 모더니즘적 이원론이 '타자들' — '주체'의 위상을 전복시키는 — 이라는 다양성과 복수성으로, 따라서 '주체/타자'의 위계적·차별적 이원론이 '신체(욕망)의 다양성'에 토대를 둔 사회이론으로 전환될 수 있는 새로운 이론적 기반을 갖추게 됨을 의미하는 것이다. 의식적 주체와 정신의 우위성에 억압되어 있던 신체·여성·타자 등이 비로소 해방될 수 있는 토대를 마련하게 되었다는 것이다.

그러므로 정치사상의 영역에서 '해체'는 정신, 의식, 이성 등이 강조되던 모더니즘적 '주체'가 해체되어 다양하고 변덕스러운, 따라서 하나의 고정된 정의를 거부하는 이른바 '신체적 주체'로 해방(탈중심화)됨을 알리는 신호와도 같은 것이다. 그동안 모더니즘 사조 내에서 신체는 거의 압도적으로 생물학적인 혹은 해부학적인 개념에 의해 정의되어왔고, 데카르트의 기계론에 의해 철저히 '수동적인 물체'로서 폄훼되었다. 그러나 해체주의의 등장과 함께 신체는 이제 생물학적인 질곡을 넘어 '욕망'이라는 변덕스러운 개념을 담아낼 수 있고 바로 그 변덕스러운 '욕망'의 개념을 바탕으로 남녀의 차이뿐 아니라 여성들 사이의 차이까지도 설명해낼 수 있는 주체―탈중심화된 주체―의 권위에 도달하게 된다.

그러므로 사회이론가들에게 있어서 '탈중심화된 주체'는 데카르트에 의해 수동적인 것으로 폄훼되었던 신체, 즉 쾌락과 욕망을 자유롭게 소비하고 발산하는 주체가 된다. 이러한 신체는 젠더, 계급, 이데올로기 등과 같은 외부적인 제약만 없다면, 언제든지 자기 만족적이고 해방적인 욕망의 에너지를 마음껏 소비하고 발산하여 이전 세계의 위계적이고 억압적인 상징체계를 뒤집을 수 있는 혁명적인 주체로 등장한다. 이를 두고 제임슨(Fredric Jameson)은 원할 때 언제든지 원하는 대로 움직일 수 있다는 의미에서 '새로운 기계'의 등장이라 선언한다.[28] 들뢰즈(Gilles Deleuze)와 가타리(Pierre-Félix Guattari)의 표현을 빌자면, "어디서나 작동하는 […] 때로는 멈춤도 없이, 때로는 중단되면서 […] 숨 쉬고 […] 뜨거워지고 […] 먹고 […] 똥을 누고 성교를 하는 […] 기계들", 즉 "욕망하는 기계들"의 등장인 것이다.[29] 이러한 '기계들'은 과거의 기계, 즉 '물체'와는 달리 철저히 능동적이라는 데 본질적인 차이가 있다. 아마도 해러웨이(Donna J. Haraway)의 〈사이보그 선언문〉은 모더니즘의 이원론으로부터 해방된 신체가 능동적인 기계로 재탄생하는 것―그녀의 표현에 의하면 '사이보그'의 출현―을 보여주는 가장 상징적인 선언들 가운데 하나일 것이다. "사이보그는 […] 단일 정체성을 추구하지 않으며, 그럼으로써 끊임없는 적대적 이원론도 발생시키지 않는다. […] 기계 기능상의 강력한 기쁨은 더 이상 죄가 아니며, 체현의 한 양상일 뿐이다. […] 기계는 우리이며, 우리의 과정이며, 우리의 체현의 한 양상이다."[30] 이와 같이 욕망하는 기계들, 달리 말해 '욕망을 소비하는 신체들'은 해체주의의 인식론적 가설―해체―을 인식론의 수준에 내버려 두지 않고, 그것을 넘어 사회이론으로의 연장―해방―을 끊임없이 자극한다.

소비 주체, 혹은 탈중심화된 주체의 종말

정치사상의 영역에서 '욕망을 소비하는 신체들'의 함의는 무엇인가? 들뢰즈와 가타리는 자신들의 방대한 저서 『안티 오이디푸스』에서 프로이트가 정의한 오이디푸스의 갈등구조를 해체하고 보다 광범위하고 다차원적인 정신분열증적 욕망의 발산과 소비를 칭송하고 있는데,[31] 어떤 의미에서 이것은 "완전히 새로운 세계, 즉 생물학과 가족으로부터 벗어나 있는 세계, 정신착란증세 내지 행복감에 젖어 있는 상태를 찬양하는 세계, 그리고 모든 관계 및 역할을 넘나들면서 이동하는 급진적인 변동의 세계"[32]를 의미하는 것처럼 보일 수 있다.

그렇지만 실상 이 세계는 성적 관계의 억압으로부터 해방된 욕망이나 쾌락 등과 같은 감성들 ─ '내적 본성의 감성들' ─ 을 소비하는 데에만 초점을 맞춘 나머지, 그러한 욕망이 중첩되는 과정에서 발생할 수 있는 복합적이고 상호모순적인 갈등의 관계들 ─ '외적 본성의 감성들' ─ 을 포기해버리는 무모함 역시 내포하고 있다.[33] 그럼에도 해체주의자들은 욕망이나 쾌락 등과 같은 이른바 '내적 본성의 감성들'을 제외하고는 고전적 모더니즘의 또 다른 지배적인 감정이라고 할 수 있는 '고통', '불안', '갈등' 등과 같은 소위 '외적 본성의 감성들'을 신중하게 고려하지 않는다. 이러한 사실은 사회변혁을 주장하는 사회이론으로서는 심각한 약점이 아닐 수 없다. 테일러는 반문한다. "우리가 고통의 본질에 대한 생생한 증거를 갖고 있는 게 일종의 망상이란 말인가?"[34] 이론의 차원에서 '탈중심화된 주체'라는 개념은 따라서 그것이 '탈중심화'라는 해체의 인식론적 차원에서 문제 되는 것이 아니라, 정확히는 그러한 해체를 통해 해방의 근거를 마련하려는 사회이론의 수준에서 문제가 발생한다.

그런 의미에서 해체주의 철학이 '소비' ─ '생산'이 아니라 ─ 를 추구(욕망)하는 후기자본주의의 문화 논리와 결합되는 것은 자연스러운 일이다. 예를 들어 제임슨은 자본주의의 역사적 이행단계를 분석하면서 이에 조응하는 일종의 문화적 이행단계가 있다는 주장을 펼친다. 그에 의하면 자본주의는 시장자본주의에서 독점(제국)자본주의로 그리고 오늘날에는 소비자본주의라 불리는 후기자본주의로 이행해왔으며, 이러한 자본주의 이행단계에는 각각 리얼리즘, 모더니즘 그리고 포스트모더니즘—데리다의 해체주의에 의해 자극받은—의 문화 논리가 뒷받침되었다는 것이다. 이때 포스트모더니즘(해체주의)은 텔레비전의 연속물, 거대자본이 장악한 할리우드 영화, 자극적인 상품광고 등을 총동원하여 대중들의 소비 욕구를 최대한 자극할 뿐만 아니라 더 나아가 이들의 비판의식마저 마비시키는 소비자본주의의 중추적인 문화 이데올로기로 작동한다.[35] 하비(David Harvey) 역시 포스트모더니즘(해체주의)이 어떤 수준의 사회문화와 관련을 맺고 결합되고 있는가를 추적하면서, 그것이 자본이라는 공통된 가치체계를 바탕으로 시·공간의 압축을 강요하는 이른바 '후기자본주의의 소비문화'라고 주장한다.[36] 일부 학자는 자본주의에 대한 마르크스의 비판이 비껴간 곳이 바로 이러한 소비사회의 측면이었다고 지적한다.[37] 실제로 20세기 초중반 자본주의가 발달한 (서구)사회들이 공산주의보다는 사회민주주의를 선택할 수 있었던 것은 많은 경우 자본주의적 생산사회에서 소비사회로의 전환 때문이었다는 분석이 지배적이다. 이러한 소비사회에서 노동자는 자본가들이 소유한 생산수단으로부터 배제되어 있지만 자기 몫의 임금을 통해 '소비시장'을 향유할 수 있었고, 따라서 한편으로는 자본주의적 생산양식에 의해 자신의 주체성이 부정되어왔지만, 다른 한편으로는 자본주의가 개척해놓은 소비사회 내에서 제한적인 그러나 당당한 '소비 주체'로서 인정받을 수 있었던 것이다.

   그렇다면 후기자본주의가 소비 주체들을 해방시킬 수 있는 것인가? 많은 학자들이 이에 동조하지 않는다. 왜냐하면 이러한 소비사회는 누구나 욕망을 소비할 수 있는 신체를 가지고 있다는 보편적 사실을 고려하기보다는, 누가 무엇을 얼마만큼 소비하는가를 고려하면서 자본의 유무에 따라 소비 주체를 또다시 서열화할 것이기 때문이다. 그런 이유로 바우만(Zygment Bauman)은 비록 인간이 소비를 통해 자유를 실현할 수 있을지 몰라도, 궁극적으로 소비사회는 자유에 대한 이율배반이라고 평가한다. 왜냐하면 소비사회에서의 "자유는 무엇보다도 소비자의 자유"를 의미하기 때문에 소비할 자유가 없는 사람들의 자유를 억압할 것이기 때문이다.[38] 게다가 이러한 소비사회는 욕망의 대상인 상품의 가치를 왜곡시켜 소비 주체의 욕망의 소비를 더욱 혼란에 빠뜨릴 수도 있다. 예를 들어 지젝(Slavoj Zizek)은 소비사회가 '상품'의 본질적 가치가 아닌 그러한 상품에 달라붙어 있는 물신주의(fétichisme)적 욕망에 따라 소비 — 예를 들어 '상품'이 아닌 '상표'를 소비하는 현대인들 — 하도록 조장할 것이기 때문에, 소비 주체는 소비를 통해 자신의 욕망을 실현할 수 있는 것이 아니라 오히려 자신의 욕망을 상실할 것이라고 진단한다.[39] 그러므로 소외된 타자의 '노동'은 사실상 임금(자본)의 획득 부분을 제외하고는 소비사회 내에서 아무런 가치를 획득하지 못하며, 따라서 타자는 오로지 자신에게 주어진 임금(자본)에 의해, 그리고 정확히는 그 임금(자본)의 규모만큼만 겨우 '소비 주체'로서의 가치를 인정받을 수 있다. 이것은 고전적 모더니즘에 의해 억압되었던 타자를 해방시키는 과정이 아니라, 이전의 억압을 무화시킴과 동시에 자본에 새로이 종속시키는 또 다른 억압과정에 다름 아니다.

그러므로 해체주의와 함께 해방을 모색했던 '탈중심화된 주체들', 즉 '욕망을 소비하는 신체들'이 기존의 상징 질서를 뒤집고 마음껏 욕망을 소비·발산할 것이라는 기대는 그런 의미에서 대단히 제한적이고 협소한 것이다. 왜냐하면 욕망의 소비를 위해서는 소비능력(자본)이 필수적으로 요청되고, 정확히는 그러한 소비능력(자본)의 규모만큼만 자신의 욕망을 소비할 수 있기 때문이다. 그러나 아쉽게도 해체주의의 진영에서 이러한 제한적 조건에 대한 고려는 쉽게 발견되지 않는다. 그러므로 해체주의와 함께 '타자'의 자리를 대신하여 소비능력(자본)에 종속된, 따라서 자신의 해방을 위해 비용을 지불하지 않으면 안 되는 '소비자' — '해방된 타자'가 아닌 —가 등장한다.[40] 그들은 어떤 의미에서는 자유로워졌지만, 그것은 어디까지나 자신들이 소비능력(자본)을 향유한 경우에 한해, 그리고 자신들이 향유한 능력만큼만 그러할 것이다. 욕망을 소비할수록 자유가 제한되는 모순된 결과가 연출되는 것이다.

결국 해체주의자들은 해방의 기획을 부적절하게 모색하고 있는 것으로 파악된다. 그들이 주장하는 '탈중심화된 주체', 즉 '욕망을 소비하는 신체적 주체'가 자유로워 보이는 것은 사실이지만, 그러나 그것은 어디까지나 소비할 수 있는 욕망과 자본을 향유한 경우에 한하여, 그리고 그들이 소비할 수 있는 욕망과 자본의 규모만큼만 그러한 것이다. 이것은 결국 해체주의자들이 주장하는 해방이라는 원대한 사회적 목표가 소비할 수 있는 자본과 욕망을 소유한 자들만의 것이라는 사실을, 다시 말해 그러한 물적 토대를 갖춘 '주체' — 예를 들어 오늘날의 '서구', '백인', '부르주아', '남성' 등과 같은 —의 논리임을 암시하는 것이다. 이러한 과정 속에서 '타자' 혹은 '탈중심화된 주체들'은 이전 시기에 자신의 정체성을 드러내는 데 필요했을 뿐만 아니라 저항을 위해서도 요청되었던 특수한 관계들 — 성별, 인종, 민족, 계급, 이데올로기, 지정학 등 — 을 상실하게 되고, 새로이 등장하는 단 하나의 가치체계인 이른바 '소비능력(자본)'을 통해 또다시 서열화되고 속박되지 않을 수 없는 모순에 봉착하고 만다.

되살아난 '주체'

그러므로 '주체의 죽음'을 암시한 데리다의 해체주의 철학이 역설적이게 도 '주체의 부활'을 꿈꾸는 메시아니즘에 의해 진지하게 고민되고 있다는 사실은 놀라운 일이 아니다.[41] 이른바 '포스트모던 신학자'로 불리는 이들 은 데리다의 해체주의 철학 속에서 낡은 신학의 해체와 새로운 신학 ─ 메 시아니즘에 근거를 둔 부활신학 ─의 재구성이라는 두 가지 비전을 동시에 발견한다. 예를 들어 미국의 대표적인 포스트모던 신학자 카푸토(John D. Caputo)는 데리다의 해체주의 철학이 서구 기독교 신학에 기여할 수 있는 주요한 이론적 자원이라고 판단하고 그의 사상을 적극적으로 도입하려고 노력한다. 그가 보기에 데리다의 해체주의는 '사건', 즉 해체의 사건을 중시 한 철학인데, 바로 이러한 사건이 기존의 전통 신학, 다시 말해 절대자와의 개별적이고 특수한 '경험'에 기반을 둔 기존의 낡은 신학을 보편적이고 일 반적인 '믿음'에 근거를 둔 새로운 신학으로 승화시키는 데 중요한 역할을 할 수 있다고 본다.[42]

그런데 '저자의 죽음' 혹은 '주체의 죽음'을 제안한 데리다의 해체주의가 어떻게 '주체의 부활'을 꿈꾸는 부활신학의 새로운 이론적 자원이 될 수 있 는가? 그 대답은 일차적으로 부활신학의 핵심이라고 할 수 있는 메시아(예 수)의 '십자가 사건'을 데리다의 해체주의가 보다 선명하게 설명할 수 있다 는 사실에 있다. 그것은 '해체'로서의 '십자가 사건'이 메시아의 육체는 죽 음(해체)에 이르게 할지라도 그의 영혼은 부활시킬 것이라는 신학적 교리 와 정확하게 맞아떨어지기 때문이다. 이를 살펴보자.

종교적 서사를 관통하는 로고스 중심주의를 겨냥하여 해체주의는 초 월적 존재(신)의 '절대적 타자성'을 해체하려고 한다. 이를 위해 데리다는 자신의 저서『죽음의 선물』(*Donner la mort*, 1992)에서 아브라함의 '아케다'(aqedah) 사건,[43] 즉 모리아산에서 아브라함이 자신의 아들 이삭을 여호와께 희생제물로 바치려 했던 사건을 인용한다.[44] 그가 보기에 아브라함에 의한 이삭의 희생은 절대자의 은밀하고 비밀스러운 음성적 명령에 의한 것이다. 이 서사에 등장하는 절대자는 아브라함만이 알아들을 수 있는 음성으로 자신의 의지를 전달하는 구체적인 실재이기에 두려움과 공포는 오로지 절대자와 아브라함 사이의 특수한 관계에 한정된다. 이러한 절대적 타자성에 대하여 데리다는 "절대자는 완전히 다르다"[45]는 명제로 표현한다. 전통신학에 등장하는 절대자와 인간과의 관계는 이러한 절대적 타자성의 관계 위에서 비밀스럽고 은밀하게 존속된다. 데리다가 보기에 이러한 절대적 타자성은 '신/인간'의 절대적인 이원론에 근거를 둔 서구 철학에 봉사하며, 따라서 이러한 절대적 타자성에 대한 해체야말로 해체주의의 본질적인 사명이 되는 것이다.

그런데 부활신학의 관점에서 절대적 타자성에 대한 데리다의 해체는 오히려 구약성서에 의지하고 있는 낡은 신학을 비판하고 새로운 신학으로 도약하는 좋은 자원이 된다. 그것은 두 가지 차원에서 설명 가능하다. 하나는 절대적 타자성에 의지한 과거의 신학이 몇몇 소수의 선지자들의 개별적인 경험과 체험 속에서만 절대자의 실재성을 드러낸다는 점에서 보편신학 혹은 열린 타자성으로 승화되기 어려운 한계를 노출한다는 점이다. 절대적 타자 앞에서 아브라함이 경험하는 것은 일반적인 인식의 범주를 벗어난 일종의 '비밀'이며,[46] 따라서 보편화되기 어려운 특수한 체험이 된다. 만일 절대적 타자가 이러한 비밀 속에서만 자신의 실재성을 드러낸다면, 이러한 비밀은 보편적인 법이나 일반적인 합리성과의 '단절'을 의미하는 것이다. 구약성서에 의해 기록된 종교적 서사는 단지 절대적 타자와의 단절성에 대한 기록일 뿐이다. 데리다의 해체주의가 서구 철학의 단절성, 개별성, 특수성을 비판하고 오히려 그러한 초월적 존재(신)에 대한 연속성, 보편성, 일반성을 제안하는 이론적 자원이 될 수 있다는 포스트모던 신학자들의 주장은 바로 이 부분에서 찾아질 수 있다.

다른 하나는 구약성서에 두드러진 서구 철학의 음성 중심주의가 부활신학의 관점에서 보았을 때 불가피한 한계를 드러낸다는 사실이다. 왜냐하면 그러한 음성은, 예를 들어 절대자와 아브라함 사이에 소통되었던 음성메시지는 필연적으로 역사성을 띠지 않을 수 없기 때문에 비역사적인 것으로 간주되어야 할 절대자의 실재성을 설명하는 데 일정한 한계를 노출한다는 것이다. 만일 우리가 절대자의 존재를 역사적인 실재성으로 내버려 둔다면 아브라함의 하나님과 모세의 하나님, 그리고 일반인이 체험하는 하나님이 동일한 하나님이라는 사실을 입증해야만 하는 곤란한 상황에 처하게 된다. 그들이 체험하는 절대자들은 각각 '초월적이고', '은폐되어 있고', '비밀스러운' 실재들이기 때문에 실질적으로 공통의 신앙의 대상이 되기 어렵다는 것이다.[47] 이것이 구약성서에 의지하고 있는 낡은 신학의 한계이다.

이 두 가지 차원에서 부활신학은 데리다의 해체주의를 구약성서의 낡은 신학의 한계를 극복하고 신약성서에 근거한 새로운 신학으로 도약하기 위한 이론적 자원으로 받아들인다.[48] 메시아의 죽음, 즉 '십자가 사건(해체)'을 통해서만이 몇몇 소수자를 제외하고는 단절되었던 인간과 절대자의 관계가 개방되고, 역사적이었던 절대자의 실재성이 영원한 것으로 도약할 수 있기 때문이다. 구약성서의 절대자는 시간적이고 역사적인 제한 속에서, 다시 말해 시간적이고 역사적인 음성언어를 바탕으로 소수의 구체적인 실제 인물들(대리인)에게 은밀하고 비밀스럽게 자신의 의지를 표출해왔지만, 이들이 보기에 해체는 이러한 시간적이고 역사적인 절대적 타자성을 허물고 보편성과 일반성을 획득하도록 이끄는 결정적인 사건이 된다.[49] 결국 해체를 통해 주체(절대자·로고스)는 죽는 것이 아니라 되살아나는 것이다.

그러므로 해체는, 요컨대 구체적이고 개별적이고 은밀하고 비밀스럽고 역사적인 신의 음성(로고스)에 대한 해체는, 절대자의 부재로 이어지는 것이 아니라 그들이 현전하고자 노력했던 절대자를 오히려 일반적이고 보편적이고 개방적이고 비역사적인 초월적 존재로 확립하기 위한 초석이 된다. 그런 의미에서 데리다의 해체주의에 의해 기대 가능한 '주체의 죽음'은 '타자의 복권', 혹은 '탈중심화된 주체의 등장'으로 이어지는 것이 아니라, 기존의 주체를 부활시키고 더욱 완벽한 존재(로고스·절대자)로 이끈다. 해체와 함께 로고스·절대자는 이제 저자들이 현전할 필요가 없는 그런 존재로 승화되며, 로고스·절대자의 의미를 오히려 완성하고 강화하는 부활로 이어진다. 해체를 통해 주체는 되살아나며, 타자는 해방되는 것이 아니라 더욱 속박된다.

맺음말: 누구를 위한 해체인가?

데리다의 해체주의는 서구 철학의 배타적이고 잘못된 세계관—특히 모더니즘적 세계관—에 필요한 이론적 처방책을 제안했던 것이 사실이다. 그러나 정치사상의 입장에서는 분명히 역설적인 측면이 확인된다. 왜 이러한 결말에 도달하는가? 주의할 점은 데리다의 해체실험이 '글쓰기'의 유희를 통해 의미의 해체가 가능하고 그러한 의미의 해체를 통해 글을 쓰게 된 동기나 목적—현전—도 해체할 수 있다는 이른바 '차연의 놀이'에 의지하고 있다는 사실이다. 그러나 이러한 태도는 인식론의 차원, 요컨대 글쓰기를 통한 문학적 실천에서는 의미 있는 시도라 말할 수 있지만, 그러한 해체적 글쓰기를 사회운동으로 승화시켜야 하는 사회이론 차원에서는 그 유효성을 설명하기 어려운 측면이 있다. 왜냐하면 글쓰기는 '사유'의 산물이지 '실천'의 산물이 아니기 때문에, 기표의 유희에 의한 의미의 해체나 혼란은 가능할지 몰라도 그것이 그러한 글쓰기를 이끌어낸 동기나 목적 그 자체—사회현실 혹은 '현전'—를 해체하는 데에는 이를 수 없기 때문이다. 해체주의에서 기표의 유희, 즉 차연의 놀이를 통해 확인 가능한 '저자의 죽음'은 따라서 인식론 차원에서는 가능할지 모르나 사회이론 차원에서는 제한적이라는 것이다.

그러므로 해체주의자들이 제안하는 다양한 해방의 기획들과는 별도로, 정치사상적으로는 다음과 같은 질문이 제기될 필요가 있다. 누구를 위한 해체인가? 해체주의의 등장과 함께 일군의 사회이론가들—특히 페미니스트들—이 선망했던 '탈중심화된 주체'에 대한 가설은, 비록 인식론 차원에서는 기존의 지배적인 가치체계를 유효하게 문제 삼았을지 모르겠지만, 적어도 사회이론 차원에서는 기존의 모더니즘적 '주체/타자'의 위계적·차별적 이원론을 해체하기보다는 오히려 공고히 하는 로고스 중심주의적 기획에 기여하고 있다는 결론이 가능할 것이다. 그것은 왜 해체주의가 정치·경제적 차원에서 상대적으로 자유를 누리고 있는 서구사회(주체)에서 탄생하고, 그곳에서 주로 논의되고 있는지, 그리고 더 나아가 다수의 사회이론가가 심각하게 고민하는 여러 사회문제를 제쳐두고 오늘날 서구사회의 후기자본주의적 조건—소비사회—을 유독 강렬하게 반영하고 있는지를 설명하는 데 도움을 준다.

사실 인식론 차원에서뿐만 아니라 사회이론 차원에서도 해체는 매력적일 수 있다. 특히 억압이 중첩되는 '타자'—유색인, 여성, 비서구 등—의 입장에서는 더욱 더 그러하다. 그러나 타자의 입장에서 해체의 결과는 주체에 대하여 평등을 요구할 수 있는 이데올로기적 기초들—인종, 사회, 문화, 계급, 국가 등—에 대한 지속인인 해체를 의미할 수 있으며, 타자의 입장에서는 아직 요원한 고도의 소비자본주의 논리에 편입되는 것을 의미할 수 있다. 이 속에서 타자는 주체가 촘촘하게 짜놓은 소비시장에서 일정 정도 자유를 누리겠지만 궁극적으로는 종속되지 않을 수 없는 모순에 봉착하고 말 것이다. 따라서 타자는, 인식론의 차원에서는 추상적인 평등—공히 '욕망을 소비하는 신체적 주체'라는 차원에서—을 구현할 수 있을지 모르지만, 사회이론 차원에서는 욕망을 소비할 수 있는 충분한 능력(자본)을 갖추지 못했다는 단 하나의 이유로 인해 지극히 불평등해지지 않을 수 없다. 데리다의 해체주의에 대한 정치사상적 함의는 바로 이 부분에서 찾아질 수 있다.

더 읽을거리

• 나카마사 마사키. 2018. 『자크 데리다를 읽는 시간』. 김상운 옮김. arte.

국내에서 상대적으로 연구가 미진한 데리다의 후기 저작 『정신에 대하여』(De
l'esprit, 1990)와 『죽음의 선사』(Donner la mort, 1992)에 대한 강독서이다. 데
리다의 글에 익숙하지 않은 독자들에게는 접근이 용이하지 않지만, 데리다가
제시한 문구와 표현을 최대한 데리다의 입장에서 해석을 시도하고 있다. 데
리다의 철학적 개념에 대해 질문과 답변 형식으로 기술되어 있어 데리다의
철학을 심화시키는 데 도움이 될 수 있다.

• 니콜러스 로일. 2007. 『자크 데리다의 유령들』. 오문석 옮김. 앨피.

데리다의 해체주의 철학을 간결하고 명쾌하게 정리한 영국 루틀리지 출판사
의 인문학 입문서이다. 이 책은 데리다의 사상사적 위상을 중심으로 그의 철
학의 핵심적인 개념들을 이해하기 쉽게 해설하고 있으며, 그의 철학에 도전
하려는 연구자들을 위해 데리다와 관련된 엄선된 연구 문헌들에 간단한 해설
을 덧붙여 소개하고 있다.

• 제이슨 포웰. 2011. 『데리다 평전 – 순수함을 열망한 한 유령의 이야기』. 박현정 옮
김. 인간사랑.

이 책은 데리다의 삶을 연대기적으로 서술함과 동시에 그의 저술들에 대한 평
가와 분석을 제공하고 있다. 전기라기보다는 데리다의 철학을 기술한 개론서
에 가깝다고 할 수 있다. 차연, 해체, 대리 보충, 유령 등과 같은 데리다 철학
의 핵심 개념들뿐만 아니라 후설, 프로이트, 니체, 레비나스, 하이데거, 알튀
세르, 라캉, 푸코 등과의 학술적인 관계가 그의 삶과 어우러져 소개되고 있다.

20.

실용주의와
포스트모던 자유주의[1]
리처드 로티

김비환

Richard
Rorty

개요

로티는 20세기의 가장 흥미 있는 철학자다. 그는 실용주의 인식론의 사회정치적 함축성을 탐구했다. 정치철학의 주된 과제는 정치공동체의 문화를 해석하고 묘사하는 것이다. 로티는 이것을 '순환적 정당화'로 불렀다. 로티는 헤겔의 역사주의와 우연성(또는 불확정적 상황성, contingency) 개념을 결합하여 자유주의 질서의 특성을 설명했다. 그는 한때 자신의 정치사상을 '포스트모던 부르주아 자유주의'로 규정했다. 미국 자유주의의 제도와 관행들은 보편적 인간성 개념이 아니라 타인의 고통에 대한 연민이나 잔인성에 대한 혐오와 같은 공유감정에 입각해 있다. 자유주의 질서를 객관적으로 평가할 수 있는 보편적인 기준은 없으며, 행위의 옳고 그름은 특정한 의미공동체 내에서만 적절히 평가할 수 있다. 로티는 자기창조(혹은 자율성)라는 가치 및 잔인함과 타인의 고통에 대한 혐오를 미국 집단중심주의의 주된 특성으로 간주했다. 로티는 '자유주의적 아이러니스트'를 이상적인 시민으로 봤다. 아이러니스트는 자신이 채택한 신념과 어휘들의 우연성을 인지하고 있는 시민으로서 자신과 세계에 대한 (재)묘사를 통해 끊임없이 자신을 재창조한다. 로티의 포스트모던한 정치사상은 도덕적 진보와 같은 규범적·평가적 어휘를 사용할 때 난점이 발생한다. 특히 주류인 '우리'와 소수자인 '그들' 사이에 정치권력의 정당화 문제를 야기할 수 있다.

생애

리처드 로티(Richard Rorty, 1931-2007)는 1931년 10월 4일 뉴욕에서 태어났다. 부모인 제임스(James Rorty)와 위니프레드(Winifred Rorty) 로티는 작가로서 경제적 재분배를 옹호했다. 이런 영향으로 로티는 자서전적인 에세이에서 "나는 품위 있는 사람들은 트로츠키주의자가 아니라면 최소한 사회주의자라고 알면서 자랐다"고 썼다. 젊은 로티는 문학과 철학에도 관심이 있었다. 그의 야심은 현실과 정의를 단일한 사회적 비전에 담아내는 것이었다. 로티는 시카고 대학에 입학해 플라톤의 철학에서 그런 비전을 찾았다. 하지만 절대적인 실재의 세계를 전제하는 플라톤의 철학에 회의를 품은 채 예일 대학교에 진학하여 철학 박사학위를 받았다. 이 시기 그의 관심을 사로잡은 철학자는 헤겔이었다. 헤겔에게 그는 정의로운 사회 개념은 특수한 역사적 맥락에서만 구성할 수 있다고 배웠다. 로티는 하버드 대학 교수였던 아멜리 옥센버그(Amélie Oksenberg)와 1954년에 결혼했다. 1956년에 잠재력 개념에 관한 논문으로 박사학위를 받은 후 1961년까지 웰리슬리 대학에서 교편을 잡았으며 그 후 21년 동안 프린스턴 대학 철학과에서 가르쳤다. 1972년 스탠퍼드 대학의 생명윤리학자 메리(Mary Varney)와 재혼한 로티는 『철학과 자연의 거울』(Philosophy and the Mirror of Nature, 1979)로 철학계의 거목으로 우뚝 섰으며 1981년에 맥아더 펠로우십을 수상했다. 로티는 1982부터 버지니아 대학의 인문학 교수로 재직하며 영미분석 철학과 유럽철학을 연구하는 한편, 실용주의의 사회정치적 함축성을 탐구했다. 1997년에 스탠퍼드 대학 비교문학 분야로 자리를 옮긴 로티는 그곳에서 활동하다 2007년 6월 8일 췌장암으로 타계했다.

주요 저술

Rorty, Richard. 1979. *Philosophy and the Mirror of Nature*. Princeton University Press.

Rorty, Richard. Rorty, Richard. 1991. *Objectivism, Relativism, and Truth: Philosophical Papers*. Cambridge University Press.

리처드 로티. 2016. 『우언성 · 아이리니 · 연대성』. 이유선 옮김. 커뮤니케이션 북스.

머리말

리처드 로티(Richard Rorty)는 20세기의 가장 흥미 있는 철학자로 평가된다. "20세기 후반의 가장 광범위하게 논의된 철학서"가 된 『철학과 자연의 거울』로 명성을 얻은 로티는 미국 실용주의 전통의 부활을 주도했을 뿐만 아니라 진리에 대한 표상이론(representational theory of truth)을 견지해온 서구의 형이상학 전통을 깨트리려고 시도함으로써 "20세기 마지막 30년 동안의 가장 영향력 있는 철학자"가 됐다.[2]

로티는 악평도 받았다. 『철학과 자연의 거울』은 분석철학자들로부터 "내부에서 감행된 유다의 배반"이란 평가를 받기도 했다. 존 듀이의 실용주의에 대한 로티의 해석과 활용이 자신의 변덕과 편의에 따라 자의적으로 수행된 것으로 인식되었기 때문이다. 로티에 대한 비난은 1980년대 들어서면서 로티가 자신의 실용주의 인식론이 갖고 있는 사회·정치적인 함의들을 본격적으로 다루기 시작하면서 더욱더 비등했다. 그것은 그의 정치철학이 위험한 상대주의를 포함하고 있으며 현상 유지를 정당화하고 있다는 이유 때문이었다.[3] 로티의 (정치)철학에 대한 비판은 그 이후에도 결코 수그러들지 않았다. 2002년까지 발표된 1,200편 이상의 로티 관련 글 중 극소수를 제외하면 그의 철학에 대한 평가는 대체로 부정적이었으며, 우호적인 글들이라 해도 사상의 일부에 대해서는 매우 유보적인 태도를 취했다. 심지어 로티가 그의 명성에 걸맞는 철학자였는지에 대한 의혹도 팽배했다.[4]

하지만 로티의 철학과 사상에 대한 학계의 반발과 비판은 역설적으로 그의 철학이 지닌 독창적 가치를 부각시켜 그를 20세기 후반의 가장 흥미 있는 철학자로 각인시켰다. 이 장에서는 1979년에 출판한 『철학과 자연의 거울』에서부터 1991년에 출판한 『객관성, 상대주의, 그리고 진리: 철학적 에세이』(*Objectivity, Relativism, and Truth: Philosophical Papers*, 1991) 사이의 글들에 초점을 맞춰 그의 신실용주의적 인식론(지식이론)과 반토대주의적 정치철학, 그리고 부르주아 자유주의 정치이론을 차례로 살펴봄으로써 그의 정치사상이 지닌 독창성과 한계를 조명해보기로 한다.

신(新)실용주의 인식론

로티는 1979년에 발표한 『철학과 자연의 거울』에서 플라톤에서 칸트를 거쳐 오늘에 이르기까지 서구 인식론의 주류로 군림해온 '표상주의' (representationalism)를 공박하고 실용주의적 입장에서 '반(反)표상주의' 인식론을 옹호했다. 반표상주의 인식론은 지식을 실재(reality)를 옳게 파악하는 문제가 아니라 실용성의 문제, 다시 말해 현실에 대처하는 행동 습관을 획득하는 문제로 이해한다. 반표상주의적 실용주의는 후기 비트겐슈타인, 하이데거, 듀이, 윌러드 콰인(Willard Quine), 로이 우드 셀라스(Roy Wood Sellars), 도널드 데이비드슨(Donald Davidson), 찰스 샌더스 퍼스(Charles Sanders Peirce)와 같은 철학자들의 영향에 의해 형성된 것으로, 어떤 특정한 사회제도나 도덕적 신념을 비판하기 위해 보편주의적인 형이상학을 사용하는 것에 반대한다. 그런 의미에서 로티는 단일 – 보편적 진리 또는 합리성을 지향했던 근대 계몽주의 철학의 이단아라고 할 수 있다.[5]

　『철학과 자연의 거울』이란 저서의 제목은 (로티가 이해하고 있는바) 서구 근대철학이 가정하고 있는 진리에 대한 견해를 시사해준다. 17세기 이래 서구인들은 세계에 대한 인간의 관계를 인식함에 있어서 잘못된 이미지에 의존해왔다. 인간의 이성을 '거울'의 이미지로 상상한 것이 그것이다. 인간의 이성은 인식 주체의 바깥에 있는 객관적 세계를 정확히 재현해내는 인간 내면의 거울과 같다. 로티에 의하면 서구의 철학 전통은 주로 어떤 명제나 관념보다는 거울의 이미지를 중심으로 수립되었다.

거울의 이미지는 데카르트에서 니체에 이르는 근대철학에 잘못된 문제의식을 심어주었다. 예컨대 인간의 인식을 객체(대상)와 마주 서 있는 주체란 관점에서 파악하는 주체/객체의 이분법적 사고, 자연과학적 지식의 객관성에 대한 칭송과 사회과학적 지식의 주관성에 대한 폄하 및 사회과학의 자연과학화 경향 등은 거울의 이미지를 사용한 결과다. 거울의 이미지를 반영한 표상주의 인식론은 실재론/반(反)실재론 논쟁 ― 인식 주체 바깥에 객관적인 실재가 존재하는지의 여부에 관한 논쟁 ― 과 같은 무의미한 논쟁을 산출했다. 따라서 로티는 이 거울의 이미지를 버릴 경우 진리에 관한 많은 오해가 해소될 것이라고 보고, 거울의 이미지에 기초해 있는 서구의 인식론적 전통을 비판했다.

로티는 표상주의 인식론을 비판함에 있어서 특히 객관성 개념에 주목한다. 이 개념은 멀리는 플라톤의 지식/사견(knowledge/opinion) 구분과 현상/실재(appearance/reality) 구분에 기원을 두고 있다. 이 구분은 오직 훈련된 이성만이 실재 세계의 비밀에 접할 수 있다는 관념을 산출했다. 뉴턴에 영향을 받은 근대 계몽주의 시대의 물리학자들은 자연의 원리에 대한 이해가 사회과학을 포함한 모든 학문의 기초가 되어야 한다고 생각했다. 사회 · 정치 · 경제 제도 역시 자연의 원리에 따라 수립되어야 한다는 것이다. 이후 자유주의 사회 · 정치사상은 (특정 집단에 속하는 인간이 아닌) 보편적인 인간의 본성에 관한 객관적 지식을 토대로 사회 · 정치개혁의 시나리오를 제시해왔으며, 우리 또한 그와 같은 객관주의 전통의 상속자들이라고 본다.

[객관주의 전통은] 다음과 같은 가정, 즉 우리는 우리의 공동체를 초월해 있는 어떤 것, 다시 말해, 실재하는 모든 공동체들과 공통적으로 소유하는 어떤 것에 비추어 우리의 공동체를 검토할 수 있도록 우리의 공동체로부

터 충분히 멀리 벗어나야 한다는 가정을 중심에 두고 있다. 이 전통은 자연적인 것과 사회적인 것의 구분을 초월하고 무역사적인 인간 본성을 표현하고 있기 때문에 특정 지역에 국한되지 않은 연대를 보여줄 궁극적 공동체(ultimate community)를 꿈꾼다. 금 시대의 많은 지적 생활의 담론들은 인간에 관한 과학적 탐구의 목표가 "기저의 구조들", "문화에 따라 변하지 않는 요인들" 혹은 "생물학적으로 결정된 패턴들"을 이해하는 것이라고 단정한다.[6]

따라서 객관성(혹은 보편성) 속에서 인류의 연대를 발견하는 객관주의 전통은 진리를 실재(reality)에 대한 조응(correspondence, 물체가 거울에 정확히 비치는 것)으로 이해하고, 잘못된 신념과 옳은 신념을 구분시켜줄 확실한 토대가 될 형이상학을 구성하는 경향이 있다. 다시 말해 우리의 인간성에서 초역사적이고 초문화적인 토대를 찾아서 변하기 쉽고 일시적인 우리의 욕구와 관심을 판단할 수 있는 옳고 그름의 기준을 확립하고자 한다. 그러므로 계몽주의적 객관주의 철학은 토대주의(foundationalism)로 명명할 수 있다. 불변하는 안정적인 실재 혹은 토대를 발견하는 것이 철학(플라톤주의)이고 과학(근대 계몽주의)이라는 것이다. 그러므로 토대주의 철학 혹은 과학은 형이상학적인 보편적 담론(metanarrative)을 산출하는 경향이 있다.

로티는 1980년대 초에 '포스트모던'이란 용어를 리오타르처럼 "보편적인 이야기에 대한 불신"의 태도를 가리키는 것으로 이해했다. 보편적 이야기(혹은 보편담론)는 칸트의 본체적 자아(noumenal self)나 헤겔의 절대정신 또는 마르크스의 프롤레타리아 계급과 같은 실체의 활동을 기술하거나 예측하는 이야기로서 (특정 시점의 공동체들을 정당화하기 위한 이야기이긴 하지만) 특수한 공동체들이 과거에 경험한 것이나 미래에 경험하게 될 시나리오가 아니다. 그것은 다양한 개별 문화공동체의 이야기들을 단일한 보편적 기준에 따라 이해 · 평가하는 이야기, 곧 보편적인 이야기이다. 로티는 이렇게 말한다.

> 내 자신과 같은 듀이의 추종자들은 의회민주주의와 복지국가를 매우 좋은 것으로 찬탄하고 싶어 한다. 그렇지만 그와 같은 찬탄은 제시된 구체적인 대안들과의 불공정한 비교에 의거할 뿐, 이러한 제도들이 인간의 본성에 보다 충실하다거나 더욱 합리적이라는 이유에서, 또는 봉건주의 혹은 전체주의보다 더 보편적인 도덕률에 부합한다는 생각에 근거를 두고 있지 않다. 리오타르처럼 우리는 보편적 이야기들을 버리고자 한다. 리오타르와 달리, 우리는 교훈을 주는 일차적인 이야기(first-order narrative, 특수한 이야기)를 계속해서 전개한다.[7]

로티는 토대주의적인 객관주의 철학이 어떠한 보편적 진리도 명백히 보여주지 못하고 있다고 비판하면서 그것을 단순히 여러 철학적 관점 중 하나로, 더구나 거의 이해할 수도 없고 특별한 중요성도 없는 입장이라 일축해버린다. 그 입장은 이론이라기보다는 하나의 슬로건에 불과하다는 것이다.

로티는 실용주의적 진리 개념을 대안으로 제시한다. 진리는 "믿는 것이 우리에게 좋은 어떤 것"이다.[8] 진리는 신념과 대상 사이에 존재하는 조응 관계가 아니라 "실제적인 선"(actual good)이다. 진리와 정당화(justification)의 차이는 단지 "실제적 선"과 "더 좋을 수도 있는 것" 사이의 차이다. 그러므로 실용주의자들에게는 객관성에 대한 욕구가 자신의 문화공동체의 한계를 벗어나려는 욕구가 아니라 가능한 한 간주관적인 합의의 가능성을 높이는 것, 다시 말해 판단 준거인 '우리'의 범위를 확대하려는 욕구에 다름 아니다.

반토대주의 정치철학

로티처럼 진리를 실용주의적으로 이해하게 되면, 정치철학의 과제는 정치 질서의 보편적 토대로 삼을 수 있는 진리를 발견하는 것이 아니라 특수한 정치공동체의 문화를 해석하고 묘사하는 것으로 바뀌게 된다. 그리고 이런 관점에서 보면, 정치철학이 자유주의 사회를 정당화하는 작업은 자유주의 문화에 고유한 기준들에 따라 자유주의 문화의 특징들을 더욱 그럴 듯하게 보이도록 묘사하는 것이다.[9] 로티는 이것을 '순환적 정당화'(circular justification)라 부르며, 토대주의적 정당화의 유일한 대안으로 간주한다. 예컨대 이런 정치철학 개념에 따르면, "자유의 특권적 지위는 어디에 그 기원을 두고 있는가?"와 같은 문제나 "우리 사회는 도덕적인 사회인가?"와 같은 문제들이 제기되지 않는다. 그와 같은 문제들은 인간 본성에 관한 형이상학을 필요로 하기 때문이다. 자유주의 제도에 대한 충성은 어떤 보편적인 이상에 비추어 정당화될 수 있는 문제가 아니라, 친구 혹은 영웅을 선택하는 문제와 더 비슷하다. 그런 선택은 특정한 보편적 기준에 따라 이루어지는 것이 아니며, 어떤 중립적인 철학적 입장에서 이루어지는 것도 아니다. 그런 선택은 특수한 역사적 상황의 산물인 자유주의 제도와 가치를 헌신의 대상으로 택하여 자신을 그것들과 일체화시키는 것이다.[10] 따라서 어떤 근거로 그것들을 선택했는가라는 문제는 아예 제기되지 않는다.

로티는 듀이, 마이클 오크숏(Michael Oakeshott) 그리고 롤스의 후기 정치철학에서 이와 같은 순환적인 반토대주의적(anti-foundationalist) 정치철학의 전형을 발견한다. 예컨대, 롤스에 의하면 "독립된 형이상학적·도덕적 질서에 관한 진리 추구로서의 철학은 … 민주사회의 정치적 정의관을 위한 실용성 있는 공동의 기초를 제공해줄 수 없다." 그래서 롤스는 "종교적 관용에 대한 믿음 및 노예제의 거부와 같은 확립된 신념들을" 수집하는 데 노력을 국한시켜 그로부터 일관성 있는 정의관을 구성해야 한다고 주장한다.[11] 이와 같은 롤스의 주장을 역사주의적이고 반(反)보편주의적인 것으로 해석하는 로티의 입장에 문제가 없는 것은 아니다. 하지만 그런 해석은 적어도 로티가 옹호하는 정치철학의 성격을 짐작하는 데는 도움이 된다. 그것은 정치를 어떤 보편적인 철학적 원리를 구현하는 행위로 이해하는 정치철학이 아니라, 자유로움과 개방성이 특징인 자유민주주의적 공존 방식을 보다 향상된 형태로 묘사하는 정치철학이다. 한 마디로 철학에 대한 (민주)정치의 우선성으로 표현되는 정치철학이다.

개인들은 샌델처럼 철학적 취향을 갖고 있다면 얼마든지 자아에 관한 철학적 견해를 가질 수 있다. 자유주의자인 로티 자신도 자유민주국가의 시민에 관한 특수한 철학적 견해를 선호한다. 그것은 특수한 역사적 상황에서 형성된 신념과 욕구들이 결합되어 구성된 (특별한 중심이 없는) 자아관이다. 하지만 중요한 것은 그와 같은 철학적 견해(철학)가 자유주의 사회·정치이론의 기초가 되지 않는다는 점이다. 자유주의 사회이론은 자아에 관한 그와 같은 철학적 기초이론 없이도 충분히 구성될 수 있다. 만일 자유주의 질서와 제도가 특수한 철학적 토대에 바탕을 두고 있다면, 자유주의 제도와 문화는 그 철학적 토대의 몰락과 함께 붕괴된다고 봐야 할 것이다. 하지만 자유주의 제도를 철학적으로 정당화했던 계몽주의 철학이 위기에 직면했다고 해서 자유주의 제도와 문화 자체가 위기에 처했다고 볼 수는 없다. 위기에 처한 토대주의 정치철학은 오히려 자유주의 사회와 제도의 유지에 부정적인 영향을 미칠 뿐이다.

18세기에는 자유주의 정치철학이 (가장 전망이 밝았던) 자연과학과 결합할 필요가 있었다. 당시에 계몽주의적 과학주의는 자유주의 문화가 확실한 토대를 가질 필요가 있다는 아이디어를 제공했다. 과학자들은 논리적이고 체계적이며 객관적이기 때문에 참된 진리와 접촉할 수 있는 성직자처럼 간주되었고, 자유주의 정치철학자들은 과학자들이 발견한 진리에 입각하여 정치이론을 구성하고자 했다. 하지만 토대주의를 견지했던 계몽주의적 정치사상은 당시에나 유용하게 쓰였을 뿐 지금은 자유주의 문화에 오히려 장애가 될 뿐이다. 왜냐하면 절대적인 토대를 제공하려는 자유주의 정치사상이 오히려 자유주의 질서의 개방성과 자유로움을 봉쇄하거나 축소시키기 때문이다. 그러므로 자유주의 제도와 문화는 전통적인 정치철학이 제공했던 토대들보다 더 향상된 자기묘사(self-description)를 필요로 한다.

이처럼 로티의 정치철학은 철학적 토대에 따라 정치를 틀 지우려 하는 정치철학이 아니라, 자유로움과 개방성이 특징인 자유민주주의 정치질서의 주된 특성 ― 혹은 구체적인 장점 ― 을 잘 부각시키고자 하는 정치철학이다. 자유주의 정치질서는 어떤 특정한 철학·도덕·종교적 교의를 토대로 삼을 필요가 없으며 또 그래서도 안 된다. 오히려 자아에 관한 철학적 모델이 자유주의 정치에 부합해야 한다. 정치철학의 일차적 목표는 보편적인 인간의 본성을 발견하여 그것을 정치체제의 토대로 삼는 것이 아니라, 정치공동체의 특수한 공존 방식을 향상된 형태로 묘사하는 것이기 때문이다.

부르주아 자유주의: 자기창조와 아이러니

로티는 영미철학에 대한 비판적 개관을 통해 자신의 정치철학이 지닌 특징을 보다 구체적으로 설명한다. 먼저 그는 현대의 영미 사회철학을 세 진영 사이의 논쟁으로 묘사한다.[12] 첫째는 칸트주의 진영이다. 이 진영은 특수한 역사공동체를 초월한 보편적 관점이 있다고 확신하며, 자유민주주의의 제도와 관행을 옹호하기 위해 보편적 합리성 및 도덕 개념에 호소한다. 둘째 진영과 셋째 진영은 칸트의 입장을 거부하고 헤겔의 입장을 받아들인다는 점에서는 일치한다. 하지만 자유민주주의 제도와 관행에 대해 각각 상이한 견해를 견지한다. 둘째 입장은 자유민주주의적 제도와 관행이 잘못된 철학에 기초해 있기 때문에 폐지되어야 한다고 주장하는 반면, 셋째 입장은 자유주의 제도와 관행을 보존해야 한다고 주장한다. 둘째 진영과 셋째 진영이 수용하고 있는 헤겔주의 전통은 도덕적 가치판단을 이끄는 무역사적이며 보편적인 기준을 상정하지 않는다. 도덕적 가치판단에 사용되는 기준은 관련 공동체가 진화해온 과정의 산물이며 그 안에서만 일정한 의미를 갖는다고 보기 때문이다.

먼저 정치질서의 보편타당한 규범적 토대를 찾고자 하는 칸트주의는 로티가 파괴하고자 하는 철학 전통의 근대적 출발점이기 때문에 단호히 거부된다. 그리고 공동체주의로 명명되는 둘째 입장은 '철학에 대한 민주주의의 우선성'을 표방하는 로티의 입장과 상충한다.[13] 공동체주의자들은 자유민주주의 정치제도들이 잘못된 철학에 기초해 있다고 비난한다. 하지만 정치제도는 철학적 토대와는 아무런 관계가 없다. 철학은 현재의 정치관행을 명료하게 묘사할 수 있을 뿐, 특정한 정치관행의 토대와 틀―곧, 정당화의 기초―을 제공해줄 수 없다. 더구나 정치관행에 대한 철학적 이론화가 반드시 옳다고 보기도 어렵기 때문에, 정치공동체가 형성된 이후에 제시된 철학적 토대의 결함을 자유민주주의적 정치관행의 결함과 동일시하는 태도는 불합리하다고 볼 수밖에 없다. 이에 따라 로티는 자신의 입장을 셋째 진영에 속한 것으로 간주하며 그 입장을 '포스트모던 부르주아 자유주의'로 규정한다.[14]

로티가 북아메리카의 자유주의를 부르주아적인 것으로 규정하는 근거는 그것이 북대서양 연안에 거주하는 부르주아지의 희망을 반영하고 있다고 보기 때문이다. 북아메리카에 확립된 자유주의적 제도와 관행들은 초문화적이며 초역사적인 합리성 개념에 기반을 둔 것이 아니라 특수한 공동의 연대에 기초해 있다. 이 연대는 보편적인 인간의 본성에 토대를 둔 도덕적 의무에 바탕을 둔 것이 아니라, 타인의 고통에 대한 연민이나 잔인성에 대한 가책과 같은 공유감정에 입각해 있다. 따라서 로티가 자유민주주의 제도들을 옹호하는 것은 그것들이 단일한 보편적 기준에 부합하기 때문이 아니라, 그 제도들이 "공동체 생활을 통해 구성된 신념, 욕구 그리고 감정들"과 잘 부합하기 때문이다.[15] 이렇게 보면 개인의 행위는 비슷한 상황에서 다른 공동체 구성원들이 보이는 행위와 대체로 일치할 때 합리적인 것으로 인정되며 그렇지 않을 때 비합리적인 행위로 간주된다. 합리성은 순전히 개별 공동체의 의미체계에 대한 실용적인 적응의 문제인 것이다.

그러면 자유주의 정치질서의 도덕적 위상은 어떻게 설명할 수 있는가? 로티에 의하면 이 질문은 잘못된 것이다. 왜냐하면, 자유주의 질서의 객관적인 도덕적 위상을 평가할 수 있는 보편적인 외부적 기준은 존재하지 않기 때문이다. 도덕은 셀라스가 '우리가 의도한 것들'(we-intentions)이라 부르는 것과 관련된 문제로, 부도덕한 행위는 '우리가 하지 않는 부류의 행위'들로 이해될 수 있을 뿐이다.[16] 따라서 도덕/신중함의 이분법은 개인에게만 의미가 있을 뿐 사회적 연대와는 아무런 상관이 없다. 또한 도덕에 대한 요구는 언어에 대한 요구이고 언어는 특수한 역사적 상황의 산물이라고 볼 때, 도덕적 신념을 확고히 옹호하는 것은 그런 역사적인 상황과 자신을 일체화시키는 것과 같다. 그러므로 자유주의 질서를 객관적으로 정당화할 수 있는 중립적이거나 비순환적인 방법은 있을 수 없으며 또 필요하지도 않다. 로티는 다음과 같이 말한다.

사회화 과정을 있게 한 역사적 상황 이외에, 우리 20세기의 자유주의자들이 이 주장의 타당성을 옹호하기 위해 (사회화 과정 배후에 있는) 더 실재적이고 항구적인 어떤 것에 호소할 수는 없다. 우리는 현재의 이곳으로부터 출발해야 한다. … 이런 집단중심주의로부터 저주를 벗겨내는 것은 가장 큰 집단이 "인류" 혹은 "모든 이성적 존재"이기 때문이 아니라 바로 "자유주의자인 우리"의 집단중심주의의 성격에 기인하는 것으로, 우리의 집단중심주의는 "우리"를 더욱 확장시켜 보다 크고 다양한 우리를 창출해가는 성격을 갖고 있다. 집단중심주의를 혐오하도록 양육된 사람들은 바로 "우리"들인 것이다.[17]

행위는 오직 지역적 결정주의, 다시 말해 일정한 해석적 공동체 내에서만 이해될 수 있고 또 결정될 수 있다. 따라서 행위가 수행되는 구체적인 영역을 벗어나면 행위가 아무리 일관된 것이라 할지라도 애초에 전달하고자 한 의미와 예상된 효과를 얻지 못하게 된다. 그러면 로티가 해석·묘사하고자 하는 북대서양 연안의 특정한 집단중심주의의 내용은 무엇인가?

로티는 두 가지 축을 중심으로 자유주의 사회의 이상을 묘사한다. 한 축은 자기창조 혹은 자율성이라는 가치이고, 다른 축은 자유롭고 개방된 만남 및 잔인과 고통의 경감 혹은 연대의 확장에 대한 관심이다. 이 두 가지는 우연한 역사적 산물인 북아메리카 집단중심주의의 핵심적 내용이다.

먼저 미국 사회가 자기창조 혹은 자율성의 능력을 보호해주고 있다는 사실은 미국 사회가 자유주의적인 사회임을 말해주는 가장 중요한 근거다. 로티에 의하면 "자기의 정신을 창조하는 것은 자신의 정신 전체를 다른 사람들이 남겨놓은 언어에 의해 결정되도록 허용하는 대신 자신의 언어를 창조하는 것"으로, 한 마디로 자율적인 삶을 영위하는 활동이라 할 수 있다.[18] 하지만 로티의 자율 개념은 칸트의 자율 개념보다는 니체의 자기창조 개념에 더 가깝다. 칸트에게 자율은 자신의 선택이 경험이나 감정에 영향을 받지 않고 순전히 이성에 의해 이루어진다는 것을 의미하며, 정언명령으로서의 보편적인 도덕 규범에 따라 행위한다는 것을 의미한다. (따라서 자기창조와는 큰 괴리가 있다.) 반면에 로티가 선호하는 자율 개념은 개인이 자기 자신을 (인과적으로 설명할 수 없는) 특수한 상황적 요인들의 복합적인 산물로 받아들이고, 계속해서 자신을 다시 묘사함으로써 스스로를 재창조해가는 과정을 의미한다.[19]

로티는 (재)창조로서의 자율성 개념을 더 구체적으로 설명하기 위해 프로이트를 동원한다. 프로이트는 금욕적 삶과 심미적 삶을 구분한다. 금욕적 삶은 자신의 진정한 자아에 도달하기 위해 자신에게서 모든 우연하고 상황적인 것들을 제거하려는 노력으로 이루어진다. 반면에 심미적 삶은 순수한 자아를 추구하는 것이 아니라 자기를 증대시키려는 시도, 다시 말해 자신의 욕구와 희망을 보다 풍부하고 완전하게 표현하고 실현하려는 노력으로 이루어진다. 심미적인 자기창조의 삶은 전적으로 사적인 삶의 영역에 속하며 공적인 활동과는 큰 연관성이 없다. 공적인 것은 개인들이 그와 같은 심미적인 삶을 살 수 있는 여건을 조성해주는 (정부의) 보조적인 활동 영역이다. 그것은 개인들이 심미적인 자기창조 활동을 수행하는 과정에서 발생하는 분쟁과 갈등을 권리체계를 가지고 조정해주거나, 모든 개인이 자기창조 활동에 몰입할 수 있는 사회경제적 여건을 조성해주는 역할을 수행한다. (로티는 재분배적 사회민주주의 국가를 선호한다.)

하지만 로티의 자기창조로서의 자율성 개념은 니체의 것과도 차이가 있다. 로티에게 자율성은 현재의 자신을 만든 수많은 상황적인 요인들의 복잡한 구성물이다. 따라서 로티의 자기창조는 그런 특수한 상황적 요인들로부터 초월하여 완전히 새로운 자아를 만드는 활동이 아니다. 개인의 창조행위는 선조로부터 전승된 것, 곧 과거의 것들에 반응하면서 그것을 새로운 것들로 묘사하고 개선하는 것을 의미한다. 그런 의미에서 "반응 (reaction)이 아닌 순수한 창조로서의 행동(action), 곧 순전히 니체적인 창조의 삶은 존재하기 어렵다."[20]

로티는 이 맥락에서 자기창조로서의 자율성 개념을 자유주의 사회의 이상적인 시민인 아이러니스트 개념과 연계시킨다. 자유주의 사회의 전형적인 시민은 자기창조 능력을 가장 중요한 도덕 능력으로 생각한다. 이 자기창조의 능력은 그들이 사용하는 "궁극의 어휘"(final vocabulary) ― 삶의 가장 중요한 목적들을 가리키는 어휘들 ― 와 특수한 관계를 맺고 있다. 다시 말해, '좋음', '옳음' 그리고 '친절함'과 같은 어휘들은 자유주의 사회의 시민들이 추구하는 궁극적인 삶의 목표들을 시사한다. 하지만 자유주의적 아이러니스트는 그런 어휘들을 더 절대적인 보편적 근거를 사용하여 정당화할 수 없고, 오직 순환적 정당화 방식을 통해서만 정당화할 수 있다. 즉, 그런 어휘들의 궁극적 정당성은 그런 어휘들이 표현하는 (좋음 및 옳음에 관한) 신념들에 달려 있기 때문에 순환논법을 통해서만 정당화될 수 있다. 따라서 만일 상황이 변하여 그런 최종적 어휘들의 규범적 장악력이 떨어질 경우 그런 어휘들의 정당성은 소멸되고 만다.

로티 연구자 마이클 베이컨(Michael Bacon)에 따르면 아이러니스트는 다음과 같은 세 가지 조건을 충족시키는 사람이다.[21] 첫째는, 자신이 채택한 궁극의 언어들에 대해 근본적이며 지속적인 의혹을 품고 있다. 이것은 다른 사람이나 서적이 채택하고 있는 궁극의 언어들에 매혹될 수 있기 때문이다. 둘째, 자신이 궁극의 어휘들로 표현하고 있는 주장도 이런 의혹들을 해소할 수 없다는 것을 알고 있다. 셋째는, 현실을 철학적으로 표현함에 있어서도 자신의 표현이 타인들의 표현보다 현실에 더 가깝다고 확신하지도 않는다. 요컨대, 자유주의적 아이러니스트는 자신이 채택한 신념들과 궁극의 어휘들이 지닌 상황적인 성격(contingency, 혹은 우연성)을 잘 인지하고 있는 사람으로서, 자신과 세계에 대한 (재)묘사를 통해 끊임없이 스스로를 재창조해가는 사람이다.

그런데 자기창조 혹은 자율성의 능력을 부각시키고 있는 로티의 입장은 일종의 엘리트주의로 비춰질 수도 있다. 하지만 로티는 자기창조의 삶은 일부 엘리트들에게만 열려 있지 않고, 그 가능성에 있어서 모든 시민에게 열려 있다고 주장함으로써 그런 혐의를 벗어나고자 한다. 로티가 니체 대신 프로이트를 원용하는 것이 바로 그런 이유에서다. 프로이트는 일상생활의 자질구레한 요소들도 자기창조의 소재가 될 수 있음을 보여주었으며, 모든 사람의 삶을 다 한 편의 시로 간주함으로써 니체를 민주화시켰다.[22]

로티의 아이러니 개념은 신념이나 확신과는 거리가 멀기 때문에 사회문제에 대한 진지한 관여를 약화시킨다는 비판도 있다. 하지만 로티는 신념의 상황적인 특성 ― 혹은 신념의 역사성이나 우연성 ― 을 인식하고 있다는 사실이 신념에 해로운 결과를 초래한다고 보지 않는다. 상황과 독립된 보편적인 신념이나 확신이 아예 존재하지 않는다면, 신념의 상황적 특성을 인식하고 있다는 사실이 신념에 따라 행동하려는 욕구나 의지를 약화시키지는 않는다. 아이러니한 태도는 정치적·도덕적 신념과 조화를 이룰 수 있으며, 나아가서는 자유주의 사회가 필요로 하는 관용과 실용적인 태도를 조장하는 장점도 있다.

자유주의 사회의 첫째 특징이 자기창조 혹은 자율성의 가치를 옹호하는 태도에 있다면, 둘째 특징은 잔인성과 고통을 경감시키려는 태도에 있다. 자유주의자들은 무엇보다 잔인함을 두려워한다. 하지만 잔인함을 일반적으로 정의하기는 어렵다. 왜냐하면 그것은 잔인한 행위나 발언의 피해를 보는 사람들의 구체적인 고통을 통해서만 확인할 수 있기 때문이다.

잔인한 행위와 언사에 대한 혐오는 누군가로부터 잔인하게 취급받고 있는 동료 시민들의 고통과 굴욕을 나의 것 또는 우리의 것으로 받아들이는 연대의식을 통해 표출된다. 연대는 모든 인간에 존재하는 것으로 가정되는 인간의 본질, 곧 핵심적인 자아 ― 혹은 칸트의 본체적인 자아 ― 를 인지함으로써 형성되는 것이 아니라, 고통과 굴욕을 싫어하는 공통의 정서에서 발원한다. 다시 말해 그것은 '우리'와는 크게 다른 사람들을 '우리'의 범위에 포함시켜 생각할 수 있는 능력, 곧 동료 시민들에 대한 책임감에 기반을 두고 있다.[23] 그런 의미에서 잔인과 고통의 경감에 대한 관심과 연대형성에 대한 욕구는 공적인 책임감의 중요한 근거가 된다. 그리고 이것이 철학보다는 역사, 소설, 민족지학 등이 잔인성 및 그에 대한 혐오의 감정을 보다효과적으로 전달할 수 있는 이유다.

자유주의 사회가 다소 모순적인 두 가지 가치, 즉 자기창조 혹은 자율성이라는 사적인 가치와 연대와 책임이라는 공적인 가치를 동시에 지향하고있다는 사실은 이 두 가지 가치를 조화시킬 과제를 부과한다. 로티는 원칙적으로 사적인 것과 공적인 것을 엄격히 구분한다. 하지만 그 구분은 절대적인 것이라기보다는 그 둘 사이에 별로 연관성이 없다는 것을 의미할 뿐이다.[24] 그는 때로 그 둘 사이의 관련성을 인정하곤 한다. 아마도 이것이 그가 때때로 구체적인 사회·제도적 개혁을 제시하는 이유일 것이다. 그는 1998년에 발표한 『조국의 성취』(*Achieving Our Country*, 1998)에서 인민헌장을 발표했다. 여기서 그는 선거 캠페인 개혁, 건강보험 개혁, 초·중학교 의무교육, 고세율의 조세개혁 등을 제시했다. 대체로 그가 제시한 사회개혁 프로그램은 재분배적 복지국가에 가깝다고 볼 수 있다.

실용주의, 다문화주의 그리고 정당성

지금까지 로티의 실용주의 인식론과 정치사상을 개관했다. 이제는 그의 정치사상이 지닌 문제점을 지적할 차례다. 주지하듯이 로티 정치사상의 상당 부분은 계몽주의에 기반을 둔 자유주의적 형이상학을 비판한 데 할애되었다. 그 때문에 그의 정치사상은 근대 자유주의 정치사상의 철학적·윤리적 한계를 이해하는 데 큰 도움이 된다. 하지만 로티의 포스트모던 자유주의 정치사상은 인식론적으로나 정치철학적으로 문제가 없는가? 포스트모더니즘은 문제 제기와 비판에는 능하지만 자신의 입장을 궁극적으로 정당화하기 어렵다는 비판이 자주 제기된다. 이를테면 서구 형이상학 전통을 송두리째 부정하는 포스트모더니즘은 자신이 거부해온 (철학사 전체를 관통하는) 보편적인 담론을 전개하고 있다거나, 무책임한 규범적 상대주의나 무정부주의를 부추긴다는 비판을 받곤 한다. 그러므로 이 절에서는 로티의 정치사상을 비판해봄으로써 포스트모던 계열의 정치사상이 지닌 한계의 일단을 조명해보고자 한다.

먼저 자유주의 사회를 자유와 개방성에 바탕을 두고 연대를 확장시켜나가는 질서로 묘사하는 로티의 자유주의 정치이론이 그의 실용주의적 인식론과 부합하는지를 살펴보자. 주지한 바와 같이 자유주의 제도와 문화에 대한 로티의 묘사는 지식을 상황에 대처하고 적응하는 행동 습관으로 보는 실용주의적 관점에 바탕을 두고 있다. 그리고 상황에 대처하거나 적응하는 행동 습관은 자유롭고 개방적인 만남을 지지하는 특성을 지니고 있으며, 또 타인의 고통과 굴욕을 나의 것으로 경험할 수 있는 연대의식을 확장해가는 방향성을 지니고 있다.

하지만 다음과 같은 문제가 제기될 수 있다. 왜 상황에 적응하는 행동이 자유 자체에 대한 옹호를 수반하며 연대를 촉진하는 방향으로만 이루어지는가? 물론 로티는 그것을 북아메리카 집단중심주의의 특수한 역사적 성격으로 파악한다. 하지만 자유와 연대가 특수한 역사적 상황의 산물이라 하더라도, 로티의 자유주의 정치사상에서 그것들은 가장 궁극적인 언어들로 사용되고 있다. 다시 말해 그것들은 일종의 (그가 비판하는) "보편적인 이야기" 또는 토대의 역할을 수행하고 있다.

먼저 적응 행동을 자유 및 자유의 결과를 신성시하는 태도와 결부시키는 로티의 논리는 받아들이기 어려운 인과적 우연성을 전제하고 있다. 적응의 문제는 일차적으로 자유나 연대에 관련된 문제라기보다는 생존에 결부된 문제이다. 적응의 행위를 자유에 바탕을 두거나 자유를 수반하는 것으로 이해할 필연적인 근거는 없다. 상황에 대한 대처와 적응의 행위는 때로 노예 상태나 제한된 억압을 수용하는 방향으로 작용할 수도 있다. 하지만 로티에게 자유는 적응의 방향을 미리 결정하는 일종의 토대로 작용하고 있다. 그로 인해 자유 또는 자유로운 만남은 그것이 개인 혹은 집단의 생존에 기여하는 유용성과 상관없이 그 자체로서 장려되는 경향이 있다. 적응의 행위가 자유를 증진해야 한다는 전제조건 위에서 이뤄지고 있는 것이다. 따라서 로티의 자유주의 정치사상은 토대가 없는 실용주의가 아니라 토대를 은밀히 전제하고 있는 실용주의에 가깝다. 그것이 전통적인 자유주의적 토대주의와 다른 점이 있다면, 자유라는 가치를 보편적인 인간성으로부터 도출하지 않고 북아메리카의 특수한 역사적 산물로 간주하고 있다는 점일 뿐이다. 그럼에도 토대는 토대이다.

로티 정치사상의 또 다른 축인 연대 역시 자유와 유사한 문제점을 갖고 있다. 상황에 대처 또는 적응하는 행위의 목적은 사람들 간의 연대 형성이 아니라 생존의 달성이다. 적응의 행위가 사람들 사이의 연대를 발생·확장시킬 수 있는 가능성은 연대가 그런 생존 가능성을 높일 수 있을 때뿐이다. 연대는 적응력을 제고시킬 수도 있지만 적응력을 저하시킬 개연성도 있다. 하지만 로티는 적응의 행위가 '반드시' 연대를 진작시키는 방향성을 지닌다고 가정한다. 그리고 이것이 바로 로티가 연대의 확장을 (토대주의에 입각해서만 확고히 주장할 수 있는) "도덕적 진보"(moral progress)라 규정할 수 있는 이유이다.

적응이 자유롭고 개방적인 만남을 전제하고 연대의 확장을 목표로 삼고 있다는 로티의 가정이 문제가 있듯이, 타인들과의 개방적이고 자유로운 만남을 통해 연대를 확장시켜가는 것이 북아메리카 집단중심주의의 특징이라고 한 그의 주장 역시 비판의 여지가 있다. 자유롭고 개방적인 만남은 그 자체가 목적일 뿐 만남의 당사자들 사이에 반드시 연대를 확장시켜야 하는 것은 아니다. 만일 자유롭고 개방적인 만남이 연대를 확장시키는 방향성을 가져야 한다면 그것은 자유롭고 개방적인 만남이 아닐 수도 있다. 미리 방향이 정해진 만남은 그만큼 자유와 개방성을 제한하기 때문이다. 반면에, 연대의 확장이라는 관점에서 보면, 자유가 반드시 연대의 확장에 긍정적으로 작용한다고 볼 수는 없다. 샌델이 주장한 바와 같이 북아메리카의 정치생활은 공동선이 주도하는 정치형태, 곧 연대에 기초한 정치형태로부터 개인의 자유와 권리에 기초한 정치형태, 곧 절차공화국(procedural republic)으로 변화해왔다고 볼 수도 있다.[25] 절차공화국은 개인의 자유와 권리가 최종적인 권위로 등장한 시기로, 민주주의에 대해 자유가, 국민국가에 대해 개인이 그리고 공동선에 대해 권리가 더 높은 지위를 갖고 있다. 샌델에 의하면 이런 변화에 맞춰 공화주의 공공철학은 점차 자유주의 정치철학으로 대체되어 왔다.

물론 자유가 반드시 공동체의 연대를 저해하는 경향성을 갖는다고 보기는 어렵다. 소수문화집단의 구성원들이 지배적인 다수문화집단의 구성원들과 동등하게 누릴 수 있는 결사의 자유는 소수문화집단의 존속과 연대를 강화시키는 방향으로 행사될 수도 있기 때문이다. 그럼에도 자유주의 질서가 대두한 근대 초 이래, 모종의 연대가 전제되지 않은 일방적인 자유의 강조는 공동체의 연대를 파괴한다는 비판들이 제기되어왔다. 특히 19세기 이래 사회주의자들은 물질적인 평등이 전제되지 않는 자유를 지극히 형식적인 자유에 불과한 것으로 치부하고 인간의 소외와 착취를 형식적 자유의 불가피한 결과로 지적했다. 20세기에 들어 복지국가가 등장하게 된 데에는 자유의 과잉으로 인한 공동체 연대의 파괴도 한몫했다. 이런 주장이 어느 정도 설득력이 있다면 자유롭고 개방적인 만남이 연대를 확장시킬 수 있다는 로티의 주장은 근거가 빈약할 뿐만 아니라 현실성도 낮다.

이어서 미국 사회의 문화적 구성과 연관된 정치적 문제들에 대한 로티의 인식과 해결 방식을 검토해보자. 로티는 「포스트모던 부르주아 자유주의」의 후반부에서 매우 불충분하나마 이 문제를 다룬다. 그는 오늘날 북아메리카를 사로잡고 있는 사회적 긴장들이 단일한 보편적 원리에 의해서는 해결할 수 없다고 주장한다. 그는 오히려 드워킨이 "관례와 일화"(convention and anecdote)라 부르는 것들을 통해 그런 긴장들이 해소된다고 본다.

> 민주주의 사회의 정치적 담론들은 기껏해야 비트겐슈타인이 '특별한 목적을 위한 유물들'이라 부른 것의 상호 교환, 즉 다양한 관행들의 지나간 결과와 이 관행들의 일부가 변했을 때 발생하게 될 일들의 예측에 관한 일화들의 상호 교환인 것이다. 포스트모던 부르주아 자유주의자의 도덕적 숙고는 이와 동일한 부류의 담론에 있다. 그것은 상황이 그러한 전략을 요구하는 경우를 제외하고는 일반 원리의 수립을 회피한다.[26]

이미 설명한 바와 같이 로티는 타인의 고통에 대한 감정이입적인 상상을 통해 '우리'의 범위를 끊임없이 확장시켜나가는 것이 '우리' 집단중심주의의 성격이라고 주장하고 열린 만남을 통한 합의의 필요성을 강조한다. 그리고 '우리'의 범위를 넓혀가는 과정, 곧 연대를 도덕적 진보라고 주장하고 있다. 하지만 한 가지 중요한 문제는 로티의 해결책이 '우리' 집단의 내적 갈등에 연루된 하위문화들이 관례 자체의 부당성을 지적하면서 개혁을 요구할 때도 유효한가의 여부이다. 다시 말해 로티는 다원적인 인종·문화집단들 사이에서 구성·행사되는 정치권력의 정당성 문제를 제기하지 않는다. '우리'의 범위를 끊임없이 확장시켜야 한다고 주장하면서도, 그것이 '우리' 집단중심주의의 한 성격에 속한다는 사실 이외에 어떤 타당한 이유를 제시하지 않는다. 만일 '우리' 중심의 집단주의가 역사적으로 우연한 상황의 산물이라면, 그 집단이 '우리'의 범위를 확장시켜나가는 것이 도덕적 진보라고 평가할 객관적인 기준은 없다. 그렇다면 '우리'가 중심이 된 연대의 확장은 그것이 아무리 타인의 고통에 대한 연민의 정에 기반한 것일지라도 도덕적 진보라기보다는 패권주의적인 성격을 띨 개연성이 높다. 그러므로 로티는 북아메리카 사회의 내적 긴장들이 '관례와 일화'에 의해 해결된다고 주장할 뿐 그 긴장들을 해결할 수 있는 원리와 권력의 '정당성'에 대해 전혀 언급하지 않는다.

근본적으로 정당성의 문제를 회피할 수 있는 방법은 북아메리카 사회의 내적 긴장들이 지극히 사소하여 특별한 해결책이 필요하지 않거나, 북아메리카의 대다수 시민들이 연대감으로 뭉친 하나의 '우리'를 구성하고 있다고 가정하는 것이다. 로티는 이 가정의 타당성을 믿는 것처럼 보인다. 북아메리카는 소수의 '그들'이 주변에 살고 있는 하나의 거대한 '우리'로서 간주된다. 따라서 중요한 과제는 주변에 있는 '그들'에게까지 연대를 확장시켜나가는 것이다. 이에 따라 다문화주의의 도전은 도덕적 진보를 의미하는 '우리'의 확장 논리에 의해 압도된다. 북아메리카의 '관례와 일화'는 거대한 규모의 '우리'와 주변적인 소수의 '그들', 즉 잠재적인 '우리' 간의 관례혹은 일화들인 것이다. 로티 스스로 밝히고 있듯이, 정치적 선택은 때때로 "누가 상처를 당하게 될 것인가?"를 결정하는 문제로, 그것은 상처를 당하는 소수집단이 납득할 수 있는 이유에 의해 정당화되어야 한다. 로티는 '우리' 집단의 주변에서 살아가는 소수문화집단에 불리한 결과를 가져올 수 있는 정책을 정당화할 논리를 갖고 있지 않으며 또 그런 필요성도 느끼고 있지 않은 듯 보인다. 그는 거대한 '우리' 안에서의 도덕적·사회적 합의가 문화적 다양성이 초래할 수 있는 문제들을 성공적으로 통제할 수 있다고 막연하게 낙관함으로써 정치권력 행사의 정당성 문제를 회피해버린다. 결국, 로티의 포스트모던 부르주아 자유주의는 다문화사회의 도전에 대한 적극적 수용이라기보다는 그 어느 집단보다도 강력한 '우리'의 관례를 자찬하는 데 그치고 있다. 하지만 상대적인 공통성을 중심으로 형성된 로티의 '우리'는 주변부에 존재하는 무수히 많은 '그들'에 의해 그 연대가 끊임없이 위협받는다. 그리고 바로 이런 개연성 때문에 다문화주의는 '우리'와 그들 간의 관계에 대해서뿐만 아니라, '우리' 집단을 구성하고 있는 다양한 문화집단들 사이의 관계에서도 정당성의 문제를 제기한다. 로티는 가상적인 '우리'의 연대를 강조함으로써 이 중대한 문제를 회피하고 있다.

정치는 '우리'를 구성하는 집단들 사이의 합의를 포함하지만 그것에 머무르지 않는다. 정치는 화해하기 어려운 '그들'과의 공존을 모색하는 활동까지도 포함한다. 다시 말해 '우리'와 '그들' 사이의 공존을 가능케 하는 타협과 양보의 기술을 필요로 한다. 그렇게 보면 특수한 '우리' 사이의 연대의식으로부터 객관적인 정치원리를 도출해내려는 로티의 방법은 화해하기 어려운 '그들'과의 관계에서는 객관적인 해결책을 제시해줄 수 없다. 정치적 원리들은 '우리'에 속하지 않는 '그들'까지도 수용할 수 있을 정도로 최대한 객관적일 필요가 있다. 그렇지 않고 연대감이 항상 객관성의 기초가 되어야 한다고 가정하게 되면 정치는 전적인 합의 아니면 적나라한 집단적 힘의 논리에 지배되고 만다. 요컨대, 연대에 기초한 객관성 원리는 다문화 시대의 정치적 갈등을 평화적으로 해결할 수 있는 가능성을 현저히 낮춰버릴 수 있다.

맺음말

로티의 부르주아 자유주의 정치사상은 현대정치사상에서 독특한 위상을 점하고 있다. 그의 실용주의적인 반토대주의 정치사상은 전통적인 자유주의 정치사상들과 차별성이 있을 뿐만 아니라, 자신이 찬탄하고 있는 후기 롤스의 역사주의화한 정치사상과도 구분되는 것이다. 즉, 로티의 반토대주의는 모든 철학에 적용되는 주장인 데 반해, 롤스의 정치적 자유주의는 시민들이 개인적으로 지지하는 철학·종교·도덕 교리의 토대주의는 거부하지 않기 때문이다. 다시 말해 롤스는 사적인 영역에서 포괄적인 철학·종교·도덕적 교의들 사이의 합리적 토론을 통해 진리를 발견할 수 있는 개연성을 남겨놓는 데 반해, 로티는 그런 가능성을 아예 허용하지 않는다.

또한 로티의 입장은 칸트보다는 헤겔주의 입장에서 자유주의 질서를 묘사하고 있다는 점에서도 독특하다. 오늘날의 대표적인 자유주의자들, 예컨대, 롤스, 드워킨, 노직 등이 모두 칸트주의자들인 데 반해 로티는 헤겔주의 입장에서 자유주의를 옹호한다. 그런 측면은 로티가 테일러, 왈저, 매킨타이어, 그리고 샌델과 같은 공동체주의자들과 유사한 점이다. 개인의 자아를 특정한 문화공동체에서의 삶을 통해 형성된 욕구와 신념의 중심 없는 결합체로 인식하는 그의 입장은 공동체주의자들의 입장과 일치한다. 그럼에도 일부 강경한 공동체주의자들은 자유민주주의 제도들을 전면적으로 거부하면서 덕(德)의 윤리학에 기초한 아리스토텔레스주의적인 공동선 정치를 옹호한다는 점에서 자유민주주의 제도와 문화를 지지하는 로티와 분명히 대조된다.

로티의 포스트모던 자유주의 정치이론은 또한 아리스토텔레스에 의해 심대한 영향을 받은 현대의 완전주의적 자유주의자들(perfectionist liberals) ― 예컨대, 라즈와 아서 갈스톤(Arthur W. Galston)과 같은 자유주의

자들—과도 구분된다. 완전주의자들은 현대의 다문화적인 사회에서도 국가가 다양한 가치관들에 대한 도덕적 평가를 통해 건전한 가치관이나 삶의 형태들은 번창하고, 불건전한 것들은 소멸할 수 있도록 직·간접적인 간섭을 해야 한다고 권고한다. 특히 이들은 국가가 공적인 영역과 사적인 영역을 포함한 삶의 모든 영역에서 특정한 가치 및 이와 결부된 덕을 시민들에게 주입하고 배양시킬 의무를 지니고 있다고 주장한다. 하지만 로티는 롤스와 마찬가지로 정치적 자유주의를 옹호하는 입장에서 완전주의적인 가치 실현을 철저히 사적 영역에 국한시킨다. 따라서 로티는 자율과 같이 전통적으로 자유주의자들이 옹호해온 가치라 하더라도 사회·정치제도가 그것을 실현해야 한다고 주장하지 않는다. 자율성은 모든 사람이 실현하기를 원하는 가치가 아니라 일부 사람들만이 실현하기를 원하는 특수한 가치이기 때문이다. 자율적인 존재가 되고자 하는 욕구는 잔인과 고통을 회피하고자 하는 자유주의자들의 욕구와 무관한 것이라고 보는 것이다. 이렇게 보면 자유주의에 대한 로티의 해석은 홉스에서 시작하여 현대의 주디스 슈클라(Judith Shklar)에 이르기까지 일부 정치철학자들이 자유주의에 대해 취해온 신중주의적 해석(prudential understanding)과 유사한 측면이 있다. 왜냐하면 자유주의에 대한 신중주의적 해석에 따르면 정치의 목적은 자율성과 같은 사회적 이상이나 가치를 실현하는 데 있는 것이 아니라, 폭력적인 죽음이나 고통의 공포를 피하려는 공동의 욕구를 충족시켜주는 데 있기 때문이다.

전체적으로 볼 때 로티의 부르주아 자유주의 정치사상은 전통적인 토대주의적 정치이론의 한계를 폭로하는 데는 강력한 설득력을 보여준다. 하지만 다른 포스트모던 정치사상가들과 마찬가지로 자신의 정치사상을 구성함에 있어서는 나름대로의 토대를 은연중 전제하거나, 정치권력의 행사와 관련하여 (주류 집단인 '우리'의) 수와 힘의 논리 이외의 다른 객관적인 정당성의 근거를 제시해주지 못하는 한계를 보여주고 있다. 그럼에도 로티는 정치원리의 절대적인 토대를 철저히 배제하는 반토대주의적인 자유주의 정치사상을 제시함으로써 현대 자유주의 정치철학이 움직일 수 있는 다른 한 극단을 보여주었다는 점에서 중요한 의의가 있다. 그것은 보편적 토대주의와 특수주의적 반토대주의 사이의 어딘가에서 제3의 정치사상이 출현할 수 있는 개연성을 높여주기 때문이다. 최소치의 보편적인 도덕률을 인정하거나 특정한 역사적 시기에만 보편성을 누릴 수 있는 정치원리를 모색하는 방식들이 그런 예들일 것이다. 요컨대, 로티의 신실용주의적인 부르주아 자유주의 정치사상은 자유주의를 이해하고 정당화할 수 있는 새로운 접근방식의 출현을 자극하고 있다는 점에서 매우 도발적이며 독창적인 정치사상으로 평가할 수 있다.

더 읽을거리

• 리처드 로티. 1996. 『우연성, 아이러니, 연대성』. 김동식 · 이유선 옮김. 민음사.
로티의 정치사상을 직접 접할 수 있는 번역서로서, 제목에서 알 수 있듯 그의
포스트모던 정치사상의 주요 내용이 펼쳐진다. 전통적인 자유주의 정치사상
에 대한 그의 비판도 돋보인다. 절판이 되었다고 하나 대학 도서관에서 충분
히 이용할 수 있다.

• 리처드 로티. 1998. 『철학 그리고 자연의 거울』. 박지수 옮김. 까치.
로티를 철학의 거목으로 우뚝 서게 한 걸작으로, 서구의 인식론적 전통을 통
렬히 비판하고 실용주의적인 반표상주의 인식론을 옹호하는 본격적인 철학
서이다. 진리에 대한 서구의 인식론적 입장을 외부 대상을 정확히 비춰내는
거울의 이미지로 그리고 있다. 다른 책들을 먼저 읽은 다음 도전해보기를 권
한다.

• 이유선. 2016. 『리처드 로티: 우연성 · 아이러니 · 연대성』. 커뮤니케이션북스.
반표상주의, 우연성, 아이러니스트, 교화적 철학, 연대, 공적인 것과 사적인 것,
포스트모더니스트 부르주아 자유주의 등 주요 개념들을 중심으로 로티의 철학
과 사상을 전반적으로 쉽게 소개했다는 장점이 있다. 입문자들이 읽기 좋다.

주석

1장 서론

1 독창적인 정치사상이 반드시 진보적이고 혁신적일 필요는 없다. 경우에 따라서는 먼 과거에서 해법을 찾을 수도 있기 때문이다.

2 김비환. 2016.『민주주의와 법의 지배: 현대 입헌민주주의의 스펙트럼』. 박영사, iii-iv.

3 Boucher, David and Kelly, Paul ed. 2003. *Political Thinkers: From Socrates to the Present*. Oxford: Oxford University Press, 507.

4 행태주의 혁명의 전개 과정에 대해서는 김비환. 2005.『포스트모던 시대의 정치와 문화』. 박영사, 제1장을 참조할 것.

5 정치철학의 보조적인 역할에 관해서는 Weldon, T. D. 1953. *The Vocabulary of Politics*. London: Penguin Books를, 그리고 사망 선고에 관해서는 Berlin, Isaiah. 1964. "Does Political Theory Still Exists?" in *Philosophy, Politics and Society*, second deries, edited by Peter Laslett and W. G. Runciman. Oxford: Oxford University Press, 1-33을 참조할 것.

6 예컨대 이 책의 2부에 포함된 월린의 저서 *Democracy Incorporated: Managed Democracy and the Specter of Inverted Democracy*(Princeton University Press, 2017)는 한 가지 좋은 예다.

7 Giddens, Anthony. 1994. *Beyond Left and Right*. Cambridge: Polity, chap 5.

8 정치적 자유주의의 기원은 18세기 후반기까지 거슬러 올라간다. 그 선각자들은 인간의 보편적 권리를 인정했고, 다양한 정치적 자유를 지지했으며, 국가와 교회의 분리를 강력히 주장했다. 하지만 정치적 자유주의는 19세기에 주류가 된 경제적 자

유주의 때문에 그늘에 가려졌다. 19세기 후반 이래 참정권에 대한 요구가 확산되고 국가가 사회적 불평등을 완화시킬 필요성이 부각되면서 정치적 자유주의는 재기의 기회를 맞았다. 이런 상황에서 양차 세계대전과 경제공황은 정치적 자유주의가 새롭게 출발할 수 있는 결정적인 계기가 되었다.

9 Kramer, Daniel C. 1972. *Participatory Democracy: Developing Ideas of the Political Left*. Cambridge, MA: Schenkman Publishing Company, 15.

10 신우익의 자유주의 사상에 대해서는 다음을 참조할 것. 김비환. 2005. 『자유지상주의자들, 자유주의자들 그리고 민주주주의자들』. 성균관대학교출판부, 1부 4장.

11 현대 자유주의의 다양한 스펙트럼에 대해서는 다음 책을 볼 것. 김비환. 2005. 『자유지상주의자들, 자유주의자들 그리고 민주의자들』. 성균관대학교출판부, 1부; Gray, John. 1986. *Liberalism*. Minneapolis: University of Minnesota Press, chap 6.

12 Mulhall, Stephen & Swift, Adam. 1992. *Liberals and Communitarians*. Oxford: Blackwell.

13 Kymlicka, Will. 1988. "Liberalism and Communitarianism." *Canadian Journal of Philosophy* 18. No. 2, 191.

14 Etzioni, Amitai (ed.). 1997. *The New Golden Rule: Community and Morality in a Democratic Society*. New York.

15 페미니즘에 대한 종합적인 개관으로는 다음을 참조할 것. James, Susan. "Feminisms." in *Twentieth-Century Political Thought*. edited by Terence Ball and Richard Bellamy. Cambridge: Cambridge University Press, 493-516; DeLue, Steven M. 2002. *Political Thinking, Political Theory, and Civil Society*, 2nd edition. Longman.

16 홀버그에 따르면 페미니즘에는 세 가지의 긴장이 존재한다. 첫째는 객관주의와 상대주의의 긴장이다. 만일 모순적일 수밖에 없는 많은 '여성적 관점들'이 있다는 것을 인정하면, 어느 것이 객관적인 입장인지를 결정할 수 있는 방법은 없다. 둘째는 페미니즘 이론가들이 지식의 기초로 강조하는 '경험'의 모호성이다. 모든 여성에게 동일한 경험은 없다. 하지만 이 긴장은 차이와 다양성에 주목하고 있는 최근의 이론에는 해당되지 않는 듯 보인다. 하지만 다양성과 차이를 강조할 경우 객관주의와 상대주의의 긴장이 다시 부각된다. 셋째는 철학적 과학적 개념들이 성 차별성을 반영하고 있다는 아이디어의 오류이다. 하지만 홀버그는 과학에 대한 페미니즘의 도전이 이전에 무시되어온 집단들과 문제들을 인식하도록 해주기 때문에 가치가 크다고 본다. Halberg, Margareta. "Feminist Epistemology: an Impossible Project." *Radical Philosophy* No. 53 Autumn, 3-6.

17 Dews, Peter. 2004. "Postmodernism: pathologies of modernity from Nietzsche to the post-structuralists." in *Twentieth Century Political Thought*. edited by Terence Ball and Richard Bellamy. Cambridge: Cambridge University Press, 343-67.

18 Harvey, David. 1992. "The Condition of Postmodernity." in *Modernity and Its Future*. edited by Stuart Hall, David Held and Tony McGrew. Polity, 260.

19 Harvey. "The Condition of Postmodernity." 261.

20 Harvey. "The Condition of Postmodernity." 263.

21 Harvey. "The Condition of Postmodernity." 263.

22 Dews. "Postmodernism: pathologies of modernity from Nietzsche to the post-structuralists." 357-60.

23 Harvey. "The Condition of Postmodernity." 359.

24 Dews. "Postmodernism: pathologies of modernity from Nietzsche to the post-structuralists." 364.

25 Dews. "Postmodernism: pathologies of modernity from Nietzsche to the post-structuralists." 264.

26 Beck, Ulrich and Giddens, Anthony and Lasch, Scott. 1994. *Reflexive Modernization*. Cambridge: Polity; Giddens, Anthony. 1994. *Beyond Left and Right*. Cambridge: Polity, 80-7; Beck, Ulrich. 1992. *Risk Society: Towards a New Modernity*. London: Sage Publications LTD, Part III.

27 자율성이라는 가치에 입각하여 다문화주의를 정당화한 킴리카의 자유주의적 다문화주의의 문제점에 관해서는 김비환의 『포스트모던 시대의 정치와 문화』 3징을 참고할 것.

28 Raz, Joseph. 1994. *Ethics in the Public Domain*. Oxford: Clarendon Press, 159.

29 공화주의 전통의 형성과 주요 개념에 대한 개관으로는 다음을 볼 것. Honohan, Iseult. 2002. *Civic Republicanism*. London: Routledge.

2장 니체

1 본 글은 글쓴이의 니체 정치철학에 대한 논문들을 바탕으로 재구성한 것임.

2 정동호. 『니체』, 317-365.

3 Nietzsche. 1888. N, 254-255.

니체 작품은 Nietzsche, Friedrich. 1988. Kritische Studienausgabe in 15 Bänden, G. Colli u. M. Montinari hrsg., München/Berlin/New York[KSA], 니체 작품의 약어는 다음과 같다. PZG 『그리스 비극 시대의 철학』, MAM 『인간적인 너무나 인간적인』, M 『아침놀』, GD 『우상의 황혼』, GM 『도덕의 계보』, Z 『차라투스트라는 이렇게 말했다』, FW 『즐거운 지식』, JGB 『선악을 넘어』, AC 『안티크리스트』, EH 『이 사람을 보라』, N 『니체 유고』.

4 Nietzsche. 1885. N, 563.

5 정동호. 『니체』, 335-336.

6 Nietzsche. JGB, 26.

7 Nietzsche. 1888. N, 259.

8 Nietzsche. 1885. N, 610-611.
   힘에의 의지에 대한 니체의 또 다른 설명으로는 다음과 같은 것이 있다.
   "모든 변화의 최종적 근저와 특성으로서 힘에의 의지."(Nietzsche. 1888. N, 303)
   "이 세계는 힘에의 의지이다. 너희들 자신 또한 힘에의 의지이다. 그밖에 다른 것은 없다."
   "세계의 정수로서 힘에의 의지."

9 최순영. 「힘에의 의지(Wille zur Macht)와 정치이론」, 267.

10 Nietzsche. PZG, 842.

11 최순영. 「힘에의 의지(Wille zur Macht)와 정치이론」, 273-274.

12 Dalberg-Acton. "Power tends to corrupt and absolute power corrupts absolutely."

13 Henning, Ottmann. 1987. *Philosophie und Politik bel Nietzsche,* Berlin/New York, 314, 320.

14 Henning, Ottmann, 314-319.

15 최순영. 「힘에의 의지(Wille zur Macht)와 정치이론」, 275-276.

16 Nietzsche. GM, 270.

17 Nietzsche. GM, 271, 374.

18 Nietzsche. GM, 273-274.

19 Nietzsche. 1885/86. N, 72-73.

20 Nietzsche. GM, 371.

21 Nietzsche. GS, 767.

22 Nietzsche. JGB, 205.

23 Nietzsche. 1888. N, 255-256.

24 이 강연집은 『니체, 평준화 교육에 반대하다』(부글북스, 2016)라는 제목으로 국내에 번역 출판되었다.

25 Arendt, Hannah. 1998. *The Human Condition*. University of Chicago Press, 244.

26 Nietzsche. GM, 291-294.

27 Nietzsche. GM, 295.

28 Nietzsche. GM, 291-292.

29 Nietzsche. GM, 292.

30 Nietzsche. GM, 295.

31 Nietzsche. GM, 295, 297.

32 Nietzsche. JGB, 166.

33 Nietzsche. FW, 382.

34 Nietzsche. GM, 293.

35 Arendt. *The Human Condition*, 245.
독일의 니체 전문가 게르하르트 교수는 그의 저서에서 니체를 '인간실존의 사회성 (Gesellschaftlichkeit)에 대한 이론가'로 파악하고 있다. Gerhardt. "Das Thier, das versprechen darf." Mensch, Gesellscahft und Politik bei Nietzsche, 134, 144.

36 Nietzsche. GM, 384.

37 Nietzsche. 1888. N, 255-256.

38 Nietzsche. 1888. N, 264-265.

39 니체는 데카당스 개념을 일곱 가지로 분류하고 있다. Nietzsche. 1888. N, 264-265.

40 Nietzsche. 1887. N, 350-351.

41 Nietzsche. 1887. N, 366.

42 자유의 두 가지 개념; 소극적, 적극적 자유에 대해서는 다음을 참조할 것. 이사야 벌린. 2014. 「자유의 두 개념」. 『이사야 벌린의 자유론』. 박동천 옮김. 아카넷, 339-422.

43 에리히 프롬. 1993. 『자유에서의 도피』. 이상두 옮김. 범우사, 61.

44 Nietzsche. Z, 128-130.
존 스튜어트 밀 또한 현대사회의 획일화 경향에 내해서 깊은 우려를 표명하고 있다. "토크빌은 그가 마지막 쓴 저술에서 오늘날의 프랑스 사람들이 불과 한 세대 이전보다 서로 얼마나 닮아가고 있는지 분석했다. … 대중들도 나름대로 의지를 가져야한다는 적극적인 생각이 확산되면서 정치 일선에 있는 사람들의 머릿속에는 대중의 의지에 맞선다는 생각이 점점 더 사라지고 있다. 그 결과 통념을 뛰어넘으려는시도에 대해서는 그 어떤 사회적 후원도 보이지 않는다. 다시 말해, 대중이 수로 밀

어붙이는 것에 대항하면서 대중과 다른 자신만의 생각이나 경향을 지키려는 강력한 사회 세력이 아예 존재하지 않게 된 것이다. 이런 모든 이유들이 서로 합쳐져서 개별성에 대해 대단히 적대적인 환경이 만들어지고 있다. 따라서 개별성을 어떻게 보존할 수 있을지 막막하기만 하다. … 우리 삶이 획일적인 하나의 형태로 거의 굳어진 뒤에야 그것을 뒤집으려 하면, 그때는 불경(不敬)이나, 비도적이니, 심지어 자연에 반하는 괴물과도 같다는 등 온갖 비난과 공격을 감수해야 한다. 사람들은 잠시만 다양성과 벽을 쌓고 살아도 순식간에 그 중요성을 잊어버리게 되기 때문이다.”
존 스튜어트 밀. 2010. 『자유론』. 서병훈 옮김. 책세상, 137-139.

45 에드먼드 버크. 2017. 『프랑스혁명에 관한 성찰』. 이태숙 옮김. 한길사.

46 Nietzsche. GD, 141.

47 Nietzsche. JGB, 59-60.

48 Nietzsche. M, 160.

49 Nietzsche. GM, 294.

50 최순영. 2004. 「맑스 對 니체 그리고 포스트모더니즘」. 『한국정치연구』 제13집 1호. 한국정치연구소, 287-312 참조.

51 Nietzsche. 1886/87. N, 280.

52 최순영. 2010. 「니체의 귀족적 개인주의」, 『니체연구』 제18집. 한국니체학회 참조.

53 Nietzsche. 1888. N, 470.

54 Nietzsche. Z, 17.

55 Nietzsche. 1885/86. N, 96-97.

56 Nietzsche. 1888. N, 470.

57 Nietzsche. JGB, 60.

58 Nietzsche. AC, 172-173.

59 Nietzsche. Z, 77. ‘동정심을 조심하라: 그것은 타자의 궁핍으로 우리를 설득한다.’ Nietzsche. 1887/88. N, 39.

60 샹탈 무페. 2007. 『정치적인 것의 귀환』. 이보경 옮김. 후마니타스 참조.

61 Nietzsche. Z, 101.

3장 슈미트

1 윤비는 개요와 머리말 및 『정치신학』 부분, 표광민은 『대지의 노모스』, 홍철기는 『정치적인 것의 개념』 파트를 집필하였으며, 전체의 얼개와 내용을 함께 토의하였

음을 밝힌다. 슈미트 연구의 현재적 의의와 전망에 대해서는 각자 관련된 부분을
집필하고 함께 토의하였다.

2   Schmitt, Carl. 2015(초판 1922). *Politische Theologie. Vier Kapitel zur Lehre von
     der Souveränität*, 10. ed. Berlin: Duncker & Humblot, 13.

3   Schmitt. *Politische Theologie*, 14.

4   Schmitt. *Politische Theologie*, 13.

5   Schmitt. *Politische Theologie*, 16.

6   Schmitt. *Politische Theologie*, 21.

7   Schmitt. *Politische Theologie*, 68.

8   Schmitt. *Politische Theologie*, 43.

9   Schmitt, Carl. 2015(초판 1932). *Der Begriff des Politischen*. 9. ed. Berlin: Duncker &
     Humblot, 25.

10   Schmitt, Carl. 1927. "Der Begriff des Politischen." *Archiv für Sozialwissenschaft
     und Sozialpolitik* 58, 1-33.

11   Schmitt, Carl. 1932. *Der Begriff des Politischen. Mit einer Rede über das
     Zeitalter der Neutralisierungen und Entpolitisierungen neu herausgeben von
     Carl Schmitt*. Müchen und Leipzig: Duncker & Humblot.

12   Schmitt, Carl. 1933. *Der Begriff des Politischen*. Hamburg: Hanseatische
     Verlaganstalt.

13   Schmitt, Carl. 1963. *Der Begriff des Politischen. Text von 1932 mit einem
     Vorwort und drei Corollarien*. Berlin: Duncker & Humblot.

14   Maschke, Günter. "Anmerkungne des Herausgabers." in Schmitt, Carl.
     2005. "Der Begriff des Politischen." *Frieden oder Pazifismus? Arbeiten zum
     Völkerrecht und zur internationalen Politik. 1924-1978*. Herausgeben,
     mit einem Vorwort und mit Anmerkungen versehen von Günter Maschke,
     Berlin: Duncker & Humblot, 219; Schmitt, Carl. "Die Rheinlande als Objekt
     internationaler Politik." 26-50.

15   Schmitt. *Begriff des Politischen*. 9. ed., 43, 45.

16   Schmitt. *Begriff des Politischen*. 9, 50.

17   Schmitt. *Begriff des Politischen*. 9, 37.

18   Schmitt. *Begriff des Politischen*. 9, 19.

19   Jellinek, Georg. 1913. *Allgemeine Staatslehre*. 3. Aufl. Berlin: O. Häring, 180;
     Schönberger, Christoph. ""Staatlich und Politisch"(20-26) Der Begriff des

Staates in Carl Schmitts *Begriff des Politischen*." in Schmitt, Carl. 2003. *Der Begriff des Politischen. Ein koorperativer Kommentar.* Herausgeben von Reinhard Mehring. Berlin: Akademie Verlag, 21-44.

20 Schmitt, Carl. 2017(초판 1928). *Verfassungslehre*. Berlin: Duncker & Humblot, 223-238.

21 Schmitt, Carl. 2016(초판 1923). "Vorbemerkung (über den Gegensatz von Parlamentrismus und Demokratie)"(1926), Die geistesgeschichtliche Lage des heutigen Parlamentarismus. 10. ed. Berlin: Duncker & Humblot, 15.

22 Heller, Hermann. 1992 "Politische Demokratie und Soziale Homogenität."(1928) in *Gesammelte Schriften*, II: *Recht, Staat, Macht*. Herausgeben von Christoph Müller. Tübingen: Mohr, 421-33.

23 송석윤. 2002. 『위기시대의 헌법학: 바이마르 헌법학이 본 정당과 단체』. 서울: 정우사, 300-306.

24 Schmitt, Carl. 2016(초판 1931). *Der Hüter der Verfassung*. 5. ed. Berlin: Duncker & Humblot, 87-89. 당시에 슈미트는 '전체주의' 대신에 '전체국가'(totaler Staat)라는 말을 썼다(Schmitt. *Der Hüter der Verfassung*. 5, 79; Schmitt. Begriff des Politicshen, 23).

25 Schmitt. Begriff des Politicshen, 51-59.

26 Schmitt. Begriff des Politicshen, 71-77.

27 Kelsen, Hans. 1920. *Vom Wesen und Wert der Demokratie*. Tübingen: Mohr.

28 Schmitt. *Der Begriff des Politischen*, 93-105.

29 Schmitt, Carl. 1933. "Der Neubau des Staats- und Verwaltungsrechts." *Deutscher Juristentag. 1933: 4. Reichstagung des Bundes Nationalsozialistischer Deutscher Juristen e.V.*, edited by R. Schraut. Berlin: Deutsche Rechts- u. Wirtschafts-Wiss. Verl.-Ges, 252.

30 Schmitt, Carl. 1995. "Völkerrechtliche Großraumordnung mit Interventionsverbot für raumfremde Mächte." *Staat, Großraum, Nomos: Arbeiten aus den Jahren 1916-1969*. Berlin: Duncker & Humblot, 269-371.

31 Schmitt, Carl. 1950. *Der Nomos der Erde: im Völkerrecht des Jus Publicum Europaeum*. Köln: Greven, 44.

32 Schmitt, Carl. 1942. *Land und Meer*. Leipzig: Reclam, 3, 49-51.

33 Schmitt. *Der Nomos der Erde*, 17.

34 Schmitt. "Der neue Nomos der Erde." *Staat, Großraum, Nomos*, 518-522; Schmitt.

"Nomos – Nahme – Name." *Staat, Großraum, Nomos*, 573-591.

35 Schmitt. *Der Nomos der Erde*, 27.

36 Schmitt. *Der Nomos der Erde*, 112.

37 Schmitt, Carl. 1932. *Der Begriff des Politischen: mit einer Rede über das Zeitalter der Neutralisierungen und Entpolitisierungen*. München: Duncker & Humblot, 14-18

38 Schmitt. *Der Nomos der Erde*, 160-162.

39 Schmitt. *Der Nomos der Erde*, 232-255.

40 Schmitt, Carl. 1994. "Der Begriff des Politischen." *Positionen und Begriffe: im Kampf mit Weimar-Genf-Versailles; 1923-1939*. Berlin: Duncker & Humblot, 81-82.

41 "Völkerrechtliche Großraumordnung mit Interventionsverbot für raumfremde Mächte"; Schmitt. "Raum und Großraum im Völkerrecht." *Staat, Großraum, Nomos*.

42 Koskenniemi, Martti. 2004. "International Law as Political Theology: How to Read Nomos der Erde?" *Constellations* 11(4), 492-511; Chandler, David. 2008. "The Revival of Carl Schmitt in International Relations: the Last Refuge of Critical Theorists?" *Millennium-Journal of International Studies* 37(1), 27-48.

43 Blanco, John D. 2009. "Subjects of Baroque Economy: Creole and pirate epistemologies of mercantilism in the 17th century Spanish and Dutch (East) Indies." *Encounters* 1, 47.

44 Rasch, William. 2005. "Introduction: Carl Schmitt and the new World order." *The South Atlantic Quarterly* 104(2), 181.

4장 그람시

1 이 글은 저자의 졸저 『그람시의 군주론』 2장(pp. 37-58)을 기본으로 하여 책의 성격에 맞게 그람시 사상을 간략하게 징리하여 덧붙여 완성하였다. 특히 두 번째 장인 "정치사상의 기반과 배경", 세 번째 장인 "전기 그람시 저술과 정치사상의 주요 내용", 그리고 네 번째 장인 "『옥중수고』와 그람시 정치사상의 현대적 해석"은 많은 부분에서 직접 인용하고 있다.

2 아마데오 보르디가는 이탈리아공산당 창당의 주역으로 이탈리아공산당의 사상적 지도자의 한 사람이었다. 제2차 세계대전 종전 이후에도 소련과의 관계 개선과 후

기 마르크시즘을 이탈리아에서 전파하는 데 노력한 정치가였다.

3 Antonio, Gramsci. 1972. *L'Ordine Nuovo 1919-1920*. Einaudi: Torino, 318-9.

4 마키아벨리에 대한 평가는 상반된 두 가지가 공존한다. 근대 정치학의 아버지라는 평가를 들을 만큼 정치학을 관념론 수준에서 현실정치로 전환시킨 공로가 있다는 평가와 정치를 회화화시켰고, 정치학 이론의 일관성을 잃어버림으로써 정치학을 혼란스러운 학문으로 만들었다는 평가이다. 두 가지 이상을 대표하는 저서가 『군주론』과 『로마사 논고』인데, 실제로는 마키아벨리가 꿈꾸었던 국가와 정치를 이해하기 위해서는 『전쟁론』까지를 이해해야 하며, 당시 이탈리아 상황에 대한 이해가 필수적이다.

5 Gramsci. 1975. 노트 13권, 제1항.

6 Gramsci. 노트 13권, 제1항.

7 Gramsci. 노트 13권, 1051-2.

5장 스트라우스

1 이에 대해서는 "저술의 기술"을 다루는 절에서 보다 자세히 다루겠지만, 간단히 언급하자면, 비전주의란 고전 시대의 저술가들, 특히 정치철학자는 저술로 인한 정치적 핍박을 염려하여, 자신의 의도와 메시지를 일부 계층에게만 비밀스럽게 전달하는 방식을 의미한다.

2 Pangle, Thomas L. 2006. *Leo Strauss: An Introduction to his Thought and Intellectual Legacy*. Baltimore, MD: Johns Hopkins University Press, 2-4.

3 Strauss. *Liberalism Ancient and Modern*, 24.

4 Strauss. *City and Man*, 3-5.

5 Strauss. *Natural Right and History*, 4-6.

6 Strauss. *Natural Right and History*, 3.

7 Strauss. *Natural Right and History*, 19.

8 이런 맥락에서 스트라우스는 결코 역사연구를 배척하지 않는다. 다만 스트라우스의 역사연구는 역사주의가 어떻게 태동했는지를 살펴보는 비(非)역사주의적 역사연구를 의미한다. Strauss. *Natural Right and History*, 33.

9 Strauss. *Natural Right and History*, 10.

10 Strauss. *Natural Right and History*, 14-16.

11 Strauss. *Natural Right and History*, 35-80.

12 Strauss. *What is Political Philosophy*, 13-14.

13 Strauss. *What is Political Philosophy*, 41-47.

14 Strauss. *What is Political Philosophy*, 48-50.

15 Strauss, Leo. 1989. "The Three Waves of Modernity." in *An Introduction to Political Philosophy Ten Essays by Leo Strauss*. ed. Hilail Gildin. Detroit: Wayne State University Press, 89-94.

16 Strauss. "The Three Waves of Modernity." 95.

17 Strauss. *What is Political Philosophy*, 79-80.

18 Strauss. *What is Political Philosophy*, 81-85.

19 Strauss. *What is Political Philosophy*, 91-92.

20 Strauss. *City and Man*, 125.

21 Strauss. *City and Man*, 127.

22 Strauss. *City and Man*, 52-55.

23 이러한 해석과 달리 최근 멜저는 서양철학사에서 비전주의가 저술의 기술로서 지속적으로 사용되어왔다고 주장한다. Melzer, Arthur M. 2014. *Philosophy between the Lines: the Lost History of Esoteric Writing*. Chicago: University of Chicago Press.

24 Strauss. *Persecution and Art of Writing*, 12-17.

25 Strauss. *Persecution and Art of Writing*, 35.

26 Strauss. *City and Man*, 1.

27 Strauss. *What is Political Philosophy*, 93-94.

28 Strauss. *Liberalism Ancient and Modern*, 224.

29 Strauss. *Persecution and Art of Writing*, 95-98

30 Meier, Heinrich. 2006. *Leo Strauss and Theologico-Politico Problem*. Cambridge: Cambridge University Press, 141-167.

31 Meier. *Leo Strauss and Theologico-Politico Problem*, 150-155.

32 Strauss. *Rebirth of Classical Political Rationalism*, 245-246.

33 Strauss. *Rebirth of Classical Political Rationalism*, 248-250.

34 Meier. *Leo Strauss and Theologico-Politico Problem*, 145-148.

35 Strauss. *Rebirth of Classical Political Rationalism*, 266-269.

36 Strauss. *Rebirth of Classical Political Rationalism*, 270.

37 Strauss. *Rebirth of Classical Political Rationalism*, 245-260.

6장 하이에크

1 1989년 사회주의체제가 무너질 때, 하이에크는 독일 프라이부르크 대학병원의 병상에 누워 있었다. 그의 아들이 베를린 장벽이 무너지는 장면을 보고 소리를 지르니까 그가 한마디 했다. "거 봐, 내가 뭐랬어!"(프리드리히 A. 하이에크. 2018. 민경국 "해제."『법, 입법 그리고 자유』. 민경국·서병훈·박종운 옮김. 자유기업원, 771 참조.)

2 민경국, 16.

3 프리드리히 A. 하이에크. 1997.『법, 입법 그리고 자유 III: 자유사회의 정치질서』. 서병훈 옮김. 자유기업원, 33.

4 하이에크.『법, 입법 그리고 자유』, 20-21.

5 민경국, 16.

6 포퍼는 인간 이성의 한계에 대한 철저한 자각을 바탕으로 '열린사회' 개념을 구체화했다. 이에 대해서는 다음을 참조할 것. 엄정식. 1995. "포퍼와 그의 비판철학."『철학과 현실』 24. 철학과현실사; 이한구. 1995. "열린사회의 철학."『철학과 현실』 24. 철학과현실사.

7 하이에크.『법, 입법 그리고 자유』, 35.

8 하이에크.『법, 입법 그리고 자유 III: 자유사회의 정치질서』, 286.

9 하이에크.『법, 입법 그리고 자유 III: 자유사회의 정치질서』, 235-36.

10 하이에크.『법, 입법 그리고 자유』, 36.

11 하이에크.『법, 입법 그리고 자유 III: 자유사회의 정치질서』, 240.

12 하이에크는 '이성 만능 시대'를 연 대표적 인물로 카를 마르크스를 꼽는다. 그런데 그는 현대인들을 미신에 얽매이게 한 원인 제공자로 마르크스 못지않게 프로이트도 책임이 크다고 보았다. 마르크스가 인간 이성을 내세워 시장을 없애고 계획경제를 달성할 수 있는 것처럼 믿게 했다면, 프로이트는 그와는 정반대로 본능에다 모든 것을 환원하는 또 하나의 극단론을 펼친 인물이라는 것이다(Hayek 1997, 286).

13 하이에크.『법, 입법 그리고 자유 III: 자유사회의 정치질서』, 242.

14 하이에크는 사회주의가 전체주의로 흘러갈 수밖에 없다고 확신했다. 그는 사회주의에 대한 증오가 지나친 나머지, '어떤 구실로도 그런 전체주의적 집단이 권력을 장악하지 못하게' 아예 헌법상으로 제한조치를 명문화할 수 있기를 희망했다(Hayek 1997, 241).

15 트럼프의 '전횡'과 포퓰리즘 현상의 확산에 위기감을 느낀 나머지 스티븐 레비츠키와 대니얼 지블랫의『어떻게 민주주의는 무너지는가』(어크로스, 2018), 야스차 뭉

크의 『위험한 민주주의』(와이즈베리, 2018), 데이비드 런시먼의 *How Democracy Ends*(2018) 같은 책들이 쏟아져 나오고 있다. "민주주의 사상사는 민주주의가 실패하리라는 전망으로 가득하다"고 말하는 데이비드 런시먼의 『자만의 덫에 빠진 민주주의』(후마니타스, 2018)도 참조.

16 하이에크는 슘페터(Joseph Schumpeter)가 오래전에 *Capitalism, Socialism and Democracy*(1942)에서 했던 말을 가슴 아프게 받아들인다. 슘페터는 자유시장 메커니즘에 입각한 체제가 최선이지만 성공 가능성은 별로 크지 않다고 보았다. 사람들의 지지가 굳건하지 못하기 때문이다. 반면 그는 지키지도 못할 약속을 내건 사회주의는 대중의 인기가 높을 것이라고 예견했다(하이에크. 『법, 입법 그리고 자유 III: 자유사회의 정치질서』, 19, 24 참조).

17 하이에크. 『법, 입법 그리고 자유 III: 자유사회의 정치질서』, 210-11. 이 부분은 포퍼의 부정적 공리주의(negative utilitarianism) 개념을 그대로 따온 듯하다. 포퍼는 무엇이 우리를 행복하게 만드는지 확실히 알 수 없는 상황에서는 고통을 줄이는 것이 긴급과제가 되어야 한다고 주장했다. 전통적 공리주의가 최대 다수의 최대 행복을 추구했다면, 모든 사람에게 당면한 고통의 양을 최소화하는 것이 보다 현실적인 처방이 된다는 것이다(이한구. "열린사회의 철학", 92-94 참조).

18 나아가 그는 민주주의가 정치적 문제를 해결하는 절차이기 때문에 비정부적 조직체(교육, 의료, 군대, 상업기관 등)에는 적용되지 않는 것이 옳다고 강조한다.

19 하이에크. 『법, 입법 그리고 자유 III: 자유사회의 정치질서』, 25-26, 164. 그에 앞서 포퍼가 이미 *Open Society*에서 같은 말을 한 바 있다. 포퍼는 민주주의를 "총선거와 같은 방법을 통해 피 흘리지 않고 정부를 바꿀 수 있는 방법, 달리 말하면 피치자에 의해 치자가 교체될 수 있는 방법을 제공하는 사회적 제도"라고 규정했다(Popper 1963, vol. 1, 124; 하이에크. 『법, 입법 그리고 자유 III: 자유사회의 정치질서』, 208). '정기적 선거, 비교적 자유로운 언론, 개방적 경쟁을 통해 집권 보장'이라는 측면에서 민주주의를 규정하는 런시먼의 『자만의 덫에 빠진 민주주의』, 24도 참조.

20 하이에크. 『법, 입법 그리고 자유 III: 자유사회의 정치질서』, 215.

21 다음과 같은 토크빌의 날 선 경고를 참조하라. "인간이 스스로 타락하는 것을 막는 유일한 방법은 어느 누구에게도 무제한 권력을 주지 않는 것이다. 무제한 권력은 인간을 타락시키는 아주 확실한 방법이다."(Tocqueville, 421)

22 하이에크. 『법, 입법 그리고 자유 III: 자유사회의 정치질서』, 28, 73.

23 하이에크 기준에 '자의적'이란 일반적 규칙에 의해 통제되지 않는 상태를 지칭한다. 그는 자의적 권력은 특수의지에 따라 결정되는 것이기 때문에 다수 의지를 제

대로 담을 수 없다고 주장한다(하이에크.『법, 입법 그리고 자유 III: 자유사회의 정치질서』, 29-30).

24 하이에크.『법, 입법 그리고 자유』, 29, 74.

25 하이에크.『법, 입법 그리고 자유 III: 자유사회의 정치질서』, 69-70.

26 하이에크.『법, 입법 그리고 자유 III: 자유사회의 정치질서』, 20-21.

27 하이에크.『법, 입법 그리고 자유 III: 자유사회의 정치질서』, 21, 33-4, 216.

28 하이에크.『법, 입법 그리고 자유 III: 자유사회의 정치질서』, 165.

29 하이에크.『법, 입법 그리고 자유 III: 자유사회의 정치질서』, 26.

30 하이에크.『법, 입법 그리고 자유 III: 자유사회의 정치질서』, 58.

31 하이에크.『법, 입법 그리고 자유』, 28, 31.

32 하이에크.『법, 입법 그리고 자유 III: 자유사회의 정치질서』, 55-6, 62-3.

33 하이에크.『법, 입법 그리고 자유 III: 자유사회의 정치질서』, 64-5.

34 영국에서 '법률은 법조인의 몫이다. 의회는 법률에 쓸 시간이 없고, 흥미도 없다'는 웃지 못할 말이 나오게 된 것도 이런 사정 때문이다(하이에크.『법, 입법 그리고 자유 III: 자유사회의 정치질서』, 63).

35 하이에크.『법, 입법 그리고 자유 III: 자유사회의 정치질서』, 63.

36 하이에크.『법, 입법 그리고 자유 III: 자유사회의 정치질서』, 22-3.

37 '입법부의 전제'를 염려하는 하이에크는 다음과 같은 경고를 무심히 넘기지 못한다. "법의 지배가 입법부의 지배로 변질되면 … 인류 역사상 유례가 없을 정도로 법의 지배라는 이름 아래 개인에 대한 억압 일어날 수 있다."(하이에크.『법, 입법 그리고 자유 III: 자유사회의 정치질서』, 60)

38 하이에크.『법, 입법 그리고 자유』, 32.

39 하이에크.『법, 입법 그리고 자유 III: 자유사회의 정치질서』, 23-4.

40 하이에크.『법, 입법 그리고 자유 III: 자유사회의 정치질서』, 69.

41 하이에크.『법, 입법 그리고 자유 III: 자유사회의 정치질서』, 77-8.

42 하이에크.『법, 입법 그리고 자유 III: 자유사회의 정치질서』, 78-80. 로버트 달이 고전적 의미의 민주주의 대신 정기적인 선거를 통해 엘리트들 사이에 공정한 경쟁이 벌어질 수 있는 정치체제를 polyarchy라고 새로 이름 지은 것 참조. Dahl, Robert. 1971. *Polyarchy*. Yale University Press.

43 하이에크.『법, 입법 그리고 자유』, 36.

44 하이에크.『법, 입법 그리고 자유 III: 자유사회의 정치질서』, 208-9.

45 하이에크.『법, 입법 그리고 자유 III: 자유사회의 정치질서』, 172.

46 하이에크.『법, 입법 그리고 자유 III: 자유사회의 정치질서』, 190-2.

47 뭉크.『위험한 민주주의』, 27.

48 런시먼.『자만의 덫에 빠진 민주주의』, 364-5, 405.

49 상호 관용(mutual toleration)과 제도적 자제(forbearance)라는 절차적 기반, 즉 규범이 힘을 발휘하지 못하면 미국 민주주의는 작동을 멈춘다고 한 스티븐 레비츠키와 대니얼 지블랫의『어떻게 민주주의는 무너지는가』, 15, 268-69 참조.

50 런시먼.『자만의 덫에 빠진 민주주의』, 32-3.

51 하이에크.『법, 입법 그리고 자유』, 29, 74.

52 Acton, Lord. 1907. *History of Freedom*. London, 12, recit; 하이에크.『법, 입법 그리고 자유 III: 자유사회의 정치질서』, 19-20. 하이에크는 이 측면에서 아리스토텔레스의『정치학』도 주의 깊게 읽고 있다. 아리스토텔레스는 민주정의 여러 유형을 설명하는 가운데, '다수가 집단적으로 주권을 행사하고 … 법이 주권의 위치에 서 있지 못한' 최악의 민주정은 참주정으로 타락하기 십상이라고 했다(아리스토텔레스. 2009.『정치학』, 천병희 옮김. 숲, 212; 하이에크.『법, 입법 그리고 자유 III: 자유사회의 정치질서』, 20). 같은 맥락에서 '너무 민주적인 헌정체제 안에서는 헌법의 존재가 더 이상 존중되지 않는다.'(Sartori, Giovanni. 1965. *Democratic Theory*. NY, 312)

53 "민주주의와 정치적 자유주의의 접합을 통해서만 인민 주권의 논리가 독재로 전락하는 것을 피할 수 있다"고 하는 샹탈 무페. 2007.『정치적인 것의 귀환』. 이보경 옮김. 서울 : 후마니타스, 167 참조.

54 최근 폴란드의 정치 상황을 반자유적 민주주의, 유럽연합을 비민주적 자유주의의 전형적 사례로 간주하는 뭉크의『위험한 민주주의』, 13, 24, 32 참조.

55 아테네 민주주의가 노골적으로 반자유주의를 선동했다면서, 민회가 정치인들을 도편추방하고 비판적 철학자를 처형하며 정치적 연설에서 악보까지 검열의 칼날을 휘두른 사실을 적시하는 뭉크의『위험한 민주주의』, 23도 참조.

56 정치적 의견이 극명하게 엇갈리는 한국 사회이지만 정치인들을 비웃고 공격하는 데는 의견이 일치한다. 정치개혁을 위해 제시되는 방안 중 첫머리를 장식하는 것이 의원 정수를 축소하고 세비를 깎자는 주장만 봐도 그렇다. 그러나 이 대목에서도 발상의 전환이 필요하다. 오히려 의회의 규모를 키우는 것이 의원들의 일탈 행위를 막는 보다 효과적인 방법이고, 그들이 일을 더 열심히 하도록 세비를 올리는 것이 필요하다는 주장에 대해서는 뭉크의『위험한 민주주의』, 311-12 참조.

57 정치인을 비롯하여 장차 사회를 이끌고 갈 지도자들을 다양한 방법으로 교육시키는 것도 그런 고민 중의 하나가 될 수 있을 것이다. '국민의 기본권 침해'라는 족쇄가 무섭기는 하지만 선출직 공직 후보자들이 사전에 일정 기간 '정치 교육'을 이수

하게 하는 것은 어떨까.

58 뭉크. 『위험한 민주주의』. 313

7장 오크숏

1 Franco, Paul. 1990. *The Political Philosophy of Michael Oakeshott*. New Haven: Yale University Press.

2 오크숏의 철학과 사상 전반에 관한 연구 성과들에 관해서는 김비환의 『오크숏의 철학과 정치사상』(한길사, 2014) I장을 볼 것.

3 Boucher, David. 2003. "Oakeshott." *Political Thinkers: From Socrates to the Present*, edited by David. Boucher. Oxford University Press, 462.

4 오크숏은 특히 「정치에서의 합리주의」(1947), 「바벨탑 1」(1948), 그리고 「정치교육」(1951)에서 정치합리주의를 집중적으로 분석 · 비판한다.

5 Oakeshott, Michael. 1991. *Rationalism in Politics and Other Essays*. Indianapolis: Liberty Fund Press, 11-7.

6 Oakeshott. *Rationalism in Politics and Other Essays*, 56.

7 Oakeshott. *Rationalism in Politics and Other Essays*, 60.

8 Oakeshott. *Rationalism in Politics and Other Essays*, 61-2.

9 Oakeshott, Michael. 1975. *On Human Conduct*. Oxford University Press, 128-33.

10 Oakeshott. *On Human Conduct*, 133.

11 Oakeshott. *On Human Conduct*, 138.

12 Oakeshott. *On Human Conduct*, 138-9.

13 Oakeshott. *On Human Conduct*, 163.

14 Abel, Corey ed. 2010. *The Meanings of Michael Oakeshott's Conservatism*. Exter: Imprint Academic.

15 Oakeshott. *Rationalism in Politics and Other Essays*, 407-37.

16 Oakeshott. *On Human Conduct*, 166.

8장 아렌트

1   Arendt, Hannah. 1951. *The Origins of Totalitarianism*, viii; 한나 아렌트. 2008. 『전체주의의 기원 I』. 박미애 · 이진우 옮김. 한길사.

2   이 논쟁에 대해서는 Voegelin, Eric and Arendt, Hannah. 2006. "Review of The Origins of Totalitarianism and Arendt's Reply." in Garrath Williams (ed.) *Hannah Arendt: Critical Assessments of Leading Political Philosophers I.* London: Routledge 참조.

3   이 내용은 『전체주의의 기원』 수정본에 추가된 「이데올로기와 테러」에서 자세히 설명된다.

4   Arendt. *The Origins of Totalitarianism*, 438, 441, 443, 459; 『전체주의의 기원 II』, 219, 223, 227, 251 참조.

5   Arendt. *The Origins of Totalitarianism*, 323; 아렌트의 『전체주의의 기원 II』, 43 과 『예루살렘의 아이히만』(한길사, 2006)에서는 악의 평범성을 논하지만, 여기서 의 악 개념과 모순된다고 볼 수는 없다.

6   Arendt. *The Human Condition*, 33.

7   김비환. 2001. 『축복과 저주의 정치사상: 20세기와 한나 아렌트』. 한길사, 182 참조. 이 책은 아렌트 사상을 전반적으로 다루고 있는, 우리나라에서 출간된 최초의 아렌 트 연구서이다.

8   Arendt. *On Revolution*, 2; 아렌트. 『혁명론』, 74.

9   Arendt. *On Revolution*. 23; 아렌트. 『혁명론』, 98.

10 한나 아렌트. 2011. 「정치와 혁명에 대한 소고: 하나의 주석」. 『공화국의 위기』. 한길 사, 306-307.

11 아렌트. 「시민불복종」. 『공화국의 위기』, 103-107.

12 Arendt. On Revolution, 175; 아렌트. 『혁명론』, 287.

13 아렌트. 「폭력론」, 『공화국의 위기』, 207.

9장 벌린

1   마이클 이그나티에프. 2012. 『이사야 벌린』. 이화여대통역번역연구소 옮김. 아산정 책연구원, 396.

2   이그나티에프. 『이사야 벌린』, 59-67.

3   이그나티에프. 『이사야 벌린』, 287-288.

4   벌린은 이 문장을 인용하여 『이사야 벌린의 자유론』, 「서문」의 제사(題辭)로 달았다.

5   이 작품은 원래 *Oxford Slavonic Papers*(2호, 1951)에 게재된 글로, 원제는 「톨스토이의 역사적 회의주의」("Lev Tolstoy's Historical Scepticism")였다.

6   예컨대 이사야 벌린. 2014. 「20세기의 정치사상」. 『이사야 벌린의 자유론』. 박동천 옮김. 아카넷, 220 등.

7   벌린 자신의 기록이 그렇다. 이그나티에프. 『이사야 벌린』, 227-228.

8   Berlin, Isaiah. 1998.05.14. "My Intellectual Path." *New York Review of Books*, 53-60.

9   이사야 벌린. 2005. 『낭만주의의 뿌리』. 강유원 옮김. 이제이북스.

10   Cherniss, Joshua. 2013. *A Mind and Its Time*. Oxford University Press, 6.

11   Strauss, Leo. 1961. "Relativism." Helmut Schoeck and James W. Wiggins eds. *Relativism and the Study of Man*. Princeton, 6140.

12   이런 의미에서 벌린은 상대주의와 결정론을 하나의 쌍으로 다루며 비판한다. 「역사적 불가피성」, 326 ff.

13   "My Intellectual Path."

14   Berlin, Isaiah. 1979. "The Originality of Machiavelli." *Against the Current*, Ed. by Henry Hardy. London: Hogarth Press, 25-79. 벌린은 1962년에 예일 대학교에서 정치사상의 세 가지 전환점에 관해 강연했다(Storrs Lectures). 3부로 이뤄진 이 강연은 그리스 개인주의(에피쿠로스), 마키아벨리, 그리고 낭만주의로 구성되었다. 이 논문은 이 강연 2부의 원고였다.

15   "My Intellectual Path."

16   벌린. 『이사야 벌린의 자유론』, 93, 542.

17   벌린. 「자유의 두 개념」. 『이사야 벌린의 자유론』, 420.

18   벌린. 「20세기의 정치사상」. 『이사야 벌린의 자유론』, 204.

19   Talmon, Jacob. 1952. *The Origins of Totalitarian Democracy*. London: Secker & Warbuck.

20   벌린. 「서문」. 『이사야 벌린의 자유론』, 132.

21   벌린. 「서문」. 『이사야 벌린의 자유론』, 133.

22   이그나티에프. 『이사야 벌린』, 334. 번역본은 "liberal"을 "진보적"으로 옮겼으나, 여기서는 "자유주의적"으로 바꿔 번역한다.

23   「20세기의 정치사상」은 1950년 *Foreign Affairs*에 실렸고, 「역사적 불가피성」은 오귀스트 콩트 기념 재단이 런던정치경제학교에서 1953년에 개최한 강연의 원고

로 1954년에 모노그래프로 출판되었다. 1969년에 *Four Essays on Liberty*로 묶여서 나오기 전부터 널리 읽히고 논의되던 작품들이다.

24 Popper, Karl. 1945. *Open Society and its Enemies.*(Routledge and Kegan Paul). 칼 포퍼. 1982. 『열린사회와 그 적들』. 이한구 · 이명현 옮김. 민음사.

25 "Democracy, Communism and Individual", 미출간 강연. 벌린이 작성한 강연 요지는 Isaiah Berlin Virtual Library에서 찾아볼 수 있다.

26 이그나티에프. 『이사야 벌린』, 325.

27 Berlin, Isaiah. 1949.07.08. "Attitude on Marxism Stated." *New York Times*, 18.

28 Cherniss, *A Mind and its Time*, 79.

29 Berlin, Isaiah. 1950.01.25. "A Sense of Reality about Russia." *New York Review of Books*.

30 Cherniss, *A Mind and its Time*, 80.

31 Carr, E. H. 1961. *What is History?* London: Macmillan.

32 Herder, J. G. 1969. *J. G. Herder on Social and Political Culture*, ed. by F. M. Barnard. Cambridge University Press, 186.

33 "My Intellectual Path."

34 바이츠만에게 쓴 편지. 『이사야 벌린』, 307.

35 이그나티에프. 『이사야 벌린』, 489. 영어 편지 "Israel and the Palestinians"의 원문은 Isaiah Berlin Virtual Library에서 찾아볼 수 있다.

10장 롤스

1 생애의 대부분 내용은 Pogge, Thomas. 2007. *John Rawls: His Life and Theory of Justice*. Oxford: Oxford University Press, 3-27로부터 정리한 것이다.

2 Rawls, John. 1971. *A Theory of Justice*. Cambridge: The Belknap Press of Harvard University Press, 3.

3 Rawls. *A Theory of Justice*, 24, 30.

4 Rawls. *A Theory of Justice*, 22-27.

5 Rawls. *A Theory of Justice*, 34-39.

6 Rawls. *A Theory of Justice*, 153.

7 Rawls. *A Theory of Justice*. 60; 존 롤스. 2003. 『정의론』. 황경식 옮김. 서울: 이학사, 105.

8   Rawls. *A Theory of Justice*, 440.

9   Rawls. *A Theory of Justice*. 61.

10 Rawls, John. 1999. *A Theory of Justice*. Revised Edition, xiv-xv.

11 Rawls. *A Theory of Justice*, §31, 195-201.

12 Rawls. *A Theory of Justice*, 453-454, 496-504.

13 Rawls, John. 1993. *Political Liberalism*. New York: Columbia University Press, 4; 존 롤스. 1996. 『정치적 자유주의』, 장동진 옮김, 파주: 동명사, 83.

14 Rawls. *Political Liberalism*. 133-134.

15 Rawls, John. 1999. "Justice as Fairness: Political not Metaphysical." Feeman, Samuel ed., *John Rawls: Collected Papers*. Cambridge: Harvard University Press, 388.

16 Rawls. "Justice as Fairness." 389.

17 Rawls. *Political Liberalism*. 91-93.

18 Rawls. *Political Liberalism*. 12.

19 롤스. 『정치적 자유주의』, 85; Rawls. *Political Liberalism*. 5-6.

20 Rawls. *Political Liberalism*. 291.

21 Rawls. *Political Liberalism*. 324, 327-328.

22 Kymlicka, Will. 1995. *Multicultural Citizenship: A Liberal Theory of Minority Rights*. Oxford: Oxford University Press 참조.

23 Rawls. *A Theory of Justice*, 377-382.

24 Rawls, John. 1999. *The Law of Peoples*. Cambridge: The Belknap Press of Harvard University Press, 25-26.

25 Rawls. *The Law of Peoples*, 37.

26 Rawls. *Political Liberalism*, 227-230.

11장 노직

1   Nozick, Robert. 1974. *Anarchy, State, and Utopia*. New York: Basic Books, ix.

2   Nozick. *Anarchy, State, and Utopia*, ix.

3   Wolff, Jonathan. 1991. *Robert Nozick: Property, Justice, and the Minimal State*. Stanford: Stanford University Press, 163.

4   Nozick. *Anarchy, State, and Utopia*, 23.

5 만인대 만인의 투쟁 상태에서 이기적 특성과 죽음의 공포와 개인의 능력의 평등함으로 인하여 고통받는 홉스의 자연적 인간을 상기하라. Hobbes, Thomas. *Leviathan*, I. 13.

6 Nozick. *Anarchy, State, and Utopia*, 15-16.

7 Nozick. *Anarchy, State, and Utopia*, 151.

8 Locke, John. *Second Treatise on Civil Government*, 31.

9 Locke. *Second Treatise on Civil Government*, V. 46, 47, 48.

10 Nozick. *Anarchy, State, and Utopia*, 175.

11 Nozick. *Anarchy, State, and Utopia*, 151.

12 Nozick. *Anarchy, State, and Utopia*, 151.

13 Nozick. *Anarchy, State, and Utopia*, 153.

14 Nozick. *Anarchy, State, and Utopia*, 150.

15 Nozick. *Anarchy, State, and Utopia*, 167.

16 Nozick. *Anarchy, State, and Utopia*, 171. 밑줄은 필자.

17 Nozick. *Anarchy, State, and Utopia*, 170-174.

18 Nozick. *Anarchy, State, and Utopia*. 178-182 참조.

19 Christman, John. 1994. *The Myth of Property: Toward an Egalitarian Theory of Ownership*. Oxford: Oxford University Press, 61.

20 Nozick. *Anarchy, State, and Utopia*. 268.

21 Wolff, Jonathan. 1991. *Robert Nozick: Property, Justice, and the Minimal State*. Stanford: Stanford University Press, 43.

22 Nozick. *Anarchy, State, and Utopia*, 10-119.

23 Nozick. *Anarchy, State, and Utopia*, 333-334.

24 Nozick. *Anarchy, State, and Utopia*, 309.

25 Nozick. *Anarchy, State, and Utopia*, 333-334.

12장 매킨타이어

1 MacIntyre, Alasdair. 2007. *After Virtue: A Study in Moral Theory, Third Edition*. Notre Dame: University of Notre Dame Press, 216.

2 Knight, Kelvin. 1998. *The MacIntyre Reader*. London: Polity Press, 267-269.

3 Blackledge, Paul and Knight, Kelvin ed. 2011. *Virtue and Politics: Alasdair*

MacIntyre's Revolutionary Aristotelianism. Notre Dame: University of Notre Dame Press, 2.

4   Blackledge, Paul. 2008. *Alasdair MacIntyre's Engagement with Marxism*. Leiden: Brill Academic Pub, 129.

5   MacIntyre. *After Virtue*, 261-262.

6   MacIntyre, Alasdair. 2016. *Ethics in the Conflicts of Modernity: An Essay on Desire, Practical Reasoning, and Narrative*. Cambridge, MA: Cambridge University Press, 243-315.

7   MacIntyre. *After Virtue*, 246-251.

8   MacIntyre. *After Virtue*, 181-225.

9   MacIntyre. *After Virtue*, 187.

10   MacIntyre. *After Virtue*, 213.

11   MacIntyre. *After Virtue*, 222.

12   Gregson, John. 2019. *Marxism, Ethics and Politics: The Work of Alasdair MacIntyre*. London: Palgrave Macmillan, 12.

13   Knight. *The MacIntyre Reader*, 268.

14   MacIntyre, Alasdair. 2006. *The Tasks of Philosophy: Selected Essays*. Cambridge, MA : Cambridge University Press, 5.

15   MacIntyre, Alasdair. 2006. *Whose Justice? Which Rationality?* Notre Dame: University of Notre Dame Press, 326.

16   MacIntyre. *Whose Justice? Which Rationality?*, 12.

17   MacIntyre, Alasdair. 1999. *Dependent Rational Animals: Why Human Beings Need the Virtues*. London: Bloomsbury Publishing, 121-123.

18   Knight. *The MacIntyre Reader*, 249

13장 테일러

1   Taylor, Charles. 1964. *The Explanation of Behaviour.* London: Routledge and Kegan Paul; "What is Human Agency?", "Self-Interpreting Animals." *Human Agency and Language: Philosophical Papers 1*; "Interpretation and the Sciences of Man." *Philosophy and the Human Sciences: Philosophical Papers 2*.

2   Taylor, Charles. 1975. *Hegel*. Cambridge: Cambridge University Press; Taylor,

Charles. 1979. *Hegel and Modern Society.* Cambridge: Cambridge University Press.

3   Taylor. "Atomism." *Philosophy and the Human Sciences: Philosophical Papers 2,* 187.

4   Taylor. *Sources of the Self,* 95, 282, 460.

5   Taylor. *Sources of the Self,* 53-90.

6   Taylor. "What's Wrong With Negative Liberty." *Philosophy and the Human Sciences: Philosophical Papers 2,* 211-29.

7   Taylor. "Cross-Purposes: The Liberal-Communitarian Debate." *Philosophical Arguments,* 181-203.

8   Taylor. "The Politics of Recognition." *Multiculturalism: Examining the Politics of Recognition,* 25-73.

9   Taylor. *The Ethics of Authenticity,* 2-12.

10 Taylor. *The Ethics of Authenticity,* 55 ff.

11 Taylor. *The Ethics of Authenticity,* 60-61.

12 Taylor. *The Ethics of Authenticity,* 68.

13 Taylor. *The Ethics of Authenticity,* 41.

14 Taylor. *Sources of the Self,* 211-302.

15 테일러는 인간 존재의 상호성을 강조함에 있어 미드(George Herbert Mead)와 바흐친(Mikhail Bakhtin)의 사상이 중요함을 지적한다. Taylor. *The Ethics of Authenticity,* 31-33.

16 테일러의 빈 인문학연구소 강연은 *Varieties of Religion Today: William James Revisited*(Cambridge, MA: Harvard University Press, 2002)로 출간되었다.

17 다산 기념 철학 강좌는 『세속화와 현대 문명』(철학과현실사, 2003)으로 번역 출간되었다.

18 Taylor, Charles. 2004. *Modern Social Imaginaries.* Durham: Duke University Press; Taylor, Charles. 2007. *A Secular Age.* Cambridge. MA: Harvard University Press.

19 Taylor. *A Secular Age,* 3.

20 Taylor. *The Ethics of Authenticity,* 23.

21 Taylor. *The Ethics of Authenticity,* 40.

14장 페이트만

1 이 글의 본문('머리말' 이하의 내용)은 '전남대학교 518연구소'에서 발간하는 등재학술지 *Journal of Democracy and Human Rights*, vol. 19, no. 3(2019)에 "Social Contract, Democracy and Feminism: On the Political Theory of Carole Pateman"이라는 제목으로 게재된 논문을 일부 보완하여 국문으로 번역한 것이다.

2 O'Neill, Daniel and Shanley, Mary Lyndon and Marion Young, Iris. 2008. *Illusion of Consent: Engaging with Carole Pateman*. University Part. PA: The Pennsylvania State University Press, 2.

3 Pateman, Carole. 1970. *Participation and Democratic Theory*. Cambridge: Cambridge University Press, 14.

4 Pateman. *Participation and Democratic Theory*. 43.

5 캐롤 페이트만. 2018. 『여자들의 무질서』, 이평화 · 이성민 옮김. 도서출판 b, 99.

6 페이트만. 『여자들의 무질서』, 100.

7 페이트만. 『여자들의 무질서』, 101.

8 페이트만. 『여자들의 무질서』, 119-146.

9 O'Neill, *Illusion of Consent: Engaging with Carole Pateman*, 2-3.

10 페이트만. 『여자들의 무질서』, 143.

11 루소에 따르면, 사회적 자연상태는 고립된 개인들이 아니라 가족들이 거주하고 있다. 그는 '모든 사회 가운데 가장 오래되고 또 유일하게 자연적인 것은 가족사회라고 쓰고 있다.(Rousseau, Jean-Jacques. 1978. *Social Contract*. book. 1, 47)

12 루소는 가족이 자연의 질서를 따르는 사회제도의 주된 사례를 제공한다고 주장한다. 가족 안에서는 연장자가 연소자보다 자연적으로 우선하고, 남성이 여성보다 자연적으로 권위를 갖기 때문에 그렇다는 것이다. 루소에게 가족은 필연적으로 가부장적이다.(페이트만 2018, 38)

13 페이트만. 『여자들의 무질서』, 146.

14 페이트만. 『여자들의 무질서』, 120.

15 페이트만. 『여자들의 무질서』, 71.

16 Pateman, Carole. 1988. *The Sexual Contract*. CA: Stanford University Press.

17 캐럴 페이트만. 2001. 『남과 여, 은폐된 성적 계약』. 이충훈 · 유영근 옮김. 도서출판 이후, 80-81.

18 페이트만. 『여자들의 무질서』, 71.

19 O'Neil, *llusion of Consent: Engaging with Carole Pateman*, 4.

20 페이트만.『남과 여, 은폐된 성적 계약』, 22.

21 페이트만.『남과 여, 은폐된 성적 계약』, 82.

22 자유롭고 평등한 한 남성과 여성이 결혼을 하고 가정을 이루게 될 경우, 대표성에 대한 논쟁이 존재한다. 이에 대한 기독교적 해석은 "그러므로 남자가 부모를 떠나 그의 아내와 합하여 그 둘이 한 몸을 이룰지로다"(창세기 2장 24절/ 에베소서 5장 31절)라는 성경 문구에 기원을 두고, 그 가정의 대표자는 남성이라는 하나의 존재로 대표된다는 소위 가족 동일체설이다.

23 페이트만.『남과 여, 은폐된 성적 계약』, 84.

24 캐롤 페이트만. 2004.『페미니즘 정치사상사』. 이남석 · 이현애 옮김. 이후, 112.

25 토머스 홉스. 2008.『리바이어던』. 진석용 옮김. 나남출판, 제20장 267.

26 홉스.『리바이어던』, 267.

27 페이트만.『페미니즘 정치사상사』, 113.

28 사회계약의 시기에 사라진 여성이라는 이슈는 1789년 프랑스대혁명 직후 사회를 정치적으로 정리해가는 과정에서도 그 민낯을 드러낸다. 1793년 장 바티스트 아마르(Jean-Baptiste Amar)가 국민공회의 보안위원회에서 "자연 자체에 의해 여성에게 운명 지워진 사적 기능은 사회의 일반적인 질서와 관련되어 있다. 이 사회적 질서는 남성과 여성 사이의 차이에 근원한다. 남녀는 각각의 성에 적합한 종류의 직업에 종사한다"고 말했고, 2주 후 피에르 쇼메트(Pierre Chaumette)는 파리시 평의회에서 "여성이 남성처럼 되기를 원하는 것은 모든 자연의 법칙에 위배된다"고 소리높이 외쳤다. 린 헌트. 1999.『프랑스 혁명의 가족 로망스』. 조한욱 옮김. 새물결, 167-8.

29 페이트만 2001, 236-7.

30 노예는 노예로 태어난 것이 아니지만, 아내는 본래부터 개인 혹은 시민일 수 없기에 공적인 일에 참여할 수 없다.(페이트만 2001, 251)

31 자유의 원칙이 자유롭지 않을 자유까지 허용하지는 않는다. 자유를 포기할 자유는 허용하지 않는 것이다.(존 스튜어트 밀. 2005.『자유론』. 서병훈 옮김. 책세상, 189)

32 장 자크 루소. 2015.『사회계약론』. 박호성 옮김. 책세상, 22-30.

33 페이트만.『남과 여, 은폐된 성석 계약』, 117.

34 페이트만.『남과 여, 은폐된 성적 계약』, 237.

35 시민적 예속은 다른 사람이 강제로 노동력과 서비스를 강탈하기 때문이 아니라 인간이 스스로 자신의 노동력과 서비스에 대해 계약할 수 있는 능력을 지니고 있기 때문에 이루어지는 것이다. 그러나 거기에는 이행능력과 수단이 있어야 하고, 서비스를 요구하는 명령권이 있어야 하고 대상에 접근하는 권리도 담보되어야 한다.(페

이트만, 『남과 여, 은폐된 성적 계약』, 318)

36 페이트만. 『남과 여, 은폐된 성적 계약』, 319.

37 페이트만. 『여자들의 무질서』, 328-9.

38 페이트만은 〈기본소득에 대해 비판적 지지를 보내면서〉에서 개인의 자유란 자율성을 기본으로 하는 것이기에 이를 가능케 하는 기본소득을 참정권과 마찬가지로 민주적 권리나 천부적인 정치적 권리로 여겨야 한다고 주장한다. 시민권과 참정권은 삶을 위한 것이고, 기본 소득은 평생에 걸쳐 존재하는 시민의 권리이다. 풍족히지는 않지만 적당한 생활 수준을 위해 충분한 수준의 기본 소득이 근본적이거나 민주적 권리로 간주될 수 있는 것은 이를 통해 적절한 생활 수준이 보장되기 때문이다. 여기서 적절한 생활 수준이란 개인이 자신의 삶을 어느 정도 조절할 수 있고, 원하는 만큼의 정치적, 경제적, 사회적, 문화적 활동에 참여하기에 충분한 수준을 의미한다. (Pateman, Carole. "Freedom and Democratization." in Carver, Terrell and Chambers, Samuel A. eds. 2011. *Carole Pateman: Democracy, feminism, welfare*. New York: Routledge, 165.

15장 영

1 이 장은 김희강. 2010. "공공성, 사회집단, 그리고 심의민주주의." 『한국정치학회보』 44(2), 5-27와 김희강. 2010. "일본군 '위안부' 문제와 책임성." 『아세아연구』 53(3), 79-108에서 일부 수정·발췌한 내용을 담고 있다.

2 Young, Iris. 1990. *Justice and the Politics of Difference*. Princeton, NJ: Princeton University Press.

3 여성주의 현상학에 대한 영의 대표적인 저작들로는 다음을 참조. Young, Iris. 1990. *"Throwing Like a Girl": And Other Essays in Feminist Philosophy and Social Theory*. Bloomington, IN: Indiana University Press; Young, Iris. 2005. *On Female Body Experience: "Throwing Like a Girl" and Other Essays*. Oxford: Oxford University Press.

4 Young. *Justice and the Politics of Difference*, chapter 3.

5 Young. *Justice and the Politics of Difference*, 5-6; Young. *Inclusion and Democracy*, 10-11.

6 Young. *Justice and the Politics of Difference*, 16.

7 Young. *Justice and the Politics of Difference*, chapter 1.

8 Young. *Justice and the Politics of Difference*, 40.

9 Young. *Justice and the Politics of Difference*, chapter 2.

10 Young. *Inclusion and Democracy*, chapter 3.

11 Young, Iris. 2000. "Equality of Whom? Social Groups and Judgments of Injustice." *Journal of Political Philosophy* 9(1), 1-18.

12 대표적으로 낸시 프레이저(Nancy Fraser)를 들 수 있다. 이와 관련하여, 영과 프레이저 간의 논쟁은 다음을 참조. Young, Iris. 1997. "Unruly Categories: A Critique of Nancy Fraser's Dual Systems Theory." *New Left Review* 222, 147-160; Fraser, Nancy. 1997. "A Rejoinder to Iris Young." *New Left Review* 223, 126-128.

13 Young, Iris. "Gender as Seriality: Thinking about Women as a Social Collective." in *Intersecting Voices*.

14 Young. *Inclusion and Democracy*, 83-87.

15 Young. *Inclusion and Democracy*, chapter 2.

16 Young. *Inclusion and Democracy*, 115-116.

17 Young. *Justice and Politics of Difference*, chapter 6.

18 Young. *Responsibility for Justice*, chapters 1 & 4.

19 영은 기존의 법적·도덕적 책임 개념이 더 이상 중요하지 않거나 무의미하다고 주장하지 않는다. 가해/피해의 이분법적인 틀로 설명되기 힘든 구조적 부정의의 경우, 법적·도덕적 책임을 대신해 정치적 책임이 보다 적절히 책임을 규정할 수 있다고 보았다.

20 Young. *Responsibility for Justice*, chapter 5.

21 Young. *Justice and the Politics of Difference*, 5-6.

16장 이리가레

1 Whitford, Margaret. 1991. *The Irigaray Reader* . Basil Blackwell, 1.

2 Irigaray, Luce. 1995. "Je-Luce Irigaray." interview with Elizabeth Hirsch and Gary A. Olson, in *Hypatia* 10, Spring, 97.

3 Irigaray, Luce. 1993. *An Ethics of Sexual Difference*. Cornell University Press, 5.

4 Irigaray, Luce. 1996. *I Love to You*. Routledge, 50.

5 Irigaray, Luce. 1985. *This Sex Which Is Not One*. Cornell University Press.

6 Whitford. 1991. *The Irigaray Reader*. Basil Blackwell, 35.

7   Irigaray. "Je-Luce Irigaray." 96-97.

8   보부아르, 시몬느 드. 2009. 『제2의 성』. 이희영 옮김. 서울: 동서문화사, 15.

9   Irigaray, Luce. 1985. *Speculum: Of the Other Woman*. Cornell University Press.

10   Irigaray. "Je-Luce Irigaray." 99.

11   Irigaray. Luce. 1993. *je, tu, nous*. Routlege, 9-14.

12   Irigaray. *This Sex Which Is Not One*, 165.

13   Irigaray. *je, tu, nous*, 77.

14   Irigaray. *This Sex Which Is Not One*, 81.

15   Irigaray. *je, tu, nous*, 12.

16   Irigaray. "Je-Luce Irigaray." 105.

17   이리가레는 정신분석학을 그 원형으로 간주하면서 이를 팔루스중심주의 (Phallocentrism)라고 규정한다. Irigaray. *Speculum: Of the Other Woman*, 50.

18   Stone, Alison. 2007. *An Introduction to Feminist Philosophy*. Polity.

19   Irigaray. *je, tu, nous*, 46.

20   Irigaray. *je, tu, nous*, 12-13.

21   Irigaray, Luce. 2000. *Why Different? A Culture of Two Subjects: Interviews with Luce Irigaray*. New York: Semiotext(e), 11.

22   Irigaray. *je, tu, nous*, 20.

23   Irigaray. *je, tu, nous*, 12.

24   Irigaray. *je, tu, nous*, 83.

25   Irigaray. *je, tu, nous*, 13.

26   Irigaray, Luce. 1994. *Thinking the Difference: For a Peaceful Revolution*. Athlone, viii-xi.

27   Irigaray. *Thinking the Difference: For a Peaceful Revolution*, 40, 59.

28   Irigaray. *Thinking the Difference: For a Peaceful Revolution*, 60-63.

29   Irigaray. *Thinking the Difference: For a Peaceful Revolution*, 74.

30   Irigaray, Luce. 2002. *Between East and West*. Columbia University Press, 68.

31   Irigaray. *je, tu, nous*, 117.

32   Irigaray. *je, tu, nous*, 87.

33   Martin, Alison. 2004. "A European Initiative: Irigaray, Marx, and Citizenship." *Hypatia* 19(3), Summer.

34   Irigaray. *je, tu, nous*, 88.

35   Irigaray. *Thinking the Difference: For a Peaceful Revolution*, 61, 76.

36 Irigaray. *je, tu, nous*, 88.

37 Irigaray. Luce. 2000. *Democracy Begins Between Two*. Athlone, 3.

38 Irigaray. *I Love to You*, 19.

39 노울즈, 더들리. 2002. 「헤겔 『법철학』에서 가족」. 윤소영 옮김. 『헤겔과 성적 차이의 페미니즘』. 공감. 2007.

40 노울즈. 「헤겔 『법철학』에서 가족」, 76.

41 노울즈. 「헤겔 『법철학』에서 가족」, 79.

42 노울즈. 「헤겔 『법철학』에서 가족」, 81.

43 Irigaray. *I Love to You*, 21-23.

44 Irigaray. *I Love to You*, 21.

45 Irigaray. *Thinking the Difference: For a Peaceful Revolution*, 7.

46 Irigaray, Luce. 1993. *Sexes and Genealogies*. Columbia University Press, 2.

47 Irigaray. *Sexes and Genealogies*, 16.

48 Irigaray. *Sexes and Genealogies*, 18-19.

49 Irigaray. *I Love to You*, 47.

50 Irigaray. *Democracy Begins Between Two*, 150.

51 Irigaray. *Conversations*, 2-3.

52 Irigaray. *Conversations*, 30-31.

53 Irigaray. *I Love to You*, 51.

54 Irigaray. *Conversations*, 31.

55 Irigaray. *Conversations*. 34.

56 Irigaray. *Conversations*, 29-31.

57 Irigaray. *Conversations*, 4-5.

58 Irigaray. *Democracy Begins Between Two*, 7.

59 Deutscher, Penelope. 2002. *A Politics of Impossible Difference: The Later Work of Luce Irigaray*. Cornell University Press.

17장 하버마스

1 하버마스의 사상체계에 대한 전체적인 개괄을 위해서는 '더 읽을거리'에 소개된 핀레이슨(*James Gordon Finlayson*)의 책을 참고할 것.

2 위르겐 하버마스. 2001. 『공론장의 구조변동』, 한승완 옮김. 나남, 104-5.

3 하버마스, 『공론장의 구조변동』, 196.

4 위르겐 하버마스. 2006. 『의사소통행위이론』 1권. 장춘익 옮김. 나남, 426.

5 하버마스. 『의사소통행위이론』 1권, 19, 206.

6 위르겐 하버마스. 2007. 『사실성과 타당성』. 한상진 · 박영도 옮김. 나남, 408-414.

7 하버마스. 『사실성과 타당성』, 408-414. 번역 수정.

8 하버마스. 『사실성과 타당성』, 186.

9 이 절의 내용은 김주형. 2018. "하버마스의 글로벌 거버넌스 이론에 대한 비판적 검토." 『한국정치연구』 제27집 제2호의 일부를 축약한 것이다.

10 Habermas, Jürgen. 2012. *The Crisis of the European Union*, C. Cronin trans. Cambridge: Polity, 61.

18장 푸코

1 Foucault, Michel. 1984. "What is Enlightenment?" *Ethics: Subjectivities and Truth*. New York: The New Press, 315.

2 Foucault, Michel. 1971. "Nietzsche, Genealogy, History." *Aesthetics, Method and Epistemology*. New York: The New Press, 374.

3 Foucault, Michel. 1980. "Truth and Power." *Power/Knowledge: Selected Interviews & Other Writings 1972-1977*. New York: Pantheon, 199.

4 Foucault, Michel. 1977. *Discipline and Punish: The Birth of the Prison*. New York: Pantheon, 82.

5 푸코의 성 담론에 있어서 권력의 변화과정에 대한 분석은 필자의 졸고 "감성의 정치: 에로스, 에로티즘 그리고 섹슈얼리티"(『한국정치학회보』 39, 16-20) 참조.

6 Foucault, Michel. 1990. *The History of Sexuality: An Introduction*, Vol. 1. New York: Vintage Books, 21.

7 Foucault, Michel. *The History of Sexuality: An Introduction*, Vol. 1, 3.

8 Foucault, Michel. 2007. *Security, Territory, Population: Lectures at the Collège de France 1977-1978*. New York: Palgrave Macmillan, 286.

9 Foucault, Michel. *Security, Territory, Population: Lectures at the Collège de France 1977-1978*, 108.

10 Foucault, Michel. 2008. *The Birth of Biopolitics: Lectures at the Collège de France 1978-1979*. New York: Palgrave Macmillan, 318.

11 Foucault, Michel. 1973. *The Order of Things: An Archaeology of the Human Sciences*. New York: Vintage Books, 387.

12 Foucault, Michel. *The History of Sexuality: An Introduction*, Vol. 1, 157.

19장 데리다

1   이환. 1993. 『프랑스 고전주의 문학』. 서울: 민음사, 241-242.

2   자크 데리다. 1992. 『입장들』. 박성창 옮김. 서울: 솔, 31.

3   "Il n'y a pas de hors-texte." 자크 데리다. 2004. 『그라마톨로지에 대하여』. 김웅권 옮김. 서울: 동문선, 287.

4   Derrida, Jacques. 1967. "La structure, le signe et le jeu dans le discours des sciences humaines." *L'écriture et la différence*. Paris: Seuil, 409-428.

5   Derrida. *L'écriture et la différence*, 411.

6   Cf. Derrida. "Violence et Métaphysique: Essai sur la pensée d'Emmanuel Levinas." *L'écriture et la différence*.

7   데리다의 '말소전략'에 대해서는 자크 데리다의 『그라마톨로지에 대하여』(동문선, 2004), 85-122 참고.

8   마단 사럽 외. 1991. 『데리다와 푸꼬, 그리고 포스트모더니즘』. 임헌규 편역. 부천: 인간사랑, 18-19.

9   데리다. 『그라마톨로지에 대하여』, 85.

10 데리다. 『그라마톨로지에 대하여』, 95.

11 데리다. 『그라마톨로지에 대하여』, 28.

12 Derrida. *L'écriture et la différence*, 19-20.

13 데리다. 『그라마톨로지에 대하여』, 255-279.

14 데리다. 『그라마톨로지에 대하여』, 256.

15 Cf. 이동수. 2004. "포스트모던 페미니즘에서 여성의 정체성과 차이." 『아시아여성연구』 제43권 2집, 숙명여대 아시아여성연구소, 49-50.

16 Cf. Hooks, Bell. 1981. *Ain't I a woman?: Black women and feminism*. New York & London: Routledge.

17 Cf. Butler, Judith. 1990. *Gender trouble: feminism and the subversion of identity*. New York: Routledge.

18 Cf. Spivak, Gayatri C. 1987. *IN OTHER WORLDS: Essays in Cultural Politics*.

New York: Routledge.

19 찬드라 모한티. 2005.『경계 없는 페미니즘: 이론의 탈식민화와 연대를 위한 실천』. 문현아 옮김. 서울: 새물결, 340-343.

20 Kristeva, Julia. 1974. "La femme, ce n est jamais ça." *Tel Quel*, No. 59.

21 Cf. 가야트리 스피박. 2003.『다른 세상에서 – 문화정치 에세이』. 태혜숙 옮김. 서울: 여이연, 164-194.

22 Cf. 주디스 버틀러. 2008.『젠더 트러블: 페미니즘과 정체성의 전복』. 조현준 옮김. 서울: 문학동네.

23 Cf. 샹탈 무페. 1995. "페미니즘, 시민권 그리고 급진 민주주의 정치."『미셸 푸코, 섹 슈얼리티 정치와 페미니즘』. 황정미 편. 서울: 새물결.

24 Cf. Cixous, Hélène & Clément, Catherine. 1975. *La Jeune née*. Paris: Union Générale d'Edition.

25 Cf. Irigaray, Luce. 1974. *Speculum: De l'autre femme*. Paris: Éditions de Minuit.

26 제인 플렉스. 1992. "포스트모더니즘과 페미니스트 이론에서의 성별에 따른 제반 관계."『페미니즘과 포스트모더니즘 – 새로운 문화 정치학을 위하여』. 이소영 · 정 정호 공편. 서울: 한신문화사, 153.

27 김성환. 1994. "데카르트의 운동론과 기계론."『철학사상』제4권. 서울대 철학사상 연구소, 325.

28 Cf. 프레데릭 제임슨. 1993. "포스트모더니즘과 소비사회."『반미학』. 할 포스터 편. 윤병호 외 옮김. 서울: 현대미학사, 176-197.

29 질 들뢰즈 · 펠릭스 가타리. 1997.『앙띠 오이디푸스』. 최명관 옮김. 서울: 민음사, 15.

30 다나 해러웨이. 2002.『유인원, 사이보그 그리고 여자 – 자연의 재발명』. 민경숙 옮 김. 서울: 동문선, 323.

31 들뢰즈 · 가타리,『앙띠 오이디푸스』, 133-163.

32 브랜든 테일러. 1993.『모더니즘, 포스트모더니즘, 리얼리즘 – 미술에 대한 하나의 비판적 시각』. 김수기 · 김진송 옮김. 서울: 시각과언어, 80.

33 테일러.『모더니즘, 포스트모더니즘, 리얼리즘 – 미술에 대한 하나의 비판적 시각』, 63-64.

34 테일러.『모더니즘, 포스트모더니즘, 리얼리즘 – 미술에 대한 하나의 비판적 시각』, 80.

35 프레드릭 제임슨. 1989. "포스트모더니즘론 – 후기자본주의 문화논리."『포스트모 더니즘론』. 정정호 · 강내희 편. 서울: 문화과학사, 141-142.

36 데이비드 하비. 1994.『포스트모더니티의 조건』. 구동회 · 박영민 옮김. 파주: 한울,

331-357.

37 Cf. Lefebvre, Henri. 1974. *La production de l'espace*. Paris: Anthropos.

38 지그문트 바우만. 2002. 『자유』. 문성원 옮김. 서울: 이후, 22.

39 슬라보예 지젝. 2003. 『믿음에 대하여』. 최생열 옮김. 서울: 동문선, 37.

40 테리 이글턴. 2000. 『포스트모더니즘의 환상』. 김준환 옮김. 서울: 실천문학사, 165.

41 Cf. 세이라 대버니. "포스트모던 신학의 특색." 『세계의 신학』 제16집. 정경미 옮김. 한국기독교연구소, 111-124.

42 Cf. Caputo, John D. 2006. *The Weakness of God: A Theology of the Event*. Bloomington & Indianapolis: Indiana University Press; Caputo, John D. 2007. *What Would Jesus Deconsturct: The Good News of Post-modernism for the Church*. MI: Baker Academic.

43 '아케다'(aqedah)는 아브라함이 이삭을 '묶었다'는 히브리어에서 나온 용어이다. Cf. 김용성. 2006. "아케다 해석과 철학적 신론의 문제." 『해석학연구』 제18집. 한국 해석학회, 222.

44 Derrida, 1992. *Donner la mort*. Paris: Galiée, 96 이하.

45 이 문장은 데리다가 쓴 "tout autre est tout autre"(1992, 114)를 번역한 것이다. 주어 tout autre는 일반적으로 절대자인 '신'을 의미하며, 술어인 tout autre는 '완전히 다른'을 의미한다. 손영창. 2013. "절대적 타자, 책임 그리고 새로운 주체성의 이해 - 데리다의 *Donner la mort*를 중심으로." 『대동철학』 제64집. 대동철학회, 193.

46 Derrida. *Donner la mort*, 103.

47 Derrida. *Donner la mort*, 96.

48 Caputo, John D. 2006. *The Weakness of God: A Theology of the Event*. Bloomington & Indianapolis: Indiana University Press, 2.

49 Caputo. *The Weakness of God: A Theology of the Event*, 30-34.

20장 로티

1 이 글은 김동식이 엮은 『로티와 사회와 문화』(철학과현실사, 1997)에 수록된 졸고 「로티의 자유주의 정치사상」을 대폭 수정 · 보완한 것이다.

2 Voparil, Christopher J. & Bernstein, Richard J. eds. 2010. *The Rorty Reader*. Oxford: Wiley-Blackwell, 1.

3 Voprail & Berstein. *The Rorty Reader*, 2.

4   Malachowski, Ala. 2002. *Richard Rorty.* Princeton University Press, 2.

5   그럼에도 로티는 전통적인 권위에 대한 맹목적인 복종을 거부하고, 권위는 이성을 통해 정당화되어야 한다고 주장한다는 점에서 계몽주의의 후예이기도 하다. 그는 계몽주의 철학에는 비판적이지만 정치형태로서의 자유주의에는 호의적이다.

6   Rorty, Richard. 1991. *Objectivity, Relativism, and Truth: Philosophical Papers,* Vol. 1. Cambridge University Press, 22.

7   Rorty. *Objectivity, Relativism, and Truth,* 211-2.

8   Rorty, Richard. 1996. *International Seminar for 'Pragmatism, Science, and Culture with Professor Rorty.'* Seoul: The Korean Association for Sciences and Philosophy, 84-5, 22.

9   Rorty, Richard. 1989. *Contingency, irony, and solidarity.* Cambridge University Press, 57.

10 Rorty. *Contingency, irony, and solidarity,* 55, 61.

11 Rorty. *Objectivity, Relativism, and Truth,* 180.

12 Rorty. *Objectivity, Relativism, and Truth,* 197-8.

13 Rorty. *Objectivity, Relativism, and Truth,* 177-9.

14 Rorty. *Objectivity, Relativism, and Truth,* 198.

15 Rorty. *Objectivity, Relativism, and Truth,* 199.

16 Rorty. *Contingency, irony, and solidarity,* 59.

17 Rorty. *Contingency, irony, and solidarity,* 198.

18 Rorty. *Contingency, Irony, and Solidarity,* 154.

19 Bacon, Michael. 2011. "Richard Rorty: liberalism, irony, and social hope." *Political Philosophy in the Twentieth Century.* Kindle Edition, edited by Catherine H. Zuckert. Cambridge University Press, 207.

20 Rorty. *Contingency, Irony, and Solidarity,* 42.

21 Bacon. "Richard Rorty: liberalism, irony, and social hope." 208.

22 Bacon. "Richard Rorty: liberalism, irony, and social hope." 209.

23 로티가 정의와 충의(loyalty)를 대립시켜보는 전통적인 이분법을 거부하고 정의를 '확장된 충의'로 재규정한 것은 바로 이와 같은 이유에서다.

24 Bacon. "Richard Rorty: liberalism, irony, and social hope." 210.

25 Michael Sandel. 1987. "Political Theory of the Procedural Republic." *The Rule of Law.* edited by A. Hutchimson and P. Monahan. Toronto: Carswell, 85-96.

26 Rorty. *Objectivity, Relativism, and Truth,* 201.

찾아보기

필자소개

김병곤 | 정치학 박사. 현 고려대학교 정치외교학과 교수. 현재의 주요 관심사는 서구 정치이념의 한국적 변용이다. 논문으로는 「한국 보수주의의 이념적 특징 – 근대화와의 관계를 중심으로」(2011), "The Present and Future of the History of Political Thought in Korea: Between the West and the Past"(2014), 「영국의 헌정주의와 의회의 우위성」(2018) 등이 있고, 저서로는 『자유주의의 철학적 기원 – 근대영국과 정치사상』(2002) 등이 있다.

김비환 | 정치학 박사. 현 성균관대학교 정치외교학과 교수. 현재의 관심사는 정의, 자유, 화해의 정치, 그리고 인간의 존엄 등이다. 논문으로는 "A Critique of Raz's Perfectionist Liberalism"(1996), 「아렌트의 정치사상에서 정치와 법의 관계」(2003) 등 다수가 있고, 저술로는 『마이클 오크숏의 정치철학과 정치사상』(2014), 『개인적 자유에서 사회적 자유로』(2018) 등 다수가 있다.

김선욱 | 철학 박사. 현 숭실대학교 철학과 교수. 현재의 관심사는 이행기 정의, 용서, 자유, 판단, 그리고 정치와 종교 등이다. 저술로는 『정치와 진리』(2001), 『한나 아렌트의 정치판단이론』(2003), 『아모르 문디에서 레스 푸블리카로』(2015), 『한나 아렌트의 생각』(2017) 등이 있고 한나 아렌트의 『예루살렘의 아이히만』과 마이클 샌델의 『정치와 도덕을 말하다』 등의 역서가 있다.

김종법 | 정치학 박사. 현 대전대학교 글로벌문화콘텐츠학과 교수. 현재는 그람시의 『옥중수고』의 원전 번역 작업을 준비하고 있다. 논문으로는 "2017년 유럽 주요 국가들의 선거결과를 통해 본 극우주의와 포퓰리즘: 난민정책과 유럽통합

의 문화정치적 패러다임의 전환 가능성"(2018)과 "과거의 소환, 극우의 부활, 미래의 정치: 2018 이탈리아 총선과 기억의 정치"(2018) 등 다수가 있으며, 저서로는『그람시의 군주론』(2015),『그람시와 한국지배계급분석』(2015) 등 다수가 있다.

김주형 | 정치학 박사. 현 서울대학교 정치외교학부 부교수. 서양 현대정치사상, 민주주의의 이론과 역사, 사회이론 등을 연구하고 가르친다. 논문으로 "The Social and the Political in Luhmann"(2015), "시민정치와 민주주의"(2016), "하버마스의 글로벌 거버넌스 이론에 대한 비판적 검토"(2018), "숙의와 민주주의: 토의민주주의의 관점에서 본 공론화위원회"(2018) 등이 있다.

김희강 | 정치학 박사. 현 고려대학교 행정학과 교수. 사회정의, 규범적 정책분석, 돌봄민주국가, 페미니즘 이론 등이 주요 연구 관심사이다. 최근 논문으로는 "A Caring Welfare State in South Korea: Challenges and Prospects"(2018),「돌봄과 돌봄 없는 정치이론」(2018) 등이 있으며, 저술로는『규범적 정책분석』(2016),『돌봄과 공정』(공편, 2018) 등이 있다.

박동천 | 정치학 박사. 현 전북대학교 정치외교학과 교수. 주요 관심사는 이론과 실천, 지식의 근거, 윤리와 종교 등이다. 논문으로는「사회적 규칙과 사회연대」(2000),「권위의 개념에 대한 외면적 접근과 내면적 접근」(2010) 외 다수가 있고, 저술로는『깨어있는 시민을 위한 정치학 특강』(2010),『플라톤 정치철학의 해체』(2012) 등 다수가 있다.

박성우 | 정치학 박사. 현 서울대학교 정치외교학부 (외교전공) 교수. 전공 분야는 고전정치철학과 국제정치사상이며, 아울러 양 분야의 학제적 결합을 모색하는 연구를 진행하고 있다. 저서로『영혼 돌봄의 정치: 플라톤 정치철학의 기원과 전개』(2014)가 있고, 대표 논문으로 "플라톤의 〈국가〉에 나타난 국제정치사상"(2016), "이라크 전쟁의 레오 스트라우스 책임론에 대한 정치철학적 비판"(2012) "국익추구의 도덕적 한계와 아리스토텔레스의 좋은 삶의 정치"(2011) 등이 있다.

박의경 | 정치학 박사. 현 전남대학교 정치외교학과 교수. 주요 관심 분야는 근대정치사상으로, 특히 루소의 민족주의사상을 출발점으로 하여 궁극적으로 민주주

의사상과 여성 정치사상에 초점을 맞추고 있다. 저서로『여성의 정치사상』 (2014)이 있으며, 주요 논문으로「21세기 대학의 위기와 기회」(2018),「현실 의 균형, 미래의 조화, 그리고 민주적 이상향」(2017),「한국민족주의와 민주 주의」(2017) 등 다수가 있다.

서병훈 | 정치학 박사, 현 숭실대학교 교수. 현재 민주주의와 문명론에 관한 저술을 작업 중이다. 논문으로 "Mill and Tocqueville"(2016),「유치한 제국주의」 (2012) 저서로는『위대한 정치』(2017),『포퓰리즘』(2008) 등이 있다.

손민석 | 정치학 박사. 현 서울과학기술대학교 기초교육학부 강사. 근대 세속화와 신 학 – 정치적 문제, 정치와 종교 관계에 관심을 가지고 연구를 진행하고 있다. 주요 논문으로는「신학 – 정치적 문제와 회의적 정치철학: 레오 스트라우스의 근대성 이해」(2016),「정치적 헤브라이즘과 근대 공화주의 담론」(2018) 등이 있고, 역서로는『신학, 정치를 다시 묻다: 근대의 신학 – 정치적 상상과 성찰의 정치학』(2019)이 있다.

유홍림 | 정치학 박사. 현 서울대학교 정치외교학부 교수. 서양정치사상사, 현대 자 유주의 및 민주주의 이론 분야의 강의와 연구를 수행하고 있다. 논문으로 는 "Ethics of Ambiguity and Irony"(2001),「공화주의 전통의 현대적 의의」 (2018) 등이 있으며, 저서로는『현대정치사상 연구』(2003),『정치학의 이해』 (공저, 2019) 등이 있다.

윤비 | 정치학 박사. 현 성균관대학교 정치외교학과 부교수. 주요 연구 분야는 고 중세 및 근대 초 정치사상, 현대유럽비판정치이론, 정치도상학 등이다. 논문 으로는 "The Fox atop Fortune's Wheel: Machiavelli and Medieval Realist Discourse"(2016), "Ptolemy of Lucca's Distrust in Politics and the Medieval Discourse on Government"(2017), "Das Komische, das Moralische und das Politische. *Der Pfaffe Amis* in der Gedankenwelt der Stauferzeit"(2020) 등 다수가 있다.

이동수 | 정치학 박사. 현 경희대학교 공공대학원 교수. 현재의 관심사는 공화주의, 국가 론, 시민사회론 등이다. 논문으로는 "민주주의의 이중성: 르포르의 포스트모던 민주주의"(2013), "그리스 비극에 나타난 민주주의 정신: '아테네'의 메타포를

중심으로"(2013) 등 다수가 있고, 저술로는 *Political Phenomenology*(2016, Co-author), 『시민은 누구인가』(2016, 편저) 등이 있다.

장동진 | 정치학 박사. 현 연세대 정치외교학과 명예교수. 연구 관심사는 정의론과 자유주의 정치철학이다. 논문으로는 "Asian Perspectives on Liberal Democracy" (2004)와 「서양 정의이론의 동아시아 수용: 롤스 정의이론의 한국적 이해」 (2006) 등 다수가 있으며, 저술로는 『현대자유주의 정치철학의 이해』(2001), 『심의민주주의: 공적 이성과 공동선』(2012)외 다수의 공저 및 역서가 있다.

정인경 | 정치학 박사. 현 경희대학교 비교문화연구소 연구교수. 현대 정치이념의 전개, 특히 자유주의와 사회주의의 상호 경합을 통한 진화에 관심을 가지고 있으며 이러한 관점에서 정의론을 연구하고 있다. 논문으로는 「시민권의 페미니즘적 개조를 위한 시론」(2012), 「포스트페미니즘 시대 인터넷 여성혐오」 (2016), 「적극적 조치, 시민권의 평등을 향한 도전」(2017) 등이 있다.

최순영 | 철학 박사. 현 인천대학교 정치외교학과 강사. 현재의 관심사는 전체주의와 민주주의, 인권과 법치, 자유주의의 철학적 기초, 니체의 정치철학 그리고 철학과 신학의 관계 등이다. 논문으로는 「힘에의 의지와 정치이론」(2018), 「니체의 민주주의 이념 비판: 자유, 평등, 박애 비판을 중심으로」(2014), 저술과 역서로는 『니체와 도덕의 위기 그리고 기독교』(2012), 『우상의 황혼』 등 다수가 있다.

최일성 | 정치학 박사. 현 한서대 국제협력전공 교수. 주요 관심사는 문화 현상에 대한 정치학적 해석이다. 논문으로는 「라이시테, 프랑스 민주주의 공고화의 이념적 토대」(2011), 「탈중심화된 주체, 혹은 '소비주체'의 등장」(2017) 등이 있고, 저술로는 『남아프리카공화국의 역사: 호텐토트의 고향』(2018), 『터부와 문화적 상상력』(2019) 등이 있다.

표광민 | 정치학 박사. 현 중앙대학교 국익연구소 전임연구원. 한나 아렌트, 칼 슈미트, 국제 정치질서의 변화 등에 대해 연구하고 있다. 논문으로는 「주권의 정치와 대화의 정치: 슈미트와 아렌트의 정치사상적 비교를 중심으로」(2018), 「아렌트의 플라톤 비판에 대한 고찰 : 목적 – 수단 논리를 중심으로」(2019), 「'정치의 귀환'의 구조 – 세계와 국가 사이의 대립에 관하여」(2019) 등이 있다.

홍철기 | 정치학 박사. 현 서울대학교 정치외교학부 강사. 19~20세기 정치사상사에 대한 비교 연구가 주요 관심 분야다. 논문으로는 「비밀투표는 '민주적'인가?」(2018), 「대표민주주의의 역사와 이론」(2018), 「포퓰리즘─반포퓰리즘 논쟁에 던지는 두 가지 질문」(2019) 등이 있다.

현대정치의 위기와 비전

–니체에서 현재까지

1판 1쇄 찍음 2020년 2월 20일
1판 1쇄 펴냄 2020년 3월 2일

지은이 김비환 외
펴낸이 김정호
펴낸곳 아카넷

출판등록 2000년 1월 24일(제2-3009호)
주   소 10881 경기도 파주시 회동길 445-3
전   화 031-955-9510(편집) · 031-955-9514(주문)
팩시밀리 031-955-9519
책임편집 김일수
www.acanet.co.kr | www.phildam.net

Printed in Paju, Korea.

ISBN 978-89-5733-669-4 93300

이 도서의 국립중앙도서관 출판시도서목록(CIP)은 서지정보유통지원시스템 홈페이지(http://seoji.nl.go.kr)와
국가자료공동목록시스템(http://www.nl.go.kr/kolisnet)에서 이용하실 수 있습니다.(CIP제어번호: CIP2020005969)

이 저서는 2017년 대한민국 교육부와 한국연구재단의 지원을 받아 수행된 연구임(NRF–2017S1A3A2065772)